국어학 연구 50년

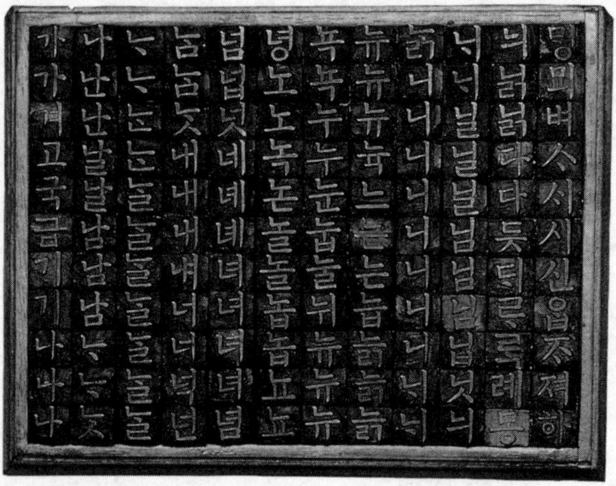

국어학 연구 50년

한국문화연구원 편

혜안

발간사

오늘날 우리 인류 사회는 커다란 문명사적인 전환을 맞고 있다. 전 방위적인 세계 문명의 교류가 진행되는 가운데 서구 문명과 이슬람 문명이 탈근대적 충돌의 양상을 보이는가 하면, 동아시아적 가치에 대한 관심과 더불어 그들 문명의 공동체적 지평을 여는 담론들이 고조되는 등 문명사의 지각 변동이 일고 있다. 국가간 혹은 민족간 장벽이 해체되면서 세계는 정보와 문화의 전 지구적 소통에 적극 참여하여 새로운 문명적 패러다임을 구축하기 위해 치열한 경쟁을 벌이고 있다. 그러므로 21세기는 문화의 전지구적 동시성과 함께 문화적 다원화가 가속화된다고 운위되고 있다.

이런 대전환을 겪고 있는 우리는 새로운 문명사의 과제를 해결하고 전망하는 일에서 예외적 존재일 수는 없다. 21세기 문명사의 주체가 되기 위해서는 사회, 정치, 경제, 사상 등의 제반 분야에서 한국 문화의 가치를 창출하는 작업이 필연적으로 뒤따라야 할 것이다. 한국 문화의 가치는 활발한 학문 운동을 통해서 정립될 수 있다. 따라서 정보와 문화의 획기적인 발전을 요구하는 현재의 흐름 속에서 새로운 학문 제도를 구축하고 새로운 학문의 패러다임을 열기 위한 발상의 전환이 그 무엇보다 시급하다.

근대적 학문 활동이 시작된 지 100여 년을 넘어섰다. 특히 지난 반세기 동안의 학술 활동은 그 어느 시기보다 왕성했다. 해방 이후 우리 학문은 지속적으로 발전해 왔으며 양적으로나 질적으로 급속한 성장을 이루었다. 지난 20세기 국학을 비롯한 한국 학문의 수준은 거듭 높아졌다. 정보화와 지구화의 시대에 살고 있는 지금 세계의 학계는 우리에게 더 많은 학문적 역량을 배양하기를 요구하고 있다. 20세기의 근현대적 학술 활동만으로는 새로운 문명사적 패러다임을 구축하는 일이 쉽지 않기 때문이다. 그러나 21세기 한국 학문의 발전과 전망은 지난 세기의 학문 활동의 토대로부터 비롯되는 것이다. 새로운 학문적 도약을 위해 과거의 학문 활동을 되돌아보는 이유가 바로 여기에 있다.

이러한 시점에서 연구사, 이론사, 쟁점사를 포괄하여 한국 학계 50년을 점검하는 이화여자대학교 한국문화연구원의 기획은 매우 뜻깊다. 한국문화연구원은 해방 이후의 한국 학계 50년을 반추하며, 학술 활동의 결실을 점검하고 학술사의 미래를 전망하기 위해 '학술사총서'를 간행한다. 지난 50년 동안의 학술사가 정리되어야 새로운 학문제도와 방법론, 그리고 21세기적 학문활동의 지평이 열릴 수 있기 때문이다. 한국 학술 연구의 과거는 단순한 과거사가 아니다. 과거의 학술사는 자주적 지식 역량을 갖추고 독창적인 방식의 학문을 주체적으로 개척해 나아가게 하는 자양분이다.

연구활동의 공동체로서 이화는 다양한 연구 저술들을 지원하여 왔다. 한국문화연구원의 '학술사총서' 간행은 21세기 한국 학계의 주체로 서고자 하는 이화의 학문적 사명감의 표현이다. 이 총서에서 맺어진 한국 학술 50년의 결실과 반성, 그리고 전망이 학계의 질적 성장에 도움이 되기를 바란다. 이화는 이 학술사총서를 통해 국학만이 아니라 한국적 학문을 전반적으로 부흥시키는 역할에 동참할 기회를 갖고자 한다.

이화여자대학교 총장 장 상

국어학 연구 50년 | 차 례

8

국어학 연구 50년

국어학 50년

박창원

1. 서 론

20세기의 교체기에 우리 민족은 새로운 서양문물을 직접적으로나 간접적으로 받아들여 민족문화를 쇄신하고자 하였지만 외세의 파도를 이겨내지 못하고 민족사에서 슬픈 오점을 남기게 된다. 20세기 중반기에 해방을 맞아 우리 민족의 문화를 우리 손으로 다시 재건하기 시작하여 외세의 문물을 때로는 적극적으로 수용하거나 변용하고, 때로는 거부 반응을 일으키면서 노력해 왔다. 이제 21세기의 새로운 희망을 준비하기 위해 해방 후부터 20세기까지의 연구업적을 정리하여 21세기에 새로운 문화를 창조하고 이를 바탕으로 한국학을 세계화할 수 있는 기반을 다지는 것이 필요하다.

이러한 작업을 위해 한국학의 모든 분야를 연구사적인 시각에서 정리하고 비판해 보는 것이 필요할 것인데, 본고는 이러한 작업의 하나로 작성되는 『국어학 연구 50년』의 개괄적인 사항을 정리하기 위한 것이다. 지금부터 약 50년 전, 국어학과 국문학을 전공하는 학자들이 모여 '국어국문학회'를 결성하고, 이어 1952년에 학회의 창간호로서 『국어국문학』을 발간하게 되는데, 이 사건을 기점으로 한국에서 국어학과 국문학이 본격적인 학문으로 출발하였다고 보아도 좋을 것이다.

'국어학사'의 내포와 외연은 '국어학'의 개념을 어떻게 설정하느냐에 따라 결정된다. 이숭녕(1956)에서는 국어학사의 범위를 순수 국어학적인 연구만

16

을 대상으로 해야 한다고 하고, 언어정책적인 글은 국어학사의 기술에서 제외되어야 한다고 하였다. 이와 유사한 입장은 고영근(1985), 강신항(1995)에서도 볼 수 있다. 고영근(1985)에서는 20세기 전후의 개화기를 국어학의 성립시기로 간주하고, 진정한 의미의 국어학사는 개화기 이후의 업적을 대상으로 해야 한다고 보았다. 개화기 이전의 국어와 관련된 내용은 과학적 연구로서의 국어학이 아니고 철학적·심리학적 접근 내지는 문헌학적 소산이라는 것이다. 그리고 강신항(1995)에서는 국어학 관계의 서지 해제나 국어 정책에 관한 사항 혹은 훈민정음의 창제 동기나 목적에 관한 사항 등은 국어학사와는 별도로 고찰되어야 한다는 것이다. 반면 김민수(1980)에서는 국어학의 개념에 관한 서구적 시각을 탈피하고, 국어학사의 범위를 확대할 것을 주장한다. 즉 과학으로서의 국어학이 성립되지 못한 시기의 국어학사를 당시인들의 국어 의식에 초점을 맞추어 '의식사'라는 관점에서 서술해야 한다고 주장한다.1) 그리고 유창균(1995)에서는 우리 조상들이 가졌던 언어의 신앙적 태도로부터 국어학사의 서술이 시작되어야 한다고 하였다. 이렇든 국어학사의 범위는 서구학문의 영향을 받은 순수 과학적인 것만을 대상으로 하느냐 아니면 '국어학적인 업적' 즉 국어학에 대한 인식 내지는 언어에 관한 세계관을 포함하느냐에 따라 그 대상이 달라지게 된다.

국어학의 시대구분 역시 국어학의 범위를 어떻게 설정하느냐에 따라 달라지게 된다. 국어학사를 "문자제정 이후에 제기된 언어에 대한 새로운 인식과 각 학자의 업적을 연구하여 하나의 연구를 엮는" 학문이라고 보는 이숭녕(1956, 「국어학사」, 『사상계』 1956년 5월호)은 국어학사의 시대구분을 다음과 같이 하고 있다.

---

1) 이와 유사한 주장을 이상혁(1996)에서 볼 수 있다. 이상혁은 '국어학 연구사'는 '국어학', '연구', '사'라는 세 가지 하위 구성요소로 이루어져 있다고 보고, 각각을 국어에 대한 인식으로서의 '국어학', 국어 인식의 주체로서의 '연구', 객관적 사실과 객관적 사실의 현재적 재해석으로서의 '역사'를 설정하고, 국어에 대한 '의식사'가 국어학사에 포함되어야 한다고 주장한다.

제1기 훈민정음 제정 시대(이조 초~세조)
제2기 침체 시대(성종~17세기)
제3기 실학시대(18세기~갑오경장)
제4기 신경향 도입 시대(갑오경장~3·1운동)
제5기 부흥 시대(3·1운동~민족 해방)
제6기 신흥과 태동 시대(해방후~현재)

반면, 국어에 대한 인식을 국어학사에 포함시키고자 하는 김민수(1964, 『신국어학사』)에서는 다음과 같이 달리하고 있다.

제1기 문자차용시대(훈민정음 창제 이전)
제2기 문자확립시대(훈민정음~임진란)
제3기 운학배경시대(임진란~갑오경장)
제4기 국어운동시대(갑오경장~민족해방)
제5기 신국어학시대(민족해방~현재)

위의 두 논의는 훈민정음을 창제하기 이전의 시대를 국어학사에 포함시키느냐 그렇지 않느냐로 크게 나누어지지만, 민족해방 이후의 시대를 한 시대로 구분하는 점에서는 일치하고 있다. 민족해방 이후의 시대를 세분하면, 논자에 따라 약간의 차이는 있겠지만, 서구 언어학의 사조 변화에 따라 구분될 수 있을 것이다. 즉 미국과 유럽의 기술언어학과 구조언어학을 받아들인 시대, 미국의 변형 생성문법을 받아들인 시대, 그 이후의 시대로 나누어 볼 수 있을 것인데, 국어학의 차원에서 보면 다음과 같이 시대구분할 수 있을 것이다.

제1기 구조기술언어학 수용시대(해방~1960년대 말)
제2기 생성언어학 수용시대(1960년대 말~1980년대 중반)
제3기 언어이론 탐색시대(1980년대 중반~현재)

여기서 '제3기'는 이전에 서구의 이론을 적극적으로 수용하던 태도에서 탈피하면서 새로운 이론을 모색해야 한다는 목소리를 내고는 있지만 아직 방법론을 정립하지 못하고 있는 상황이기 때문에 붙여 본 이름이다.

국어학사를 서술하는 단계는 (1) 연구업적의 정리 (2) 서술관점의 확립 (3) 연구업적의 가치 평가와 선별 (4) 구체적인 기술의 단계로 구분해 볼 수 있을 것이다. '연구업적의 정리'란 연구사를 기술하기 위한 가장 기초적인 단계로 연구업적을 전체적으로 종합하여 그 내용을 정리하는 일이 될 것이다. 그리하여 어떤 사항에 대하여 어떤 연구자가 최초로 암시하거나 논의했는지 여부를 가려 내고, 이것이 후대의 어떤 논의와 관련되는지를 파악해야 할 것이다. 다시 말해 어떤 사항에 대한 최초의 발견자와 이것의 계승자를 총체적으로 파악해야 할 것이다. '서술관점의 확립'은 연구자가 연구사를 기술하기 위한 관점을 정립하는 것을 의미한다. 대상 학문의 기본적인 시각이나 연구방법의 어떠한 측면에서 연구사를 작성할 것인가 하는 문제를 결정하는 단계를 의미한다. '연구업적의 가치 평가와 선별'은 문자 그대로 개개 업적이 연구사적으로 가지고 있는 의미를 추출하고, 가치 내지는 의미의 경중에 따라 연구업적을 분류하고, 연구사 기술에서 구체적으로 논의할 업적을 선별하는 작업을 의미한다. '구체적인 기술'이란 기술방법을 결정하여 연구사를 작성하는 작업을 의미하는데, 기술방법의 결정이란 논의의 체제를 주제사 중심으로 하느냐, 시대사 중심으로 하느냐, 논쟁점 중심으로 하느냐 혹은 이들을 복합시키느냐 하는 문제를 포함하여 구체적인 문제에 이르기까지 논의의 외형적인 체제를 정비하는 것을 의미한다.

본고에서 제시하는 연구사 서술태도는 본고에서조차 제대로 지키지 못하는 측면이 많은데, 이러한 문제는 앞으로 조금씩 수정해 나가기로 하고, 현재의 단계에서 작성되는 본고의 내용은 다음과 같다. 제2장에서는 언어이론의 기본적인 인식에 대해 살펴본 후 서구이론의 수용의 역사를 간단하게 짚어 보고, 반성할 점이 무엇인가 하는 문제는 원로들의 글을 인용해 보기로 한다. 제3장부터 제5장에서는 그동안 국어학계의 업적을 대강 정리해 보고, 제6장에서는 발전방향에 대해 논의하기로 한다.

2. 이론의 수용과 변용

2.1 이론의 인식론적 조화

존재를 보는 시각은 기본적으로 다음의 몇 가지와 관련된 것이다. 첫째, 존재의 본질을 일원론적으로 인식하느냐 혹은 다원론적으로 인식하느냐. 둘째, 존재를 추상화하고 범주화하는 분류방법에 관한 것으로 존재를 이분법으로 분류할 것인가 아니면 다분법적으로 분류할 것인가. 셋째, 존재의 중심을 어디에 두고 인식할 것인가 즉 인식방법에 관한 것으로 선험적인 것을 중심에 놓을 것인가 아니면 경험적인 것을 중심에 놓을 것인가. 이런 문제와 관련하여 약간의 의견을 피력하고 이론의 수용에 관련된 사항을 보기로 한다.

2.1.1 일원론과 다원론

음운론과 형태론, 통사론, 의미론 등의 상호 침투에 관한 논의는 기본적으로 존재에 대한 인식을 어떻게 하느냐에 관련된 것이다. 예를 들어 음운론적인 연구를 순수히 음운론적인 것으로 해석하고자 하는 것은 음운론이나 형태론, 통사론, 의미론 등이 각각 고유의 영역 속에서만 존재한다는 다원론적인 사고방식에 연유하는 것이다. 반면 언어의 어떤 부분을 밝히기 위해 언어학의 하위분야를 마음대로 넘나들며 자유스럽게 기술하는 것은 기본적으로 일원적인 생각에 바탕을 둔 것이다. 그리고 상호 영역의 독자성을 인정하면서 상호 의존적인 관계에 있다고 보는 시각은 일원론과 다원론의 조화를 꾀하고자 하는 시각이다.

미국의 구조주의 학자들 예를 들어 해리스(Z. S. Harris, 1951) 등은 일원론적인 인식의 바탕 위에서 이루어진 것이다. 음운 분석을 행함에 있어서 언어학의 다른 분야는 고려하지 않고 소위 분포의 개념으로 음운단위를 설정하고자 한 노력은 이러한 인식의 소산이다. 통사론을 상위에 두고 음운론을 하위에 두어 이들의 관계가 입력부와 출력부의 관계가 되는 것 역시 일원론적인 사고방식의 연장이다. 반면 언어의 자료를 구조화하여 추상화하거나 범주화하는 과정에 특정한 층위의 한계를 구분하지 않는 퍼스(J. R. Firth) 등은 다원론적인 사고의 기초 위에 있는 것이다.

대립되는 모든 것은 상보성의 원리 속에서 존재하는 것이라는 명제를 긍정적으로 받아들이면, 언어를 보는 시각에서도 일원론과 다원론을 상보성의 원리에서 파악해야 할 것이다. 일원론과 다원론의 상보적 조화-이것은 언어학에서 해결해야 할 과제 중의 하나가 되는 셈이다.

2.1.2 이분법과 다분법

인간의 인식이나 문화는 이분법적 분류에 의해 이루어져 왔다. 서양에서는 희랍시대 아리스토텔레스와 플라톤에 대한 인식이 그러하고, 동양에서는 '음'과 '양'의 대립 혹은 '이'와 '기'의 대립으로 존재를 인식한 것도 이와 관련된 것이다.

언어에 대한 인간의 관심이나 분석은 인도의 고대 음성학과 파니니 문법으로 소급될 수 있지만, 일반적으로 언어학은 20세기에 새로 태동된 학문이라고 할 수 있다. 이것은 언어학이 방법론의 차원에서 과학적이면서 독자적인 방법을 가지게 되었다는 것을 의미한다. 언어학이 현대적인 학문으로 발돋움하는 데 결정적인 공로를 한 것은 소쉬르(F. de Saussure)의 『일반 언어학 강의』라고 할 수 있을 것이다. '체계'라는 개념을 중시하며 언어학의 이론을 새로이 수립한 소쉬르는 철저하게 이분법적인 분류방식을 채택하고 있다. '공시태'와 '통시태'의 구분, '랑그'와 '빠롤'의 구분, '통합적인 관계'와 '계합적인 관계' 등 시간의 차원에서 본 언어의 존재론적인 양상, 언어를 사용하는 인간의 인식과 행위, 언어단위들 간의 관계 등에 관해 철저히 이분법적으로 구분하여 '이론'을 세운 것이다.

기계문명이 발달하고 음성에 대한 분석이 좀더 정밀해지면서, 물질적인 존재로서의 언어의 양상에 이해를 더해 가게 된다. 이와 함께 음성이라는 존재 혹은 언어라는 존재의 다양성이 알려지게 되면서 이분법적으로만 할 수 없는 한계에 부딪히게 된다. 존재의 다양성과 이에 대한 인식의 이분법을 기술방법의 차원에서 어떻게 해결할 것인가 하는 문제 역시 앞으로 해결해야 할 과제 중의 하나가 될 것이다.

2.1.3 선험성과 경험성

이론이란 항상 '선험적인 선언'과 같은 성격을 그 자체 내에 내포하게 된다. 언어학을 과학적인 학문으로 끌어올렸다고 평가 받는 구조주의 이론도 역시 선험적인 선언과 같은 성격을 가지고 있다. 소쉬르의 '랑그와 빠롤', '통시성과 공시성' 등의 이분법도 선험적인 성격을 가지고 있다. 촘스키(N. Chomsky)의 '본유적인 언어능력의 소유'나 '기저형과 표면형의 구분' 역시 '선험적인 선언'의 의미를 지니고 있다.

인간이 언어에 대해 선험적인 능력을 가지고 태어난다는 것은 촘스키에 의해서 이루어진다. 인간은 '본유관념'을 가지고 태어난다는 17세기의 관념론이 20세기의 중반 촘스키에 의해 언어학에서 다시 태어나는 것이다. 인간만이 언어를 배울 수 있는 언어에 대한 본유적인 능력(언어능력)을 가지고 태어나고, 이러한 능력으로 언어를 배우는 과정도 산발적이면서 임의적으로 주어지는 자료에서 자료를 단순히 받아들이는 것이 아니라 자료의 내면에 규칙이 존재하는 것으로 인식하고, 그 속에 내재된 규칙의 체계를 찾아내거나 스스로 규칙화하는 과정으로 이해하는 것이다. 이러한 규칙의 체계와 관련하여 도입되는 개념이 소위 기저형과 표면형의 구분이다.

기저형 중심의 언어학이 나오자마자, 수정 이론 내지는 반대 의견이 제기되는데, 자연생성음운론이 대표적이다. 자연생성음운론은 선험성의 영역을 줄이고, 경험적인 측면을 강조한 것이라 할 수 있다.

최근 대두된 최적성 이론은 '변형생성이론'에서 '변형된' 이론이라고 할 수 있다. 변형생성이론의 가장 기본적인 설정-기저형과 표면형의 설정은 '입력부'와 '표면형'으로 대치된다. 적용이 엄격했던 규칙은 '위반 가능한 제약'으로 변형된다. 순서대로 적용되던 규칙은 '제약의 위계'로 대치된다.

그리고 엄격하게 기저형 중심이었던 인식에서 다소간 표면형 중심으로 그 무게 중심을 옮기게 된다. 이것은 선험성에 대한 부담을 줄이고, 경험성에 비중을 조금 더 실어 주기 위한 노력이라고 볼 수 있는 것이다.

2.2 이론의 수용과 변용

해방 후 국어학은 서구 언어학의 변모에 따라 그 수용 대상을 달리하면서, 긍정적인 측면에서 보면 세계 언어학의 흐름과 같이하고, 부정적인 측면에서 보면 서구 언어학의 흐름에 종속되어 진행되어 왔다. 1950년대와 1960년대에는 미국의 기술언어학을 주로 수용하였고, 1960년대 말부터 역시 미국의 변형생성문법을 수용하기 시작하였다. 그리고 촘스키 언어학의 대안이나 수정안이 나오거나, 혹은 촘스키 자신이 자신의 이론을 수정한 안을 제시하면 그때그때 이론을 수용하였다.

2.2.1 구조·기술 언어학의 수용

해방 후 국어학에는 전혀 다른 서구의 두 언어학이 만나게 된다. 하나는 유럽의 구조주의고 하나는 미국의 기술언어학이다. 추상적인 실재의 성격이 강한 체계 개념을 중시하고, 체계를 구성하는 요소들의 관계에 주된 관심을 기울이는 유럽의 언어학과, 표면의 형태와 분포를 중요시하고 구체적으로 존재하는 요소들을 객관적으로 분절하는 발견 절차에 주된 관심을 기울이는 미국의 언어학이 국어학에 동시에 수용되는 것이다. 1950년대에 도입되기 시작한 이 이론은 1960년대에 이르러 본격적인 연구가 이루어지기 시작하여 1960년대 말에 생성이론이 도입되기까지 연구의 방향을 주도하였다. 이때의 사정에 대해 그 시대의 현장 가운데에 계셨던 분의 글을 인용해[2] 보기로 하자.

---

2) 이 글은 김방한 교수의 「학풍 한 세대 - 언어학」(『대학신문』 1976년 5월 17일호)인데, 이정민(1983)에서 재인용한 것이다.

…… 서서히 밀려오기 시작한 미국 언어학의 영향은 50년대부터 눈에 띠게
되고 60년대 전반애는 고조된다. 이때 특히 주목할 것은 기술언어학이론의
소화와 더불어 그 방법의 적용이 국어학계에서 상당히 활발하게 전개되었다는
점이다. 그러나 앞서 말한 소쉬르의 언어이론이나 프라그 학파의 이론이
좀더 깊이 소화되었더라면 다음 단계에서 미국언어학의 영향이 아무리 컸더라
도 그것을 맹목적으로 받아들이지 않았을는지 모른다.

미국의 기술언어학과 유럽의 구조주의의 유입으로 전체적으로 소화불량
상태였든, 혹은 미처 조리법도 준비하지 못한 상태였든, 국어학계는 새로운
이론의 도입으로 중요한 업적을 보게 된다. 그 중 대표적인 것으로 이기문
(1959, 「16세기 국어 연구」,『문리논집』4, 고려대), 김완진(1963, 「국어모음체
계에 관한 신 고찰」,『진단학보』24), 안병희(1959, 「15세기 국어의 활용어간에
대한 형태론적 연구」,『국어연구』7), 허웅(1964, 「치음고」,『국어국문학』
27), 김방한(1964, 「국어모음체계의 변동에 관한 고찰」,『동아문화』2, 서울대)
등을 들 수 있을 것이다.

이기문(1959)과 허웅(1964)은 유럽의 체계를 중시하는 이론에 바탕을 두고
기술언어학을 도입하였고, 김완진(1963)은 구조주의 언어학을 철저히 소화
하고 그것을 전형적으로 반영하였다고 평가받고 있다. 그리고, 안병희(1959)
는 기술언어학의 장점을 국어학계에 널리 알린 계기를 마련해 주었다. 허웅과
이기문, 그리고 김완진 등이 국어학계에 가지고 있는 영향력으로 인해 국어학
의 기본적인 연구방법에서 '체계'라든가 '전체'라든가 하는 개념이 미국의
변형생성문법을 받아들인 후까지 연구방법의 기저에 하나의 전통으로서
자리잡게 되었다고 할 수 있을 것이다.

2.2.2 촘스키(1957, 1968)와 그 이후 이론의 수용

20세기 중반기에 언어학은 촘스키에 의해 혁명이 일어났다고 한다. 심성주
의와 합리주의에 바탕을 둔 촘스키의 이론은 기저와 규칙을 주된 개념으로
하여 언어에 대한 인식과 해석 및 기술을 근본적으로 달라지게 하였다.

촘스키는 다른 어느 분야에서보다 통사론에서 막대한 영향을 끼치게 된다. 1957년 통사론의 관한 저서가 나온 이래, 1965년에 표준이론으로 발전하게 되고, 1972년에는 확대표준이론으로 발전하게 된다. 그리고 1981년에 지배결속이론으로 발전하고, 1990년대에는 최소주의이론으로 발전하게 된다. 이렇게 이론이 바뀔 때마다 통사론 전공자는 그 이론을 수용하여 국어의 현상을 설명하기 위해 노력하고 있다.

음운론 분야에서는 통사론 분야보다는 그 영향이 상대적으로 약했다. 1968년에 "The Sound Pattern of English"가 소개된 이래 이 이론이 국어 음운론의 공시적·통시적 연구에 영향을 미치게 되는데, 초기의 중요한 업적은 이기문(1969), 김완진(1971, 「음운현상과 형태론적 제약」, 『학술원논문집』 10 ; 1972, 「다시 β>w를 찾아서」, 『어학연구』 8권 11호), 이병근(1971, 「운봉지역의 움라우트 현상」, 『김형규박사송수기념논총』, 일조각) 등을 들 수 있다. 이후 곧 자연생성음운론의 영향을 받은 김수곤(1978, 「현대 국어의 움라우트 현상」, 『국어학』 6)이 나오고, 1980년대에는 운율음운론, 입자음운론, 어휘음운론에 관한 논문이 이론을 수용하는 주된 부류를 이룬다. 1990년대에는 최적성 이론이 수용되어 이에 관한 논문이 영어음운론 전공자나 국어음운론 전공자 가운데 소장학자들을 중심으로 간간이 나오고 있는 형편이다.

의미론 분야에서는 생성의미론과 해석의미론의 관계에 대한 논의가 곧바로 국어에 영향을 미쳤고, 의미 해석을 하는 문제와 관련하여 화용론, 언어행위 등에 관한 이론 등으로 그 영역이 확대되고 있다. 그리고 텍스트 언어학이 도입되어 이 방면에 대한 연구가 활기를 띠고 있다.

2.3 반성

외국이론의 수용이란 연구방법의 확립이라는 긍정적인 측면을 가지는 동시에 연구방법의 종속이라는 부정적인 측면을 동시에 가진다. 서구이론의 맹목적인 수입과 소화불량적인 수용은 어제 오늘의 일이 아니고, 자체적인

이론 개발의 필요성을 제창하는 것도 어제 오늘의 일이 아니다. 지금부터
한 세대 이전에 나왔던 우려를 옮겨 보기로 한다.

1970년대 김방한(1976,「학풍 한 세대 - 언어학」,『대학신문』1976년 5월
17일)은 당시의 학계를 다음과 같이 진단하고 있다.

> 서서히 밀려오기 시작한 미국 언어학의 영향은 50년대부터 눈에 띄게 되고
> 60년대 전반에는 고조된다. 이때 특히 주목할 것은 기술언어학 이론의 소화와
> 더불어 그 방법의 적용이 국어학계에서 상당히 활발하게 전개되었다는 점이
> 다. 그러나 앞서 말한 소쉬르의 언어이론이나 프라그 학파의 이론이 좀더
> 깊이 소화되었더라면 다음 단계에서 미국언어학의 영향이 아무리 컸더라도
> 그것을 맹목적으로 받아들이지 않았을는지 모른다.
> 말하자면 일정한 방향이 없던 우리 학계는 아무런 비판도 없이 유일하게
> 미국의 기술언어학을 일방적으로 받아들이고 그것을 유일무이한 방법으로
> 의식했던 것이다. 이러한 시기가 대체로 60년대 전반까지 계속되는 것으로
> 생각된다. 미국의 기술언어학은 유럽의 언어학과는 유리된 채 독자적으로
> 발전한 것이 특징이다. …… 우리 학계에서도 어떤 학풍이 다소라도 형성되어
> 있었더라면, 혹은 좀더 세계학계를 폭넓게 돌아볼 여유가 있었더라면 다소의
> 비판능력을 가졌을는지 모른다.

그리고 당대에 국어학을 이끌었던 이숭녕 교수는 명예교수 칼럼(「학문의
독창성의 구상 - 외국학설의 추종에 한계 있다」,『대학신문』)[3]에서 다음과
같이 우려하고 있다.

> …… 학계나 개인의 학문의 성장과정에서 처음엔 모방심리와도 같이 외국의
> 학자의 학설을 섭취함에 급급한 것은 당연하다고 하겠다. 그러나 외국 학설의
> 섭취가 습성과도 같이 되면 변모에 따라 거의 一喜一憂와도 같이 자기 자세의
> 수정을 서두르고 이것이 이룩되면 스스로 최신학자로 자처하는 경향을 보았
> 다.
> 일본의 학계는 과거에 이런 경향이 짙었다. 전쟁 후 독일에서 새 책의 공급이
> 끊어지자 일본의 철학계는 거의 울상이었다. 城大의 哲學科의 安候 교수는

---

3) 이 글은 이정민(1983)에서 부분적으로 옮긴 것인데 원문을 확인하지 못하였다.

연하의 교수들을 모아 놓고 다음과 같이 통탄했다는 소식을 들은 일이 있다. "제군들은 독일에서 책이 석 달만 들어오지 않으면 제군들의 철학은 바닥이 나는 것이 아닌가?……" (중략)

그런데 한국의 오늘의 학계도 그러한 양상이 보이는 듯하기에 말이다. 특히 그것이 국어학계에서 걱정되는데 그런 양상이 날로 짙어만 가는 듯해 여기 감히 ―를하려는 바이다. 그것은 오늘의 국어학은 흡사히 미국에 가서 영어학을 전공하고 언어학의 학위를 취득한 언어학자들의 주장에 의해 이끌리어 좌지우지 당하고, 또는 갈팡질팡하는 느낌이 짙다. 이미 학술원에서 문교부의 연구로 제출된 논문을 심사해 보고 나는 다시 없이 실망한 터이다.

몇 십 년 전에 주장된, 외국이론을 수용할 때 조심해야 할 사항이 지금 나아진 것이 있는가 하는 문제를 진지하게 고민해야 하고, 왜 이런 현상이 되풀이되고 있는가 하는 문제도 고민해야 할 것이다.

3. 자료의 발굴과 구축

3.1 문어자료의 발굴과 정리

1940년대에 훈민정음이 발견되어 훈민정음의 제자원리를 올바로 이해하게 된 것은 우리 민족의 역사적인 쾌거를 제대로 이해하게 되는 중대한 사건에 해당하는 일이다. 이후 한글 문헌자료가 속속들이 발견되어 부족하나마 우리말의 문화적 유산을 확인하고, 국어사의 자료를 확보하게 되었고, 이는 언어의 역사적 변화를 이해하고 이를 체계화하고자 하는 학자들에게는 크나큰 행운이라 아니 할 수 없는 일들이다.

한글 문헌자료의 정리는 남광우 선생의『고어사전』, 유창돈 선생의『이조어사전』, 한글학회의『우리말큰사전』등의 사전류에서 옛날 문헌에 대한 해제가 정리되기도 하고, 안병희 선생이나 홍윤표 선생 등이 이 방면에 특별한 관심을 가지고 여러 곳에서 문헌자료를 정리하였다. 최근에는 문화관광부사업의 일환인 '사이버한글박물관'에서 2001년도 사업의 하나로 문헌자료의 대강을 전체적으로 정리하였다. 그리고 역시 문화관광부에서 발주한 사업의 하나로 김석득 선생을 연구책임자로 하여『한글 옛 문헌 정보 조사 연구』라는 연구보고서가 나왔다. 이 보고서에는 지금까지 발굴된 439종의 옛 문헌목록을 작성하고(15세기 문헌: 41종, 16세기 문헌: 54종, 17세기 문헌: 61종, 18세기 문헌: 145종, 19세기 문헌: 83종, 20세기 문헌: 45종), "각 문헌의 해제와 소장자 및 소장처를 비롯하여 영인, 해제 여부, 주석 여부, 연구상황, 참고문헌 등을 조사"한 것이다.

훈민정음을 창제하기 이전에 사용하던 이두문에 관한 사항은『대명률직해』 등의 문헌자료를 중심으로 연구해 오다가, 1970년대 이후에 금석문 등의 이두문이 대량으로 발굴된다.『대명률직해』의 이두에 관한 연구는 박희숙 (1984,『대명률직해의 이두연구』, 명지대학교 박사학위논문), 고정의(1992, 『대명률직해의 이두연구』, 단국대학교 박사학위논문) 등에 의해 이루어지고, 조선전기의 문서에 나타나는 이두는 박성종(1996,『조선전기 이두자료와 그 국어학적 연구』, 서울대학교 박사학위논문)에 의해 이루어졌다. 이보다 앞서 1976년에 장지영, 장세경 등은『대명률직해』이후의 이두를 정리하여 『이두사전』을 편찬하였다. 이승재(1992,『고려시대의 이두』, 태학사)는 약 50여 종의 고려시대 이두자료를 정리한 것이고, 서종학(1995,『이두의 역사적 연구』, 영남대학교출판부)은 삼국시대부터 고려시대까지의 이두를 정리한 것이다. 그리고 최근의 남풍현(2000,『이두연구』, 태학사)은 삼국시대와 통일 신라시대 그리고 고려시대를 포괄하는 이두를 정리하고 해독한 것이다.

이두문 외에 또 하나의 차자문인 구결문에 대한 연구는 이숭녕(1961, 「'-샷 다'고」,『진단학보』제22집)과 최범훈(1972, 「'구결' 연구」,『국어국문학』 제55-57권) 등에 의해 산발적으로 이루어지다가, 1975년『구역인왕경』의 석독구결이 학계에 알려지면서부터 국어사 연구의 한 축을 담당할 정도로 중요성이 부각된다. 이 방면에 대한 연구는 남풍현 선생을 중심으로 연령별로 는 20대에서부터 60대에 이르기까지 넓은 분포를 가지고 '구결학회'를 결성 하여 연구활동을 펴고 있다. '구결학회'의 활동은 학회지『구결연구』에 집약

28

되어 있으며, 남풍현의 구결에 대한 연구는 남풍현(1999,『국어사를 위한 구결연구』, 태학사)에 정리되어 있다.

최근에는 일본에서만 발견되던 각필 자료가 한국에서도 발견되어 학계를 흥분시키고 있는데, 이에 대한 연구는 남풍현, 이승재, 정재영 선생 등을 중심으로 이루어지고 있다. 각필 자료에 대한 해석이 무게를 더하면 국어사 자료의 새로운 한 부분을 담당할 수 있을 것으로 기대된다.

3.2 구어자료의 구축

언어에 있어서 구어자료는 과거의 총체적 집결체고, 현재의 존재 그 자체이며, 미래에 대한 문화유산으로서의 가치를 갖고 있다. 이러한 중요성에도 불구하고 구어자료의 구축은 방언에 관심을 가지고 있는 연구자가 개인적으로 혹은 대학의 학과 차원에서 행해지는 방언 조사를 통해 산발적으로 이루어져 왔다. 그리하여 현재까지 어느 정도의 구어자료가 구축되어 있는지 종합적으로 검토조차 되어 있지 못한 상황이다. 한국정신문화연구원에서 전광현, 이익섭, 이병근 선생 등을 중심으로 방언조사계획을 수립하고 전국적인 방언 조사를 시행하여 도별로 방언조사자료집을 간행한 것은 국어학계의 큰 수확이라 할 것이다. 또한 현지조사를 바탕으로『구비문학 대계』를 간행한 것도 구어자료의 구축에 큰 몫을 한 셈이다. 그런데 이러한 자료는 모두 아날로그 형식으로 되어 있어서 그 보존성에 큰 문제점을 가지고 있다. 이러한 문제를 극복하기 위해 2001년부터 국립국어연구원에서 확보한 구어 자료를 디지털 형식으로 전환하여 보관하는 사업을 시작하였는데, 이러한 사업이 확대되어 현재의 언어가 영원한 기록으로 남을 수 있도록 하루빨리 조치가 취해져야 할 것이다.

3.3 연구업적의 정리

현재의 학문 수준을 가늠하고, 새로운 도약을 준비하기 위해서는 성과물을 정리하여 그 가치를 평가하는 일이 필수적이다. 연구업적의 정리는 두 가지로 나누어 볼 수 있다. 하나는 연구업적을 원형 그대로 혹은 단순히 언어규범적인 사항만 교정하여 연대순이나 저자순 혹은 분야별로 연구 업적물을 전체적으로 종합하는 것이고, 하나는 연구사적인 의미 부여를 하면서 가치있는 업적물을 선별하여 국어학사를 서술하는 일이 될 것이다. 기초공사가 부실하다는 것은 대한민국의 곳곳에서 나오는 지적인데, 이것은 국어학계에도 해당되는 것이다. 학문으로서의 국어학을 시작한 지 100년이 넘었건만, 국어나 국어학이 제대로 정리되지 못하고 있는 것이 현실이다. 비교적 최근인 1986년에 김민수, 고영근 선생 등이 노력하여 탑출판사에서 『역대한국문법대계』 102 권이 완간되었는데, 이것은 구해 보기 어려운 개화기 자료까지 포함한 대단한 귀중한 사업이다. 이 시기의 자료나 연구 업적을 구하는 노력을 절감시켜 주는 획기적인 사업이었던 것이다. 그리고 1986년에 홍문각에서 『방언학연구논문집』을 간행하여 방언 관계의 논문을 쉽게 구해 볼 수 있게 하였다.

'국어학'에 관련된 연구업적을 전부 모으고, 이것을 텍스트 문서나 화상으로 제공하고, 필요한 사람은 누구나 출력하여 활용할 수 있으며, 원문과 텍스트 문서를 바로 대조할 수 있다면 국어학 연구자는 연구자료에 바치는 시간을 절약할 수 있을 것이다. 그리고 연구업적의 내용이 간단하게 요약되고, 주요어로 검색될 수 있으면 연구자는 배전의 편의를 가질 것이다. 그리고 그 내용이 외국어로 번역되어 있고 그 나라의 컴퓨터 운영체제에서 활용할 수 있다면 국어학을 세계에 알리는 계기가 되는 동시에 외국에서 국어학을 전공하고자 하는 자에게 더할 수 없는 도움이 될 것이다. 이러한 사업을 국립국어연구원에서 2002년도부터 시작하여 12개년 계획으로 추진하고 있는데, 연구자에게 무엇이 필요한가, 국어학의 수준을 한 단계 더 높이기 위해서는 우선적인 순위를 어떻게 해야 할 것인가 하는 문제를 고려하여 훌륭한 업적으로 나오기를 기대한다.

3.4 국어학 자료의 정보화[4]

20세기 후반기의 가장 큰 특징 중 하나가 컴퓨터의 개발 및 보급이라고 할 수 있을 것이다. 1980년대에 부분적으로 보급되기 시작한 컴퓨터는 1990년 대에 일반화되었고, 이제 컴퓨터 없이는 연구활동 자체가 지장을 받을 정도로 보편화되었다. 이와 함께 인터넷의 상용화로 국어 내지는 국어학의 정보화가 학문발전의 관건이 되고, 정보화의 수준으로 학문 발전의 수준을 가늠하는 척도가 되었다. 정보화 단계를 자료의 구축과 기반 조성으로 나누어 보면 대략 다음과 같이 될 것이다.

(1) 자료의 구축
문헌자료의 텍스트화
구어자료의 텍스트화
텍스트 파일의 태깅화
텍스트 파일의 집대성화
원문의 영상화

(2) 기반 조성
국어학 포털사이트의 구축
형태소 분석기의 개발
검색프로그램의 개발
번역프로그램의 개발

4. 영역의 확대와 학회의 활성화

4.1 영역의 확대

국어학의 영역 내지는 언어학의 영역은 꾸준하게 확대되어 왔다. 이것은 인간이 언어의 본질을 이해하고자 끊임없이 노력하고, 언어를 이해할 수 있는 능력의 변화를 반영한 것으로, 국어학에 종사하는 사람들의 수적 증가와

---

4) 이에 대해서는 따로 논문을 준비중이므로 여기서는 구체적인 논의는 생략하기로 한다.

질적 향상을 배경으로 한다.

20세기 초반기까지 언어학의 관심이 음소에 집중되어 있었던 것은, 언어란 '음성과 의미'의 두 가지 요소로 이루어져 있다고 인식하고, '의미'의 영역은 다루기 어렵거나 불가능하다고 판단했기 때문이다. 그러다가 통사구조에 대한 인식을 새롭게 하고, 이를 중심으로 언어를 보게 된 것은 '음소' 내지 음소체계의 영역에서 '어절단위'의 기능 내지는 통사구조에 대한 새로운 인식이 가능했기 때문이다. 이를 바탕으로 새로이 의미 영역이 탐구의 대상이 된 것은 의미 영역을 어느 정도 객관화할 수 있을 정도로 인식능력이 증대되었기 때문이다. 언어학의 영역이 텍스트 단위로 확대된 것 역시 이러한 인식의 연장선 상에 있는 것이다.

1970년대 들어 특기할 사항의 하나는 한국정신문화연구원에서 10년 동안 전국의 방언조사를 기획하여 이를 실천적으로 수행하였다는 사실이다. 이것의 결실은 도별 방언자료집으로 간행되었는데, 조사가 되지 못한 북한지역이나, 해외지역까지 확대할 필요가 있을 것이다. 최근에는 언어학과 인접 학문이 연계된 분야가 속속 등장하고 있는데 대표적인 것으로는 전산언어학, 사회언어학, 인지언어학, 언어병리학, 사전편찬학 등이 될 것이다.

4.2 학회의 활성화

우리말을 전공하는 국어학자들의 모임은 개화기시대로 그 역사를 거슬러 올라 간다. 1908년 8월 31일 주시경, 김정진 등이 우리말과 글의 연구·통일·발전을 위해 '국어연구학회'를 창립하여, 1911년 9월 3일에는 '배달 말글 몯음'으로, 1913년 3월 23일 '한글모'로 바꾼다. 그리고 주시경 선생의 국어연구에 영향을 받은 사람들을 중심으로 하여 1921년 12월 3일에 '조선어연구회'가 결성되기에 이른다. 이 연구회는 1931년 1월 10일 '조선어학회'로 이름을 고쳤다가 1949년 9월 25일 '한글학회'로 하여 오늘에 이르고 있다. 이 학회에는 현재 순수한 국어 연구뿐 아니라 국어교육, 국어정책 등에 이르기까지 광범위한 영역에서 많은 국어 관련 종사자들이 회원으로 등록하여 활동중이다. 이 학회에서는 정기 간행물, 기관지, 월간지, 단행본 등을 출판하고 있는데, 주요한 것으로는 다음의 것들이 있다. 2001년 현재 『한글』(계간) 제253호까지, 『문학한글』 제14호까지, 『교육한글』 제13호까지, 『한힌샘 주시경 연구』 제13호까지(이상 연간), 『한글새소식』(월간) 제349호까지 펴내고 있으며, 『우리말큰사전』, 『한글지명총람』, 『한국땅이름큰사전』, 『쉬운말사전』, 『새한글사전』, 『국어학사전』 등의 사전과 훈민정음 해례본의 영인본을 위시한 각종 영인본과 단행본 등을 펴내고 있다. 이러한 학술적인 활동 외에 어문 규정과 관련된 일에도 관심을 쏟고 있으며, 국어 교육 및 한글 및 한국어의 보급과 국어학 관련 자료의 정보화에도 일조하고 있다. 구체적인 내용을 간단하게 살펴보면 다음과 같다. 1933년 처음으로 '한글맞춤법 통일안'을 마련하여 우리 어문 규정에 관한 것을 처음 제정하였으며, 표준말 사전, 외래어표기법, 우리말의 로마자 표기, 국어순화를 위한 용어집 등을 내놓고 있다. 일제시대부터 일찍이 국어 교원 양성을 위한 강습회 및 양성소를 설치하여 운영한 적이 있으며, 교과서 편찬, 한글 계몽 강습, 학교 말본 통일을 위한 갖가지 사업을 벌여 왔고, 1997년부터는 국외에 있는 한국어 교사 양성을 위한 '국외 한국어 교사 연수회'를 해마다 열고 있다. 제5회 연수회를 마친 2001년 현재 지금까지 30개 나라에 200여 명의 교사들을 연수시켰다. 한글만 쓰기와 우리말 도로 찾기 등 우리 토박이말과 한글만 쓰기를 위한 운동을 계속해 오고 있으며, 우리말 우리글 바로 쓰기 운동을 다양하게 펼치고 있다. '한글의 기계화'와 관련해서도 많은 사업들을 추진해 왔다. 글자판의 통일, 글자꼴 개발과 통일을 위해 연구하고 지원하고 있으며, 문화관광부(당시 문화체육부)의 지원으로 1992년부터 1996년까지 5년 동안 갖가지 국어국문학 관련 자료(각 대학과 연구기관 및 단체 등에서 나오는 각종 논문집, 기관지, 학술지에 실린 연구논문과 각종 자료, 나아가 옛글 문헌 및 해외에 보존되어 있는 자료)들을 데이터베이스화하였다. 현재 입력된 자료는 총 20,375편에 달하며, 원본 내용까지 검색할 수 있도록 되어 있다.

그 밖에 한글학회가 그동안 펴내 온 논문집 『한글』, 『문학 한글』, 『교육 한글』, 『한힌샘 주시경 연구』에 실린 논문들을 빠짐없이 데이터베이스화한 '한글학회 학술 정보' 시디롬을 만들어 보급하고 있으며, 이는 누리그물(인터넷)을 통해서도 언제든 검색하고 이용할 수 있도록 하였다.

국어학에 관련된 학회 중 그 역사가 가장 오래된 한글학회가 이처럼 국어운동에 주된 관심을 보여온 것과는 달리, 1959년 이희승, 이숭녕을 중심으로 한 일련의 연구자들은 순수 국어학을 연구하는 '국어학회'를 창립하게 된다. 이 학회의 목적은 학회 회칙 제2조에 나타나 있듯이 "순수한 국어학의 연구와 보급"을 도모하는 것이다. 이 학회의 주된 사업은 학회지 『국어학』을 간행하고, 그 해의 박사학위논문을 주 대상으로 『국어학총서』를 선정하여 간행하는 일이다. 기타 국어학 관련 행사도 벌이고 있으나 순수한 국어학 연구를 표방하고 있는 학회의 성격으로 인해 학회 활동은 제한적이다.

영역의 확대와 관련하여 소규모의 전문 분야에 관심을 두고 있는 학자들이 학회를 창립한 것은 주목할 만한 일이다. 1985년에 창립한 '한국알타이학회'는 알타이 제 민족의 언어·문학·역사·민속 등 문화 전반에 관한 연구의 발전에 기여할 것으로 목적으로 하여 현재 『알타이학보』를 발행하고, 정기학술대회 및 국제학술대회를 개최하고 있다. 1988년에 발족한 구결학회는 차자표기를 중심으로 국어사를 중점적으로 연구하는 학회다. 차자표기는 한자의 훈과 음을 이용하여 우리말을 표기한 것으로서 훈민정음이 창제되기 이전까지 우리 조상들이 이용한 문자와 그 표기법이라고 할 수 있다. 차자표기는 이두·구결·향찰 등의 문장표기와 지명·인명·관명·물명 등의 어휘표기로 나뉜다. 이들을 음운론, 문법론, 어휘론의 관점에서 집중적으로 연구함으로써 국어사 연구에 이바지하고, 나아가 우리의 고대 언어자료와 문자표기의 전통을 세계에 널리 알리는 것을 목적으로 하고 있다. 이 학회에서는 첫째, 구결, 이두, 향찰, 고유명사 표기 의 차자표기 자료들을 발굴 및 정리하고 보급하기 위한 사업, 둘째, 차자표기 자료들을 연구하고 출판하기 위한 사업, 셋째 차자표기와 관련한 국어사 및 국어학 연구를 위한 사업, 넷째, 기타 차자표기 자료들과 관련하여 필요한 사업, 다섯째, 『구결연구』의 발행, 여섯째, 월례강독회와 공동연구발표회의 개최 등을 하고 있다.

이와 유사한 성격을 가진 학회 내지 연구회로는 지명학회나 국어사자료학회, 국어사연구회 등을 들 수 있다.

국어학의 범위를 넘어서서 영어학이나 불어학, 독어학 연구자 혹은 의학이나 공학을 전공하는 연구자들과 공동으로 언어의 하위분야를 연구하는 모임도 활성화되고 있다.

음성학을 연구하는 모임으로는 1996년에 설립된 '한국음성과학회'가 있다. 이 학회는 사회 일반의 이익에 공여하기 위하여 공익법인의 설립운영에 관한 법률의 규정에 따라 음성과학(음성학, 음향생리학, 음향물리학 기타 관련 분야)에 관한 이론적 연구와 그 응용기술의 보급에 기여함을 목적으로 한다. 이 학회는 음성학, 음성의학(언어병리학 · 청각학), 음성공학(음성합성 · 음성인식 · 화자확인 및 스피치코딩) 학제 간의 단체이므로 학문 간에 음성과학용어의 표준화 작업(1996~현재)을 추진하고 있으며, 정상인을 대상으로 음성DB 및 의사소통장애인을 대상으로 한 음성DB 수집 작업(2000~현재)을 하고 있다. 음운론 연구모임으로는 '한국음운론학회'를 들 수 있다. 음성, 음운, 형태론 분야의 언어학 신이론을 수용하고 그 이론을 바탕으로 영어, 한국어, 러시아어 등 제반 언어에서 나타나는 현상을 분석 · 토론 · 집필하여 언어학 연구의 지평을 넓혀 나간다는 것이 이 학회의 목적이다. 통사론 분야에서는 '한국생성문법학회'가 있다. 1989년에 창립된 이 학회는 "회원 상호간의 생성문법 연구를 도모하고 우리나라의 생성문법 연구의 발전에 공헌함을 목적으로 한다." 의미론 분야에서는 1997년에 '한국어의미학회'가 "의미론 분야를 주체적으로 수용하고, 국어학 연구 중 핵심 분야의 하나인 의미론에 관한 연구를 활성화"하기 위한 활동을 벌이고 있다.

1991년에 설립된 '한국텍스트언어학회'는 독일을 중심으로 한 서양의 텍스트언어학의 이론과 실제에 관한 제반 연구를 수용하여 이를 우리글에 응용함으로써 텍스트 분석의 발전에 이바지함을 목적으로 한다. 이 같은 목적을 달성하기 위해 1년에 두 차례 학술대회를 개최하고, 6월 말과 12월 말에 학회지로 『텍스트언어학』을 간행하고 기타 학술 행사 및 교류를 추진하고 있다. 1990년에 설립된 '한국사회언어학회'는 사회언어학과 관련된 제반 학술활동을 추진하고 있다. 언어라는 것은 인간 상호간의 이해를 위한 단순한 교환수단이 아니라 인간의 사유와 행동과 그의 삶을 지배하고 창조하며, 객관적 사실과 인간정신의 중간에 위치하여 인간성의 본질적인 핵심에까지 관계하는 힘을 가지고 있다. 결국 언어 표현은 환경적 변화에 따른 사회적 의미를 지니게 되므로, 순수언어적인 문맥의 한계를 넘어 언어 외적인 제반 상황을 미루어 해석해야만 말하는 이의 참뜻을 이해하게 되는 것이다. 이러한 전제를 기반으로 하여 위 학회는 사회언어학과 관련된 제반 연구에 참여하고 관심 있는 학자들이 모여 논문 발표와 토론을 통해 언어학적 이론의 심화를 꾀하고 언어발전에 이바지하는 것을 목적으로 하고 있다. 곧, 사회적 행위의 하나로서 언어가 갖는 중요성을 인식하고, 그 언어를 사회적 현상이나 행위로 보면서 이에 대한 체계적 이론의 깊은 이해를 꾀하고자 하고 있다. 1991년에 창립된 '담화인지언어학회'는 담화문법, 텍스트문법, 인지문법, 기능문법, 화용론에서 대상으로 삼는 언어현상을 연구하고 발표하는 데 그 목적을 두고 있다. '한국언어청각임상학회'는 언어장애와 청각장애의 연구 및 임상의 질적 향상과 회원의 권익보호 및 친목활동을 목적으로 하여 창립되었으며 (1) 연구발표회 등 학술회의 개최, (2) 학회지 및 기타 출판물의 간행, (3) 언어임상실 및 청각임상실의 운영, (4) 언어장애 및 청각장애 아동의 부모교실 개최, (5) 언어장애 및 청각장애 전문인 교육, (6) 초 · 중 · 고등학교 교사 연수, (7) 언어장애치료 보조원 및 청각장애치료 보조원 교육, (8) 기타 학회의 목적을 달성하기 위한 사업 등을 벌이고 있다.

외국어로서의 한국어 교육과 관련해서는 '이중언어학회'와 '국제한국어교육학회'가 있다. 1981년에 창립된 이중언어학회는 이중언어학 및 이중언어교육의 이론적 연구와 응용을 통하여, 해외교포 및 외국인에게 한국어를 보급하고 해외의 한국어 교육을 후원하는 데 목적을 두고 있다. 국제한국어교육학회는 한국어를 전 세계에 보급하고 지원하는 국내외 한국어교육계와 한국어 교육자의 성장과 발전을 목적으로 삼아, 외국인을 위한 한국어교육에 종사하는 교육자와 이에 깊은 관심을 가지고 있는 많은 학자들이 힘을 모아 1985년에 설립한 학회다. 학회의 설립목적을 보다 구체적으로 구현하기 위하여 현재 다음과 같은 세부목표 아래 학회활동을 벌이고 있다. (1) 한국어 교육자의 연구활동과 교수활동에 도움을 줄 수 있는 학술지와 소식지 발간, (2) 전 세계 한국어교육자가 참여하여 연구활동을 할 수 있는 국제학술대회 개최, (3) 국내 한국어교육자가 참여하여 연구활동을 할 수 있는 국내학술대회 개최, (4) 한국어 교재 및 한국어 교육 프로그램 개발, (5) 한국어 교육을 위한 학술자료 발간, (6) 정보 공유 및 학문적 교류를 위한 홈페이지 운영 등 이러한 사업들은 한국의 성장발전은 물론 한국경제와도 밀접하게 관련되므로 한국을 사랑하고 한국어를 사랑하는 학회와 학회원은 한마음으로 열심히 학회활동을 하고 있다. 그 주요 사업내용을 보면 (1) 학회지와 소식지 발간, (2) 학술대회 개최, (3) 한국어 교재 및 한국어 교육 프로그램 개발, (4) 한국어교육을 위한 학술자료 발간, (5) 정보교환 및 학문적 협조 등이 있다.

'한국멀티미디어언어교육학회'는 정보화시대의 요구에 부응하기 위한 일환으로 멀티미디어 매체를 활용한 언어교육에 관심을 가지고 있는 대학 교수, 각종 기관의 연구원, 초·중등학교 교사들이 뜻을 같이하여 1997년 10월 6일에 창립한 단체다. 여기에서 인터넷, 시디롬 타이틀, 멀티미디어 교수법 등 언어교육 분야에서 최첨단 멀티미디어의 활용 능력을 신장하고, 상호간에 정보를 공유하고, 새로운 멀티미디어 언어교수 및 학습이론을 개발하기 위하여 매년 2회에 걸쳐 학술지(*Multimedia-Assisted Language Learning*)를 발간하고, 연 2회 학술대회를 개최하고 있다.

이 밖에 외국에서도 한국어를 연구하는 사람들의 모임이 활성화되고 있다. 일본에서는 일찍부터 조선어학회가 구성되어 한국어를 연구하는 일본인과 재일한국인의 연구모임이 정례화되어 있다. 중국에서도 중국조선어학회가 구성하여 발표회와 논문집이 나오고 있으며, 별도의 모임도 준비되어 2001년 첫 모임이 북경에서 열리기도 하였다. 미국에서도 중등학교 교사나 주말한글학교 교사를 중심으로 연수회 형식의 모임이 열리고 있는데, 국립국어연구원에서 이러한 연수회를 활성화시키기 위해 노력하고 있다.

5. 연구방법의 개발

5.1 선구적인 업적

고유한 문자가 없던 시절 중국의 문자를 빌어 우리말을 표기하기 위한 조상들의 노력은 부분적이나마 음소문자를 만들어 사용하는 데까지 이른다. 흔히 말하는 말음첨기의 방식은 발화단위인 음절을 초성과 중성과 종성으로 삼분하고, 단어문자 내지는 형태소 문자라고 할 수 있는 한자를 음소문자로 사용한 것이다. 이러한 조상들의 문자생활 내지는 언어에 대한 인식은 15세기에 이르러 새로운 언어이론을 창안하고, 이를 바탕으로 새로운 문자를 창조하기에 이른다.

훈민정음의 창제에서 볼 수 있는 몇 가지 특징을 나열하면 (1) 기존 이론의 수용, (2) 관습의 존중, (3) 존재의 정확한 관찰, (4) 새로운 이론의 창출, (5) 이론의 현시화 등이 될 것이다. '기존이론의 수용'이란 중국 운학의 음성학적 지식을 받아들인 것을 의미한다. 자모를 분류하는 기초적인 용어의 많은 부분은 여기에서 기인하며, 초성의 분류를 조음 위치와 방식으로 한 것도 역시 긍정적이든 부정적이든 중국운학을 섭취한 결과라고 할 수 있다. 그리고 '관습의 존중'이란 당시의 차자표기법에 나타나는 음절 분석을 받아들인 것을 의미한다. 차자표기법에 나타나는 음절에 대한 인식은 그것을 초성과 중성 그리고 종성으로 분석하고 이를 차자의 사용에 응용한 것인데, 세종 역시 존재의 근원을 세 가지 요소(천지인)에 의한 것으로 인식하고, 이것을 음절의 분석에도 사용하고 자음의 분석이나 모음의 분석에도 사용하였다. '존재의 정확한 관찰'이란 훈민정음을 창제하기 위한 기본적인 방법을 의미한다. 세종은 비가시적 존재인 음성을 가시적 존재인 문자로 전환하기 위해, 문자라는 존재의 근거가 되는 음성을 정확히 관찰하는 것을 문자 창제의 기본으로 삼았다. 자음이나 모음의 조음 위치나 조음 방식을 정확하게 관찰하고, 이를 전사하는 도구로서 문자를 만들고자 한 것이다. '새로운 이론의 창출'이란 15세기 지구상의 어디에도 존재하지 않았던 음운이론을 창조한 것을 의미한다. 여기에서는 음성들이 개별적으로 존재하는 것이 아니라 관계 속에서 존재하는 것으로 파악하였다. 음성의 조음 위치를 절대적인 위치로 파악하고,[5) 이것을 다시 다른 음성들과의 상대적 위치에 의해 파악하고, 그 구성성분을 분석한 후 음성들이 맺고 있는 관계를 설정한 것은, 서구의 언어학에서는 20세기 구조주의에 와서야 가능해진 인식이었다. '이론의 현시화'란 추상적인 이론을 바탕으로 구체적인 산물을 만들어 내었다는 것을 의미한다. 세종이 (4) 단계에 머물렀다면 작게는 우리 민족이 고유문자를 가지지 못했을 것이고, 크게는 지구상 인류의 문자 발전단계는 음소문자의 개발에 머물렀을 것이다. 이론을 바탕으로 현실적으로 운용할 수 있는 문자를 실질적으로 만든 이 작업이 바로 구체적인 업적을 낳은 것이다.

19세기 말과 20세기 초반 민족의 수난기에 주시경은 선구적인 생성적인 이론을 내놓게 된다. 음운론적으로 본음과 변이음을 구분하고 본음이 변화하여 변이음이 된다는 이 논리는 한글맞춤법의 기본적인 원리가 된다. 그리고 문장론에서 본래의 짧은 단문이 변형 과정을 거쳐 복문이나 중문이 된다는 문장구성의 원리는 변형생성문법에서 문장이 변형되는 과정에 대한 설명과 일치하는 것이다.

국어학사에서 새로운 이론의 창출은 항상 실용적인 필요에 따른 산물임을 명심할 필요가 있다. 『훈민정음』이라는 훌륭한 이론서가 나올 수 있었던 것은 '훈민정음'을 창조하고자 하는 세종의 강한 욕구와 현실적인 필요성이

---

5) 예를 들어 초성 'ㄱ'을 '舌根閉喉之形'이라고 한 것이나, 모음에서 '縮'의 개념을 사용한 것은 이들이 가지고 있는 절대적 위치를 파악하기 위한 것이다. 그 후 자음의 분류에서 '厲'의 개념을 사용한 것, 모음의 분류에서 '小縮', '不縮'의 개념을 사용한 것, 그리고 '-同而口蹙, -同而口長' 등의 개념은 상대적인 차이를 의미한다.

절실했기 때문이다. 개화기시대에 주시경의 탁월한 이론과 1920년대와 1930 년대에 방법론적으로 상당한 수준의 이론이 정립되는 것도 한글의 표기를 정비해야 하는 시대적 필요성과 욕구에 따른 것이었다는 사실을 명심할 필요가 있다.

현실적인 필요성 내지는 실용성이 국어학을 발전시키고 새로운 이론의 정립에 기여하였다는 사실은 되돌아보는 '국어학 50년'의 역사— 순수학문에 대한 지나친 집착의 역사에서 반성해보아야 할 사항의 하나가 될 것이다.

5.2 개발의 실제

그간의 연구 중 연구방법에서 발전적인 몇 가지를 지적할 수 있다. 이기문 (1986, 「차용어 연구의 방법」, 『국어학 신연구』)은 차용관계에 관한 글이다. 언어를 역사적으로 연구할 때 항상 염두에 두어야 할 것 중 하나는, 이것이 고유한 요소인가 아니면 차용에 의한 것인가 하는 문제인데, 이에 대한 해결을 이기문(1986)에서 볼 수 있다는 것이다. 이기문(1986)은 차용관계를 판정하는 기준을 (1) 음운론적 (2) 행태론적 (3) 의미론적 (4) 이휘론적으로 나누고, 실제적인 어휘로 차용관계를 논의한 것이다.

이기문(1986)이 차용관계를 판단하는 기준점에 대한 논의라면, 차용관계 에서 생기는 음운현상에 대해서는 박창원(1995, 「고대국어(음운) 연구방법론 서설」, 『국어사와 차자표기』, 태학사)에서 논의된다. 박창원(1986)에서 논의 되고 있는 동일음 대응의 관계, 유사음 대응의 관계, 무표음 대응의 관계, 변이음역 대응의 관계 등은 아직 초보적인 수준에 머물러 있지만 고대 국어나 전기 중세국어를 논의할 때는 반드시 고려해야 할 사항이다. 재구된 중국음이 한국어에 차용될 때 어떤 음운현상이 있었을 것인가 하는 문제를 논의한 것이다.

남풍현 교수가 2001년 구결학회에서 발표한 신라시대의 구결을 재구하기 위한 방법 역시 아직 초보적인 단계지만 이 방면의 연구에 초석이 될 것이다.

6. 21세기 국어학의 방향

6.1 연구의 필요성과 목적의 명료화

연구자는 우선 해당 연구의 필요성과 목표를 정확히 설정해야 한다. "본고
는 15세기 국어의 모음체계를 재구하기 위한 것이다"라거나 "본고는 현대국
어의 격조사를 연구하기 위한 것이다"라는 목표에서부터 음운론 연구자는
음운론의 목표를 설정하고, 형태론 연구자는 형태론을 연구하는 목표를
설정해야 한다. 더 크게는 국어학에 종사하는 모든 사람은 "국어학을 연구하
는 목적이 무엇인가?" 하는 문제를 고민하고, 이에 대한 해답이 다른 분야에서
도 설득력을 발휘할 수 있도록 해야 한다. 만약 연구의 목표나 분야의 목적에
대한 설정을 회피한 채 '존재하기 때문에 연구한다'는 필요성에 대한 명제를
목표에 대한 명제로 대체시킨다면, '존재의 의의'에 대한 고민을 해야 하고,
이러한 존재가 인간사회에 어떤 의미를 가지고 있는가 하는 문제에 대한
답을 내놓을 수 있어야 할 것이다.

그런데 국어학을 하는 사람들은 국어학의 필요성이나 국어학의 목표에
대해 얼마나 진지하게 고민하였으며 그 방법론을 강구하기 얼마나 노력했는
지에 대해 반성을 할 필요가 있다. 즉, 국어학의 내면적인 목표 설정이나
방법론의 개발에 좀더 고민할 필요가 있는 것이다.

(1) 국어의 본질이나 특징을 밝히는 일
국어학의 일차적인 목적은 국어의 본질을 정확하게 밝히는 것이 될 것이다.
즉 국어학의 하위분야 예를 들어 음운론, 형태론, 통사론, 의미론 등의
분야 중 하나나 혹은 하위분야를 넘나들면서 구조적인 특징이나 체계적인
특징을 공시적으로나 통시적으로 밝히는 일이 될 것이다. 그리고 이들이
사회적으로나 지리적으로 차이가 있다면 이것을 밝히는 일도 국어의 본질
이해와 관련될 것이다. 한 개체로서의 국어의 본질이 밝혀지면, 국어가
다른 언어와 어떤 관계를 맺고 있는가 혹은 다른 언어와 어떤 공통점과
차별성을 가지고 있는가 하는 문제를 밝히는 일도, 존재의 기원적인 문제를

해결하고 개체(한국어)가 전체(세계의 언어)와 관련하여 어떤 '상대적인 위치'를 가지고 있는가 하는 문제를 이해하는 데 도움이 될 것이다.

(2) 국어의 응용에 기여하는 것

국어의 본질이나 특징을 밝히는 것 자체가 국어학의 목적이 될 수 있겠지만, 이 단계에서 만족할 수 있는 것은 아니다. 어떤 순수학문도 인간의 삶을 질적으로나 양적으로 향상시키는 데 기여할 수 없다면 그 존재 자체가 문제 될 수 있다. 이런 측면에서 국어학의 이차적인 목표는 국어능력의 신장과 국어생활의 향상이라고 할 수 있을 것이다.

(3) 한국인의 이해에 기여하는 것

인문학의 궁극적인 목적이 인간에 대한 올바른 이해에 있듯이, 언어학의 목적은 언어를 통해 인간을 올바르게 이해하는 것이다. 한국어를 연구하는 자는 한국어의 외적 표현이나 내적 구조를 통해 한국인의 사고방식과 행위방식을 이해하는 것을 지향해야 할 것이다. 예를 들어 "문 닫고 들어와"라는 표현이 한국어에서 가능한 이유는 한국인이 발화시 어디에 초점을 두고 있는가 하는 문제에서 접근하고, 한국어의 음운현상을 통해 한국인의 사고구조나 삶의 방식을 이해하는 데 기여할 수 있어야 할 것이다.

이러한 목표가 국어학의 전체적인 차원에서 정확하고 견실하게 설정되어 있지 못할 경우에 '국어학을 할 필요가 있는가' 하는 문제에 제대로 답변을 하지 못하는 상황이 지속될 것이다.

6.2 연구대상과 분야의 균형화

20세기 초반기 국어학은 표기법의 정비라는 현실적인 목적을 달성하기 위한 수단과도 같은 존재였다. 그리하여 국어학의 연구대상으로 주종을 이룬 것은 음운론적인 문제였다. 20세기 후반기에는 외국이론의 부침과 그 이론이 어떤 분야를 주된 대상으로 삼느냐에 따라 국어학의 연구분야도 변화해 왔다. 유럽의 구조주의나 미국의 기술언어학이 주 조류를 이루던 시절에는 음운론이나 형태론이 주 연구대상이었고, 변형생성문법이 도입된 이후에는 통사론이 주 연구대상이 되었다. 이에 따라 당연히 국어학 연구분야는 시대에 따라 심한 불균형을 나타내게 되었다. 그리고 영역 내에서도 서구이론의 부침에 따라 이론적인 타당성을 한국어에서 검증해 내기라고 하겠다는 듯이 연구대상을 옮겨 다니게 되었다. 그리하여 연구 분야 간에도 불균형이 보이게 되고, 연구분야 내에서도 연구대상에서 현격한 불균형을 초래하게 되었다.

서구 언어학의 관심사를 좇아가다 보니, 서구 언어학에서 크게 관심을 기울이지 아니 하는 분야는 아예 무시하거나 관심 밖의 대상으로 방치하는 사태가 초래되기도 하였다. 그 대표적인 사례가 국어계통론에 관한 무관심이라고 할 수 있을 것이다. 김방한, 이기문, 성백인 선생 등 원로급 교수를 제외하면 젊은 소장층에서 이에 관한 연구가 전무하다시피 한 것은 이러한 상황을 단적으로 보여주는 예다. 이러한 사태가 계속된다면, 우리 국어의 기원이나 계통에 관한 연구는 거의 전적으로 외국인의 손에 넘겨지게 되거나, 외국인마저 관심을 기울이지 않으면 암흑의 불모지로 남게 될 것이다.

국어학이 해방 후 서구의 언어학을 받아들이면서 나타난 또 하나의 현상은 순수언어학에 대한 지나친 집착이라고 할 수 있다. 이는 아마 과거의 국어학이 맞춤법의 정비수단으로 전락했다고 인식했거나, 한자 문제와 관련한 국어정책적인 문제에 집착하는 것은 순수학문의 발전을 저해할 우려가 있다고 생각했거나, 혹은 이론 수입에 급급하여 이를 현실적인 문제에 응용할 여유가 없었기 때문에 발생한 현상으로 이해되는데, 결과적으로 이러한 현상은 국어정책 자체에 관한 논문이나 이를 위한 이론적인 바탕이 될 논문을 거의 찾아볼 수 없는 사태를 낳았다.

21세기가 시작된 이 시점에서 국어학에 관심을 가진 연구자는, 하고 싶은 분야를 한다는 열정과 아울러 국어학의 균형있는 발전을 위해 어느 분야의 연구가 필요한가 하는 문제를 고민해야 할 것이다. 이러한 고민에는 이미 있는 분야의 균형을 꾀하는 문제만이 아니라 국어학과 관련하여 새로이 대두되는 분야에 대한 적극적인 관심과, 이를 개발하기 위한 노력이 포함되어야 할 것이다. 예를 들어 국어정보학이나 인지언어학, 언어병리학 등에 적극적으로 관심을 기울이고, 21세기 국어학이 나아가야 할 큰 방향 중의 하나—인공지능의 개발에 국어학자가 적극 동참하고, 이를 위한 공간 확대에도 관심을 기울여야 할 것이다.

6.3 연구방법의 개발과 학파의 형성

해방 후 지금까지 국어학이 독자적으로 어떤 연구방법을 개발하였다고 자신있게 내세울 수 있는 국어학자는 아마 없을 것이다. 이것은 서구의 이론을 수입하여 적용해 보는 데 급급했거나, 이론의 개발에 힘을 쏟을 여력이 없었기 때문일 것이다. 이와 관련하여 앞으로의 과제를 간단하게 짚어 보기로 한다.

(1) 전통이론과 새 이론의 정확한 이해
이론을 창안하기 위해서는 기존의 이론을 정확하게 파악하고, 이론 변화의 내면적 혹은 철학적 배경을 이해할 수 있어야 한다. 이론의 변화사를 제대로 추적하기 위해서는 이전 이론과 새로운 이론을 정확히 파악해야 한다. 이것은 언어학사적인 지식과 인류의 정신문화사적인 지식을 가지고 있을 때 가능해진다.

(2) 다양한 이론의 수용
인간이 가지고 있는 가치관의 다양성은 존재를 보는 시각의 다양성을 유발하고, 이것은 필연적으로 접근방법의 다양성으로 귀착한다. 이것은 존재의 본질을 올바로 파악하는 데는 다양한 시각에서 상이한 방법으로 접근할 수 있으며, 또 그렇게 해야 한다는 것을 의미하는데, 언어를 보는 시각이나 방법에서도 마찬가지로 이야기할 수 있다. 언어에 대한 시각이나 언어의 하위분야를 보는 시각이나 방법론에도 다양한 방법이 있을 수 있으므로, 본질 그 자체에 좀더 가깝게 접근하기 위해서는 다양한 이론을 제대로 파악해야 하는 것이다.

(3) 이론의 문제점 파악

완벽한 인간이 존재하지 않는다는 것은 여러 가지 면에서 유추될 수 있는데, 언어학적 측면에서 보면 인간이 만든 어떠한 언어이론도 완벽하지 못한 측면을 가지고 있음을 의미한다. 이것은 언어이론이 어떤 측면에서는 언어의 이해에 도움이 될 수 있다는 것을 의미함과 동시에 어떤 측면에서는 언어를 왜곡시킬 수 있음을 의미하고, 이론의 내재적인 측면에서 문제가 제기될 수 있는가 하면 이론의 적용 측면에서도 문제가 제기될 수 있음을 의미한다. 그러므로 어떤 하나의 이론이 어떠한 철학적인 바탕 위에 이루어졌고, 이것은 이론적으로 어떠한 문제점을 가지고 있는가 하는 문제를 검토하는 과정이 있어야 한다. 그리고 적용이나 응용의 측면에서도 어떠한 긍정적인 효과를 유발하며, 어떠한 부정적인 결과를 초래하는가 하는 문제도 아울러 검토해야 할 것이다.

(4) 대안 제시

문제점의 해결은 문제점의 제시로 이루어지는 것이 아니다. 기존의 해결책보다 더 나은 해결책 내지 대안을 제시할 수 있어야 할 것이다. 부정을 위한 부정 혹은 비판을 위한 비판은 이론 개발에 아무런 도움도 되지 않으며, 무식을 포장하기 위한 무관심은 더더욱 도움이 될 수 없을 뿐 아니라 오히려 해가 될 수 있다. 아무도 거들떠 보지 않는다 하더라도 대안 제시 그 자체에 최소한 개인적인 만족감을 느낄 줄 알고, 적극적으로 그리고 긍정적인 차원에서 대안을 제시하는 자세가 이론 개발의 밑바탕이 될 것이다.

(5) 학파 형성

순수논리학적으로는 '양'이 '질'을 창조할 수 없겠지만, 인간의 현실세계에서는 반드시 그렇지만은 아닌 듯하다. 많은 '양'은 양질의 '질'을 창조하는데 훨씬 유리한 조건을 마련하게 되고, 또 실질적으로 그러한 역할을 한다. 학문적으로 새로운 이론을 창안하는 과정도 이와 비슷하다. 동일한 분야 혹은 학제적인 영역을 넘어서 이론적으로나 방법론적으로 비슷한 생각을 가진 학자들이 모여서 함께 연구하고 토론하면 그렇지 못한 상황에서보다 새로운 이론의 씨앗이 싹트고 이것이 꽃을 피울 가능성은 훨씬 더 커질 것이다. 그러므로, 다수의 학자들이 공동의 관심사를 함께 연구하는 풍토를 조성할 필요가 있는 것이다. 그리하여 궁극적으로는 이들이 하나의 학파를 형성하고, 학파의 토대가 되는 이론을 끊임없이 연구 개발하는 것이 필요하다.

| 참고문헌 |

강신항(1995), (증보개정)『국어학사』, 보성문화사.

고영근(1985), 『국어학연구사』, 학연사.

권재일(1997), 「21세기 국어학 연구의 새로운 방향」, 『대구어문논총』 15.

김민수(1980), 『신국어학사』, 일조각.

김민수(1987), 『국어학사의 기본 이해』, 집문당.

김병제(1984), 『조선어학사』, 평양: 과학백과사전출판사.

김석득(1977), 「국어학 연구의 사조사적 개관」, 『나라사랑』 26.

김석득(1983), 『우리말 연구사』, 정음문화사.

김현권(1991), 「언어학사 기술과 인식론의 문제」, 『언어학연구사』, 서울대출판부.

남기심(1977), 「국어학이 걸어온 길」, 『언어과학이란 무엇인가』, 문학과지성사.

남기심(1989), 「국어학의 구미 언어이론 수용의 역사」, 『국어국문학과 구미이론』, 문학과
　　　지성사.

박창원(2001), 「21세기 국어 음운론의 발전방향과 정보화」, 고려대 국어연구소 편, 『21세
　　　기 국어 정보화와 국어 연구』, 월인

심재기(2001), 「21세기 국어학의 과제」, 『성심어문논집』 23.

유창균(1995), 『국어학사』, 형설출판사.

유창균(1968), 「국어학사의 시대구분에 대한 관견」, 『동양문화』 6 · 7집, 영남대.

이기문(1972), 「국어학연구사와 앞으로의 과제」, 『민족문화연구』 6, 고려대.

이기문(1972), 「한국의 국어학」, 『한국학』, 현암사.

이상혁(1996), 「국어학사의 서술과 관련된 몇 가지 문제」, 『어문논집』 35.

이숭녕(1956), 「국어학사」, 『사상계』 34-41호.

이정민(1983), 「서양식 이론의 틀과 한국어 연구의 독창성 모색」, 『월간조선』 1983년
　　　1월호.

이희승 · 김완진 대담(1976), 「국어학 반세기」, 『한국학보』 5.

정광(1992), 「근대국어 연구에 대한 반성과 새로운 연구방법의 모색」, 『어문론총』 31,
　　　고려대.

허웅(1990), 「국어학 연구의 현황과 과제」, 『한국학논집』 17, 계명대.

홍윤표(1990), 「국어학 연구의 앞날」, 『한국어학』 9.

황희영외(1977), 「국어학 연구의 현황, 국어학은 어디까지 와 있는가」, 『나라사랑』 26.

음운론 연구 50년

박창원

1. 서론

본고는 음운론 연구사를 정리해 보기 위한 것이다. 해방 후부터 대략 2000년까지의 연구업적을 정리하고, 음운론의 연구방향을 설정하기 위한 기초 작업을 위한 것이다.

우리 민족의 음운에 대한 인식은 멀고먼 옛날로 거슬러 올라간다. 고유한 문자가 없던 시절에 외국의 문자를 차용하여 그것을 우리말의 발화에 맞게 변용하여 사용하기 위해 우리말에 대한 분석작업을 시작했던 것이다. 즉 우리말의 음절구조를 인식하고 그것을 분석한 후, 우리말의 음소를 표현하기 위해 한자를 변용하여 사용하였던 것이다. 이러한 전통을 이어받아 세종은 조음 위치와 조음 방법을 분석하고, 음소와 음소의 관계를 고려하여 '훈민정음'이라는 문자를 창제하게 된다. 이 문자는 당시 사람들이 발음하는 '소리의 이치'와 이것을 반영하는 '문자의 이치'를 일치시키고자 한 것이었기 때문에 음성학적인 지식과 음운론적인 이해가 곁들여진 당대 세계 최고 수준의 음운이론을 만들어 내게 되었다. 20세기 전반기에 주시경 선생은 또 하나의 독창적인 음운이론을 만들어 내게 된다. 소위 '본음'과 '변이음'이 있다는 인식 아래 겉으로 드러나는 변이음보다 내재적인 본음의 탐구라는 새로운 분야를 개척하게 되는 것이다. 이러한 주시경 선생의 이론을 바탕으로 하여 1933년에 또 하나의 걸작품이 탄생하게 된다. 소위 '한글맞춤법 통일안'의 실제와 기본 원리가 그것인데, 기본 원리 중의 하나인 '소리나는 대로 적되,

어법에 맞도록' 한다는 규정이 그것이다. 이는 표기의 두 원리를 적절하게 조화롭게 할 것을 선언한 것인데, 이를 바탕으로 맞춤법의 실제에서 '공시적인 음운규칙'으로 설명할 수 있는 것은 '어법에 맞도록' 하고, 공시적인 음운규칙으로 설명할 수 없는 것은 '소리나는 대로' 표기하여 공시적 음운규칙의 타당성 여부가 한글맞춤법의 실제에 반영되게 되었다.

　해방 후 음운론의 역사는 서구 이론의 수용의 역사가 주류를 이루게 된다. 이것은 세계적인 추세에 '발맞추기 위한 방법'일 수도 있고, 외국 이론에 '종속되는 지름길'일 수도 있고, 새로운 이론을 '개발하기 위한 디딤돌'일 수도 있다. 이러한 역사가 이제 반백년을 넘기고 있다. 그리고 새로운 세기의 시작과 함께 사회의 모든 분야가 새로운 시대-정보화시대라는 거대한 물결에 휩쓸리어 순간의 눈 돌릴 틈도 없이 빠른 속도로 변화해 가고 있다.

　이러한 시기에 과거를 되돌아 보는 것은 때로는 한가로운 자들의 게으름에 기인하는 것으로 비칠 수도 있겠다. 또 때로는 미래의 비전을 가지지 못하는 과거지향적인 사람들의 어리석은 발걸음일 수도 있겠다. 그러나 과거와 현재와 미래가 단속적인 별개의 것으로 존재하는 것이 아니고, 현재란 과거의 누적된 결과이며, 지금 이 순간이 바로 과거이며, 바로 이 순간에 의해 미래가 결정되는 것임을 인식한다면, 그리고 변화의 방향에 대한 예측이란 변화 과정을 알 때에만 가능한 것이고, 변화 과정은 현재나 미래를 통해서가 아니라, 과거의 어느 시점에서부터 과거의 어느 시점까지에 이르는 동안에 관찰될 수 있는 것임을 인식한다면, 연구의 역사를 서술하는 것은 연구방향을 잡기 위한 기초작업의 하나라는 것을 이해할 수 있을 것이다.

　이러한 인식을 바탕으로 연구사를 서술한다. 본고의 제2장에서는 음운론의 역사를 개관한다. 서구 이론을 수용하여 변용하는 과정에서 음운론 연구사를 어떻게 시대구분 할 수 있는가 그리고 각 시대별로 어떤 특징이 있는가 하는 문제를 논의하기 위한 것이다. 제3장에서는 국어 음운론 연구사에서 쟁점이 되어 온 주제를 중심으로 연구사를 정리해 보기로 한다.[1]

---

1) 본고의 내용을 정리하는 과정에서 주제에 따라 부분적으로 이화여대 대학원에

2. 시대구분과 시대별 개관

2.1 시대구분

국어 음운론의 시대별 개관은 중국의 운학을 받아들여 독창적인 이론을 구축한 시기와 훈민정음 창제의 원리를 탐구하고 언어에 관한 관심이 고조되는 실학시대, 주시경 이론의 성립과 음가 추정 작업 시대, 그리고 서구 이론을 수용하고 변용한 시대로 나누어 볼 수 있다.

본고에서는 해방 후부터 2000년까지의 국어 음운론의 역사를 되돌아 보는 것이므로 이전의 시대를 포함한 시대구분은 다른 자리에서 논의하기로 하고 본고에서는 생략하기로 한다. 해방 후 국어 음운론의 역사는 서구 음운론과의 관계 속에서 기술될 수 있을 것이다. 국어 음운론의 방법은 서구 음운론의 방법을 적극 수용하면서부터 개발되고, 그 결과 서구 음운론의 변화와 유사한 과정을 겪었기 때문이다. 해방 후 짧은 50여 년이지만, 이러한 점을 고려하여 국어 음운론의 시대구분은 국어 음운론자들이 서구 음운론을 수용하는 자세와 관련하여 구분하고, 서구 음운론을 수용하는 이론에 의해 분류될 수 있을 것이다. 이러한 점을 고려하면 해방 후부터 지금까지 음운론을 연구한 역사는 크게 보아 제1단계는 해방 후부터 1950년대까지가 될 것이고, 제2단계는 1960년대부터 1985년까지가 될 것이다. 그리고 제3단계는 1985년부터가 될 것이다. 그런데 제2단계는 구조주의를 적극적으로 수용한 1960년대와 생성음운론을 적극적으로 수용한 1960년대 이후로 나눌 수 있다. 이러한 사정을 고려하면 국어음운론의 연구사는 대체로 다음 4기로 나누어 볼 수 있을 것이다. 제1기는 서구이론을 수용한 역사를 기준으로 해방 이전의 음운론이 이어지던 시대, 제2기는 구조주의 이론이 음운사 내지는 음운론 연구에 철저히 반영된 논문이 나오던 시대, 그리고 제3기는 생성음운론을 수용한 논문이 나온 시기, 제4기는 서구이론의 적극적인 수용을 꺼리며

다니는 학생들의 글을 이용하였다. 학생들의 글은 『국어 음운 연구사』(가칭)란 제목으로 출간할 것을 목적으로 작업중이다.

52

새로운 이론을 모색하는 시기로 잡을 수 있을 것이다.

2.2 시대별 개관

2.2.1 해방후~1950년대

이숭녕, 허웅, 김형규, 남광우 등을 대표적인 학자로 꼽을 수 있는 이 시기는 국어 음운론이 본격적으로 제 위치를 정립해 가는 시기로서 해방 이전의 음가 추정 작업이 이어지던 시기라고 할 수 있다. 공시적인 연구보다는 역사적인 과제에 더 큰 관심을 가졌던 이 시기는 소실 문자들의 음가를 추정하는 가장 기본적인 작업이 덜 되어 있었기 때문에 이러한 문제를 해결하는 데 주로 초점을 맞춘 시기라고 할 수 있다. 해방 이전부터 행해지던 음가론 중심의 음운론 연구가 해방 이후 50년대까지(그 이후에도 논의는 지속된다) 음운론 연구의 주된 경향이 된 것인데, 병서의 음가에 대한 몇 편의 논문이 발표되고, '非, ㅐ, ㅚ, ㅟ, ㆎ' 등의 음가에 대한 논의가 심화되는 것도 이러한 경향을 대표하는 것이라고 할 수 있다.

해방 후 6 · 25사변을 전후하여 국어학계에서는 모음에 관한 중요한 일련의 논문을 얻게 된다. 이숭녕(1949)과 허웅(1952)의 논의가 그것이다. 이 두 편의 논문은 현대국어에서 단모음으로 실현되고 있는 '애, 에, 외' 등이 훈민정음을 창제할 당시에는 이중모음이었다는 사실을 증명한 것이다. 'ㅸ, ㆆ, ㆁ, ㅿ'의 음가에 대해서는 김형규(1946, 1948 등)의 논의를 거쳐, 이숭녕 (1954, 1956), 허웅(1958) 등의 논의를 통해 'ㅸ'의 음가는 유성양순마찰음 [β]이고, 'ㅿ'의 음가는 유성치조마찰음 [z]이라는 사실이 확립되는 것이다. 병서의 음가 추정에 관한 논의도 김민수(1952, 1953), 허웅(1953), 이기문 (1955) 등에 의해 논쟁점이 거의 부각된다. 'ㆍ'의 음가 추정은 이숭녕(1954)에서 'ㅏ' 모음과 'ㅗ' 모음의 간음설을 제기하고, 허웅(1958)에서 [ʌ]로 추정되는 것으로 거의 완결된다. 음가론 내지는 음가변이론이라고 할 수 있는 이러한 경향의 논문은 표기법을 정비하기 위해 소실 문자의 음가를 추정했던 개화기 이후의 연구경향을 이은 것으로 대부분의 연구는 훈민정음에는 기술되어 있는데 현대에 사용하지 않는 문자들의 음가 추정에 초점을 맞추고, 이러한 음가가 어떻게 변화해 갔을 것인가 하는 문제에 관심을 집중하게 된다.

이러한 논의 속에서 문헌자료를 대할 때의 기본적인 태도에 관한 문제, 즉 현대적인 편견을 극복하는 문제, 시대에 따라 동일한 문자가 다른 음가를 가질 수 있다는 생각, 혹은 다른 문자가 시대를 격해 두고 동일한 음가를 가질 수도 있다는 생각으로 발전하게 되는 것이다.

2.2.2 1960년대

1960년대 들어, 하나의 존재를 개별적인 것으로 인식하지 않고, 전체 체계 속에서 다른 존재와 관계되는 것으로 인식하는 구조주의 이론을 수용한 논문이 국어학계에 등장하게 된다. 1960년대는 1950년대에 활약하던 학자 외에 이기문, 강신항, 김완진, 정연찬 등이 주 인물로 등장한 시대로, 이 시대 음운론의 특징은 구조주의 음운론이 국어사 연구에 철저히 반영되어 확산되고 정착된 점이라고 할 수 있다. 구조주의의 영향으로 음운현상의 기술에서 원자론적인 사고를 극복하고, 총체적인 체계 내지는 관계와 관련지어 해석하고, 통시적으로도 체계 내지는 관계가 변화하는 것으로 인식하게 된 것이다. 즉 '♀'가 소멸하는 것을, 한 개별적인 음소의 소멸로만 인식하는 것이 아니라 '♀'가 다른 음소와 맺고 있던 관계의 변화로 인식한 것이다. 이러한 체계 내지는 관계 중심의 음운론은 다음과 같은 사항들을 특징으로 한다.

첫째, 음성과 음운을 구분한 구조주의 사고를 기본 바탕으로 한다.
둘째, 모음체계나 자음체계의 재구를 중요 과제로 삼는다.
셋째, 음운현상을 체계와 유기적인 관련지어 해석한다.
넷째, 음운현상은 체계 내부에서 준비된 것으로 음운 변화를 음운체계의 변화로 인식한다.

이에 관한 구체적인 설명은 이미 많은 자리에서 이루어졌으므로 생략하기로 하고, 간단한 예만 들기로 한다. '음학'이나 '소리의 변화'에서 '음운론'이나 '음소의 변화'로 용어가 변화하는 것은 첫 번째를 반영하는 것이다. 개개 음소를 재구하는 차원을 넘어서 체계를 재구하고, 체계의 균형을 고려하는 것은 두 번째를 반영하는 것이다. 그리고 15세기 국어의 모음조화가 15세기 국어의 모음체계와 합치하는가 하는 문제와 'ㆍ'의 음절 위치에 따른 상이한 변화를 모음체계의 상이한 실현으로 해석하는 것도 체계와 현상과의 관계를 고려하는 세 번째 인식에서 출발하는 것이다. 그리고 움라우트 현상을 통해 전설계 단모음이 이미 생성된 것으로 해석하는 것은 네 번째와 관련된 것이다.

음운현상을 음운체계와 유기적인 관계로 인식함으로써 음가론 중심의 음운론에서 제기되지 못했던 새로운 주제가 다양하게 개발되었다. 그 첫 번째가 현상과 체계의 '일치 여부'라는 문제다. 둘째는 통시적인 재구에서도 공시적인 체계의 불균형과 관련된 문제다. 소멸된 음소를 재구함에 있어서도 체계적인 빈칸의 문제가 제기된다. 세 번째는 현상은 체계를 반영하는 것이라는 인식 아래 현상의 발생에 대한 체계적인 존재라는 문제 즉 체계와 현상의 선후관계에 대한 문제다.

첫 번째 문제와 관련하여 제기된 문제는, 공시적인 모음조화와 모음체계의 통시적 변화와의 관련성에 대한 논의다. 두 번째 문제와 관련하여 제기된 문제는 15세기 이전의 국어사에 이중모음 'ㅢ, ㅣ'가 존재했을 가능성에 대한 논의다. 15세기의 공시적인 체계에서 빈칸으로 남아 있는 이중모음 'ㅢ, ㅣ'의 자리는 통시적인 변화의 산물로서 그 이전의 어느 시기에는 이들 'ㅢ, ㅣ' 등이 존재했을 것이라는 논의다. 세 번째 문제와 관련하여 제기된 문제는 구개음화와 움라우트 현상과 관련된 논의다. 훈민정음에서 '치음'으로 분류되었던 'ㅅ, ㅿ, ㅈ, ㅊ' 등의 음가가 현대국어와는 달리 구개음이 아니었다는 사실이 밝혀지면서 구개음화현상의 발생에 대한 상반된 인식이 표출되는 것이다. 하나는 구개음 'ʧ, ʧʰ' 등의 발생을 변이음의 음운화 과정으로 이해하는 것이고, 또 하나는 음운 자체의 재음운화에 의한 것으로 이해하는 것이다. 그리고 움라우트 현상에 대해서도 비슷한 논의가 이루어진다. 움라우트 현상이 발생하기 전에 '에, 애, 외, 위' 등이 축약에 의해 단모음으로 변화하였다는 논의와 [e], [ɛ] 등이 역행동화에 의한 변이음으로 존재하다가 음운화하였다는 논의다.

2.2.3 1970년대~1980년대 중반

음운론에서 표준이론이라 통칭되는 촘스키의 『변형생성음운론』(*The Sound Pattern of English*, 1968)이 국내에 소개되면서 국어 음운론 연구(생성이론의 수용에 관한 논의는 여러 곳에서 이루어졌으므로, 여기서는 생략한다)도 새 장을 열게 된다. 그 특징을 간단하게 언급하면 다음과 같다.

첫째, 기저형이나 규칙이란 새로운 개념을 도입한다.
둘째, 음운현상을 순수히 음운론적인 것으로 기술하고자 한다. 추상적인 기본 단위를 설정하고, 규칙에 의한 변형으로 음운현상을 예외없이 설명하고자 한다.
셋째, 비음운론적인 제약에 관심을 가진다. 음운론과 다른 언어단위 예를 들어 형태론이나 의미론, 통사론을 구분하고, 이들과의 관련 속에서 비음운론적인 제약이 음운현상에 어떠한 변수가 되는가 하는 문제를 검토한다.

2.2.4 1980년대 중반 이후

1968년의 SPE와 이에 대한 수정이론을 수용하기에 급급하던 상황이 지속된 1980년대 중반에 비슷한 사고방식을 밑바탕에 둔 일련의 논문이 나오게 된다. 최명옥(1985), 한영균(1985), 박창원(1986) 등이 그것이다. 이 세 편의 논문은 촘스키의 변형생성음운론식 국어 음운론 연구를 비판하고, 새로운 방법을 찾고자 한 것이다. 즉 기저형의 지나친 추상화를 배제하고, 자의적인 규칙순의 문제점을 지적하면서, 공시적 규칙의 타당성을 이론적으로 문제

삼거나(박창원, 1986), 실질적인 언어자료를 통하여 변형생성음운론적 해결 방식의 문제점을 지적한(최명옥, 1985 ; 한영균, 1985) 것이다. 이러한 일련의 논의들은 촘스키의 초기 이론 즉 기저형의 과도한 추상성을 전제한 변형생성 이론에 대한 반론으로 제기된 것이고, 서구 이론의 단순한 수용이 국어를 이해하는 데 한계가 있다는 인식에 의한 것이다.

이후의 국어 음운론 연구는 뚜렷하게 부각되는 경향을 찾기 어려운 실정이다. 서구의 변화하는 이론 즉 1970년대 후반과 1980년대의 운율음운론, 1980년대의 어휘음운론, 1980년대의 입자음운론 등을 수용하거나 1980년대에 자질계층이론이나 표기 이론이 수용되기도 하지만, 어느 한 조류가 국어 음운론의 논의에서 주도적인 역할을 하지 못하는 것이다. 다시 말해 서구이론을 적극적으로 소개하기도 하고, 이를 국어에 적용해 보려는 시도를 적극 수행하는 일련의 학자들이 있는가 하면, 서구이론의 변화에 다소간 무관심해 하면서 전통적인 음운론 연구에 집착하거나 문헌자료의 해석에 집착하는 부류로 나누어지게 되는 것이다.

이러한 경향은 1990년대에 최적성이론이 국내에 소개된 후에도 비슷하다. 전통적으로 국어 음운론 연구가 주로 통시적인 주제에 관심을 가져 왔던데다 새로운 서구이론이 통시적인 변화의 해석에 아직 미숙한 측면을 가지고 있는 상황이 상승작용을 일으켜, 공시적인 연구를 하는 일련의 학자들은 최적성 이론의 소개와 이 모델에 의한 논문 작성에 열성을 기울이고 있지만 국어 현상이 새로이 발견되거나, 해결하지 못한 문제를 새로 해결하지는 못한 측면을 가지고 있기 때문에 일련의 학자들은 이에 무관심한 태도를 보이는 것이다.

3. 주제별 연구사

3.1 개관

국어 음운론에서는 전통적으로 음운사적인 문제가 주된 관심사가 되어

왔다. 소실 문자의 음가를 추정하는 작업에서부터 15세기 국어의 체계를
재구하고, 이것의 통시적 변화를 논의하는 작업 등 역사적인 문제를 다루는
것에서부터 음운론이 출발하였다고 할 수 있을 정도인 것이다. 최근에 공시적
으로 이론적인 문제가 부분적으로 제기되기는 하였지만, 이러한 논의가
아직 주류를 형성하지 못하는 것은 과거의 사실을 밝히는 작업이 아직 많이
남아 있기 때문이기도 하다.

본 장에서는 음운론 연구사의 이러한 사정을 감안하여 소실 문자의 음가를
추정 작업, 문헌으로 확인되지 않는 음소를 재구하는 작업, 그리고 주된
관심사가 되어 왔던 부분으로 나누어 연구사를 정리해 보기로 한다.

3.2 음가 추정 작업

통시론적 연구에서 무엇보다 우선되는 것은 연구하는 시기에 존재했던
음운체계를 재구하고, 이와 관련된 음운현상을 추정하고, 당시 존재했던
음운규칙이나 제약을 추론하는 작업이 될 것이다. 그런데 이러한 작업을
하기 위해서는 당시 존재했던 음소가 무엇인가 하는 작업-음소의 음가를
결정하는 작업이 최우선이라고 할 수 있을 것이다.

3.2.1 소실 문자의 음가

훈민정음 창제 당시에 나타났던 문자 중 후대에 사용되지 않는 문자의
음가 추정 작업은 개화기에서부터의 관심사였는데, 이러한 작업은 최근에까
지 이어지고 있는 실정이다. '봉, ㆆ, ㆁ, ㅿ' 등의 음가 추정 작업은 김형규
(1946, 1948 등)에 의해 선도적으로 이루어지고, 1950년대의 일련의 작업들
특히 이숭녕(1954, 1956), 허웅(1958) 등의 논의에 의해 이들의 음가는 각각
[β], [ʔ], [ŋ], [z] 등으로 추정되고, 대체로 공인되고 있는 상황이다. 한편
남광우(1959)에서는 '봉, ㅿ'의 음가를 [b], [s]로 추정한 후 소수의 지지를
받고 있다. 이들을 음운론적으로 변별적인 단위로 설정할 수 있는가 하는

문제가 이후에도 논의에서 문제점으로 제기되는데, 이와 관련된 업적으로는 1960년대의 유창돈(1962), 김석득(1964), 1980년대의 박종희(1982) 등이 있다.

'ᄋ'의 음가는 이숭녕(1954)에서 제주도 방언의 자료를 검토하여 'ᅡ' 모음과 'ᅩ' 모음 사이라는 추정을 하고, 허웅(1958)에서 그 음가를 [ʌ]로 추정한 이래 국어학계에서는 이를 대체적으로 공인하고 있는 상황이다.

3.2.2 'ᅦ, ᅢ, ᅬ, ᅱ'의 음가

훈민정음 창제 당시에 'ᅦ, ᅢ, ᅬ, ᅱ' 등의 음가가 이중모음이었다는 논의는 해방 전 일본인에 의해 부분적으로 제기되었다가, 이숭녕(1949)과 허웅(1952)에 의해 이중모음이었음이 확정된다. 이들 모음이 하향적 이중모음이었다는 점에서는 대체로 동의하지만, 'ᅦ, ᅢ, ·ᅵ, ᅬ, ᅱ' 등의 음가를 음운론적으로 각각 [əi], [ai], [ʌi], [oi], [ui] 등으로 해석할 것인가 아니면 [əj], [aj], [ʌj], [oj], [uj]로 해석할 것인가 하는 문제는 해결되지 않고 있다. 김완진(1964)에서 음운론적으로 동질적인 해석을 확보하기 위해 상향적 이중모음과 하향적 이중모음의 경과음을 [j]로 해석한 데 반해 박창원(1988)에서는 상향적 이중모음과 하향적 이중모음의 경과음은 본질적으로 음성적인 차이가 있다는 것을 전제로 하고, 상향적 이중모음의 경과음을 [j]로 해석하고, 하향적 이중모음의 경과음을 [i]로 해석하고 있는 것이다. 이 문제는 국어학에서 다루고 있는 '이중모음'의 개념과 관련하여 그리고 조음음성학이나 음향음성학적으로 앞으로 더 연구되어야 할 것이다. 그리고 허웅(1968)에서는 구조주의의 체계적 균형이라는 개념을 도입하여 이중모음 체계에서 체계적 빈칸 문제를 거론하여 15세기 문헌상으로 남아 있지 않은 이중모음의 재구를 위한 발판을 마련하였다(이들의 단모음화에 대해서는 근대국어의 모음체계 참고).

3.2.3 후음 'ᄋ'의 음가

훈민정음에 따르면 후음의 종류에는 'ᄋ, ᅙ, ᄒ, ᅘ' 등이 있으며, 합자해에 나타나는 각자병서 'ㆀ'도 추가하면 5종이 된다. 이 중 'ㆆ, ㆅ'의 음가에 대한 논의는 거의 완결된 상태다. 'ㆅ'의 음가 추정도 문제는 있으나, 지금까지 집중적으로 논의된 것은 'ㅇ'이므로, 이에 대한 연구사를 정리해 보기로 한다.

후음 'ㅇ'의 음가는 기존의 논의는 세 가지 혹은 다섯 가지로 나누어 볼 수 있으나, 더 크게 나누면 'ㅇ'이 음가가 없는 것이냐, 아니면 어떤 음가를 가지고 있는 것이냐로 나뉠 수 있다. 상세한 논의는 『음운 연구사』(출간 예정)로 미루고 여기에서는 무음가설과 유음가설 두 가지로 나누어 연구사를 간략하게 정리해 보기로 한다.

첫째, 무음가설은 대개 훈민정음 해례 終聲解의 "且ㅇ聲淡而虛 不必用於 終而中聲可得聲音也"를 근거로 하여 진행된다. 'ㅇ'은 성자 내지 성음의 차원과 중국 운학의 영향이라는 차원에서, 즉 문자체계의 균형을 위해 제자된 것으로 보는 견해다. 이와 같은 입장을 지지하는 논의로는 최현배(1976), 허웅(1967), 김석득(1965), 정연찬(1987), 박창원(1996), 이돈주(1988) 등을 들 수 있다.

둘째, 유음가설은 'ㅇ'이 구체적인 음성으로 실현되거나, 음소로서의 기능을 수행한다는 것이다. 그 음가에서는 학자들마다 다양한 견해를 제시하고 있으며, 여태껏 제시된 설들로는 성대진동음, 성문폐쇄음, 유성후두(성문)마찰음, zero 유음가설, juncture phoneme설, 성문유음설 등을 들 수 있다.

유음가설을 들고 있는 논의의 근거가 되고 있는 훈민정음의 기록들은 대부분 다음과 같다.

(1) ㅇ喉音之欲字初發聲 (제자해)
(2) ㆁ, ㄴ, ㅁ, ㅇ, ㄹ, ㅿ 爲不清不濁 (제자해)
(3) 唯牙之ㆁ 唯舌根閉喉聲氣出鼻 而基聲與ㅇ相以 (제자해)
(4) 初聲之ㆆ與ㅇ相似 於言可以通用也 (합자해)
(5) 괴여爲我愛人而괴ㆀ爲人愛我 (합자해)
(6) 喉之ㅇㆆ 其緩急相對 (종성해)

60

이극로(1932)에서는 후음 'ㅇ'의 음가가 성대 진동음이라고 보았다. 이숭녕(1954)에서는 훈민정음의 기술을 근거로 'ㅇ'음이 'ㆁ, ㄴ, ㅁ, ㄹ, ㅿ'와 같은 불청불탁음이란 일련의 유성음계열에 들며, 순음에 연서되는 'ㅇ'에 대하여서는 후음계의 발음 내용을 결부시킨 제자지만 초성 'ㅇ'과는 전연 다른 범주의 것이라고 했으며 이 경우의 'ㅇ'은 결코 무의미한 첨가기호가 아니라 발음 내용과 제자를 일치시킨 것이며 이 자형에서 볼 때 'ㅇ'의 음가는 유성음적 성질의 것으로 볼 것이 아니며, 초성의 'ㅇ'와는 구별해야 할 것이라고 보았다. 이기문(1972)은 각자병서 'ㅇㅇ'이 존재한다는 사실로 볼 때, 'ㅇ'은 alif 이상의 것이라고 하면서, 'ㅇ'을 기능적 관점에서 소극적 기능과 적극적 기능을 수행하는 두 가지로 나눌 수 있다고 주장했다. '소극적 기능의 ㅇ'은 어두가 모음으로 시작함을 표시하는 것으로 하나의 alif에 해당하는 것이고, 적극적 기능의 ㅇ은 어중에서의 'ㄹㅇ'과 같은 예에서 볼 수 있는데, 하나의 자음 구실을 하고 있는 것에 해당한다고 보았다. 이때 'ㅇ'의 음가는 유성후두음 [ɦ](유성의 h)에 해당한다고 하였다.

우민섭(1986)에서는 훈민정음과 훈몽자회 등의 문헌을 통해 'ㅇ'은 가장 약하고[最不厲] 느리며[緩] 맑고[淡] 텅 비어[虛] 마치 없는 것처럼 느껴질 수도 있는 유성의 喉音이라고 하였다. 김완진(1967) 이기문(1972)에서 논의된 적극적 기능을 수행하는 'ㅇ'을 juncture phoneme으로 받아들이고, 두 개의 음절을 이루는 두 개의 순정모음의 연결과 이중모음의 연결의 차이를 이것의 개입으로 처리했다. 그리하여 " '야'나 '애'는 /ia/, /ai/로 하는 반면, '이아', '아이' 등은 /i-a/,/a-i/ 또는 /i'a/, /a'i/로" 처리하는 것이다.2)

3.2.4 병서의 음가
병서의 음가 추정 작업도 20세기 초반 된소리의 표기를 관습대로 'ㅅ'계 합용병서를 사용할 것인가 아니면 '음리에 맞추어' 각자병서를 사용할 것인가 하는 논의에서 시작하여 최근까지 연장되고 있다.

2) 박창원(1996: 39)에서 이와 관련된 논의를 참고할 수 있다.

각자병서의 음가가 된소리였다는 주장은 해방 전부터 제기되었던 것인데, 해방 뒤에도 이와 비슷한 논의가 이어진다. 허웅(1953, 1965), 이기문(1955, 1972), 이남덕(1968), 도수희(1971), 유창돈(1975) 등은 각자병서의 음가가 된소리였다는 주장을 이어간다. 반면 김민수(1953)는 탁음이었다는 주장을 하고, 강길운(1955)에서는 중간음이었다는 주장을 펼치게 된다. 한편 우민섭(1981)에서는 각자병서는 호기가 점증되는 탁음으로 때로는 평음으로 때로는 경음으로 들릴 수 있는 불안정한 음을 표기하기 위한 것으로 보았다.

'ㅅ'계 합용병서의 음가에 대해서는 자음군설과 된소리설로 나뉘게 되는데, 전자는 허웅(1953, 1965)을 중심으로 유창돈(1975), 권재선(1977, 1978) 등의 일련의 학자들이 암묵적으로 지지하고, 후자는 이기문(1955, 1972)을 중심으로, 이남덕(1968), 도수희(1971), 박병채(1977) 등 일련의 학자들이 그 주장을 따르고 있다. 한편, 박창원(1987, 1991)에서는 자음군과 경음의 두 음가를 다 가지고 있었는데, 경음은 변이음으로 존재했다는 새로운 주장을 펼치게 된다. 부언하면 다음과 같다. 허웅(1953)은 15세기의 'ㅅ'계, 'ㅂ'계, 'ㅴ'계 합용병서가 모두 자음군의 음가를 가지고 있다고 주장한 반면, 이기문(1955)에서는 'ㅂ'계 합용병서의 음가는 자음군이고, 'ㅅ'계 합용병서의 음가는 된소리였다는 주장을 편다. 박창원(1991)에서는 훈민정음을 창제할 당시에는 기본적으로 이들의 음가는 자음군이었다고 주장하면서, 'ㅅ'계 합용병서의 경우 자음군에서 된소리로 그 음가가 변화하는 도중이었다고 한다. 그리하여 훈민정음을 창제할 당시에는 된소리가 자음군('ㅅ'계 합용병서의 음가)의 변이음으로 존재했다가 1460년대에 음운론적으로 그 위치를 확보하는 것으로 보았다. 즉 'ㅅ'계 합용병서의 음가는 된소리를 변이음으로 가지는 자음군이었다가 변이음이 음운론적인 위치를 확보하고, 그 자체는 소멸되는 것으로 이해한 것이다. 1990년대 들어 병서에 관한 논의가 다시 활기를 띠는데, 김무림(1991), 이병운(1993), 이설아(1994) 등이 있다.

3.2.5 치음의 음가

훈민정음에는 'ㅅ, ㅈ, ㅊ, ㅉ, ㅿ' 등이 치음으로 분류되어 있는바 이들의 음가에 대한 논의도 분분하였다. 치음의 음가에 대한 논의는 15세기 'ㅈ, ㅊ, ㅈ' 등의 음가가 현대국어와 달리 경구개음이 아니었다는 주장이 제기되면서 촉발되었다. 이러한 논의는 허웅(1964)에서 최초로 제기된 것이다. 이러한 논의는 이기문(1972)에 의해 논증되면서 국어학계의 정설로 자리잡게 된다. 한편, 치조음 'ㅈ'[ts], 'ㅊ'[tsʰ]의 변이음으로 [tʃ], [tʃʰ] 등이 존재했는가의 여부에 대한 논의가 강신항 교수에 의해 제기되고, 훈민정음을 창제할 당시에 이들의 음가는 훈민정음 기술 그대로 치음이었다는 주장이 박창원(1996)에 의해 제기된다. 김무식(1993), 신승용(1996), 오정란(1999) 등의 논의가 이어진다.

3.2.6 유음의 음가

훈민정음 창제 이래로 한국어의 유음 표기는 'ㄹ' 하나를 사용한다. 그런데 포페(N. Poppe) 등이 재구한 알타이 공통 조어에는 네 종류의 유음이 있다. 이와 관련하여 고대 국어 유음의 종류 및 이의 변화에 관한 다양한 논의가 펼쳐진다.

이숭녕(1955)에서는 향가 표기를 대상으로 ~r~음을 표기한 글자들을 다음과 같이 제시하였다.

r(l)a (라)	r(l)o (로)	r(l)i (리)	r(l)ji (례)	r(l)ang (랑)
羅	老	里 / 利	禮	良

'r(l)'음 표기의 문자가 주로 모음 간에(혹은 어중에) 존재하였다는 사실로부터 어두에 'ㄹ'이 올 수 없는 두음법칙이 이미 고대국어 단계에 존재하였을 것이라 추론한다. 그리고 乙자는 격의 표기에 사용되고 尸자는 활용 어미의 표기에 쓰이는 형태론적 차이를 가지고, 음운론적으로는 乙자는 'ㄹ(올, 을, 롤, 를)'을 尸자는 r(l)을 가진 음절의 표기인 듯한 차이를 가진다고 하였다.

김완진(1957)은 동명사를 형성하는 접미사 '-l(ㄹ)'이 현대어에서도 그렇듯이 그저 단순한 'l'이 아니고 후두폐쇄를 동반하는 'l'이라고 설명하였다. 향가의 한자표기 중에서 대격에는 乙과 肹만이 사용되고 尸는 다만 부동사 내지 관형형의 'l'과 약간 특수한 명사 등에만 규칙적으로 사용되는 등의 용법의 차이를 지적하고, 尸>ㅀ(l̚)의 변화를 제시하고 있다. 최현배(1959)는 『훈민정음』 언해본 머리말에 있는 "中듕國귁에 달아(異乎中國)"에서 '달아'를 어떻게 읽었는가는 'ㄹ'의 소리값에 대한 근본적인 문제라고 하였다. 『훈민정음』 합자해에서 반헷소리 'ㄹ'을 설명한 부분3)에 대한 분석을 통해, 가벼운 반헷소리 'ㄹ'는 'r'에 맞고 무거운 반헷소리 'ㄹ'는 'l'에 맞는다고 보고 있다. 즉 'ㄹ'이 무거운 반헷소리 곧 'l'에 맞는 소리라는 것이다. 그리하여 '달아'도 'tal-a'고 '다라'도 'ta-la'이므로 '달아=다라'가 되고 이 '다라'는 오늘날의 '달라'와 크게 다르지 아니한 것으로 보았다. 이기문(1977)은 'r'과 'l'의 음운적 변별 가능성을 확인하였다. 동명사형 어미 '-ㄹ'은 언제나 尸로 표기됨에 대하여 대격 어미 '-ㄹ'은 언제나 乙로 표기된 사실에 주목하고, 동명사 어미는 알타이제어의 '-r'과 대비되고, 대격 어미에 대해서는 그에 대응되는 예를 찾을 수 없지만 '-l'이라는 가설을 세워볼 수 있다고 하였다. 이렇게 하여 고대어의 유음에는 'r'과 'l'이 있었고 이들이 음절말 위치에서 대립을 유지했다고 잠정적으로 결론지었다. 그리고 음절말의 'r'과 'l'의 합류는 필경 내파화에 의한 것인데, 고대어에 일반적으로 내파화가 일어나지 않았다면 이 두음의 합류도 일어나지 않았을 것으로 보아야 한다고 하였다.

---

3) "半舌有輕重二音 然韻書字母唯一 且國語雖不分輕重 皆得成音 若欲備用 則依脣輕例ㅇ連書ㄹ下 爲半舌輕音 舌乍附上齶."
   이는 다음과 같은 네 가지 내용이다.
   1. 'ㄹ'에는 가벼운 'ㄹ'과 무거운 'ㄹ'이 있다.
   2. 그러나 중국의 운서에 자모(첫소리)가 다만 하나뿐이요, 국어에도 가벼운 반헷소리와 무거운 반헷소리를 가르지 아니하더라도 넉넉히 소리를 이룰 수가 있다.
   3. 만약 구별해 쓰려면, 가벼운 입술소리(ㅸ)의 전례에 따라서, 'ㅇ'를 아래에 붙여 쓰라(ㄹ).
   4. 가벼운 반헷소리 'ㄹ'의 소리내는 법은 혀가 잠깐 웃턱에 붙는다.

64

'尸'를 약체자로 보고 해결책을 모색한 논의들도 있다. 양주동(1965)에서는 尸의 원자로 '羅', '良', '盧'의 3자를 제시하면서 특히 향가의 예로 미루어 '羅'자가 가장 타당하다고 하였다. 이에 대해 오정란(1993)은 형태상의 공통성이라는 관점에서 볼 때 '羅'와 '尸'는 거리가 너무 멀고 오히려 '履'자의 약자로 보는 것이 자연스럽다고 주장하였다. 'ㄹ'의 표기에 '履'(ri)의 반설상 자음 /r/를 취함과 동시에 그 약자 '尸'를 취하게 되었다고 볼 수 있다는 것이다. 그리하여 고대국어의 모습을 보여주는 향가에서 'ㄹ'이 尸, 乙로 표기되어 있는 것은 /r/과 /l/이 구별 표기되었을 가능성을 시사하는 것이라 하였다. 반면 김완진(1985)에서는 乙과 尸가 일종의 분화에 의한 존재라는 가설을 세웠다. 즉 애초에는 乙자로서 '을'과 'ㄹ'을 같이 표음했다고 가정하고 乙의 전서체가 尸자와 매우 유사하다는 점에 주목, 고대에는 전서체가 실용되던 자체였는데 어느 시기에 해서체가 도입되어 일반화되는 단계에 와서 우리말 표기에 쓰이던 옛 서체의 乙은 그 형태상의 유사성으로 인하여 尸자로 인식하게 되었다는 것이다. 따라서 이것은 尸자의 형상을 빌었으되, 그 음이나 훈과는 아무 상관없는 국어 표기 위주의 특이한 표음문자로 승화되었고, 새로운 해서체의 乙에 의하여 '을'을 표기할 수 있게 됨에 따라 尸는 'ㄹ' 전용의 기호로 특수화되었을 것이라고 추정하였다.

통합적 음운현상의 변화로 인하여 음운론적 해석이 달라질 수 있고, 그리하여 새로운 음운이 창출될 수도 있다는 가설에서 출발한 박창원(1986)에서는, 'ㄷ'과 'ㄹ'의 교체를 보이는 다음의 예들,

(1) 어휘형태소의 말음이 항상 'ㄷ'으로만 실현되는 용언어간: 닫-, 돋-, 믿-
(2) 어휘형태소의 말음이 'ㄷ'과 ø로 교체를 이루는 예: 동남방언의 모다+아라 →모다라(∽모아라)
(3) 어휘형태소의 말음이 문법형태소의 종류에 따라 'ㄷ'과 'ㄹ'로 교체를 이루는 중부방언과 동남방언의 이른바 'ㄷ불규칙 활용어간': 걷-, 듣-, 깨닫-
(4) 어휘형태소의 말음이 'ㄹ'로 실현되면서 문법형태소의 초성 장애음을 된소리로 실현시키는 용언어간: 동남방언의 실- / 중부방언의 (3)의 예에 해당하는 영동방언의 모든 어휘

　(5) 어휘형태소의 말음이 'ㄹ'과 ø의 교체를 이루면서 문법형태소의 초성 장에
　　 음을 된소리로 실현시키지 않는 용언어간: 'ㄹ불규칙 활용어간'- 알-

에서 나타나는 'ㄷ'과 'ㄹ'에 관련된 교체를 통해서 공통어 단계의 국어에
존재했을 법한 *d와 *l²을 재구하였다. 방언 내부에서 'ㄷ'과 ø, 'ㄷ'과 'ㄹ'
등의 교체가 일어나고, 방언비교에서 'ㄷ'과 'ㄹ'의 교체와 'ㄹ'의 대응, 그리
고 'ㄷ'과 ø의 대응이 일어나는 일련의 현상들은 바로 국어의 공통어 단계에
*d와 *l²가 존재했기 때문이라는 것이다. 현대 국어의 소위 'ㄷ불규칙 용언'이
생겨나게 된 직접적인 원인은 *l²이 존재했기 때문이고, 음운의 변화 속에서
내포되어야 할 자질의 변화 가능성을 고려할 때 *d>*l²의 변화는 일어날
수 없지만, *l²>*d의 변화는 충분히 근거있는 것이기에 이러한 일련의 어휘들
의 기원형은 *d , *l²로 재구될 수 있다고 본 것이다.

　알타이제어로서의 한국어가 유음에서는 이들과 어떠한 관련이 있는지를
검토한 권인한(1990)은 알타이조어에 존재했다고 인정되는 네 종류의 유음
즉, *r¹, *r², *l¹, *l² 중에서 *r²와 *l²는 츄바쉬어를 비롯한 대부분의 알타이제어에
서 각각 r 과 l 로 대응되는 반면, 유독 토이기 제어에서만은 각각 z와 로
대응되는데 이러한 *r²와 *l² 대응의 특이성이 알타이제어 음운사 연구의
핵심적 과제라 소개하고 있다.

　이와 관련하여 첫째, r, l 음과 z, 음 중 어느 것이 기원적인 음인가?
둘째, 그 기원적인 음은 어떠한 음성적 특징을 지니기에 이러한 특이한
변화를 낳게 했는가? 등이 문제의 초점이라고 한다.

　강신항(1990)에서는 고대국어에서 '-l' 말음을 표기한 예들을 (1) 闕英井=
娥利英井, 泉井口=於乙買와 같이 '-l' 말음을 독립시켜서 하나의 자음으로
표기한 예, (2) 比自火=比斯伐과 같이 '-l'의 운미음으로 표기한 예, (3) 文=斤
尸(글), 管=古尸(고을)처럼 '尸'가 쓰여 '-l' 말음을 독립된 자음으로 표기한
예 등의 세 가지로 분류하고, 推(밀-)=密, 永(길-)=吉, 水(믈)=勿등은 -t 운미
입성음들이 고대국어 시기부터 -t>-l로 변화하였음을 보여주는 것이라 하였

다.

3.3 재구작업

현존하는 사실을 확인하는 작업 이외에 과거에 존재했거나 존재했을 것으로 추정하는 모든 작업은 통시적인 재구를 행하는 작업이라고 할 수 있을 것이다. 그리고 존재하고 있는 음소의 음가가 현대국어와 다른 음가를 가지고 있었을 것이라는 추정 역시 통시적인 재구에 해당하는 작업이 될 것이다. 본고는 편의상 문자로 확인되는 것의 음가 재구와 문자로 확인되지 않는 것의 재구를 구분하고, 후자에 해당되는 것만 본 절에서 다루기로 한다.

3.3.1 유성자음의 재구

원시국어 내지는 고대국어에 유성음이 존재했을 것인가 하는 문제인데, 이 문제는 15세기 국어에 나타나는 '병, ∆' 등의 기원과 국어의 계통적 기원과 관련된 문제가 내재되어 있다. 즉 15세기 국어의 '병, ∆' 등의 음가가 유성마찰음이라면, 이들의 존재가 고대 혹은 그 이전 시기부터 존재하던 유성자음의 흔적인가 아니면 이전의 유성자음과 관련없이 국어사에 일시적으로 존재했던 통시적인 발달의 산물인가 하는 문제와 관련된다. 또한 국어가 알타이 어족의 일원이고, 알타이 어족에 기원적으로 유성자음이 존재했다면 이들이 언제 소멸되었으며 그 흔적을 어디에서 찾을 수 있는가 하는 문제와 관련된다.

이 문제에 대한 연구들은 세 가지 부류로 나누어 볼 수 있다.

첫째는 무성의 장애음 '*p, *t, *s, *k'만이 존재했다는 것으로 이숭녕(1958), 김형규(1978), 허웅(1973), 박병채(1971), 조규태(1986), 김동소(1995) 등이 이에 속한다. 둘째는 무성 장애음과 유성마찰음의 대립관계가 존재했다는 것으로 이기문(1972 등)이 대표적이다. 셋째는 무성 장애음과 유성 장애음의 대립관계가 존재했다는 것으로 오종갑(1981), 박창원(1985, 1986, 1987) 등이 대표적이다.

이러한 세 가지 부류의 견해는 박창원(1994)의 지적처럼 "15세기 국어의 문헌자료에 나타나는 'ㅸ, ㅿ'의 존재가 국어 자음체계의 기원을 암시하는 것인가 아니면 'ㅂ, ㅅ'의 통시적 변화 과정을 반영하고 있는 것인가 하는 문제와 직결되는 문제"라고 할 수 있다.

무성음만이 존재했다는 주장은 무성 장애음이 유성적인 환경에서 유성음으로 동화된다는 사실과 동남방언에서 중세어의 [β], [z]에 각각 [b], [s]가 대응되는 점4)을 근거로 한다. 대표적으로 이숭녕(1956)에서는 모음 사이 혹은 ㄹ음의 아래에서 '*p>b>β>w'의 발달과 유성음 사이에서의 '*s>z>ø'의 발달을 주장하였다.

이에 대해 이기문(1972)은 다음과 같은 반론을 제기한다. 첫째로 중세국어에 모음 사이의 'ㅂ'[b]와 'ㅅ'[s]이 허다한데 이들은 어찌하여 이 변화를 입지 않았는가 하는 것을 설명하기 어렵다. 고대국어의 [*b], [*s] 중 어떤 것은 [b], [s]로 남고 어떤 것은 [β], [z]로 변했다면 그 조건이 밝혀져야 할 것인데 그럴 가능성은 거의 없다. '앗-'(奪), '곱-'(麗) 등의 동사는 상성이라는 특수한 성조가 조건이 되었다고 할 수 있을 듯하지만 'ᄆᆞᅀᆞᆷ'(心), 'ᄀᆞᄫᆞᆯ'(郡) 등의 예에서는 어떠한 조건도 찾기 어렵다. 둘째로 이 두 변화는 같은 시대에 모음간 자음의 유성화라는 같은 원인에 의해 일어난 것으로 생각되어 왔는데 국어에서 'ㅅ'은 모음 사이에서도 유성음화되지 않는다. 이런 사실을 바탕으로 적어도 'ㅿ'은 *s 와는 다른 어떤 음으로 소급하는 것으로 보아야 한다고 주장한다. 또, 이기문(1972)에서도 "ㅂ이 모음 간에서 유성음화하는 것은 그것에 대응하는 유기음 ㅍ의 유기성이 이 환경에서 약화되어 그것과 충분한 거리를 가지기 위한 것인데, ㅅ은 그것에 대응하는 유기음이 없어 유성화될 필요가 없다"고 하여 'ㅿ'의 기원을 'ㅅ'의 유성화로 본 견해를 반박했다.

순경음 'ㅸ'의 문제를 자음체계의 변화와 관련시켜 정밀히 검토한 것은 박창원(1994)인데, 여기에서는 15세기 국어에 나타나는 'ㅸ'의 분포를 음운론

---

4) 사뵈: [sɛbi], ᄆᆞᄉᆞᆯ: [masil] [mosil] 등의 예를 들 수 있다.

68

적인 환경과 형태론적인 범주에 따라 비교, 정리한 것에서 볼 수 있듯이5) '日'과 '붕'은 전체적인 체계에서 상보적 분포를 이루지 못하므로 각각을 독립된 음소로 인정해야 한다고 주장한다. 또, '붕'이 국어의 기원적인 자음체계를 암시하는 것인가 아니면 후대의 발달에 의한 것인가의 문제에 대해서는 그 기원이 '日'과 다른 것이었다는 결론에 도달하게 되는데, 결정적 근거로 제시한 것이 '옷보리, 옷뵈' 등의 존재다. 이는 'ㅿ'과 '붕'의 기원이 'ㅅ'과 '日'이 아니라는 사실을 단적으로 보여주는 것으로, " 'ㅿ'과 '붕'이 서로 가역적으로 그 존재의 기원을 밝혀주는" 예가 된다. '붕'과 '日'이 기원적으로 달랐다는 또 하나의 증거로 용언어간과 사동 접미사의 결합관계를 들고 있는데, 용언 어간말의 기저형이 '日'인 어간은 '-히-'와 결합[예: 구피-(굽+히)]하고, '붕'인 어간은 '-이-'와 결합[예: 더러뵈-(더럽+이)]하는데 이는 '日'과 '붕'이 기원적으로 달랐기 때문이라는 것이다. 결론적으로 15세기 국어 당시에 [β] 음가를 가지고 있었던 '붕'은 국어 자음체계의 기원과 관련된 것으로 그 기원적인 음소는 /ˣb/였을 것으로 추정하고 있다.

오종갑(1981)은 무성마찰음 계열이 없는 고대국어에 무성저해음과 유성마찰음의 대립을 인정하는 것은 언어의 일반성을 깨뜨린다고 하고 고대어 및 중세어에서 기저음운 [ˣb, ˣd, ˣz, ˣg]이 존재했음을 인정하는 것이 타당하다고 주장하였다.

3.3.2 자음군의 재구

---

5) 이 표의 사선은 구조적인 공백을 의미하고, 빈 칸은 우연적인 공백이거나 예를 미처 찾지 못한 것을 의미한다.

범주 \ 환경	형태소 내부	용언어간 종성+어미	선어말어미 (-습-)+어미	어근+ 파생접미사(보/붕)	체언어간 종성+어미
V - C	日	日	日		日
C - V	日			日	
V - V	日, 붕	日, 붕	붕	붕	日
j - V	日, 붕	붕			
r - V	日, 붕	붕			日
z - V				붕	

15세기 국어의 자음군은 체계적인 관점에서 볼 때 대단히 불균형스러운 상태다. 'ㅂ'계, 'ㅅ'계, 'ㅄ'계 자음군만이 존재한다는 사실 자체가 균형스럽지 못하고, 'ㅂ'계 자음군 중 'ㅳ'이 존재하지 않고, 'ㅅ'계 자음군에는 'ㅆ' 등이 존재하지 않으며, 'ㅄ'계에는 'ㅴ'과 'ㅵ'만이 존재하는 사실 자체가 그러하다. 또한 'ㅼ'의 형태(예: 싸히)가 발견되는 반면 'ㅺ'은 존재하지 않는다. 그리고 용비어천가에는 'ㅴ'의 형태가 발견되기도 한다. 이러한 공시적인 불균형의 원인이 무엇인가 하는 문제는 통시적인 변화 과정에서 모색할 필요가 있다.

자음군의 재구에 대해서는 아직까지 거의 논의가 없는 실정이다. 이기문 교수가 제주도 방언에서 중세국어의 'ㅅ'계 합용병서가 거센소리로 대응하는 예가 있다는 사실을 지적한 것에 주목하여 박창원(1991)에서 15세기 이전에는 'ㅈ'계 자음군이 존재했다는 논의를 펼친 것이 유일한 것이다. 자음군의 생성과 소멸 과정에 대해 지금까지 알고 있는 지식은 너무나 피상적인 것뿐이므로 앞으로 이 방면에 대한 세밀한 연구가 필요한 상황이다.

3.3.3 'ㅣ' 모음의 재구

김방한(1968)은 중성 모음 'ㅣ'에 대한 연구가 15세기 모음체계를 연구하는 데 있어서 필수적으로 고려되어야 할 사항임을 지적하였다. 또한 이인섭(1981)은 고대 국어 모음론의 쟁점은 /i/와 /ɨ/의 대립 여부라고 하였고, 이 시기의 모음체계론은 모음조화와의 관련 아래에서 보려는 체계론과 당시의 음성적 실현에서 본 체계론, 알타이 조어와의 대응에 입각한 체계론으로 나뉠 수 있다고 하였다.

['ㅣ' 모음과 모음조화]

잘 알려져 있는 바와 같이 15세기 국어의 모음조화는 이미 규칙의 붕괴 조짐을 보인다.6) 체언과 조사의 연결 혹은 용언어간과 파생접미사의 연결,

---

6) 모음조화와 관련한 이러한 표현은 국어에 모음조화가 기원적으로 존재했으며,

70

파생접미사와 용언어미의 연결, 용언어간과 선어말어미의 연결, 용언어간과
어말어미의 연결, 선어말어미와 어말어미의 연결 등 모음조화가 관여될
수 있는 위치에서 모음조화가 완벽하게 지켜지는 곳은 어디에도 없다. 심지어
는 고유어의 형태소 내부에서조차 모음조화가 지켜지지 않는 경우(예: 여스,
등)가 많다.

더구나 모음조화에 전혀 관여하지 못하는 중성모음7)8)의 존재는 모음조화
규칙에 예외가 존재한다는 것을 의미할 뿐만 아니라 모음체계 내에 심각한
불균형의 요소가 내재되어 있음을 말하는 것이다.

이기문(1971)은 중성모음에 대한 좀더 근본적인 논의를 전개하고 있다.
몽고어나 퉁구스어에서의 중성모음이란 모음조화의 두 모음 계열 중 어느
하나에 속한 어떤 모음이 다른 계열의 모음과 합류됨으로써 생긴 것이라고
하면서, 중성모음의 발생은 모음조화의 부분적 파괴를 의미한다고 하였다.
그리하여 국어의 중성모음의 역사는 확실치 않으나 역시 '*ï'와 '*ï'의 합류가
있었던 것으로 보고, 양성과 음성, 양 계열의 'ㅣ' 모음에 대해 언급하고
있다.

그러나 이기문(1972)에서는 고대국어에 있어서의 *ï의 재구가 확실하지
않다고 하여 'i'를 중성모음으로 처리하고 고대국어의 모음체계로 /i, ü, u,
ɔ̈, ɔ, ä, a/의 7모음 체계를 재구하고 있다. 또한 15세기 국어의 모음체계로
대표되는 후기 중세국어 모음체계의 바로 전단계인 전기 중세국어의 모음체

___

15세기 이전에는 보다 엄격하게 지켜졌을 것임을 전제로 하고 있다.
7) 중성모음에 성격에 대해서는 대체로 다음의 세 가지 의견이 있다. 이숭녕(1954),
허웅(1985), 김완진(1971) 등이 중성모음이 모음조화에 아무런 기능을 수행하지
못한다는 입장이라면, 도수희(1970)는 선행 모음을 중화시켜 임의적으로 음 또는
양 모음을 취하게 한다는 입장이다. 한편 한영균(1990)은 'ㅣ'모음이 모음조화
규칙 적용에 장벽 역할을 하는 소극적 기능과 모음조화 예외 생성에서 모음조화
규칙의 과도적용이라는 적극적 기능을 하는 것으로 설명하고 있다. 그리고 박종희
(1995)는 중성모음 'ㅣ'의 투명성과 불투명성을 동시에 인정해야 한다고 하였다.
8) 중성모음의 존재 자체가 모음조화의 불균형과 관련되어 있다. 대립체계를 이루던
두 음소가 하나의 음소로 합류하여 발생하게 되는 중성모음의 생성은 모음체계의
변화와 이로 인한 모음조화의 변화를 의미하는 것이다.

계에 대해서도 다음과 같은 7모음 체계를 제시하고 있다.

(1)   i   ü   u

           e   *ə   ɔ

                 a

박창원(1986) 역시 15세기 국어의 모음체계를 모음조화에 의한 양: 음의 대립관계로 보고, 이러한 대립관계에서 중립적인 'ㅣ'의 기원 문제를 논의하고 있다. 박창원(1986)에서는 'ㅣ' 모음의 기원을 밝히기 위해 15세기 국어 'ㅣ'의 통합관계와 동남방언의 용언활용 양상을 분석하고 있다. 먼저 15세기 국어에서 'ㅣ'로 끝나는 선어말어미의 통합관계를 살피면서, 부사형에서 '-어'와 결합하기도(예: 리+어→려) 하고, '-아'와 결합하기도(예: 시+아→샤) 하지만, '-리-'는 '-아'와 결합하는 일이 없고 '-시-'는 '-어'와 결합하는 일이 없다는 사실에 주목한다. 또, 15세기 국어에서 말음절에 'ㅣ'가 있는 용언어간과 부사형 '-아/어' 및 매개모음 '-ᄋᆞ/으-'의 통합관계를 분류9)하여, 15세기 국어의 'ㅣ'는 전체적인 체계 내에서는 중립성을 나타내지만 개개의 통합관계에서는 때로는 중립성을 때로는 양성을 때로는 음성의 성격을 띠고 있다고 하였다. 마지막으로 다음과 같은 동남 방언 용언활용의 예를 들어, 최소한 부사형 어미와 매개모음이 모두 양성으로 나타나는 부류는 기원적으로 양성의 'ㅣ'였다고 보아도 무방하리라 보고 'ㅣ'모음을 재구하고 있다. 그리하여 15세기 이전의 모음체계로 4개의 대립쌍을 가진 모음체계를 재구하고 있다(다음에 나오는 ['ㅣ'모음의 음성적 실현] 참고).

---

9) 박창원(1986)에 따르면, 말음절에 'ㅣ'가 있는 용언어간과 부사형 어미 및 매개모음의 통합관계는 다음의 세부류로 나뉜다(325~326쪽).
   가류: 부사형 어미는 '-아'만 나타나고, 매개모음은 '-ᄋᆞ-'만 나타나는 용언
   나류: 부사형 어미는 '-아/어' 둘다 나타나고, 매개모음은 '-ᄋᆞ-'만 나타나는 용언
   다류: 부사형 어미는 '-어'만 나타나고, 매개모음은 '-으-'만 나타나는 용언

(2) 동남방언 용언활용(박창원, 1986: 328)

어간 \ 어미	-아/어(라)	-아/어(도)
잇-	이사라	이사도
잊-	이 자	이 자
짓-(<짖-)	지 서	지서도
집-	지 버	지버도

이기문(1971)과 박창원(1986)의 차이는 15세기 국어의 'ㅣ' 모음의 성격을 어떻게 보느냐에 있다. 즉, 이기문(1971)에서는 15세기의 'ㅣ' 모음을 양성과 음성의 두 모음이 합류한 말 그대로 중성적 성격을 띤 것으로 보는 반면, 박창원(1986)은 양성의 'ㅣ'를 재구함으로써 15세기 이전 시기의 양성모음 'ㅣ'가 음성모음 'ㅣ'에 합류되어 점차 음성모음의 성격을 띠게 된 것으로 보는 것이다. 요컨대 중화의 방향이 문제라는 것이다. 15세기 이후 현대에 이르는 모음조화 붕괴의 양상을 살펴보면 음성모음으로 통합되어 가는 경향을 확인할 수 있는데, 이는 박창원(1986)의 견해를 지지하는 것이 아닌가 생각되지만 아직까지 확신할 수는 없다고 본다.[10]

['ㅣ' 모음의 음성적 실현]

모음조화와 관련하여 'ㅣ'모음이 기원적으로 중성모음은 아니었을 것이라는 견해는 어느 정도 받아들여지고 있지만, 실제로 이들이 합류 이전의 모음체계 안에서 어떤 위치를 갖고 있었느냐에 대해서는 논의가 분분하다. 15세기 이전의 국어 모음체계에 대한 대표적인 논의로 박병채(1971, 1989)를 들 수 있다. 박병채(1989)는 유사 이후 훈민정음 창제까지의 기간을 고대국어로[11] 보고 이 시기 모음체계의 특징을 다음과 같이 서술하고 있다(박병채,

---

10) 실제로 장영길(1999)의 경우 박창원(1986)과 반대의 견해를 제시하고 있다. 즉, 음성의 'ㅣ'가 양성의 'ㅣ'로 중화되어 간 것으로 보고 있는 것이다. 장영길(1999)은 'ㅣ' 모음의 중화 방향을 확인하기 위해 15세기 문헌에 나타난 체언과 조사의 결합 양상을 살펴보고 있다.

1989: 48).

모음체계는 중기국어의 모음체계와 극히 유사하며 음가면에서도 거의 동일성을 암시하고 있다. 고대국어의 모음체계는 전설모음과 비전설모음과의 정연한 대립을 보이는 8모음체계인데, 다만 중기국어의 그것과 다른 점은 i에 대한 ï가 i로 합류되어 극히 부분적인 음운변화만을 경험하였고 그 합류시기는 후기 고대국어로 추정된다.

박병채(1971, 1989)는 韻類에 대한 국어한자음의 내부구조 분석에서 얻어진 韻攝별 음운대응표를 제시하고 그 음운대치법을 중심으로 귀납하는 방식으로 모음체계를 재구하고 있다.

(3) 고대국어의 모음체계(박병채, 1989: 67)

전설모음계	/어/ä	/으/ə	/우/ü	/이/ₐi
비전설모음계	/아/a	/ᄋ/ɐ	/오/u	/이/ᵦï

한편 박창원(1986)에서도 4개의 대립쌍을 가진 15세기 이전의 모음체계를 다음과 같이 재구하였는데, 이들의 조음위치에 대한 논의를 살펴보기로 한다.

---

11) 박병채(1989)에서의 고대국어와 이기문(1972)의 고대국어는 시기적으로 차이가 있다. 이는 국어사의 시대구분에 대한 견해 차이가 있기 때문인데, '고대국어/ 중기국어/ 근대국어/ 현대국어'의 시대구분을 보이는 박병채(1989)에서의 고대국 어는 삼국시대와 고려시대의 언어를 포함한 1443년까지의 국어를 말한다. 반면, '고대국어/ 전기 중세국어/ 후기 중세국어/ 근대국어/ 현대국어'의 시대구분을 보이는 이기문(1972)의 고대국어는 삼국시대 언어만을 대상으로 한다. 국어사의 시대구분 문제에 있어서 보다 널리 받아들여지고 있는 것은 이기문(1972)이기 때문에 '고대국어'가 시기상의 오해를 가져올 수 있으나 여기서는 원전의 표현을 그대로 사용하기로 한다.

(4)　　음성 모음　　:　　양성 모음

　　　　　　　ㅣ　　　:　　　　ㆍㅣ

　　　　　　　ㅡ　　　:　　　　ㆍ

　　　　　　　ㅓ　　　:　　　　ㅏ

　　　　　　　ㅜ　　　:　　　　ㅗ

　　박창원(1986)에서는 이들의 음가를 추정하기 위해 대립과 중화의 개념을
도입하고 있는데, 즉 각각의 4쌍은 하나의 징표에 의해 대립관계를 형성하고
있으므로 한 대립쌍이 이루고 있는 관계는 다른 대립쌍이 이루고 있는 관계와
동일하므로 비례적 대립관계를 형성하고 있다고 할 수 있고, 이들은 후대의
음운변화가 증명하는 바와 같이 중화할 수 있는 대립관계 - 대립쌍의 두
항이 공유하는 자질의 총체가 두 항 사이에만 독점적으로 존재하는 양면적
대립관계를 형성해야 한다는 것이다. 비례적이면서 양면적인 대립관계는
이들이 하나의 자질에 의해 구별되는 상관적 대립을 형성하고 있었음을
뜻한다는 것이다. 이제 문제는 어떠한 자질이 상관징표로 작용했느냐 하는
것인데, 박창원(1986)에서는 '축, 개구도, 혀의 위치' 중 혀의 위치를 상관징표
로 하여 15세기 이전의 국어 모음체계로 두 가지 가능성을 제시하고 있다.
(5)와 (6)이 그것이다(박창원, 1986: 333).

(5)

전설		비전설		
비원순	원순	비원순	원순	
ㅣ	ㅜ	ㆍㅣ	ㅗ	고
ㅓ	ㅡ	ㅏ	ㆍ	저

(6)

전설		비전설		
비원순	원순	비원순	원순	
ㅣ	ㅜ	ㆍㅣ	ㅗ	고
ㅡ		ㆍ		중
ㅓ		ㅏ		저

(5)의 체계였는지 (6)의 체계였는지 확신할 수 없지만, 15세기 이전의 모음체계에 대한 박창원(1986)의 견해는 박병채(1971, 1989)와 마찬가지로 전설과 비전설의 대립을 가진, 즉 구개적 대립을 보여주는 8모음체계라는 것이고, 체계 내에 양 계열의 'ㅣ'모음을 가지고 있었다는 것이다. 위의 모음체계 (5) (6)에 따르면 음성의 'ㅣ'는 [-back, +high]의 자질을, 양성의 'ㅣ'는 [+back, +high]의 자질을 갖게 되는데, 이는 박병채(1989)의 논의와는 차이를 보이는 부분이라 하겠다.

['ㅣ' 모음과 알타이 제어]

국어와 알타이제어의 비교언어학적 관점에서의 논의들을 대표적인 논의로 김완진(1965) 등을 들 수 있다.

먼저 김완진(1965)은 고대 토이기어에 있어서 *i는 /i/의 이음으로 존재했을 뿐, 음운으로 존재한 것은 아니라는 프리착(O. Pritsak)의 견해12)를 소개하면서 설령 음운론적인 /i/: /i/의 대립은 존재하지 않았다 하더라도, /i/: /i/ 사이의 차이는 원시국어에 대하여 인지되어야 하며 이것이 /i/와 다른 음운과의 종합적 발달에서는 주시할 만한 결과를 가져왔을 것이라는 가설을 제시하고 있다. 그리하여 'ㅣ'모음과 관련된 음운현상으로 /t/의 구개음화현상을 검토하고 있다. 김완진(1965)에서 제시하고 있는 고대국어에서의 구개음화 용례는 (6)과 같다.

(7)　a. 국어: 젖(乳, 乳房) = 일본어: titi 또는 ti(乳, 乳房)

---

12) 김완진(1965)은 프리착(Pritsak)의 견해를 국어의 음운조직이나 모음조화문제에 대하여 새로운 각도에서의 모색을 시도하는 것으로 평가하고 있다. 첫째, 국어의 모음체계는 그 음운수와 체계면에서 조어로부터의 양상을 상당히 충실하게 보존해 왔다는 사실을 지적할 수 있고, 따라서 종래에 설명하기 어려웠던 /i/: /i/의 대립 소멸에 관한 적극적 해석이라는 무거운 부담이 면제되는 것이라고 하였다. 둘째, 모음조화의 측면에서도 /i/의 소멸로 체계의 변질을 가져와 대립의 양계열에 무관한 모음 /i/를 가지게 된 것이 아니고, 국어의 모음조화 기제가 곧 조어적인 면을 그대로 보이는 것이라고 해석하게 된다고 했다.

b. 국어: 즈믄(千) = 일본어: ti(千)

(7a)는 만주어 čilči와의 비교를 통해 만주어나 국어에서 *i에 선행하는 *t가 구개음화했던 것으로 설명하지 않을 수 없게 되고, 한국어의 '젖'은 *tirče > *tjerče > *čjerče > *čjerč > čječ의 과정을 거쳐 형성된 것으로 보았다. (7b) 역시 *timən > *čimən > čəmən과 같은 과정을 겪은 것으로 보고 있다. 그런데 이와 대조적인 경우로 국어의 '돌'의 예를 들고 있다. 국어의 '돌'에 해당하는 몽고어 čilaɣum와 비교할 때 이는 구개음화를 경험하지 못한 용례라는 것이다. 이러한 예들을 통해 김완진(1965)은 원시국어의 단계에서 비록 *i와 *i가 음운론적인 차이를 가지지 않았다 하더라도, 그 차이는 t의 구개음화에서 기능하게 되었다고 결론 내리고 있다. 적어도 두 개의 'ㅣ'가 체계 내에 공존했을 가능성을 암시한다는 것이다.

이 밖에 국어의 계통을 고아시아어계로 보고 모음체계를 재구한 강길운 (1988)이 있는데, 여기에서 재구된 모음체계는 다음과 같다. 강길운(1988)의 체계를 따르자면, 'ㅣ' 모음이 대립을 이루던 /i/와 /ɨ/의 중화에 의해 생성된 것이 아니라 기원적으로 하나의 음운이었던 것으로 생각할 수 있고, 모음조화에 대해서는 애초부터 중성모음으로 작용했던 것으로 생각해야 할 것이다.

(8)

i		I		u
	e			o
		a		

3.3.4 치음의 재구

고대국어의 자음체계에 몇 개의 치음이 존재했을 것인가 하는 문제는 마찰음과 파찰음의 대립이 있었는가, 파찰음에 유기음과 유성음이 존재했는가, 마찰음에 유성음이 존재했는가 하는 국어사의 논쟁거리들이 복합적으로 관련된다.

유창균(1960)에서는 『삼국사기』 지리지를 중심으로 신·구 지명 사이의
대응관계를 살펴 고대국어의 치음 계열에 /ㅅ/(s), /ㅈ/(ts), /dz/(ts의 유성음)의
세 음소를 인정하고 있으며, 이기문(1972)과 김무림(1998)에서는 고유명사
자료와 한국 한자음을 고려하여 치음 계열에 /ㅅ/, /ㅈ/, /ㅊ/의 세 음소를
인정하고 있다. 두 논의 모두 고대국어에서 /ㅿ/의 존재를 입증할 만한 결정적
인 증거가 없음을 지적하였다.

박병채(1971)는 중세의 한국 한자음을 분석한 결과에 근거하여 고대국어
의 치음 계열에 /ㅈ/(c)와 /ㅅ/(s)의 두 음소를 인정하고 있다. 그 근거로는
한국 한자음에서 중고음의 치두음과 정치음의 구별이 무시되고 있고, 청탁의
구별도 무시되고 있으며, 차청자의 대응에 규칙성이 없을 뿐 아니라 중고한음
에서 반치음으로 규정된 日母의 대응도 유동적이라는 사실을 들고 있다.

조규태(1986), 박동규(1995), 김동소(1995)는 고대국어의 치음 계열에는
마찰음 /s/ 하나만이 존재했다고 보는데 이는 고유명사 자료에서 음독 대
음독으로 대비되는 글자의 한자음이 'ㅅ↔ㅈ↔ㅊ' 사이에서 혼기를 보이는
것을 근거로 한 것이다.[13]

박창원(1996)은 치음에 관한 종합적이고 전면적인 고찰을 꾀하고, 자료
해석과 연구의 방법론에서 새로운 모형을 제시하고 있다.[14] 여기에서는
15세기 국어의 치음이 겸양법 선어말어미와 피·사동 접미사와 이루는 통합
관계를 토대로 그 이전 시기에 유성음이 있었을 가능성을 제기하고 다음으로
는 고대국어의 지명·인명·관명이 혼기되는 예를 검토한다. 『삼국사기』,
『삼국유사』에는 전청과 차청, 전청과 전탁, 전탁과 차청이 혼기되는 예가

---

13) 이러한 논의들은 단일한 'ㅅ'에서 후대의 'ㅈ, ㅊ, ㅿ'로의 분화를 합리적으로
설명할 수 있어야 하는 문제를 안고 있다.
14) 박창원(1996)은 다음과 같은 가정에서 출발한다.
가정 1: 고대 한국어의 지명이나 인명 혹은 관명 표기에서 '一作, 一云, 或云' 등의
표기는 기본적으로 동일한 음의 다른 표기다.
가정 2: 전사자료의 대응에서 중국음의 치음체계가 한국 한자음의 치음체계에
규칙적으로 대응하는 것이 존재하면, 그것은 중국음의 치음체계와 한국음
의 치음체계에 공통적으로 존재하는 것이다.

존재하는데, 이를 통해 고대국어의 치음에는 유성음과 무성음의 대립이 없었고, 유기음과 무기음의 구별도 없었다는 추론을 하는 것은 위험하다는 견해를 펼치고 있다. 이러한 추론은 마찰음과 파찰음 사이에 보이는 혼기를 통해 고대국어의 치음이 단 한 종류밖에 없었다는 납득하기 어려운 결론에 도달하게 할 수 있으며, 나아가서는 혼기되는 모든 음들 사이에는 구별이 없었다는 잘못된 결론에 도달하는 오류를 범하게 될 것이라는 것이다. 이에 이러한 위험을 피할 수 있는 연구방법론15)을 제시하고, 혼기 자료들 사이의 가치를 구별하여 새로운 해석을 내리고 있다. 혼기의 경향을 바탕으로 고대국 어의 치음체계에 관해 추론하면, "첫째, 중국어에 존재했던 '제3부류'는 고대 국어에 존재하지 않았다고 할 수 있다. 둘째, '제1부류'와 '제2부류'는 구분되 었는데, '제2부류'의 우차청은 국어에서 다른 음으로 받아들여졌다. 즉, 존재 하지 않았다"는 결론에 도달하고, 'ㅅ'과 'ㅈ'이 분화하게 되는 어떤 합리적인 이유를 찾을 수 없다면, 후대에 존재하는 것들의 그 이전 단계의 존재 가능성은 인정해야 한다는 이유에서 마찰음과 파찰음의 존재 가능성을 인정하게 된다. 그리고, '제1부류' 내부에서 혼기되는 일이 없음을 근거로 고대국어에 최소 5개의 치음의 존재를 확보할 수 있다고 본다.

정치 2등의 전청음이 한국 한자음에 'ㅈ'으로 남아 있고, 정치 2등의 전탁음 이 'ㅅ'으로 남아 있는 것은 전청과 전탁이 구분되었기 때문이고, 중국어의 치두 전탁음('제1부류'의 유성음)이 국어에서 'ㅈ'에 규칙적으로 대응하고, 정치 2등의 전탁음('제2부류'의 유성음)이 국어에 'ㅅ'으로 규칙적으로 대응 하는 것은 중국어의 치두 전탁음과 정치 2등의 전탁음에 대응하는 국어의 음소가 각각 존재했기 때문이라고 할 수 있으며 같은 조음위치에 유성음이 있다면 그보다 더 보편적인 음인 무성음의 존재를 인정하는 것은 자연스러운 일이므로 치두음과 정치음의 구분이 고대국어에 존재했다고 본다.

이러한 논증을 토대로 고대국어의 치음체계를 다음과 같이 재구하고 있다.

---

15) 통시성 연속의 원칙, 통시적 재편성의 원칙, 자료 등가성의 원칙, 자료 대응 구분의 원칙이 그것이다.

	전 청	차 청	전 탁	우 차 청	우 차 탁
제1부류	ts	tsɦ	dz	s	z
제2부류	tʃ	tʃɦ	ʤ	ʃ	ʒ

그러나, 이 10개의 음들이 고대국어 단계에 변이음으로 존재했다는 것인지 음소로서의 가치를 지니고 있었다는 것인지에 대해서는 분명한 언급을 피하고 있다.16)

한편, 권인한(1999)에서는 박창원(1995)와 유사한 방법론을 적용해 분석한 결과 <고대국어의 치음체계>를 다음과 같이 재구한다.

조음방법	전 청	*차 청	**전 탁	전 청	**차 탁
추정음가	/tʃ/ or /tɕ/	/tʃɦ/ or /tɕɦ/	/ʤ/ or /dz/	/s/	/z/

'ㅈ'의 음가에 있어서 치두음인 '精母↔精母'의 대응례가 2례인 데 비해, 정치음인 '章母↔章母'의 대응례는 9례나 됨을 통해 고대국어의 치음 계열에서 중세국어의 /ㅈ/에 해당하는 음소는 치두음보다 정치음의 음가에 가까웠을 가능성이 더 크다고 보고, 정치음 혹은 이와 유사한 음으로 재구하고 있는 것이다.17)

치음과 관련된 문제는 치음의 종류와 치음의 조음위치 및 조음방법과 관련된 것으로 다른 계열의 자음보다 훨씬 기본적인 것들이다. 앞에서 소개한 바에 의하면, 고대국어 치음의 종류는 고작 하나에서부터 무려 10개에 이르기까지 다양하게 재구되고 있는 상황이다. 하나의 치음을 재구하는 논의에서는 그 분화 과정이 통시적인 합리성을 확보할 수 있도록 설명되어야 할 것이고,

---

16) 박창원(1996)에서는 '우치탁'에 1부류와 2부류 모두 존재하는 것으로 보고 있는데 중국 성운학자들은 이에 대해 의견통일이 이루어지지 않은 상태다.

17) 이러한 결론은 중세국어의 /ㅈ/의 음가와 후대의 변화를 관련하여 생각하면 통시적인 변화 과정이 대단히 부자연스럽다는 측면이 있다. /ㅈ/의 조음위치가 고대국어의 구개음에서 중세국어의 치조음으로, 그리고 다시 근대국어의 구개음으로 변화하였다는 설명을 해야 하는 부담을 안고 있기 때문이다.

10개의 치음을 재구하는 논의에서는 그 합류 과정이 합리적으로 설명될 수 있어야 할 것이다. 그리고, 파찰음의 존재를 인정하는 논의에서는 조음위치에 관한 통시적인 논의가 거의 이루어지지 않은 상태로 남아 있고, 치음의 유기음을 인정하는 논의에서는 그 생성 과정이 아직 미지수로 남아 있고, 유성음 계열을 인정하는 논의에서는 그 소멸 과정이나 원인이 해명되어야 할 것인데 이 또한 불모지로 남아 있는 것이다.

3.3.5 후음의 재구

고대국어 내지는 원시국어에 후음이 존재했는가? 존재했다면 그 종류는 어떠하고, 각각의 음가는 어떠했는가? 알타이 제어의 어떤 자음과 국어의 후음이 대응되는가? 등등의 문제가 후음의 재구와 관련된 문제다.

『훈민정음』이 보여 주는 15세기 국어의 문자체계에는 후음계열에 'ㅇ, ㆆ, ㅎ, ㆅ'의 4종류가 있고, 당시의 문헌에는 'ㆀ'도 나타난다. 이 중에서 음소의 자격을 부여하는 데에 논란이 없는 것은 'ㅎ' 하나인데, 이 음이 고대국어 단계에도 존재했는가에 대해서는 학자들 사이에 의견이 엇갈린다.

박병채(1971)에서는 고대국어에 'h'가 존재했을 것으로 추정하나, 김동소(1982), 조규태(1986), 유창균(1991)에서는 'h'를 제외하고 있다. 김동소(1982), 조규태(1986) 등은 『삼국사기』, 『삼국유사』 등에 나타나는 혼기 자료의 검토를 통해 'h'의 존재를 부정하였고, 유창균(1991)은 고구려, 백제, 신라의 자음 체계에서 특별한 언급 없이 'h'를 제외하고 있다.

국어와 알타이 조어와의 대응관계를 이기문(1972a)에서는 다음과 같은 표로 보이고 있다.

	1 2	3 4	5 6	7 8	9	10	11	12	13 14 15 16
알타이조어	$^*p$ $^*b$	$^*t$ $^*d$	$^*k$ $^*g$	$^*č$ $^*ǯ$	$^*s$	$^*m$	$^*n$	$^*\eta$	$^*r1$ $^*r2$ $^*l1$ $^*l2$
국어	ㅂ	ㄷ	ㄱ	ㅈ	ㅅ	ㅁ	ㄴ	ㅇ	ㄹ

'ㅎ'에 대해서는 "국어의 자음에는 'ㅎ'이 있는데 이것은 위의 표에서 제외되었다. 이에 대해서는 더 연구할 필요가 있지만 대부분 *i에 선행한 *s에 逆及하는 것같이 생각된다"라는 언급과 함께 대응관계를 논외로 하고 있다.

정연찬(1997)에서는 포페 등이 재구한 알타이조어의 체계보다 고대국어의 체계가 더 앞선 체계였을지 모른다는 의심을 표명하는데, 이는 알타이조어가 보이는 유·무성의대립관계를 국어에서 찾을 수 없다는 사실에 기인한다. 현재 재구되어 있는 체계보다 더 앞선 단계가 우리의 고대국어와 같이 유성을 모르는 무성서열이었다는 잠정적인 가능성을 제시한다. 'ㅎ'의 문제에 대해서도 같은 태도를 취하는데 이를 옮기면 다음과 같다.

> 우리 국어의 'ㅅ'과 'ㅎ'의 대립은 더할 수 없을 만큼 분명하고 기초 어휘 등을 비롯하여 많은 어휘에 풍부하게 분포되어 있다. 고대국어에 'ㅎ'이 있었다는 것을 의심하기는 매우 어려워 보인다. 우리는 여기서도 우리 국어의 자음체계가 재구된 조어의 그것보다 한 단계 앞선 고형이라는 가정을 적용하는 것이 좋지 않을까 생각한다. 그리하여 조어의 자음에 *h가 재구되어야 한다고 생각한다. 국어의 일부 'ㅎ'이 조어의 *i에 선행한 *s에 소급된다면 적어도 그러한 조어의 *s는 *h일 가능성이 매우 높다. 'ㅎ'의 이른바 구개음화가 'ㅅ'이기 때문이다. 뿐만 아니라 'h'는 어두 위치 등에서 소멸되는 일이 드물지 않다는 사실 등을 감안하면 재구된 조어의 자음체계에 *h가 없는 것도 크게 이상할 것이 없어진다. 만약 그렇지 않고 지금 세워진 조어의 재구가 움직일 수 없이 확고한 것이라고 가정하면 국어의 'ㅎ'을 조어의 *si에서 유래하는 것으로 볼 수밖에 없게 되는데 그러한 변화 과정은 설정하기도 어렵고 설명도 어려울 듯하다.

'ㅎ'의 존재를 적극적으로 인정하는 박병채(1971)는 "국어한자음의 반영에서 曉母·匣母의 h 반영뿐 아니라 향가 표기나 고대 지명 표기 등에서도 氣音 h의 존재는 확고한 것이며, 고대국어의 자음체계에서 이 h음소는 중요한 의의를 갖는 것"으로 보는데 여기서 말하는 중요한 의의라는 것은 유기음의 발달과 관련이 있다. 박병채(1971)는 고대국어의 자음체계에서 유기음 계열

을 부정하는 입장을 취한다. 그렇다면 중세국어에 존재하는 유기음 계열은
고대와 중세 사이에 음소로 발달한 것이 되는데 이 과정에 'h'가 관여한다고
보는 것이다. 즉 'h'와 폐쇄음이나 마찰음과의 결합에서 유기음이 발생했다는
것이다.

　h음을 고대국어의 자음체계에서 인정하지 않는 김동소(1982)는 11세기까
지 h음이 음소로 존재하지 않았다고 보는데 그 이유 중 하나는 삼국시대의
인명·지명·관명의 표기에서 h음이 k음과 혼기되는 예들 때문이다. 우리의
전통 한자음으로 'ㄱ'을 가지는 '干, 骨, 恭, 乞, 驚, 甘' 자와 'ㅎ'음을 가지는
'翰, 邯, 忽, 洪, 訖, 荊, 咸' 자가 혼기된 예가 많다는 사실로써 이 글자들의
음이 동일했음을 주장하는 것이다. 또 한편으로는 중세국어에서 'ㅎ' 어두음
을 갖는 상당수의 어휘가 'ㅅ'에서 변화된 것으로 본다. 결국 중세국어의
'ㅎ'은 고대국어의 *k 또는 *s로부터의 발달이며 고대국어 단계에 'h'는 존재하
지 않았다는 것이다.[18)]

　'ㄱ'과 'ㅎ'의 혼기에 대해 다른 접근법을 보여주는 연구로 송기중(1995)과
권인한(1997)이 있다. 송기중(1995)에서는 다음의 예를 통해 이 문제에 접근한
다.

　(1) 骨正一作忽爭葛文王 (『삼국사기』 권2)
　(2) 孝昭王位諱理洪一作恭 (『삼국사기』 권8)

국어음으로 'ㄱ'과 'ㅎ'이 대응된 이 예들의 절운음은 다음과 같이 추정된
다.

　(1′) 骨 kuət　　′忽 χuət
　(2′) 洪 ɣung　　′恭 kung

─────────────

18) 김동소(1982)에서 'ㅎ'이 *s로부터 발달된 예로 제시한 것들은 'ㅎ 구개음화'의
　　결과로 보는 것이 타당할 것이다.

후두마찰음 'χ(曉母)/γ(匣母)'는 국어음에서 원칙적으로 'ㅎ'과 일치하나, 이 예들은 'ㄱ'과 대응한다. 후음이 아음의 유기음 자리를 차지함으로써 본래 아음의 일부가 유기음이 아닌 후음으로 변화되었다고 추정한다. 이 예는 당시의 후음이 [χ]였음을 시사하는 것으로 보는 견해다. 同音字를 나타낸다고 믿어지는 예에서 고대국어의 확고한 음소로 자리잡고 있었던 'ㄱ'과 혼기되는 '忽'을 어떻게 보아야 하는지의 문제를 송기중(1995)에서는 후음 [χ]를 설정하여 해결하고 있는 것이다.

이러한 혼기로 생기는 문제에 대해 권인한(1997)은 시각을 달리한다. 匣母 字가 見母, 溪母字와 동음관계를 형성하는 다음과 같은 예는 국어 한자음에서 상고음적 층위를 보여주는 것이라고 주장한다.

(3) 谿 = 兮 = 溪 = 雞
   日谿縣 本熱兮縣 或云泥兮 (『삼국사기』 권34)
   杞溪縣 本芼兮縣 一云化雞 (『삼국사기』 권34)
(4) 咸 = 甘
   咸悅縣 本百濟 甘勿阿 (『삼국사기』 권36)
(5) 洪 = 恭
   諱理洪 一作恭 (『삼국사기』 권8)

'兮, 咸, 洪'은 모두 匣母字인데 이들이 전승 한자음에서 모두 'ㅎ' 초성을 가지는 것과 비교하면 (3)~(5)의 예들은 전승 한자음에 앞선 시기의 한자음 즉 상고음의 층위를 보여준다는 것이다. 匣母는 상고음에서 /g/ 또는 /γ/로 재구되므로, 이것이 국어에서 /k/로 반영된 견모 혹은 계모와 혼기되었다는 주장을 펼치는 것이다.[19]

---

19) 이러한 주장의 문제점은 匣母字만 'ㄱ'과 혼기를 보이는 것이 아니라는 점에 있다. 앞서 예로 들었던 '骨'과 '忽'의 대응은 曉母字와 見母字 사이에서 나타나는 혼기다. 강신항(1980)에서 비교한 계림유사의 성모 대응에서도 曉母와 匣母는 각각 하나의 예외를 제외하고는 모두 'ㅎ'에 대응함을 관찰할 수 있다.

3.4 주요 쟁점 사항

3.4.1 모음 추이

현대국어의 모음체계는 15세기 국어의 모음체계와 상당히 다르다. 우선 음소목록의 숫자가 다르고, 동일한 문자이더라도 조음 위치 자체가 다르거나, 그 발음되는 영역이 상당히 달랐을 것으로 추정되는 것들도 존재하고 있다. 그리고 15세기 국어의 모음계든 현대국어의 모음체계든 인근의 언어, 예를 들어 알타이 어족에 속하리라고 추정되는 만주어나 몽고어 혹은 일본어와 비교해 볼 때 그 기원적인 공통성을 의심할 수 있을 정도로 차이나고 있다. 이러한 문제와 관련하여 국어에는 모음추이가 있었을 것이라는 문제가 제기 되었다.

국어에 모음추이가 있었다는 주장을 제기한 이래, 이기문 교수는 15세기 이전에 발생한 것으로 추정하고, 김완진 교수는 15세기 이후에 발생한 것으로 추정하였다. 한편 박창원(1986)에서는 15세기 국어가 모음추이가 진행되고 있는 도중이었다는 논의를 하였다. 그리고 김영진(1987)에서는 일본의 고대 및 상대의 표사자료인『고사기』,『일본서기』등을 검토하여 국어의 모음추이 는 8세기에 일단락되었다고 주장한다. 김주원(1992)에서는 후설모음 [o], [u]의 전사를 중심으로 14세기 모음추이설을 부정한다. 강신항 교수의 일련 의 논의도 모음추이에 부정적이다.

국어의 모음 추이는 국어의 모음과 관련된 모든 현상의 중추적인 문제가 된다. 모음 추이의 발생과 관련해서는 고대국어의 모음체계가 관련되고, 모음 추이의 종결에 관해서는 근대국어의 모음체계가 관련될 수 있다. 모음 추이의 진행 과정에 관해서는 중세국어의 모음체계가 관련될 수 있고, 근대국 어의 단모형 생성과 원순모음화, 움라우트 현상 등이 모두 모음 추이와 관련될 수 있는 것이다. 또한 국어에 모음추이가 존재했다면, 국어 모음체계 에 전반적으로 영향을 미칠 정도로 광범위하게 발생했는지 아니면 중심적인 모음은 변화 없이 몇몇의 모음들에 한하여 부분적으로 발생하였는가 하는 논의가 곁들여져야 한다. 이에 대해서는 별고를 준비중이다.

3.4.2 고대국어의 모음체계

고대국어의 모음체계에는 몇 개의 단모음이 있었을까, 그리고 그것은 어떤 체계적인 모습을 가지고 있었을까 하는 것이 논의의 초점이 된다.

박병채(1971)에서는 한국과 월남의 한자음을 비교하여 고대국어에서는 8모음체계가 존재했다고 하고, 당시의 모음체계는 전설모음 대 비전설모음의 상관적 대립을 이루고 있었다고 한다. 이후의 고대국어 모음체계에 관한 논의는 8모음체계설, 7모음체계설, 5모음체계설 등으로 다양하게 나타난다. 고대국어의 모음체계에 대한 논의를 하기 위해서는 중국 운학에 관한 지식과 차용어 음운론에 관한 지식을 갖춘 후에 접근하여야 할 것이다(이에 대한 연구사는 다른 자리에서 필자가 정리한 것이 있으므로 생략한다).

3.4.3 중세국어의 모음체계

중세국어 특히 15세기 국어의 모음체계에 관해서는 무수히 많은 논자들이 각자의 주장을 펼치고, 또한 이들의 업적이 다양한 측면으로 정리되었지만, 모음의 논의에서 핵심적인 과제가 되는 것이므로, 여기에 다시 한 번 간단하게 정리하고 넘어가기로 한다. 김완진(1963, 「모음체계에 대한 신고찰」, 『진단학보』)에서는 훈민정음 해례의 기술에 초점을 맞추어 중세국어의 모음체계를 혀의 위치에 의한 상관적 대립으로 이해하고, 모음 조화 역시 구개적 조화였던 것으로 이해하였다.

이	우	오
	으	ᄋ
	어	아

김완진(1963)에 의해 재구된[20] 모음체계는 위와 같은데, 이러한 모음체계

는 후설모음과 중설모음이 상관적 대립을 이루는, 일종의 구개적 조화라는 성격을 띠는 것이다.

김방한(1964)에서는『조선관역어』의 자료와 알타이 제어와 비교하여 15세기 국어의 모음체계를 재구하였다.

조선관역어의 [u]는 '우'에 대응되는 것으로 추정하고, 몽고어음 [o]는 'ㅗ'에 대응되는 것으로 추정한다. 그리고 'ㅓ'는 [ə]와 [e] 혹은 [ɛ]에도 가까웠으리라 추정하여 다음과 같은 모음체계를 재구하는 것이다.

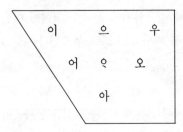

이기문(1968,「모음조화와 모음체계」,『이숭녕박사송수기념논총』; 1969,「중세국어 모음론의 제문제」,『진단학보』32 ; 1979,「중세국어 모음론의 현상과 과제」,『동양학』9)에서도『조선관역어』,『동국정운』등의 전사자료와 관련지어 다음과 같은 중세국어의 모음체계도를 재구하였다.

이	우	오		이	으	우
어	으	ㅇ		어		오
	아			아	ㅇ	

전기 중세국어 모음체계   후기 중세국어 모음체계

---

20) 김완진(1963)은 김완진(1978)에 의해 수정되지만, 모음체계의 연구사에서 중요한 의미를 지니므로 여기에 다시 소개하기로 한다.

이러한 모음체계는 전사 자료와의 대응이라는 숙제를 푸는 반면, 15세기 국어의 모음체계와 모음조화가 합치하지 않는 문제점을 드러내게 된다. 후자의 현상 즉 후기 중세국어의 모음체계가 모음조화와 불합치 현상을 보이는 현상에 대해서는 이기문(1968 등)에서는 14세기경에 국어가 일대 모음 추이를 겪었기 때문이라고 설명하였다.

허웅(1965)은 훈민정음 제자해의 설명을 바탕으로 하되, 설축을 후설성과 저모음성이 복합된 것으로 보고, 다음과 같은 모음체계도를 재구하였다.

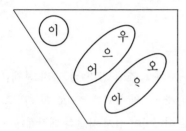

한편 김진우(1978, 「Diagonal Vowel Harmony?: some implications for historical Phonology」, 『국어학』 7)에서 15세기 국어의 모음체계는 사선적인 모음체계를 이루고 있었다는 주장이 제기되고, 김완진(1978, 「모음체계와 모음조화에 대한 반성」, 『어학연구』 14-2, 서울대어학연구소, 14-2)에서 훈민정음의 '縮'을 [retraction]이라는 자질로 해석하고, 원순모음 '오'와 '우'를 'w+ㆍ', 'w+으'로 본 김완진(1972, 「다시 β>w를 찾아서」, 『어학연구』 8-1)의 논의를 이어받아 다음과 같은 모음체계도를 설정하였다.

이		으(우)
	어	ㆍ (오)
	아	

　박창원(1986, 「국어 모음체계에 대한 한 가설」, 『국어국문학』 95)에서는 훈민정음 해례의 '축'을 개구도와 혀의 위치를 포괄하는 개념으로 이해하고, 김완진(1978)과 유사한 사선적 모음체계를 재구하였는데, 모음추이와 관련해서는 사뭇 다른 면을 가지고 있다(이에 관해서는 다른 자리에서 논의한다).

```
┌─────────────────────────────┐
│   이          우             │
│       으         오          │
│            ᄋᆞ               │
│   어                        │
│          아                 │
└─────────────────────────────┘
```

　정연찬(1989, 「15세기 국어의 모음체계와 그것에 딸린 몇 가지 문제」, 『국어학』 18)에서는 '縮'은 혀의 위치와 개구도의 복합개념으로 이해하고, '蹙'은 원순성과 개구도의 복합개념으로 이해하여 삼계 사단의 대각체계를 설정하였다.

開口度/舌位	前舌	中舌	後舌
閉	ㅣ[i]	ㅜ[ɯ]	○
半閉	○	ㅡ[əɯ]	ㅗ[o]
半開	○	ㅓ[əɯ]	ㆍ[ʌ]
開	○	○	ㅏ[a]

3.4.4 근대국어의 모음체계-전설계 단모음의 생성

　근대국어의 모음체계에서 쟁점이 되는 사항은 '에, 애, 외, 위' 등의 전설계 단모음이 언제 생성되었느냐 하는 문제와 'ᄋᆞ'가 완전히 소멸되는 시기가 언제였느냐 그리고 'ᄋᆞ'의 소멸과 전설계 단모음의 생성과 어떤 상관관계가 있느냐 하는 것이다. 그리고 전설계 단모음의 생성과 움라우트 현상은 어떤 관계냐 하는 문제다.

음운론 연구 50년 | 89

['ᆞ'의 소멸 시기]

이숭녕(1954)에서는 이중모음 '익, 의, 외, 애, 위, 에'의 변화는 수축작용
(contraction)에 의한 결과로 보았으며,[21] 'ᆞ'음과 병행되는 발달로서 'ᆞ'와
'익' 음이 거의 17세기에 소실된 것이라 추정했다.[22] 이러한 논의는 이숭녕
(1977)으로 이어진다. 이숭녕(1977)에서도 'ᆞ'의 소멸시기에 대해서는 그
이전의 논의에서와 마찬가지로 /ᆞ/음의 제2음절에서의 혼란은 15세기 말부
터 시작된 것이고, 제1음절의 /ᆞ/음은 16세기 말의 동요기를 거쳐 17세기
초기에 그 소실이 완료되었음을 논증하였다.

안병희(1967)에서는 17세기 문헌자료를 통해 당시에 일어났던 음운현상을
추정한다. 모음에서 'ᆞ'는 16세기에 이미 제1단계 소실을 경험하고 완성했으
며, 17세기를 지나 18세기 초에 이르러 제2단계 소실이 완성된 것으로 볼
수 있다고 하였다. 송민(1974)에서는 '全一道人', '和漢', '韓物' 등의 문헌자료
에 나타나는 'ᆞ'음의 전사를 분석하고 이를 편찬한 지은이의 배경을 고려하
여 'ᆞ'의 비음운화가 어느 시기에 이루어졌는지를 추정하였다. 송민(1974)에
의하면 'ᆞ'의 비음운화 시기는 적어도 18세기 초엽까지 소급된다.

---

21) 이숭녕(1954)에서 제시한 <이중모음의 발달 추정도표>.

		17세기	18세기	19세기	20세기
익	익	익소실(ε)	(ε)	(ε)
		(의)	(의)	(의)
의	의	의	ᄋ	ᄋ
			이	이
			의	의
외	외	외 Ø	Ø (e)	Ø (e)
			we	we
애	애	애 ε	ε	ε
위	위	위	의	위
			y	y
에	에	에 e	e	e

22) 이기문(1972)에서는 /ㅣ/는 /ᆞ/의 소실 후 존립 기반을 상실하고 /ㅔ/나 /ㅐ/와
혼기되어 나타나는데, 일반적으로 /ㅐ/에 합류한 것으로 보는 것이 개연성이 큰
것으로 믿어진다고 하였다.

[단모음화의 과정]

이중모음 '에, 애, 외, 위' 등이 단모음으로 변화하는 과정에 대해서는 대체로 세 가지 주장이 있다. 첫째는 축약에 의한 것으로, 둘째는 동화에 이은 탈락에 의한 것으로, 셋째는 동화에 이은 축약으로 해석하는 것이다. 첫째는 이숭녕(1954)에서 주장된 것이다. 이중모음 '인, 의, 외, 애, 위, 에'의 변화는 수축작용(contraction)에 의한 결과로 단모음이 생성된 것으로 보았다.23) 이 논의는 이후 대체로 많은 학자들에 의해 받아들여지는 상황이다. 둘째는 한영균(1990 등)에 의해 제안된 것인데, 그 과정은 다음과 같다.

$$\text{əy} > \text{ey} > \text{e}$$
$$\text{ay} > \text{εy} > \text{ε}$$

단모음화 과정에 대한 또 다른 논의로서 최전승(1978)을 들 수 있다. 최전승에서는 이중모음이 단모음화하는 과정 이후, 활음 /y/에 의한 동화현상, 즉 전설화가 단모음화의 동인이 되었다고 보는 입장이다. 즉, /y/에 의하여 전설모음화가 일어나 이중모음이 되는 것으로 설명하고, 이를 지칭하여 '이중모음화' 현상이라 하였다. 이러한 동화과정에 대해서는 다음과 같이 설명하고 있다.

$$\text{ə} > \text{ə}^y > \text{e}$$
$$\text{a} > \text{a}^y > \text{ε}$$

[단모음의 형성 시기]

허웅(1952)에서는 훈민정음 해례의 설명에 따라 '에, 애, 외 인'가 이중모음이라고 보았으며, 1751년에 간행된 '홍계희'의 「三韻聲彙 凡例」에 '외, 애'의 'ㅣ'는 '침'의 'ㅣ'와는 다르다고 나와 있어, 그 시기에 이들 모음이 단모음임을

---

23) 주 21)의 이숭녕(1954)에서 제시한 <이중모음의 발달 추정도표> 참조.

주장하였다. 즉 '홍계희'가 1703년에 태어난 사람임을 감안하여 그 당시 이미 단모음화가 완성된 것으로 추정하였다.

한편 곽충구(1980)에 의하면 18세기에 'ㅚ, ㅟ' 등의 단모음화는 발생하지 않았고, 이병근(1970, 1976)에 의하면 19세기에도 'ㅚ, ㅟ' 등의 단모음화는 발생하지 않았다.

백두현(1997)에서는 19세기 국어를 대상으로 하며, 'ㅚ'의 음가는 'ㅔ'와 같은 [we]임을 보여주고 동시에 'ㅚ'가 아직도 [oy]임을 보여주는 예도 함께 제시한다. 이것은 19세기에 이루어진 외국인의 한국어 전사자료를 통해 'ㅚ'의 음가가 [oi]~[we]~[ö]라는 세 가지로 실현되는 변이적 상태임을 알 수 있다고 하였으며, 'ㅟ'가 단모음화되었음을 확증할 만한 증거는 보이지 않는다고 하였다. 반면에 김주원(1984)은 움라우트에 의한 전설모음의 생성은 단모음의 형성을 전제로 해야 한다고 보고, 18세기 자료인『왕낭전』에 '쥐겻로라', '쥐기미', '쥐견는다', '쥐겨시니' 등과 같은 예가 많이 등장하는 것을 증거로 삼아 '쥐'의 모음이 [y]일 가능성이 있다고 보았다.

[단모음 생성의 원인]

김완진(1964)에서는 단모음화 현상은 체계의 불균형이 원인이 되어 발생한 것으로 보고 있다. 즉, 'ㅓ' 모음이 후설화됨으로써 모음체계상 전설모음의 영역이 빈칸으로 자리잡게 되어 새로운 전설모음이 생겨난 것으로 보고 있으며, 'ㆍ'의 소실과 이중모음의 단모음화로 근대국어의 모음체계가 확립되었음을 밝혔다. 또한, 이러한 일련의 현상, 'ㆍ'의 소실, 이중모음의 단모음화, 움라우트 등은 유기적 연관 속에서 발달한 현상으로 설명하였다.[24] 김방한(1964)에서도 체계와 관련지어 이중모음의 단모음화 현상을 설명하고자 하였다. 단모음화 현상은 'e>ə'의 변화로 말미암은 구조상의 공백 때문에 일어난 것으로 보았다. 따라서, 상승이중모음 'ㅕ'에 대한 전사가 /iɛ/로 일관되게 나타나는 점과, 당시 'ㅓ'의 음가가 전설의 'e'에서 중설의 /ə/에 걸쳐

---

24) 김완진(1963)의 이러한 추정은 18세기 모음추이설을 근거로 한 것이다.

그 음역이 넓었음을 지적하고, 'ㅓ'의 음가가 /ə/보다는 /e/나 /ɛ/에 가까웠을 것이라고 하였다. 결국, 이것이 원인이 되어 그 공백을 메우고자 'ㅔ'/əi/, 'ㅐ'/ai/를 각각 /e/, /ɛ/로 단모음화했다는 것이 그 논의의 중심이다.

한영균(1990)에서는 'ㆍ'의 제1단계 소실과 관련하여, 모음조화의 예외와 어간 형태소 내부에서 'ㆍ>ㅡ'로의 혼기의 해석과 연관시켜 설명하고자 하였다. 이러한 혼기의 원인이 15, 6세기의 어미모음의 혼기가 설축, 설소축이라는 모음의 대립관계가 약화된 데에서 비롯된 구조적 변화의 시현이며, 체계 내에 적극적인 기능을 하는 'i, j' 모음과 관련이 있음을 밝혔다. 이에 이은 한영균(1990)은 'ㆍ'의 제2단계 변화도 15, 6세기의 '구축, 구장'이라는 자질에 의한 대립이 그 이후 개구도 및 원순성 유무에 의한 대립으로 대치되면서 전설: 후설대립이 성립됨으로써 발생했다고 보았으며, 또한 'ㆍ>ㅡ'의 제1단계 변화와 마찬가지로 제2단계 변화도 'i'라는 모음의 조음상의 견인력에 의해 일어난 변화임을 주장하였다.

종래의 연구들이 단모음 형성된 후 이를 전제로 움라우트 현상을 다룬 것에 반해, 신승용(1997)에서는 이중모음이 단모음화된 원인으로 음성층위에 존재하던 움라우트와 체계 내적인 불균형성 때문이라고 주장하였다. 즉, 체계외적으로 움라우트 규칙의 적용 받아, 비록 변별적으로 인식되는 정도는 아니었지만 계속해서 변이음인 전설계열의 단모음을 생성해 냄으로써 이러한 현상이 체계 내적인 불균형성과 어우러져 이중모음의 단모음화를 촉발하여 체계 내에 전설 계열의 단모음을 생성하게 된다고 보았다.

[모음체계의 변화]

이숭녕(1971)은 17세기 국어를 그 대상으로 한 연구다. 여기서는 17세기의 모음체계의 특징으로, 6모음제의 /아/~/어/, /오/~/우/의 상관성적 대립과 /으/~/이/의 비상관성적 대립의 모음으로 나눌 수 있는 6모음체계라고 하였다. 이것은 /ㆍ/가 17세기에 들어와 어두에서 소실되었으며, '애, 에, 외, 위'는 15세기와 같이 문자 구조 그대로 아직은 단모음화하지 않은 이중모음이었으

므로, 후기 중세국어의 모음체계에서 /ᄋ/가 소멸된 6단모음체계임을 언급한
것이다.

송민(1975)은 18세기 전기의 모음체계를 논의의 대상으로 하였다. 이 시기
의 모음체계를 결정해 주는 요소는 장순모음화와 18세기 말경에 나타나는
'ᅱ, ᅦ, ᅢ'의 단모음화라고 보았으며, 이로써 전부비원순모음이라는 부류가
형성되었다고 하였다. 따라서, 17세기 이후 모음체계가 겪어 온 변화를 다음
과 같이 제시하였다.

17세기	18세기 전기	19세기 후기	20세기[25]
i ɨ u	i ɨ u	i ɨ u	i y ɨ u
ə o	ə o	e ə o	e ø ə o
ʌ o	a	ɛ a	ɛ a
a			

곽충구(1980)에서는 18세기 국어를 논의의 대상으로 하는데, 'ᆞ'의 비음운
화는 18세기 중엽에 완성되었으며 이중모음의 단모음화는 제2음절 아래에서
는 이루어져 가고 있는 듯하나 어두에까지는 완전히 미치지 못하여 아직
음소적 차원까지는 이르지 못한 듯하다고 하였다. 또한, 18세기는 'ᄋ'의
비음운화로 7모음체계에서 6모음체계가 되었다가 다시금 8모음체계로 옮아
가는 과정적 단계로 보고, 이 시기의 모음체계를 다음과 같이 제시한다.

이	으	우
에	어	오
애	아	

이병근(1970)에서는 19세기 국어와 관련하여 'ᅦ'와 'ᅢ'는 단모음화했으
나, 'ᅱ'와 'ᅬ'는 아직 단모음화하지 않았다고 보아, 대체로 8모음체계를

---

25) 송민(1975)에서 이 체계의 변화는 김완진(1963), 허웅(1968) 등에서 인용했음을
밝혔다.

상정하였다.

	전 부	후 부	
	비원순	비원순	원 순
고	i	ɨ	u
	e	ɔ	o
저	ɛ	a	

[정리]

근대국어의 제반 문제와 관련된 사항은 이기문(1972, 1972)에 잘 정리되어 있으므로 이를 중심으로 옮겨 보기로 한다. 이기문에서는 'ㆍ'의 소실, 이중모음의 단모음화, 움라우트 현상 등을 계기적으로 발생한 현상들로 보고 있으며, 소실시기나 단모음화 시기는 앞에서 제시한 논의들과 약간의 차이는 있다. 우선, 'ㆍ'의 소실과 관련하여 비어두 음절에서는 'ㆍ'는 일반적으로 'ㅡ'에 합류하였음을 확인하고 16세기에 완성된 것으로 보았으며, 'ㆍ'가 'ㅡ'로 변한 이유에 대하여 'ㆍ'와 'ㅡ'의 위치가 서로 가까웠음을 그 근거로 내세웠다.26) 17세기 초에 나타나는 'ㆍ>ㅏ'로의 제2단계 변화에 대해서는 이숭녕(1977)의 의견과는 달리 그 소실시기를 18세기 중엽으로 추정하였다. 또한, 'ㆍ'가 소실된 뒤 국어의 모음체계는 체계의 균형을 찾아 이중모음의 단모음화라는 새로운 방향으로 움직이기 시작했으며, 이것은 'ㆍ'의 소실로 결과된 6모음체계에 전설모음 계열을 형성하게 된 결과를 낳았다고 보았다. 'ㆍ'의 소실문제와 이중모음의 단모음화가 어떠한 상관관계를 갖는가에 대한 의문은 제주도 방언을 통해 해소될 수 있다고 하였는데, 그것은 어두음절의 'ㆍ'를 유지한 단계에 단모음화를 경험한 제주도 방언에서 'ㆎ'의 발달은 'ㅐ'나 'ㅔ'와는 분명히 다른 방향으로 진행되었음을 알 수 있었기 때문이다.

---

26) 그렇게 보면 이것은 국어의 모음 추이가 16세기에 아직 일어나지 않은 것으로 보아야 한다는 문제가 발생되는데, 이에 대하여 제주도 방언의 모음체계에서 'ㆍ'와 'ㅡ'는 결코 가까운 위치에 있지 않다는 근거를 내세웠다(이숭녕, 1954).

즉, ' ㆍ'의 소실이 완결되지 않은 제주도 방언에서 'ㆎ'에서 온 단모음은
모음도상에서 'ㅐ'[ɛ]와 'ㅔ'[e]의 중간에, 다소 중설 쪽에 치우쳐 있었다.
이 'ㆎ'는 오늘날 제주도 방언에서 모두 [e]로 되어 있음이 확증된다고 하였다.
이로써 18세기 서울말의 단모음화는 ' ㆍ'의 소실을 전제해야 한다는 사실과
함께, 이의 증거, 결과로서 움라우트 현상을 들 수 있다고 하였으며, 이러한
움라우트 현상은 18세기와 19세기 교체기에 일어난 것으로 보았으며,[27]
'ㅚ', 'ㅟ' 등의 단모음화는 19세기에는 아직 이루어지지 않았다고 보았다.[28]

3.4.5 현대국어의 모음체계

현대국어의 모음체계의 연구에서 쟁점이 될 수 있는 사항은 모음체계의
다양한 모습 그 자체와 그 속에 내재된 변화 과정과 변화 과정으로 읽을
수 있는 변화의 방향이다. 현재의 모습과 다양한 변화의 과정 그리고 미래의
모습이 쟁점이 되는 것이다.

[개 관]

20세기 이후의 모음체계는 단모음의 합류와 분기가 발생하고 있는 시기다.
전설계 단모음 '외, 위'가 이중모음으로 분기하고, 지역과 세대 그리고 음운론
적인 환경에 따라 '애, 에'의 합류가 발생하고 있는 것이다. 이러한 현상은
김진우(1978, 앞의 논문)에서 젊은 세대의 화자들에서 새로운 모음체계가
나타나고 있음을 지적된 이래, 이상억(1984, An Overview of Issues in the
Vowel System and Vowel Harmony of Korean: Disharmony among the Hypotheses
of Vowel Harmony, *Language Research*, 20-4)에서는 '애'와 '에'의 중립화를

---

27) 따라서, 이중모음의 단모음화는 움라우트 현상이 일어나기 전시기에 나타났음을
전제하였다.
28) 이기문(1972)에서 제시한 19세기 국어의 모음체계(8모음체계)

　　ㅣ　ㅡ　ㅜ
　　ㅔ　ㅓ　ㅗ
　　　ㅐ　ㅏ

가정하고, 21세기의 국어 모음체계는 다음과 같은 7모음체계가 될 것이라고
하였다.

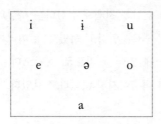

한편 박창원(1986)에서는 동남방언과 중부방언 그리고 노인층과 젊은층으
로 구분하여 20세기 후반의 모음체계를 정리[29]하고 있다. 논의에 따르면
젊은층이 나이가 들면 노인층의 모음체계를 사용하게 될 것이라는 가정이
성립될 수 없고, 젊은층의 모음체계는 앞으로 형성될 모음체계를 암시한다고
할 수 있으므로, 중부방언은 10모음체계에서 8(6)모음체계로, 동남방언은
8(6)모음체계에서 6모음체계로 나아가고 있다고 할 수 있다. 또 중부방언의
8(6)모음체계가 동남방언과 같은 6모음체계로 변화하게 될 것이라 단정할
수는 없지만, 중부방언에서 이미 나타난 'ㅔ'와 'ㅐ', 'ㅡ'와 'ㅓ'의 음운론적
대립의 상실이 확대될 것을 가정하면 20세기 후반의 모음체계는 다음과
같은 6모음체계로 이행하고 있는 중간단계로 볼 수 있다고 하였다.

(6)   ㅣ   ㅡ   ㅜ
       ㅔ   ㅏ   ㅗ

---

29) 박창원(1986: 339)에 의하면 다음과 같다.

모음체계 지역방언	10 모음 체계	8(6) 모음 체계	6 모음 체계
중부 방언	노인층	젊은층	
동남 방언		노인층	젊은층

현대국어의 모음체계[30)는 최대 10모음에서 최소 6모음까지, 세대와 지역, 음운론적 환경에 따라 커다란 차이를 보이고 있다. 학교문법 및 표준어 규정을 비롯하여 기존의 논의들은 대체적으로 다음과 같은 10모음체계[31)를 인정하고 있지만, 이러한 10모음체계는 표준어 규정 내의 표준 발음법에서 'ㅟ, ㅚ'의 경우 이중모음으로 발음할 수 있다고 명시하고 있듯이 상당한 변화의 압력을 받고 있는 실정이다. 모음체계에 있어서의 변화는 젊은 세대일 수록 그 경향이 뚜렷한데, 40대 이하의 언중들은 'ㅟ'와 'ㅚ'를 이중모음으로 발음하는 것은 물론이고 'ㅔ'와 'ㅐ'를 구분하지 못하는 경우가 대부분이다.

	전설모음		비전설 모음	
	평순	원순	평순	원순
고모음	ㅣ	ㅟ	ㅡ	ㅜ
중모음	ㅔ	ㅚ	ㅓ	ㅗ
저모음	ㅐ		ㅏ	

[경상방언][32)

경상남·북도와 강원도 일부(울진, 평해)를 포함하는 경상방언은 다시 경남방언과 경북방언으로 하위 분류될 수 있다. 먼저 경남방언의 모음 체계에 대한 대표적 논의들로는 김영송(1963), 김차균(1966), 정연찬(1968), 김영태 (1975), 최명옥(1976), 염선모(1977), 서보월(1982), 박창원(1983) 등을 들 수 있는데, 정연찬(1968)에서는 경남방언의 모음체계로 /ㅣ, ㅔ, ㅐ, ㅡ, ㅓ, ㅏ, ㅗ, ㅜ/의 8모음체계를 제시하고 있다. 또 김영태(1975), 최명옥(1976), 염선모

---

30) 국어사의 시대구분은 이기문(1972)의 논의를 따르는 것이 대부분이므로, 여기서도 그 시대구분을 따르기로 한다. 또한 모음체계라고 할 때에는 대체로 단모음 체계에 한정시킨 논의들이 대부분이므로 역시 여기서도 단모음 체계에 한하여 논의를 진행하기로 한다.

31) 논의에 따라 각각의 음가를 조금씩 달리 표현하고 있는바, 논의의 편의를 위하여 가능한 한 한글 표기를 사용하기로 한다.

32) 백두현(1992)은 경상방언권의 하위방언에 따른 모음체계를 목록화하여 제시하고 있다. 하위방언권별 모음체계는 이를 참조할 것.

(1977) 등에서는 /i, E, Ǝ, a, u, o/의 6모음체계를, 박창원(1983)에서는 /i, e, (ɛ), ɨ, a, u, o/의 6(7)모음체계를 제시하고 있다.

경북방언의 모음체계에 대한 대부분의 논의들은 경북방언의 모음체계를 /i, E, e, u, o, a/의 6모음체계 또는 /i, E, ɨ, ə, u, o, a/의 7모음체계로 파악하고 있는데, 대표적인 논의로 이재오(1971), 권재선(1979), 최명옥(1982), 백두현(1989) 등을 들 수 있다. 이상규(1988)에 따르면 경북방언의 모음체계는 경북 북부지역과 나머지 지역 간의 체계적 차이를 인정할 수 있느냐의 문제에 따라 6모음체계로 통일될 가능성이 있다. 경북 북부지역의 'ɨ: ə'의 대립을 인정하지 않는다면 경북방언의 모음체계는 6모음체계로 볼 수 있을 것이다.

[전라방언]

무주 · 금산 지역을 제외한 전라남 · 북도를 포함하는 전라방언은 /ㅣ, ㅔ, ㅐ, ㅟ, ㅚ, ㅡ, ㅓ, ㅏ, ㅜ, ㅗ/의 10모음체계 내지는 'ㅔ'와 'ㅐ'가 합류된 목록인 9모음체계를 갖는 것으로 알려져 있다. 전남방언의 모음체계에 대한 대표적 논의로 이돈주(1978), 박양구(1983) 등을 들 수 있다. 이돈주(1978)는 중앙어와의 비교를 통해 전남방언의 모음체계가 9모음으로서 'ㅔ'와 'ㅐ'의 구분이 없다는 점을 주요 특징으로 한다고 했는데, 이기갑(1988)에 따르면 이러한 합류가 일부 지역에 한정된 것일 뿐이라는 견해도 있다고 한다. 박양구(1983)는 전남방언 각각의 모음 음가를 밝히는 작업에서 시작하여 음소의 수를 확정하고 다시 조직, 표준발음의 모음체계와 비교하는 과정을 거쳐 이돈주(1978)와 같은 /i, e, y, ø, ɯ, ə, a, u, o/의 모음체계를 제시하고 있다.

전북방언에 대한 논의로 전광현(1983), 소강춘(1988) 등을 들 수 있는데, 이 지역의 방언은 이승재(1987)에서 지적하고 있듯이 그 성격이 뚜렷하게 부각되지 않는다. 따라서 모음체계 역시 중앙어와 큰 차이가 없는 것으로 생각할 수 있겠다.

[함경방언]

영흥 이남을 제외한 함경남·북도 지역의 방언을 포함하는 함경방언은 노년층의 경우 /ㅣ, ㅔ, ㅐ, ㅟ, ㅚ, ㅓ, ㅏ, ㅜ, ㅗ/의 10모음체계이나 'ㅟ, ㅚ'의 비원순화 경향을 보이기도 하고, 젊은층의 경우는 'ㅟ, ㅚ'가 없는 8모음체계를 보이는 것으로 알려져 있다. 그러나 이 지역 방언에 대한 실험 음성학적 분석을 시도하고 있는 강순경(1997)은 실험 결과를 바탕으로 'ㅓ'의 'ㅡ'로의 상승 혼합은 아직 완성된 것은 아니지만, 이러한 상승 혼합을 인정한다면 함경방언도 7모음체계로 볼 수 있다고 하였다.

함경방언의 하위방언으로 육진방언을 들 수 있는데, 육진방언 모음체계의 특징은 'ㅔ'와 'ㅐ'의 대립 유무로 결정할 수 있다. 곽충구(1988)에 따르면 기존의 논의는 대부분 두 음소의 대립을 인정하면서, 음성상으로 세대차에 따라 음성 간극이 좁거나 구분되지 않는 경우가 있는 것으로 보고 있다. 이에 대해 곽충구(1988)는 'ㅔ'와 'ㅐ'가 점차 대립을 상실하고 중화되어 간다는 사실을 암시하는 것으로 보고 있다.

[평안방언]

평안방언은 행정구역상 평안남·북도를 포함하고 있는데, 이 지역의 모음 체계 특징은 'ㅟ, ㅚ'가 단모음으로 축약되지 않고, 이중모음으로 조음되고 있다는 것이다. 김영배(1977)는 평안지역의 모음체계를 /ㅣ, ㅔ, ㅐ, ㅡ, ㅓ, ㅏ, ㅜ, ㅗ/의 8모음체계로 보고 있다. 그러나, 'ㅡ'와 'ㅓ'가 모두 원순모음인 'ㅜ'와 'ㅗ'에 합류되어 /ㅣ, ㅔ, ㅐ, ㅜ, ㅗ, ㅏ/의 6모음체계를 보여준다는 견해도 있다.

[중부방언]

중부방언이란 경기도, 충청남·북도, 강원도, 함경남도 일부(영흥 이남), 전라북도 일부(무주·금산)를 포함하는 지역을 말하는데, 이 방언은 다음과 같은 9모음체계를 보여주는 황해도를 제외한 거의 대부분의 지역에서 /ㅣ,

ㅔ, ㅐ, ㅟ, ㅚ, ㅡ, ㅓ, ㅏ, ㅜ, ㅗ의 10모음체계를 가지고 있는 것으로 알려져 있다.

황해도 방언의 모음 체계[33)]

```
이          으   우
  에    외  어   오
     애      아
```

중부방언의 특징은 세대에 따라 10모음에서 7모음까지 다양한 모음체계를 보여주고 있는 것이라 하겠는데, 이러한 중부방언의 세대별 모음체계 변화[34)]를 통해 현대국어의 모음체계가 급격하게 변해가고 있음을 알 수 있다. 중부방언이 포함하는 영역이 상당히 광범위함에도 불구하고, 그 동안 경남방언이나 전라방언을 비롯한 여타의 방언에 비해 상대적으로 관심을 덜 받아온 것은 중앙어로 취급되는 등 이 방언권의 특색이 별로 없는 것으로 인식하였기 때문이다.

중부방언의 하위방언인 충남방언과 충북방언의 경우 전체적으로 중앙어와 같은 10모음체계를 유지하고 있으면서 젊은층의 경우는 7모음체계를 보여주기도 한다. 그리고 한영균(1988)에 의하면 강원도방언의 경우는 중앙어의 10모음체계가 움라우트, 비원순모음화, 원순모음화 등의 음운 현상을 통해 가장 '역동적'인 모습을 보여준다고 한다.

---

33) 박경래(1998), 37쪽에서 인용.
34) 경기방언의 세대별 모음체계 변화도를 박경래(1998)에서 인용해 보면 다음과 같다.

이 위 으 우 에 외 어 오 애 아	⇒	이 으 우 에 어 오 애 아	⇒	이 으 우 애(E) 어 오 아
| 노년층 |		| 중년층 |		| 청소년층 |

[제주방언]

제주도와 그 인근 도서를 포함하는 제주방언의 모음체계 역시 연령층에 따라 나뉠 수 있다. 노년층의 경우 /ㅣ, ㅔ, ㅐ, ㅡ, ㅓ, ㅏ, ㅜ, ㅗ, ㆍ/의 9모음체계를 보여주며, 젊은층의 경우 'ㅔ'와 'ㅐ'뿐 아니라 'ㆍ'와 'ㅗ'도 구별하지 못하여 /ㅣ, ㅔ(E), ㅡ, ㅓ, ㅏ, ㅜ, ㅗ/와 같은 7모음체계를 보여준다고 한다.

제주방언의 모음에 대한 최근의 논의들은 'ㅔ'와 'ㅐ', 'ㆍ'와 'ㅗ'의 합류가 이루어지고 있음을 보여주고 있다.

3.4.6 모음조화

모음조화와 관련하여 쟁점이 되어 왔던 사항은 다음 몇 가지로 개관할 수 있을 것이다. 첫째, 국어에 기원적으로 모음조화가 존재했느냐. 둘째, 15세기 국어의 모음조화는 어떤 상태인가. 셋째, 모음조화와 모음체계는 어떤 상관관계를 가지고 있느냐. 넷째, 현대국어에는 모음조화가 존재하느냐 등등.

모음조화현상은 알타이 제어의 공통 특질의 하나로 지적되고, 국어가 알타이 제어의 일원이라는 주장이 제기되면서 국어사에서 중요한 과제로 주목되어 왔다. 모음조화란 형태소나 단어의 내부에서 선행하는 모음의 종류에 의해 후행하는 모음의 종류가 예측될 수 있는 현상으로, 전설모음과 후설모음이 음운론적인 대립관계를 유지하면서 예측 가능한 현상이 발생하는 구개적 조화, 그리고 고모음과 저모음이 그러한 현상을 보이는 수평적 조화, 혀의 위치와 개구도가 동시적으로 작용하는 사선적 조화, 원순모음과 비원순 모음이 그러한 현상을 보이는 순적 조화로 나누어 볼 수 있다.

김완진(1978, 「고대국어의 모음조화에 관한 일 고찰」, 『백영정병욱선생환갑기념논총』)에서는 향가에 사용된 '焉'과 '隱'의 구별 그리고 '衣'와 '矣'의 구별은 고대국어에 모음조화가 존재했을 것임을 암시한다고 한 반면, 이상억(1984, 앞의 논문 ; 1986, 「모음조화와 이중모음」, 『국어학신연구』)에서는 이들의 차이는 단순한 전사방법의 차이였을 가능성이 있음을 시사하였다.

오종갑(1984, 「모음조화의 재검토」, 『목천유창균박사회갑기념논문집』)에서는 기원적으로 양모음 단일형이었던 국어의 접미사들이 음모음화를 경험하였다고 하였다.

김완진(1986, 「모음조화의 예외에 관한 연구」, 『한국문화』 6) 역시 모음조화를 보이는 문법형태소들의 기저는 양모음으로 기술되어야 한다고 하였다.

3.4.7 원순모음화

원순모음화 현상과 관련하여 쟁점이 될 수 있는 사항은 다음의 몇 가지로 정리할 수 있을 것이다. 첫째, 원순모음화의 개념 및 종류가 어떻게 되는가. 둘째, 원순모음화가 발생한 시기는 언제인가. 셋째, 원순모음화가 가지고 있는 역사적인 의미는 무엇인가 등등.

[개관]

국어의 원순모음화는 중부 방언에서 'ㅡ'가 'ㅁ, ㅂ,ㅃ, ㅍ' 뒤에서 'ㅜ'로 바뀌는 현상을 지칭해 왔다(예: 믈>물, 블>불, 뿔>뿔, 플>풀 등). 그런데 남부방언에서 'ㆍ'가 'ㅁ, ㅂ, ㅃ, ㅍ' 뒤에서 'ㅗ'로 바뀌는 현상도(예: 물>몰, ᄇᆞ르다> - >보리다, ᄲᆞ르다> - >뽀리다, 폴>폴 등) 'ㅡ'가 'ㅜ'로 변화하는 현상과 평행적인 원순모음화 현상이란 사실이 지적되면서 원순모음화 현상의 범위가 확대되게 된다.

원순모음이란 조음시 입술이 둥글게 되는 모음을 일컫는데, 여기서 '입술이 둥글게'라는 표현은 입술이 조음점 역할을 적극적으로 수행하여, 변별적인 모음이 될 수 있게 하는 데 결정적인 역할을 하게 된다는 것을 의미한다. 그러므로 원순모음화란 입술이 조음점 역할을 하지 않는 모음이 입술이 조음점 역할을 하는 모음으로 변화한다는 것을 의미하고, 비원순모음화란 그 반대되는 현상을 의미하게 되는 것이다.

원순모음화와 비원순모음화의 유형에 대해서는 곽충구(1990, 「원순모음화 및 비원순모음화」, 『국어연구 어디까지 왔나』, 동아출판사)에서 다음과 같이 정리되어 있다.

1) 원순성에 의한 同化

구분	동화주	피동화주	변화, 변동	동화방향	예
원순화	순자음 (ㅁㅂㅍㅃ)	으	으>우 으→우	인접, 순행	믈>물(水)
		ᄋ	ᄋ>오	인접, 순행	몰>몰(馬)
	원순모음 (오 우)	ᄋ	ᄋ>오	원격, 순행	모기>모괴(蚊)
				인접, 역행	ᄀ올>고올(郡)
비원순화	순자음 (ㅁㅂㅍㅃ)	위	위>의	인접, 순행	쀠->픠-(發)
		오	오>어	인접, 순행	보션>버선

2) 원순성에 의한 異化
V([+round]) (C) V ([+round])의 계기적인 연결에서 어느 한 모음이 비원순
모음화하는 현상, 예. 술위(車)>술의, 무뤼(雹)>무릐, 고올(郡)>고을 등

3) 기타
ㅆ자음군　으, 어, 아　　으>우, 어>위 간접, 순행　　ᄣᅢ->ᄭᅦ-(貫)
　　　　　　　　　　　아>와　　　　　　　　　　ᄣᅢ->ᄭᅢ-(荏)

[원순모음화와 모음체계]
　원순모음화 현상을 기술한 해방 전 일본인 학자들의 이 현상에 대한 초기
인식은 하나의 음소 'ᄋ'가 다른 음소 '오'로 변화했다는 것이다. 그 후 이숭녕
(1940, 「'ᄋ'音考」, 『진단학보』 12)에 이르러 이 현상은 순자음의 원순성에
의해 비원순모음이 동화된다는 통합적 음운현상으로 인식되었다. 그 후
이병근(1970, 「경기지역어의 모음체계와 비원순모음화」, 『동아문화』 9 ;
1971, 「현대 한국 방언의 모음체계에 대하여」, 『어학연구』 7-2 ; 1976, 「19세기
국어의 모음체계와 모음조화」, 『국어국문학』 72 · 73)에서는 원순모음화 현
상과 비원순모음화 현상이 모음체계의 변화와 밀접하게 관련되어 있다는
사실이 지적된다. /ᄋ/의 비음운화 이후에 모음체계의 재구조화가 이루어지
고, 이로 말미암아 원순성에 의한 대립짝의 관계는 '오' 대 'ᄋ'에서 '오'

대와 '어'로 바뀌고, 이러한 체계에서 '오'의 비원순화 방향이 '어'가 되었다는 것이다. 이러한 인식은 방언에 따라 원순모음화 현상의 종류가 달리 나타나게 된다는 사실이 주목되면서 이기문(1977, 「제주도 방언의 'ᄋᆞ'와 관련된 몇 문제」, 『이숭녕선생고희기념 국어국문학논총』)에 이르러 원순모음화 종류는 방언의 모음체계가 상이함으로써 발생하는 현상이라는 추정을 하게 되고, 구체적으로 서남방언에 대해서는 이승재(1977, 「남부 방언의 원순모음화와 모음체계」, 『관악어문연구』 2)가, 동남방언에 대해서는 백두현(1988, 「'ᄋᆞ, 오, 으, 우'의 대립관계와 원순모음화」, 『국어학』 17)이 모음체계와 관련하여 이 현상을 설명하기에 이른다.

원순모음화와 모음체계를 관련시키는 것은 대단히 중요한 일이다. 그런데 모음체계와 관련시킬 경우 항상 유의할 점은 총체적인 접근방식을 취해야 한다는 점이다. 당시의 움라우트 현상, 모음조화, 모음체계의 통시적 변화 등이 총체적으로 검토되어야 할 것이다.

[발생시기 및 확산]

순자음 아래에서 '으'가 '우'로 변화하는 원순모음화 현상이 발생한 시기는 전광현(1967, 「17세기 국어의 연구」, 『국어연구』 19)에 의해 17세기 말임이 밝혀진다. 이에 관해서는 남광우(1974, 「원순모음화 현상에 관한 연구」, 『국어학』 2)도 참고할 수 있다. 이 현상이 적용되는 영역에 대해서는 형태소 내부와 형태소의 연결에서 달리 나타나고, 형태소의 연결에서는 용언의 활용어간이 어미와 결합할 때 상대적으로 활발하게 나타나는 반면에 체언의 어간과 격조사가 결합할 경우에는 상대적으로 제약을 많이 받는다는 현실은 문헌자료나 방언문헌 자료 혹은 현대국어 방언에서 다양하게 보고되었다. 여기에 대해서는 전광현(1967, 앞의 논문 ; 1971, 「18세기 후기국어의 일 고찰」, 『논문집』 13, 전북대), 이병근(1970, 앞의 논문), 유창돈(1974, 『이조 국어사연구』 국어국문학총서1, 선명문화사), 최태영(1983, 앞의 책), 최임식(1984, 「19세기 후기 서북방언의 모음체계」, 계명대 석사학위논문), 최전승(1986, 앞의 책)

등이 참고된다.

[자음과 모음의 통합 자질]

초기에 촘스키가 제시한 자질표에 의하면 '一'가 'ㅁ, ㅂ, ㅍ, ㅃ' 등에 의해 'ㅜ'가 되는 현상을 아주 간단하게 표기해 보면 다음과 같이 될 것이다.

$$[+high, +back, -round] \rightarrow [+high, +back, +round]/[+ant., -cor.] \underline{\quad\quad}$$

여기서 제기되는 문제는 동화주와 피동화주 혹은 동화주와 동화된 결과 사이에 아무런 필연적인 요인을 찾을 수 없다는 것이다. 이러한 문제는 생성음운론의 자질 설정에서 음운현상과 자질과의 상관관계를 확인하기 위한 논의에서 자주 제기된 것이었다.[35] 이러한 문제와 관련하여 소강춘 (1983, 「남원지역어의 음운론적 연구」, 『국어문학연구』 15, 전북대)과 최태영 (1983, 『방언음운론』, 형설출판사)에서는 순자음과 원순모음의 공통 자질로 [+labial]이라는 자질을 받아들여 문제를 해결하고자 하였다.

3.4.8 움라우트 현상

국어의 움라우트 현상이란 비전설모음이 'ㅣ' 혹은 전설성 활음의 영향을 받아 대응하는 전설모음으로 바뀌는 현상을 말한다(예: 삿기>새끼, 남비> 냄비 등). 국어에서 움라우트 현상은 여러 가지로 흥미있는 과제를 던져준다. 첫째 움라우트 현상의 내부적인 문제로서, 이 현상에는 다양한 변수-동화주 의 종류, 피동화주의 형태론적인 범주, 개재자음의 여부 및 종류 등이 작용하 기 때문에 변수를 찾아내는 그 자체도 흥미로울 뿐만 아니라 변수와 변수의 상호관계에 관한 논의를 할 수 있는 대단히 흥미로운 주제다. 둘째 언어이론 내지는 언어에 대한 인식과 관련하여 여러 가지 문제를 제기한다. 하나는 단모음의 생성과 움라우트 현상 발생의 선후관계에 대한 것으로 이 문제는

---

35) 이 문제에 관한 논의는 박창원(1985)을 참고할 것.

체계와 현상 관계에 관한 문제를 제기한다. 즉 현상은 존재하고 있는 체계를 반영하고 체계에 의존적이기만 하는가 아니면 현상의 발생이 체계의 변화를 유도할 수도 있는가 하는 문제에 관한 중요한 논의를 제기한다. 다른 하나는 현상의 존재와 체계의 변화에 관련된 문제를 제기한다. 이전 체계에서 발생한 현상은 존재하되, 모음체계는 바뀌어 버렸을 경우에 발생하는 규칙의 공시성과 통시성에 관한 중요한 문제를 제기한다. 또 다른 하나는 기저형과 표면형의 세대간의 언어전달에 관한 문제를 제기한다. 세대간에 언어가 전달될 때 기저형이 전달되는 것인가 아니면 표면형이 전달되는 것인가 하는 문제를 제기한다. 언어의 변화가 기저형이 바뀌기 때문인가 아니면 표면형이 바뀌기 때문인가 혹은 기저형의 변화와 표면형의 변화 중 어느 것이 먼저 변화하는가 하는 문제에 관한 의문도 제기한다. 이런 문제들의 대부분은 아직 논의되지 않았기에 다음의 과제로 미루고, 기존의 논의를 대충 정리해 보기로 한다.

[동화주의 성격]

움라우트의 동화주는 아래 (1)의 예에서 보듯 /i/ 혹은 /y/로 인식되었다. 그런데 (2)의 예에서 보듯 현대국어의 공시태에서 움라우트의 동화주가 되지 못하는 'ㅣ'가 존재한다.

(1) 아비, 어미, 아기, 밥+이, 법+이, 잡+히-, 죽+이-
(2) 나비, 거미, 호미, 고비, 모기, 당기-

(1)에서는 움라우트 현상이 발생하는 반면, (2)의 예에서는 움라우트 현상이 발생하지 않는 사실을 설명하기 위해 변형생성음운론을 받아들인 김완진(1971, 「음운현상과 형태론적 제약」,『학술원 논문집』10)에서는 추상적인 기저음소를 설정함으로써 이를 설명하고자 한다. 즉 전자는 '순정의 i'로서 형태음소적으로 /i/로 존재하지만, (2)에 나타나는 'i'는 원래 이중모음에서 기원한 것이기 때문에 형태음소적으로 /iy/로 존재한다는 것이다. 형태음소적으로 /iy/는 /iy/가 /i/로 변화하는 절대중화규칙을 거쳐 표면적으로 [i]로

실현된다는 것이다. 이러한 추상적인 기저형 설정에 대한 반론은 김수곤 (1978, 「현대국어의 움라우트 현상」, 『국어학』 6)에서 볼 수 있다. 이러한 논의는 초기의 변형생성음운론과 자연생성음운론의 논의를 국어의 움라우 트 현상을 통해 볼 수 있는 것이다.

최명옥(1989, 「국어 움라우트의 연구사적 고찰」, 『주시경학보』 3)에서는 움라우트 규칙과 이중모음의 단모음화 현상과의 사이에 존재하는 상대적 연대순으로 해결책을 모색하였다. 즉 형태소 내부에서 발생한 움라우트 규칙을 통시적인 현상으로 이해하고, 통시적으로 움라우트 규칙이 발생한 후에 이중모음의 단모음화 현상이 발생하였기 때문에 (2)의 예들은 움라우트 규칙의 적용을 받지 않았다고 해석하는 것이다.

[개재자음의 종류와 성격]

아래 (3)의 예에서 보듯 국어의 움라우트 현상은 개재자음이 있어야 발생하 는 것으로 이해하였다. 그런데, 아래 (4)와 (5)에서 보듯이 개재자음이 있더라 도 움라우트 현상이 발생하지 않는 예들이 있는데, 이숭녕(1940, 「'ㅇ' 音考」, 『진단학보』 12)에서 'ㄹ, ㅅ, ㅈ, ㅊ, ㄴ' 등 움라우트 현상을 저지시키는 이러한 개재자음들의 성격을 '치음'으로 규정하였다. 이병근(1970, 「19세기 후기국어의 모음체계」, 『학술원논문집』 6 ; 1971, 「운봉지역어의 움라우트 현상」, 『김형규박사송수기념논총』)에서는 [continuent] 자질이 관여한다고 하였고, 이후 국어학계에서는 개재자음의 성격을 [+grave] 혹은 [-coronal] 로 이해되었다. 최명옥(1989, 앞의 논문)에서는 이러한 자음을 묶을 수 있는 자질을 [α high, α back]으로 설정하였다.

(3) 모이, 아이, 어이없다
(4) 가시, 모시, 가지, 바지, 고치, 다리, 오리, 고니, 어디, 버찌
(5) 옷+이, 젖+이, 꽃+이, 달+이, 손+이

그런데 방언에 대한 연구가 확대되면서 개재자음의 종류에 관한 문제가

제기된다. 최임식(1984, 「19세기 후기 서북방언의 모음체계」, 계명대 석사학위논문)에서 북부방언에서 매우 확대된 움라우트 현상이 보고되고, 곽충구(1986, 「『로한회화』와 함북 경흥방언」, 『진단학보』, 62)에서는 푸칠로의 『로한ᄌ뎐』과 함북 북부방언 자료인 『露韓會話』에서 'ㄹ, ㅈ, ㅅ'이 개재자음으로 있더라도 움라우트 현상이 발생하는 예들을 정리하였다(예: 위리<유리, 위지<유지, 괘실<과실 등). 이러한 류의 개재자음이 존재하더라도 동화현상이 발생하는 예들이 속속 보고되면서 개재자음이 동화현상의 제약으로 작용할 수 있는가의 문제가 제기되는데, 이러한 문제와 관련하여 김영배(1985, 「i모음 역행동화와 그 개재자음」, 『한국문화연구』 2)에서는 평안방언의 경우 개재자음의 제약을 벗어난 예들을 유형별로 검토하여, 적어도 형태소 내부에서는 개재자음에 의한 제약을 설정할 수 없다고 하였다. 그런데 김영배(1985, 앞의 논문)의 예들에 관한 해석상의 문제가 제기되면서 최명옥(1989, 앞의 논문)에서는 움라우트 현상의 규칙성과 개재자음의 성격에 관해 다시 한 번 강조하게 된다.

[발생시기와 움라우트의 유형]

움라우트 현상이 발생한 시기에 관해서는 전광현(1967, 「17세기 국어의 연구」, 『국어연구』 19)에 의해 17세기를 전후한 근대국어의 시기라는 사실이 제기되었다. 그런데 17세기 이전의 자료에서 움라우트와 유사한 현상이 발견되고, 방언사의 연구에서 다양한 현상이 발견되어 움라우트의 발생시기와 움라우트의 유형에 관한 논의가 제기된다.

안병희(1985, 「『別行錄節要諺解』에 대하여」, 『김일근박사회갑기념어문학논총』)에 의해 1522년의 부사형 '죄히'(淨)는 움라우트 현상에 의한 것임이 지적되었다. 그리고 백두현(1989, 「두시언해 초간본과 중간본의 통시음운론적 비교」, 『어문학』 50)에서는 체언의 곡용에서 실현되는 움라우트의 현상들이 보고된다[예: ᄇᆞ르미(초간본): ᄇᆞ리미(중간본), 자히오(초간본): 재히오(중간본) 등].

방언의 연구에서 피동화음이 이중모음으로 실현되는 현상에 대해서는 곽충구(1983, 「충남·경기 방언의 현지조사 과정과 반성」,『방언』7)에서 충청방언의 일부에서 주격조사와의 결합시 발생하는 현상이 보고되고, 한영균(1980, 「완주지역어의 움라우트 현상」,『관악어문연구』5)에서는 전북 완주지역의 노년층 언어에서, 최명옥(1980,『경북 동해안 방언 연구』, 영남대 민족문화연구소)에서는 경북 동해안의 노년층 언어에서 y가 첨가되는 현상으로 보고된다.

통시적으로는 최전승(1986, 「19세기 후기 전라방언의 음운현상과 그 역사성」)에서 19세기 후기 전라방언에서 단모음으로 움라우트 되는 현상과 함께 y가 첨가되는 현상이 공존하는 사실이 보고된다. 그리하여 최전승(1986, 앞의 논문)에서는 움라우트 현상의 유형과 모음체계의 상관성에 대해 다음과 같이 정리한다.

1) '아, 어, 오'의 움라우트는 피동화음이 전설단모음 ε, e, ö로 실현되는 반면에,
2) '으, 우'의 움라우트는 각각 이중모음 '의'(iy)와 '위'(uy 또는 wi<uy)로 실현되어 있다. 동일한 성격의 움라우트 현상이 두 개의 상이한 규칙(전설화와 이중모음화)으로 존재하게 되는 사실은 이중모음들이 단모음화하는 시기가 동일하지 않았다는 데 기인하는 과도기의 단계를 반영하는 것이며…

즉 대응하는 단모음이 존재할 경우에는 움라우트의 방향은 단모음이며, 대응하는 단모음이 존재하지 않은 경우에는 유사한 조음위치의 이중모음으로 움라우트 현상이 발생한다는 것이다.

[움라우트 현상의 진원지]

현대국어의 움라우트 현상은 남부방언에서 활발하게 실현되며, 중부방언에서는 상대적으로 약하게 실현된다. 그래서 전광현(1967, 앞의 논문)이나 이병근(1970, 앞의 논문)에서는 남부방언에서 먼저 발생하여 중부방언으로 전파되었다는 해석을 하고, 김완진(1975, 「전라도 방언 음운론의 연구방향

설정을 위하여」, 『어학』 2)에서 '南濃北稀'라는 표현으로 압축되었다. 그리하여 음운현상이란 중앙어에서 먼저 발생하여 지역방언으로 전파되기도 하지만, 지역방언에서 먼저 발생하여 중앙어로 침투될 수도 있다는 사실을 확인하게 된다.

그런데 북한방언에 대한 연구결과가 보고되면서 움라우트 현상의 진원지가 단수냐 아니면 복수냐에 관한 문제가 새로이 제기된다. 최임식(1984, 앞의 논문)에서 19세기 후기 평안방언에서 이 현상이 다양하게 발생하였다는 현상이 보고된 후, 김영배(1985, 앞의 논문)와 최전승(1987, 1989)에서도 북부방언에서 남부방언과 비슷하게 이 현상이 활발하게 나타난다는 사실이 검토되고, 결론적으로 남부와 북부에서 독자적으로 발생하여 중부방언으로 확산되어 나갔을 가능성을 제기하였다.

3.4.9 음절말 자음체계

훈민정음 해례 종성해의 "八終聲可足用也"라는 구절의 해석과 관련하여 중세국어 및 고대국어의 음절말 자음체계에 관한 논의도 지속적으로 이루어지고 있다. 15세기 국어는 현대국어와 달리 'ㅅ'이 음절말에서 제 음가대로 조음되었으리라는 주장과 이와 반대되는 주장이 끊임없이 제기되고 있는 것이다. 이에 관한 선구적인 업적은 허웅과 이기문 선생이다. 허웅(1953)에서는 음절말에서 'ㅅ'과 'ㄷ'을 구분하여 표기한 것을 어원에 대한 인식으로 보았으며, 이기문(1959)에서는 제 음가대로 실현되지 못하는 것으로 보았다. 이러한 견해는 모두 수정된다. 허웅(1965)에서는 15세기 중엽에 음절말 위치에서 'ㅅ'과 'ㄷ'이 구별되는 것으로 파악하였다. 그리고 이기문(1963, 1968)에서도 『계림유사』, 『향약구급방』, 『조선관역어』 등의 검토를 통하여 미파화가 진행되고 있는 것으로 파악하였다. 즉 이들은 15세기에 'ㅅ'이 'ㄷ'과 구별되어 조음되었던 것으로 이해한 것이다. 반면 지춘수(1964), 박태권(1968)에서는 15세기 중엽에 이미 'ㅅ'과 'ㄷ'의 중화가 일어난 것으로 파악하였다.

1980년대에 들어 음절말 중화 내지는 자음체계에 관한 논의가 다시 등장하는데, 박창원(1984)에서는 보통 '음절말'이라는 통칭되던 위치를 세분화하여, 어절말 위치[36](C_3)와 형태소와 형태소가 연결되는 위치[37](C_1)로 나누고, 후기 중세국어의 C_3에서는 훈민정음 해례 종성해 및 용자례에서 추정해 보면 'ㅂ, ㅁ, ㅅ, ㄷ, ㄴ, ㄹ, ㄱ, ㆁ'의 8종성이 실현되는 데 반해, C_1에서는 'ㅿ, ㄹ 입성' 등이 음운론적인 변별력을 가지지 못했지만 'ㅅ, ㄷ'이나 'ㄹ'과 다르게 인식되면서 실질적으로 조음되었다고 보았다. 따라서, C_1의 종성체계는 C_3의 8종성 외에 'ㄹ' 입성 및 'ㅿ'이 추가된 10종성체계였다고 하였으며, 그 근거로, "'ㅅ'과 'ㅿ'이 아직 위치에 따라 부분적으로 내파화가 완성되지 않았던 것으로 추정되기에, 그 외파적인 것에 두었다"고 밝히고 있어, '-ㅅ'의 소리값을 [s]로 잡고 있다. 후기 중세국어 단계에서 음절말 위치의 'ㅅ'이 외파적으로 실현되는 이러한 결과는, 전기 중세국어 단계에서 아직 자음들의 내파화가 덜 일어났던 사실과 관련이 있다고 하였다. 즉, 전기 중세국어는 후기 중세국어보다는 좀더 풍부한 13개의 종성체계[38]를 가지고 있었는데, 이 시기에 음절말 위치에서는 /ㅅ/과 같은 계열인 /ㅈ/, /ㅊ/, /ㅿ/도 역시 외파적으로 실현되었을 것이라고 보았다. 이것이 음절말의 'ㅅ'의 소리값을 외파되는 [s]로 해석한 이유가 되었다.

그러나, 박창원(1987)에서는 어중 'ㅅ'계 합용병서의 음가 문제와 관련하여 수정된 이론을 제시한다. 즉 음절말 'ㅅ'은 두 가지를 음가를 가지고 있었던

---

36) $C_0VC_3\#$의 C_3를 의미한다.
37) $C_0VCC_1+C_2VC_0$의 연결에서 C_1을 뜻한다.
38) 박창원(1984)에 의한 전기 중세국어의 종성체계

	기저체계		종성체계		기저체계
脣	ㅂ, ㅍ	→	ㅂ	ㅁ	← ㅁ
齒	ㅅ	→	ㅅ	ㅿ	← ㅿ
齒	ㅈ, ㅊ	→	ㅈ, ㅊ		
舌	ㄷ, ㅌ	→	ㄷ	ㄴ	← ㄴ
半舌		→		ㄹ	ㄹ
牙	ㄱ, ㅋ	→	ㄱ	ㆁ	← ㆁ
喉	ㅎ	→	ㅎ		

것으로 추정한다. 'ㅅ'은 본래의 제 음가([s])대로 조음되었지만 복합어를 표시하는 사이시옷(ㅅ)의 음가는 [?]로 본 것이다.

김주필(1988)에서는 중세국어와 근대국어에서 용언 어간말 치음 'ㅅ, ㅈ, ㅊ'과 통합되는 {-슙-}의 교체 조건을 비교·검토하여 {-슙-}이 음운론적으로 조건화된 이형태 교체를 보여주고 있다는 사실을 지적한 후, 첫째, 중세국어의 음절말 위치에서 'ㅈ, ㅊ'은 'ㅅ'과 그 음성적 실현이 달랐다는 것과 둘째, 음절말 'ㅈ, ㅊ'은 15세기에 이미 불파음 [t̚]로 중화되어 실현되고 있었다는 결론을 도출하였다. 또한 음절말 'ㅅ'이 불파음 [t̚]이 아닌, 독자적인 음성형으로 실현되었다는 여태까지 정설에 대한 논의에 대하여, 그때까지의 논거가 종성표기 'ㅅ'의 형태음소가 'ㅈ, ㅊ'인 경우와 'ㅅ'인 경우가 구분되지 않고 이루어졌음을 지적하고 다음과 같은 결론을 내리고 있다. 즉, "음절말 'ㅈ, ㅊ'의 중화현상으로 인해, 이제 'ㅅ'과 동일하게 행동하는 것이 아니라, 설음인 'ㄷ'과 그 행동을 같이하게 된 것이다. 다시 말해서 'ㅈ, ㅊ'은 초성에서는 치음의 서열에서 'ㅅ'과 동일성을 보여주지만, 종성에서는 [t̚]로의 중화로 인해 설음의 'ㄷ'과 동일성을 가지게 된다"라고 하였고, 또한 "음절말 'ㅈ, ㅊ'이 [t̚]로 중화되었다는 입장에서 음절경계를 사이에 두고 다르게 실현되는 사이 'ㅅ'이나 특정환경에서 제 음가대로 실현되는 'ㅿ'을 고려하면, '빗곶, 엿의갗'의 종성으로 쓰인 사이 'ㅅ, ㅈ, ㅿ, ㅊ'은 8종성법의 규정만으로 만족할 만한 표기에 도달 할 수 없었던 예들로 간주된다"고 언급하였다.

3.4.10 구개음화

국어의 구개음화 현상이란 'ㅣ' 혹은 전설성 활음의 영향으로 구개음이 아니던 것이 구개음으로 변화하는 현상을 말한다. 움라우트 현상과 마찬가지로 구개음화 현상도 여러 가지 흥미있는 과제를 던져 준다. 첫째 구개음화 현상의 종류가 한국의 지역에 따라 상이하게 나타나기 때문에 어떤 지역에 어떤 구개음화 현상이 발생하였는가 하는 것이 문제로 제기된다. 둘째 두 종류 이상의 구개음화가 발생한 지역의 경우 어떤 현상이 먼저 발생했는가

하는 문제가 제기된다. 셋째 재구조화 등으로 인해 규칙 적용의 영역 변화를 거쳤기 때문에 공시적 규칙의 타당성 여부에 관한 문제가 제기된다.

[구개음화의 종류와 성격]

구개음화는 비구개음이 구개음으로 바뀌는 동화 현상의 일종을 지칭하므로, 구개음화의 종류는 피동화주인 비구개음의 종류에 따라 나누어진다. 통상적으로 구개음화 현상이란, 중부 방언을 중심으로 'ㄷ, ㅌ' 등이 'ㅈ, ㅊ' 등으로 바뀌는 현상 즉 'ㄷ' 구개음화 현상을 지칭하였다. 그런데 역사적으로 훈민정음을 창제할 당시인 15세기에는 'ㅈ, ㅊ' 등이 치음이었다는 사실이 밝혀지면서(허웅, 1964), 동화[39]의 방향이 문제로 제기되어, 'ㅈ, ㅊ'의 구개음화 현상이 선행되어야 'ㄷ, ㅌ'의 구개음화 현상이 가능하다는 인식을 하게 되었다(이기문, 1972). 그리하여 'ㅈ, ㅊ'의 구개음화를 치음의 구개음화라고 하였다.

문헌자료와 방언에 관한 연구가 확대되면서, 조음위치가 구개음보다 앞부분인 치음이나 설음의 구개음화 외에, 조음위치가 뒷부분인 후음이나 아음에서도 구개음화가 발생하였음이 확인되었고, 이를 각각 'ㅎ' 구개음화, 'ㄱ' 구개음화라고 하였다. 이외에 설음인 'ㄴ'과 반설음인 'ㄹ'도 구개음화 현상을 보이기도 하였다.

구개음화는 모두 조음위치의 이동이라는 공통성을 가지고 있지만, 음운론적인 효과는 이질적인 면을 많이 가지고 있다. 치음의 구개음화는 치음의 소멸과 구개음의 생성이라는 결과를 초래하였고, 설음의 구개음화는 설음의 부분적 합류로서 음운론적인 분포에만 차이를 유발하고 음소체계나 음소목록에는 변화를 가져오지 않는다. 'ㄱ' 구개음화와 'ㅎ'의 구개음화 역시 'ㄷ' 구개음화와 동일한 양상을 보인다. 반면에 'ㄴ'의 구개음화나 'ㄹ'의 구개음화는 동화음과 피동화음이 변별적인 음소로 존재하는 것이 아니었기

---

39) 구개음화의 음운론적인 성격에 관해 많은 사람들은 동화로 인식하고 있는 반면에, 김차균(1990)에서는 음운 축약 현상으로 인식하고 있다.

114

때문에 음운론적인 효과를 유발하지는 못하고, 음성적인 변화에 국한되었다. 그런데 'ㄴ' 구개음화와 'ㄹ' 구개음화의 변이음은 후대에 탈락해 버리기 때문에 형태소의 재구조화를 초래하기는 하였다.

[치음의 구개음화]

잘 알려진 바와 같이, 'ㅈ, ㅊ' 등은 'ㅅ'과 함께 훈민정음에 치음으로 분류되어 있다. 그리고 그 음가는 중국의 치두음(혀끝+웃닛머리)과 정치음(혀끝+아랫닛므윰) 사이에서 나는 소리라고 하였다. 이러한 규정에 의거하여 15세기 국어에는 구개음이 존재하지 않았다는 주장(허웅, 1964)이 제기되었는데, 강신항(1983)에서는 15세기에 이미 구개음이 존재하였다고 하였고, 이명규(1974)에서는 16세기 초기에 존재하였음을 확인할 수 있다고 하였다.

[설음의 구개음화]

설음의 구개음화는 치음의 구개음화와 함께, 평안방언을 제외한 한국의 전 지역에서 발생한 것인데, 그것이 발생한 시기에 관해서는 의견이 분분하다. 홍윤표(1985)에 의하면 15세기 말부터 단편적으로 나타나기 시작하여 17세기 말에 보편적으로 나타나는 현상으로 보았고, 송민(1985)에서는 16세기 말에 우발적으로 나타난다고 보았으며, 이명규(1974)에서는 18세기 이전에 이미 발생하였다고 하였다. 반면에 유희의 언문지 등을 근거로 하여 곽충구(1980)나 김주필(1985)에서는 18세기 이전에는 구개음화가 발생하지 않았음을 밝히고 있다. 구개음화 발생 시기에 관한 이러한 차이는 '진짓~진딧'과 같은 어휘를 어떻게 해석하느냐의 차이에 기인하는 것이다. 이 문제는 'ㄷ'과 'ㅈ'이 혼기되는 양상이 'ㅣ' 모음 앞에서만 발생하느냐 아니면 다른 위치에서도 이러한 현상을 보이는 것이 있는가 하는 문제, 그리고 구개음화가 발생할 수 있는 위치에 있는 어휘들이 얼마만한 비율로 구개음화 현상을 보이느냐 아니면 특정한 어휘만 한정하여 구개음화 현상을 보이느냐 하는 문제와 관련하여 더 깊이있게 논의되어야 할 것이다.

[후음의 구개음화]

후음의 구개음화는 'ㅎ'이 'ㅅ'으로 변화하고(예: '형>성', '혀>세, 쎄', '흉>숭', '힘>심' 등), 'ㆅ'이 'ㅆ'으로 변화하는(예: '혀->써-' 등) 현상을 지칭하는 것인데, 이 현상은 주로 남부방언에서 발생하였다. 그런데 1597년의 선조언간에 '심심ㅎ야(<힘힘ㅎ야)'가 나타나는데, 이런 어휘를 이명규 (1974)에서는 구개음화 현상에 의한 것이라고 하고, 중부방언에서 비교적 이른 시기에 'ㅎ' 구개음화가 발생한 것으로 추정하였다. 그러나 이 어휘가 중부방언의 구개음화에 의한 것인지, 남부방언의 차용에 의한 것인지, 혹은 'ㅎ'의 음역 때문에 생긴 현상인지는 아직 논의하기 어렵다. 중부방언에서 발생한 현상이라 하기 어려운 이유는 똑같은 음운론적인 조건에서 'ㅎ' 구개 음화가 발생하지 않는 중부방언의 예가 존재하고, 역으로 이것이 차용에 의한 것이라고 증명할 수 있는 어떠한 증거도 확보할 수 없으며, 15세기 국어 'ㅎ'의 음역에 대해서 아직 논의할 만한 단계가 아니기 때문이다.

[아음의 구개음화]

아음의 구개음화는 'ㄱ, ㅋ' 등이 'ㅈ, ㅊ' 등으로 변화하는 현상인데, 이 현상 역시 남부방언에서 주로 발생하였다. 이 현상은 안병희(1978)에 의하면 16세기 말의 동북방언에서 확인되며, 이명규(1974)에 의하면 18세기의 영남 방언에서 확인된다. 아음의 구개음화 현상은 이병근(1971)에 의하면 지역에 따라 움라우트 현상보다 앞서고, 'ㅣ' 모음의 탈락과는 상대적인 연대순이 앞서기도 하고 뒤서기도 하여 때로는 출혈관계를 만들어 '켕이'와 '쳉'이 방언 분화형을 만들기도 하였다.

[현대국어의 구개음화]

현대국어의 구개음화 현상은 나타나는 양상이 사뭇 복잡하다. 아래의 (1)의 예와 같은 형태소 내부에서나 (5)와 같은 복합어에서는 구개음화 현상이 발생하지 않는 반면에, (2)와 (3)과 같은 파생어 형성이나 (4)와 같은 곡용에서

구개음화 현상이 발생하는 것이다.

    (1) 견디-, 디디-, 부디, 느티나무, 불티
    (2) 같+이, 굳+이
    (3) 묻+히-, 돋+히-
    (4) 밭+이랑, 밭+이, 끝+이
    (5) 밭+이랑, 밭+일

    이러한 문제를 해결하기 위해 초기의 변형생성음운론자들은 기저형을 추상적으로 설정하여 해결하고자 하였다. 김진우(1968)에서는 'ㅣ'에 대해 서로 다른 기저형 /yiy/, /iy/를 설정하였고, 이병건(1976)에서는 구개음화를 일으키지 않은 'ㅣ'의 기저형을 /iy/로 설정하고 절대중화규칙을 설정하였다.
    기저형의 과도한 추상성이 생성음운론의 문제점으로 지적된 후, 추상적인 기저형의 설정을 배격하는 자연 생성 음운론의 영향을 받은 연구자들은 이러한 현상을 공시적인 음운규칙이 아닌 것으로 해석하기도 하였는데, 어휘음운론을 받아들인 안상철(1985)과 박창원(1989)에서는 단어 형성의 층위를 구분하고, 단어를 형성할 때의 특정한 층위에서만 구개음화 현상이 공시적으로 발생하는 것으로 해석하였다.

4. 결론

    국어 음운론은 국어학의 어느 분야보다, 혹은 세계 언어학의 어느 분야보다 뒤지지 않는 전통과 유산을 가지고 있다. 훈민정음의 구성요소 분석과 관계망에 대한 인식이 그러하고, 주시경 선생의 본음과 변음의 이론이 그러하고, 해방 후 생성문법을 수용하면서, 체계 중심의 구조주의적 사고 바탕 위에 생성 이론을 수용한 것 또한 그러하다. 이러한 국어 음운론의 전통을 이제 이론화하여 과학적인 체계로 만드는 일이 앞으로 남은 과제 중의 하나가 될 것이다.

연구사를 쓰는 목적 중의 하나는 누가 최초에 어떤 주제를 개발하고, 그 주제에 관해 어떤 결론을 내렸는가, 그리고 그 결론에 대해 얼마만큼 논리적으로, 학문적인 체계를 세워서 설명하였는가 하는 문제를 밝히는 것이다. 그리고 또 하나의 목적은 선구적인 방법이나 결론을 찾기 위해 고민했던 생각의 과정을 이해하고 그것을 계승하는 길을 모색하는 일이다.

현재의 상식으로 통하는 음운론에 관한 지식이 이전부터 상식으로 존재하지 않았다는 것은 너무나 당연한 사실이라면, 음운론에 관한 상식이 조금씩 조금씩 쌓일 때마다 선각자들의 처절한 고민이 그 속에 담겨 함께 쌓여왔을 것이다. 그러한 선각자들의 고민을 제대로 이해하기 위해서는 선각자만큼의 식견을 가지고 최소한 그만큼은 고민해야 제대로 연구사를 쓸 수 있을 것이다.

우리의 연구사 서술이 아직 이 단계에까지 미치지 못하는 것은 숨길 수 없는 사실이다. 그러나 주제별로 연구의 의의를 둘 수 있는 점이 무엇인가 하는 것을 부분적으로 밝히고, 기술의 초점이 무엇인가 하는 문제를 몇몇이지만 밝혀 놓은 것은 이 방면에 관심을 두고 있는 필자의 개인적인 과제인 동시에 앞으로 해결해야 할 방향 중의 하나라고 해도 좋을 것이다.

한 편의 글이 끝날 때쯤이면 시간의 제약으로 변명할 수 없는 게으름과 무능력함이 가슴속 깊이 항상 저며 오는 것을 느끼곤 했는데, 한 분야의 50년 동안에 걸친 연구사를 이렇게 작성해도 되는가 하는 부끄러움을 다시한 번 느낀다. 이 글에서 다하지 못한 내용들은 다른 자리에서 조금 더 나은 모습으로 다시 쓸 수 있기를 기대하면서 맺는다.

| 참고문헌 |

강길운(1955), 「초성병서고」, 『국어국문학』 13.

강길운(1988), 『한국어 계통론』, 형설출판사.

강신항(1980), 「조선시대 자료로 본 근대한어음운사 개관」, 『논문집』 28. 성균관대.

강신항(1980), 『계림유사 '고려방언' 연구』. 성균관대출판부.

강신항(1991), 「고대국어의 음절말자음에 대하여」, 『대동문화연구』 25, 성균관대.

곽충구(1980), 「18세기 국어의 음운론적 연구」, 『국어연구』 43.

곽충구(1983), 「충청·경기방언의 현지조사 과정과 반성」, 『방언』 7, 한국정신문화연구원.

곽충구(1986), 「『노한회화』와 함북 경흥방언」, 『진단학보』 62.

곽충구(1988), 「로한ᄌ뎐의 한국어와 그 전사에 대하여」, 『이화어문논집』 10, 이화여대.

곽충구(1990), 「원순모음화 및 비원순모음화」, 『국어연구 어디까지 왔나』, 동아출판사.

권인한(1990), 「알타이어학상 *r, *l 논의의 현상과 과제」, 『주시경학보』 6, 탑출판사.

권재선(1977), 「각자병서의 음가고」, 『한글』 160.

권재선(1977), 「합용병서의 음가고」, 『영남어문학』 4.

권재선(1978), 「근세어 병서의 음가고」, 『석천이정호박사이임기념논문집』, 형설출판사.

권재선(1978), 「중세어 합용병서의 음가 속론」, 『영남어문학』 5.

권재선(1979), 『병서연구』, 수도문화사/1979. 영남대 박사학위논문.

김경아(1991), 「중세국어 후음에 대한 일고찰: 순경음 ㅸ의 변화와 관련하여」, 『국어학의 새로운 인식과 전개』, 민음사.

김무림(1991), 『홍문정운역훈의 음운론적 연구』, 고려대 박사학위논문.

김무식(1993), 『훈민정음의 음운체계 연구』, 경북대 박사학위논문.

김무식(1993), 「중세국어 치음의 음가에 대한 연구: 주로 전청음 'ㅈ'을 중심으로」, 『문학과 언어』 14, 경북대.

김민수(1952), 「병서 해석에 대한 고찰: 병서론연구(1)」, 『국어국문학』 2.

김민수(1953), 「각자병서 음가론: 병서론 연구(1)」, 『국어국문학』 4.

김방한(1964), 「국어모음체계의 변동에 관한 고찰: 중세국어 모음체계의 재구를 위한 방법론적 시도」, 『동아문화』 2, 서울대.

김방한(1968), 「중성모음 '이'에 관하여」, 『이승녕박사송수기념논총』, 을유문화사.

김석득(1964), 「중세순경음 ㅸ음 소고」, 『인문과학』 12, 연세대.

김석득(1965), 「소실자운(Graphemes)고: 중세 ㅿ, ㆆ, ㆅ, ㅇㅇ, ㅱ을 중심하여」, 『인문과학』 13, 연세대.

김수곤(1978), 「현대국어의 움라우트 현상」, 『국어학』 6.

김영배(1977), 「평안방언의 자음에 대하여」, 『국어국문학』 76.

김영배(1977), 『평안방언의 음운체계 연구』, 동국대 한국학연구소/1977, 동국대 박사학위논문.

김영배(1985), 「i모음역행동화와 그 개재자음」,『청파서남춘교수화갑기념논총』, 창문각.

김영송(1963), 「경남방언의 음운」,『국어국문학지』 4, 부산대.

김영진(1987), 「일본한자음과 국어의 모음추이에 대하여」,『대전어문학』 4, 대전대.

김영진(1993), 「한국 고대어의 유음에 대하여」,『인문과학논문집』 19, 대전대.

김완진(1957), 「원시국어의 자음체계에 대한 연구」,『국어연구』 3.

김완진(1957), 「첩해신어에서의 일본어 전사에 대하여」,『문리대학보』 5: 2, 서울대.

김완진(1963), 「국어모음체계의 신고찰」,『진단학보』 24.

김완진(1963), 「형태부 성조의 동요에 대하여」,『논문집』 1, 서강대.

김완진(1964), 「중세국어 이중모음의 음운론적 해석에 대하여」,『학술원논문집』 4.

김완진(1965), 「원시국어 모음론에 관련된 수삼의 문제」,『진단학보』 28.

김완진(1967), 「한국어발달사(상) 음운사」,『한국문화사대계5(상)』. 고려대 민족문화연
    구소.

김완진(1971), 「알파 성조와 자음부 성조에 대한 일고찰」,『김형규박사송수기념논총』,
    일조각.

김완진(1971), 「음운현상과 형태론적 제약」,『학술원논문집』 10.

김완진(1971),『국어음운체계의 연구』, 일조각.

김완진(1972), 「다시 β > w를 찾아서」,『어학연구』 8: 1.

김완진(1972), 「음운론 연구의 회고와 전망」,『국어국문학』 58 · 59 · 60.

김완진(1972), 「형태론적 현안의 음운론적 극복을 위하여: 이른바 장모음의 경우」,『동아
    문화』, 서울대.

김완진(1975), 「전라도방언 음운론의 연구방향 설정을 위하여」,『어학』 2.

김완진(1978), 「고대국어의 모음조화에 대한 일고찰」,『백영정병욱선생환갑기념논총』,
    신구문화사.

김완진(1978), 「모음체계와 모음조화에 대한 반성」,『어학연구』 14: 2.

김완진(1978), 「주점본 중간노걸대언해에 대하여」,『규장각』 2, 서울대.

김완진(1978), A Tense-Lax Hypothesis for Middle Korean, In Chin-W. Kim ed., *Papers
    in Korean Linguistics*, Columbia S.C.: Hombeam Press, Inc.

김완진(1985), 「박승빈」, 김완진 · 안병희 · 이병근 편,『국어연구의 발자취(Ⅰ)』, 서울대
    출판부.

김완진(1985), 「서평: 현평효 저『제주도방언연구: 논고편』」,『국어국문학』 94.

김완진(1985), 「양주동」, 김완진 · 안병희 · 이병근『국어연구의 발자취(Ⅰ)』, 서울대출
    판부.

김완진(1986), 「모음조화의 예외에 대한 연구」,『한국문화』 6, 서울대.

김주원(1984), 「18세기 경상도 방언의 음운현상: 몇몇 불서를 중심으로」,『인문연구』
    6, 영남대.

김주원(1992), 「14세기 모음추이 가설에 대한 검토」, 『언어학』 14.

김주필(1985), 「구개음화에 대한 통시론적 연구」, 『국어연구』 68.

김주필(1988), 「중세국어 음절말 치음의 음성적 실편과 표기」, 『국어학』 17.

김진우(1978), 「Diagonal' vowel harmony?: Some implications for historical phonology」, 『국어학』 7.

김차균(1990), 「16세기 국어 고정 평성형 풀이씨 어간과 굴곡 접사의 성조」, 『논문집』 17-1, 충남대 인문과학연구소.

김차균(1990), 「16세기 국어의 사동과 피동의 풀이씨의 성조」, 『언어』 11, 충남대.

김차균(1990), 「16세기 국어의 측성 어간 풀이씨의 성조」, 『어문논지』 6·7, 충남대.

김차균(1990), 「국어 한자어의 방점법과 성조의 대응관계」, 『어문연구』 20.

김차균(1990), 「국어음운론에서 강도의 기능」, 『언어연구』 7, 한국현대어학회.

김차균(1990), 「우리말의 구개음화」, 『주시경학보』 5, 탑출판사.

김차균(1990), 「우리말의 음절구조와 울림도 및 강도동화」, 『목원어문학』9, 목원대.

김차균(1990), 「음운론적인 강도와 축약」, 『언어연구』 1, 서울대 언어학과.

김차균(1990), 「종성의 재분석 음소와 변칙용언」, 『신익성교수정년퇴임기념논문집』, 한불문화출판.

김형규(1946), 「자음동화연구」, 『한글』 97.

김형규(1948), 「ㅇ,ㆆ 음고」, 『조선교육』 2: 3

김형규(1948), 「ㅸ음고」, 『조선교육』 2: 4.

김형규(1948), 「ㅿ음고」, 『조선교육』 2: 5

남광우(1959), 「ㅸ, ㅿ논고」, 『논문집』 4. 중앙대.

남광우(1974), 「원순모음화 현상에 관한 연구」, 『국어학』 2.

도수희(1970), 「모음조화의 오산문제」, 『국어국문학』 49·50.

도수희(1971), 「각자병서 연구」, 『한글학회50돌기념논문집』.

도수희(1977), 「충남방언의 모음변화에 대하여」, 『이숭녕선생고희기념국어국문학논총』, 탑출판사.

도수희(1977), "Glide in Korean Historical Phonology," *Studies in the Linguistic Science* 7: 2. Illinois Univ.

도수희(1977), 『백제어 연구』, 아세아문화사.

문효근(1978), 「훈민정음의 ㆆ과 ㆀ에 관한 몇 가지 문제」, 『한글』 162.

박병채(1971), 「고대국어 음운체계의 재구시론: 국어한자음의 분석을 중심으로」, 『민족문화연구』 5, 고려대.

박병채(1971), 『고대국어의 연구(음운편)』, 고려대출판부.

박병채(1971), 「국어한자음의 개봉음 모태설에 대한 삽의」, 『김형규박사송수기념논총』, 일조각.

박병채(1971), 「국어한자음의 모태론고」, 『백산학보』 10, 백산학회.

박병채(1971), 「조선조 전기 한자음의 성조고: 훈몽자회의 전승자음을 중심으로」, 『아세아연구』 41, 고려대.

박병채(1987), 「고대국어의 모음 음소체계에 대하여: SK.와 SV.의 비교를 중심으로(후반)」, 『한글』 195.

박병채(1989), 『국어발달사』, 세영사.

박양구(1983), 「전남방언의 모음체계」, 『논문집』 7, 한성대.

박종희(1983), 『국어음운론연구』, 원광대출판국/1995, 『국어의 음운현상』.

박종희(1995), 「중세국어의 이중모음과 모음조화」, 『국어국문학』 114.

박창원(1983), 「고성지역어의 모음사에 대하여」, 서울대 석사학위논문/『국어연구』 54 게재.

박창원(1984), 「중세국어의 음절말 자음체계」, 『국어학』 13, 국어학회.

박창원(1985), 「서평: 최명옥(1982) 『월성지역어의 음운론』과 김영태(1984) 『창원지역어 연구』」, 『방언』 8, 한국정신문화연구원.

박창원(1985), 「국어 유성 장애음의 재구와 그 변화」, 『국어국문학』 93, 국어국문학회.

박창원(1986), 「국어 *d·*i'의 재구 및 그 변화」, 『국어학신연구』, 탑출판사.

박창원(1986), 「국어 모음체계에 대한 한 가설」, 『국어국문학』 95, 국어국문학회.

박창원(1986), 「음운교체와 재어휘화」, 『어문논집』 2, 경남대 사범대학 국어교육과.

박창원(1986), 「국어 *d, *i'의 재구 및 그 변화」, 『국어학신연구』(若泉김민수교수화갑기념), 탑출판사.

박창원(1987), 「15세기 국어의 음절경계」, 『진단학보』 64.

박창원(1987), 「표면음성제약과 음운현상: 고성지역어의 음절구조를 중심으로」, 『국어학』 16.

박창원(1987), 「처용가의 재검토」, 『于海이병선박사화갑기념논총』.

박창원(1987), 「15세기 국어의 음절경계」, 『진단학보』 64, 진단학회.

박창원(1987), 「가라어와 관련된 몇 문제」, 『가라문화』 5, 경남대 가라문화연소.

박창원(1987), 「표면음성제약과 음운현상」, 『국어학』 16, 국어학회.

박창원(1988), 「15세기 국어의 이중모음」, 『경남어문논집』 1.

박창원(1989), 「음운규칙과 단어 형성의 층위」, 『이정정연찬선생회갑기념논총』, 탑출판사.

박창원(1991), 『국어 자음군 연구』, 서울대 박사학위논문.

박창원(1994), 「15세기 국어 자음체계의 변화와 통시적 성격(Ⅰ) - '뵹'의 변화를 중심으로 - 」, 『인하어문연구』 창간호, 인하대 국어국문학과.

박창원(1995), 「15세기 국어 자음체계의 변화와 통시적 성격(2)」, 『애산학보』 16, 애산학회.

박창원(1995), 「제망매가의 해독과 고대국어의 몇 의문」, 『한일어학논총』(남학이종철선생회갑기념논총), 국학자료원.

박창원(1995), 「고대국어(음운) 연구방법론 서설」, 『국어사와 차자표기』(소곡남풍현선생회갑기념논총), 태학사.

박창원(1996), 「'욕자초발성' 재론」, 『이기문교수정년퇴임기념논총』, 신구문화사.

박창원(1996), 「고대국어의 치음」, 『국어학』 27.

박창원(2000), 「계림유사, 고려방언의 모음체계(1)」, 『구결연구』 6.

박태권(1968), 「국어의 받침표기에 대하여」, 『요산김정한선생송수기념논총』.

백두현(1988), 「'ᄋᆞ, 오, 으, 우'의 대립관계와 원순모음화」, 『국어학』 17.

백두현(1988), 「영남삼강록의 음운론적 고찰」, 『용연어문논집』 4, 경성대.

백두현(1989), 「두시언해 초간본과 중간본의 통시음운론적 비교」, 『어문학』 50.

백두현(1992), 「경상방언의 모음체계와 모음중화」, 『어문교육논집』 12, 부산대.

백두현(1992), 「원순모음화 'ᆞ, ㅗ' 형의 분포와 통시성」, 『국어학』 22.

백두현(1992), 「직조번방지(再造藩邦志)의 서지, 국어학적 연구」, 『성곡논총』 23, 성곡학
    술문화재단.

백두현(1992), 『영남 문헌어와 음운사 연구』, 태학사/1989, 경북대 박사학위논문.

서보월(1982), 「동남방언의 모음체계에 대하여」, 『문학과 언어』 3, 경북대.

소강춘(1983), 「남원지역어의 음운론적 연구」, 전북대 석사학위논문.

소강춘(1988), 「움라우트현상에 의한 전북방언의 공시적 분화상에 대하여」, 『어학』 15.

소강춘(1988), 「전북방언의 모음조화 현상에 의한 공시적 언어분화에 대하여」, 『국어국문
    학』 99.

송기중(1995), 「고대 국어 한자음에 관련된 몇가지 관찰」, 『한일어학논총』, 국학자료원.

송기중(1995), 「당대 돌궐어의 가차 표기와 국어한자음의 종성」, 『국어사와 차자표기』,
    태학사.

송민(1974), 「모음 'ᆞ' 음의 비음운화시기」, 『논문집』 5, 성심여대.

송민(1975), 「18세기 전기 한국어의 모음체계」, 『논문집』 6, 성심여대.

송민(1985), 「근대국어음운론의 제문제」, 『어문학』 4, 국민대.

안병희(1957), 「중간두시언해에 나타난 t구개음화에 대하여」, 『일석이희승선생송수기념
    논총』, 일조각.

염선모(1977), 「경남 서남부말의 모음체계」, 『논문집』 162, 경상대.

오정란(1993), 「국어 'ㄹ'음의 양음절성과 겹자음화」, 『언어』 18: 1, 한국언어학회.

오종갑(1981), 『국어 유성저해음의 변천에 관한 연구: /b, d, z, g/를 중심으로』, 영남대
    박사학위논문/오종갑(1988)/『국어 음운의 통시적 연구』에 재수록.

오종갑(1984), 「모음조화의 재검토」, 『목천유창균박사환갑기념논문집』, 계명대출판부/
    오종갑(1988)/『국어 음운의 통시적 연구』에 재수록.

오종갑(1988), 『국어 음운의 통시적 연구』, 계명대출판부.

오종갑(1994), 「과도 교정과 어형변화」, 『우리말의 연구』(권재선박사회갑기념논문집).

우민섭(1986), 「후음 ㅇ의 음가 고찰」, 『국어학신연구』, 탑출판사.

유창균(1960), 「고대지명표기의 모음체계: 삼국사기 지리지를 중심으로」, 『어문각』 6.

유창균(1960), 「고대지명표기의 성모체계: 주로 삼국사기 지리지를 중심으로」, 『논문집』

3, 청구대.
유창균(1991), 『삼국시대의 한자음』, 민음사.
유창돈(1962), 「15세기 국어의 음운체계」, 『국어학』 1.
유창돈(1962), 「쌍형어간의 배분활용고찰」, 『아세아연구』 5: 2, 고려대.
이극로(1932), 「말소리를 어디서 어떠케 나는가?」, 『한글』 5.
이극로(1932), 「소리들이 만나면 어찌되나?」, 『한글』 9.
이극로(1932), 「조선말의 홋소리」, 『한글』 4.
이극로(1932), 「훈민정음의 독특한 성음관찰」, 『한글』 5.
이기문(1955), 「어두자음군의 생성 및 발달에 대하여」, 『진단학보』 17.
이기문(1959), 「On the breaking of *i in Korean」, 『아세아연구』 2: 2, 고려대
이기문(1961), 『국어사개설』, 민중서관.
이기문(1963), 「13세기 중엽의 국어자료」, 『동아문화』 1, 서울대.
이기문(1963), 「A Genetic View of Japanese」, 『朝鮮學報』 27, 朝鮮學會.
이기문(1963), 『국어표기법의 역사적연구』, 한국연구원/『역대한국문법대계』, 탑출판사
    ③ 36에 재수록.
이기문(1968), 「모음조화와 모음체계」, 『이숭녕박사송수기념논총』, 을유문화사.
이기문(1969), 「중세국어 음운론의 제 문제」, 『진단학보』 31.
이기문(1971), 「모음조화의 이론」, 『어학연구』 7: 2.
이기문(1972), 『개정국어사개설』, 민중서관/1978, 『국어사개설』(개정판), 탑출판사.
이기문(1972), 『국어음운사연구』, 서울대 한국문화연구소/1977, 탑출판사.
이기문(1977), 「국어사 연구가 걸어온 길」, 『나라사랑』 26, 외솔회.
이기문(1977), 「제주도방언의 '으'에 관련된 몇 문제」, 『이숭녕선생고희기념국어국문학
    논총』, 탑출판사.
이남덕(1968), 「15C 국어의 된소리고」, 『이숭녕박사송수기념논총』, 을유문화사.
이돈주(1978), 『전남방언』(어문총서206), 형설출판사.
이돈주(1988), 「『번역노걸대・박통사』 범례고(2)」, 『호남어문연구』 18, 전남대.
이돈주(1988), 「훈민정음의 중국운학적 배경」, 『훈민정음의 이해』, 한신문화사.
이명규(1974), 「구개음화에 대한 문헌적 고찰」, 『국어연구』 31.
이병근(1970), 「19세기 후기 국어의 모음체계」, 『학술원논문집』 9.
이병근(1970), 「경기지역어의 모음체계와 비원순모음화」, 『동아문화』 9, 서울대/1979,
    『음운현상에 있어서의 제약』, 탑출판사에 재수록.
이병근(1970), 「Phonological & Morphophomological Studies in a Kyonggi Subdialect」,
    『국어연구』 20.
이병근(1971), 「운봉지역어의 움라우트 현상」, 『김봉규박사송수기념논총』, 일조각/1979,
    『음운현상에 있어서의 제약』, 탑출판사에 재수록.
이병근(1971), 「현대 한국방언의 모음체계에 대하여」, 『어학연구』 7: 2.

124

이병근(1973), 「근대국어의 음운현상에 대한 연구」, 『문교부연구보고서: 어문학계』.

이병근(1973), 「동해안 방언의 이중모음에 대하여」, 『진단학보』 36/1979, 『음운현상에 있어서의 제약』, 탑출판사에 재수록.

이병근(1976), 「19세기 국어의 모음체계와 모음조화」, 『국어국문학』 72 · 73/1979, 『음운현상에 있어서의 제약』, 탑출판사에 재수록.

이병근(1976), 「'새갱이'(土蝦)의 통시음운론」, 『어학』 3.

이병근(1976), 「국어의 기저음운」, 『언어』 1: 2.

이병근(1976), 「파생어 형성과 I역행동화규칙들」, 『진단학보』 42/1979, 『음운현상에 있어서의 제약』, 탑출판사에 재수록.

이병근(1986), 「발화에 있어서의 음장」, 『국어학』 15.

이병운(1993), 「음절의 층위」, 『우리말연구』 3, 부산대.

이병운(1993), 『중세국어의 음절구조와 음운현상연구』, 부산대 박사학위논문.

이상억(1984), 「소위 '율가(律價)계산법'에 대하여: 수치 이용에 의한 언어문제 해결법의 반성」, 『한글』 186.

이상억(1984), 「An Overview of Issues in the Vowel System and Vowel Harmony of Korean, Language Research」, 『어학연구』 20: 4/1989, 「국어의 모음체계와 모음조화에 대한 논의의개관(번역)」, 『덕성어문학』 6, 덕성여대.

이상억(1986), 「모음조화 및 이중모음」, 『국어학신연구』, 탑출판사.

이설아(1994), 「15세기 국어 각자병서 연구: 표기에 반영된 요소를 중심으로」, 성균관대 석사학위논문.

이숭녕(1939), 「음운전위 현상에 대하여」, 『한글』 66.

이숭녕(1939), 「조선어 이화작용에 대하여」, 『진단학보』 11/1988, 『이숭녕국어학선집(1)』, 민음사에 재수록.

이숭녕(1940), 「ᆞ'음고」, 『진단학보』 12/1988, 『이숭녕국어학선집(1)』, 민음사에 재수록.

이숭녕(1949), 「'애, 에, 외'의 음가변이론」, 『한글』 106/1988, 『이숭녕국어학선집(1)』, 민음사에 재수록.

이숭녕(1954), 「15세기의 모음체계와 이중모음의 Kontraktion적 발달에 대하여」, 『동방학지』 1/1988, 『이숭녕국어학선집(1)』, 민음사에 재수록.

이숭녕(1954), 「순음고」, 『논문집』 1, 서울대/1988, 『이숭녕국어학선집(1)』, 민음사에 재수록.

이숭녕(1954), 「음성상징론」, 『문리대학보』 2: 2, 서울대.

이숭녕(1954), 『고전문법』, 을유문화사/『역대한국문법대계』, 탑출판사, ①88에 재수록.

이숭녕(1955), 「Ablaut 연구」, 『한글』 111.

이숭녕(1955), 「동음생략과 상관속 문제: 허웅님게 답함」, 『국어국문학』 13.

이숭녕(1955), 「신라시대의 표기법 체계에 대한 시론」, 『논문집』 2, 서울대/1977, 『신라시대의 표기법 체계에 대한 시론』, 탑출판사.

이숭녕(1955), 「악센트론(1)」, 『한글』 112.

이숭녕(1955), 「악센트론(2)」, 『한글』 113.

이숭녕(1955), 「악센트론(3)」, 『한글』 115.

이숭녕(1955), 「이조 초기의 l, r음의 표기 문제」, 『용재백낙준박사환갑기념국학논총』, 사상계사/1988, 『이숭녕국어학선집(1)』, 민음사에 재수록.

이숭녕(1955), 『음운론연구』, 민중서관.

이숭녕(1956), 「'이벌찬서발한'음운고」, 『두계이병도박사화갑기념논총』, 일조각/1988, 『이숭녕국어학선집(1)』, 민음사에 재수록.

이숭녕(1956), 「△음고」, 『논문집』 3, 서울대/1988, 『이숭녕국어학선집(1)』, 민음사에 재수록.

이숭녕(1971), 「17세기국어의 음운사적 고찰」, 『동양학』 1/1988, 『이숭녕국어학선집(1)』, 민음사에 재수록.

이숭녕(1977), 「/ㆍ/음의 소실기 추정에 대하여」, 『학술원논문집』 16/1988, 『이숭녕국어학선집(1)』, 민음사에 재수록.

이숭녕(1978), 「국어 음성상징론에 대하여」, 『언어』 3: 1.

이숭녕(1978), 「동국신속삼강행실도의 음운사적 고찰」, 『학술원논문집』6 /1988, 『이숭녕국어학선집(1)』, 민음사에 재수록.

이승재(1977), 「남부방언의 원순모음화와 모음체계」, 『관악어문연구』 2, 서울대.

이승재(1987), 「전북방언의 연구와 특징에 대하여」, 『국어생활』 8.

이은정(1986), 「8종성에서의 '-ㅅ'에 대하여」, 『한글』 192.

이재오(1971), 「경북 안동방언의 음운체계: 특히 운소체계를 중심으로」, 고려대 석사학위 논문.

이현복(1971), 「국어(서울말)의 accent 연구」, 문교부연구보고서 어문학계1.

이현복(1971), 「서울말의 모음체계」, 『어학연구』 7: 2

이현복(1971), 「한글 음성문자 시안」, 『한글학회50돌기념논문집』.

이현복(1971), 「현대 서울말의 모음 음가」, 『어학연구』 7: 1.

전광현(1967), 「17세기 국어의 연구」, 『국어연구』 19.

전광현(1971), 「18세기 후기 국어의 일고찰」, 『논문집』 13, 전북대.

전광현(1976), 「남원지역어 어말-U형 어휘에 대한 통시음운론적 소고」, 『국어학』 4.

전광현(1983), 「『온각서록』과 정읍지역어」, 『국문학논집』 11, 단국대.

전광현(1983), 「영동ㆍ무주 접촉지역어의 음운론적 고찰」, 『동양학』 13.

전광현(1986), 「현대국어의 방언권」, 『국어생활』 5.

정연찬(1968), 「경남 방언의 모음체계: 특히 고성ㆍ통영 부근을 중심으로」, 『국문학논집』 2, 단국대.

정연찬(1968), 「경상도 방언의 성조에 대한 몇가지 문제점」, 『이숭녕박사송수기념논총』, 을유문화사.

정연찬(1968), 「안동지방 방언의 성조」, 『성대문학』 14, 성균관대.

정연찬(1987), 「욕자초발성을 다시 생각해본다」, 『국어학』 16.

정연찬(1989), 「십오세기 국어의 모음체계와 그것에 딸린 몇 가지 문제」, 『국어학』 18.

조규태(1986), 『고대국어음운연구』, 효성여대 박사학위논문.

지춘수(1964), 「종성팔자 제한에 있어서 'ㄷ, ㅅ' 설정에 대한 고찰」, 『국어국문학』 27.

최명옥(1976), 「서남경남방언의 부사화접사 '-아'의 음운현상」, 『국어학』 4.

최명옥(1980), 「경북 월성방언의 음운변화에 대하여」, 『신라가야문화』 11, 영남대.

최명옥(1980), 『경북 동해안방언 연구: 영덕군 영해면을 중심으로』(민족문화총서4), 영남
　　　　대출판부.

최명옥(1982), 『월성지역어의 음운론』, 영남대출판부.

최명옥(1985), 「19세기 후기 서북방언의 음운론」, 『인문연구』 7: 4, 영남대.

최명옥(1985), 「변칙동사의 음운현상에 대하여: p-, s-, t-변칙동사를 중심으로」, 『국어학』
　　　　14.

최명옥(1985), 「서북방언의 문서술어에 대한 형태론적 연구: 19세기 후기 평북 의주
　　　　지역어를 중심으로」, 『방언』 8, 한국정신문화연구원.

최명옥(1985), 「존 로스의 Corean Primer 『한국어초보』와 평북 의주 지역어」, 『소당천시권
　　　　박사화갑기념국어학논총』, 형설출판사.

최명옥(1989), 「국어 움라우트의 연구사적 고찰」, 『주시경학보』 3, 탑출판사.

최세화(1975), 「각자병서 'ㆀ' 신고」, 『사원』 5, 동국대 사범대학.

최임식(1984), 「19세기후기 서북방언의 모음체계」, 계명대 석사학위논문.

최전승(1986), 『19세기 후기 전라방언의 음운현상과 그 역사성』, 한신문화사.

최전승(1986), 「언어 변화와 과도교정(Hypercorrection)의 기능」, 『국어혁신연구』, 탑문
　　　　화사.

최전승(1987), 「이중모음'외', '위'의 단모음화 과정과 모음체계의 변화」, 『어학』 14.

최전승(1989), 「국어 i-umlaut 현상의 기원과 전파의 방향: 19세기 후기와 20세기 전기
　　　　국어방언을 중심으로」, 『한국언어문학』 27.

최태영(1983), 『방언음운론: 전주지역어를 중심으로』, 형설출판사/1981, 전북대 박사학
　　　　위논문.

최현배(1959), 「'달아'의 읽기에 대하여: 한양조선 초기의 ㄹ 소리값 상고」, 『학술원논문
　　　　집』 1.

한영균(1980), 「완주지역어의 움라우트 현상」, 『관악어문연구』 5, 서울대.

한영균(1985), 「국어음운사에 대한 지리언어학적 연구: 이른바 g: ø대응의 해석을 중심으
　　　　로」, 서울대 석사학위논문.

한영균(1985), 「음운변화와 어휘부의 재구조화: 순경음 ㅸ의 경우」, 『관악어문연구』
　　　　10, 서울대.

한영균(1988), 「비음절화 규칙의 통시적 변화와 그 의미」, 『울산어문논집』 4, 울산대

국어국문학과.

한영균(1990), 「모음조화의 붕괴와 '·'의 제1단계 변화」, 『국어학』 20.

한영균(1990), 「불규칙활용」, 『국어연구 어디까지 왔나』, 동아출판사.

허웅(1985), 『국어 음운학: 우리말 소리의 오늘·어제』, 샘문화사.

허웅(1952), 「'애, 에, 외, 위'의 음가」, 『국어국문학』 1.

허웅(1953), 「병서의 음가에 대한 반성」, 『국어국문학』 7.

허웅(1958), 「삽입모음고」, 『논문집』 7. 서울대.

허웅(1958), 「파익(Pike)의 '음소론'」, 『신대양』 8: 3.

허웅(1958), 『국어음운론』, 정음사.

허웅(1964), 「치음고」, 『국어국문학』 27.

허웅(1965), 『국어음운학』(개고신판), 정음사.

허웅(1968), 「국어의 상승적 이중모음체계에 있어서의 '빈 간'(case vide)」, 『이숭녕박사
　　　송수기념논총』, 을유문화사.

홍윤표(1985), 「『역대천자문』과 서부 동남방언」, 『선호당김형기선생팔질기념국어학논
　　　총』, 창학사.

홍윤표(1985), 「구개음화에 대한 역사적 연구」, 『진단학보』 60.

1. 서 론

근대적인 의미의 언어학 연구가 시작된 지 세기를 넘어 새로운 세기가 시작되었다. 국어 형태론 연구도 이제 한 세기를 넘는 역사를 지니게 되었다. 비록 부침이 없지는 않았지만 국어 형태론 연구는 발전을 거듭해 왔고 상당한 수준의 성과를 보여 주고 있다. 이런 시점에서 지금까지의 형태론 연구의 성과를 되돌아보고 그 성취를 평가하는 일은 앞으로 전개될 형태론 연구의 방향을 제시해 줄 수 있다는 점에서 의미 있는 작업이 될 것이다. 우선 논의에 앞서 형태론의 연구 대상과 범위를 살펴보기로 하자.

서구의 전통문법이 그러하듯 우리나라의 전통문법에서도 오랫동안 형태론은 통사론과 명시적으로 구분되지 못했다. 주시경(1910)에서는 국어학의 분야를, 음성학에 해당하는 '國文의 소리', 품사 분류론인 '기난갈', 구문론 내지 문장론인 '짬듬갈'의 세 분야로 나누었다. 이 책에서는 짬듬갈이 '국문의 소리'와 '기난갈' 사이에 들어 있다는 점이 독특하다. 이 점을 제외하면 주시경의 분류는 대체로 서구 전통문법의 분류와 일치하는데, 서구의 전통문법에서처럼 형태론은 대체로 '기난갈' 즉 품사 분류론에서 다루어졌다. 최현배(1937/1971)도 주시경과 마찬가지로 국어 연구의 분야를 말소리갈(音聲學), 씨갈(詞論), 월갈(文章論)로 나누었다. 최현배의 체계에서 형태론은 대체로 씨갈에 포괄되는 듯하지만 씨갈의 성격이 품사론 내지 어휘론적인 성격이 강하여 구조주의적인 관점에서의 형태론의 범위와 일치하는 것으로 보기 어렵다.

　해방 이후의 대표적인 문법서인 이희승(1955)과 이숭녕(1961)에서도 형태론 분야가 명시적으로 드러나지 않았다. 이희승(1955)에서는 국어학의 분야를 음운론, 어휘론, 문법론으로 나누고 있다. 어휘론에서 어의론과, 어형론을 다루고 문법론에서 품사론을 기술하여 형태론을 어휘론과 문법론 두 분야에서 다루었다. 즉, 구조주의적인 관점의 형태론 분야들이 어휘론과 문법론 두 분야에 조금씩 포함되어 있었다. 이숭녕(1961)에서는 국어학의 분야를 음운편, 조어편, 형태편, 통사편으로 나누고 있다. 형태편은 굴곡법에 한정하고 있으며, 조어법은 문법론 안의 독자적인 분야의 하나로 포함되어 있었다. 따라서 오늘날의 관점의 형태론을 포괄하는 분야가 독립되어 있지 못하였다.

　문법론의 연구대상을 비교적 분명하게 형태론과 통사론으로 나누어 제시한 것은 구조주의 언어학을 받아들인 허웅(1963)이나 안병희(1965)에 이르러서였다. 이 연구들에서는 단어 이하의 언어형식으로 이루어진 형태론적 구성과 단어나 단어 이상으로 이루어진 통사론적 구성을 구분하여, 문법론을 형태론적 구성을 연구하는 형태론과 통사론적 구성을 연구하는 통사론으로 나누었다. 이들 논의에 와서 형태론은 독자적인 연구 영역과 방법론을 가지게 되었다.

　국어 형태론에 조어법과 굴절법을 포함시키는 이런 논의는 서구의 구조주의 언어학의 방법론을 받아들인 것으로서 이후의 많은 형태론 연구자들에게 받아들여졌다. 하지만 국어에 그대로 적용하기에는 몇 가지 문제가 있었다. 우선 굴절에 용언의 활용뿐 아니라 명사의 곡용까지를 포함시킬 수 있느냐의 하는 문제가 있었다. 주지하듯이 국어의 체언은 용언에 비해 자립성이 강하여 체언에 조사가 결합하는 방식은 굴절로 보기 어려운 속성을 가지고 있다. 뿐만 아니라 더 나아가서 용언의 활용까지도 인구어의 굴절과는 달라서 굴절에 포함시키기 어렵다는 견해들도 있다. 이는 교착어인 국어를 굴절어와 같은 방식으로 기술하기 어렵다는 국어의 유형론적인 특징에 대한 인식과 관련이 있다. 국어에서 곡용과 활용을 굴절에 포함시키느냐의 여부에 따라

문법가들을 제1 유형, 제2 유형, 제3 유형으로 나누기도 했다. 곡용과 활용을 굴절론에 포함시킬 수 있다 하더라도 이와 관련되는 여러 현상들을 형태론에서 다루느냐 통사론에서 다루느냐 하는 문제는 그대로 남는다. 또한 전통문법 이래 형태론의 중요한 분야의 하나로 다루어진 품사론(품사 분류, 각 품사의 의미 등)을 형태론에서 다루느냐 통사론에서 다루느냐 하는 문제 등 형태론의 범위를 한정하기 위해서 해결하기 어려운 문제가 많이 남아 있다.

통사론 중심의 초기 생성 문법의 영향으로 잠시 위기를 맞이했던 국어 형태론 연구는 생성 문법적인 관점의 형태론 연구인 생성 형태론의 방법들을 받아들이면서 다시 활기를 찾기 시작했다. 송철의(1989/1992) 등에서 받아들여진 '규칙과 제약' 중심의 생성 형태론은 형태론의 관심을 조어법의 문제로 돌리게 하였다. 생성 형태론의 중심에는 어휘부에 대한 탐구가 있었으며 단어 형성은 주로 어휘부의 구조와 관련하여 설명되었다. 최근에는 생성 형태론과 인지 언어학을 접목시킨 논의들이 나타나기 시작했다. 이들 논의에서는 단어의 형성이 규칙보다는 어휘부 안에 배열된 관련 어휘들에 유추되어 이루어진다는 입장을 갖는다.

생성 형태론이나 이와 관련된 유추적인 입장의 단어 형성 이론에서는 형태론의 범위가 주로 어휘부를 중심으로 한 조어론에 한정되어 있었다. 생성 형태론이나 유추적인 단어 형성 이론의 관점에서 형태론의 범위를 확정하고자 한 논의는 박진호(1999)다. 박진호(1999)에서는 형태론과 관련되는 것으로 논의되어 온 여러 하위 분야 중에서 조어론, 형태소 배열론, 어휘부학 등을 형태론의 범위에 포함시키고 형태음소론, 조사나 어미의 결합은 제외했다. 그는 형태음소론은 기호의 가치나 의미가 문제되는 것이 아니라 기호의 물리적인 실현을 문제 삼으므로 형태론보다는 음운론에 포함시켰고, 인구어의 굴절과는 달리 국어의 조사나 어미의 결합은 단어 내부의 결합이 아니라 통사론적인 현상으로 볼 수 있으므로 통사론에 포함시켰다.

국어 형태론의 범위를 최대한 넓게 잡아 보면 형태소의 분석과 결합, 품사론, 조어론, 굴절론 등이 포함될 것이다. 본고에서는 이들 각각에 대해서 논의하되 국어가 교착어라는 특징을 고려하여 조사나 어미의 결합은 원칙적으로 통사론의 영역에 속하는 것으로 보아 제한적으로만 다루기로 한다. 어미나 조사의 결합은 형태소의 결합이라는 측면에서는 형태론의 일부로 다룰 수 있지만 각각의 의미 기능은 통사론의 범위에 속하는 것으로 볼 수 있으므로 본고는 조사나 어미 결합의 형태론적인 측면에 대한 연구만을 논의에 포함시킨다. 형태음소론도 조어 현상을 논의하기 위해서 필요한 경우가 아니면 음운론에 속하는 것으로 보아 본고의 논의에서 제외하기로 한다.

　본고는 1950년 이후의 국어 형태론 연구를 정리하는 작업이 될 것이다. 그리하여 주로 1950년 이후 국내에서 이루어진 국어 형태론 연구를 다루지만, 품사론을 비롯하여 1950년 이전에 중요한 논의가 많이 이루어진 주제에 대해서는 1950년대 이전의 논의에 대해서도 언급하기로 한다. 본고에서처럼 형태론 전반을 정리한 연구사는 별로 없지만 파생법, 합성법, 한자어 등 본고의 논의에 포함될 주요 부분에 대한 연구사는 이미 다른 연구자들에 의해 정리된 바 있다. 본고에서는 이러한 연구사들을 참조하기로 한다. 하지만 본고는 형태론 업적을 열거하는 방식이 아니라 쟁점이 되는 문제를 부각하는 방식으로 기술할 것이기 때문에 기존의 연구사와 차이를 가지게 될 것이다. 이런 태도에 따라 다른 관점에서는 중요하게 다루어진 논의가 우리의 관점에서는 간략하게 다루어질 수도 있고 반대로 다른 관점에서는 간략하게 다루어질 내용이 본고에서는 자세하게 다루어질 수도 있을 것이다.

2. 형태론 이론의 변화와 수용 양상

2.1 서구에서의 언어 이론과 형태론 이론의 변화

　고대 그리스인들에 의해 시작된 서구의 전통문법 연구는 이미 아리스토텔레스에 의해 명사와 동사, 주어와 술어 등의 개념이 정립되는 등 오랜 역사를 가지고 있었다. 서구의 전통문법은 그리스와 로마 시대 이후 르네상스와 근대의 규범문법, 19세기의 비교언어학의 시대를 거쳐 현대에까지 이어졌다. 이런 기반에서 완성된 서구의 전통문법은 실증적, 기술적 경향보다는 규범적인 성격을 가지고 있었다. 그러나 소쉬르의 등장으로 언어학은 새로운 전기를 맞이하게 되었다. 소쉬르는 언어가 체계를 이루고 있다는 생각에서 출발하여 공시태와 통시태의 구별, 잉여적(redundant)인 요소와 관여적(relevant)인 요소의 구별 등을 통해 규범문법을 벗어나서 기술 언어학의 전통을 세워 나갔다. 소쉬르에서 출발한 구조주의는 1930년대 이후 미국과 유럽에서 동시에 발달하여 오늘날 언어 연구의 중요한 흐름의 하나를 이루게 되었다. 이런 구조주의의 기술 언어학의 발전은 많은 언어학적인 자료의 축적을 가져왔고, 이어지는 변형 생성 문법의 든든한 기반이 되어 주었다. 최근에는 변형 생성 문법뿐 아니라 인지언어학, 계량언어학 등 다양한 관점의 언어 연구가 이루어지고 있다.

언어학 이론이 변화함에 따라 형태론 이론도 그에 맞추어 변화해 왔다. 전통문법 시대에는 규범문법의 전통 아래 품사에 대한 개념이 정립되었다. 그리하여 음성에 대한 연구, 문장에 대한 연구와 더불어 단어를 분류하고 각각의 특징을 기술하는 것이 언어학의 중요한 분야로 다루어졌다. 따라서 이 시기의 형태론은 품사론 내지 어휘론과 크게 다르지 않았다.

구조주의 문법의 시대는 실재하는 자료를 중심으로 귀납적이고 객관적인 방법으로 기술하는 것을 중요시한 시기였다. 따라서 음운론, 형태론, 통사론 등이 순차적인 방법으로 연구되었는데, 이들 분야 중에서 가장 활발하게 연구된 분야는 형태론이었다. 구조주의 언어학자들은 계열론(paradigmatics) 과 통합론(syntagmatics)을 구별하여 고찰하고자 하였다. 계열론과 통합론의 구별은 구조주의의 분석 원리인 계열관계와 통합관계에 의한 분석방법의 확립을 가능하게 했으며, 이를 통해 특히 형태론 분야가 크게 발전하게 되었다. 이에 따라 구조주의 언어학 시대에는 형태소의 확립, 개별 형태소의 기능에 대한 탐구와 목록의 작성, 복합어형의 분석 등 형태론의 기초가 되는 주요한 작업들이 이루어지게 되었다.

초기 변형 생성 문법의 시대는 형태론의 입장에서 보면 위기의 시기였다. 변형 생성 문법 이론은 통사론, 의미론, 음운론을 기본적인 연구대상으로 여겼으므로 형태론이 있을 자리가 없었다. 이에 따라 형태 현상에 대한 연구는 단순히 자료에 대한 분석, 기술에 지나지 않았고 통사 현상에 대한 연구만이 문법 현상에 대한 연구로 생각하기도 하였다. 그러나 형태적인 현상을 통사적인 과정으로 이해하는 것은 한계에 부딪혔고 촘스키(1970) 이후 형태론 특히 조어법을 다룰 어휘부의 독립성을 인정하게 되었다. 이후 변형 생성 문법의 관점에서의 형태론 이론은 할레(Halle 1973), 아로노프 (Aronoff 1976), 리버(Lieber 1981) 등을 거치면서 생성 형태론으로 발전하게 되었다. 생성 문법의 하위 분야로서 생성 형태론은 주로 조어법의 문제에 국한되기는 하였지만 생성 문법의 큰 틀 안에서 규칙과 제약에 의해 형태론의 문제를 다루고자 하였다.

형태론 이론의 발전과 관련하여 생성 형태론의 가장 큰 기여는 어휘부에 대한 탐구를 가능하게 하였다는 것이다. 어휘부에 대한 탐구는 특히 조어법 이론과 관련하여 다양한 관점에서 이루어지고 있다. 생성 형태론이 생성 문법의 테두리 안에서 형태론의 설자리를 마련해 주었지만 여전히 굴절 형태론이나 형태소의 결합 양상 등에 대한 연구는 별로 중요하게 다루어지지 않고 있다는 한계를 지니고 있었다.

2.2 국어 형태론 이론의 변화

서구 언어 이론 특히 형태론 이론은 국어 형태론 이론의 전개에도 직·간접 적으로 영향을 끼쳤다. 서구 형태론 이론의 수용은 국어의 형태적 현상을 바라보는 준거를 마련해 주었고 결과적으로 국어 형태론이 보편적인 형태 이론의 개발에 기여하는 계기를 만들어 주기도 하였다. 그렇지만 인구어 중심의 형태론 이론을 무비판적으로 국어에 적용한 결과 국어의 형태 현상을 왜곡하는 부작용도 생겨났다. 이런 과정을 통해서 차츰 국어의 형태 현상에 대한 인식이 깊어지게 되었고 연구자들은 국어가 일반 언어로서 가지는 보편성과 개별 언어로서 가지는 차별성에 바르게 접근할 수 있게 되었다.

해방 이전의 국어 형태론 이론은 서구 전통문법의 형태론 이론에 직·간접적인 영향을 받으며 전개되었다. 외국인에 의한 한국어 연구는 개화기를 전후하여 리델(Ridel 1881), 언더우드(Underwood 1890) 등으로 이어져 한국과 한국어를 외국인에게 알리는 역할을 하였으며, 한일합방으로 일본인 학자들의 연구가 뒤따르기도 했다. 외국인들에 의한 국어 형태론 연구는 유길준 (1909), 김규식(1908~1909?), 김희상(1909, 1911) 등의 한국인들에 의한 국어 형태론 연구에 많은 영향을 주었다. 인구어의 형태론 이론이 국어 형태론 이론의 형성에 미친 영향은 서구인에 의한 한국어 기술이라는 간접적인 방법에 의한 것만은 아니었다. 해방 이전 한국어를 기술한 한국인 학자들 중에는 미국이나 일본 등에서 유학을 하고 돌아온 사람들도 있었다. 이들은 서구 언어학과의 직접적인 접촉을 통해 언어기술의 방법을 배워 국어 형태론을 기술하는 방법론으로 삼았다.[1]

국어 형태론 이론의 수립에 끼친 서구 전통문법의 영향은 국어학의 분야를 음성학, 품사론, 문장론 등으로 나누고 형태 문제를 주로 품사론에서 다루는 것에서 잘 나타난다. 이런 연구방법은 언더우드(1890)를 비롯한 한국어를 기술한 서구인의 문법서나 다른 서구의 전통적인 문법서에서도 채택한 방법이었다. 서구의 언어이론의 영향을 직접적으로 받지는 않은 것으로 생각되는 주시경(1910)에서도 서론에서 간략히 언급한 바와 같이 국어학의 분야를 음성학, 품사론, 구문론에 해당하는 國文의 소리, 기난갈, 짬듬갈로 삼분하고, 형태 문제를 기난갈 즉 품사론의 부문에서 다루었다. 이런 경향은 국어의 전통문법을 집대성한 최현배(1937/1971)나 그 이후의 전통문법적인 관점에서의 국어 형태론 연구에까지 이어진다.

전통문법적인 관점의 국어 형태론 연구는 학교문법을 중심으로 해방 이후

---

1) 외국인에 의한 국어 연구와 그들의 연구가 한국인에 의한 국어 연구에 미친 영향에 대한 종합적인 연구는 고영근(2001)을 참조할 수 있다.

에도 이어진다. 그러다가 미국과 유럽에서 1930년대에 시작된 구조주의 언어학이 국어 형태론 연구에 영향을 미치게 되면서 국어 형태론 연구는 새로운 계기를 맞이하게 되었다. 서구의 구조주의 문법의 형태론 연구는 먼저 중세국어 연구자들에 영향을 미쳐 중세국어의 활용 어간과 어미를 체계적으로 파악하는 길을 열어 주었다(허웅 1963, 안병희 1959/1978). 구조주의 언어 이론은 이숭녕(1956, 1961)을 거쳐 안병희(1965)와 허웅(1963) 등에 이르러 형태론이 굴절법과 조어법을 포괄하는 언어학의 한 분야로 독자적인 위치를 가지게 해 주었다.

국어 형태론에서 구조주의 형태론의 성과는 조어법에서 가장 명시적으로 나타났다. 합성어를 이루는 구성 성분의 분석(이익섭 1965, 김석득 1968, 성기철 1969), 파생접사의 식별 기준과 파생법의 기술 방법(김계곤 1969, 고영근 1972) 등의 중요한 조어법적인 연구들이 이 시기에 이루어졌다. 격조사의 생략을 곡용 패러다임에 포괄하려는 논의(안병희 1966)나 형태적 기준에 의한 격체제의 정리(김민수 1970)와 같은 곡용에 대한 연구, 파생과 굴절을 구분하려는 시도(허웅 1964), 선어말어미의 상호 관련성에 대한 연구(고영근 1965) 등의 활용에 대한 연구도 이 시기에 이루어진 국어 형태론의 중요한 성과였다. 뿐만 아니라 나이다(Nida 1949), 호켓(Hockett 1958) 등의 구조주의의 분석방법을 받아들여 국어의 형태 분석을 위한 객관적인 방법에 대한 탐구도 이 시기에 이루어졌다(허웅 1966, 고영근 1965, 1974ab, 1975, 1978).

서구 언어학의 패러다임이 구조주의에서 변형 생성 문법으로 바뀌게 되자 서구 언어학에서 그러했듯이 국어학에서도 형태론 연구는 침체기를 맞이하게 되었다. 그러다가 서구 언어학에서 생성 문법의 틀 안에서의 형태론 이론인 생성 형태론이 발달하게 되어 조어법을 중심으로 한 형태론 연구가 활발해진 것처럼 국어 형태론 연구에서도 이런 경향을 보이게 되었다. 생성 형태론적인 관점을 국어의 파생 형태론에 도입한 송철의(1977, 1989/1992)는 조어법을 규칙과 제약 중심으로 기술하였다. 생성 형태론은 어휘부 중심의 이론이었으므로 생성 형태론이 발전함에 따라 형태론 이론의 중심에는 어휘

부가 자리하게 되었다. 국어 형태론에서 어휘부에 대한 탐구는 김성규(1987)에서 시작하여 구본관(1990), 채현식(1994), 박진호(1994), 송원용(1998) 등으로 이어지면서 어휘부의 등재 단위와 어휘부의 구조에 대한 탐구 등의 분야로 깊이를 더해 갔다.

한편 생성 형태론이 발전함에 따라 연구자들은 이미 존재하는 단어를 분석하는 것에서 벗어나 새로운 단어의 형성에도 관심을 가지게 되었다. 김창섭(1992/1996)에서는 단어 형성을 규칙과 제약을 중심으로 기술하고 있으면서도 '단어형성 전용 요소'와 같은 새로운 개념의 도입을 통해 신조어가 만들어지는 과정에 대한 탐구로 나아가고 있다. 일부에서는 이미 존재하는 단어의 분석이 아닌 새로운 단어의 형성 가능성에 대한 탐구를 위해 생성 형태론의 틀에서 벗어나 인지언어학의 관점을 도입하기도 했다(채현식 1994, 2000, 송원용 1998, 구본관 1996/1998). 이러한 연구 경향은 애이치슨(Aitchison 1987) 등의 인지언어학적 관점의 형태론 연구와 바이비(Bybee 1988, 1994, 1995) 등의 연관주의적 형태 이론에 생성 형태론의 어휘부 이론을 도입한 것이었다.

3. 형태론의 단위와 기능

3.1 형태소

3.1.1 분석방법과 분석단위

국어 형태론 논의에서 언급된 최초의 형태 단위는 주시경(1914)의 '늣씨'다. 주시경의 '늣씨'에 대해서 형태소(morpheme)와 유사한 개념으로 보는 견해(김민수 1961), 최소 단위고 형태(morph)와 유사한 개념으로 보는 견해(이기문 1976), 형태소가 아니라 원소적 기본단위인 '늣'으로 분석할 수 있는 씨로 보아야 한다는 견해(이병근 1979) 등이 있었다. 늣씨는 '해^바라^기'의 분석 예에서 볼 수 있듯이 분석 가능한 극한까지 분석한 결과로 나오는 요소다. 늣씨와 꼭 일치하는 현대 언어학의 용어는 없지만 이 늣씨는 형태

140

단위의 분석을 위한 단위의 하나로 보는 데에는 무리가 없다.

주시경의 뒤를 잇는 최현배(1937/1971)에서는 늣씨와 같은 원소적인 분석 단위를 제시하지는 않았지만 '뿌리(어근), 줄기(어간), 씨가지(접사), 머리가지(접두사), 발가지(접미사), 허리가지(접요사)' 등 형태론을 위한 기본적인 단위들을 정립하여 국어 형태론을 위한 중요한 기반을 마련해 주었다. 하지만 오늘날의 관점에서 보면 파생법과 굴절법의 구별이 명확하지 않았고 객관적인 분석의 기준을 제시하지 못했다는 한계를 갖는다.

허웅(1966a)은 구조주의의 원리를 받아들여 객관적인 분석방법을 제시하고자 한 논의다. 이 논의는 연구대상이 주로 중세국어였으므로 계열관계(paradigmatic relation)나 통합관계(syntagmatic relation)의 원칙뿐 아니라 '가상적 형태소'나 '구조적 동형성'의 개념을 도입하여 복합형의 분석에 철저를 기하고자 하였다.2) 형태소의 개념을 규정하고 구조주의적인 계열관계나 통합관계에 의한 객관적인 분석방법을 더 확고하게 정착시킨 논의는 김석득(1962), 김계곤(1968, 1969), 고영근(1965, 1972, 1974ab, 1975) 등이다. 특히 고영근의 일련의 논문에서는 '구조적 양상의 공통성'과 '의미상의 특수성'에 근거하여 형태소 분석의 한계가 어디까지인지를 고찰하고자 하였다.

고영근(1978)에서는 구조적 양상의 공통성과 의미상의 특수성이라는 기준 외에 '음운론적인 현현방식의 공통성'이라는 기준을 추가하였다. 이는 아로노프(Aronoff 1976: 7~15)에서 논의한 'cranberry'의 'cran-'이나 'permit, transmit'의 '-mit'와 같이 의미를 가지지 않은 요소를 분석하기 위한 기준이었다. '음운론적 현현 방식의 공통성'을 분석기준으로 허용하게 되면 분석의 결과로 생겨나는 단위가 더 이상 '최소의 의미 요소'가 아니게 된다. 따라서 이런 단위를 형태소라 부른다면 형태소는 더 이상 '최소의 의미 요소'가 아닐 수 있다.3)

---

2) 가상적 형태소를 도입한 것은 '좌시-'에서 '-시-'와 '좌-'를 분석하기 위한 것이고 구조적 동형성을 도입한 것은 '늣갑, 술갑'과 같은 예에서 '-갑-'이라는 공통성에 의거해서 '늣-, 술-'을 분석하기 위한 것이다.
3) 음운론적인 현현방식의 공통성이란 '-오디, -옴'에서 '오'가 보여주는 음운론적인

구조주의적인 분석방법은 분석된 요소가 공시적인 단위로 쓰일 때만 분석하는 것을 원칙으로 하였다. 그리하여 화자의 직관으로 분석되는 요소를 분석하지 않는 경우가 많았다. 이런 태도는 고영근(1965, 1972, 1974), 김계곤(1968, 1969) 등 구조주의적인 분석방법을 지향하는 논의들에 공통적으로 나타난다. 이런 태도와는 달리 형태를 가능한 한 극한까지 분석하는 태도를 보이는 논의들도 있었다. 임홍빈(1982, 1985), 서태룡(1985, 1988) 등에서는 분석이 가능하다면 극한까지 분석해야 된다는 입장을 보인다. 이런 입장을 견지하게 되면 모든 복합요소를 공시적인 쓰임과 무관하게 극단까지 분석하게 된다. 이런 분석 태도는 구조주의적인 방법에서 벗어나 있고 객관적인 분석방법으로 사용되기는 어렵지만 그 요소의 어원이나 통시적인 변화를 밝히는 데에는 도움이 된다. 결국 분석방법은 목적에 따라 선택될 수 있다.

고영근(1978)이나 임홍빈(1982, 1985), 서태룡(1985, 1988)과 같은 분석방법을 받아들이고 이런 분석의 결과 나타나는 단위를 형태소로 본다면 형태소는 더 이상 공시적인 결합을 위한 단위가 아닌 것이 된다. 그렇다면 이런 극한적인 분석을 포기하거나 형태소는 분석을 위한 단위로 두고 공시적인 결합을 위한 단위는 형태소와는 다른 어떤 단위로 명명해야 한다. 최명옥(1985)에서는 서북방언 어말 어미들을 대상으로 구조주의적인 분석의 결과로 나오는 단위와 별도로 어휘부에 존재하는 결합단위를 상정하고 있다.[4] 고영근(1992)에서는 아예 형태소라는 단위를 분석단위인 구성소와 결합단위인 형성소로 나누어야 한다고 주장하였다.

구조주의 언어학에서 도입된 것으로 가장 주목되는 분석방법의 하나는

공통성에 의거하여 '오'를 분석해 내는 태도다. 이러한 태도는 구조주의적인 분석방법이 화자의 직관으로는 분석이 되는 어형을 분석하지 못하는 것에 대한 보완적인 성격을 갖는다. 즉, 분석의 극한을 지향하되 객관적인 방법론을 찾고자 하는 고민에서 나온 것으로 생각된다. 그러나 결과적으로는 의미 단위로서의 형태소의 개념을 파괴하게 되었다.

4) 최명옥(1985)의 이런 태도는 자연음운론에서의 기저형을 실재 존재하는 어형과 가능한 한 동일하게 잡으려는 태도에서 온 것이다. 하지만 결과적으로는 분석단위와 결합단위를 달리 설정하는 태도를 보이게 된다.

직접 구성성분의 개념을 이용하는 것이었다. 이익섭(1965), 김석득(1968), 성기철(1969) 등에서는 파생어나 합성어를 직접 구성요소의 개념을 이용하여 분석하였다. 직접 구성요소의 개념을 이용한 분석을 도입하게 됨으로써 객관적인 기준에 의한 합성어와 파생어의 구별이 가능해졌다.

3.1.2 형태소의 의미 기능과 형태소의 결합

형태소는 의미를 갖는 최소의 단위로 규정되어 왔다. 물론 형태소가 의미와 관련을 맺는 양상은 연구자에 따라 형태소를 '사물'(thing)로 보아 형태와 의미가 직접 관련을 맺는 것으로 보는 관점과 '과정'(process)으로 보아 형태와 의미를 일종의 표상관계로만 보는 관점 등 다양한 관점으로 논의되었다. 국어와 같은 교착어의 경우 형태소를 사물로 보아 형태와 의미를 직접 연결하는 관점이 비교적 쉽게 받아들여져 왔다. 과연 형태소를 최소의 의미를 가진 단위로 규정할 수 있을 것인가?

이미 언급한 바와 같이 형태소가 의미를 가진 단위가 아닐 가능성은 아로노프(1976)나 이를 국어에 적용한 고영근(1978)에서 언급되어 왔다. 이제 구체적으로 형태와 의미의 도상적인 관계를 부정하는 논의들에 대해 살펴보기로 하자. 의미를 가지지 않는 형태에 대한 대한 본격적인 논의는 김영욱(1990, 1995, 1997) 등에서 이루어졌다.[5] 이 논의들에서는 중세국어 '-니라'의 '니', '오디'의 '오' 등을 분석하여 이를 의미가 없는 형태소인 '공형태'(empty morpheme)라고 불렀다. 한편 이현희(1987)에서는 중세국어에서 '거룿-/거리차-'와 같이 '-아-'가 존재하는 형과 존재하지 않는 형이 동일한 시기에 나타난다는 사실을 고려하여 이를 '의미와 통사 범주를 바꾸지 않는 접미사'로 불렀다. 사실 공형태는 대부분 통시적인 변화 과정을 공시적으로 기술하는

---

5) 김영욱(1995, 1997) 등에서는 브라운과 밀러(Brown & Miller 1980)에서의 형태와 의미 관계에 대한 논의를 받아들여 형태와 의미가 대응하지 않는 경우를 형태는 있고 의미는 없는 경우, 형태가 없고 의미만 있는 경우로 나누어 관찰한다. 그리하여 형태가 있고 의미는 없는 경우를 공형태소, 형태가 없고 의미만 있는 경우를 영형태소로 구분하여 접근하고 있다.

과정에서 생겨난 개념이다. 구본관(1997)에서는 이런 유형의 접미사들을 종합적으로 고찰하여 이러한 접미사의 형성은 대부분 통시적인 변화의 결과인 것으로 해석하고 있다. 공형태 분석의 타당성에 대한 종합적인 검토는 장윤희(1999)에서 이루어졌다.

공형태와는 달리 형태는 없고 의미만 존재하는 요소는 '영형태'(zero morpheme)로 불려 왔다. 영형태는 어떤 문법 범주의 체계에서 빈자리를 채우거나 파생규칙에서 접사의 형태가 나타나지 않는 빈자리를 채워 체계적으로 기술하기 위해 도입되어 왔다. 정렬모(1946)에서는 '두루빛'이라는 개념을 도입하여 격표지가 실현되지 않는 현상을 설명하고 있고, 안병희(1966)에서는 영형태의 개념을 조사의 실현과 관련시켜 해석하고 있다. 이남순(1988, 1997)에서는 '주격, 대격, 속격'에 대해서 격조사가 실현되지 않는 경우를 '否定格'으로 보고, 우리가 격조사로 언급한 형태의 실현은 격을 표시하기 위한 것이 아니라 특정한 의미를 나타내기 위한 것으로 보고 있다. 고영근(1981)에서는 중세국어의 시제 혹은 서법과 관련하여 특정한 선어말어미 형태가 실현되지 않는 경우를 否定法의 서법으로 보고 있다. 파생규칙을 분류함에 있어서도 영접사에 의한 파생을 인정하는 입장을 보이는 경우가 많은데, 이런 관점의 연구는 '영형태'인 접사를 인정하는 태도다. 공형태가 주로 통시적인 변화를 입어 의미 기능과의 연관성을 잃어버린 형태를 기술하기 위해 도입되는 것임에 반해, 영형태는 통시적인 변화뿐 아니라 문법 범주나 파생법의 규칙적인 기술을 위해 도입하는 경우가 많다.

공형태나 영형태와 마찬가지로 주로 통시적인 변화의 결과를 공시적으로 기술하려는 과정에서 도입되는 개념이 불연속 형태소다. 고영근(1991)에서는 중세국어의 '니...가', '거...늘'처럼 단일한 의미 기능을 하는 요소 사이에 다른 형태소가 끼여들 수 있는 형태소를 불연속 형태소라 불렀다. 불연속 형태소는 국어의 경우 사슬연쇄를 이루며 결합하는 국어의 선어말어미류 중의 하나가 의미 기능을 상실하여 다른 형태소와 연합하여 단일한 의미를 나타내는데, 우연히 그 사슬연쇄의 순서가 변동되는 경우에 발생하는 것으로

144

보인다. 따라서 통시적으로 보면 특정 형태소의 의미 기능의 소실과 관련되는
데, 이를 공시적으로 기술하는 과정에서 도입되는 개념이 불연속 형태소인
것으로 생각된다.6)

파생형이나 굴절형의 패러다임과 관련하여 보충법이 논의되기도 하였다.
국어는 굴절어가 아니므로 굴절형의 보충법을 논의하는 것이 타당하지 않을
수도 있지만 인구어의 보충법과 유사한 현상이 국어에도 있다는 사실은
지적되어야 한다. 신창순(1966)에서는 중세국어의 높임법에서 나타나는 보
충법을 논의한 바 있다. 고영근(1987)에서는 주로 현대국어에서 나타나는
보충법을 다루고 있는데, 체언 보충법, 동사 보충법 등으로 보충법을 분류하
고 각각에 대해서 자세하게 기술하고 있다. 고영근(1987)에서는 보충법 논의
에 부정을 나타내는 '않-'이 명령형에서는 '말-'로 나타나는 현상도 포함하고
있는데, 이에 대해 남기심(1986)에서는 '않-'와 '말-'의 관계를 보충법이 아닌
것으로 보고 있다. '않-'와 '말-'를 보충법으로 보느냐 보충법이 아닌 것으로
보느냐 하는 문제는 이를 단일한 형태소로 보느냐 하는 문제와도 관련이
있다. 이는 형태소의 정의와 관련하여 고민해 보아야 할 문제다.7) 보충법
문제에는 이형태의 문제, 굴절어가 아닌 국어의 패러다임을 인정하느냐의
문제 등이 얽혀 있다.

형태소가 통시적으로 의미 변화를 경험하는 현상은 주로 문법화(grammati-
calization)의 관점에서 다루어져 왔다. 문법화는 유창돈(1964), 안병희(1967)
등에서 용언이나 체언이 조사 등의 허사로 변하는 현상을 나타내는 것으로
정의된 이래, 이태영(1988), 이현희(1991a), 정재영(1996) 등에서 조금씩 다르

---

6) 사실 불연속 형태소는 아랍어(Arabic)를 비롯한 어근이 비연속적인 자음으로 나타
나는 언어를 기술하기 위해 필요한 개념이었다. 이들 언어를 기술하기 위해서는
불연속 형태소의 개념을 도입하기보다는 자립 분절 음운론에서처럼 다른 층렬(tier)
을 도입하여 설명하는 것이 더 유용할 것으로 보인다.
7) 사실 '않-'과 '말-'을 동일 형태소의 이형태로 보아야 할 것인지에 대해서는 쉽게
답하기 어렵다. 더 나아가서 음운론적으로 조건된 이형태인 '이/가'의 경우에 대해
서도 기원적으로 동일한 형태소에서 온 것이 아니라는 점을 고려하면 형태소를
정의하기에 따라서는 동일 형태소의 이형태가 아닌 것으로 볼 수도 있다.

게 정의되어 왔다. 안주호(1996)에서는 어휘소에서 문법소로의 변화뿐 아니
라 덜 문법적인 것에서 더 문법적인 것으로의 변화까지를 문법화에 포괄하여
문법화를 결과의 산물이 아니라 통시적인 과정으로 파악하였다.[8]

유창돈(1964), 안병희(1967), 이승욱(1981), 홍윤표(1984) 등 대부분의 논의
에서는 주로 동사 어간이나 동사 어간과 어미가 결합한 형태가 조사나 후치사
로 변하는 현상을 문법화와 관련하여 언급하였다. 최근에는 특정 자료를
중심으로 문법화에 대한 깊이 있는 고찰을 보여 주는 논의도 많이 보인다.
정재영(1996)은 중세국어 '드'가 포함된 다양한 구성의 통시적 문법화를
다룸으로써 의존명사가 포함된 구성이 어미로 발달해 가는 과정을 통시적으
로 고찰하고 있다. 안주호(1996)에서는 명사 파생과 관련되는 문법화 현상을
집중적으로 다루고 있고, 이태영(1988)에서는 동사의 문법화를 집중적으로
다루고 있다. 강정희(1982)는 제주방언의 문법화를 다루고 있으며, 김문웅
(1979)에서는 의존명사가 어미로 변하는 과정을 고찰하고 있다. 고영진(1997)
에서는 국어의 문법화 과정을 종합적으로 고찰하고 있다. 문법화는 상당히
포괄적인 개념으로 쓰일 수 있으므로 단순히 어휘적인 요소가 문법적인
요소로 변화하는 것만을 의미하지 않는다. 단일 형태소뿐 아니라 형태적인
구성이나 통사적인 구성도 처음과는 다른 의미 기능을 하게 되면서 문법적인
기능을 담당하는 요소로 발달하는데, 이를 문법화로 포착할 수도 있다(이지
양 1998).

형태소의 연속에서 형태소 전체나 형태소의 일부가 탈락하는 경우도 있다.
이러한 탈락은 음운론적인 이유, 통사론적인 이유, 형태론적인 이유 등 다양
한 이유 때문에 일어나는 것으로 보인다. 이지양(1993/1998)에서는 이처럼
형태소나 형태소의 일부가 탈락하는 현상을 융합으로 정의하고 이에 대해
종합적으로 고찰하고 있다. 융합 현상과 관련하여 인용 구문의 융합을 다룬
안명철(1990), 융합형의 형태 분석을 시도한 이승재(1983, 1992), 방언을 대상
으로 융합 현상의 특성을 밝힌 이승재(1980), 김주원(1984) 등이 주목된다.

---

8) 문법화에 대한 논의들은 이지양(1998)에서 정리된 바 있다.

국어의 준말을 유형별로 구분하여 논의한 이승명(1987), 준말의 음운론적인 현상을 다룬 김동언(1986), 국어의 생략과 축약을 음운론적, 통사론적 자료를 대상으로 광범위하게 다루고 있는 이석주(1988), 파생접미사 '-다랗-, -앟/엏-' 의 발달 과정을 융합과 관련하여 다룬 송철의(1989/1992) 등도 이와 관련되어 주목되는 논의들이다.9)

3.2 단어와 품사

3.2.1 단어에 대한 정의

일반적으로 단어는 형태론의 최종 단위이자 통사론의 최초 단위로 알려져 왔다. 하지만 단어를 어떻게 정의하느냐에 따라 이러한 기술은 참이 될 수도 있고 거짓이 될 수도 있다. 국어 형태론 연구에서는 단어를 보는 관점은 조사나 어미를 단어에 포함시키느냐의 여부에 따라 세 가지 입장으로 크게 나누어졌다. 첫째, 주시경(1914)에서와 같이 조사와 어미를 모두 단어로 보는 분석적인 입장이 있다. 이럴 경우 단어는 각각이 통사론의 단위가 된다고 할 수 있다. 둘째, 최현배(1937/1971)에서와 같이 조사는 단어로 보고 어미는 단어로 보지 않는 입장이 있다. 이는 조사에 선행하는 체언의 자립성을 고려하여 조사만 단어로 본 것으로 절충적인 체계로 보인다. 셋째, 이숭녕 (1953)에서 언급한 바와 같이 조사와 어미를 모두 독립된 단어로 보지 않는 입장이 있다. 이러한 입장은 주로 역사문법가들에 의해 받아들여진 것으로 국어의 조사 결합이나 어미 결합을 모두 굴절로 보는 입장이다.10)

단어에 대한 여러 가지 정의가 있었으나 오늘날에는 학교문법을 중심으로 두 번째 견해가 많은 연구자들에게 받아들여지고 있다. 최현배(1937/1971: 144~148), 안병희(1965: 112~113) 등에서는 자립성과 분리성 등을 기준으로

---

9) 융합에 대한 자세한 논의는 이지양(1993/1998)을 참조하라.
10) 이런 입장은 람스테트(Ramstedt 1939) 등의 한국어를 연구한 외국인 학자의 관점을 받아들인 결과로 보인다. 이런 관점을 가지게 되면 단어는 어절과 유사한 개념이 된다.

단어의 정립 기준을 마련하기도 했다. 그러나 이런 기준으로도 의존명사처럼 단어인지 여부를 명확하게 구별하기 어려운 것들도 많다.

이처럼 조사를 포함하고 어미를 배제하는 정의에 따를 경우 단어가 문법의 어떤 층위에 사용되는 단위인지 명확하지 않게 된다. 어미를 단어로 보지 않는다는 점에서 단어를 통사론의 기본단위로 보기 어렵고, 단어 경계를 넘어서는 음운현상이 존재한다는 점에서 음운규칙의 적용단위로 보기도 어렵다. 이에 따라 시정곤(1993)처럼 음운론적인 단어를 따로 두기도 하고, 박진호(1994)처럼 통사론적인 단위로는 '통사 원자'라는 단위를 새로 도입하기도 한다. 한편 어휘부 가설을 받아들이는 입장에서는 어휘부의 단위인 어휘소(lexeme)를 설정하거나(김성규 1987) 등재소(listeme)를 설정하여(구본관 1990, 채현식 1994) 단어의 개념을 대치하기도 한다.[11] 단어의 개념이 명확하지 않고 필요에 따라 해체되기도 하지만 언어습득 과정이나 화자의 인지 과정을 고려해 보면 단어는 여전히 화자에게 어떤 심리적인 단위로 존재하는 듯하다. 따라서 이에 대해 깊이 있는 탐구가 필요할 것이다.

3.2.2 품사 분류

단어는 다시 몇 가지 품사로 분류된다. 품사 분류는 아리스토텔레스에서 시도된 이래로 전통문법의 가장 중요한 과제의 하나였다. 품사 분류는 필연적으로 분류 기준의 문제와 관련되므로 이 절에서는 품사 분류와 그 기준에 대한 논의들을 검토해 보기로 한다. 국어 형태론 논의에 있어서도 품사 분류는 전통문법의 시기에 가장 활발하게 논의되었다.[12]

우리 학자들에 의해 처음으로 이루어진 문법서들인 최광옥(1908), 유길준(1909), 김규식(1908~1909?) 등에서는 일본이나 서양 문법의 품사 체계의 영향 아래 한국어의 품사 체계를 세워 나갔다. 그리하여 '명사, 대명사, 동사,

---

11) 단어의 개념을 다양하게 나누는 이러한 논의는 대부분 디 시울로와 윌리엄스(Di Sciullo & Williams 1987)의 논의에서 언급된 바 있다. 단어의 개념을 극단적으로 확장한 논의로는 문장형 고유명까지를 단어에 포함시킨 송원용(2002)이 있다.
12) 전통문법 시기의 품사 분류에 대한 종합적인 논의는 고영근(2001)을 참조하라.

형용사, 형동사, 부사, 후사, 접속사, 감탄사' 등의 품사들이 세워졌다. 물론 국어의 특성을 고려하여 김희상(1909)에서처럼 토를 하나의 독립된 품사로 세우기도 하였다. 이런 논의는 주시경에도 이어져서 주시경(1910)에서는 '임, 엇, 움, 겻, 잇, 언, 억, 놀, 끗'의 9 품사로 나타났다.

품사 분류의 기준을 구체적으로 제시한 이른 시기의 논의에는 홍기문(1927), 최현배(1930) 등이 있다. 홍기문(1927)에서는 품사를 토와의 관련성을 중심으로 분류하였다. 그리하여 토, 토의 보좌를 받지 않고 쓰지 못하는 것(형용사, 동사), 토의 보좌를 받기도 하고 받지 않기도 하는 것(명사와 부사), 토와는 아조 무관한 것(감탄사) 등의 4 부류로 품사를 분류하였다. 하지만 그는 현실을 존중하여 4 부류의 품사를 사용하지 않고 서양의 품사 분류법을 원용한 9 품사를 사용하고 있다.

최현배(1930)에서는 품사 분류론을 본격적으로 전개하고 있다. 그는 품사 분류 기준을 직능을 위주로 하되 형식과 의미를 보완하여 제시하고 있다. 그리하여 '이름씨, 대이름씨, 셈씨, 움즉씨, 어떻씨, 잡음씨, 어떤씨, 어찌씨, 느낌씨, 토씨'의 10 품사를 제시하였다. 이 논의는 최현배(1937/1971)로 이어 졌는데, 잡음씨를 세운 것을 제외하면 대체로 학교문법으로 이어지게 되었다.

해방 이후에도 품사에 대한 논의는 활발하게 이루어졌다. 이희승(1949)에 서는 '명사, 대명사, 동사, 형용사, 존재사, 관형사, 부사, 감탄사, 접속사, 조사'의 10 품사를 세우고 있다. 존재사와 접속사를 설정하고 있는 점과 이른바 지정사를 체언의 활용으로 처리한 점이 특색이다. 최현배(1937/1971) 에서 언급된 잡음씨와 이희승(1949)에서 언급된 지정사의 설정 문제는 한국 어 품사론에서 중요한 논쟁거리가 되기도 했다. 이희승(1949) 이후에도 품사 에 대한 논쟁이 계속되었고 규범문법에서의 필요성이 고려되어 김민수 외 (1960)에서 여러 학자들의 주장을 통합하려는 노력을 보였고, 마침내 1963년 에 학교문법의 품사체계가 '명사, 대명사, 수사, 동사, 형용사, 관형사, 부사, 감탄사, 조사'의 9 품사로 확립되었다. 이러한 9 품사 체계가 문제가 없는 것은 아니지만 학교문법을 중심으로 오늘날까지 광범위한 지지를 받고 있다.

구조주의 문법이나 변형 생성 문법에서는 품사론이 주요한 관심사가 아니었다. 구조주의 시기의 형태론 논의에서는 대체로 전통문법에서 확립된 품사를 인정하였고, 품사 분류에 관해서 논의하는 대신 각 품사에 속하는 개별 단어의 형성이나 분류에 관심을 기울였다. 생성 문법에서는 전통문법에서 수립된 품사를 해체하여 생성 문법의 틀에 맞게 재분류하여 사용했다. 구조주의나 생성 문법의 영향을 받아 국어의 품사를 분류한 논의로는 박창해(1964)가 주목된다. 그는 국어의 단어류를 '명사류 또는 제1류, 동사류 또는 제2류, 관형사류 또는 제3류, 부사류 또는 제4류'로 분류하였는데, 이는 생성 문법의 대어휘범주(major category)를 연상케 한다.

4. 굴절론

4.1 체언과 조사의 결합

이미 언급한 바와 같이 국어는 굴절어가 아니므로 체언에 조사가 결합하는 현상이나 용언 어간에 어미가 결합하는 현상을 굴절로 보기는 어렵다. 하지만 조사나 어미가 결합하는 현상은 지금까지 주로 굴절론의 범주에 넣어 다루어 왔고, 이들 결합에는 넓게 보아 형태론적인 현상으로 볼 수 있는 특성이 있으므로 본고에서도 이에 대해 언급하고자 한다. 다만 개별 조사나 어미의 의미 기능 등을 다룬 논의를 언급하지는 않고 형태적인 특성과 관련되는 논의들만 간략하게 다루기로 한다.

조사는 다시 몇 가지 부류로 나누어진다. 최현배(1937/1971)에서는 토씨(조사)를 격을 표시해 주는 자리토씨, 씨나 월조각에 어떤 뜻을 더해 주는 도움토씨, 씨나 월조각을 연결해 주는 이음토씨, 느낌을 더해 주는 느낌토씨' 등으로 나누었다.[13] 이희승(1949)에서는 특정한 격을 나타내는 조사와 때에 따라

---

13) 조사에 대한 분류는 최현배(1937/1971) 이전에도 다양한 방식으로 이루어졌다. 예를 들어 김규식(1908~1909?)에서는 주격, 소유격, 목적격의 격조사를 제외한 격조사나 조사 상당 형태를 후사라 불렀는데 이는 격어미와 구별되는 개념이었다.

다른 격을 나타내는 조사(특수조사)로 나누었다. 람스테트(Ramstedt 1939) 등에서는 인구어의 전치사에 대응되는 후치사(postposition)라는 개념을 도입하여 격을 나타내는 곡용어미와 구별하기도 하였다. 람스테트(1939)의 후치사는 역사문법가들에게 받아들여져 지금도 사용되고 있다. 생성 문법의 도입된 후 양인석(1973), 김영희(1974) 등의 논의에서는 격조사 외에 한정사(delimiter)를 도입했고, 장석진(1996), 유동석(1984) 등의 논의에서 격조사를 제외한 특수조사를 지칭하는 이름으로 '담화기능조사, 양태조사' 등의 개념을 도입하여 조사를 분류하기도 했다.14) 현행 학교문법에서는 조사를 격을 표시하는 격조사, 어떤 뜻을 더해 주는 보조사, 두 단위를 연결해 주는 접속조사로 분류하고 있다.

격조사는 다시 다양하게 구분되었는데, 격조사를 몇 가지로 분류하느냐는 연구자에 따라 큰 차이를 보였다. 예를 들어 김규식(1908~1909?)에서는 '주격, 소유격, 목적격, 지명격, 원인격'의 5 격을, 안확(1917)에서는 '주격, 객격, 목적격, 변격, 여격, 종격, 연격, 호격'의 8 격을, 최현배(1937/1971)에서는 임자 자리토, 매김 자리토, 어찌 자리토, 곳 자리토, 연장 자리토, 감목 자리토, 견줌 자리토, 함께 자리토, 바꾸힘 자리토, 따옴 자리토, 부림 자리토, 부름 자리토, 기움 자리토의 13 격을 제시하였다. 최현배(1937/1971) 이후에도 여러 문법가들은 저마다 다른 격조사 분류를 보여 주었다. 이와 같이 각 조사의 형태에 근거를 둔 격의 분류는 연구자에 따라 차이가 날 수밖에 없었다. 따라서 생성 문법 혹은 격문법의 관점에서 심층격을 설정하여 격의 종류를 제한하기도 하였고 의미역의 개념을 도입하여 격 현상을 설명하거나 격조사를 분류하는 데에 활용하기도 하였다.15)

본고에서는 최현배(1937/1971) 이전의 문법가들에 의한 조사에 분류나 대한 인식은 자세하게 다루지 않는다.

14) 조사에 대한 종합적인 논의는 홍윤표(1990), 채완(1990, 1998) 등이 참조된다.

15) 격문법 이론에서 격 설정의 기준은 '일문일격의 원리, 대조 원리, 상보성 원리' 등이 있다. 이에 따라 '행위격, 구격, 목적격, 출발격, 경로격, 도달격, 처격, 시간격, 공동격, 여격' 등의 10 격이 설정되기도 했다. 격의 설정은 통사론의 문제이므로 본고에서는 자세하게 다루지 않는다.

형태론적인 관점에서 보았을 때, 격조사의 생략이 문제될 수 있다.16) 주시경(1910)에서 '속뜻'이라는 표현으로 격조사의 생략을 다룬 이래, 이규방 (1922), 홍기문(1927), 박승빈(1931) 등에서도 조사의 생략이 다루어졌다. 홍기문(1927)에서는 지명 아래의 여격 표지의 비실현을 생략이 아닌 제로 이형태로 파악한 바 있으며, 박승빈(1931)에서는 보조사 앞에서의 격표지 생략을 언급하고 있어 오늘날의 관점에서도 주목을 끈다. 이러한 조사 생략설 은 최현배(1937/1971)에까지 이어진다.

한편 정렬모(1946)에서는 격표지가 실현되지 않는 두루빛을 설정하여 생략 현상을 다루고 있다. 안병희(1966)에서는 주격, 속격, 대격의 격표지 비실현형을 부정격으로 보아 격표지 없이 나타나는 것이 자연스러우며 표지 가 실현되는 것은 격이 강조된 것으로 보았다. 부정격에 대한 논의는 김광해 (1981), 민현식(1982), 유동석(1984)을 거쳐 이남순(1988)에서 종합적으로 다 루어졌다.

국어는 교착어로서 몇 개의 조사가 연속적으로 결합할 수 있다. 남윤진 (1997)에서는 조사의 연속적인 결합을 계량적인 접근을 통해 목록화한 바 있다. 조사의 연속적인 결합에는 일정한 원리가 작용한다. 이에 대해 한재영 (1996), 이남순(1996) 등에서는 조사의 부류를 나누어 결합순서를 규정하는 일정한 원리를 찾고자 하였다. 조사의 연속은 각기 다른 조사가 연속된 구성인 '조사 연속 구성'과 각기 다른 조사가 합쳐져 공시적으로는 하나의 조사로 기능하는 '합성 조사'로 나눌 수 있다. 김진형(2000)에서는 '조사 연속 구성'과 '합성 조사'를 구분하려는 시도를 보여 주었다.

이 밖에도 조사와 관련하여 여러 문제들이 논의되었다. 격조사나 특수조사 (보조사)의 목록이 확정되기도 했고 각각의 조사의 의미 기능이 깊이 있게 탐구되기도 했다.17) 또한 주격조사나 대격조사의 중출 문제, 이른바 서술격 조사 '이다'에 대한 문제, 조사의 역사적 발달 문제 등도 조사와 관련하여

---

16) 조사의 생략에 대한 논의는 유동석(1990)에 정리되어 있다.

17) 특수조사의 목록에 대한 논의는 채완(1990, 1998)에 자세하게 정리되어 있다.

중요하게 다루어진 문제들이다. 본고에서는 이에 대해서는 자세하게 다루지 않는다.

4.2 용언 어간과 어미의 결합

어미 결합 역시 조사 결합과 마찬가지로 지금까지 굴절론의 범주에서 다루어져 왔다. 어미의 결합이 음운론이나 통사론적인 문제를 포함하고 있지만 형태론적인 현상도 포함하고 있으므로 이에 대해 언급하고자 한다. 본고에서는 개별 어미의 의미 기능이나 목록을 제시하지는 않고 형태론적인 특성 몇 가지만 주목하여 간략하게 다루기로 한다.[18]

최현배(1937/1971)에서는 주시경 등의 문법가들에 의해 하나의 단어로 처리되던 어미를 단어의 일부로 처리하였을 뿐 아니라 이들 어미를 체계적으로 분류하고자 하였다. 최현배는 동사의 활용을 '마침법(종지법), 감목법(자격법), 이음법(접속법)'으로 나누어 어말어미를 분류하고 있으며, 도움 줄기(보조어간)의 개념을 도입하여 일부의 파생접사와 선어말어미를 분류하고 있다. 최현배의 체계는 학교문법에도 이어졌으며, 이런 분류법은 국어 어미 분류의 보편적인 방법론으로 받아들여지게 되었다.

최현배의 논의가 국어 어미 분류의 기본 모델을 제시하였고 많은 연구자들에게 받아들여졌지만 몇 가지 문제가 지적되기도 했다. 특히 최현배가 보조어간에 포함시킨 것들은 오늘날의 관점에서는 파생접미사와 선어말어미로 나뉘어 이해되고 있다. 피동이나 사동의 보조 어간, 강세의 보조 어간 등은 오늘날의 관점에서는 파생접미사로, 나머지 대부분의 보조 어간들은 선어말어미로 이해된다.[19]

---

18) 본고는 형태론 전반을 제한된 지면에서 다루어야 했기 때문에 많은 중요한 논의들이 자세하게 다루어지지 못했다. 특히 어미와 관련한 논의는 양이 많고 음운론적인 문제, 형태론적인 문제, 통사론적인 문제가 섞여 있어 필자가 이들 논의를 정리하기에는 역부족이라는 생각이 들었다. 따라서 본고에서는 몇 가지 문제만 언급한다. 어미에 대한 연구사는 서태룡(1990, 1998), 윤석민(1998), 이은경(1998) 등을 참조할 수 있다.

최현배에 의해 확립된 어미 분류에 따라 국어의 어미들을 체계적으로 분류한 논의는 고영근(1965, 1967, 1974ab, 1975, 1976) 등의 일련의 논의다. 고영근(1965, 1967)에서는 소설 등 실제 자료의 분석을 통해 국어의 선어말어미의 구조적인 체계를 파악하고 선어말어미들의 목록을 작성한 바 있다. 특히 고영근(1967)에서는 선어말어미들의 배열순서에 대해서도 체계적인 접근을 보여 주었다. 고영근(1974ab, 1976)은 국어의 종결어미를 문체법과 존비법의 관점에서 분류하고 각각의 어미를 상세하게 목록화하고 있다. 또한 고영근(1975)에서는 비종결어미(연결어미, 전성어미)를 체계적으로 분류하여 그 목록을 상세하게 보여주고 있다.

고영근의 일련의 논의들이 구조주의적인 분석방법에 의거하여 계열관계와 통합관계에 의한 분석을 시도한 것이라면 이와는 다른 관점에서 선어말어미의 적극적인 분석을 시도한 논의들도 있다. 통합형 어미에 대한 적극적인 분석은 안병희(1967), 이기문(1961/1972) 등의 역사적 연구와 람스테트(Ramstedt 1939), 마틴(Martin 1954) 등의 외국인들에 의한 한국어 기술에서 발견된다. 한편 공시적인 통합 특징과 기본 의미를 고려하여 통합형 어미의 적극적인 분석을 시도한 논의로 서태룡(1985, 1988, 1997)이 있다. 서태룡의 일련의 논의들은 국어의 어미를 가능한 한 극한까지 분석하여 각 구성 요소의 기본 의미를 파악하고 이를 통해 통합형 어미의 의미 기능을 파악하고자 하였다.[20]

현대국어 이전의 중세국어나 근대국어의 어미들이 공시적 혹은 통시적 입장에서 논의되기도 하였다. 15세기 국어의 활용어미를 체계적으로 파악한 안병희(1959, 1967)에서 시작된 중세국어 어미에 대한 연구는 유창돈(1963, 1964) 등의 논의를 거쳐 허웅(1975)에서 종합적으로 고찰된 바 있다. 근대국어의 어미에 대해서도 장경희(1977), 이영경(1992) 등에서 이루어진 바 있다.

19) 파생접사와 어미의 혼란은 조어법과 굴절법의 혼란을 가져왔는데, 이러한 혼란의 극복은 이미 언급한 것처럼 허웅(1963), 안병희(1965)에서 가능해졌다.
20) 서태룡(1998)에서는 국어 접속어미 중에서 특히 통합형 접속어미를 구성 요소들의 성격에 따라 자세하게 분류하고 있다.

154

중세국어에서 현대국어에 이르는 통시적인 변화는 안병희(1967) 등에서
부분적으로 이루어진 이래 이기갑(1978), 김정수(1984), 이현규(1978) 등으로
이어졌다. 이현희(1982)에서는 의문법 어미의 통시적인 변화를 형태·의미
론적인 관점에서 정밀하게 고찰하고 있다. 이기백(1981), 장윤희(1998)는
종결어미의 통시적 변화를 종합적으로 고찰하고 있다. 이용(2000)에서는
연결어미의 형성을 통시적으로 고찰하기도 하였다.

　국어는 교착어로서 하나의 어간에 하나 이상의 어미가 연속해서 결합할
수 있다. 어미 결합에는 어떤 연속성이 존재하는 것으로 보인다. 박승빈(1931)
과 최현배(1937/1971) 등에서 이미 선어말어미들의 통합관계가 논의된 바
있으나 선어말어미의 통합관계를 종합적으로 고찰한 것은 고영근(1967)에
와서다. 유동석(1991ab, 1993)에서는 현대국어를 대상으로 선어말어미의 결
합순서를 통사 원리와 관련시켜 논의하기도 하였다. 중세국어의 선어말어미
의 결합순서는 이기문(1961/1972)에서 논의된 이래 허웅(1975), 권용경(1990),
최동주(1995) 등 많은 논의들에서 언급되었다. 이현희(2002)에서는 선어말어
미의 결합순서가 단순히 사슬연쇄식으로 이어진 것이 아니라 일부의 선어말
어미는 다른 선어말어미 연쇄가 이루어진 후에 결합하는 것이라는 주장을
제기하기도 하였다.

5. 조어론

5.1 파생법

5.1.1 파생법과 파생접사

파생법에 대한 본격적인 논의에 앞서 파생법과 파생접사에 관해서 개략적
으로 논의할 필요가 있을 듯하다. 먼저 국어 형태론, 특히 조어법에서 파생법
에 대한 논의가 어떤 과정을 거쳐서 진행되어 왔고 파생법의 체계는 어떻게
분류될 수 있는가에 대해서 논의해 보기로 하자.[21]

　전통문법의 시기에는 조어론(파생법과 합성법)과 굴절론에 대한 명확한

구분이 없었다. 주시경(1910)에서는 주로 '기몸박굼'과 '기뜻박굼'에서 파생법을, '기몸헴'에서 합성법을 다루었다. 그러나 '기몸박굼'에 파생법뿐 아니라 굴절법도 다루고 있어 파생과 굴절을 명확하게 구분하지 않았음을 알수 있다. 주시경의 뒤를 이은 김두봉(1916, 1922)이나 최현배(1937/1971)에서도 주시경과 유사하게 품사 전성론의 관점에서 파생 문제를 다루었고, 파생과 굴절이 명확하게 구분되지 않았다. 또한 김두봉이나 최현배는 주시경이 '기몸박굼, 기뜻박굼'이라는 항목에 파생법 내지 품사의 전성을 한 곳에 모아서 다룬 것과는 달리 각 품사의 끝에 이를 다루었는데, 이는 품사론 중심의 전통문법의 관점에 따른 것이었다. 전통문법 시기의 파생법 연구에서는 굴절법과 구별이 명확하지 않는 등 연구대상이 확정되지 못하였지만, 몇 가지 점에서는 이미 국어의 파생 현상에 대한 정밀한 고찰이 이루어지고 있음을 보여 주었다. 김두봉(1916, 1922)에서는 접두사와 접미사를 기능에 따라 구분하여 기술하고 있으며, 이상춘(1925)에서는 접미사 결합의 규칙성 내지 생산성에 대해서 언급하고 있다. 또한 김희상(1927)에서는 '-기'와 '-음'의 의미를 '미정'과 '기정'으로 명확하게 구분하는 등 세밀한 관찰을 보여 준 바 있다.

미국과 유럽에서 시작된 구조주의 문법의 도입으로 조어법과 굴절법이 구별되었고, 조어법은 다시 파생법과 합성법으로 구별되어 체계적인 연구가 가능하게 되었다. 이희승(1955)은 전통문법적인 관점의 논의들에서 품사론의 끝에서 다루어졌던 파생법이나 합성법을 어휘론의 영역으로 가져왔다. 어휘론의 한 영역으로서의 어형론을, 두고 어형론은 다시 단일어와 합성어(complex)로 나누고, 합성어는 다시 복합어(compound)와 파생어(derived)로 나누어 체계적으로 분류하였다. 이러한 조어법의 분류체계는 이숭녕(1961), 허웅(1963), 안병희(1965) 등에도 이어져 조어법을 체계적으로 연구하는 기반이 되었다.

안병희(1965)에서는 파생법의 종류를 구체적으로 분류하였다. 국어에서

---

21) 파생법에 대한 연구사는 이경우(1990), 송철의(1998)에서 이루어진 바 있다.

는 접요사 파생이 존재하지 않음을 밝혀 내었고, '남-(餘): 넘-(逾)' 같은 내적 파생과 '되(升): 되-' 같은 영변화 파생을 따로 분류하여 국어 파생법 체계를 완성하였다. 안병희(1965)의 견해는 영변화 파생을 접사 파생으로 보느냐 비접사 파생으로 보느냐의 문제를 제외하면 대체로 지금까지도 파생을 분류하는 가장 보편적인 방식으로 받아들여지고 있다.

대표적인 파생 방식은 접사에 의한 파생이다. 접사에 의한 파생은 다시 접사의 위치에 따라 접미사에 의한 파생과 접두사에 의한 파생으로 나누어진다. 접미사에 의한 파생은 접두사에 의한 파생에 비해 훨씬 활발하게 일어난다. 접미사에 의한 파생을 논의하기 위해서는 파생접미사가 무엇인지에 대한 명확한 정의가 있어야 한다. 일반적으로 파생접미사란 단어 이하의 단위를 어기로 하는 것으로 알려졌다. 하지만 김창섭(1984)에서 '-답-'이 단어를 어기로 하는 경우뿐 아니라 구를 어기로 하는 경우가 있음이 논의된 이래 국어 접미사의 성격에 대한 논의가 활발하게 이루어졌다. 이에 따라 고창수(1986), 임홍빈(1989) 등에서처럼 굴절어미와 파생접사를 합쳐 다시 분류하려는 시도가 이루어지기도 하였다. 이에 대해 구본관(1999)에서는 음운론, 통사론, 의미론적, 조어론적 기준을 세워 파생접미사의 범위를 엄격하게 제한하고자 한 바 있다. 최형용(1997)에서는 형식명사나 보조사와 파생 접미사를 구별하는 기준을 마련하려는 시도를 보여주었고, 송원용(2000)에서는 구를 어기로 하는 파생접사와 단어를 어기로 하는 파생접사를 구별하려는 시도를 보이기도 하였다.

구조주의 시대는 파생법의 체계화, 파생접사의 목록 작성 등 중요한 작업들이 이루어지게 되었다. 현대국어의 파생법 연구는 고영근(1973), 김계곤(1968, 1969) 등에서 종합적으로 이루어졌고 중세국어 파생법 논의는 강성일(1972), 허웅(1975), 구본관(1996/1998) 등에서 종합적으로 이루어졌다. 구조주의 시대의 파생법에 대한 논의들은 다음에 이어질 생성 문법 시대의 파생법 연구의 기반이 되었다.

생성 문법 시대의 파생법 연구는 촘스키(1970) 이후 생성 형태론으로 발전하게 되었다. 국어 파생법 연구에 생성 형태론이 도입된 것은 송철의 (1977)에서부터였다. 생성 형태론에서는 파생법을 규칙과 제약의 관점에서 기술하였다. 제약은 어기에 대한 제약과 파생어에 대한 제약으로 나누어 생각할 수 있다. 어기에 대한 제약 중에서 가장 일반적인 제약은 통사론적 제약이다. 송철의(1977, 1989/1992)에서는 파생어 형성에 대한 다양한 통사론적인 제약을 언급하고 있다. 구본관(1998)에서는 어기의 통사 범주에 대한 제약을 검토하고 있다. 의미론적 제약이란 어기의 의미 특성과 관련하여 어떤 접사의 결합이 제약되는 경우를 말한다. 김창섭(1985)에서는 접미사 '-다랗-'의 어기가 되는 형용사가 [+空間, +量]의 의미를 갖는 것으로 제약된다는 점을 밝혔다. 송철의(1977, 1985, 1989/1992)에서는 척도명사 파생의 형용사 중에서 정도성이 큰 것이 어기로 선택된다는 제약을 비롯한 몇 가지 의미론적인 제약을 언급하고 있다. 형태론적인 제약이란 어기가 갖고 있는 어떤 추상적인 형태자질이나 어기가 포함하고 있는 특정 형태소가 파생어 형성 규칙의 제약으로 작용하는 것을 말한다. 송철의(1989/1992)에서는 접두사 '새/시-'가 가진 형태론적 제약을 언급한 바 있다. 접미사 '-(的)'이 대체로 한자어와 결합하는 특성이 있음도 잘 알려져 있는 형태론적인 제약이다. 파생어의 제약 즉 출력부 제약으로는 저지(blocking)가 대표적이다. 김창섭(1984)에서는 '-적(的)'에 의한 파생어와 '-답-, -롭-, -스럽-, -하-' 등에 의한 파생어가 서로 저지관계에 있음을 언급한 바가 있다. 송철의(1989/1992)에서는 '되, 띠, 빗, 신' 등의 명사의 존재가 '되개, 띠개, 빗개, 신개' 등의 파생어 형성을 저지하는 것으로 보았다. 중세국어를 전반을 대상으로 한 파생어의 출력부 제약은 구본관(1996/1998)에서 다루어진 바 있다.

5.1.2 접두 파생법

접두사에 의한 파생어가 별로 많지 않으므로 접두 파생법에 대한 논의도 별로 많지 않다. 국어 조어법 연구에서 접두사의 개념이 도입된 것은 안확(1917), 최현배(1937/1971) 등의 논의에서부터다. 안확(1917)에서는 '애-, 맨-,

새-' 등 오늘날의 관점에서 보면 관형사로 볼 수 있는 것들과 접두사로 볼 수 있는 것들을 모두 포함하여 접두어라는 개념으로 포괄하여 다루었다. 최현배(1937/1971)에서는 파생법의 개념을 체계화하고 접사를 '머리가지'(접두사), '발가지'(접미사), '허리가지'(접요사)로 구분하여 논의하였다. 특히 접두사를 분류함에 있어 후행하는 어기의 통사 범주에 따라 이름씨 앞에 붙는 것, 풀이씨 앞에 붙는 것, 어찌씨 앞에 붙는 것 등으로 구분하였다.

　최현배 이후 접두사에 관한 논의들이 제법 많이 있었지만 접두사만을 다룬 논의는 많지 않고 접미사와 같이 다루거나 문법 전반을 다룬 논의에 부분적으로 포함되어 있는 경우가 많았다. 접두사에 대한 논의에서 가장 중요한 논쟁거리의 하나는 확립 기준에 관한 것이었다. 김규선(1971)에서는 한자어 접두어와 관형사의 구별을 시도하였고, 성환갑(1972)에서는 비자립성, 단음절어성, 어형 또는 의미변화성, 기어의 독립성 등의 접두사 확립 기준을 마련한 바 있고, 서병국(1975)에서는 '구속형태소이되 단일 용언이나 비통사적 복합어에서 동일한 분포인 어기로 나타나지 않을 것'이라는 기준을 제시했다. 이 밖에도 이재성(1990), 김홍범(1985), 이재홍(1992), 안효경(1994) 등에서 접두사의 확립 기준이 논의되었다.

　구조주의적인 분석 기준에 따라 접두사를 분석하고 유형을 분류한 논의가 김계곤(1968)이다. 안효경(1994)은 접두사의 확립 기준을 논의한 후 접두사의 목록을 확인하고 특성에 따라 유형을 분류하였다. 접두사를 특성에 따라 유형별로 분류한 논의로는 옥익환(1984), 김순임(1987) 등이 더 있다. 한편 김정식(1986)에서는 접두사와 결합하는 어근의 수를 비교하여 생산성을 논의하기도 하였다. 접두사의 의미 문제를 다룬 논의에는 안정애(1983), 정동환(1984)이 있다. 접두사는 일반적으로 후행 어기의 품사를 바꾸지는 못하는 것으로 알려져 왔다. 그러나 박용규(1990), 김창섭(1992/1996) 등에서는 접두사 중 일부가 품사를 바꾸는 지배적인 기능을 가지는 것으로 보았다. 실사가 접두사로 발달하는 과정을 다룬 정영혜(1997), 김덕신(1998) 등은 통시적인 관점에서 접두사의 형성 과정을 다루고 있다. 파생법 전반을 다룬 송철의

(1989/1992), 현대국어 및 중세국어 문법 전반을 다룬 허웅(1975, 1995) 등에서의 접두 파생법에 대한 논의도 접두사와 관련하여 주목할 만하다.

5.1.3 접미 파생법

5.1.3.1 명사 파생

조일규(1993), 김동은(1998) 등 명사 파생법만을 제한적으로 다룬 논의가 있긴 하지만 명사 파생법은 파생법 전반을 다루거나 문법 전반을 다룬 논의에 일부분으로 포함되어 있는 경우가 많다. 이런 논의들 중에서 명사 파생법에 대해 비교적 자세하게 설명하고 있는 논의로는 현대국어를 대상으로 한 김계곤(1969), 고영근(1973ab), 송철의(1989/1992), 허웅(1995), 하치근(1989/1993), 이재인(1994), 조남호(1988) 등과 중세국어를 대상으로 한 허웅(1975), 구본관(1996/1998) 등이 있다. 최근에는 개별 파생접사의 기능이 세밀하게 밝혀지기도 했다. 이들 중 비교적 생산적인 파생접미사를 중심으로 지금까지의 논의를 간략하게 정리해 보기로 하자.

명사 파생접미사 중 가장 생산적인 것의 하나는 '-이'다. '-이'를 단일한 하나의 형태소로 보려는 경향이 없지 않았지만 파생접미사 '-이'는 다양한 어기와 결합하여 다양한 파생어를 형성하므로 동음어적인 것과 다의어적인 것이 구분되어야 한다. 구본관(2002)에서는 명사 파생접미사 '-이'를 동음어적인 것과 다의어적인 것으로 구분하려는 시도를 보여 주었다.

이들 '-이' 중에서 인명에 붙는 '-이'의 성격은 오랫동안 논쟁거리가 되었다. 최현배(1937/1971: 629~630), 허웅(1975: 138~140)에서는 '-이'를 '소리 고르는 가지'로 보았고, 고영근(1968), 송철의(1977), 최전승(1982)에서는 사람의 이름을 형성하는 명사 파생접미사로 보고 있다. 한편 이광호(1986), 구본관(1997, 2002) 등에서는 이런 용법의 '-이'가 파생접미사가 아니라 통사적인 기능을 하는 접미사로 보기도 하였다. 인명에 결합하는 '-이'와 유사한 '-이'가 '둘이(서)', '셋이(서)' 등에서 볼 수 있는 수사 다음에 결합하는 '-이'다. 이에 대해서 고영근(1968)에서는 인수 표시의 접미사로 인명에 결합하는 '-이'와

160

같은 것으로 보고 있지만 김창섭(1992/1996)에서는 구를 어기로 가질 수 있고 목적격을 취할 수 없으므로 이름 뒤에 결합하는 '-이'와 다른 것으로 보았다. 이현희(1994: 61)에서는 수사 다음에 결합하는 '-이'가 'NP(이) 이셔'의 재분석의 결과인 것으로 보아 이름 뒤에 결합하는 '-이'와 다르다는 점을 뒷받침했다.

명사 파생접미사 '-이' 중에서 논란거리가 된 것의 하나는 'X+V+suf' 구성을 이루는 '-이'(해돋이, 마구잡이 등에서의 '-이')에 관한 것이다. 이런 구성은 영어의 종합적 합성어(syntactic compound)와 비슷한 구성을 가지는데, 이에 대해서는 파생어 형성에 미치는 통사규칙의 영향과 관련하여 논의되기도 했다. 이익섭(1965)에서는 이런 구성의 구조 분석에 대해서 정밀하게 논의한 바 있다. 연재훈(1986)에서는 이런 구성들을 [[해]]+[돋이]]의 구조로 분석하여 합성명사로 보았다. 반면에 김계곤(1969), 김창섭(1983), 이재인(1989), 송철의(1989/1992)에서는 [[해+돋]+이]로 분석하여 파생명사로 보았다. 두 가지 분석을 모두 받아들여 이런 구성을 이루는 단어의 일부는 파생어로, 일부는 합성어로 처리하기도 했다(고영근 1973). 고영근(1973)에서는 '살이, 앓이' 등 따로 떼어내어 준접미사로 보는 것이 타당할 것이라고 주장하였다. 한편 채현식(2000), 송원용(2002) 등에서는 이런 구성의 단어 형성을 유추적인 관점에서 해석하기도 했다.

명사 파생접미사 '-음'은 명사형을 만드는 어미 '-음'과의 구별이 논란거리가 되었다. 안병희(1967: 239~240)에서는 중세국어에서 명사 파생접미사는 '-음', 명사형 어미는 '-옴/움'으로 구별된다는 점이 지적되었고, 현대국어에서도 어간 말음이 'ㄹ'일 때 '으' 탈락에서 차이를 보이므로 파생접사인 '-음'과 명사형 어미인 '-음'이 구별된다는 주장이 있었다(김완진 1972: 127, 이병근 1975: 25~26). 이에 대해서 현대국어에서는 파생접미사로서의 '-음'이 생산성이 없다는 주장(김성규 1987), 파생접미사와 명사형으로서의 '-음'을 구별할 필요가 없다는 주장(고창수 1986, 시정곤 1993, 1999)이 제기되기도 했다. 최근에도 여전히 파생접미사로서의 '-음'이 존재한다는 주장(하치근

1996, 1999)이 있어 의견일치가 이루어지지 않고 있다. 조일규(1993)에서는 '-음'과 관련하여 중세국어에서는 현대국어와 달리 형용사가 아닌 동사만을 어기로 가진다는 제약이 지적되기도 했다.

'-이, -음'과 유사한 의미 기능을 하는 접미사에 '-기'가 있다. '-기'에 대해서도 '-음'과 비슷하게 파생접사로서의 '-기'와 명사형 어미로서의 '-기'의 구분 문제가 논의되기도 했다. 구본관(1996/1998: 135~138)에서는 김완진(1976: 123~130)을 참조하여 '-기'와 '-이'의 통시적인 발달 과정을 논의한 바 있다. 송철의(1977, 1989/1992)에서는 '-이', '-음', '-기'가 상보적 분포를 보인다는 점을 지적하기도 했다.

'-이, -음, -기'를 제외하고 생산적인 명사 파생접미사에는 '-개, -질 -장이' 등이 있다. 이와 관련하여 '-개'가 '털이개'처럼 '-이'를 매개로 하여 형성된다든지(김창섭 1983), '-질'이 구체적인 행위를 표현하는 명사나 직업이나 신분을 지칭하는 명사와 결합하여 관련 행위를 비하하는 의미를 나타낸다든지(조남호 1988, 하치근 1989/1993: 81) 하는 여러 가지 특징들이 지적되었다.

5.1.3.2 형용사 파생

근대국어 형용사 파생법을 다룬 석주연(1995)을 제외하면 형용사 파생법 전반을 체계적으로 다룬 논의는 거의 없다. 김창섭(1984), 윤동원(1986), 권숙렬(1984), 김수호(1986), 등에서는 생산적인 파생접미사 몇 개를 비교하면서 고찰한 바 있고, 신석환(1981), 이강로(1981), 이현규(1982), 민현식(1984), 이지양(1988) 등은 개별 형용사 파생접미사를 다룬 바 있다. 이들을 제외하면 우리가 살펴볼 형용사 파생법 관련 논의는 파생법 전반을 다룬 논의나 문법 전반을 다룬 논의에 포함되어 있는 것들이다.

형용사 파생접미사 중에서 가장 주목 받은 것은 '-답-'이다. 이미 언급한 바와 같이 김창섭(1984)에서 '-답-'이 구를 어기로 하는 경우와 단어 이하의 단위를 어기로 하는 경우가 있다는 사실이 밝혀지면서 국어 파생접미사의 성격에 대한 논의로 이어지기도 했다. 현대국어 '-답-'의 기원에 대해서도

여러 논의에서 언급되었다. 이숭녕(1961)에서는 중세국어의 형용사 파생접
미사 '-돕-'과 관련되는 것으로 논의했는데, 이 '-돕-'은 다시 알타이어의
지정사 '-다'와 관련이 있는 것으로 논의했다. 유창돈(1971), 허웅(1975)에서
는 '-답-'의 기원을 동사 'ᄃᆞ외-'에서 찾고 있다. 구본관(1996/1998: 179~187)
에서는 현대국어의 구를 어기로 하는 '-답-'과 단어 이하의 단위를 어기로
하는 '-답-'이 다른 기원을 가지는 것으로 보기도 하였다. 송철의(1977), 노대규
(1981), 심재기(1982) 등에서는 '-답-'의 의미가 논의되기도 했다.

'-답-'과 기원적으로 관련을 맺고 있는 파생접미사가 '-롭-'이다. 중세국어
에서 현대국어의 '-롭-'에 이르는 통시적인 변화가 석주연(1995) 등 여러
논의에서 언급되었다. 구조주의적인 관점에서의 조어법 연구에서는 '새롭-,
외롭-'과 같은 파생어가 '관형사+파생접미사'로 분석되었지만(김계곤 1969,
최현배 1937/1971) 이들 단어는 '새, 외'가 명사이던 시기에 결합한 것이라는
주장(송철의 1983, 구본관 1992)도 제기되었다. 김창섭(1984)에서는 '-롭-'의
의미를 '어기의 속성이 풍부히 있음' 정도로 파악하기도 하였다.

현대국어에서 가장 생산적으로 쓰이는 형용사 파생접미사는 '-스럽-'이다.
이 '-스럽-'의 기원에 대해서는 아직 밝혀진 바가 없다. '-스럽-'은 18세기
문헌에 최초로 발견되는데, 현대국어에서도 여전히 신조어를 만들어 내고
있다(김창섭 1984, 조남호 1988). 심재기(1982: 381), 윤동원(1986), 김창섭
(1992/1996) 등에서는 '-스럽-'의 의미 특성에 대한 탐구를 보여 준다.

기원적으로 관련이 있는 것으로 보이는 '-답-', '-롭-'과 '-스럽-' 등의 관련성
이 검토되기도 했다(김창섭 1984, 민현식 1984, 윤동원 1986). 이들 이외에도
현대국어에서 나타나는 '-다랗-', '-지-', '-되-' 등에 대한 논의와(이경우 1981,
이강로 1981) 중세국어의 '-업-', '-ㅸ-' 등 이른바 'ㅂ'계 형용사 파생접미사에
대한 논의들이 이루어졌다(이숭녕 1955, 권경안 1977, 이지양 1988, 황선엽
1998).

5.1.3.3 동사 파생

동사 파생법 전반을 체계적으로 다룬 논의는 없다. 동사 파생법은 조어법 내지 파생법 전체를 다룬 논의나 문법 전반을 다룬 논의에서 일부분으로 다루어지기도 했고, 아예 개별 파생접사가 다루어지기도 했다. 개별 동사 파생접미사 중에서 가장 많이 다루어진 것은 피·사동 파생접미사다.

피동에 대한 논의 중에서 피동사 파생이라는 조어론적인 사실에만 주목한 논의는 많지 않다. 주로 문법 범주의 하나로서 피동을 논의하는 자리에서 구성 요건의 하나로 피동사에 대해서 논의했을 뿐이었다. 본고에서는 주로 피동사 파생이라는 조어론적인 사실과 관련이 있는 논의들에 대해서 검토해 보고자 한다. 리델(Ridel 1981) 등 한국어를 연구한 개화기 외국인 학자들은 인구어에 존재하는 피동 현상이 한국어에도 있다는 점에 주목했다. 그리하여 피동을 논의하는 자리에서 '잡히다'류와 같은 접미사에 의한 피동사 파생에 도 관심을 보였다. 피동사에 대한 인식은 김규식(1908~1909?)이나 유길준 (1909), 주시경(1910) 등에서도 이어진다.

최현배(1937/1971)에서는 피동 접미사를 보조어간의 일종으로 보아 굴절 접사와 동일한 범주에서 다루기도 하였다. 그러나 안병희(1959/1978), 이기문 (1961/1972), 허웅(1964) 등에서는 피동 파생이 가지고 있는 불규칙성에 근거 하여 이를 파생접사의 일종으로 보았고, 점차 이런 견해가 우위를 보이게 되었다. 한편 김석득(1971: 13~20), 하치근(1989/1993), 시정곤(1993: 249), 고창수(1986) 등에서는 피동 접미사를 파생접미사와 굴절접미사의 중간적인 성격을 가진 것으로 보기도 하였다.

피동 접미사의 이형태 문제나 파생 과정에서의 제약 문제에 대해서도 깊이 있게 논의되었다. 고영근(1973)에서는 현대국어 피동사의 목록을 제시 하였고, 안병희(1959/1978), 남광우(1962), 허웅(1975)에서는 중세국어를 대 상으로 하여 피동 파생접미사의 이형태를 분류하고 각각 이형태를 가지는 파생접미사 목록을 제시하기도 하였다. 김주필(1988), 구본관(1996/1998)에 서는 피동 파생접미사의 이형태가 분화되는 통시적인 과정을 검토하기도 하였다.

피동사나 피동 접미사의 성격에 대한 논의도 여러 연구자들의 관심사의 하나였다. 주시경(1910: 113~114)에서는 피동사를 자동사에 가깝게 이해했고, 안확(1917: 61)에서는 피동 파생접미사가 타동사를 자동사로 만드는 것으로 파악하였다. 한편 자동사와 타동사가 동형이면서 피동과 사동이 비분화된 '움직이다, 멈추다, 깜박이다, 날리다'류에 대해서 능격동사, 중립동사, 중간동사 등의 개념이 제안되기도 했다(이상억 1972, 고영근 1986, 연재훈 1989, 우형식 1996 등). 자동사를 어기로 하는 '날리다'류 피동사에 대해서는 이익섭·임홍빈(1983: 199), 송복승(1994)에서는 '날다'에서 파생된 사동사가 다시 영변화에 의해 피동사로 쓰이는 것으로 파악했다. 이에 대해 김창섭(1990a)에서는 '날리다, 울리다'류가 자동사·타동사 미분화 동사로서 은유적인 쓰임에서 자동사적인 쓰임이 나오게 된 것으로 파악하였다. 이상억(1970), 한재영(1985), 구본관(1990, 1996/1998)에서처럼 현대국어 방언이나 중세국어의 피동사의 성조가 다루어지기도 했다.

피동사만큼의 관심은 아니었지만 사동사 파생에 대해서도 많은 관심이 집중되었다. 최현배(1937/1971)에서는 사동 접미사를 피동 접미사와 더불어 보조어간의 일종으로 보아 굴절법의 일종으로 파악하였다. 피동 접미사와 마찬가지로 사동 접미사에 대해서도 안병희(1959/1978), 이기문(1961/1972), 허웅(1964) 등은 구조주의적인 관점에서 사동 접미사를 파생접미사의 일종으로 보았다. 사동사 파생접미사의 이형태와 각 이형태에 의해 파생되는 사동사 목록은 현대국어를 다룬 고영근(1974), 중세국어를 다룬 허웅(1975) 구본관(1996/1998) 등에서 자세하게 제시되었다. 사동 접미사에는 피동 접미사와 달리 '-이-' 계열 외에도 '-오-' 계열이 존재한다. 또한 '-이-' 계열과 '-오-' 계열의 중첩형도 존재한다. 이미 박승빈(1935: 307)에서 이에 대해 '재우-, 세우-' 등에 대해서 '사역형의 어음을 더욱 명확히 하랴는 현상'으로 언급된 바 있고, 이상억(1970: 189~191)에서는 '알리우-, 씌우-, 먹이우-' 등의 예들을 자세하게 언급되기도 하였다.

피사동사 접미사를 제외하고 비교적 생산적인 파생접미사에는 '-거리-',

'-대-', '-이-' 등이 있다. '-거리-'와 '-대-'는 대부분의 어기에서 서로 교체되어 쓰이는 것으로 보인다. '-거리-'와 '-대-'의 어기가 가진 음절상의 제약이 지적되기도 하였고(조남호 1988), 이들 간의 미세한 의미 차이가 지적되기도 하였다(김지홍 1986, 이건식 1988). '-거리-'와 '-대-'는 어근 분리 현상을 보인다는 특징도 갖는다(이병근 1986). '-이-'는 동작성 어근에 결합하여 동사를 파생시키는 접미사로 주로 'ㄱ, ㅇ'으로 끝나는 어기에 결합한다는 제약도 가지고 있다(김영희 1975, 이건식 1988).

5.1.3.4 부사 파생

부사 파생법 전반을 체계적으로 다룬 논의는 별로 없다. 부사 파생법은 조어법 내지 파생법 전체를 다룬 논의나 문법 전반을 다룬 논의의 일부분으로 다루어지기도 했고, 아예 개별 파생접사가 다루어지기도 했다. 개별 부사 파생접미사 중에서 생산적이라 할 만한 것은 '-이'가 유일하다.

부사 파생접미사 '-이'는 동사, 어근, 반복 명사, 부사 등으로부터 부사를 파생한다(송철의 1989/1992: 240). 동사, 어근, 반복 명사, 부사를 어기로 하는 부사 파생접미사 '-이'를 같은 것으로 다루어야 할지는 의문이다. 송철의 (1989/1992: 238~262)에서는 '-이'에 대한 제약들을 정밀하게 기술하고 있다. 김창섭(1985)에서는 시각형용사를 빛형용사와 공간형용사로 나누어 '-이'의 결합 양상을 살피고 있고, 채완(1986: 54~60)에서는 반복 명사와 결합하는 '-이'가 어기의 음절수에 따른 제약을 가지고 있음을 지적하고 있다. 한편 부사 파생접미사 '-이'와 부사형 어미 '-게'의 차이가 를 검토하여 '-이'의 성격을 명확히 하기도 했다(임홍빈 1976, 심재기 1982, 이광정 1983, 박성현 1989).

부사 파생접미사 '-이'에 관한 논의는 현대국어보다 먼저 중세국어를 대상으로 논의되었다(허웅 1975, 이승욱 1984, 박희식 1984, 고정의 1985, 양정호 1991, 구본관 1996/1998, 정재영 1998). 이승욱(1984)에서는 부사 파생접미사 '-이'가 형용사뿐 아니라 동사를 어기로 하는 경우가 있음을 지적한 바 있다.

양정호(1991)에서는 특히 중세국어에서 부사 파생접미사 '-이'가 파생접사뿐 아니라 어미로서 쓰일 수 있었을 가능성에 주목하고 있다. 구본관(1996/1998) 에서는 부사 파생접미사 '-이'와 '-오'를 비교하면서 각각이 갖는 제약에 대해 자세하게 설명하고 있다. 정재영(1998)은 구결자료를 중심으로 15세기 국어 이전의 '-이'의 결합 양상을 정밀하게 검토하고 있다.

5.1.4 비접사 파생

동일한 형태의 단어가 상이한 통사범주(품사)로 기능하는 경우가 있는데, 이를 품사의 전성, 품사의 통용, 영접사 파생, 영변화 파생 등으로 부른다. 최현배(1937/1971: 719~725)에서 이 현상을 '그대로의 씨 몸바꿈'으로 기술 하여 품사 전성의 관점과 유사한 접근을 보여 주었다. 품사 전성이란 영변화 파생에 근접해 있는 개념이다. 한편 품사의 통용이란 용어는 홍기문(1947: 90~94)에서 언급된 것으로 하나의 단어가 몇 개의 품사로 쓰일 수 있다는 관점에서 나온 용어다. 학교문법에서는 품사의 통용이라는 용어를 받아들이 고 있다. 영접사 파생은 안병희(1965, 1967), 이기문(1961/1972), 심재기(1982) 에서 제시된 것으로 형태가 존재하지 않는 영형태소를 설정하여 이런 현상을 다루려는 태도다. 이런 태도는 구조주의의 기술 언어학의 본격화와 함께 도입된 것으로 생각된다. 각각의 관점에는 모두 조금씩 문제점을 가지고 있다. 영변화 파생의 관점은 품사가 바뀌게 된 동기에 대해서 설명하기 어렵다는 문제가 있고 품사의 통용의 관점은 품사의 설정에 따라 이런 현상이 포괄하는 범위가 달라질 수 있다는 문제가 있고, 영접사 파생의 관점은 영형태소를 남용하게 되는 문제가 있다. 구본관(1996/1998: 60~68)에서는 이런 현상을 영변화 파생과 품사의 통용으로 나누어 기술할 것을 제안하기도 했다.

안병희(1965, 1967)에서 이런 현상에 대해 본격적으로 언급한 이후 이를 적극적으로 다룬 논의는 심재기(1982)였다. 심재기(1982)에서는 특히 명사의 동사화, 동사의 부사화 등에 대해서 자세하게 언급하고 있다. 이현규(1981),

심재기(1982: 404~405), 이병근(1986) 등에서는 특히 시간명사가 부사로 쓰이는 현상에 대해 자세하게 언급하고 있다. 현대국어를 대상으로 한 송철의 (1989/1992: 265~288)의 논의는 이런 현상에 대한 종합적인 논의이다. 구본관 (1996/1998: 60~68)에서는 중세국어를 대상으로 이런 현상의 통시적인 변화에 대해서 언급하고 있다.

'노랗다/누렇다', '감감하다/깜깜하다/캄캄하다'처럼 모음교체나 자음교체의 짝들은 주로 음성상징의 관점에서 다루어져 왔지만 이에 대해서 조어법적인 관점에서의 접근이 이루어지기도 했다. 국어의 특징의 하나로 음성상징이 주목된 것은 정인승(1938), 이숭녕(1954, 1955, 1958, 1978), 마틴(Martin 1962), 남풍현(1965, 1969), 채완(1987) 등의 논의에서였다. 이건식(1988), 송철의(1989/1992)에서는 조어법적인 관점에서 이에 대해 본격적인 관심을 보여주었다.

자음교체나 모음교체를 파생의 관점에서 살피기 의해서는 파생의 방향이 문제가 될 수 있다. 채완(1987: 287)에서는 모음의 음성상징에 의한 대립짝 중에서 양성모음이 유표적일 가능성이 있음을 언급한 바 있다. 무표적인 음성모음을 갖는 단어에서 유표적인 양성모음을 갖는 형태가 파생된다는 주장은 모음조화의 붕괴라는 역사적인 사실과도 일치한다. 구본관(1996/ 1998: 68~75)에서는 파생의 방향, 생산성, 통시적인 변화의 관점에서 모음교체와 자음교체에 대해 기술하고 있다. 한편 시정곤(1993)에서는 모음교체와 자음교체를 자립 분절 음운론의 관점에서의 층렬 개념을 도입해서 설명하고 있다.

5.2 합성법

5.2.1 합성법과 합성어

합성법에 대한 본격적인 논의에 앞서 합성법 논의를 위해 필요한 몇 가지 문제에 대해서 개략적이나마 논의가 필요할 듯하다. 먼저 국어 형태론, 특히 조어법에서 합성법에 대한 논의가 어떤 과정을 거쳐서 진행되어 왔고 합성법의 체계는 어떻게 분류될 수 있는가에 대해서 논의해 보기로 하자.22)

최현배(1937/1971)에서는 어미나 접미사를 제외한 어기가 하나인지 둘인지에 따라 단어를 분류하였다. 그리하여 단일형태소로 이루어진 단어와 파생어를 묶어 홑씨로 보고 합성어를 겹씨로 보아 크게 둘로 나누었다. 이는 파생과 굴절을 구분하지 않는 태도에서 기인한 것인데, 결과적으로 조어법과 굴절법이 구분되지 않게 되었다. 허웅(1966a)에서는 단어를 單형태소와 多형태소로 나누었다. 이에 따르면 동사나 형용사는 필수적으로 어미를 가지므로 언제나 다형태소에 포함되게 된다. 이런 태도 역시 조어법을 체계적으로 기술하기 어렵게 했다. 이러한 체계의 혼란은 구조주의 언어학을 받아들여 조어법 체계를 분류한 이희승(1955)에 와서 극복되었다. 이희승(1955)에서는 단어는 단일어와 합성어(complex word)로 나누고, 합성어 아래에 복합어(compound word), 첩어, 파생어를 나란히 두었다.23) 그리하여 조어법의 체계가 갖추어지게 되었다. 이런 분류법은 이익섭(1968, 1975) 등에서 체계화되어 오늘날 대부분의 연구자들에 의해 받아들여지고 있다.

합성어는 다음 몇 가지 기준에 의해 분류되었다. 우선 합성규칙의 적용 결과인 출력부의 통사범주에 따라 합성명사, 합성형용사, 합성동사, 합성부사 등으로 구분되었다. 이들은 다시 구성요소의 통사 범주에 따라 세분되기도 했다. 국어는 통사적으로나 형태적으로 우측 요소가 핵이 되는 언어다. 따라서 합성어의 통사범주는 구성요소 중 가장 오른쪽의 것에 의해 결정되는 경우가 많다. 하지만 '명사+명사' 합성어가 부사가 되거나 '부사+부사' 합성어가 명사가 되는 예외가 지적되기도 하였다.

---

22) 합성법에 대한 기존의 연구를 정리한 논의에는 김창섭(1990, 1998)이 있다.

23) 'complex word'와 'compound word'를 연구자에 따라 전자를 복합어, 후자를 합성어로 번역하기도 하고 전자를 합성어 후자를 복합어로 번역하기도 한다. 본고에서는 'complex word'를 복합어로 'compound word'를 합성어로 번역하는 견해를 따른다. 다만 다른 연구자의 논의를 빌려 올 때는 각 연구자의 용어를 그대로 쓰기도 한다.

합성어를 구분하는 또 다른 기준은 구성요소의 의미와 합성어 전체의 의미에 관련된 것이다. 최현배(1937/1971)에서는 합성어를 '녹은 겹씨[融合複詞], 가진 겹씨[有屬複詞], 벌린 겹씨[竝列複詞]'로 구분하였고, 이희승 (1955: 254~255)에서는 혼일, 주종, 병립의 합성어로 구분하였다. 이런 구분은 융합 합성어, 종속 합성어, 대등 합성어의 구분으로 이어져 이후 많은 논의에서 받아들여지고 있다. 하지만 융합 합성어는 합성된 이후의 합성어의 의미적인 단일어화(lexicalization)의[24] 정도와 관련되는 개념이고 종속 합성어와 대등 합성어는 구성요소의 수식관계를 고려한 개념이다. 따라서 다른 층위의 개념을 동일한 층위의 분류에 도입했다는 점에서 문제가 될 수 있다. 시정곤(1988, 1993)에서는 나이다(Nida 1975: 15~20)의 의미 상관관계를 합성어의 의미 유형의 분류에 도입하여 '포섭관계, 상보관계, 근접관계' 등으로 합성어를 분류하기도 하였다.

합성어의 구성방식은 통사 구성의 구성방식과 유사한 경우가 많다. 따라서 합성어를 통사적 합성어와 비통사적 합성어로 나누기도 한다. 물론 통사적 합성어와 비통사적 합성어의 구별이 늘 분명한 것은 아니다. 이석주(1989: 26~31), 김동식(1994)에서는 통사적 합성어와 비통사적 합성어의 구별이 경우에 따라 명확하지 않을 수 있음을 지적하였다. 아울러 김동식(1994)에서는 합성명사의 음운현상이나 내적 구조, 성분의 성격 등으로 보아 명사구와 구별이 되지 않는 것만을 통사적 합성명사로 구별할 것을 제안하였다.

합성어와 구의 구분은 합성어 연구에서 해결되기 어려운 문제의 하나다. 합성어와 구의 구별은 구미 구조주의 언어학자들에게도 관심의 대상이었다. 블룸필드(Bloomfield 1933)에서 합성어와 구의 구별기준이 구체적으로 제시된 이래 나이다(Nida 1949), 호켓(Hockett 1958) 등에서 수정·보완된 바 있다. 이러한 논의를 받아들여 이익섭(1967), 김규선(1970), 이주행(1981),

---

24) 'lexicalization'은 김성규(1987), 송철의(1989/1992) 등에서는 '어휘화'라는 용어로 번역되기도 했다. 이 용어에 대해 이현희(1991b), 구본관(1996/1998) 등에서는 '단일어화'라는 용어를 사용하고 있다.

박홍근(1981), 서정수(1981), 성광수(1988b), 이석주(1989), 김광해(1994), 김기혁(1994) 등에서는 합성어와 구를 구별하기 위한 구체적인 기준들이 제시되었다.

합성어, 특히 통사적 합성어와 구를 구별하기가 어려운 것은 합성어 형성이 통사규칙과 동일한 기제에 의해 이루어졌을 가능성이 있음을 암시한다. 그리하여 합성어의 상당수는 통사 구성이 통시적으로 어휘화되어 만들어졌을 가능성이 지적되기도 하였다(남기심 1970, 김주미 1988, 이선영 1992). 이런 견해를 극단으로 밀고 가게 되면 합성어의 형성을 통사적인 변형 규칙에 의한 것으로 보거나 합성어 형성 규칙이 통사 규칙과 원리면에서 다르지 않다는 주장으로 나아가게 된다. 이에 대해 김창섭(1992/1996), 김광해(1982) 등에서는 비록 합성어 중 일부는 통사 구성이 어휘화된 것으로 볼 수 있지만 통사 구성의 어휘화로 설명할 수 없는 합성어가 존재한다고 보았다. 그렇다면 통사 규칙과 구별되는 합성어 형성 규칙을 따로 설정해야 한다.

5.2.2 명사 합성

명사 합성법 중에서 가장 생산적인 구성은 '명사+(ㅅ)+명사'다. '명사+(ㅅ)+명사' 합성명사는 합성명사 형성 규칙에 의해 만들어진 것이 아니라 명사구가 단어로 재분석된 것이라는 견해가 있었다. 하지만 이미 언급한 바와 같이 구 구성과는 구별되는 합성명사 형성 규칙이 따로 존재한다는 주장이 제기되었다(김창섭 1992/1996, 김광해 1982).

중세국어에서 'ㅅ'이 속격표지의 하나로 기능하였고(안병희 1968), 근대국어 이후 차츰 통사적인 기능을 잃고 합성명사의 표지로 쓰이게 되었다는 인식(이기문 1961/1972)이 확립되면서 현대국어의 사이시옷에 대한 관심은 주로 합성명사와 관련하여 논의되었다.[25] 이미 최광옥(1908)에서는 사이시옷이 수사에는 붙지 않는다는 사실이 지적되었고, 최현배(1937/1971), 김윤경(1946), 방종현(1947), 이희승(1955), 이숭녕(1961), 이기문(1961/1972, 1963)

---

25) 사이시옷에 대한 논의들은 전철웅(1990)에 자세하게 정리되어 있다.

등으로 이어지면서 현대국어 및 중세국어 사이시옷의 기능이 밝혀지게 되었다. 하지만 사이시옷의 기능이 무엇인지에 대해서는 여전히 명확하게 밝혀지지 않고 있다.

사이시옷의 기능은 다양한 관점에서 논의되었다. 먼저 사이시옷의 기능을 음운론적 것으로 파악하려는 노력이 있었다. 사이시옷의 기능을 된소리화(허웅 1968)로 보기도 하고, 유성음화 방지(김윤경 1946: 19, 최현배 1976: 384)로 보기도 하고, 加重調音 현상(유창돈 1980: 126)으로 보기도 하고, 동화 표지나 강세(전철웅 1976, 왕문용 1982)의 기능을 하는 것으로 보기도 했다. 또한 사이시옷의 기능을 통사의미론적인 것으로 보기도 했다. 이기문(1961/1972), 박병채(1974) 등에서는 사이시옷이 합성어를 형성하는 표지라고 보았고, 허웅(1975), 심재기(1979) 등에서는 관형격의 기능을 담당하는 것으로 보았고, 임홍빈(1981)에서는 통사적인 파격을 극복하는 수단으로 보았다.

김창섭(1992: 1996: 42~73)에서는 현대국어의 합성명사의 형성에 나타나는 사이시옷 현상을 자세하게 기술하였다. 김창섭(1992/1996)에 의하면 합성명사는 병렬구성과 관형구성으로 나누어지고 관형구성은 다시 비속격구성과 속격구성으로 나뉘어진다고 한다. 이때 속격구성 중 중세국어에서 '이/의'를 가지던 구성을 제외하고 'ㅅ'을 가지던 구성이 현대국어에서도 사이시옷을 가지게 된다는 것이다. 김창섭은 이러한 논의의 예외에 대해서는 임홍빈(1981)에서 언급된 바 있는 ㅅ전치성이나 ㅅ후치성의 개념으로 설명하였다. 따라서 현대국어의 사이시옷은 비록 합성어의 내부라는 한정된 환경에서만 나타나지만 출현 가능성을 결정 짓는 요건은 중세국어와 크게 다르지 않다는 것이다.

사이시옷과 관련된 논의를 제외하면 합성명사에 대한 논의는 별로 많지가 않다. 합성명사의 의미론적인 구조를 격문법에 의해 분류하고 이런 관계에 의해 합성명사가 이루어진다고 보는 정정덕(1982), 신조어인 신형 합성명사를 기존의 합성명사와 비교함으로써 명사와 명사의 결합에는 아무 제약이 없고 의미 내용의 고착으로 내포적인 의미가 생겨 기존 합성어가 된다는 김광해(1982)의 논의가 있다. 또한 합성어 내부에 나타나는 음운현상을 형태론적인 문제와 관련시켜 다루고 있는 이현희(1991c), 구본관(2000) 등의 논의가 있다.

5.2.3 형용사 합성

형용사 합성법은 '주어＋서술어', '부사어＋서술어', '용언어간＋아/어＋용언어간', '용언어간＋디＋용언어간', '용언어간＋나＋용언어간' 등 다양한 구조로 나타난다. 이 중 앞의 세 가지 방식은 동사 합성법에서도 나타나는 것으로 형용사 합성법만의 특별한 구조는 아니다.

용언어간이 '-디, -나'와 같은 접미사에 의해 연결되는 뒤의 두 가지 형용사 합성법은 일종의 반복에 의한 형용사로서 주목의 대상이 되었다. 최현배(1937/1971: 512)에서는 '-디'를 반복의 힘줌꼴 (연결)어미로 처리되었다. 그의 견해에 따르면 '차디차다'가 하나의 합성어가 아니라 '차디 차다'의 연결 구성을 가진 통사 구성이다. 그러나 김창섭(1981)에서는 이들을 몇 가지 제약을 가진 합성형용사로 보았다. 김창섭(1981)에 따르면 '-디'를 가진 합성 형용사는 주로 미각, 시각, 촉각 등 감각경험 표현의 형용사가 어기가 되고, 주관적인 의미를 가진 접미사를 가진 형용사는 배제되며, 본래 감각 형용사일지라도 감각 경험을 표현하지 않으면 이런 합성형용사가 허용되지 않는다고 한다. 이익섭(1982)에서는 이러한 합성형용사의 형성이 어떤 경향성을 가지기는 하지만 이는 엄격한 제약성을 가지는 것이 아니라 관용적인 성격이 강하다고 언급하였다. 또한 '-디, -나'를 가진 반복 합성형용사는 평서형으로보다는 관형사형으로 자연스럽게 쓰인다는 경향성이 지적되기도 하였다.

5.2.4 동사 합성

동사 합성법은 '주어＋서술어', '목적어＋서술어', '부사어＋서술어', '동사 어간＋아/어＋동사 어간', '동사 어간＋고＋동사 어간', '동사 어간＋동사 어간' 등 다양한 방식으로 나타난다. 이 중 가장 생산적인 방식은 '동사

어간+아/어+동사 어간'이다.

'동사 어간+아/어+동사 어간' 합성동사를 논의하기 위해서는 통사 구성과의 구별이 필요하다. 최현배(1937/1971: 307~309)에서는 '아/어'의 용법을 접속법과 자격법으로 나누고 자격법은 다시 합동적 용법과 완성적 용법으로 나누었다. 이때 합성적 용법이 합성동사의 의미에 해당되는데, 이 용법은 동사 어간 사이에는 다른 말을 끼워넣을 수 없다는 점을 강조한 바 있다. 이후 여러 연구자들도 '아/어' 다음에 '서'와 같은 말을 끼워넣을 수 있느냐의 여부를 합성동사 판별의 기준의 하나로 받아들였다(Shon 1976, 김기혁 1981, 김창섭 1981, 1992/1994, 서정수 1981). 김창섭(1992/1994: 79~80)에서는 여러 연구자들의 논의를 종합하여 '서'의 개입 여부 이외에도 대동사화와 대등 접속에서의 차이를 고려하여 접속 구성, 내포 구성, 보조동사 구성, 합성동사 구성 등을 구별하는 기준을 제시하고 있다.

'동사 어간+아/어+동사 어간'의 형성 기제가 무엇인지 하는 문제도 논란거리가 되어 왔다. 가장 많은 사람들에게 받아들여진 설명방식은 '동사 어간+아/어'가 다시 동사 어간에 결합되는 통사 구성이 점차 자주 쓰이게 되어 합성동사로 발달하게 되었다는 설명이다(남기심 1970, 김기혁 1981, 황병순 1986, 김주미 1988, 이석주 1989, 이선영 1992). 이러한 논의들은 대체로 통사 구성 중에서도 특히 접속 구성이 합성동사로 발달하게 된다고 보고 있다. 김기혁(1994)에서는 더 나아가 합성동사 구성의 일부가 다시 보조동사 구성으로 발달한다고 보고 있다. 물론 합성동사가 통사 구성에서 발달한 것으로 보는 연구자들이 모든 합성동사가 통사 구성에서 발달한 것으로 보는 것은 아니었다. 김기혁(1994)에서는 통사적인 구성으로 보기 어려운 합성동사에 대해서는 유추에 의해 형성되는 것으로 보았다. '동사 어간+아/어+동사 어간'이 통사 구성이 어휘화한 것이 아니라 합성동사 형성 규칙이라는 형태 규칙에 의해 만들어진다고 보는 견해도 있었다(김창섭 1992/1996). 김창섭 (19992/1996)에서는 접속 구성에 연원을 두지 않는 합성동사들에 주목함으로써 합성동사 형성은 기본적으로 형태 규칙에 의해 만들어지는 것으로 보았다.

174

이 밖에도 '동사 어간+아/어+동사 어간'과 관련하여 성분 동사의 배열 순서가 언급되기도 하였고(Shon 1976), '보내오다'류와 같은 특정 유형에 대한 각종 제약이 정밀하게 기술되기도 하였다(박양규 1987). 또한 '동사 어간+아/어+동사 어간'에서 '아/어'가 특별한 의미를 가지는 것이 아니라 형태론적인 배려에 의해서 들어간 것으로 보는 논의도 있었다(심재기 1982: 411~415).

'동사 어간+아/어+동사 어간' 이외에는 현대국어에서 생산성이 높은 합성동사 형성 방식은 없는 듯하다. 중세국어에서는 '동사 어간+동사 어간' 의 구성을 가진 합성동사, 이른바 비통사적 합성동사가 현대국어에 비해 상대적으로 많았다. 허웅(1966b)에서는 중세국어를 대상으로 하여 비통사적 합성동사에 대해 자세하게 언급한 바 있다. '동사 어간+동사 어간' 구성의 합성동사는 '검기울다'(검게 기울다)와 같은 예외를 제외하면 앞뒤의 구성요소가 대등적으로 연결된 경우가 대부분이다. 따라서 한재영(1999)에서는 다소 극단적으로 이런 구성이 합성동사가 아니라 통사 구성일 가능성을 제기하기도 하였다.

5.2.5 부사 합성

부사 합성법은 숫자도 많지 않고 합성 방식도 다양하지 못하다. 부사 합성법은 주로 반복에 의해 이루어진다. 반복에 의한 부사 합성법은 '명사의 반복', '(의성의태어가 아닌) 부사의 반복', '의성의태어의 반복' 등으로 구분해 볼 수 있다.

채완(1986: 54~67)에서는 명사의 반복에 의해 부사를 형성하는 경우 주로 시간이나 공간을 의미하는 명사나 분류사가 반복되어 합성명사가 만들어지고, 이 합성명사를 바탕으로 다시 부사가 만들어진다고 보았다. 이는 시간이나 공간을 나타내는 단일 명사가 단일 부사로도 전용되는 현상을 고려할 때 타당성이 있는 견해로 생각된다. 채완(1986)에서는 반복 합성부사에 다시 '-이'가 결합하여 부사가 되는 경우 실제로 쓰이지 않는 반복 합성명사가 만들어지고 이로부터 파생부사가 만들어질 수 있다는 것과 이음절 이상 명사의 반복 합성어로부터는 '-이'를 붙이지 않고 부사가 만들어진다는 것도 기술하였다. 남기심·고영근(1985: 213)에서는 반복 합성부사의 유형을 제시하고 있는데, 명사나 부사의 반복뿐 아니라 '하나하나'처럼 수사가 반복되거나 '두고두고'처럼 동사 활용형이 반복되는 경우도 있음을 지적하였다.

의성어나 의태어의 반복에 의한 합성부사는 합성부사의 대다수를 차지한다. 이익섭(1982), 채완(1986), 이건식(1988), 노대규(1982) 등에서는 이들 반복 합성어를 분류하고 각종 제약, 음상을 다소 달리하는 반복이 이루어질 때의 어순 등에 대해 언급하였다. 시정곤(1993)에서는 이들 의성의태어의 반복을 자립 분절 음운론이나 운율 음운론의 관점에서 언급한 바 있고 신중진(1998, 1999)에서는 반복 의성의태어들이 만들어지는 원리와 이들 의성의태어가 다시 단어 형성의 어기로 참여하는 양상에 대해서 언급하고 있다.

5.3 'X하다' 구성

'하다'는 주로 통사론의 관심 대상이 되었지만 'X하-'나 '용언 어간+아/어하-' 구성과 관련하여 조어법적인 관심의 대상이 되기도 하였다. 본고에서는 '하다'와 관련하여, 형태론적인 관심이 되었던 몇 가지 현상에 대해서만 논의한다.[26]

'명사(혹은 어근)+하다' 구성은 '하다'의 성격을 어떻게 보느냐에 따라 파생어 혹은 합성어가 된다(최현배 1937/1975: 674). 이와 관련하여 '깨끗도 하다'와 같은 용법에 대해 어기가 주제화되어 분리된 것으로 본다든가(임홍빈 1979), '하다'가 자신의 서술 기능을 선행 요소인 'X'로부터 투영해 온다든가(심재기 1982: 354~363) 하는 설명들이 있었다. 그러나 생성 문법의 영향으로 'X하다' 구성이 단일한 단어가 아니라는 주장들이 나오게 되었다. 기저문

---

26) 'X하다'류 단어의 형태론적인 특성에 대한 기존의 논의는 김창섭(1990)에 간략하게 정리되어 있다.

176

에서는 'X'가 동사고 '하다'는 변형에 의해 삽입된 형식 동사라 한다든가(서정
수 1975), '수학을 공부를 하다'와 같은 구성에서 'X'는 하위문 동사고 '하다'는
상위문 동사라고 한다든가(김영희 1986), 'X하다'가 통사부에서 명사 편입을
격은 'V'라고 하거나 '하다'를 경동사라고 하는(채희락 1996) 견해, 'X하다'가
[+서술성]을 갖는 X와 어형성의 동사 '하-'가 어휘부에서 결합한 것이라고
보는 견해(허철구 1998) 등이 있었다.

중세국어의 'X하다'와 관련하여, 활용에서의 'ㅎ' 내지 'ㆍ'의 탈락을 논의
한 안병희(1962, 1967: 199~200), 허웅(1975: 463~467)의 논의가 주목된다.
'ㅎ'나 'ㆍ' 탈락에 대한 자세한 논의는 이현희(1985, 1986)에서 자세하게
이루어졌다. 'ㅎ다' 동사는 부사형 파생접미사와의 결합에서도 특이한 양상
을 보여 결과적으로 부사형 파생접미사 '-이'와 '-히'가 불규칙적으로 나타나
는 원인이 되었다(구본관 1996/1998). 'V+아/어하다(ㅎ다)' 구성은 축약의
결과 접미사 '앟/엏'이 결합되는 구성으로 재구조화하기도 한다.

5.4 한자어 조어법

5.4.1 한자어와 단어 형성

한자어가 국어 어휘에서 차지하는 비중은 아주 크다. 따라서 고유어 만큼은
아니지만 한자어에 대해서도 다양한 관점의 연구가 이루어졌다. 그리하여
한자어의 유입과 수용 양상, 한자어의 국어화 양상, 한자어의 기원적 계보,
한자어의 음운론적인 특징, 한자어의 형태론적인 특징, 한자어의 어휘론적인
특징 등에 대한 연구가 이루어졌다.[27] 본고에서는 한자어에 대한 논의들
중에서 형태론적인 특성을 논의한 것들에 대해 언급하기로 한다.[28] 한자어의
형태론적인 특성을 논의하기에 앞서 우리는 한자어는 차용어이므로 국어
단어로서의 특징과 중국어(한문)의 특성을 동시에 갖는다는 점을 주목해야

27) 한자어에 대한 다양한 관점의 연구는 김규철(1990)에 자세하게 요약되어 있다.
28) 한자어의 형태론적인 특성에 대한 연구사는 노명희(1998)에서 이루어진 바가 있다.

한다.

　방종현(1963: 259~262)에서 '빈대떡'이 중국어 차용어임을 밝혔고, 이기문(1965)에서는 '보비, 비갸' 등이 근세 중국어에서의 차용어임을 밝혔다. 이와 같은 차용어가 한자어에 포함되는가에 대한 논의에서부터 한자어의 범위에 대한 논의가 시작되었다. 심재기(1987)에서는 한자어를 '우리말 가운데 한자로 적을 수 있는 모든 낱말'로 정의하여 우리의 한자음으로 읽히는 것으로 범위를 제한하고자 하였다. 이에 대해 노명희(1990)에서는 '그 기원이 중국이든, 일본이든, 한국이든 관계없이 국어 어휘에 해당하는 것으로 한자로 표기될 수 있으며 한국 한자음으로 읽히는 것'으로 정의하여 귀화어나 외래어와 구별되는 것으로 보았다. 송기중(1992: 4)에서는 공시적인 관점에서 한자어를 '어휘항을 구성하는 개별 음절이 어떤 한자의 국어 독음과 일치하는 어휘'로 정의하였다. 한편 이현주(1995: 2~3)에서는 한자어를 후행하는 파생 접사와의 결합 가능성과 관련하여 정의하기도 했다.

　한자어의 조어법에 관해 논의하기 위해서는 한자어를 이루는 구성요소에 대한 분석이 이루어져야 한다. 중국어 혹은 한문에서 일음절 한자는 대체로 단어의 자격을 갖는다. 최현배(1937/1971: 942), 김석득(1966) 등에서는 한자어를 이루는 음절 각각을 하나의 단어로 취급하였다. 안병희(1965: 139)에서는 한자어를 구성하는 각각의 음절이 단어가 아니라 형태소임을 밝혔고, 이익섭(1968)에서는 국어에서 쓰이는 한자어의 상당수는 이음절 이상이며 이들 한자어를 이루는 구성요소인 한자 각각은 단어가 아니라 어근이라는 사실을 밝혔다. 그리하여 일음절 한자가 단어로 쓰이는 경우와 합성어의 성분으로서 어근으로 쓰이는 경우를 구별하였다. 이와 관련하여 송기중(1992)에서는 어근을 제외한 자립적인 일음절 한자어를 자립성의 정도에 따라 완전, 제한적, 의사 자립형태소로 구분하기도 하기도 하였다. 김규철(1997)에서는 불완전한 일음절 자립어를 명사 의존 자립어, 관형 의존 자립어 등으로 분류하기도 하였다. 노명희(1998a)에서는 자립 형식의 한자어뿐 아니라 의존 형식인 어근에 대해서도 단어 형성이나 통사 구성 등에 참여하는 양상에 따라 나누기도 하였다. 이음절 이상의 한자어가 항상 복합 구성으로 이해되는 것은 아니다. 이익섭(1969)에서는 '矛盾, 珊瑚, 葡萄' 등과 같은 예를 비일음절 단일어 한자어로 분류하였다.

한자어는 다양한 방식으로 단어 형성에 참여한다. 심재기(1987)에서는 '宿命, 宿泊, 宿食' 등과 '合宿, 下宿, 投宿' 등에 나타나는 '宿'의 예를 들어 한자는 다양한 방식으로 한자어 형성에 참여한다는 점을 지적하였다. 송기중(1992: 78)에서는 한자어 형태소가 복합어의 형성에 참여하는 정도가 고유어 형태소에 비해 높은 이유를 '단음절성'과 '문법 기능의 다양성' 등의 관점에서 설명하고 있다. 한자 형태소의 신어 형성에의 참여 양상을 본격적으로 기술한 논의는 노명희(1990, 1998a)다. 노명희(1998a)에서는 한자어 신조어의 형성이 언제나 생산적인 단어 형성 규칙에 의해서 만들어지는 것이 아니라 기존의 한자어에 유추되어 형성될 수도 있다는 점을 지적한 바 있다. 아울러 한자어 형태소를 단어 형성에의 참여 양상에 따라 다양하게 분류하였다.

5.4.2 파생

최현배(1937/1971: 665~667)에서 이미 '未, 無, 沒' 등과 같은 한자 형태소를 앞가지(접두사)로 분류한 바 있다. 이익섭(1968: 481)에서는 최현배(1937/1971)에서 한자어 접두사로 언급된 예들을 구조주의적인 분석 기준으로 다시 분석하여 접두사로 볼 수 있는 것과 어근으로 볼 수 있는 예들로 구분하였다. 이에 대해 김규철(1980: 82)에서는 이익섭(1968) 등의 논의에서 접두사로 분류한 것들을 자세히 검토하여 일부에 대해서는 어근에서 접두사로 변화 과정에 있는 것으로 보아 준접두사로 보기도 했다. 노명희(1998a)에서는 한자어 접사와 어기를 구별하는 기준을 마련하기도 했다. 한편 서병국(1975), 최규일(1989), 정민영(1994) 등에서는 한자어 접두사는 수가 많고 그 기준을 정하기 어려우므로 모두 어기의 자격을 갖는 것으로 보는 것이 좋다는 견해를 나타내기도 했다.

최현배(1937/1971)에서 '-人, -家, -者, -化' 등과 같은 한자로 된 뒷가지(접미사)를 설정한 이래 이익섭(1968), 정민영(1994), 노명희(1998a) 등에서는 한자어 접미사를 설정하고 각각의 제약들을 기술한 바 있다. 한자어 중에서 가장 생산적인 접미사는 '-的'이다. 김규철(1980)에서는 '-的'이 가지는 제약에 대해서 자세하게 설명하고 있다. 김창섭(1984, 1994/1996)에서는 '-的'과 결합하는 어기는 '되/롭-, 스럽-, -하' 등과 같은 형용사 형성 파생접미사와의 결합을 피하는 경향이 있음을 지적하였다. 이는 '-的'이 '-이다'와 결합하여 형용사적인 의미 기능을 하기 때문이라 생각된다.

5.4.3 합성

이익섭(1968: 479)에서는 한자어 합성어를 '册床, 窓門, 藥房'과 같은 어간 합성어, '老人, 眼鏡, 父母'와 같은 어근 합성어, '友情, 賞狀, 車費'와 같은 어근·어간 합성어로 나누었다. 이에 대해 김규철(1980)에서는 '어근'을 '준단어'로 대치하여 완전합성어와 준합성어로 구분하였다. 한편 심재기(1987: 32)에서는 한자어를 접미구성, 부정구성 등을 포함한 열 가지 구성으로 구분하고 있다. 정원수(1991: 90~95), 정민영(1994: 48~72)에서는 한자어 어근을 명사적 어근, 동사적 어근, 관형사적 어근, 부사적 어근 등으로 분류하고 이를 한자어 합성어 분류에 적용하였다. 그리하여 한자어 합성어를 병렬구성, 관형구성, 서술구성 등의 의미 관계를 갖는 것으로 구분하였다. 노명희(1990, 1998a)에서는 한자어 합성어를 구별하였을 뿐 아니라 한자어가 '이다, 하다'와 결합하는 양상을 검토하여 각각의 한자어의 의미 특성을 검증하고자 하였다.

6. 결론

현대적인 언어학 이론을 받아들여 국어 행태론을 연구한 지가 벌써 한 세기를 넘어서고 있다. 형태론이 통사론과 분리되지 않았고 연구대상이 명확하게 분리되지 않았던 전통문법의 시대, 객관적인 방법론을 통해 국어의 중요한 형태론적인 사실을 기술했던 구조주의의 시대, 통사론에 압도되어 자리를 찾기 힘들었던 초기 생성 문법의 시대를 거치면서 국어 형태론 연구는 문법이론의 변화와 함께 부침을 거듭해 왔다. 생성 형태론의 등장과 함께 어휘부에 대한 관심이 높아지고 인지 언어학, 심리 언어학, 인공 지능에 대한 연구 등에서 어휘부 내지 형태론의 중요성이 인식되면서 이제 형태론은 언어학의 중심적인 연구분야로 떠오르고 있다. 이에 따라 최근에는 형태론만을 다루는 잡지가 발간되는 등 국어 형태론 연구도 국어학의 어떤 분야보다 활발하게 연구되고 있다. 이런 시점에서 길게는 한 세기 짧게는 반세기 동안 이루어진 국어의 형태론 연구를 되돌아본 본고와 같은 작업은 의미 있는 일이 될 수 있다. 우리는 본고를 통해 지나간 시기의 형태론 연구를 정리하고 그동안의 성과를 정리하고 새로운 출발점을 마련할 수 있기를 기대한다.

　형태론 연구사를 기술하면서 필자가 가진 가장 큰 고민은 형태론의 범위를 명확하게 획정하기 어렵다는 것이었다. 형태음소론, 형태통사론 등 음운론과 형태론, 형태론과 통사론의 접면에 해당하는 문제들을 형태론에 포함시켜야 하는가에 대해서는 지금도 답을 내리기 쉽지 않다. 본고에서는 가능한 한 형태론의 범주를 넓게 잡아 음운론이나 통사론의 논의에 포함될 수 있는 문제라도 본고의 논의와 관련하여 문제가 될 수 있으면 간략하게나마 언급하고자 하였다. 하지만 지면의 제약과 필자의 부족함으로 많은 중요한 문제들이 다루어지지 못했다. 아울러 본고가 형태론의 문제를 논쟁점을 중심으로 논의했기 때문에 이런 관점에서 벗어나 있는 많은 중요한 업적에 대한 논의는 가벼운 스케치에 그쳤다는 생각도 든다. 또한 필자가 제대로 이해하지 못하여 논의를 왜곡한 경우도 있을 것으로 생각된다. 이에 대해서는 해당 논저를 저작한 분들과 이 글을 읽는 독자 여러분들이 넓은 아량으로 이해해 주시길 바란다.

| 참고문헌 |

강성일(1972), 「중세국어 조어론연구」, 『동아논총』 9.

강정희(1982), 「제주 방언의 문법화 과정에 대하여」, 『국어학』 11.

고영근(1965), 「현대국어의 서법체계에 대한 연구」, 『국어연구』 15/고영근(1989b)에 다시 실림.

고영근(1967), 「현대국어의 선어말어미에 대한 구조적 연구 - 특히 배열 차례를 중심으로」, 『어학연구』 3-1.

고영근(1968), 「주격조사의 한 종류에 대하여」, 『이숭녕박사송수기념논총』/고영근 1989b에 다시 실림.

고영근(1972), 「현대국어 접미사에 대한 구조적 연구(1) - 확립기준을 중심으로」, 『서울 대학교논문집(인문사회과학편)』 18/고영근(1989b)에 다시 실림.

고영근(1973), 「현대국어 접미사에 대한 구조적 연구(4) - 동요상황을 중심으로」, 『학술 원논문집』 12/고영근(1989b)에 다시 실림.

고영근(1974a), 「현대국어의 종결어미에 대한 구조적 연구」, 『어학연구』 10-1/고영근 1989b에 다시 실림.

고영근(1974b), 「현대국어의 존비법에 대한 연구」, 『어학연구』 1-2/고영근(1989b)에 다시 실림.

고영근(1975), 「현대국어의 어말어미에 대한 구조적 연구 - 비종결어미를 중심으로」, 『응용언어학』 7-1/고영근(1989b)에 다시 실림.

고영근(1976), 「현대국어 문체법에 대한 연구」, 『어학연구』 12-1.

고영근(1978), 「형태소의 분석한계」, 『언어학』 3/고영근(1989b)에 다시 실림.

고영근(1981), 『중세국어의 시상과 서법』, 탑출판사.

고영근(1983), 『국어문법의 연구』, 탑출판사.

고영근(1986), 「능격성과 국어의 통사 구조」, 『한글』 192.

고영근(1987), 「보충법과 불완전계열의 문제」, 『어학연구』 23-3.

고영근(1989a), 「파생접사의 분석한계」, 『어학연구』 25-1.

고영근(1989b), 『국어형태론 연구』, 서울대출판부.

고영근(1991), 「불연속형태에 대한 논의」, 『국어학의 새로운 인식과 전개』, 민음사.

고영근(1992), 「형태소란 도대체 무엇인가?」, 『이근수선생회갑기념논문집』.

고영근(1993), 『우리말의 총체서술과 문법체계』, 일지사.

고영근(2001), 『역대한국문법의 통합적 연구』, 서울대출판부.

고영진(1997), 『한국어의 문법화 과정』, 국학자료원.

고정의(1985), 「중세국어 부사의 통사 특징(1)」, 『울산어문논집』 2.

고정의(1990), 「사동법」, 『국어연구 어디까지 왔나』, 동아출판사.

고창수(1986), 「어간형성접미사의 설정에 대하여」, 『한국어학연구』 7.
구본관(1990), 「경주방언 피동형에 대한 연구」, 『국어연구』 100.
구본관(1992), 「생성문법과 국어 조어법 연구 방법론」, 『주시경학보』 9.
구본관(1996/1998), 『15세기 국어 파생법에 대한 연구』, 태학사.
구본관(1997), 「의미와 통사범주를 바꾸지 않는 접미사류에 대하여 - 15세기 국어 파생접
　　　　미사를 중심으로 - 」, 『국어학』 29.
구본관(1998), 「단일 어기 가설과 국어 파생 규칙」, 『어학연구』 34-1.
구본관(1999), 「파생접미사의 범위」, 『형태론』 1-1.
구본관(2000), 「'ㄹ'말음 어기 합성명사의 형태론」, 『형태론』 2-1.
구본관(2002), 「접미사 '-이'의 종류와 성격에 대하여」, 『국어연구의 이론과 실제』, 태학사.
권경안(1977), 「'ㅂ'계 접미사의 사적 연구」, 서울대 석사학위논문.
권숙렬(1984), 「'답, 롭, 스럽'에 대하여」, 『새국어교육』 39.
권용경(1990), 「십오세기 국어 서법의 선어말어미에 대한 연구」, 『국어연구』 101.
기주연(1991), 『근대국어의 파생어 연구』, 한양대 박사학위논문.
김계곤(1968), 「현대국어 조어법(word-formation) 연구 - 앞가지에 의한 파생법 - 」, 『논
　　　　문집』 3, 인천교육대학.
김계곤(1969), 「현대국어의 조어법 연구 - 뒷가지에 의한 파생법 - 」, 『논문집』 4, 인천교
　　　　육대학.
김계곤(1970), 「현대국어 꾸밈씨의 합성법」, 『한글』 146.
김계곤(1978), 「현대국어 조어법 연구 - 합성법과 파생법의 겹침으로 이루어진 꾸밈씨 - 」,
　　　　『눈뫼허웅박사환갑기념논문집』.
김광해(1981), 「'의'의 의미」, 서울대 석사학위논문.
김광해(1982), 「복합명사의 신생과 어휘화 과정에 대하여」, 『국어국문학』 88.
김광해(1994), 「한자 합성어」, 『국어학』 24.
김규선(1970), 「국어의 복합어에 대한 연구 - 구와 복합어 구분의 기준 설정을 위하여 - 」,
　　　　『어문학』 23.
김규선(1971), 「국어의 접두 파생법에 대한 연구」, 『국어교육연구』 3, 경북대 사범대학
　　　　국어교육연구회.
김규식(1908~1909?), 『대한문법』, 유인물/김민수·하동호·고영근 편, 『한국역대문
　　　　법대계』에 실림.
김규철(1980), 「한자어 단어형성에 관한 연구」, 『국어연구』 41.
김규철(1990), 「한자어」, 『국어연구 어디까지 왔나』, 동아출판사.
김규철(1997), 「한자어 단어 형성에 대하여」, 『국어학』 29.
김기혁(1981), 「국어합성동사의 생성적 연구」, 연세대 석사학위논문.
김기혁(1994), 「문장 접속의 통어적 구성과 합성동사의 생성」, 『국어학』 24.
김덕신(1998), 「국어 고유어 접두사의 발달 과정 연구」, 충남대 석사학위논문.

김동식(1994), 「복합명사를 찾아서」, 『국어학』 24.

김동언(1986), 「국어 준말의 음운론적 고찰」, 『국어학신연구』, 탑출판사.

김동은(1998), 「국어 파생명사의 구조와 의미」, 경희대 석사학위논문.

김동찬(1987), 『단어 조성론(조선어리론문법)』, 고등교육도서출판사.

김두봉(1916), 『조선말본』/김민수・하동호・고영근 편, 『한국역대문법대계』에 실림.

김두봉(1922), 『깁더조선말본』/김민수・하동호・고영근 편, 『한국역대문법대계』에 실림.

김문웅(1979), 「불완전명사의 어미화」, 『국어교육논지』 7, 대구교대.

김민수(1961), 「늣씨와 morpheme - 주시경 및 Bloomfield의 문법적 최소단위에 대하여」, 『국어국문학』 24.

김민수(1964), 『신국어학』, 일조각.

김민수(1970), 「국어의 격에 대하여」, 『국어국문학』 49・50합병호.

김민수 외(1960), 『새 고교문법』, 동아출판사/김민수・하동호・고영근 편, 『한국역대문법대계』에 실림.

김석득(1962), 「형태소의 변이형태소(allomoph)로의 분석」, 『한글』 129.

김석득(1966), 「국어 형태론 - 형태류어의 구성요소 분석」, 『연세논총』 4.

김석득(1968), 「직접구성요소(IC)의 기능적 관계」, 『이숭녕박사송수기념논총』.

김석득(1971), 『한국어의 형태・통사 구조론 연구』, 연세대 박사학위논문.

김성규(1987), 「어휘소 설정과 음운 현상」, 『국어연구』 77.

김수호(1986), 「접미사 '-답다, -롭다, -스럽다'의 어휘론적 기능 연구」, 『문학과 언어』 7.

김순임(1987), 「국어 접두사의 연구」, 고려대 석사학위논문.

김영욱(1990), 「중세국어 원칙법 '-니-'와 둘째설명법 어미 '-니라'의 설정에 따른 문제점 해결을 위하여」, 『관악어문연구』 14.

김영욱(1995), 『문법 형태의 역사적 연구』, 도서출판 박이정.

김영욱(1997), 『문법형태의 연구방법』, 도서출판 박이정.

김영희(1974), 「한국어 조사류어의 연구」, 『문법연구』 1.

김영희(1975), 「한국어의 거듭상」, 『한글』 156.

김영희(1986), 「복합 명사구, 복합 동사구 그리고 겹목적어」, 『한글』 193.

김완진(1972), 「형태론적 현안의 음운론적 극복을 위하여」, 『동아문화』 11, 서울대.

김완진(1976), 『노걸대언해에 대한 비교연구』(한국연구총서31).

김윤경(1946), 「나랑말본」, 『한글』 12-2.

김정수(1984), 『17세기 한국말의 높임법과 그 15세기로부터의 변천』, 정음사.

김주미(1988), 「국어 복합동사의 의미론적 고찰」, 동덕여대 석사학위논문.

김주원(1984), 「통사적 변화의 한 양상」, 『언어학』 7.

김주필(1988), 「15세기 피동접미사의 이형태와 그 분화과정에 대하여」, 『관악어문연구』 13.

김정식(1986), 「앞가지 파생어의 생산성 연구」, 『어문학교육』 9, 한국어문교육학회.

김지홍(1986), 「몇 어형성 접미사에 대하여」, 『백록어문』 1.

김진형(1995), 「중세국어 보조사에 대한 연구」, 『국어연구』 136.

김진형(2000), 「조사연속구성과 합성조사에 대하여」, 『형태론』 2-1.

김창섭(1981), 「현대국어 복합동사 연구」, 『국어연구』 47.

김창섭(1984), 「형용사 파생접미사들의 기능과 의미: '-답-', '-스럽-', '-롭-', '-하-'와 '-적-'의 경우」, 『진단학보』 58.

김창섭(1983), 「'줄넘기'와 '갈림길'형 합성명사에 대하여」, 『국어학』 12.

김창섭(1985), 「시각형용사의 어휘론」, 『관악어문연구』 10.

김창섭(1990a), 「영파생과 의미전이」, 『주시경학보』 5.

김창섭(1990b), 「복합어」, 『국어연구 어디까지 왔나』, 동아출판사.

김창섭(1992/1996), 『국어의 단어형성과 단어구조』, 태학사.

김창섭(1998), 「복합어」, 『문법 연구와 자료』, 태학사.

김흥범(1985), 「근대화기 국어의 접두파생법 연구 – 현대어와의 비교를 중심으로 – 」, 연세대 석사학위논문.

김희상(1909), 『초등국어어전』, 유일서관/김민수 · 하동호 · 고영근 편, 『한국역대문법대계』에 실림.

김희상(1911), 『조선어전』, 보급서관/김민수 · 하동호 · 고영근 편, 『한국역대문법대계』에 실림.

김희상(1927), 『울이글틀』, 영창서관/김민수 · 하동호 · 고영근 편, 『한국역대문법대계』에 실림.

김흥수(1998), 「피동과 사동」, 『문법 연구와 자료』, 태학사.

남광우(1962), 『국어학논문집』, 중앙대출판국.

남기심(1970), 「이음씨끝 '-아'를 매개로 한 겹씨의 움직씨 형성에 대하여」, 『한글』 146.

남기심(1986), 「이형태의 상보적 구성과 통사적 구성」, 『한글』 193.

남기심 · 고영근(1985), 『표준국어문법론』, 탑출판사.

남윤진(1997), 『현대국어 조사에 대한 계량언어학적 연구』, 서울대 박사학위논문.

남풍현(1965), 「십오세기 국어의 음성상징 연구」, 『국어연구』 13.

남풍현(1969), 「모음의 음성상징과 어사발달에 대한 고찰」, 『한양대학교창립 30주년 기념논문집』.

노대규(1981), 「국어 접미사 '답'의 의미 연구」, 『한글』 172.

노대규(1982), 「국어 복합어 구성 법칙」, 『인문논총』 4, 한양대.

노명희(1990), 「한자어의 어휘형태론적 특성에 관한 연구」, 『국어연구』 95.

노명희(1997), 「한자어 형태론」, 『국어학』 29.

노명희(1998a), 『현대국어 한자어의 단어구조 연구』, 서울대 박사학위논문.

노명희(1998b), 「한자어」, 『문법 연구와 자료』, 태학사.

류구상(1983), 「국어 후치사에 대한 재론」, 『경희어문학』 6.

민현식(1982), 「현대국어 격에 관한 연구」, 『국어연구』 49.

민현식(1984), 「'-스럽다, -롭다' 접미사에 대하여」, 『국어학』 13.

박병채(1974), 『논주 월인천강지곡(상)』, 정음사.

박부자(2000), 「14·15세기 국어의 선어말어미 통합순서에 대한 연구」, 한국정신문화연구원 석사학위논문.

박성현(1989), 「국어의 부사화소 {-이}와 {-게}에 대한 사적 고찰」, 서울대 석사학위논문.

박승빈(1931), 『조선어학강의요지』, 보성전문학교/김민수·하동호·고영근 편, 『역대한국문법대계』에 실림.

박승빈(1935), 『조선어학』/김민수·하동호·고영근 편, 『한국역대문법대계』에 실림.

박양규(1987), 「'보내오다'류의 유표적 복합동사들」, 『국어학』 16.

박양규(1990), 「피동법」, 『국어연구 어디까지 왔나』, 동아출판사.

박용규(1990), 「국어 접두사가 통사에 미치는 영향」, 계명대 석사학위논문.

박진호(1994), 「통사적 결합 관계와 논항구조」, 『국어연구』 123.

박진호(1999), 「형태론의 제자리 찾기」, 『형태론』 1-2.

박홍근(1981), 「국어 복합어 설정의 기준문제에 관한 연구」, 연세대 석사학위논문.

박희식(1984), 「중세국어 부사에 대한 연구」, 서울대 석사학위논문.

박창해(1964), 『한국어구조론 연구Ⅲ』, 연세대 한국어학당.

방종현(1947), 「용비어천가」, 『한글』 13-1.

방종현(1963), 『일사 국어학논집』, 민중서관.

배주채(1991), 「유추변화는 문법변화인가」, 『주시경학보』 7.

서병국(1975), 『현대국어 어구성 연구』, 경북대 박사학위논문.

서정수(1975), 『동사 '하-'의 문법』, 형설출판사.

서정수(1981), 「합성어에 관한 문제」, 『한글』 173·174.

서정수(1991), 『현대 한국어 문법 연구의 개관』, 한국문화사.

서태룡(1985), 「정동사어미의 형태론」, 『진단학보』 60.

서태룡(1988), 『국어 활용어미의 형태와 의미』, 태학사.

서태룡(1990), 「활용어미」, 『국어연구 어디까지 왔나』, 동아출판사.

서태룡(1997), 「어말어미의 변화」, 『전광현·송민선생의 화갑기념 국어사연구』, 태학사.

서태룡(1998), 「접속어미의 형태」, 『문법 연구와 자료』, 태학사.

석주연(1995), 「근대국어 파생형용사의 형태론적 연구」, 『국어연구』 132.

성광수(1988a), 「국어의 단어와 조어」, 『주시경학보』 1.

성광수(1988b), 「합성어 구성에 관한 검토」, 『한글』 201·202.

성기철(1969), 「명사의 형태론적 구조」, 『국어교육』 15.

성환갑(1972), 「접두사 연구」, 중앙대 석사학위논문.

송기중(1992), 「현대국어 한자어의 구조」, 『한국어문』 1, 한국정신문화연구원.

송복승(1994), 『국어 사동문과 피동문의 논항구조 연구』, 서강대 박사학위논문.

송원용(1998), 「활용형의 단어형성 참여 방식에 대한 연구」, 『국어연구』 153.

송원용(2000), 「현대국어 임시어의 형태론」, 『형태론』 2-1.

송원용(2002), 『국어 어휘부와 단어 형성 체계에 대한 연구』, 서울대 박사학위논문.

송철의(1977), 「파생어 형성과 음운현상」, 『국어연구』 38.

송철의(1983), 「파생어 형성과 통시성의 문제」, 『국어학』 12.

송철의(1985), 「파생어 형성에 있어서의 어기의 의미와 파생어의 의미」, 『진단학보』 60.

송철의(1989/1992), 『국어의 파생어형성 연구』, 태학사.

송철의(1993), 「언어변화와 언어의 화석」, 『국어사 자료와 국어학의 연구』, 문학과지성사.

송철의(1998), 「파생어」, 『문법 연구와 자료』, 태학사.

시정곤(1988), 「복합어 형성규칙과 음운현상」, 고려대 석사학위논문.

시정곤(1993), 『국어의 단어형성원리』, 고려대 박사학위논문.

시정곤(1999), 「규칙은 과연 필요 없는가?」, 『형태론』 1-2.

신석환(1981), 「'둡'계 파생어류 연구」, 『김형규박사고희기념논총』.

신중진(1998), 「현대국어 의성의태어 연구」, 『국어연구』 153.

신중진(1999), 「의성어의 조어원리와 단어형성 참여 양상」, 『형태론』 1-1.

신창순(1966), 「15세기 국어의 보충법과 존대말」, 『한글』 137.

심재기(1979), 「관형화의 의미 기능」, 『어학연구』 15-2.

심재기(1982), 『국어어휘론』, 집문당.

심재기(1987), 「한자어의 구조와 그 조어력」, 『국어생활』 8.

안명철(1990), 「국어의 융합현상」, 『국어국문학』 103.

안병희(1959/1978), 『15세기 국어의 활용어간에 대한 형태론적 연구』, 탑출판사.

안병희(1962), 「중기국어 동사 '후-'의 어간교체에 대하여」, 『문호』 2, 건국대.

안병희(1965), 「문법론」, 『국어학개론』, 수도출판사.

안병희(1966), 「부정격(Casus Infinitus)의 정립을 위하여」, 『동아문화』 6.

안병희(1967), 「문법사: 한국어 발달사(중)」, 『한국문화사대계V』, 고려대 민족문화연구
소.

안병희(1968), 「중세국어의 속격어미 - ㅅ에 대하여」, 『이숭녕박사송수기념논총』, 을유
문화사.

안정애(1983), 「현대국어 접두사 연구」, 고려대 석사학위논문.

안주호(1996), 「명사 파생의 문법화 연구」, 『어학연구』 32-1.

안확(1917), 『조선문법』/김민수·하동호·고영근 편, 『한국역대문법대계』에 실림.

안효경(1994), 「현대국어 접두사 연구」, 『국어연구』 117.

양인석(1972), *Korean Syntax*, 백합출판사.

양정호(1991), 「중세 국어 파생 접미사 연구」, 『국어연구』 105.

연재훈(1986), 「한국어 '동사성명사 합성어'의 조어법과 의미 연구」, 서울대 석사학위논문.

연재훈(1989), 「국어 중립 동사 구문에 대한 연구」, 『한글』 203.

오예옥·이성만 옮김(1995), 『현대 독일어 조어론』, 한국문화사.

옥익환(1984), 「국어 접두사 연구 - 고유어 접두사를 중심으로 -」, 동아대 석사학위논문.

왕문용(1982), 「입성의 기능에 대한 가설」, 『국어학』 11.

우형식(1996), 『국어 타동구문 연구』, 도서출판 박이정.

유길준(1909), 『대한문전』, 隆文館/김민수·하동호·고영근 편, 『한국역대문법대계』에 실림.

유동석(1984), 「{로}의 이질성 극복을 위하여」, 『국어학』 13.

유동석(1990), 「조사생략」, 『국어연구 어디까지 왔나』, 동아출판사.

유동석(1991a), 「상대높임법에 대한 통사론적 접근」, 『부산교대논집』 11, 부산대.

유동석(1991b), 「중세국어 객체높임법에 대한 통사론적 접근」, 『국어학의 새로운 인식과 전개』, 민음사.

유동석(1993), 「중세 국어 주어동사 일치」, 『국어사 자료와 국어학의 연구』, 문학과지성사.

유창돈(1963), 「이조어의 말어미고」, 『인문과학』 10, 연세대.

유창돈(1964), 『이조국어사연구』, 선명문화사.

유창돈(1971), 『어휘사연구』, 선명문화사.

유창돈(1980), 『이조국어사연구』, 삼우출판사.

윤동원(1986), 「형용사 파생접미사 {-스럽-}, {-롭-}, {-답-}의 연구」, 『국어국문학논문집』 23, 서울사대.

윤석민(1998), 「문장종결법」, 『문법 연구와 자료』, 태학사.

이강로(1981), 「파생접사 '-지-'의 형태론적 연구」, 『국어학자료집』 2, 대제각.

이건식(1988), 「현대 국어의 반복 복합어 연구」, 단국대 석사학위논문.

이경우(1981), 「파생어형성에 있어서의 의미변화」, 『국어교육』 39·40.

이경우(1990), 「파생법」, 『국어연구 어디까지 왔나』, 동아출판사.

이광정(1983), 「15세기 국어의 부사형어미 '-게'와 '-이'에 대하여」, 『국어교육』 44·45.

이광호(1986), 「미지의 '이'를 찾아서」, 『어문학』 5, 국민대.

이광호(2000), 「현대국어 선어말어미의 결합관계와 빈도에 따른 텍스트 유형」, 『국어연구』 163.

이규방(1922), 『신찬조선어법』/김민수·하동호·고영근 편, 『한국역대문법대계』에 실림.

이기갑(1978), 「우리말 상대높임 등급 체계의 변천 연구」, 서울대 석사학위논문.

이기문(1961/1972), 『국어사개설』, 탑출판사.

이기문(1965), 「근세중국어 차용어에 대하여」, 『아세아연구』 82.

이기문(1963), 『국어표기법의 역사적 연구』(한국연구총서18).

이기문(1976), 「주시경의 학문에 대한 새로운 이해」, 『한국학보』 5.

이기문(1991), 『국어 어휘사 연구』, 동아출판사.

이기백(1981), 「국어 어미의 사적 연구(1)」, 『어문론총』 15.

이남순(1988),『국어의 부정격과 격표지 생략』, 탑출판사.

이남순(1996),「특수조사의 통사기능」,『진단학보』82.

이남순(1997),「조사의 생략」,『제24회국어학회 공동연구회 발표논문집』.

이남순(1998),「격조사」,『문법 연구와 자료』, 태학사.

이병근(1975),「음운현상과 비음운론적 제약」,『국어학』3.

이병근(1979),「주시경의 언어이론과 늣씨」,『국어학』8.

이병근(1986),「국어사전과 파생어」,『어학연구』22-3.

이상억(1972),「동사의 특성에 대한 이해」,『어학연구』8-2.

이상춘(1925),『조선어문법』, 개성: 송남서관/김민수 · 하동호 · 고영근 편,『한국역대문법대계』에 실림.

이선영(1992),「15세기 국어 복합동사 연구」,『국어연구』110.

이석주(1988),「국어 약어형에 대한 연구」,『한성대학교논문집』12.

이석주(1989),『국어형태론』, 한샘.

이숭녕(1953),「격의 독립품사 시비」,『국어국문학』3.

이숭녕(1955),「접미사 ㅂ계 연구」,『진단학보』17.

이숭녕(1954),「음운상징론」,『문리대학보』2-2, 서울대.

이숭녕(1955),「Ablaut 연구」,『한글』109.

이숭녕(1956),『고등국어문법』, 을유문화사.

이숭녕(1958),「음성상징재론」,『문리대학보』7-1, 서울대.

이숭녕(1961),『중세국어 문법』, 을유문화사.

이숭녕(1978),「국어 음성상징론에 대하여」,『언어』3-1.

이숭녕(1981),『중세국어문법』(개정 증보판), 을유문화사.

이승명(1987),「국어준말의 형태와 구조」,『장태진박사회갑기념국어국문학논총』, 삼영사.

이승욱(1974),「동사어간형태소의 발달에 대하여」,『진단학보』38.

이승욱(1977),「문법사의 몇 문제」,『국어학』5.

이승욱(1981),「부동사의 허사화」,『진단학보』51.

이승욱(1984),「중세어 '이'부사화와 일부의 폐어현상」,『동양학』14.

이승재(1980),「남부방언의 형식명사 '갑'의 기능 분석」,『방언』4.

이승재(1983),「혼효형 형성에 대한 문법론적 고찰」,『어학연구』19-1.

이승재(1992),「융합형의 형태분석과 형태의 화석」,『주시경학보』10.

이승희(1996),「중세국어 감동법 연구」,『국어연구』139.

이영경(1992),「17세기 국어의 종결어미에 대한 연구」,『국어연구』108.

이 용(2000),『연결어미의 형성에 대한 연구』, 서울시립대 박사학위논문.

이은경(1998),「접속어미의 통사」,『문법 연구와 자료』, 태학사.

이익섭(1965),「국어복합명사의 IC 분석」,『국어국문학』30.

이익섭(1967),「복합명사의 액센트 고찰」,『학술원논문집』6.

이익섭(1968), 「한자어 조어법의 유형」, 『이숭녕박사송수기념논총』.

이익섭(1969), 「한자어의 비일음절 단일어에 대하여」, 『김재원박사회갑기념논총』.

이익섭(1975), 「국어조어론의 몇 문제」, 『동양학』 5.

이익섭(1982), 「현대국어의 반복복합어의 구조」, 『백영정병욱선생환갑기념논총국어학연구』, 신구문화사.

이익섭·임홍빈(1983), 『국어문법론』, 학연사.

이재성(1990), 「고유어 접두파생법 연구」, 연세대 석사학위논문.

이재인(1985), 「명사 파생접미사의 통합현상」, 『소당천시권박사화갑기념국어학논총』.

이재인(1989), 「'-이' 명사의 형태론」, 『이정정연찬선생회갑기념논총』, 탑출판사.

이재인(1994), 『국어 파생접미사에 대한 연구』, 서강대 박사학위논문.

이재홍(1992), 「고유어 접두사 한계 설정에 대한 고찰」, 중앙대 석사학위논문.

이주행(1981), 「국어의 복합어에 대한 고찰」, 『국어국문학』 86.

이지양(1988), 「'업', '겁' 파생형용사에 대하여」, 『대전대논문집』 7-1.

이지양(1993/1998), 『국어의 융합현상』, 태학사.

이지양(1998), 「문법화」, 『문법 연구와 자료』, 태학사.

이지영(1999), 「선어말어미 '-더-'의 통시적 연구」, 『국어연구』 159.

이태영(1988), 『국어 동사의 문법화 연구』, 한신문화사.

이현규(1978), 「국어 물음법의 변천」, 『한글』 162.

이현규(1981), 「국어 전용법의 사적 연구」, 『한국어문논집』 1, 한사대.

이현규(1982), 「접미사 '-답다'의 형태, 구조, 의미 변화」, 『조규설박사화갑기념논총』.

이현주(1995), 「한자어 어기와 고유어 파생접사로 구성된 국어 어간 형성 연구」, 한국정신문화연구원 석사학위논문.

이현희(1982), 「국어 의문법에 대한 통시적 연구」, 『국어연구』 52.

이현희(1985), 「'ᄒ다' 어사의 성격에 대하여: 누러ᄒ다류와 엇더ᄒ다류를 중심으로」, 『한신논문집』 2.

이현희(1986), 「중세국어의 용언어간말 '-ᄒ-'의 성격에 대하여」, 『국어학신연구』, 탑출판사.

이현희(1987), 「중세국어 '둗겁-'의 형태론」, 『진단학보』 63.

이현희(1991a), 「국어문법사 기술에 있어서의 몇 가지 문제」, 『국어사 논의에 있어서의 몇 가지 문제』, 한국정신문화연구원 어문연구실.

이현희(1991b), 「국어 어휘사 연구의 흐름」, 『국어학 연구 100년사』, 일조각.

이현희(1991c), 「중세국어의 합성어와 음운론적인 정보」, 『석정이승욱선생회갑기념논총』, 태학사.

이현희(1994), 『중세국어 구문연구』, 신구문화사.

이현희(1997), 「중세국어 강세접미사에 대한 일고찰」, 『한국어문학논고』, 태학사.

이현희(2002), 「중세·근대 국어 형태론의 몇 문제」, 『고영근선생정년기념논문집』, 서울

190

대출판부.

이호승(2001), 「단어형성과정의 공시성과 통시성」, 『형태론』 3-1.

이희승(1949), 『초급국어문법』, 박문출판사/김민수·하동호·고영근 편, 『역대한국문법대계』에 실림.

이희승(1955), 『국어학개설』, 민중서관.

임홍빈(1976), 「부사화와 대상성」, 『국어학』 4.

임홍빈(1979), 「용언의 어근분리 현상에 대하여」, 『언어』 4-2.

임홍빈(1981), 「사이시옷 문제의 해결을 위하여」, 『국어학』 10.

임홍빈(1982), 「기술보다는 설명을 중시하는 형태론의 정립을 위하여」, 『한국학보』 26.

임홍빈(1985), 「형태」, 『국어국문학연구사』, 우석.

임홍빈(1989), 「통사적 파생에 대하여」, 『어학연구』 25-1.

장경희(1977), 「17세기 국어의 종결어미 연구」, 서울대 석사학위논문.

장석진(1996), _Korean_, John Benjamins B.V.

장윤희(1998), 『중세국어 종결어미에 대한 통시적 연구』, 서울대 박사학위논문.

장윤희(1999), 「공형태 분석의 타당성 검토」, 『형태론』 1-2.

전상범(1995), 『형태론』, 한신문화사.

전철웅(1976), 「현대 한국어의 경음화 연구」, 서울대 석사학위논문.

전철웅(1990), 「사이 시옷」, 『국어연구 어디까지 왔나』, 동아출판사.

정동환(1984), 「현대국어 접두사 연구」, 인하대 석사학위논문.

정렬모(1946), 『신편 고등국어문법』, 한글문화사/김민수·하동호·고영근 편, 『역대한국문법대계』에 실림.

정민영(1994), 『국어 한자어의 단어형성 연구』, 충북대 박사학위논문.

정원수(1991), 『국어의 단어형성 연구』, 충남대 박사학위논문.

정영혜(1997), 『국어의 접두사화 연구』, 동아대 석사학위논문.

정인승(1938), 「모음상대법칙과 자음가세법칙」, 『한글』 6-9.

정재영(1996), 『의존명사 '드'의 문법화』, 태학사.

정재영(1998), 「고려시대의 {-이} 부사와 부사형」, 『국어 어휘의 기반과 역사』, 태학사.

정정덕(1982), 「합성명사의 의미론적 연구 - N1·N2 구조를 중심으로 - 」, 『한글』 175.

정호성(1988), 「17세기 국어의 파생접미사에 대한 연구」, 성균관대 석사학위논문.

조남호(1988), 「현대국어 파생접미사 연구: 생산력이 높은 접미사를 중심으로」, 『국어연구』 85.

조일규(1993), 『국어이름씨 뒷가지의 변천 연구』, 동아대 박사학위논문.

주시경(1910), 『국어문법』/김민수·하동호·고영근 편, 『역대한국문법대계』에 실림.

주시경(1914), 『말의소리』/김민수·하동호·고영근 편, 『역대한국문법대계』에 실림.

채완(1986), 『국어 어순의 연구』, 탑출판사.

채완(1987), 「국어 음성성징론의 몇 문제」, 『국어학』 16.

채완(1990), 「특수조사」, 『국어연구 어디까지 왔나』, 동아출판사.

채완(1998), 「특수조사」, 『문법 연구와 자료』, 태학사.

채현식(1994), 「국어 어휘부의 등재소에 관한 연구」, 『국어연구』 120.

채현식(1999), 「조어론의 규칙과 표시」, 『형태론』 1-1.

채현식(2000), 『유추에 의한 복합명사 형성 연구』, 서울대 박사학위논문.

채희락(1996), 「'하-'의 특성과 경술어 구문」, 『어학연구』 32-3.

최광옥(1908), 『대한문전』, 안악서면회/김민수·하동호·고영근 편, 『역대한국문법대계』에 실림.

최규일(1989), 『한국어 어형성에 관한 연구』, 성균관대 박사학위논문.

최동주(1995), 『국어 시상체계의 통시적 변화에 대한 연구』, 서울대 박사학위논문.

최명옥(1985), 「서북방언 문서술어에 대한 형태론적 연구」, 『방언』 8.

최전승(1982), 「비어두음절 모음의 방언적 분화」, 『백영정병욱선생환갑기념논총』, 신구문화사.

최형용(1997), 「형식명사·보조사·접미사의 상관관계」, 『국어연구』 148.

최현배(1930), 「조선어의 품사분류」, 『조선어문연구』/김민수·하동호·고영근 편, 『역대한국문법대계』에 실림.

최현배(1937/1971), 『우리말본』(다섯번째 고침), 정음사.

최현배(1976), 『고친 한글갈』, 정음사.

하치근(1988), 「국어 파생접미사의 유형 분류」, 『한글』 199.

하치근(1989/1993), 『국어파생형태론』(개정증보판), 남명문화사.

하치근(1996), 「국어 통사적 접사의 수용 범위 설정에 관한 연구」, 『한글』 231.

하치근(1999), 「'-음' 접미사의 본질을 찾아서」, 『형태론』 1-2.

한재영(1985), 「중세국어 성조에 대한 일고찰」, 『국어학』 14.

한재영(1996), 「조사 중첩 원리의 모색: 16세기 국어를 중심으로」, 『이기문교수정년퇴임기념논총』, 신구문화사.

한재영(1999), 「중세국어 복합동사 구성에 대한 연구」, 『어학연구』 35-1.

허웅(1963), 『언어학개론』, 정음사.

허웅(1964), 「서기 15세기 국어의 사역·피동의 접사」, 『동아문화』 2, 서울대.

허웅(1966a), 「서기 15세기 국어를 대상으로 한 조어법의 서술방법과 몇 문제점」, 『동아문화』 6.

허웅(1966b), 「서기 15세기 국어의 비통사적 합성어」, 『아세아학보』 2.

허웅(1968), 『국어음운학』, 정음사.

허웅(1975), 『우리 옛말본』, 샘문화사.

허웅(1995), 『20세기 우리말의 형태론』, 샘문화사.

허철구(1998), 『국어의 합성동사 형성과 어기분리』, 서강대 박사학위논문.

홍기문(1927), 「조선정음문전요령」, 『현대평론』 1~5/김민수·하동호·고영근 편, 『역대한국문법대계』에 실림.

홍기문(1947), 『조선문법연구』, 서울신문사/김민수 · 하동호 · 고영근 편, 『역대한국문
법대계』에 실림.

홍윤표(1984), 「현대국어 후치사 {가지고}」, 『동양학』 14.

홍윤표(1990), 「격조사」, 『국어연구 어디까지 왔나』, 동아출판사.

황병순(1986), 「국어 복합동사에 대하여」, 『영남어문학』 13.

황선엽(1995), 「15세기 국어 '-으니'의 용법과 기원」, 국어연구 135.

황선엽(1998), 「중세국어 '슳갑다'에 대한 고찰」, 『한국문화』 21.

Aitchison, J.(1987), *Words in the Mind*, Oxford: Blackwell.

Anderson, S. R.(1982), "Where's Morphology?," *Linguistic Inquiry 13*.

Anderson, S. R.(1988), "Inflection," In Hammond M. and Noonan M. ed., *Theoretical Morphology*, Orlando: Academic Press.

Aronoff, M.(1976), *Word Formation in Generative Grammar*, Cambridge(Mass) : MIT Press.

Baker M.(1988), *Incorporation: A theory of Grammartical Function Changing*, Chicago: University of Chicago Press.

Brown, E. K. & J. E. Miller(1980), *Syntax: A Linguistic Introduction to Sentence Structure*, London: Hutchinson.

Bybee, J.(1985), *Morphology: a Study of the Relation between Meaning and Form*, Amsterdam: Benjamins.

Bybee, J.(1988), "Morphology as lexical organization," In Hammond M. and Noonan M. ed., *Theoretical Morphology*, Orlando: Academic Press.

Bybee, J.(1994), "A view of phonology from a cognitive and function perspective," *Cognitive Linguistics* 5-4.

Bybee, J.(1995), "Regular morphology and the lexicon," *Language and Cognitive Processes* 10-5.

Chomsky, N.(1970), "Remarks on nominalization," In R. Jacobs and P. S. Rosenbaum ed., *Readings in English Transformational Grammar*, Ginn. Walthem(Mass): Blaisdell.

Di Sciullo, A. M. D. and Williams, E.(1987), "On the Definition of Word," *Linguistic Inquiry Monographs* 14.

Dressler, W.(1985), *Morphology*, Ann Arbor: Karoma.

Fabb, N.(1984), "Syntactic Affixation," PhD. dissertation, MIT.

Fabb, N.(1988), "English suffixation is constrained only by selection restrictions," *NLLT* 6.

Halle, M.(1973), "Proglegomena to a Theory of Word Formation," *Linguisic Inquiry*

4-1.

Hockett, C.(1958), *A Course in Modern Linguistics*, New York: The Macmillan.

Jakendoff, R.(1975), "Morphological and Semantic Regularities in the Lexicon," *Language* 51.

Kiparsky, P.(1982), "Lexical Morphology and Phonology," In the Linguistic Society of Korean (ed.), *Linguistics in the Morning Calm.*

Lieber, R.(1981), *On the Organization of the Lexicon*, Indiana University Linguistics Club.

Lees, R.(1960), *The Grammar of English Nominalization*, The Hague: Mouton.

Martin, S. E.(1954), *Korean Morphophonemics*, Linguistic Society of America Baltimore/ 김민수·하동호·고영근 편, 『한국역대문법대계』에 실림.

Martin, S. E. et al.(1968), *New Korean English Dictionary*, Seoul: Minjungseogwan.

Nida, E. A.(1949), *Morphology: the Descriptive Analysis of Words*, Ann Arbor: University of Michigan Press.

Ramstedt, G. J.(1939), *A Korean Grammar,* Helsinki/김민수·하동호·고영근 편, 『한국 역대문법대계』에 실림.

Riedel, F.(1881), *Grammaire Coreenne*, Yokohama/김민수·하동호·고영근 편, 『한국역 대문법대계』에 실림.

Roeper, T. and D. Siegel(1978), "A Lexical transformation for verbal compounds," *Linguisic Inquiry* 9.

Scalise, s.(1984), *Generative Morphology*, Dordrech: Foris Publications.

Sciullo, A. M. D. and Williams, E.(1987), "On the Definition of Word," *Linguistic Inquiry Monographs* 14.

Selkirk, E.(1982), *The Syntax of Words*, Cambridge(Mass): MIT Press.

Sohn, Ho-min(1976), "Semantics of Compound Verbs in Korean," 『언어』 1-1.

Spencer, A.(1991), *Morphological Theory*, Cambridge: Cambridge University Press.

Underwood, H. G.(1890), *An Introduction to the Korean Spoken Language*, Yokohama/김민 수·하동호·고영근 편, 『한국역대문법대계』에 실림.

Wurzel, W.U.(1989), *Inflectional Morphology and Naturalness*, Dordrecht: Reidel.

문법 연구 50년

임동훈

1. 서론

국어 문법에 대한 현대적 연구는 개화기에 그 기운이 싹터서 일제 시대를 거치면서도 위축되지 않고 계속 발전되어 이제 한 세기를 지나게 되었다. 한때는 외국 이론의 수용에 급급하기도 했으나 국어 자료에 대한 치밀한 연구가 이어지고 국어의 보편성과 특수성에 대한 인식이 깊어지면서 이제는 국어학의 이론 체계가 꽤 반듯하게 세워졌다. 국어학의 연구가 언어학 일반의 연구에도 기여할 수 있을 만큼 성장한 것이다.

국어 문법의 연구도 마찬가지다. 해방 이후 50년 동안 국어 문법의 연구는 실로 눈부시다 할 정도로 발전을 거듭했다. 조사, 어미와 같은 문법 형태의 의미 기능과 통사적 특징이 면밀히 탐구되고 격, 경어법, 시제, 접속 등의 문법 범주도 일반 언어학과 개별 언어학의 관점에서 치밀하게 연구되었다.

본고는 해방 이후 50년간 이루어진 국어 문법의 연구를 정리하는 데 그 목적이 있다. 해방 이후 50년간의 문법 연구를 정리하는 일은 20세기의 국어 문법 연구를 점검하는 동시에 21세기의 국어 문법 연구를 전망하는 일도 되기 때문이다. 그래서 본고는 그간의 문법 연구를 정리할 때 되도록이면 논쟁점들을 부각시켜 기술하고자 하였다. 다만 연구사에 대한 구체적인 기술을 할 때에는 일단 형태 중심으로 연구들을 분류하고 그 안에서 여러 주제들을 다루는 방식을 택하였는데, 이는 이러한 방식이 교착어로서 국어가 가지는 특징들을 잘 드러낼 수 있다고 믿었기 때문이다. 그리하여 본고는

198

'문법 형태 위주의 분류, 그리고 그 안에서의 논점별 정리'라는 원칙에 따라
문법의 연구를 조사의 연구, 선어말어미의 연구, 어말어미의 연구로 크게
나누고 각각의 장에서 여러 가지 문법 연구의 주제와 쟁점들을 다루었다.

2. 조 사

2.1 격조사

격조사에 대한 연구는 크게 격의 개념, 격조사의 분류, 격조사의 통사적
성격, 격조사의 결합 순서, 격조사의 의미, 격조사의 역사적 발달, 격조사와
관련된 구문에 관한 것으로 나눌 수 있다. 아래서는 이를 하나씩 살펴보기로
한다.

1970년대 격문법(Case Grammar)이 도입되면서 격의 개념과 관련해서
주격조사와 목적격조사의 성격에 대한 논의가 있었다. 김영희(1974)에서는
주격조사, 목적격조사, 관형격조사가 표면구조의 관계 기능어일 뿐 내면
구조상의 격 범주가 아니라고 주장하였다. 필모어(Fillmore 1968, 1971)에
따라 격을 단문(simplex sentence)의 내면 구조상에서 서술어(predicator)를
핵으로 한 명사구들의 통사의미론적 관계로 이해한 채 주격과 목적격 등의
격 범주가 내면 구조의 통사의미론적 관계와 무관하다고 보았기 때문이다.
즉 주격과 목적격은 내면 구조의 격 범주가 변형 과정에서 유도된 피상적
선택어에 불과하다고 보았다. 그리하여 주격조사, 목적격조사, 관형격조사는
격에서 제외되어 각각 주어조사, 목적어조사, 소유조사로 처리되었다.

김영희(1974)의 논의는 서정수(1994)에서 확대 심화되었다. 서정수(1994)
에서는 조사가 이질적인 여러 요소들을 한데 묶어 놓은 것일 뿐이어서 이의
해체가 필요하다고 주장하였다. 그리하여 이 논문에서는 아래 (1)과 같은
새로운 분류 체계를 제시하였다. 즉 주격조사와 목적격조사는 더 이상 격조사
가 아니라 선행 체언이 주어나 목적어의 기능을 수행함을 표시하는 표지로
처리되고 부사격조사는 후치사로 간주되었다.[1]

(1) ㄱ. 주격조사, 목적격조사 → 기능 표지
ㄴ. 부사격조사 → 후치사
ㄷ. 속격조사 → 체언관형화소
ㄹ. 호격조사 → 호칭기능소
ㅁ. 연결조사 → 접속기능소

최동주(1997)는 김영희(1974)나 서정수(1994)의 논의를 이어받되, 지배와 결속 이론의 조명 아래 국어의 조사 체계를 새롭게 제시하였다. 즉 이 논의에서는 주어, 목적어, 관형어를 구성하는 '이/가', '을/를', '의'만을 격조사로 보고 이들 격조사는 선행 요소의 의미 역할과 무관하게 구조적으로 실현된다고 주장하였다. 그리고 부사어를 구성하는 '에, 에서, 으로, 에게' 등은 일정한 의미 역할과 밀접한 관련을 맺으므로 후치사로 보아야 한다고 하였다. 이때 후치사의 보어로 쓰이는 명사구는 후치사로부터 격을 받는데, 이때의 격은 '사격'(oblique case)이며 국어에서는 사격이 형태적으로 실현되지 않는다고 보았다.

한편 격의 개념과 관련하여 안병희(1966)에서는 不定格이란 개념을 제안하였다. 이 논문에서는 격을 단어들 간의 통합 관계로 정의하고 격조사(이 논문에서는 격어미)는 이러한 통합 관계를 강조하여 표시해 주는 기능을 한다고 보았다. 즉 격은 격조사가 결합하지 않아도 존재한다는 것이다. 예컨대 체언(이 논문에서는 곡용 어간)에 서술어가 통합되면 주격이 표시되고 체언이 통합되면 속격이 표시되며 타동사가 통합되면 대격이 표시되는데, 이때 격조사는 이러한 격을 강조하여 통합 관계를 명확히 할 뿐이고 체언은 해당 격조사 없이 통합 관계만으로 격을 표시할 수 있다는 것이다. 그리고 이 논의에서는 이처럼 격조사 없이 표시되는 격을 부정격이라고 하였다. 이러한 논의는 그간 격조사의 출현을 당연한 것으로 여기고 격조사가 나타나

---

1) '이/가, 을/를'이 격조사가 아니라면 주격, 목적격은 위치로 실현되든지, 아니면 영형태로 실현되어야 할 것이다. 또 '에, 로' 등이 후치사라면 이들이 부여하는 격은 어떻게 실현되는지가 중요한 논의 과제가 된다. 그러나 이 논의에서는 이에 대한 언급을 찾기 어렵다.

지 않을 경우를 격조사의 탈락이나 생략으로 다루어 온 논의들을 거꾸로
뒤집었다는 점에서 국어에서 격조사의 성격을 다시금 생각하게 하는 계기를
마련하였다.

격조사의 분류와 관련해서는 홍윤표(1969), 김영희(1974), 유동석(1984),
임홍빈(1987ㄴ), 이남순(1996), 김영희(1999) 등의 논의가 있었다. 김영희
(1974)에서는 흔히 부사격조사로 다루어지는 '에/에게, 로/로서/로써'와 보조
사로 다루어지는 '부터, 까지'와 다른 조사 뒤에 붙는 '다'를 격조사로 보았
다.2) 그리고 다른 논의에서 공동격조사로 다루어지는 '와/하고'와 비교격조
사로 다루어지는 '만큼/처럼/보다', 그리고 '(이)며, (이)나'를 연결조사로
분류하였다.3)

유동석(1984)에서는 조사가 발휘하는 통보 화용론적 기능을 강조하여
'이, 을'을 격조사가 아니라 양태조사(보조사에 해당함)라고 하였다. 즉 '이,
을'은 아래 (2)에서 보듯이 체언뿐 아니라 부사 혹은 용언의 부사형에도
연결될 수 있고, 때로는 독립적인 문법 단위가 될 수 없는 용언의 어근에까지
통합될 수 있어 격조사로 보기 어렵다고 하였다. 그리하여 '이, 을'은 '은',
'ø'와 대립하는 통보·화용부의 요소라고 하였다.

(2) ㄱ. 나는 그 말이 싫지가/싫지를 않았다.
    ㄴ. 그는 잠시도 가만히를 못 있어 했다.
    ㄷ. 가슴을 활짝 열고 달려를 보라.
    ㄹ. 그분이 함께 하셔서 마음이 든든을 했다.

그러나 이 논의는 '이, 을'이 발휘하는 통사적 기능에 대한 설명이 미흡하다
는 문제가 있다. 위에서 (2ㄱ)은 '가'와 '를'이 교체될 수 있으나 (2ㄴ, ㄷ,

---

2) 여기서 '부터, 까지'는 분포와 의미에 따라 격조사와 보조사(이 논문에서는 한정조
   사)로 나뉜다고 한다.
3) '에'도 분포와 의미에 따라 격조사와 연결조사로 나뉜다고 한다. '에'가 연결조사로
   쓰이는 예로는 다음의 예를 들었다. "텔레비에 냉장고에 자가용에까지 없는 게
   없구나!"

ㄹ)은 '가'와 '를'이 교체될 수 없는데, 위의 논의는 이 같은 통사상의 차이를
충분히 설명해 주지 못하기 때문이다.

임홍빈(1987ㄴ)에서는 조사들의 부류와 그 결합 순서 및 결합 제약을
상세히 검토하였다. 이 논의는 전통문법이나 학교문법에서 조사를 격조사나
특수조사(또는 보조사)로 나누는 분류 방식이 지나치게 단순화되었다고
비판하고 조사를 (3)과 같이 분류하였다.

> (3) ㄱ. α-요소 : α₁-가₁, 의, 를₁, 야/여
>   α₂-께, 에, 에게(한테, 더러, 보고), 로, 과(하고, 나, 랑), 등
> ㄴ. β-요소 : 다/다가, 서
> ㄷ. γ-요소 : 부터, 까지, 조차
> ㄹ. δ-요소 : 처럼, 만큼, 대로, 보다
> ㅁ. τ-요소 : τ₁-만, 마다, 나, 나마, 등
>   τ₂-는, 도, 야, 가₂, 를₂[4]
> ㅂ. π-요소 : 요, 야, (나, 나마, 커녕), (말입니다), 등

위에서 α는 격조사인데, α₁은 π-요소를 제외하면 어떤 요소도 후행하지
않음에 비해 α₂나 α₂에 β가 결합한 형식은 γ-요소, δ-요소, τ-요소, π-요소가
모두 후행할 수 있다는 특징이 있다. 또 β-요소는 α₂ 뒤에만 연결된다. γ-요소는
선행 명사구에 직접 연결됨은 물론 α₂ 앞이나[5] α₂(+β) 뒤뿐만 아니라 δ-요소
뒤에도 연결될 수 있고, γ-요소가 연결된 뒤에도 다른 γ-요소가 더 연결될
수 있다. δ-요소는 α₂(+β) 뒤에 연결될 수 있으나 γ-요소와 달리 α₂ 앞에는
오기 어렵다는 제약이 있다. 그리고 τ-요소는 τ₁ 뒤에는 τ₂가 쓰일 수 있으나
τ₂ 뒤에는 τ₁이 쓰일 수 없다는 제약이 있다. τ₂는 어떤 명제의 진술 목적에
관한 한 동일 명사구에 연결되는 조사의 연속으로서는 최종적인 요소다.
그리고 π는 화자의 수행 목적과 관련되는 요소들이다.[6]

---

4) 여기서 '가₂, 를₂'는 주제 표지로서의 '가, 를'이다.
5) 원 논문에는 'α₂ 뒤'로 되어 있으나 'α₂ 앞'의 오기로 판단된다.
6) 이 분류체계에는 문장적 단위 뒤에 붙는 조사들이 빠져 있다. 예컨대 '마는, 그려'

그러나 위의 분류 역시 그 기준이 불명확하기는 기존 논의와 다를 바
없다. 그간 보조사로 분류되어 온 '나'가 α₂에 속해 있다든지, '에서'를 '에'와
'서'로 쪼개 '서'를 별개의 조사로 분류했다든지, 그간 대부분의 논의에서
격조사로 다루어 온 '처럼, 보다'와 보조사로 다루어 온 '만큼, 대로'를 한데
묶었다든지, '만큼'은 "너에게만큼은 잘해 주고 싶었다"에서 볼 수 있듯이
α₂ 뒤에 잘 결합하는데도 이를 무시했다든지, '나, 나마'가 π-요소로도 기능한
듯이 보았다든지 하는 점들은 더 깊이 있는 논의가 필요하다고 생각된다.

중세국어 조사의 분류와 배열 순서에 대해서는 홍윤표(1969)에서 본격적
인 논의가 이루어졌다. 이 논문에서는 조사를 격어미, 후치사, 첨사로 나누고
이들 간의 연결은 보통 격어미, 후치사, 첨사의 순서로 이루어진다고 보았는
데,7) 여기에서 제시한 격어미, 후치사, 첨사의 목록을 제시하면 아래와 같다.

(4) ㄱ. 격어미 : 이/ㅣ/ø, 의/의, ㅅ, 올/롤/ㄹ, 애/에, ㅇ로/로, 와/과, 아/야/여/하

　　ㄴ. 후치사 : ㄱ장, 거긔, 긔/게, 더브러, 손디, ㄷ려, 그에, 브터, 조차, 조초,
　　　　　　　 분, 뼈, 도, 논/온/ㄴ, 다비/다이/다히/ㄷ이, 도곤/두고, 라와,
　　　　　　　 로이, 잇든, ㅇ란

　　ㄷ. 첨사 : 가/아, 고/오, 구, ㄱ, ㅇ, 곰/옴, 곳/옷, 봇/봇, 마/만, 맛, 마다,
　　　　　　　 와

홍윤표(1969)의 논의를 이어받아 현대국어에서 조사를 삼분한 논의는
이남순(1996)이다. 이 논의에서는 조사를 격조사, 특수조사, 첨사로 나누고
'보다, 부터, 까지, 조차, 마저, 만, 만큼, 대로, 처럼' 등과 같이 격조사의
뒤에 나타나는 요소들을 특수조사로 처리하고, 그리고 조사 결합의 끝자리에

등은 항상 종결어미로 끝나는 문장 뒤에만 붙는 조사이다. 그리고 임동훈(1995)에서
는 아래 예문의 '고'와 '는'을 모두 문장적 단위 뒤에 붙는 조사로 보았다. '고'는
부사격조사이고 '는'은 중세국어의 'ㅅ'과 비슷하게 기능하는 속격조사라고 본
것이다['는'이 조사라는 자세한 논의는 임동훈(1995) 참조].
　　명희가 결혼한다고 소문이 났다.
　　명희가 결혼한다는 소문이 났다.
7) 이 논문에서 언급하는 후치사는 부사격조사가 아니라 보조사에 해당한다.

통합되는 '는, 도, 야, 나, 나마' 등은 첨사로 처리하였다. 즉 문장 성분에
통합되는 순서를 기준으로 조사류를 분류하고 첨사를 체언의 확대를 마무리
하는 위치에 나타나는 것으로 정의하였다.

그리고 김영희(1999)에서는 흔히 부사격조사로 다루어 온 '에, 에서, 에게,
로'를 대상으로 이를 세밀하게 분류하는 작업을 하였다. 이 논의의 골자는
동일한 '에, 에서, 에게, 로'라 하더라도 사격 표지로 쓰인 것과 후치사로
쓰인 것이 구분된다는 것이다. 요컨대 '에, 에서, 에게, 로'를 크게 보족어를
구성하는 경우와 부가어를 구성하는 경우로 나누고 보족어를 구성하는 경우
는 다시 '에, 에서, 에게, 로'가 생략될 수 있는 경우와 생략될 수 없는 경우로
나누어 전자를 사격 표지(oblique marker)로,[8] 후자를 후치사(postposition)로
보았다. 그리고 부가어를 구성하는 경우의 '에, 에서, 에게, 로'는 생략될
수 없으므로 역시 후치사로 보았다. 이때 후치사는 당연히 의미격 부여자가
된다고 하였다.

나아가 이 논문에서는 보족어를 이루는 후치사와 부가어를 이루는 후치사
의 차이에 대해서도 논의하였다. 즉 보족어를 이루는 후치사는 분열문의
초점 위치에 나타나기 어려우나 부가어를 이루는 후치사는 분열문의 초점
위치에 나타난다는 사실을 고려하여 전자와 후자의 문법적 특징이 다르다고
하였다. 이 둘은 모두 의미격 부여자이긴 하지만, 전자는 동사로부터 직접
의미격을 부여받지 못하여 간접 논항이 되는 선행 명사구에 동사로부터
부여받은 후치사구의 의미격을 중개해 주는 의미격 부여자이며[9] 아울러
선행 명사구에 고유격도 부여하는 격 부여자이고, 후자는 동사와 관계 없이
후치사구를 구성하는 선행 명사구에 스스로 의미격을 부여하는 의미격 부여
자인 동시에 고유격도 부여해 주는 격 부여자라고 하였다.

---

8) 이 논문에서 제시된 사격 표지는 '동사로부터 직접 의미격을 부여받아 직접 논항이
   되는 선행 명사구에 동사로부터 고유격이 부여된 다음 격 실현이 일어나면서
   표시되는 격 표지'로 정의된다.
9) 여기서의 의미격은 semantic case가 아니라 의미역(θ-role)을 의미하고 보족어는
   보어(complement)를 의미하는 것으로 판단된다.

그러나 "동사로부터 직접 의미격을 부여받지 못하여 간접 논항이 되는 선행 명사구에 동사로부터 부여받은 후치사구의 의미격을 중개해 주는 의미격 부여자"라는 진술은 이론적으로 다소 모순된 내용을 포함하고 있다는 점에서 문제가 있어 보인다. 또 이 논의에서는 '양쪽은 협상에 임했다'와 '그가 위기에 처했다'에서 '협상에, 위기에'가 동사로부터 직접 의미격을 부여받지 못하는 간접 논항이라고 하였는데, 과연 그런지 의심스럽다.10)

사실 국어에서 격의 개념을 세우고 이를 분류하는 일은 최현배(1941),11) 이희승(1949)에서 본격화하였다. 이희승(1949)에서는 격을 글월 속에서 체언이 다른 말에 대하여 가지는 자격으로 정의하고, 격조사는 그 의미 기능에 따라 '주격, 호격, 목적격, 여격, 소유격, 상대격, 탈격, 처소격, 향진격, 유래격, 사용격, 변성격, 원인격, 자격격, 비교격, 동류격, 동반격, 열거격'의 18가지로 나누었다. 즉 형태가 같은 '에'도 그 의미 기능에 따라 처소격, 향진격, 원인격, 열거격의 넷으로 구분된 것이다.

그러나 최현배(1941)에서는 이와 달리 격을 낱말이 짠조각[組成分]으로서 월[文]에서 차지하는 일정한 자리로 정의하였다. 그리하여 뜻을 덧붙이는 도움토씨를 제외한 토씨의 분류를 다음과 같이 제시하였다.

(5) ㄱ. 자리토씨[格助詞] : 한 가지의 월조각[文成分]이 다른 한 가지의 월조각하고 어떠한 자리에 섬을 보이는 것. 이에는 임자자리토씨(주격조사), 어떤자리토씨(관형격조사), 어찌자리토씨(부사격조사), 부림자리토씨(목적격조사), 부름자리토씨(호격조사)가 있다.12)

ㄴ. 이음토씨[接續助詞] : 두 생각씨의 사이에서 그것들이 한 덩어리가 되어서 한 갈래의 월조각이 됨을 보이는 것.

---

10) 이 논문에는 제시된 예문에 대한 직관 문제도 있어 보인다. 이 논문에서는 '아이가 가방을 웅덩이에를 빠뜨렸다'는 정문이고 '오빠가 책을 언니에게를 주었다'와 '그가 위기에를 처했다'는 비문이라고 보았는데, 필자의 직관은 이와 다르다.

11) 최현배(1941)는 『우리말본』 제2판이다. 초판은 1937년에 나왔고 초판과 재판의 내용이 크게 다르지 않다. 본고에서는 편의상 재판을 기준으로 인용한다.

12) 이 책에서는 이 뒤에 기움자리토[補格助詞]에 대한 언급을 하고 있어 실제로는 격조사를 여섯 가지 인정한 셈이다.

즉 최현배(1941)에서는 조사가 표시하는 의미 기능이 아니라 조사가 표시하는 통사적 관계나 통사적 기능에 따라 조사를 분류했다는 특징이 있다.[13] 그리고 어찌자리토씨는 다시 그것이 보이는 의미 기능에 따라 곳자리[處所格], 연장자리[器具格], 견줌자리[比較格], 함께자리[與同格], 바꿈자리[變成格], 끄어옴자리[引用格]로 세분되었다.

한편 이숭녕(1961)에서는 체언에 조사가 붙는 현상을 곡용으로 처리하고 격조사를 격어미로 보았다. 이렇게 격조사를 곡용어미로 처리함에 따라 실사적 성격이 강하거나 격어미와 쉽게 분리되는 일군의 조사 상당어는 후치사로 처리되었다. 예컨대 '브터, 뼈, 다비, 드려, 손디, 그에' 등이 후치사로 처리되었다.[14]

격조사의 통사적 성격에 대한 논의로는 김완진(1970), 임홍빈(1987ㄴ), 임동훈(1991), 최동주(1997)가 있었다. 김완진(1970)에서는 변형생성문법적인 관점에서 심층구조와 표면구조를 상정하고 '와'의 통사적 성격이 단일함을 주장하였다. 즉 종래 공동격, 비교격, 접속의 기능을 한다고 여겨져 온 '와'는 접속 기능만 할 뿐 공동격과 비교격의 기능은 인정키 어렵다는 것이다.

(6) ㄱ. A와 B는 같다.
    ㄱ'. B는 A와 같다.
    ㄴ. A와 B가 싸운다.
    ㄴ'. B가 A와 싸운다.

요컨대 (6)에서의 '와'는 비교격이나 공동격이 아니라 구접속의 기능을 하고 있다는 주장이다. 그러나 이 논문에서는 여기에서 논의를 더 진전시켜 구접속의 '와'조차도 심층구조에서는 문접속의 '와'로 해석하였다. 즉 'A와 B는 같다'는 심층구조에서 'A는 B와 같다'와 'B는 A와 같다'의 문접속이라고

---

13) 최현배(1941)의 이와 같은 분류방식은 1985년에 발간된 『고등학교 문법』의 토대가 되었다.
14) 이 책은 '는'을 보조사가 아니라 격어미(주제격)로 보았다는 점에서도 특징적이다. 국어의 후치사 설정에 관한 본격적인 논의는 이승욱(1957)이 있다.

주장하였기 때문이다.

임홍빈(1987ㄴ)에서는 격조사와 보조사를 모두 비핵으로 보고 다음과
같은 구구조 규칙을 제시하였다.

(7) ㄱ. NP → NP-K
ㄴ. NP′→ NP-P
ㄷ. NP → NP′

즉 격조사(K)가 부착된 명사구에서 핵은 격조사에 선행하는 명사구이고,
보조사(P)가 부착된 명사구 역시 그 핵은 그 앞에 오는 명사구라는 주장이다.

그러나 임동훈(1991)에서는 격조사(K)가 핵이 아니며 명사구가 'NP →
KP-K'로 구성된다는 임홍빈(1987ㄴ)의 주장을 반박하고 격조사가 핵임을
주장하였다.

(8) ㄱ. 바퀴는 민들레와 비슷하다.
ㄴ. 점원이 사장처럼 군다.
ㄴ′. 점원이 거만하게 군다.

그리고 격조사가 핵이라는 이 논의는 대부분의 격조사가 (8)에서 보듯이
서술어(predicator)의 어휘적 속성에 따라 선택되고, 일부 격조사가 선행 명사
구의 유정성 여부나 존칭성 여부에 따라 선행 명사구와 일치 관계를 보인다는
데 그 주장의 근거를 두었다. 실제로 (8ㄴ′)에서 '-게'를 핵으로 보면서 (8ㄴ)의
'처럼'을 비핵으로 보기는 어려워 보인다. 또 이 논의에서는 'NP-이'가 두
번 이상 출현하는 구문에서 'NP-이'를 모두 주어로 볼 수 있지만 이들이
모두 주격은 아니라는 주장을 하였다. 즉 주어(subject)는 서술어(predicate)에
대응하고 주격(nominative)은 서술어(predicator)에 대응하므로 '철수가 발이
제일 크다'류의 문장은 이중주어문이지 주격중출문이 아니라고 하였다.

한편 최동주(1997)에서는 '이/가, 을/를, 의'를 격조사, '에, 에서, 으로,

에게' 등을 후치사로 구분한 뒤 격조사는 핵이 아니고 후치사는 핵이라는
논의를 펼쳤다. 따라서 이 논의에 따르면 '철수가'는 NP이고 '어제 열린
모임에서'는 PP가 된다.

격조사의 의미에 대해서는 임홍빈(1972, 1974, 1980), 홍윤표(1978), 이광호
(1985), 남기심(1991)이 있었다. 이 중에서 임홍빈(1972, 1980)과 남기심(1991)
은 조사 '이/가'와 '을/를'의 의미에 관한 논의이고, 임홍빈(1974ㄱ), 이광호
(1985)는 그 용법이 가장 다양하다는 조사 '로'에 관한 논의이며, 홍윤표(1978)
는 방향을 표시하는 조사 '에'와 '로', '을'에 관한 논의이다.

임홍빈(1972)에서는 '은/는'뿐 아니라 '이/가'와 '을/를'에도 주제화의 기능
이 있다고 주장하였다. 즉 '이/가', '을/를'이 격조사로서뿐만 아니라 주제
첨사로도 쓰인다는 것이다. 그리하여 이 논의에서는 '은/는', '이/가', '을/를'의
의미 기능에 대해서도 논의를 전개하였는데, '은/는'을 수반하는 체언은
의미론적으로 그와 동 차원에 오는 다른 체언들과 '대조적 대립'을 이루게
되고, '이/가'를 수반하는 체언은 의미론적으로 그와 동 차원에 오는 다른
체언들과 '배타적 대립'을 이루게 되며, '을/를' 주제화된 어떤 대상과 비주제
사이에는 '비대조적 대립'의 관계가 성립된다고 보았다. 그리고 임홍빈(1980)
에서는 임홍빈(1972)의 연장선상에서 '십 리를 걸었다' 등과 같이 자동사문에
나타나는 시간, 거리 개념을 나타내는 '을/를' 성분과 '상식을 연구를 하다'에
서 나타나는 '연구를'과 같은 성분을 대격에서 제외하고 이들을 주제화로
해석하였다.

한편 국어의 조사 중에서 그 용법이 가장 다양하다는 '로'에 대해서는
임홍빈(1974ㄱ)과 이광호(1985)에서 논의한 바가 있었다. 임홍빈(1974ㄱ)에
서는 '로'의 의미 특성을 [+선택적]이라고 보고, '로'는 NP의 자리에 올
수 있는 다른 대상이나 인물을 배제하고 바로 그 대상이나 인물을 선택했다고
하는 의미 특성을 가진다고 하였다. 그리고 이광호(1985)에서는 격조사 '로'가
나타내는 도구, 자료, 자격, 방향, 원인 등의 관계 의미는 선행 NP의 어휘
의미에 따라 파생된 의미에 불과하고, 이들 의미는 모두 '수단'의 관계 의미로

통합될 수 있다는 주장을 하였다.

홍윤표(1978)에서는 방향을 나타내는 조사들의 의미 차이에 대해 논의하였다. 이 논의에 따르면 '에'는 출발점과 도착점이 있고 도착점에 아직 도달하지 않았음을 의미하고, '로'는 출발점과 도착점이 있고 도착점에 도달하지 않은 해석과 도착점을 향해 가는 경유지를 표시하는 해석을 가지며, '를'은 출발점과 도착점이 연상되지 않고 행동의 영역을 표시해 주는 기능을 한다.

(9) ㄱ. 산에 가다가 호랑이를 만났다.
    ㄴ. 산으로 가다가 호랑이를 만났다.
    ㄷ. 산을 가다가 호랑이를 만났다.

그래서 이 논의에 따르면 위에서 (9ㄱ)은 호랑이를 산이 아닌 곳에서 만났다는 의미를 지니고, (9ㄴ)은 호랑이를 산속에서 만난 것이 아니라는 의미와 다른 목표지를 가기 위하여 산을 경유지로 택하여 가다가 산속에서 호랑이를 만났다는 의미를 지니며, (9ㄷ)은 호랑이를 산속에서 만났다는 의미를 지닌다. 이 논의는 이러한 논의를 일반화하여 '로' 앞에 오는 NP가 [+place]이고 후행하는 VP가 [+motion]일 때 '에'는 목표를, '로'는 방향을, '을'은 통과의 의미를 표시하고, 선행 NP가 [+time]이고 후행 NP가 [+motion]일 때 '에'는 계기를, '로'는 방향을, '을'은 지속의 의미를 표시한다고 주장하였다.

남기심(1991)은 임홍빈(1972)과 다른 각도에서 '이/가', '을/를'이 고유한 의미적 특성이 있음을 주장하였다. 예컨대 이 논문에서는 아래와 같은 예문을 들고 그 둘의 의미 차이가 조사의 상이함에서 유래한 것이라고 하였다. 즉 (10ㄱ)은 두 번째 트럭에 다른 물건도 실려 있지만(또는 실을 것이지만) 거기에 책을 실으라는 뜻이고 (10ㄴ)은 두 번째 트럭 전체에 책을 실으라는 뜻이기 때문이다.

(10) ㄱ. 두 번째 트럭에 책을 실어라.
     ㄴ. 두 번째 트럭을 책을 실어라.

요컨대 이 논의는 '-을/를'의 의미를 그것이 '전체성'을 나타낸다는 데서 찾았다. 아래 (11)에서 (11ㄴ)은 비문이 되는데, 그 이유는 전체성을 나타내는 '-을/를'이 비한정명사에 붙었기 때문으로 해석하였다. 전체성을 나타내는 '-을/를'이 비한정명사 '집' 뒤에 붙으면 그 뒤의 동사 '가다'의 행위가 그 비한정명사로 지칭되는 모든 대상에 걸쳐 이루어져야 하는데, 그것이 가능할 수 없는 상황이어서 비문이라는 설명이다.

> (11) ㄱ. 네가 영희네 집을 갔었니?
> ㄴ. *네가 집을 갔었니?
> ㄷ. 네가 집에 갔었니?

그리고 이 논문에서는 '-이/가, -을/를'이 안 나타난 경우는 생략이라고 하기보다는 애초부터 쓰이지 않은 것으로 보아야 한다고 주장하였다. '-이/가, -을/를'이 반드시 주어, 목적어를 표시하는 것도 아니며 주어, 목적어가 반드시 이들을 필요로 하는 것도 아니라고 보았기 때문이다. 또 이 논문에서는 '이삿짐이 비를 맞았다'와 '이삿짐이 비에 맞았다'는 다른 조사가 쓰여서 의미는 서로 다르지만 그 구조적 형상은 동일하다고 보았다. 따라서 목적격이 구조적 형상에 의해서 저절로 결정되고, 그리하여 그 자리에 '-을/를'이 자동적으로 주어지는 것은 아니라고 하였다. 요컨대 '-이/가, -을/를'은 다른 조사들과 마찬가지로 어휘적 의미에 가까운 의미를 가지고 있다는 것이다.

격조사의 역사에 대해서는 안병희(1968)와 홍윤표(1973), 홍윤표(1994)가 주목된다. 안병희(1968)에서는 중세국어에서 명사 사이에 오는 'ㅅ'에 대해서 'ㅅ'이 현대국어와 달리 무정체언과 존칭의 유정체언 뒤에 결합하는 속격조사임을 밝혔다. 이 논문에서는 속격어미를 제1류 '-의/의'와 제2류 '-ㅅ'으로 나누고 제1류는 유정물 지칭의 평칭, 제2류는 유정물 지칭의 존칭과 무정물 지칭의 체언에 연결되어, 후속하는 체언의 소유주임을 표시한다고 하였다. 그리고 여격어미 '-의/의그에'와 '-ㅅ긔'의 대립도 이러한 속격의 용법으로 설명될 수 있음을 주장하였다. 이 논의는 체언에 관한 경어법 연구에서

210

존귀한 인물을 지칭하는 체언이 무정물과 동일 범주로 처리됨을 밝혔다는 점에서도 큰 의의가 있다고 하겠다.

홍윤표(1973)에서는 주격조사 '가'의 발생에 대해 흥미로운 주장을 하였다. '-가'는 발달의 초기에서 볼 때 '-ㅿ' 등과 같은 첨사였으며, 어간 말모음 '-이' 아래에서 '-가'가 연결된 것은 주격어미 zero(또는 '-이')에 첨사 '가'가 연결된 것이라는 것이다.15) 즉 이는 '-이셔, -이ㅿ'에서 '-이'가 주격어미이고 '-셔'가 후치사, '-ㅿ'가 첨사인 현상과 동궤에 놓인다는 주장이다. 그리고 17세기 말경에 이르러 '-이가'의 형태로부터 '-가'가 독립되어 단독으로 기능화하여 쓰이기 시작하였고, 18세기와 19세기에 걸쳐 '-이가', '-이', '-가'가 병존하였으며, 19세기 말에는 '-가'가 완전히 기능화하여 주격어미로 '-이'와 교체형을 이루게 되었다고 보았다. 또 '-가'는 '-이라ㅿ: -이ㅿ = -이라셔: -이셔 = 이라가: x'의 공식을 바탕으로 '-이라가(>*-이다가)'로부터 기원하였으며, '-가'의 의미는 '-다가'의 '가'와 마찬가지로 강조와 한정의 의미를 가진다고 하였다.

홍윤표(1994)에서는 국어 격조사에 대해 사적인 고찰을 하였다. 이 논의에서의 요지는 다음과 같다. 첫째, 호격조사 '하'는 17세기 중기 이후 그 기능이 사라지고 19세기 말 이후 그 형태가 사라졌으며, 호격조사 '이시여'는 20세기 들어 생겨났다. 둘째, 17세기 초에는 'ㅅ'이 존칭체언에 사용되어 존자를 표시하던 기능을 상실하였으며, 근대국어에서는 'ㅅ'이 무정체언에만 연결되는 모습을 보였다. 셋째, 탈격의 기능을 지니던 '띄셔'가 17세기 말에 주격 표시의 조사로 변했으며, 18세기 들어 새로운 존칭 주격조사 '겨오셔, 겨셔, 께옵셔'가 등장하였다. 넷째, 중세국어에서 대격조사를 지배하던 '브터, 조차, 뼈, 더브러'가 근대국어 들어 구격조사를 지배하게 되는데, 예컨대 '를브터> 로브터, 를조차>로조차, 를뼈>로뼈, 를더브러>로더브러'의 변화 양상을 보이는데, 이는 문법화가 완성되면서 '브터, 조차, 뼈, 더브러'가 타동사와의

---

15) 인칭대명사 '나, 너, 누' 등에 '이가'가 연결되어 '내가, 네가, 뉘가'로 나타나는 것은 18세기 말부터다(이기문 1972).

관련을 끊고 의미가 가장 유사한 구격조사를 취하게 되는 데 그 이유가
있다.

격조사와 관련된 구문으로는 이중주어문이 대표적이다. 이와 관련된 논의
에는 남기심(1986), 임동훈(1997)이 있다. 남기심(1986)은 이중주어문을 서술
절이 내포된 복문으로 보는 논의에 반대하는 논문이고, 임동훈(1997)은 반대
로 이중주어문이 서술절 내포문임을 주장한 논문이다.

남기심(1986)에 따르면 '코끼리는 <u>코가 길다</u>'나 '서울이 <u>인구가 많다</u>'와
같은 구문에서 밑줄 친 부분은 서술절이 아니다. 이 논의에서는 그 근거로
두 가지를 들었는데, 첫째는 서술절이 명사절, 관형사절 등과 달리 절 표지가
없다는 사실이고, 둘째는 일반적인 내포문은 상위절의 요소가 내포절 속으로
이동할 수 없으나 서술절의 경우는 그렇지 않다는 것이다. 예컨대 '코끼리는
코가 길다'는 '코가 코끼리는 길다'로 바뀔 수 있기 때문이다. 그리고 이른바
서술절을 가진 문장의 전체 주어는 주제의 기능을 하는데, 이는 문장 층위
밖의 요소가 아니므로 이를 '주제어'로 부르자고 제안하였다.[16)]

임동훈(1997)은 표면적으로 'NP^1-이 NP^2-이 VP' 구조를 보이는 문장들을
대상으로 어느 것이 이중주어문에 속하는지의 여부를 검토하여 '철수가
키가 크다'류, '토끼가 꾀가 많다'류, '나는 호랑이가 무섭다'류, '학생이
세 명이 왔다'류는 이중주어문으로 판단하고, '라면은 농심이 유명하다'류,
'내일 날씨는 비가 온다'류, '국어학은 취직이 어렵다'류는 이중주어문이
아닌 것으로 판단하였다. 이때 '철수가 키가 크다'류는 정태적인 상황을
표시한다는 의미론적 제약을 제외하면 타동사도 서술어로 쓰일 수 있음을
지적하였다.

그리고 이중주어문에 대해서는 '대소 주어설', '주제-평언설', '서술절 내포
문설'을 검토하고, 서술절 내포문설이 가장 합리적임을 주장하였다. 이중주

---

16) 이에 관해서는 남기심(1985)이 참고된다. 이 논문에 따르면 국어의 문장은 '주제어-
주어-서술어'로 구성되는데, 이때 주제어와 주어는 서로 겹칠 수 있다. 그리고
주제어는 조사 '은/는'을 취하는 것이 보통이지만 꼭 그런 것은 아니고 때로 '이/가'
나 '도'를 취하는 경우도 있다.

어문을 서술절 내포문으로 볼 수 없다는 남기심(1986)의 주장에 대해서는 동사나 형용사가 명사나 관형사처럼 쓰일 때에는 일정한 표지가 필요하나 서술어로 쓰일 때에는 그러한 표지가 필요 없다고 하였으며, 이중주어문 역시 상위절의 성분이 서술절 안으로 이동될 수 없다고 주장하였다. 예컨대 '코끼리는 코가 길다'와 '코가 코끼리는 길다'는 심층구조에서 다른 구문인 것으로 보았다. 그리고 서술절 내포문은 '-시-'와 관련된 경어법 현상을 잘 설명해 준다는 점에서 합리적이라고 주장하였다. 즉 이 논문에서는 '삼촌은 키가 크시다'에서 '키'는 '크-'와 호응하고 '삼촌'은 '키가 크-'에 호응하는데, 이때 '-시-'는 서술절인 '키가 크-' 전체에 결합한다고 보았다.

2.2 특수조사

특수조사의 정의와 분류는 최현배(1941)에서 대부분 이루어졌다.[17] 최현배(1941)에서는 특수조사를 도움토씨[補助詞]로 부르고 그 개념을 "월의 成分의 成立에 關하지 않고 다만 그 성분의 뜻을 돕는 구실을 하는 것"으로 정의하였다. 그래서 도움토씨는 문장 성분의 성립에 관여하지 않으므로 "월의 임자말[主語]에도 붙을 수가 있고 부림말[目的語]에도 붙을 수가 있고, 어떤말[冠形語]에도 붙을 수가 있으며, 또 어찌말[副詞語] 아래에도 붙느니라"라고 도움토씨의 분포상의 특징을 밝혔다. 즉 최현배(1941)에서 격조사와 특수조사의 구분이 명확히 이루어진 것이다. 그리하여 이 책에서는 아래 (12)와 같은 예는 도움토 앞에서 자리토가 준 것으로 보았다.

(12) ㄱ. 나는 시조 짓기를 좋아한다.
　　 ㄴ. 네가 노래는 할 줄 모르는구나.

최현배(1941)에서는 도움토를 그 뜻에 따라 17가지로 나누었는데, 그 내용

---

17) '특수조사'란 용어는 이희승(1949)에서 사용되기 시작한 것으로 보인다.

을 보이면 아래 (13)과 같다. 이 중에서 '은/는'에 대해서는 '은/는'이 다름을
나타내는 보조사이긴 하나 어떤 경우에는 특별히 무엇과 다름을 보이는
것이 아니라 다만 어떠한 사물을 論述의 題目으로 삼음을 보이는 데 쓰이는
일이 있다고 하여 '은/는'이 화제를 표시하는 데 쓰임을 지적하고 그 예로
"나는 한 달에 열 번씩 그에게 놀러 가오"를 들었다.

> (13) 다름도움토[差異補助詞] : '은/는', 한가지도움토(동일보조사): 도,[18] 홀
> 로도움토(단독보조사): '만', 제각기도움토(각자보조사): 마다, 비롯함도
> 움토(시작보조사): 부터, 미침도움토(到及보조사): 까지, 특별함도움토
> (특별보조사): 야/이야, 야말로/이야말로, 마찬가지도움토(亦同보조사):
> ㄴ들/인들, 라도/이라도, 가림도움토(선택보조사): 나/이나, 든지/이든지,
> 어림도움토(槪算보조사): 나/이나,[19] 더함도움토(첨가보조사): 조차, 끝
> 남도움토(종결보조사): 마저, 덜참도움토(불만보조사): 나마/이나마, 그
> 만두기도움토(姑捨보조사): 커녕, 치기도움토(算入보조사): 치고, 치고
> 서, 로/으로, 로서/으로서, 금줄도움토(한계선보조사): 밖에, 안으로, 가운
> 데, 섞음도움토(혼동보조사): 서껀

그러나 최현배(1941)의 논의는 특수조사의 전반적인 특징을 잘 밝혀 내었
으나 특수조사의 범위나 의미에 대해서는 부족한 점이 있었다. 특수조사의
범위에 대해서는 채완(1993)이 주목되는데, 이 논의에서는 그간의 논의에서
문제가 되는 단어들을 대상으로 그것이 특수조사인지의 여부를 면밀히 검토
하였다. 그 결과 '이나'는 특수조사와 접속조사, '계사+으나'의 세 가지
쓰임이 있고,[20] '인들'은 계사와 어미의 결합형식으로서 조사가 아니며,
'이든지'는 선행하는 체언과 부사에 특별한 의미를 첨가해 주지 않고 이들을

---

18) 이 책에서는 "사람도 많다, 달도 밝다"에 쓰인 '도'는 특별히 구별하여 도움토씨가
아니라 느낌토씨로 본다.
19) "돈을 얼마나 썼니? 아마 두 시나 되었겠다"의 '나'를 의미한다.
20) 세 가지 '이나'의 예를 들면 다음과 같다.
　ㄱ. 밥하기 싫은데 빵이나 먹자(특수조사)
　ㄴ. 산이나 들이나 모두 초만원이다(접속조사)
　ㄷ. 남편은 시인이나 아내는 소설가이다(계사의 활용형)

접속시켜 주므로 특수조사가 아니라 접속조사이고, '이라면'은 계사 '이다'에 조건의 접속어미 '으면'이 결합된 형태이며, '야말로'는 특수조사라고 주장하였다.

특수조사의 하위 분류에 대해서는 양인석(1972), 남윤진(2000)이 있었다. 양인석(1972)은 특수조사를 delimiter로 부르고[21) 이들을 배열 순서에 따라 X-lim, Y-lim, Z-lim으로 나누었다. 이들 각각에는 '마저, 마다, 까지, 부터', '만, 밖에', '는, 도, 야, 나, 라도'가 해당되는데, X-lim은 항상 Y-lim에 선행하고 Y-lim은 항상 Z-lim에 선행한다고 주장하였다. 남윤진(2000)은 분포상의 특징을 중심으로 특수조사를 셋으로 분류하였는데, 예를 보이면 아래와 같다.[22)

> (14) ㄱ. 특수조사 Ⅰ : 도, 만('단독'), 만('비교'), 은/는, 이나('강조'), 이라도,
>   이란, 이야, 이야말로, 일랑
>   ㄴ. 특수조사 Ⅱ : 따라, 마냥, 마다, 말고, 갖고, 같이, 까지, 다가, 대로,
>   마저, 만치, 만큼, 밖에, 부터, 뿐, 이라고('양보'), 조차, 처럼, 치고
>   ㄷ. 특수조사 Ⅲ : 가량, 깨나, 껏, 께('어림'), 꼴, 끼리, 들, 씩, 짜리, 쯤

여기서 특수조사 Ⅰ은 다른 특수조사 앞에 올 수 없다는 제약이 있고, 특수조사 Ⅲ은 격조사 뒤에 올 수 없다는 제약이 있다.

특수조사의 통사적 성격에 관한 논의로는 최동주(1997)가 있다. 이 논의에 따르면 특수조사는 통사적 핵이 아니고 구에 부가되며, 선행 요소의 문법 기능과 무관하다. 그리고 이 논의에서는 특수조사와 격조사가 함께 쓰일 때에는 [[명사구＋특수조사]＋격조사]의 구조로서 특수조사가 격조사에 선행하고, 특수조사와 후치사가 함께 쓰일 때에는 [[명사구＋특수조사]＋후치사]의 구조와 [[명사구＋후치사]＋특수조사]의 구조가 모두 가능하다고

---

21) delimiter의 정의는 다음과 같다. The term delimiter is a semantic one which implies that the meaning of the element to which a delimiter is attached is 'delimited and/or specified'
22) 남윤진(2000)에서는 '보조조사'라는 용어를 사용하였다.

주장하였다.[23)]

특수조사의 의미에 대해서는 양인석(1973), 고영근(1976ㄱ), 채완(1977)이 있었다. 양인석(1973)에서는 의미론이 사회적 맥락과 발화 참여자의 심리 상태와 관련되어 있다는 관점에서 특수조사 '는, 야, 도, 만, 나, 라도'의 의미 연구하였다. 그 결과 특수조사의 의미를 전제, 단언, 함축으로 나누어 기술하였는데, 이 중에서 '는'에 대한 의미 기술을 보이면 아래와 같다.

(15) '는'의 의미
   ㄱ. 전제 : i) '는'이 붙은 요소는 알려진 것이거나 등록된(registered) 것이
       다. ii) 자매 성원들(sister members)이 명시적으로나 암묵적으로 존재한
       다.
   ㄴ. 단언 : '는'이 붙은 요소는 행위나 사건에서 유일하게 관심의 대상이
       된다(only concerned).
   ㄷ. 함축 : i) 등록되거나 기대되는 자매 성원들은 '는'이 붙은 요소와
       동일한 가치를 가지지 않는다. ii) 등록되지 않거나 기대되지 않는
       자매 성원들은 중립적이다.

고영근(1976ㄱ)에서는 '까지, 마저, 조차'의 의미에 대해서 연구하였는데, 특수조사가 보이는 단언과 함축을 살펴봄으로써 특수조사의 의미를 찾으려 하였다. 그 결과 '까지'는 화자가 예기하지 않았던 주체의 극단적 행동에 대해 贊意를 표하는 입장에 설 때, '마저'는 주체의 그러한 행동에 대해 찬의를 표하지 않는 입장에 설 때 나타나고, '조차'는 주체가 화자의 기대대로 행동해 주지 않음에 대해 찬의를 표하지 않는 입장에 설 때 나타난다고 주장하였다. 또 단언과 함축의 측면에서는 '까지, 마저'는 긍정 단언이고 '조차'는 부정 단언이며, '까지, 마저'는 부정 함축이고 '조차'는 긍정 함축이

23) 여기서의 후치사는 부사격조사에 해당한다. 그런데 이 논문에서는 '까지'와 '부터'
    가 특수조사의 용법 외에 후치사의 용법도 있다고 주장하였다. 다음 예에서의
    '부터, 까지'가 후치사라는 주장이다.
    아침부터 기다리고 있었다.
    여기서 학교까지 걸었어.

라고 하였다. 그러나 같은 부정 함축이더라도 화자에게 도움이 되어 찬성하는 입장에 서면 '까지'가, 화자에게 불리하여 찬성하지 않는 입장에 서면 '마저'가 쓰인다고 보았다.

특수조사의 의미에 대한 더 정밀하고 체계적인 기술은 채완(1977)에서 이루어졌다. 이 논문에서는 '는, 야, 만, 나, 나마, 까지, 조차, 마저'의 의미를 더욱 정밀하게 기술하고 '는'과 '야', '도'와 '까지, 조차, 마저', '만'과 '나, 나마'가 각각의 하위 부류를 이룸을 밝혔다.

'대조'의 의미로 묶이는 '는'과 '야'에 대해서는 '는'은 'A는 B' 구조에서 A가 한정적이거나 총칭적인 체언으로서 문두에 위치할 때에 A가 그 문장의 화제가 되고, 그 밖의 환경에서 '는'이 연결되면 A가 다른 요소와 대조된다고 하였고, '야'는 'A야 B' 구조에서 A가 다른 요소와 대조되고, 화자는 A가 B임을 당연하다고 판단한다고 하였다.

또 '단독'의 의미로 묶이는 '만'과 '나', '나마'에 대해서는 '만'은 주어진 후보 중에서 하나가 단독으로 선택되고 나머지 후보들이 자동적으로 배제되는 적극적 선택을 의미하고, '나'는 주어진 후보들이 하나를 제외하고는 모두 배제되어 하나 남은 후보를 선택하는 소극적 선택을 의미하며 '나마'는 주어진 후보 중에서 하나의 요소가 소극적으로 선택됨을 의미한다고 하였다. '나마'가 쓰일 때에는 다른 후보들은 외부의 힘에 의해 배제되며, 선택된 후보는 배제된 후보보다 가치가 적음을 뜻하고 이때 화자는 선택된 후보에 대해 긍정적으로 평가한다고 하였다.

그리고 '역시'의 뜻으로 묶이는 '도', '까지', '조차', '마저'에 대해서는 '까지'는 '역시'를 의미하는 동시에 일어날 가능성이 가장 적은 극단적인 예라고 화자가 판단함을 나타내고, '조차'는 '역시'를 나타내고 그 위에 화자가 기대하지 못한 일이 있어났음을 표시하며, '마저'는 '역시'를 나타내며 '마저'가 연결된 요소는 주어진 후보 중 마지막 남은 요소라고 하였다.

3. 선어말어미

3.1 경어법어미

경어법어미에 대한 연구는 크게 주체경어법, 객체경어법, 상대경어법으로 나눌 수 있다. 주체경어법에 대한 연구는 중세국어에서 나타나는 '샤'의 성격에 관한 논의, '-시-'의 통사적 작용역에 관한 논의, '-시-'의 의미 기능에 대한 논의, 그리고 이른바 간접 존대 현상에 대한 논의가 대표적이었다.

'-시-'의 의미 기능은 중세국어와 현대국어가 큰 차이가 없었으므로 중세국어의 '-시-'에 대한 논의는 형태론에 관한 것이 많았다. 특히 중세국어에 보이는 '샤'의 성격을 둘러싸고는 적지 않은 논문들이 발표되었다. 허웅(1961)에서는 '-샤'가 '-시-'의 고형이었다는 주장을 펼쳤다. 고형인 '-샤'가 자음어미 앞에서는 '-시-'로 변하고 모음어미 앞에서는 '-샤' 형태를 유지하여 15세기에 '-샤'와 '-시-'가 공존하게 되었다는 주장인 것이다. 그러나 향가에서 '-시-'를 표시했던 '賜'자의 음가가 주모음이 'ㅓ'인 *si라는 주장이 제기되면서(김완진 1975, 이돈주 1990) 허웅(1961)의 주장은 설득력을 잃게 되었다.

안병희(1963, 1967)에서는 공시적인 관점에서 '-샤'를 '-시-'의 이형태로 보았다. 즉 '-샤'는 '-아, -오디, -옴' 등과 같이 모음으로 시작되는 형태 앞에서 나타나는 '-시-'의 이형태라는 주장이었다. 그러나 이 주장이 성립하려면 '-샤' 뒤에 오는 형태의 두음이 반드시 탈락되거나 합음되어야 했으나[24] 이러한 과정에 대한 음운론적 설명이 쉽지 않다는 이론적 약점이 있었다.

한편 임홍빈(1980), 김종규(1986, 1989)에서는 '-샤'를 '-시-'와 '-아'로 분석하고 이때 분석되는 '-아'를 선어말어미 '-오-'의 이형태로 보고자 하였다.[25] 그러나 이 논의들은 '-아'를 설정하는 근거를 충분히 제시하지 못했고, 또 음운론적 관점에서 '-오-'의 이형태로 '-아'를 설정했으면서도 '-아'가

---

24) '호샤+아', '호샤+옴'은 그대로 실현되지 못하고 '호샤', '호샴'으로만 실현되었기 때문이다.
25) 선어말어미 '-아'에 대한 관심은 허웅(1958), 정연찬(1970), 김완진(1973)에서도 찾아볼 수 있다.

218

나타나는 환경을 음운론적으로 제시하지 못했다는 문제가 있었다.

임동훈(1994)에서는 16세기 후반에 접어들어 선어말어미 '-오-'가 소멸하면서 차츰 '-샤' 형태도 소멸하기 시작한다는 역사적 사실에 근거하여 15세기의 '-샤'가 '-시-'의 이형태가 아니라 {-시-}+{-아}, {-시-}+{-오-}, {-시-}+{-어-}의 기능을 가진 융합형이라는 주장을 하였다. 이는 마치 '-다'가 {-더-}와 {-오-}의 융합형인 것과 동일한 현상이라는 것이다. 그리고 '-샤'의 형성 과정에 대해서는 '-시-'의 기원형인 '이시-'의 '-아' 활용형 '이샤'가 '이시-+-아'가 아니라 '이샤+ø'로 재해석되는 것과 연관이 있을 가능성과 선어말어미 '-오-'의 이형태로 '-아'가 존재했을 가능성을 제시하였다. 그러나 '-샤'가 '-시-'의 이형태가 아니라는 주장과 '-오-'의 이형태로 '-아'가 설정될 수 있다는 주장은 고영근(1997)에서 강력히 비판받았다. 고영근(1997)에서는 '-샤'가 단일 형태소라는 주장을 강력히 펼치고 안병희(1963)의 견해를 옹호하였다.

'-시-'의 통사론적 특징에 대한 연구는 '-시-'가 지배하는 통사적 작용역에 관한 논의가 주종을 이루었다. 임홍빈(1987ㄷ)과 시정곤(1993)에서는 '-시-'가 지배하는 영역이 명제라고 보아 '-시-'와 '-었-'의 작용역이 별반 다르지 않은 것으로 처리하였다. 그러나 '선생님이 책을 읽으신다'에서 '-시-'가 '책을 읽-'에 걸리는 것이 아니라 '선생님이 책을 읽-'이라는 명제 단위에 걸린다는 주장은 '-시-'의 의미론과 부합하지 않는다는 문제가 있다.

한편 박양규(1975), 강창석(1987), 박진호(1994)에서는 '-시-'가 동사 어간에 결합한다는 주장을 펼쳤다.26) 특히 박진호(1994)에서는 이러한 주장을 분명히 하여 '-시-'가 동사 어간에 결합한다는 근거를 여럿 제시하였다. 그러나 이 논문에서 제시한 대부분의 근거는 '-시-'가 '-었-' 등의 다른 선어말어미와 달리 명제 전체를 수식하지 않는다는 주장을 펴기에는 충분하나 '-시-'가

---

26) 이와 같은 견해는 안병희(1961)에서 시작되었다고 볼 수도 있겠다. 이 논문에서는 '-시-'가 용언이 표시하는 동작·상태 또는 존재가 존귀하게 인식되었을 때 부착되는, 즉 용언 자체의 경어적인 성질을 표시하는 접미사라고 보았기 때문이다.

동사 어간에 붙는다는 주장을 펴기에는 그리 충분치 않아 보인다. 더구나 '-시-'가 동사 어간에 붙는다고 보면 중세국어의 '-시-'를 설명하기 어렵다는 문제가 생긴다. 중세국어에서 '-시-' 앞에 오는 '-더-'나 '-거-'도 동사 어간에 붙는다고 보든지, 아니면 중세국어의 '-시-'는 현대국어의 '-시-'와 그 작용역이 달랐다고 보아야 하기 때문이다.

유동석(1993), 서정목(1993), 임동훈(1996)에서는 '-시-'가 명제나 동사가 아닌 동사구에 결합한다는 주장을 하였다. 이 중에서 임동훈(1996)에서는 '-시-'가 동사구를 그 작용역으로 취함이 일반적이나 때로 명사구나 동사구로 구성된 절 단위도 문제의 명사구가 선행하는 주어에 화용론적으로 결속되는 경우라면 '-시-'의 작용역이 될 수 있다고 하였다. 예컨대 '선생님은 버스 정류장이 머셔서 불편하시겠어요'라는 문장에서 '-시-'는 '버스 정류장이 멀-'이라는 절 단위에 결합하는데, 이 경우 버스 정류장은 선생님이 이용하는 버스 정류장이라는 견해이다.

'-시-'의 의미 기능에 대해서는 허웅(1961, 1962), 이숭녕(1964), 서정수(1972, 1977), 이익섭(1974ㄱ), 박양규(1975), 임홍빈(1985), 루코프(Lukoff 1978), 강창석(1987), 임동훈(1996)이 있었다.

허웅(1961, 1962)에서는 '선생님이 계시다'는 직접 존대이고 '아버님은 수염이 있으시다'는 간접 존대라고 하여 이른바 간접 존대 현상을 분명히 하였고,[27] 서정수(1972, 1977)에서는 '-시-'에 의해 존대되는 대상은 반드시 주어가 가리키는 인물만이 아니라 처격어가 가리키는 인물도 될 수 있다고 하면서 '김 선생님 댁에도 책이 많으십니까?'와 같은 예를 제시하였다. 그러나 서정수(1972)에서 처소격 대우의 예로 제시된 예들은 존대 대상이 면전의 청자와 동일인이거나 적어도 발화 현장에 있는 특수한 상황이 전제되지 않으면 잘 성립하지 않는다는 점에서 문제가 있어 보인다. 예컨대 어떤

---

27) 간접 존대에 대한 더 이른 논의는 정렬모(1946)에서 찾아볼 수 있다. 정렬모(1946)에서는 '가짐높임'[所有尊稱]이란 용어를 사용하였다. 그리고 장석진(1973)에서는 간접 존대 현상을 '존대파급'이란 새로운 시각으로 설명하였다.

제자가 자기 친구에게 '김 선생님 댁에도 책이 많으셔?'라고 말하기는 어렵기 때문이다.

이익섭(1974ㄱ)에서는 '-시-'가 주체가 화자보다 높을 때에만 쓰이는 것이 아니라 주체가 화자보다는 하위자일지라도 청자에게 상위자이면 사용될 수 있고[(16ㄱ) 참조], 심지어는 주체가 화자와 동일할 때에도 주체가 청자보다 상위자일 때에는 사용될 수 있음을 지적하였다[(16ㄴ) 참조].

  (16) ㄱ. 엄마 어디 가셨니? (화자: 아버지, 청자: 아들)
      ㄴ. 할아버지가 진지 잡수실 땐 일어나 앉는 법이다. (화자: 할아버지,
         청자: 손자)[28]

임홍빈(1985)에서는 '-시-'의 존대 대상은 주어가 가리키는 인물에 국한되지 않으며 '-시-'의 기능은 존대 대상의 경험 표현과 밀접한 관계가 있다는 주장을 하였다. 그리고 '-시-'가 발휘하는 경험 표현 기능에는 화자의 시점 이동이 개재하며 '-시-'가 표현하는 경험은 존대 대상과 관련 상황 사이에 존재하는 심리적이거나 실제적인 영향 관계라고 하였다.[29]

한편 이숭녕(1964)에서는 '-시-'를 주어-동사라는 문장 구조에서 행위자의 신분에 호응하여 행위의 신분성을 표시하는 신분어미로 규정하였고, 박양규(1975)에서는 국어에서 무정체언과 존칭체언이 공기 제약을 같이한다는 전제 아래 '-시-'가 그 주어로 유정체언이 올 것을 요구하는 용언에 결합하여 유정체언의 주어를 배제하는, 그리하여 무정체언의 한 부류인 존칭체언 주어를 허용하는 용언으로 바꾸는 기능을 한다는 주장을 하였다. 그리고 강창석(1987)에서는 피동접미사 '-히-'가 동작의 피동성을 나타내듯이 '-시-' 역시 동작의 한 특징을 나타내는데, 이때 '-시-'가 나타내는 동작의 한 특징은 '상위성'이라고 하여 '-시-'가 상위성의 표지임을 주장하였다.

---

28) (16ㄴ)과 같은 예는 최현배(1937)에서 처음 제시되었다.
29) '-시-'의 쓰임에 작용하는, 존대 대상에 대한 화자의 심리적 태도에 대한 세밀한 기술은 Lukoff(1978)도 주목된다.

임동훈(1996)에서는 '-시-'를 어떤 사태(사건이나 상태)가 상위자에 관여적임을 유표적으로 가리키는 사회적 지시소로 보았다. 그리고 화자가 자신의 지위와 서열을 기준으로 특정 개체를 상위자로 파악하고 그러한 상위자에 관련된다고 여겨지는 사태를 그렇지 않은 사태와 구별지어 가리키는 것은 바로 화자의 존대 행위로 해석될 수 있다고 하였다.

객체경어법에 대한 논의는 중세국어 선어말어미 '-습-'의 기능과 관련된 것이 주종을 이루었다. '-습-'의 기능과 관련한 논의 중에는 허웅(1954, 1961), 전재관(1958), 이숭녕(1962), 안병희(1961, 1982), 이익섭(1974ㄱ)이 서로 다른 주장들을 대표한 논의라고 할 수 있다. 허웅(1954)에서는 '-습-'이 겸양을 나타내는 것이 아니라 화자가 客語로 표시되는 객체, 즉 어떠한 행동이나 상태가 미치거나 지향하는 대상 상대를 높이는 객체존대 접미사라고 하였다. 그러나 전재관(1958)에서는 '-습-'이 화자의 겸양 표현이 아니라는 점에서는 허웅(1954)과 일치하였으나 '-습-'은 話材상에 나타나는 주어와 객어의 상하 관계에서, 즉 대립적인 尊者와 卑者 중에서, 비자의 행동에 나타나는 것으로 보아 화자와 객어의 대립이 아니라 문장 속의 주어와 객어의 존비 대립으로 파악하는 견해를 보여 주었다.[30] 그리고 이숭녕(1962)에서는 '-습-'을 주어-동사의 문장 구조에서 상대적으로 하위자인 행동주의 신분성에 따라 그의 행동 상태에 하위의 신분성을 표시해 주는 서법 형태소라고 보았다.

안병희(1961)에서는 허웅(1954)과 전재관(1958)을 종합하고 발전시켜 '-습-'은 어떤 동작 또는 상태 및 판단의 주체보다는 물론이요, 이를 언술할 화자보다도 존귀한 인물에 관계되는 비자의 동작, 상태 및 판단의 서술에 나타나는 주체겸양의 접미사라고 하였다. 즉 '-습-'의 쓰임에는 화자와 객체, 주체와 객체라는 두 가지 축이 모두 작용한다는 것이다. 안병희(1982)에서는 안병희(1961)에서의 존비 관계라는 개념을 상하 관계라는 개념으로 수정하고 객어라는 용어를 수용하여 '-습-'은 객어가 주어보다 상위자인 동시에 화자보

---

30) 이런 점에서 전재관(1958)은 '-습-'을 (화자가 아니라) 주체의 겸양 표현에 가까운 것으로 해석하였다.

다도 상위자일 때 그 객어를 지배하는 동사에 사용된다고 하였다. 안병희 (1982)에서의 상하 관계는 상위자냐 하위자냐 하는 관계가 아니라 상위자냐 상위자가 아니냐 하는 관계인데, 이러한 상하 관계라는 개념은 국어 경어법의 본질을 지적했다는 점에서 매우 주목할 만한 것이라고 생각된다.

이익섭(1974ㄱ)은 경어법은 두 명사구 간의 존비 관계를 화자가 어떻게 판정하느냐에 따라 결정되는 것이므로 그 초점을 누구를 누구와의 대비에서 높이고 안 높이고 또 낮추느냐에 있는데, 객체경어법은 화자가 주체와 객체 사이의 존비 관계를 파악하여 객체를 주체에 대비하여 존대하는, 그리고 동시에 주체를 객체와의 대비에서 겸양시키는 경어법이라고 하였다. 즉 주체겸양법은 그야말로 주체의 겸양만을 나타낼 뿐 화자가 객체보다 하위라 는 의미의 화자의 겸양까지를 필수적으로 겸하지 않는다고 주장하였다. 한마디로 안병희(1961)에서 제시된 두 개의 축 중에서 객어와 화자의 축은 본질적인 것이 아니거나 적어도 주체-객체의 축과 같은 차원의 것이 아닌 것으로 간주된 것이다.

'-습-'의 기능 변화에 대해서는 '-습-'이 17세기에 청자존대로 바뀌었다는 논의(김정수 1984)와 17세기 이후의 '-습-'이 기능의 변화를 입었지만 그 기능이 청자존대로 바뀐 것이 아니라 주체겸양에서 화자겸양으로 바뀐 것이 라는 논의(이현희 1985)가 있었다.

상대경어법에 대한 논의로는 話階(speech level)의 설정과 관련한 것이 많았다. 최현배(1941)에서는 마침법[終止法]에는 그 말을 듣는 사람을 높이 는 정도를 따라 아주낮춤('해라'), 예사낮춤('하게'), 예사높임('하오'), 예사높 임('합쇼')의 네 가지 다름이 있고 등외로 반말이 있다고 하여 4등급+1등급의 화계를 제시하였다. 그리고 반말은 '해라'와 '하게', '하게'와 '하오'의 중간에 있는 말로서 그 어느 쪽임을 똑똑히 드러내지 아니하며 그 등분의 어감을 흐리게 하려는 경우에 쓰인다고 하면서 그 예로 '-아, -어, -지'를 들었다. 최현배(1941)에서 설정된 '해라, 하게, 하오, 합쇼'의 4등급 체계는 그 후의 연구에 큰 영향을 미쳤으나 반말에 대한 설명은 적어도 표준한국어와는 거리가 먼 기술이었다.

성기철(1970, 1985)에서는 1차 화계로 아주높임, 예사높임, 예사낮춤, 아주
낮춤의 네 등분을 설정하되 2차 화계로 두루낮춤('해')과 두루높임('해요')을
설정하는 이원적 체계를 제시하였다. 그리고 화계를 중년층 이상의 체계와
중년층 이하의 체계로 나누어 중년층 이하의 화계에서는 '예사낮춤'과 '예사
높임'이 사라진다는 주장을 하였다.

이익섭(1974ㄱ)에서는 '합쇼체', '해요체', '하오체', '하게체', '반말체',
'해라체'의 6등급 체계를 확립하고 이를 [＋존대], [＋하대], [＋친밀]의
자질을 이용하여 분류하였다. 그 결과 '해요체'와 '합쇼체'에는 [＋존대]의
자질이, '해라체'와 '반말체'에는 [＋하대]의 자질이, 그리고 '하게체'와 '하
오체'에는 [-하대, -존대]의 부여되었으며, '반말체, 하오체, 합쇼체'에는 [-친
밀]의 자질이, '해라체, 하게체, 해요체'에는 [＋친밀]의 자질이 부여되었다.
이 논의에서는 그간 윗사람에게 쓰인다고 간주되어 온 '하오체'가 [-존대]임
을 분명히 한 것이 특징적이다.

중세국어의 화계에 대해서는 안병희(1965ㄱ)에 이르러 깊이 있는 연구가
이루어졌다. 이 논의에서는 중세국어에 그간 널리 알려진 'ᄒᆞ쇼셔체'와 'ᄒᆞ라
체' 외에 'ᄒᆞ야쎠체'가 있음을 밝히고, 중세국어의 화계가 현대국어와 달리
'ᄒᆞ쇼셔체', 'ᄒᆞ야쎠체', 'ᄒᆞ라체'의 3등분 체계로 되어 있음을 주장하였다.

한편 이익섭(1997)에서는 상대경어법과 밀접히 관련되는 호칭을 대상으로
그 대우의 단계를 설정하여 아래 (17)과 같은 등급 단계를 제시하였다. (17)은
예를 들어 '김민호'라는 어느 회사 과장이 자기를 잘 아는 사람들로부터
들을 수 있는 호칭을 등급으로 나눈 것이다.

(17) ① 과장님 ② 김 과장님 ③ 김민호 씨 ④ 민호 씨 ⑤ 민호 형 ⑥ 김
　　 과장 ⑦ 김 씨 ⑧ 김 형 ⑨ 김 군 ⑩ 김민호 군 ⑪ 민호 군 ⑫ 김민호
　　 ⑬ 민호 ⑭ 민호야

3.2 시제어미와 양태어미

시제에 대한 연구는 '었'과 '겠' 등의 형태소를 시제(tense)로 보느냐, 상(aspect)이나 법(mood)으로 보느냐, 그리고 이를 시제로 현재 시제와 미래 시제를 인정할 것이냐 하는 이론적 구성에 관한 문제와 '-겠-', '-더-'의 문법 범주와 의미 기능이 무엇인가, 이들이 하나의 형태소인가 하는 세부적인 논의에 관한 문제 중심으로 이루어졌다.

최현배(1941)에서는 '었'과 '겠' 등을 시제(그의 용어로는 '때매김')로 보고, 때매김에는 바로때매김(직접시제)과 도로생각때매김(회상시제)이 있다고 하였다. 이 책에서 바로때매김이란 것은 화자가 말하는 時點을 기준으로 삼아 어떤 상황의 움직임의 때를 매기는 것이고, 도로생각때매김이란 과거에 겪은 일을 회상하여 말할 때에 쓰이는 때매김으로서 화자가 말하는 시점을 기준으로 삼지 아니하고 과거에 그 일을 겪던 시점을 기준으로 삼아 어떤 상황의 움직임의 때를 매기는 것이라고 정의되었다.

그러나 최현배(1941)의 때매김은 시제와 상이 복합된 것으로서 순수한 시제 체계라고 보기 어렵다. 왜냐하면 그가 제시한 바로때매김에는 현재, 과거, 미래의 축과 계속, 완료의 축이 교차되어 '이제(현재), 지난적(과거), 올적(미래), 이제마침(현재완료), 지난적마침(과거완료), 올적마침(미래완료), 이제이음(현재계속), 지난적이음(과거계속), 올적이음(미래계속), 이제이음의 마침(현재계속완료), 지난적이음의 마침(과거계속완료), 올적이음의 마침(미래계속완료)'이라는 12가지 때매김을 이루고 있기 때문이다.

고영근(1965)에서는 최현배(1941)의 체계를 부분적으로 수용하되, 서법(mood)의 관점에서 이를 재조정하였다. 그리하여 국어의 시제는 서법을 바탕으로 실현된다고 주장하고, 서법에는 말하는 그때를 표준 삼는 직접서법과 말하는 때 앞의 어느 때를 표준 삼는 간접서법이 있고, 직접서법에는 직설법, 직설원칙법, 추측법, 확인법이, 간접서법에는 회상법, 회상원칙법이 있다고 주장하였다. 이에 따라 '-느-'는 직설법, '-더-'는 회상법, '-겠-'은 추측법으로 처리되었다.[31]

고영근(1965)의 주장은 그 후 한현종(1990)으로 이어졌다. 한현종(1990)에서도 국어의 시제체계는 직설법 체계와 회상법 체계로 이원화되어 있다고 생각하고 국어의 시제 현상을 서법을 바탕으로 설명하려 하였다. 즉 이 논문에서는 인식 양태라는 서법을 바탕으로 시제성이 표현되고, 시제성을 바탕으로 동작상이 표현된다는 논의를 펼치고 국어에는 엄격한 의미의 시제는 없다고 주장하였다.

최현배(1941), 고영근(1965)과 비슷한 계통의 논의에는 나진석(1971)도 있었다. 나진석(1971)은 국어의 시제가 상과 서법 등과 얽혀 있음을 가정한다는 점에서 앞서의 연구와 다르지 않다. 다만 이 논의는 국어의 시제가 상과 서법, 좁은 뜻의 시제라는 세 가지 하위 범주로 형성된 삼원 구조라고 명시적으로 주장했다는 점에서 특징이 있다. 나진석(1971)은 국어의 시제 구조가 '상＋서법＋때'의 순서로 이루어져 있다고 생각하고 또 영형태(null morpheme)를 적극적으로 가정하여 다음과 같은 표를 제시하였다.

(18)

상	서법	때	보기	
나아감	直說	이적	ㅇㅇㅇ	
		지난적	ㅇㅇ더	
	敍想	이적	ㅇ겠ㅇ	ㅇㄹㅇ
		지난적	ㅇ겠더	ㅇㄹ러
끝남	직설	이적	았ㅇㅇ	ㄴㅇㅇ
		지난적	았ㅇ더	았ㅇ었
	서상	이적	았겠ㅇ	았을ㅇ
		지난적	았겠더	았을러

남기심(1972)에서는 국어의 시제 현상을 상(aspect)과 법(mood)의 관점에

---

31) 그런데 {느}는 '-ㅂ니다, -느냐, -니, -나이다, -네'에 쓰인 {느}와 '-는다, -는구나' 등에 쓰인 '는'이 구별된다. 이 논의에 따르면 전자만이 직설법 형태소이고 후자는 현재시제 형태소가 된다. 후자와 달리 전자는 '었', '겠'과 함께 쓰일 수가 있기 때문이다.

서 조명하였다. 이 논의에서는 국어의 상을 完了와 斷續의 두 가지로 설정하였
는데, '-었-'은 完了相, '-었었-'은 완료된 상태의 단속을 보이는 斷續相으로
처리하였다.32) 그리고 '-겠-', '-리-'와 '-더-'에 대해서는 법(mood)의 관점에서
그 기능을 설명하고 '-겠-', '-리-'는 미확인법(혹은 미정법) 형태소이고 '-더-'
는 회상법의 형태소라고 주장하였다.33) 그리고 상 요소와 법 요소의 결합순서
로는 상이 법에 선행하는 '어간+상+법'의 순서를 제시하였다.

남기심(1972)의 또 하나의 특징은 '-는다'를 분석하지 하지 않고 이를
'-다'의 변이형태로 본다는 점이다. 그리하여 이 논문에서는 현재에 대한
표시가 ø[-완료, -단속]로 실현된다고 주장하였다.

한동완(1984)에서는 최현배(1941), 고영근(1965)과 마찬가지로 국어의 시
제가 이원적임을 인정하되, 철저히 시제라는 관점에서 {었}, {느}, {더}의
의미 기능을 논의하였다. 이 논의에서는 국어의 시제가 상황시-기준시 관계
로 구성되는 종류와 인식시-기준시 관계로 구성되는 종류의 두 가지로 되어
있다고 전제하고, {었}은 지시되는 상황의 시간적 위치가 기준시에 선시적이
라는 상황시의 선시성을 나타내고, {더}는 지시되는 상황에 대한 인식이
발화시 이전의 선시(과거시)에 이루어졌다는 인식시의 先時性을 나타내며,
{느}는 상황시의 동시성과 인식시의 동시성을 나타낸다고 주장하였다. 그리
고 {었}의 반복 구성 '-었었-'은 독자적인 형태소로 인정하지 않고 않고
이를 {었}의 반복에 의해 설명하였다.

이 논문은 {느}를 분석하고 이에 현재 시제라는 적극적인 의미를 부여했으
며, 그리고 왜 형용사에는 {느}가 결합하지 못하는지에 대해 원리적인 설명을
꾀했다는 점에서 특징이 있다. 이 논문에 따르면 {느}가 보이는 상황시의
동시성은 지시되는 상황의 起部는 발화시 이전에, 그 結部는 발화시 이후에
놓일 것을 요구한다. 즉 상황시의 동시성은 지시되는 상황이 시간적 길이를

32) 이 논의에서는 '었었'을 단일 형태소로 처리하였다. 그리고 형용사의 경우는 완료상
이 없고 '었'은 언제나 '었었'의 변이형이라는 주장을 펼쳤다.
33) 남기심(1978)에서는 관형절에 나타나는 '-던', '-르', '-는'에 대해 논의하면서 이들
각각을 중단법, 미확인법, 지속법 형태라고 하였다.

가질 것을 요구한다는 것이다. 그러나 형용사가 나타내는 상황은 구체적인 시공 속에서 시간적 길이를 가지고 전개되는 것이 아니므로 형용사와 {느}의 상황시의 동시성은 양립 불가능하다는 주장이다. 또 이 논의에서는 {느}가 사적 변화의 결과 두 종류로 갈라져 있다는 주장을 하고 이를 본연의 {느}와 나머지는 약화된 '느'로 나누었다. 그리고 전자는 '상황시=인식시=발화시'의 시간 관계를 지시하여 형용사나 {았} 등과 결합할 수 없으나 후자는 '상황시=인식시'를 나타내는 의미 기능을 상실하고 단지 '인식시=발화시'의 시간 관계를 나타내어 {았} 등과 결합 가능하다고 하였다.

한편 이익섭(1978)에서는 국어의 시제 체계에 상대시제라는 개념을 본격적으로 도입하였다. 그리하여 '-더-'와 '-았었-'이 결합되는 단문의 시제를 일종의 상대시제로 파악하였다. 즉 이 논문에 이르러 '더'에 의해 표현되는 시제는 말하는 사람이 '더' 앞에 쓰이는 문장의 상황을 확인한 때를 기준시로 하는 일종의 상대시제로 간주되었다.

'-았-'의 기능에 대해서는 과거로 보는 논의가 일반적이었으나 그 외에 과거의 기능을 가지는 '았'과 완료의 기능을 가지는 '았'을 별개의 형태소로 보는 논의(최현배 1941, 나진석 1971)와 '-았-'의 기능을 과거가 아니라 완료로 보는 논의(남기심 1972, 서태룡 1988)가 있었다. 그리고 '-았었-'은 단일 형태소로 간주되기도 하고(남기심 1972, 이남순 1981ㄴ), '-았-'이 중첩된 것으로 보기도 하였다(성기철 1974, 한동완 1984, 서태룡 1988). 한편 이현희(1991), 임동훈(1995)에서는 각기 사적인 변화 과정과 공시적인 결합 현상을 고려하여 의문형에 나타나는 '았느'를 '-았-'의 이형태로 보기도 하였다.[34]

'-더-'의 의미 기능에 대해서는 가장 활발한 논의가 전개되었는데, 회상시제(최현배 1941), 회상법(고영근 1981), 보고(손호민 1975, 서정수 1977ㄴ), 무의도적 사실의 객관적 전달(유동석 1981), 무책임성(김영희 1981), 의식의

---

34) '예뻤느냐'를 '예쁘+았+느냐'로 분석하면 '-았-'의 유무에 의해 시제가 표현된다고 할 때 형용사 '예쁘-' 뒤에 '-느냐'가 오는 셈이 되어 이론적인 문제가 발생할 수 있다. 그래서 '예뻤느냐'는 '예쁘+았느+냐'로 분석될 가능성이 있다.

228

단절(임홍빈 1982), 과거 지각(장경희 1985, 서태룡 1988), 인식시의 선시성(한동완 1984, 1991), 화자가 전접 상황을 과거의 어느 시점에서 경험했음을 발화시에 명시적으로 표상함(한현종 1990), 상황을 제시하는 화자의 視點이 그 상황을 인식한 時點에 위치하고 있음(최동주 1995) 등의 견해가 제시되었다.

'-더-'에 관한 논의는 종결형에 나타나는 '-더-'와 관형형에 나타나는 '-더-'가 보이는 차이에 대해서도 주목하였다. 그리하여 남기심(1976), 서정수(1979), 장경희(1985) 등에서는 인칭 제약이 있고 없는 현상에 주목하여 관형형 '-던'에 보이 '-더-'와 종결형 '-더라'에 보이는 '더'가 다르다고 하였고, 임홍빈(1982, 1993)에서는 관형절에 쓰이는 '-더-'와 종결형의 '-더-'를 동일하게 보고 관형절에서 인칭 제약이 해소되는 것은 관형절의 특성에 기인한다고 보았으며, 이홍식(1995)에서는 관계절과 주절의 '-더-'의 의미 기능의 차이는 분포상의 변이로 환원되기에는 지나치게 이질적이라는 점에서 '-더-'를 다의적인 문법 형태로 보았다. 또 '-던'의 의미 기능에 대해서는 과거 미완(이희승 1957), 지속상(서정수 1979), 중단법(남기심 1976), 지난적 나아감과 지난적(나진석 1971) 등의 논의가 있었다.[35]

'-느-'에 대해서는 평서형이나 의문형의 '-ㄴ/는-, -느-'를 모두 분석하거나(나진석 1971), 이를 분석하지 않고 어말어미의 일부로 처리하거나(남기심 1972, 허웅 1983, 서정수 1994), 또는 이들을 선어말어미로 분석하되 두 종류의 '느'를 인정하거나(고영근 1965, 한동완 1991), '-습니다, -니'의 '-ㄴ-' 까지 '-느-'의 이형태로 분석하는(서태룡 1988, 최동주 1996) 논의 등이 있었다.

최현배(1941)나 나진석(1971)은 '-느-'의 기능을 이적 나아감(현재 진행)으로 보았다. 특히 나진석(1971)에서는 {느}와 zero {0}를 이형태 관계로 보고 후속하는 어미에 따라 {느}가 선택되기도 하고 zero가 선택되기도 한다는 견해를 피력하였다. 예컨대 '-읍니까'나 '-오', '-어요' 등의 앞에는 {느}가

---

35) '-던'이 동사에 통합될 경우는 '지난적 나아감'으로, 형용사에 통합될 경우에는 '지난적'으로 보았다.

올 수 없어 zero가 쓰인다는 견해였다. 그리고 김동식(1988)에서는 {느}의
의미에 대해 '었'과 대립되어 [미완료], '겠'과 대립되어 [단언], '더'와 대립되
어 [현재인식]을 나타내는 복합 범주의 의미를 가지거나, 'ø, 더'와 대립되어
[변화], [현재인식]의 의미를 가지며 단지 '더'와만 대립되어 [현재인식]의
의미를 갖는 것으로 보았고, 최동주(1995)에서는 '-느-'를 상황을 바라보거나
제시하는 화자의 視點이 발화 시점에 위치하고 있음을 뜻하는 서법(mood)
요소로 처리하였다.

'-겠-'에 대해서는 이를 미래 시제로 보는 논의보다 서법(mood) 범주에
귀속시키는 논의가 일반적이었다. 남기심(1972), 성기철(1976)에서 '-겠-'이
가지는 미래 시제의 의미가 부인된 후 추정과 불확실성 등의 의미가 주목을
받았다. 그러나 '-겠-'의 의미를 규정하는 데에는 적잖은 견해 차이가 있었다.
남기심(1972)에서는 미확인법, 서정수(1977)에서는 추량·의도, 김차균
(1981)에서는 불확실(미확정), 장경희(1985)에서는 결과짐작과 짐작, 의견,
그리고 가능성을 포함한 내적 상태 발생, 임칠성(1991)에서는 비확정적인
서술 태도 등의 개념이 '-겠-'의 의미로 제시되었다.

또 'ㄹ 것'과 비교하여 '-겠-'의 의미를 논하는 논의도 많았는데, 성기철
(1976)에서는 확신도가 높은 추정, 이기용(1978)에서는 강한 추정, 서정수
(1978)에서는 확신성이 약한 짐작, 이남순(1978)에서는 화자의 배제적인 판단
을 나타내는 것으로 주장되었다. 그 밖에 '-겠-'이 보이는 추정의 근거와
관련해서는 '-겠-'이 현장이나 현재 사실과 관련된다는 논의가 있었다(성기철
1979, 임홍빈 1980, 이지양 1982).

한편 중세국어와 관련해서는 '-었-'과 '-겠-'의 발달 과정에 대한 논의(나진
석 1953, 이승욱 1973, 한동완 1986, 이기갑 1987, 박근호 1990, 이현희 1993,
최동주 1995, 임동훈 2001)가 많았다. 이 과정에서 '-었-'은 '-어 잇/이시-'에서
문법화하여 그때까지 과거를 나타냈던 不定形을 대치하였고36) '-겠-'은 '-게

---

36) 중세국어에서 부정형이 과거를 표시했다는 주장은 河野六郎(1952)에서 제시되었
다.

ᄒᆞ엿-'에서 문법화하여 '-리-'를 대치해 갔으며 이들은 각각 17세기와 19세기에 선어말어미로 정립되었다는 사실이 밝혀졌다. 그리고 세부적인 논의로는 고영근(1980)에서 '거'는 비타동사 어간에 통합되고, '어'는 타동사 어간에 통합되어 서로 대립을 이룬다는 주장이 있었다.

중세국어의 양태(modality)와 관련해서는 선어말어미 '-오-'의 성격을 둘러싸고 치열한 논의가 있었다. 허웅(1958)에서는 종결형과 연결형에 나타나는 '-오-'와 관형절에 나타나는 '-오-'를 구분하여 전자는 그 주어가 1인칭일 때(또는 화자와 관련될 때) 쓰이고[37] 후자는 관형절이 꾸미는 명사가 관형절 내부의 서술어에 대해 목적어로 쓰일 때 사용된다고 하였다. 반면에 이숭녕(1960)에서는 종결형과 연결형, 그리고 관형절에 쓰이는 '-오-'를 동일한 것으로 인식하고 이에 대해 화자가 제 행동이든 남의 행동이든 화자의 뜻대로 전개, 진행됨을 바라는 형식의 서법인 정감 형식(Stimmungsformen)에 속하는 volitive form이라 하였다. 그리고 이때의 volitive form은 의지, 가능, 원망, 당위, 화자의 주관적 진술의 의미 기능을 가진다고 주장하였다.

4. 어말어미

4.1 종결어미

종결어미에 대한 연구는 기능에 대한 연구, 종류에 대한 연구, 통사적 성격에 대한 연구로 나눌 수 있다. 국어의 종결어미가 문장의 끝을 표시하고 청자경어법의 등급을 표시하며, 또 문장의 종류를 표시한다는 사실은 최현배(1941) 이래 널리 지적되어 왔다. 여기서 종결어미가 문장의 끝을 표시한다는 견해는 정의상의 문제이므로 별다른 이견이 제기되지 않았지만[38] 청자경어

---

37) 허웅(1958)의 '인칭' 개념은 매우 폭이 넓은 것으로 서구 문법에 등장하는 인칭과 차이가 있다.
38) 종결어미가 문장의 끝을 표시한다는 데 이견이 없다는 말이지 반대로 문장의 끝이 반드시 종결어미로 표시된다는 데 이견이 없다는 말이 아니다.

법의 등급인 화계[39]와 문장의 종류에 대해서는 적잖은 논의가 있었다.

문장의 종류에 대해서는 적게는 네 가지에서 많게는 열 가지에 이르기까지 많은 견해가 제시되었다. 최현배(1941)에서는 문장이 끝나는 방식을 '마침법'[終止法]이라 하고 그 종류로 베풂꼴(서술형), 물음꼴(의문형), 시킴꼴(명령형), 꾀임꼴(청유형)의 네 가지를 들었다. 그 후 정인승(1956)에서 느낌법이 추가되었고 이희승(1960)에서 약속법과 허락법이, 고영근(1974)에서 경계법이 추가되었다. 그러다가 1985년에 나온 『고등학교 문법』에서는 문장의 종류로 평서문, 감탄문, 의문문, 명령문, 청유문의 다섯 가지를 인정하였다.

문장의 종류를 넷으로 이해하는 논의에서는 여러 가지 문장이 간접인용절이 되어 내포될 때에는 그 종결어미가 '-다, -냐, -라, -자'의 네 가지 형태로 준다는 점을 주된 근거로 삼았다(남기심 1971). 즉 감탄법어미 '-구나', 약속법 어미 '-마', 경계법어미 '-ㄹ라'는 평서형어미 '-다'로 바뀌고, 허락법어미 '-려무나'는 명령형어미 '-라'로 바뀌기 때문이다. 그러나 간접인용절에 나타나는 형태는 문장종결법의 본질과는 무관하여 이를 바탕으로 문장종결법을 분류하는 것은 불합리하다는 주장도 제기되었다(윤석민 1996).

한편 임홍빈(1984)에서는 억양이 온전한 문장이 아닌 문장의 파편도 문장이 되게 할 수 있고, 또 억양이 문장의 종류를 결정짓기도 한다는 사실을 바탕으로 억양이 문장의 종결에서 차지하는 역할에 주목하였다. 그리고 반말 어미 '-아/-어', '-지'가 평서법, 의문법, 명령법, 청유법의 어미로 구분되어 쓰이는 것 역시 억양 때문임을 명시적으로 드러내었다.

종결어미 중에서는 반말 어미에 대한 논의가 많았다. 고영근(1981)에서는 용비어천가나 월인천강지곡 및 소수의 산문 자료에 등장하는 '-니, -리'가 반말 어미에 해당한다고 주장하였고, 개별 어미의 의미 기술에는 장경희(1985), 한길(1986), 박재연(1998) 등이 있었다. 특히 한길(1986)과 박재연(1998)에서는 반말 어미 전체를 대상으로 연구하였는데, 전자는 반말 어미로 32개를 설정하고 각각의 통사적 특징과 용법을 기술하였으며, 후자는 반말

---

39) 화계에 대해서는 3.2 참조.

232

어미로 38개를 설정하고 양태 범주와 관련한 의미들을 의미 파악의 도구로
사용하여 그 의미를 기술하였다.

종결어미의 통사적 성격에 대한 본격적인 논의는 서정목(1984)에서 시작
되었다. 서정목(1984)은 중세국어와 현대 동남방언에서 판정의문과 설명의
문에 따라 의문법어미 '-가/-고'가 교체되는 현상을 바탕으로 종결어미는
보문자(Complementizer)라는 주장을 제기하였다. 이 논의는 변형생성문법을
국어의 통사론적 분석에 효과적으로 응용하여 국어 통사론 연구에 한 전기를
제공하였다고 할 수 있다. 왜냐하면 서정목(1984)에 와서야 종결어미가 문장
의 통사적 핵이라는 생각이 명시되었기 때문이다.

종결어미가 보문자라는 주장은 임홍빈(1987ㄷ)에서 전면적으로 수용되어
보문자는 문장의 자격을 결정하는 요소로 정의되었다. 그러나 종결어미가
보문자라는 주장은 종결어미를 갖춘 내포문, 즉 간접인용문에서 보문자인
종결어미 뒤에 '고/라고'라는 보문자가 다시 등장하는 현상을 설명하는 데
곤란을 겪게 되었다. 이에 대해 엄정호(1989)에서는 '영희는 철수가 똑똑하다
고 생각한다'의 기저 구조가 '영희는 철수가 똑똑하다 하고 생각한다'라고
보고 전자는 후자에서 '하-'가 탈락된 것으로 처리하였으며, 임동훈(1995)에
서는 이때의 '고'를 문장 뒤에 붙는 부사격조사로 볼 것을 제안하였다. 반면에
시정곤(1993)에서는 국어에서 보문자는 '고, 라고, -은, -는, -을'에 불과하다고
주장하고 '-다, -라, -냐, -자'와 같은 종결어미는 서법(modality) 요소로, 명사형
어미 '-음, -기'는 통사적 접사(syntactic affix)로 보아 보문자가 연속되는
문제를 해결하려 하였다.

중세국어의 종결어미에 대한 연구로는 안병희(1965ㄴ)가 대표적이었다.
이 논문에서는 15세기 중세국어의 의문법이 ㅎ쇼셔체나 ㅎ라체에서는 대체
로 판정의문이냐 설명의문이냐에 따라 종결어미를 달리 사용하였고 ㅎ야쎠
체에서는 이러한 구분이 없었으며, ㅎ라체 중에서는 상대가 의도를 가지고
대답하기를 요구하는 2인칭 의문문이 판정의문과 설명의문의 구별 없이
'-ㄴ다, -ㅭ다' 형식으로 쓰였음을 밝혀 중세국어 종결어미의 연구에 크게

기여하였다.

4.2 접속어미와 내포어미

국어에서 복문은 접속과 내포로 구성된다. 그리고 접속은 흔히 대등접속과 종속접속으로 나뉘고 내포는 명사절 내포, 관형사절 내포, 부사절 내포로 나뉜다.[40] 그런데 여기서 접속을 대등접속과 종속접속으로 나누는 일은 국어 문법에서 특유한 일이라 할 수 있다. 서구어 문법에서는 접속사를 대등적 접속사와 종속적 접속사로 나누기는 해도 접속을 대등접속과 종속접속으로 나누는 일이 없기 때문이다.

이처럼 접속을 대등접속과 종속접속으로 나누는 방식은 최현배(1941)에서 시작되었다. 최현배(1941)에서는 겹월[複文]을 분류하면서 그 마디의 어우름의 모양을 따라 가진월[包有文], 벌린월[竝列文], 이은월[連合文]의 세 가지를 설정하였다.

가진월은 하나 이상의 붙음마디[從屬節]와 으뜸마디[主節]로 구성되는데, 이는 다시 어떤마디(관형절), 어찌마디(부사절), 임자마디(체언절)로 하위 구분된다. 그리고 벌린월은 둘 이상의 맞선마디[對立節]를 가진 겹월로서 뜻으로는 각각 독립한 마디를 다만 형식으로 이은 까닭에 그 뜻에서는 그리 깊은 관련이 있지 않다고 하였다. 다음은 최현배(1941)에서 제시된 벌린월의 예이다.

  (19) ㄱ. 겨울은 춥고 여름은 덥다.
       ㄴ. 달은 지고 까마귀는 울고 서리는 하늘에 찼다.

이은월은 어우름[合同]의 조직으로 된 것으로서 앞뒤의 마디가 같은 값어치를 가지고 서로 대하되 서로 잇기어서 아주 한 덩이가 되어서 본래의 앞뒤 두 마디의 어느 것만도 아니요, 그 각각의 마디보다 더 큰 한 전체의

---

40) 여기에 인용절 내포가 추가되기도 한다.

생각을 나타낸 것으로 정의되었다. 다음은 최현배(1941)에서 제시된 이은월
의 예이다.

(20) ㄱ. 언니는 부지런하지마는 어우는 게으르다.
ㄴ. 봄은 되었으나 꽃은 피지 아니하였다.
ㄷ. 봄이 오면 꽃이 핀다.
ㄹ. 가을이 되니 들빛이 누르다.
ㅁ. 그 애가 내 동생인데 나이가 열두 살이다.
ㅂ. 까마귀 날자 배 떨어진다.
ㅅ. 비가 오다가 눈이 오다.

최현배(1941)에서의 벌린월과 이은월은 그 뒤의 연구에서 대등접속문과
종속접속문으로 수용되었다.41) 그러나 최현배(1941)에서의 이은월은 서구
어의 문법에서는 유례가 없는 독특한 것이어서 이러한 분류체계가 그 후
국어학계에 널리 수용된 것은 특별히 주목할 만한 사건이었다고 할 수 있다(이
익섭 2001).42) 왜냐하면 서구어의 문법체계에서는 (20)에서 제시된 대부분의
예들이 포유문의 일종인 부사절 내포문에 해당되기 때문이다. 따라서 최현배
(1941)는 국어에 특유한 종속접속이라는 개념을 새로 세웠고43) 그 결과
국어에서 부사절의 범위를 크게 줄였다는 특징이 있다.

최현배(1941)에서는 부사형 어미로 본용언과 보조용언을 연결하는 '-아,

---

41) 그러나 (20)에서 보듯이 최현배(1941)에서의 이은월에는 '-지마는'이나 '-으나'와
같이 후대의 연구에서 대등접속문을 형성하는 어미도 포함되어 있었다.
42) 다음 구절이 참고된다. "영문법, 일본문법 등에서는 보통으로 겹월을 둘로 갈라서
가진월과 벌린월의 두 가지로 하고, 위에서 내가 이은월이라 한 것들은 가진월에
넣으며 그 앞마디를 가진월의 어찌마디로 봄이 예사이다. 그러나 나는 여기에서
그러한 전례에 따르지 아니하고 세 가지 가름을 하여서……"(최현배 1941: 1130,
1131).
43) 그러나 대등접속 구문과 종속접속 구문의 통사상의 차이에 대한 기술은 홍재성
(1982)에서 이루어졌다. 이 논문에서 제시된 종속접속 구조의 특징(등위접속 구조
와 비교하여)은 다음 네 가지이다. 첫째, 분열문의 초점 자리에 올 수 있다. 둘째,
'는, 도'와 같은 특수조사가 붙어 양태화가 이루어질 수 있다. 셋째, 주절 속으로
위치 이동이 가능하다. 넷째, 명사구를 절 경계 밖으로 이동시킬 수 있다.

-게, -지, -고'를 제시하였지만 정작 부사절을 다루는 자리에서는 다음과 같이 '-게'와 '-이'가 쓰인 예들만이 제시되었다.

(21) ㄱ. 큰 물머리가 사람이 견디지 못하게 밀어 왔다.
    ㄴ. 나뭇잎이 소리도 없이 떨어진다.

그러나 최현배(1941)의 이와 같은 분류 체계는 남기심(1985)에서 정면으로 비판받았다. 남기심(1985)에서는 종속접속절이 첫째, 주절 속으로의 이동이 가능하고 둘째, 동일 명사구의 역행 생략이 가능하며 셋째, 재귀화 현상이 존재한다는 점에서 부사절로 보아야 한다고 주장하고 접속을 대등접속과 종속접속으로 구분하는 체계를 부정하였기 때문이다. 남기심(1985)의 주장은 뒤이어 유현경(1986), 서정수(1994)로 이어지면서 최현배(1941)에 대립되는 하나의 학설을 형성하였다.

접속을 대등접속과 종속접속으로 구분하는 체계는 다른 관점에서 비판받기도 하였는데, 그 대표적인 논의가 이은경(1996)이다. 이 논문에서는 국어의 접속문을 후행하는 문장 전체와 관련되는 경우로만 한정하고 '-(으)려고, -고자, -(으)러, -면서'로 구성되는 절과 같이 후행하는 동사구에 연결되는 경우는 부사절로 간주하였다. 그리고 접속문의 경우도 대등접속문과 종속접속문으로 양분되기 어려움을 보이고 접속문은 앞뒤 절의 의미 관계에 따라 대등성과 종속성의 정도 차이만 존재할 뿐이라고 주장하였다.

한편 최현배(1941)에서 부사형어미로 제시된 '-아, -게, -지, -고'의 성격에 대해서도 여러 논의가 있었는데, 박병수(1974ㄱ)에서는 동사구 보문소로 보았고 양인석(1972), 김정대(1990)에서는 명사구 보문소로 보았다. 또 허웅(1975)에서는 이를 보조적 연결어미로 보았는데, 이 용어는 1985년에 나온 고등학교 문법에서 채택되었다.44)

---

44) 그러나 '보조적 연결어미'란 용어는 체계상의 문제가 있다. 이와 짝이 되는 '대등적 연결어미'나 '종속적 연결어미'는 선행절이 후행절에 대등하거나 종속적으로 연결됨을 표시하는 데 비해 '보조적 연결어미'는 후행절이 선행절에 보조적으로 연결됨

관형사절에 대한 논의는 1960년대에 서구의 변형생성문법이 도입되면서 크게 활성화하였다. 국응도(1968), 양인석(1972) 이래 관형사절은 관계절과 명사구 보문으로 나뉘어 인식되었고, 남기심(1973), 김영희(1981), 이필영(1981), 이홍식(1990)에서 각각의 구문이 보이는 여러 가지 통사 현상들이 탐구되었다. 이 중에서 남기심(1973)은 명사구 보문을 종결어미를 갖춘 완형 보문과 그렇지 않은 불구보문으로 나누었으며, 이홍식(1990)은 국어의 관형절을 관계절과 보문, 그리고 명사절 관형절로 나누고 관계절은 다시 공범주 관계절, 외현 명사구 관계절, 의사 관계절로, 보문은 동격절과 비동격절로 나누었다.45)

관형사절에 대한 논의에서는 관형사형어미를 몇 개로 설정하느냐 하는 논의도 많았는데, 이는 크게 일원론과 이원론, 다원론으로 나눌 수 있다.

김차균(1980ㄱ, 1981)과 고영근(1981, 1982)에서는 각각 현대국어와 중세국어를 대상으로 관형사형어미는 '-ㄴ' 한 가지임을 주장하였다. 전자에서는 무음의 형태소와 변이형태를 설정하여 동사 '잡-'의 관형사형 '잡을'을 '잡ㄱㄴ을ㄹㅇ은'과 같이 분석하였으며, 후자는 관형사형어미 '-ㄹ'의 기저형으로 '-린'을 설정하였다. 그러나 전자는 영형태의 설정을 정당화할 근거가 부족하고 후자는 중세국어에서 '-리-'에 선행할 수 있는 용언과 '-ㄹ'에 선행할 수 있는 용언이 일치하지 않는다는 점에서 문제가 있다.46)

심재기(1979)와 서태룡(1980)에서는 관형사형어미를 '-ㄴ, -ㄹ' 두 가지로 설정하였다. 그리고 '-ㄴ'과 '-ㄹ'의 의미에 대해서는 심재기(1979)는 [결정성]이라는 인식양태, [완료성]이라는 상의 내용에 따라 기술하였고, 후자는 전제되는 내용의 [확실성] 유무에 따라 기술하였다. 이 둘은 '-ㄴ, -ㄹ'의 의미가 시제와 직접 관련되지 않는다고 보았다는 점에서 공통점이 있다.

을 표시하기 때문이다.

45) 여기서 명사절 관계절은 관형절이 표제명사(head noun)으로부터 의미역을 배당받는 '그 사람이 집에 가는 대신 네가 일을 더 해라'와 같은 구성을 말하고, 비동격절은 '비가 오는 듯하다'와 같은 구성을 말한다.

46) 중세국어에서는 형용사 어간 뒤에 '-을'이 결합할 수 없었다(허원욱 1988).

관형사형어미를 셋 이상으로 설정하는 논의로는 박병수(1974ㄴ), 양동휘(1976), 남기심(1972, 1976)이 있었다.[47) 박병수(1974ㄴ), 양동휘(1976)에서는 관형사형어미를 '-은, -는, -을'의 세 가지로 보았으며, 남기심(1972, 1976)에서는 관형사형어미를 '-ㄴ, -는, -던, -ㄹ'의 네 가지로 보았다. 여기서 전자는 '-은'을 'Past+Comp', '-는'을 'Pres+Comp'와 같이 분석하여 관형사형어미가 시제 요소와 보문자로 분석될 수 있음을 암시하였다는 특징이 있고, 후자는 '-던'이 종결형의 '-더-'와 달리 인칭 제약이 없음을 들어 '-던'을 분석할 수 없다고 명시적으로 주장했다는 특징이 있다.

그리고 김완진(1957), 이기문(1967), 김흥수(1975)에서는 역사적으로 '-ㄴ, -ㄹ'이 동명사어미임을 주장하고 이들이 중세국어 이래 관형사형어미로 변했음을 논의하였다.

명사절에 대해서는 명사형어미 '-음'과 '-기'의 의미 기능과 역사적 변화, 그리고 '-ㄴ 것'의 성격에 대한 논의가 많았다. '-음'과 '-기'의 의미에 관한 연구로는 임홍빈(1974ㄴ), 심재기(1980)가 있었고 '-음'과 '-기'가 보이는 통사적 특성에 관한 연구로는 이맹성(1968), 양인석(1972), 채완(1979)이 있었다. 그리고 '-음', '것'의 변화 양상이나 '-음'과 '-기'의 교체 양상에 대해서는 이숭녕(1975)과 김흥수(1975), 채완(1979)이 있었다.

한편 명사화와 관련된 논의에서 '것'을 보문자로 보는 논의도 적지 않았다. 이맹성(1968)에서는 '-는 것, -다는 것'이 '-음, -기'와 통사적으로 동일하다고 보고 '것'을 보문자로 보았는데, 이처럼 '것'을 보문자로 보는 견해는 이홍배(1970), 양인석(1972), 양동휘(1976) 등에서 수용되었다. 그러나 남기심(1973)에서는 '것'을 보문자로 볼 수 없음을 밝히고 '것'을 보문명사로 간주하였는데, 남기심(1973)의 견해는 박병수(1974ㄴ), 임홍빈(1974ㄴ)에서도 찾아볼 수 있다.

---

47) 이에는 최현배(1941)도 포함될 수 있다. 이 책에서는 관형사형어미로 이제(현재)를 나타내는 '-ㄹ/-을', 이제이음(현재 계속)을 나타내는 '-는', 올적(미래)을 나타내는 '-ㄹ/-을', 지난적(과거)을 나타내는 '-ㄴ/-은'을 들고 있다.

인용절에 대해서는 피인용절 뒤에 붙는 '고, 는'의 성격에 대한 논의, 피인용문의 통사 범주에 대한 논의, 인용문의 구조에 대한 논의가 많았다. 피인용절 뒤에 붙는 인용 표지 '고, 라고'에 대해서는 최현배(1941)에서 끄어 옴어찌자리토(인용부사격조사)로 다루어진 이래 조사의 일종의 다룬 논의가 많았으나 남기심(1973)부터는 이를 보문자로 다루는 흐름이 생겨나기 시작하였다. 그러나 임동훈(1995)에서는 여전히 '고, 라고'를 부사격조사로 보아야 한다는 주장을 하였다. 특히 이 논문에서는 피인용절 뒤에 붙는 '는'에 대해서도 이를 속격조사로 처리해야 한다는 주장을 하였다.

중세국어의 인용 구문에 대해서는 이현희(1986)가 주목된다. 이 논의에서는 화법을 인용보다 상위의 개념으로 사용하여 중세국어의 화법에 대해 논의하면서 중세국어의 인용문에 대한 깊이 있는 분석을 제시하였다. 이 논의에 따르면 중세국어의 화법은 간접의문, 의도·목적 구문, 간접인용 구문을 포괄한 내적 화법과 직접인용 구문을 가리키는 외적 화법으로 나뉘는데, 내적 화법은 'S' ᄒᆞ야 니ᄅᆞ다', 'S' 니ᄅᆞ다', '닐오ᄃᆡ S' ᄒᆞ다', 'S' ᄒᆞ다' 구문으로 쓰이고 외적 화법은 '닐오ᄃᆡ S''의 구문으로 쓰인다고 한다. 그리고 'S' ᄒᆞ야 니ᄅᆞ다'와 'S' 니ᄅᆞ다'는 국어의 전형적인 인용 구조이고 피인용문 S'가 후치한 '닐오ᄃᆡ S' ᄒᆞ다'와 'S' ᄒᆞ다'는 漢語의 영향을 받은 인용구조라고 하였다.

인용 구문에서 피인용문의 성격을 둘러싸고도 적지 않은 논의가 있었다. 양인석(1972), 고영근(1985)에서는 피인용문을 상위문 동사의 목적어로 해석하고 이를 일종의 명사절(또는 명사구 보문)로 보았으나, 남기심(1973), 이현희(1986), 엄정호(1989), 임동훈(1995)에서는 피인용문을 일종의 부사절(또는 동사구 보문)로 보았다. 그리고 이필영(1992)에서는 인용 표지가 ø, '고', '하고'일 경우에는 부사절(ADVP)로 보고, 인용 표지가 '이라고'일 경우에는 명사절(NP)로 보았다.

또 간접인용문의 상위 서술어로 나타나는 '하-'에 대해서는 이를 의미 내용이 없는 형식동사나 대동사로 보기도 하고(남기심 1973, 서정수 1975),

실질적인 의미 기능을 인정하여 '하'가 단언 서술어와 내포동사의 이중적 기능을 가진다고 보기도 하였다(김영희 1981).

5. 결론

본고는 지난 50년 동안에 이루어진 국어 문법의 연구를 정리하고자 하였다. 이 과정에서 우리는 쟁점이 되었던 여러 현상들과 이와 관련된 국어학의 수준을 살필 수 있었다. 그러나 본고는 몇 가지 점에서 아쉬운 점이 있었다. 첫째는 본고가 형태 위주로 연구사를 정리하게 되어 일부 문법 범주에 대한 기술이 불충분하게 다루어진 일이다. 그 중에서 피사동과 부정법에 대한 연구사 기술이 빠지게 된 것은 본고에서도 마음에 걸리는 부분이다. 그러나 피동의 연구사에 대해서는 박양규(1990), 김흥수(1998), 사동의 연구사에 대해서는 고정의(1990), 김흥수(1998)에 잘 정리되어 있고, 부정법의 연구사에 대해서는 김동식(1990), 임홍빈(1998)에 잘 정리되어 있기 때문에 관심 있는 독자들은 이를 참고할 수 있을 것이다. 실제로 이들 연구사는 매우 충실하여 본고에서 특별히 더 언급할 내용을 찾기 어려울 정도이다(참고문헌에는 독자들의 편의를 위해 피사동과 부정법에 관한 논문들도 제시하였다).

본고에서 아쉽게 생각하는 두 번째 사실은 여기에서 언급된 논문들이 제한되어 있다는 것이다. 필자는 문법의 연구사를 정리할 때 언급할 만한 논문이면 최대한 읽어 보려 하였으나 여러 가지 사정으로 그러지 못한 점이 있었다. 또 필자의 시야가 제한되어 있어 언급되어야 할 논문이지만 빠진 경우도 있을 것이다. 그리고 가장 염려스러운 것은 많은 양의 논문을 다루다 보니 본의 아니게 논문의 논지를 다소 부정확하게 기술한 부분이 있지 않을까 하는 점이다. 최대한 이러한 실수를 하지 않기 위해 노력하였으나 혹여 이러한 부분들이 있다면 이 방면 연구자들의 질타를 바란다. 부족하지만 본고가 앞으로 더욱 힘차게 전개될 국어 문법의 연구에 다소나마 도움이 되었으면 한다.

| 참고문헌 |

강창석(1987), 「국어 경어법의 본질적 의미」, 『울산어문논집』 3.

고영근(1965), 「현대국어의 서법 체계에 대한 연구: 선어말어미의 것을 중심으로」, 『국어
　　　　연구』 15.

고영근(1974), 「현대국어 종결어미에 대한 구조적 연구」, 『어학연구』 10-1.

고영근(1976ㄱ), 「특수조사의 의미 분석: '까지, 마저, 조차'를 중심으로」, 『문법연구』 3.

고영근(1976ㄴ), 「현대국어 문체법에 대한 연구」, 『어학연구』 12-1.

고영근(1980), 「중세어의 어미 활용에 나타나는 '거/어'의 교체에 대하여」, 『국어학』 9.

고영근(1981), 『중세국어의 시상과 서법』, 탑출판사.

고영근(1982), 「서술성어미와 관형사형어미의 관련성에 대한 연구」, 『관악어문연구』 7.

고영근(1986), 「능격성과 국어의 통사 구조」, 『한글』 192.

고영근(1997), 「중세어 높임의 어미 '시'와 '오'계 어미의 형태론」, 『최태영선생화갑기념
　　　　한국어문학논고』, 숭실대 국문과.

고정의(1990), 「사동법」, 『국어 연구 어디까지 왔나』. 동아출판사.

구종남(1992), 『국어 부정문 연구』, 전북대 박사학위논문.

국립국어연구원(1996), 『국어의 시대별 변천·실태 연구 1』, 국립국어연구원.

국립국어연구원(1997), 『국어의 시대별 변천 연구 2』, 국립국어연구원.

국립국어연구원(1998), 『국어의 시대별 변천 연구 3』, 국립국어연구원.

국립국어연구원(1999), 『국어의 시대별 변천 연구 4』, 국립국어연구원.

김동식(1980), 「현대국어 부정법의 연구」, 『국어연구』 42.

김동식(1988), 「선어말어미 /느/에 대하여」, 『언어』 13-1.

김동식(1990), 「부정법」, 『국어 연구 어디까지 왔나』. 동아출판사.

김민수 편(1993), 『현대의 국어 연구사』, 서광학술자료사.

김석득(1979), 「국어의 피·사동」, 『언어』 4-2.

김영희(1974), 「한국어 조사류어의 연구」, 『문법연구』 1.

김영희(1976), 「복수 표지 '들'의 문법」, 『문법연구』 3.

김영희(1978), 「겹주어론」, 『한글』 162.

김영희(1981), 「회상문의 인칭 제약과 책임성」, 『국어학』 10.

김영희(1987), 「국어의 접속문」, 『국어생활』 11.

김영희(1988), 「등위접속문의 통사 특성」, 『한글』 201·202.

김영희(1991), 「종속접속문의 통사적 양상」, 『서재극박사 환갑기념논문집』, 계명대출판부.

김영희(1999), 「사격 표지와 후치사」, 『국어학』 34.

김완진(1970), 「문접속의 '와'와 구접속의 '와'」, 『어학연구』 6-2.

김정대(1990), 「'아, 게, 지, 고'가 명사구 보문소인 몇 가지 증거」, 『주시경학보』 5.

김정대(1995), 「국어 통사론 연구 반세기」, 『광복 50년의 국학, 성과와 전망』, 한국정신문
　　화연구원.
김정수(1984), 『17세기 한국말의 높임법과 그 15세기로부터의 변천』, 정음사.
김차균(1980ㄱ), 「국어 시제 형태소의 의미: 회상 형태소 '더'를 중심으로」, 『한글』 169.
김차균(1980ㄴ), 「국어의 사역과 수동의 의미」, 『한글』 168.
김차균(1981), 「'을'과 '겠'의 의미」, 『한글』 173·174.
김흥수(1975), 「중세국어의 명사화 연구」, 『국어연구』 34.
김흥수(1998), 「피동과 사동」, 『문법 연구와 자료』, 태학사.
나진석(1953), 「未來 時相 補幹 '리'와 '겠'의 교체」, 『국어국문학』 6.
나진석(1971), 『우리말의 때매김 연구』, 과학사.
남기심(1971), 「인용문의 구조와 성격」, 『동방학지』 12.
남기심(1972), 「현대국어 시제에 관한 문제」, 『국어국문학』 55·56·57.
남기심(1973), 『국어 완형보문법 연구』, 계명대출판부.
남기심(1976), 「관계관형절의 相과 法」, 『강복수박사회갑기념논문집』.
남기심(1978), 『현대국어 시제에 관한 연구』, 탑출판사.
남기심(1981), 「국어 존대법의 기능」, 『인문과학』 4·5, 연세대 인문과학연구소.
남기심(1985), 「접속어미와 부사형어미」, 『말』 10.
남기심(1985), 「주어와 주제어」, 『국어생활』 3, 국어연구소.
남기심(1986), 「'서술절'의 설정은 타당한가? 『국어학신연구』」, 탑출판사.
남기심(1988), 「이중주어 구문 재고」, 『朝鮮學報』 126.
남기심(1991), 「국어의 격과 격조사에 대하여」, 『겨레문화』 5, 한국겨레문화연구원.
남윤진(2000), 『현대국어의 조사에 대한 계량언어학적 연구』, 태학사.
박병수(1974ㄱ), 「The Korean Verb ha Verb Complementation」, 『어학연구』 10-1.
박병수(1974ㄴ), 「한국어 명사 보문 구조의 분석」, 『문법연구』 1.
박양규(1975), 「존칭 체언의 통사론적 특징」, 『진단학보』 40.
박양규(1978), 「사동과 피동」, 『국어학』 7.
박양규(1990), 「피동법」, 『국어 연구 어디까지 왔나』, 동아출판사.
박재연(1998), 「현대국어 반말체 종결어미 연구」, 『국어연구』 152.
박진호(1994), 「선어말어미 '-시-'의 통사 구조상의 위치」, 『관악어문연구』 19.
박진호(1998), 「보조용언」, 『문법 연구와 자료』, 태학사.
배주채(1997), 「고흥방언의 장형부정문」, 『애산학보』 20.
서울대학교대학원 국어연구회 편(1990), 『국어 연구 어디까지 왔나』, 동아출판사.
서정목(1984), 「의문사와 WH-의문 보문자의 호응」, 『국어학』 13.
서정수(1972), 「현대국어의 대우법 연구」, 『어학연구』 8-2.
서정수(1974), 「국어의 부정법 연구에 대하여」, 『문법연구』 1.
서정수(1977ㄱ), 「'겠'에 관하여」, 『말』 2.

242

서정수(1977ㄴ), 「'더'는 회상의 기능을 지니는가?: 종결법과 인용법의 '더'를 중심으로」, 『언어』 2-1.

서정수(1979), 「'-(었)던'에 관하여」, 『여천서병국박사화갑기념논문집』.

서정수(1988), 「어미 '게'와 '도록'의 대비 연구」, 『말』 13.

서정수(1994), 『국어문법』, 뿌리깊은나무.

서태룡 외 편(1998), 『문법 연구와 자료』, 태학사.

서태룡(1980), 「동명사와 후치사 {은}, {을}의 기저 의미」, 『진단학보』 50.

서태룡(1985), 「통사」, 『국어국문학연구사』, 우석.

서태룡(1988), 『국어 활용어미의 형태와 의미』, 태학사.

성광수(1976), 「국어 간접피동에 대하여: 피동 조동사 '지(다)'를 중심으로」, 『문법연구』 3.

성기철(1970), 「국어 존대법 연구」, 『논문집(충북대)』 4.

성기철(1974), 「경험의 형태 {-었-}에 대하여」, 『문법연구』 1.

성기철(1979), 「경험과 추정: '겠'과 '을 것이'를 중심으로」, 『문법연구』 4.

성기철(1985), 『현대국어 대우법 연구』, 개문사.

성기철(1987), 「문서술어 복합문」, 『국어학』 16.

손호민(1975), 「Retrospection in Korean」, 『어학연구』 11-1.

손호민(1978), 「긴 형과 짧은 형」, 『어학연구』 14-2.

송석중(1971), "A Note on Negation in Korean", *Linguistics* 76.

송석중(1974), 「동의성: 언어학자의 Frankenstein」, 『국어학』 2.

송석중(1977), 「'부정의 양상'의 부정적 양상」, 『국어학』 5.

송석중(1981), 「한국말의 부정의 범위」, 『한글』 173 · 174.

시정곤(1993), 『국어의 단어 형성 원리』, 고려대 박사학위논문.

시정곤(1997), 「국어의 부정 극어에 대한 연구」, 『국어국문학』 119.

심재기(1979), 「관형화의 의미 기능」, 『어학연구』 15-2.

심재기(1980), 「명사화의 의미 기능」, 『언어』 5-1.

안명철(1989), 「'것' 명사구와 '고' 보문에 대하여」, 『외국어교육연구』 4, 대구대.

안병희(1959), 「중기어의 부정어 '아니'에 대하여」, 『국어국문학』 20.

안병희(1961), 「주체겸양법의 접미사 '-숩-'에 대하여」, 『진단학보』 22.

안병희(1965ㄱ), 「15세기 국어 공손법의 한 연구」, 『국어국문학』 28.

안병희(1965ㄴ), 「후기 중세국어의 의문법에 대하여」, 『학술지』 6, 건국대.

안병희(1966), 「부정격(Casus Indefinitus)의 정립을 위하여」, 『동아문화』 6.

안병희(1967), 「한국어발달사(중): 문법사」, 『한국문화사대계 V』, 고려대 민족문화연구소.

안병희(1968), 「중세국어의 속격어미 'ㅅ'에 대하여」, 『진단학보』 22.

안병희(1982), 「중세국어의 겸양법 연구에 대한 반성」, 『국어학』 11.

양동휘(1978), 「국어 관형절의 시제」, 『한글』 162.

양동휘(1979), 「국어의 피·사동」, 『한글』 166.

양인석(1972), *Korean Syntax: Case Markers, Delimiters, Complementation, and Relativization.* Ph. D dissertation, Univ. of Hawaii.

양인석(1973), 「Semantics of Delimiters in Korean」, 『어학연구』 9-2.

엄정호(1987), 「장형부정문에 나타나는 '-지'에 대하여」, 『국어학』 16.

엄정호(1990), 『종결어미와 보조동사의 통합 구문에 대한 연구』, 성균관대 박사학위논문.

연재훈(1989), 「국어 중립동사 구문에 대한 연구」, 『한글』 203.

오숙화(1994), 「현대국어 부정문 연구: 부정 극어와 이중부정문을 중심으로」, 『국어연구』 127.

유동석(1981), 「'더'의 의미에 대한 관견」, 『관악어문연구』 6.

유동석(1984), 「양태조사의 통보 기능에 대한 연구: {이}, {을}, {은}을 중심으로」, 『국어연구』 60.

유동석(1990), 「국어의 상대높임법과 호격어의 상관성에 대하여」, 『주시경학보』 6.

유동석(1993), 「중세국어 주어-동사 일치」, 『국어사 자료와 국어학의 연구』, 문학과지성사.

유동석(1998), 「주제어와 주격중출문」, 『문법 연구와 자료』, 태학사.

유동준(1983), 「국어의 능동과 피동」, 『국어학』 12.

유성기(1992), 「사동사 사동법의 변화와 사동사 소멸」, 『국어학』 22.

유송영(1993), 「종결어미 연구사」, 『현대의 국어 연구사』, 서광학술자료사.

유현경(1986), 「국어 접속문의 통사적 특질에 대하여」, 『한글』 191.

윤석민(1995), 「현대국어 문장종결형 연구 (1): 설명법을 중심으로」, 『텍스트언어학』 3.

윤석민(1996), 『현대국어 문장종결법 연구』, 서울대 박사학위논문.

이광호(1985), 「격조사 {로}의 기능 통합을 위한 시론」, 『선오당김형기선생팔질기념국어학논총』, 창학사.

이기갑(1981), 「씨끝 '아'와 '고'의 역사적 교체」, 『어학연구』 17-2.

이기동(1978), 「조동사 '지다'의 의미 연구」, 『한글』 161.

이기문(1967), 「한국어 형성사」, 『한국문화사대계 Ⅴ』, 고려대 민족문화연구소.

이기용(1979), 「두 가지 부정문의 동의성 여부에 대하여」, 『국어학』 8.

이남순(1981ㄱ), 「'겠'과 'ㄹ것'」, 『관악어문연구』 6.

이남순(1981ㄴ), 「현대국어의 시제와 상의 연구」, 『국어연구』 46.

이남순(1984), 「피동과 사동의 문형」, 『국어학』 13.

이남순(1994), 「'었었' 攷」, 『진단학보』 78.

이남순(1996), 「특수조사의 통사 기능」, 『진단학보』 82.

이남순(1998), 「격조사」, 『문법 연구와 자료』, 태학사.

이맹성(1968), 「Nominalization in Korean」, 『어학연구』 4-1.

이상억(1970), 「국어의 사동·피동 구문 연구」, 『국어연구』 26.

이숭녕(1960), 「Volitive form으로서의 Prefinal ending '-(o/u)-'의 개재에 대하여」, 『진단

244

학보』 21.

이숭녕(1961), 「『중세국어문법』」, 을유문화사.

이숭녕(1962), 「겸양법 연구」, 『아세아연구』 5-2.

이숭녕(1964), 「경어법 연구」, 『진단학보』 25 · 26 · 27.

이숭녕(1975), 「중세국어의 '것'의 연구」, 『진단학보』 39.

이승욱(1957), 「국어의 Postposition에 대하여: 그의 품사 정립에 대한 시고」, 『일석이희승
선생송수기념논총』.

이은경(1990), 「국어의 접속어미 연구」, 『국어연구』 87.

이은경(1996), 『국어의 연결어미 연구』, 서울대 박사학위논문.

이은경(1998), 「접속어미의 통사」, 『문법 연구와 자료』, 태학사.

이은섭(1996), 「현대국어 부정문의 통사 구조」, 『국어연구』 140.

이익섭(1974), 「국어 경어법의 체계화 문제」, 『국어학』 2.

이익섭(1978ㄱ), 「상대시제에 대하여」, 『관악어문연구』 3.

이익섭(1978ㄴ), 「피동성 형용사문의 통사 구조」, 『국어학』 6.

이익섭(2001), 「국어 부사절의 성립」(원고).

이정민(1977), 「부정명령의 분석」, 『어학연구』 13-2.

이필영(1992), 『현대국어 인용 구문에 관한 연구』, 서울대 박사학위논문.

이현희(1982), 「국어 종결어미의 발달에 대한 관견」, 『국어학』 11.

이현희(1985), 「근대국어 경어법의 몇 문제 – 서평: 김정수 저, 『17세기 한국말의 높임법과
그 15세기로부터의 변천』」, 『한신어문연구』 1.

이현희(1986), 「중세국어 내적 화법의 성격」, 『한신대논문집』 3.

이현희(1991), 「국어 문법사 기술에 있어서의 몇 가지 문제」, 『국어사 논의에 있어서의
몇 가지 문제』, 정신문화연구원.

이홍식(1990), 「현대국어 관형절 연구」, 『국어연구』 98.

이홍식(1991), 「피동과 피동 구문」, 『주시경학보』 8.

이홍식(1995), 「'-더-'의 의미에 관하여」, 『관악어문연구』 20.

이희승(1949), 『초급국어문법』, 박문서관.

이희승(1957), 『새고등문법』, 일조각.

임동훈(1991), 「격조사는 핵인가」, 『주시경학보』 8.

임동훈(1994), 「중세국어 선어말어미 '-시-'의 형태론」, 『국어학』 24.

임동훈(1995), 「통사론과 통사 단위」, 『어학연구』 31-1.

임동훈(1997), 「이중주어문의 통사 구조」, 『한국문화』 19.

임동훈(2000), 「『한국어 어미 '-시-'의 문법』」, 태학사.

임동훈(2001), 「'-겠-'의 용법과 그 역사적 해석」, 『국어학』 37.

임칠성(1991), 『현대국어의 시제어미 연구』, 전남대 박사학위논문.

임홍빈(1972), 「국어의 주제화 연구」, 『국어연구』 28.

임홍빈(1973), 「부정의 양상」, 『논문집: 인문사회과학』 5, 서울대 교양과정부.

임홍빈(1974ㄱ), 「{로}와 선택의 양태화」, 『어학연구』 10-2.

임홍빈(1974ㄴ), 「명사화의 의미 특성에 대하여」, 『국어학』 2.

임홍빈(1977), 「피동성과 피동 구문」, 『국민대학논문집』 12.

임홍빈(1978), 「부정법 논의와 국어의 현실」, 『국어학』 6.

임홍빈(1980), 「{을/를} 조사의 의미와 통사」, 『한국학논총』 2, 국민대 한국학연구소.

임홍빈(1982), 「선어말 {-더-}와 단절의 양상」, 『관악어문연구』 7.

임홍빈(1984), 「문종결의 논리와 수행-억양」, 『말』 9.

임홍빈(1985), 「{-시-}와 경험주 상점의 시점(視點)」, 『국어학』 14.

임홍빈(1987ㄱ), 「국어 부정문의 통사와 의미」, 『국어생활』 10.

임홍빈(1987ㄴ), 「국어의 명사구 확장 규칙에 대하여」, 『국어학』 16.

임홍빈(1987ㄷ), 『국어의 재귀사 연구』, 신구문화사.

임홍빈(1993), 「다시 {-더-}를 찾아서」, 『관악어문연구』 7.

임홍빈(1998), 「부정법」, 『문법 연구와 자료』, 태학사.

장경희(1983), 「{더}의 의미와 그 용법」, 『언어』 8-2.

장경희(1985), 『현대국어의 양태 범주 연구』, 탑출판사.

장경희(1987), 「국어의 완형보절의 해석」, 『국어학』 16.

전재관(1958), 「'습' 따위' 敬讓詞의 散攷」, 『경북대학교논문집』 2.

채완(1977), 「현대국어 특수조사의 연구」, 『국어연구』 39.

채완(1979), 「명사화소 '-기'에 대하여」, 『국어학』 8.

채완(1993), 「특수조사 목록의 재검토」, 『국어학』 23.

채완(1998), 「특수조사」, 『문법 연구와 자료』, 태학사.

최기용(1993), 「한국어 장형부정문의 구조」, 『생성문법연구』 3-1.

최동주(1995), 『국어 시상체계의 통시적 변화에 관한 연구』, 서울대 박사학위논문.

최동주(1996), 「선어말어미 {-더-}의 통시적 변화」, 『언어학』 19.

최동주(1997), 「현대국어의 특수조사에 대한 통사적 고찰」, 『국어학』 30.

최현배(1941), 『우리말본』, 정음사.

한길(1986), 『현대국어 반말에 관한 연구』, 연세대 박사학위논문.

한동완(1984), 『현대국어 시제의 체계적 연구』, 서강대 석사학위논문.

한동완(1991), 『국어의 시제 연구』, 서강대 박사학위논문.

한재영(1984), 「중세국어 피동 구문의 특성에 대한 연구」, 『국어연구』 61.

한현종(1990), 「현대국어의 시제 체계의 수립과 그 제약 조건」, 『국어연구』 99.

허웅(1954), 「존대법사: 국어 문법사의 한 토막」, 『성균학보』 1.

허웅(1958), 「삽입모음고」, 『논문집』 7, 서울대.

허웅(1961), 「15C 국어의 존대법과 그 변천」, 『한글』 128.

허웅(1975), 『우리 옛말본』, 샘문화사.

허원욱(1988), 「15세기 우리말 매김 마디 연구」, 『한글』 200.

홍윤표(1969), 「15세기 국어의 격 연구」, 『국어연구』 21.

홍윤표(1974), 「주격어미 '가'에 대하여」, 『국어학』 3.

홍윤표(1978), 「방향성 표시의 격」, 『국어학』 6.

홍윤표(1994), 『근대국어 연구(Ⅰ)』, 태학사.

홍재성(1982), 「'-러' 연결어미문과 이동동사」, 『어학연구』 18-2.

홍종선(1983), 「명사화어미 '-ㅁ'과 '-기'」, 『언어』 8-2.

河野六郎(1952), 「中期朝鮮語の時稱體系に就いて」, 『東洋學報』 34-1〜4.

Lukoff. F(1978), 「On Honorific Reference」, 『눈뫼허웅박사환갑기념논문집』, 과학사.

Shibatani, M(1975), "Lexical versus Periphrastic Causatives in Korean", *Journal of Linguistics* 9.

어휘 연구 50년

한동완

1. 들어가기

이 글은 1950년 이후의 국어 연구사를 작성하는 큰 틀에서 쓰여지는 것으로, 국어 연구 부문 가운데 어휘에 대한 연구가 어떻게 이루어져 왔는가를 살피는 데 목적을 둔다.

다른 어떤 언어 단위보다도 어휘(단어) 단위는 전문가가 아닌 일반인들이라 하더라도 그 단위에 대한 인식을 가장 쉽게 할 수 있는 것이다. 언어 습득 단계에 있는 아동이라 하더라도 가장 쉽게 분절해 내서 쪼개 내는 언어 단위가 곧 어휘(단어)라는 데 대해 이의를 제기하기 어렵다. 음소나 형태소의 단위를 쪼개는 것은 어느 정도 특별한 훈련이 필요하지만, 어휘(단어)란 것이 일반적 정의상 최소의 의미 있는 '자립 형식'이기 때문에, 곧 발화 층위에서 문장을 이루지 않고도 단어 홀로 쓰일 수 있기 때문에 어휘(단어)에 대한 단위 인식은 음소나 형태소와 같은 언어 단위와는 달리 쉽게 이루어지는 성격을 갖는다. 문자의 발달사에서 단어(어휘)를 한 단위로 하는 표의문자가 이른 시기에 나온 것도 곧 이른 시기부터 이미 단어(어휘)에 대한 단위 인식이 쉽게 이루어졌기에 가능한 것이라고 할 수 있을 것이다. 최근에도 식자들조차 문장 차원이나 혹은 형태소나 음소 차원에서 언어를 바라보지 못하고, 언어를 곧 단어(어휘)와 동일시하여 견해를 펼치는 경우를 흔히 보는 것도 그만큼 단어(어휘)에 대한 단위 인식이 손쉽게 이뤄짐을 반영한다.

250

단어(어휘)가 이런 성격을 갖기 때문에 어휘에 대한 연구사는 다른 어떤 언어 부문의 연구보다도 이른 시기부터 이루어져 왔으며, 국어의 경우도 예외일 수 없다. 전문적인 언어 연구자가 아닌 이들에 의해 소박한 好事家的 趣向에서 출발한 民間語源論的 주장이 펼쳐지는 것을 우리는 쉽게 확인할 수 있다. 識者든 아니든 간에 어휘의 기원에 대해 한 마디씩 언급하고 싶어하는 것이 현실이며, 이런 언급들이 오늘날 신문 칼럼 등에서 흔하게 발견됨이 현실이다. 심지어는 민간 어원론적 추론에서 출발하여 그것을 전제 삼아 철학이나 미학, 문학, 문화인류학 등과 같은 학문적 논의를 펼치는 경우도, 그리하여 잘못된 전제로 인하여 논의 전체의 신빙성을 缺하게 되는 경우도 가끔 확인된다.

어휘(단어)에 대한 소박하고 호사가적인 연구를 어휘 연구사에 포함시킨다면 그 역사가 일천한 것이 결코 아니며, 늦게 잡아도 實學時代를 '어휘론의 전 역사를 통해 보았을 때 그 첫걸음이 시작되는 출발선'(조항범 1989: 13)이라는 주장이 성립될 것이다. 그러나 어휘에 대한 학문적(scientific) 연구를 어휘론(lexicology)이라고 좁게 정의 내린다면, 진정한 과학적 의미에서의 어휘론의 출발은 1950년대에 이르러서야 비롯되었다고 할 수 있다. 이 시기에 이르러 비로소 서구의 이론과 방법론, 특히 통시적으로 어휘의 의미 변화를 추적하는 史的 語彙 意味論이 자리를 잡기 시작했으며, 이희승(1955: 192~297)에서 보이듯이 국어학 개설류 저서에 어휘론이 독자적인 한 부문으로서 자리를 잡게 되었던 것이다.

이후 울만(Ullmann)을 중심으로 한 구조주의 의미론이 국내에 도입되면서 (이숭녕 1959, 이을환 1960 등) 구조주의적 명제 중 하나인 공시태와 통시태의 분리, 이 가운데 공시태에 대한 본질적 강조가 어휘론 연구에도 큰 영향을 미치게 된다. 그리하여 60년대 이후로 관심이 고조되기 시작한 공시론적 어휘 의미론을 중심으로 하여 연구의 중심축이 급격하게 통시태 분석에서 공시태 분석으로 옮겨가게 되며, 이후 수천 편에 이르는 논문들이 쏟아져 나오게 되고, 이러한 연구들을 바탕으로 하여 이윽고 심재기(1982)를 필두로 김종택(1992), 김광해(1993) 등과 같이 어휘론을 단독 제명으로 갖는 단행본 연구서 및 개설서 들이 나오게 된다.

이처럼 어휘론에 관련된 논저들이 쏟아져 나오기는 했지만, 아직도 어휘론이 국어학의 한 하위학문으로 굳건한 자리를 차지했다고는 하기 힘들다. 이런 현실은 어휘론이 한 부문을 자리잡고 있는 이희승(1955) 이래 숱하게 나온 국어학 개설류 저서에서 어휘론이 독자적인 한 부문으로 자리잡고 있지 못하다는 사실에서 쉽게 확인된다. 그 한 예로 대표적인 국어학 개설서인 이익섭(1986)에서도 어휘론은 제 위상을 차지하지 못하고 있음을 들 수 있을 것이다.

어휘론적 연구가 활발히 이루어지고 있으면서도 국어학 내에서 독자적인 한 영역으로 자리잡지 못하고 있는 현실은 조항범(1992)의 토로에서 극에 달한다. 곧 "국어 어휘론이 국어학의 핵심부에서 멀어져 (좀 심하게 말하면) 국어학의 가련한 주변부로 인식되어 왔다"(조항범 1992)고 토로하기에 이른 것이다. 이처럼 어휘론이 주변부로 밀려난 것을 한탄하면서 조항범(1992)은 그 책임의 일단을 국어학계의 편향된 시각에 두었다. 그러나 냉정히 따져 보면 어휘론이 독자적 영역을 차지하지 못한 것은 국어학계의 편향된 시각 때문만은 아니다. 물론 1990년대 이전에는 과연 어휘론이 무엇이며, 어휘론이 국어 연구에서 차지하는 위상이 무엇인가, 어휘론에서 다루어야 할 연구 대상과 연구 영역이 무엇인가 등과 같은 어휘론에 대한 본질적 문제 제기와 반성이 어휘론자 스스로에 의해 논의된 경우가 거의 없었으며, 단지 이희승 (1955)에서 삼대분한 어휘론의 하위영역을 거의 그대로 답습해 왔다는 점에서 그 책임의 일단이 어휘론 연구자에 있다고 할 수도 있다.

그러나 이보다 더 중요한 원인은 일반 언어이론 내에서도 어휘론의 위상이 현저하게 낮아졌다는 데에 있다. 일반 언어이론의 연구 중심축이 1960년대 변형 문법이 정립되어 발전하기 시작한 이후 급격하게 통사론으로 옮겨 간 현실, 곧 어휘 단위에 대한 기술보다도 문장 단위의 기술로 연구 중심축이 옮겨 간 현실과도 무관하지 않다는 것이다. 비록 변형 문법의 골격 내에서 형태론이 그 위상 정립마저 위협 받기는 했지만, 형태론을 포함하여 음운론, 통사론, 의미론, 화용론 등과 같이 구조언어학적인 분류에 따른 언어 층위별 연구 부문들은 그 나름대로 독자적이고 자율적인 위상을 가지고서 꾸준히 연구되어 왔다. 이에 반해 어휘론에 대한 일반 언어이론적 관심은 급격히 줄어든 것이 저간의 현실이다.

이를테면, 어휘의 동의성, 중의성과 같은 구조주의 어휘 의미론의 전통적이고 중심적인 논제조차도 언어 연구의 중심부에서 논의되지 못하고, 그보다는 문장 구조의 동의성, 중의성에 대한 연구가 언어 연구의 중심부에서 조명을 받게 되며, 이는 변형생성문법 내에서의 해석의미론과 생성의미론 간의 전쟁을 방불케 하는 논쟁을 낳게 된다. 물론 근자에 이르러 변형 문법의 틀 내에서 어휘부(lexicon)의 성격에 대한 논의가 급격하게 늘어가고 있지만, 이마저도 어휘부에 등재될 어휘의 내항(lexical entry)에 포함될 기술 항목들이 음운, 형태, 통사, 의미 내항이라고 할 때, 이들 내항에 대한 연구는 음운론, 형태론, 통사론, 의미론의 자율적인 연구 영역에서 이루어질 수 있기 때문에 어휘론의 자율적이고 독립적인 위상 정립이 손쉽게 해결될 문제만은 아닌 것이다.

사실 후술되겠지만 어휘론의 연구 영역으로 주목받아온 것들 가운데 어휘론에서만 다뤄져야 할 독자적인 영역이 무엇인지는 분명치 않다. 그 한 예를 들면, 어휘에 관한 연구가 어휘론이라고 한다면, 그리고 어휘가 의미를 갖는 것이라고 한다면, 응당 어휘 의미에 대한 연구, 곧 어휘 의미론이 어휘론의 한 영역일 듯 싶지만, 그리고 실제로 그렇게 다뤄져 왔지만, 냉정히 언어학의 발달사를 따져 보면 어휘 의미론은 의미론의 중심 과제로 출발했던 것이지, 어휘론의 중심 과제로 조명을 받았던 것은 결코 아니었다. 그리고 어휘의 내부구조가 단일 형태소로 이뤄져 있는지 파생법이나 합성법에 의해 복합 형태소로 이뤄져 있는지에 따라 어휘의 구조적 갈래가 나뉘므로, 어휘 형성에 대한 이런 연구, 곧 어휘 형성론이 어휘론의 한 영역일 듯 싶지만, 어휘 형성론은 전통적으로 조어론의 한 분야로 발전되어 왔던 것이지 어휘론의 이름으로 발전되어 왔던 것은 결코 아니었다.

이런 점에서 1990년은 어휘론 연구사에서 주목받을 만한 시기라 할 만하다 (조항범 1992 참조). 국어 어휘론의 과제가 학계의 공식적 토론 주제로 선정되어 어휘론의 위상 정립에 대한 반성과 새로운 모색을 자극했기 때문이다. 곧 1990년 제17회 국어학회 공동토론회에서 '어휘론 연구의 영역과 과제'(김종택), '어휘연구의 과제와 전망'(김광해), '국어 어휘의미론 연구 약사'(김문창) 등이 토론 주제로 다루어짐으로써 앞서 제기했던 어휘론의 위상 정립과 관련된 본질적 문제 제기와 반성이 어휘론자 스스로에 의해 이루어졌던 것이다. 그리하여 이 토론회 이후 김종택(1992), 김형철(1992), 김광해(1993) 등에서 어휘론의 연구 대상 및 연구 영역에 대한 본격적인 논의가 정리되어 나타나게 된다.

2. 어휘론의 연구 대상 및 연구 영역에 대한 연구사

어휘론의 연구 대상은 흔히들 어휘, 곧 단어라고 한다. 그렇다면 어휘 내지는 단어가 무엇인지에 대한 성격 규정이 이루어져야만 어휘론의 연구 영역이 확정된다 할 것이다. 앞절에서 지적했듯이 단어에 대한 단위 인식이 일반인에게조차도 쉽게 이루어지므로, 그 정의 또한 쉽게 이루어질 것이라 생각할 수 있다. 그러나, 단어가 쉽게 단위 인식되는 것과는 반대로 그것에 대한 정의를 내리기는 매우 어려우며, 논자에 따라 의견을 달리하는 경우가 많다.[1]

어휘론의 대상인 단어의 정의에 논란이 많으므로, 어휘론의 연구 영역이 무엇인지 하는 문제도 선명하게 풀리지 않는다. 흔히 단어는 '최소의 의미 있는 자립 형식'(the minimal meaningful free form)이라고 정의된다. 이 정의를 그대로 수용한다고 해도 다음과 같은 문제가 뒤따른다.

---

1) 이러한 사실은 국어 연구에서 복합어와 句를 어떻게 구별할 것인가 하는 것을 둘러싸고 얼마나 심각한 논쟁이 진행돼 왔는가를 살펴보면 쉽게 확인된다.

254

우선, '의미 있는'이라고 할 때, '의미'가 무엇인가 하는, 어쩌면 더욱 본질적인 또 다른 문제를 제기한다. '의미'에 대한 정의는 의미론의 연구 대상으로서 그 정의의 지향점이 무엇인가에 따라 지시적 의미론, 개념적 의미론, 종합적 의미론, 행동주의적 의미론 등과 같이 분화될 정도로 복잡 다단한 양상을 보인다. 물론 의미론(semantics)이 성립되기 이전에도 철학의 주요 논쟁 중 하나였던 것이 의미의 정의 문제였다. 의미에 대한 논의에는 meaning뿐 아니라 sense의 문제, 그리고 多義와 異義의 구별 등과 같이 어휘 의미론의 본질적인 논쟁이 포함된다.

다음으로 '자립 형식'이라고 할 때, '자립'이 무엇인가 하는 문제가 제기된다. 형식의 자립성에서 정도의 편차가 있기 때문이다. 가령 의존 명사는 그 기능이 자립 형식인 '명사'와 같고, 또한 형태론적으로도 '명사'와 같이 조사를 접미하는 곡용을 보이므로 '명사'와 동등한 품사 범주에 귀속되지만, '자립 형식'이라는 단어의 정의로 볼 때에는 자립적으로 실현되지 못한다는 문제가 제기된다. 이처럼 비자립 형식임에도 단어로 처리하는 문제점은 국어 문법 기술의 한 전통에서 보듯이 조사를 단어로 분류할 경우는 문제가 더 증폭되고 만다. 그렇다면 조사 또한 어휘론의 연구 대상이 될 수밖에 없기 때문이다.

또한 '최소한'이라고 할 때, 이미 자립 형식들을 그 단위로 포괄하고 있는 숙어, 관용어 등과 같은 구 구성을 포함시킬지의 여부가 문제로 대두된다. 이런 구 구성은 형식적으로는 자립 형식들의 연쇄이므로, 더 이상 '최소한'의 자립 형식은 아니지만, 자립 형식들의 의미 합성에 따라 전체 구 구조의 의미가 결정되지 않고, 분절 불가능한 하나의 의미를 나타내는 응축성을 보인다는 관점에서 보면 '최소한의' 의미 단위이므로, 이것 역시 어휘부(lexicon)에 기재되고, 그리하여 어휘론의 연구 대상이 될 수 있을 것이다.

한편, 단어의 내부구조와 관련하여서도 본질적인 논의가 필요하다. 단어의 내부구조가 굴절이나 파생, 그리고 합성과 같은 기제에 의해 여러 형태소들의 복합으로 이루어질 때 이를 어떻게 처리할 것인가 하는 문제가 제기되기 때문이다. 가령, '먹다'는 '먹고, 먹으니, 먹어서, 먹어라……' 등과 같이 활용에 의해, '책'은 '책이, 책을, 책의, 책도……' 등과 같이 곡용에 의해 많은 형식들로 실현되는데, 이 경우 이 형식들을 어떻게 처리할 것인가 하는 문제가 제기된다.

어휘 연구가 시작된 이래 1990년대 이전까지는 단어의 정의와 관련하여 제기되는 이런 복잡 다단한 문제에 대해 진지하게 고민하고 있는 논의를 발견하기 힘들다.[2] 다만 암묵적으로 곡용과 활용과 같이 굴절 기제에 의해 산출된 많은 형식들은 하나의 형식으로 처리되어 어휘론의 논의에서 제외되고 있다. 반면, 파생과 합성 기제에 의해 산출된 많은 형식들은 별개의 단어 형식으로 간주하여 논의의 대상으로 삼고 있는 경향을 보인다. 이에 대한 검토는 곧 후술되는 연구 영역에 대한 연구사를 언급하는 자리에서 간략히 검토하게 되겠지만, 여기서 강조해 두는 것은 어휘론이 그 연구 대상을 단어 혹은 어휘라고 한다면, 앞으로의 어휘론 연구는 위에서 언급한 단어 혹은 어휘의 정의를 둘러싼 문제들을 진지하게 고민하는 노력이 필요하다는 사실이다.

어휘론의 대상인 단어 내지는 어휘에 대한 본격적인 검토가 없었으므로, 어휘론의 연구 영역이 무엇인가 하는 데 대한 심각하고 본격적인 검토 또한 발견하기 힘든 상태에서 논의가 이루어져 왔다고 볼 수 있다. 김종택(1992)이 등장하기 이전까지는 이희승(1955)에서의 기술을 대체로 인정하는 바탕 위에서 논의가 전개되어 왔다고 할 수 있다. 따라서 어휘론의 대상과 연구 영역에 대한 연구사를 우선, 국어학 개설서에 어휘론을 한 부문으로 독립시켜 기술한 이희승(1955)의 논의를 살펴보는 것에서 출발하여, 어휘론을 한 권의 책으로 엮어 서술한 단행본인 심재기(1982), 김종택(1992), 김광해(1993), 그리고 어휘론 연구사를 기술한 조항범(1989), 김형철(1992) 등에서의 논의를 중심으로 차례차례 살펴보기로 하겠다.

---

2) 후술하겠지만 김종택(1992)은 어휘론의 연구대상을 '어휘'라 하고, 이 어휘는 '단어'와 구별되는 개념임을 밝히고 있어 주목할 만하다.

이희승(1955)은 "어휘론의 성격과 범주를 확인시켜 주는 내용은 아니었으나"(조항범 1989: 132), 어휘론에 대해 언급하면서, 어휘론의 연구 영역을 (1) 單語, (2) 語義論, (3) 語形論으로 삼대분하고 있다.3) 삼대분된 영역 가운데서도 이희승(1955)이 어휘론의 핵심적인 연구 영역으로 파악하고 있는 것은 어의론이며, 이 어의론에서는 語義의 變化와 語源論이 중점적으로 다루어지고 있다.

이처럼 어휘론의 연구 영역을 삼대분하는 것은 심재기(1982)에서도 확인된다. 단행본으로 이루어진 심재기(1982)는 어휘론의 연구 영역을 (1) 어휘 자료론, (2) 어휘 의미론, (3) 어휘 형성론 등과 같이 삼대분하고 있다. 여기서 어휘자료론은 "한 언어 내의 총어휘 목록을 작성하고 그 어휘의 증감상을 명백하게 파악하는"(심재기 1982: 12) 것으로 규정되고 있다. 어휘 의미론에 대해서는 통시적인 어의 변화뿐 아니라, 동의어와 반의어 같은 공시적인 어휘 의미 관계를 다루고 있는데, 특기할 만한 사항은 俗談과 禁忌語를 어휘 의미론의 장에서 다루고 있다는 사실이다. 어휘 형성론은 전통적으로 造語論이라 불려 온 것으로서, 명사화, 관형화, 동사화, 부사화 같은 파생 기제를 주로 다루고 있다. 그런데, 이 가운데 명사화에 대한 논의에서 '-(으)ㅁ', '-기', 관형화에 대한 논의에서 '-(으)ㄴ', '-(으)ㄹ', 그리고 부사화에 대한 논의에서 '-게' 등을 다루고 있는 점이 주목된다. 이들은 모두 전통적으로, 파생 기제가 아닌 활용 기제에 속해 있던 것들인데, 이처럼 굴절 기제들을 어휘 형성론의 논의에 포함시킨 것은 어휘론의 연구 영역을 어떻게 잡느냐는 논의와 관련하여 심재기(1982)의 한 특징적 면모라 할 수 있기 때문이다.

90년대 이전까지의 국어 어휘론 연구사를 방대한 분량으로 정리한 조항범(1989)은 어휘론 개설류는 아니지만 어휘론의 연구 영역을 어떻게 잡고 있는

---

3) 이희승(1955)은 위 삼대분된 영역 이외에도 장을 달리하여 (4) 音相과 語義·語感, (5) 語義의 階級性을 다루고 있지만, 이들은 語義論의 항목에 속한다고 할 수 있다. 다만 어의의 계급성에서 평어와 경어, 평어와 비어를 다루고 있는 것은 어휘론의 연구 영역에 사회언어학적 논의를 포함시키고 있다는 점에서 주목할 만하다.

가 하는 관점을 확인할 수 있다. 조항범(1989)은 주제별로 어휘론 연구를 정리하면서 크게 (1) 어휘자료론 연구사,[4] (2) 어휘의미론 연구사[5]로 나누어 설명하고 있다. 이런 기술 태도에서 조항범(1989)이 어휘 형성론을 다루지 않고 있음을 확인할 수 있으므로 구체적인 언급은 하지 않았다 하더라도, 어휘 형성론을 어휘론의 연구 영역에서 배제하고 있음을 암묵적으로나마 확인할 수 있다. 어휘 형성론은 전통적으로 조어론 혹은 단어형성론(word formation)이라는 이름으로 다루어져 왔고, 서구의 일반 언어이론에서도 크게는 형태론의 한 연구 영역으로 다루어져 왔다는 점에서 국어의 어휘론 연구사를 정리하면서 어휘 형성론을 배제한 의의가 있다고 하겠다.

어휘론 개설류인 김종택(1992)은 지금까지 단어와 어휘를 구별하지 않고 사용해 오던 관행에서 벗어나 단어(word)와 어휘(vocabulary)를 달리 정의하고 있다는 점이 우선 주목된다. 김종택(1992: 18)에 의하면, "단어(word)는 문법상의 용어로서 기능을 가지는 언어의 최소 단위인 구체적인 한 낱말을 가리키는 데 대하여, 어휘(vocabulary)는 어떤 범위에 드는 낱말들을 총체적으로 부르는 집합적 개념"이다. 이렇기 때문에 "어휘, 혹은 어휘론이라는 말은 한 낱말과 다른 낱말과의 관계를 전제로 하는 것"으로 규정될 수 있기에 이른다.

김종택(1992)에서 단어와 어휘의 구별을 시도하고, 어휘론의 대상은 단어가 아니라 어휘임을 분명히 한 언급은, 어휘론이 그 독자적인 영역을 위협받고 있는 현실에서 어휘론이 차지해야 할 정당한 위상을 분명히 하고 있다는 점에서 주목될 필요가 있다. 김종택(1992)의 언급을 확장시켜 말하자면, 단어는 문장 내에서 통사적으로 연결되는 다른 단어들과의 관계 기능에 따른 것이라면, 곧 단어는 문장 내에서의 기능과 관련하여 조명을 받는 대상이라면, 어휘는 문장과는 별도로 존재하는 단어들, 혹은 문장에서 기능을 발휘하기 이전의 단어들로서, 문장을 고려하지 않고도 조명을 받을 수 있는 대상인 것이다. 그렇다면, 어휘론의 대상이 단어가 아니라 어휘이기 때문에 어휘론의 연구 영역에서 문장 내의 다른 단어들 간의 관계 기능을 수행하는 굴절 기제는 자연스럽게 배제될 것이다.6)

단어와 어휘의 구별을 시도한 김종택(1992)은 나아가 어휘론의 연구 대상과 연구 방법, 연구 영역을 분명히 다루고 있다는 점에서 의의가 크다. 우선 어휘론의 연구 대상은 "한 언어가 포용하고 있는 어휘는 물론, 어휘적 기능으로 쓰이고 있는 속담, 관용구(idiomatic structure) 등 언어를 이루고 있는 모든 문법적인 통합단위"(김종택 1992: 11)라 규정함으로써, "외형적으로는 단어의 형태를 벗어난 것일지라도 실제적으로는 단어에 상당하는 구실로 쓰인 연어(連語) 형식"까지도 어휘론의 연구 대상임을 분명히 하고 있다.

다음으로 어휘론 연구는 (1) 자료학의 성격, (2) 체계학의 성격, (3) 실용학의 성격을 띠기 때문에 그 연구 방법에서도 조사·분석·통계·정리라는 네 단계의 성격을 지니게 되며,7) 따라서 어휘론의 연구 영역은 (1) 어휘 자료론, (2) 어휘 체계론, (3) 어휘 형태론, (4) 어휘 형성론, (5) 어휘 어원론, (6) 어휘 의미론, (7) 어휘 변천사 등으로 칠대분되는 것(김종택 1992: 16~17)으로 기술하고 있다.

이처럼 어휘론의 연구 영역을 칠대분한 김종택(1992)의 논의는 이전의 삼대분적 논의와는 뚜렷한 차별성을 보이며 어휘론 연구 영역의 내포와 외연을 심화 확대시켰다는 점에서 큰 의의를 찾을 수 있다. 그럼에도 칠대분한 영역 가운데 어휘장 혹은 의미장을 중심 과제로 하는 '어휘 체계론'과 공시적 의미 관계를 다루는 '어휘 의미론', 통시적 의미 변화를 논제로 삼는 '어휘

---

6) 물론 집합적인 개념으로서의 어휘를 대상으로 하는 분야가 어휘론임을 밝히면서도, 구체적인 기술에서는 개별적인 단어를 대상으로 하는 어휘 어원론이나 어휘 변천사 등을 어휘론의 연구 영역으로 설정하고 있는 아쉬움이 있지만, 김종택(1992)의 어휘에 대한 이런 견해는 김형철(1992)에서 수용되어 어원론이 배제되는 상황에 이른다.

7) 이런 태도는 손용주(1999: 17~21)에서도 그대로 반복되고 있다.

변천사', 어휘 발생 과정을 추적하는 '어휘 어원론'을 이희승(1955)의 어의론 분야로 묶고, 음절수나 음운구조의 성격을 따지는 '어휘 형태론'과 형태소가 배합하여 어휘를 이루는 과정을 포괄하는 '어휘 형성론'을 이희승(1955)의 어형론으로 묶는다면, 기존의 삼대분에서 크게 벗어난 것이라고는 하기 힘들다. 또한 어휘론 연구가 '실용학'의 성격을 지닌다고 하면서도 어휘론의 연구 영역에 포함시키지 못한 아쉬움도 있다.

그럼에도 불구하고 김종택(1992)의 업적은 (1) 단어와 어휘를 구별하고 어휘론의 대상이 단어가 아니라 어휘인 점을 밝힌 사실, (2) 어휘론의 성격을 구명한 사실, (3) 이에 따른 어휘론의 연구 영역을 분류한 사실 등에서 어휘론 연구사의 한 획을 긋는 작업이며, 이 업적은 뒤이은 김형철(1992)과 김광해 (1993)의 업적으로 접맥되는 연구사적 의의를 갖는다는 점에서 주목된다.

김종택(1992)의 논의를 발전시킨 김형철(1992)은 어휘가 갖고 있는 성격이 무엇인가, 그리고 이런 성격에 따라 어휘론의 연구 영역을 어떻게 설정할 것인가를 다루고 있다. 김형철(1992: 558~559)에 따르면, 어휘는 (1) 종합적 (복합적) 성격, (2) 개방적 성격, (3) 변화에 민감한 성격, (4) 실용적 성격을 가지며, 어휘의 이런 성격에 따라, 어휘론은 (1) 어휘 자료론, (2) 어휘 조사론, (3) 어휘 체계론, (4) 어휘 변화론, (5) 어휘 실용론을 그 연구 영역으로 갖게 된다. 우선 어휘는 종합적 성격을 갖춘, 곧 형식면, 의미면, 기능면 등 언어의 모든 면을 갖춘 단위이기 때문에 어휘를 대상으로 하는 어휘론은 국어학의 다른 분야와 중복되지 않는 고유한 연구 영역을 확보해야 하는데, 이런 측면에서 가능한 연구는 '어휘 자료론'이며, 다음으로 어휘는 숫자가 많을 뿐만 아니라 항상 신생, 소멸하는 개방적 성격을 가지므로 통계적인 처리를 다루는 '어휘 조사론'이 필요하며, 배타적인 뚜렷한 기준으로 분류할 수 없는 개방적 특성을 가지므로 어휘들이 대립하고 통합하는 다양한 기제를 찾아내는 '어휘 체계론'이 필요하고, 어휘는 음운이나 문법에 비해 의미 변화에 민감하므로, 어휘 변화의 면을 다루는 '어휘 변화론'이, 어휘는 실용의 단위이므로, '어휘 실용론'이 필요하다는 것이다.

이런 분류에서 (1), (2)는 어휘 자료론에, (3), (4)는 어휘 의미론에 포함되는 것이라고 본다면, 김형철(1992)에서 설정된 어휘론의 연구 영역의 특징으로 주목되는 것은 (1) 어휘 형태론을 배제한 점과 (2) 어휘 어원론을 배제한 점,8) (3) 어휘 실용론을 새로이 부각한 점이라 할 수 있다.

김광해(1993)는 김광해(1991)의 논의를 확대시킨 것으로서, '어휘론'이 국어학 또는 언어학이라는 학문의 체계 속에서 차지하고 있는 위상에 대한 근원적인 물음을 던지고 있다. 김광해(1993: 18~20)는 변형생성문법의 표준 이론에 근거하여 언어능력이 포괄하고 있는 (1) 범주 규칙, (2) 어휘 목록, (3) 변형 규칙, (4) 의미 해석 규칙, (5) 음운 규칙 가운데 어휘론은 '어휘 목록'의 구체적인 내용을 밝히는 데 일차적인 관심을 두어야 하며, 추가로 '범주 규칙'에 관한 지식을 밝히는 데 관심을 두어야 한다고 주장하고 있다. 이러한 주장은 어휘론이 언어학에서 차지하고 있는 위상이 무엇인가를 변형 문법의 모형을 통해 제시하고 있다는 점에서 그 의의가 크다고 할 수 있다.9)

또한 김광해(1993: 41~42)는 기존에 어휘론이라는 이름 아래 연구되어 온 것들 가운데 상당 부분은 어휘 연구에 해당하는 것이며, 어휘론은 "그 많은 어휘 연구들을 대상으로 다시 종합 정리하고 체계를 모색하는 것을 본령으로 하는 메타 학문(meta-science)"이라 함으로써 어휘론과 어휘 연구를 구별하려는 의도를 분명히 드러냈다. 이러한 의도는 기존의 어휘론 연구가

---

8) 어원론은 연구 영역이나 연구 방법, 연구 업적의 면에서 독자성이 확보되므로 어휘변화론과 구별하여 국어학의 하위범주로 남겨 두는 것이 더 효과적이라고(김 형철 1992: 577) 하여, 어원론을 어휘론의 연구 영역에서 배제하고 있다.

9) 물론 이러한 주장이 최근의 최소주의 이론에서 어떻게 수용될 수 있을지 심각하게 고려해 보아야 한다. 김광해(1993: 19)의 <표 1-1> '언어 능력의 구조'에서 제시된 '어휘 목록'은 어휘부(lexicon)에 해당하는 것으로 보아야 한다. 그런데, 이 어휘부는 어휘의 목록을 제시할 뿐만 아니라 각 어휘마다 음운, 형태, 통사, 의미 자질을 모두 포괄하여 제시하는 어휘 내항(lexical entry)을 가지고 있다. 그렇다면, 이 어휘부에 대한 연구는 결국 음운론, 형태론, 통사론, 의미론의 연구와 상당 부분 중복될 수밖에 없다. 게다가 표준이론에 따르면 범주 규칙은 심층 구조를 만들어 내는 규칙이므로, 이는 통사론의 전형적인 연구 영역이다. 따라서 어휘론의 고유 영역이 과연 무엇인가 하는 의문은 여전히 풀리지 않은 상태로 남게 된다.

실상은 메타 학문으로서의 어휘론 연구가 아니라, 단지 어휘 연구임을 분명히
밝히는 발언으로 이어지며, 그리하여 "우리나라에는 그간 어휘에 관한 연구,
즉 어휘 연구의 성과는 많았지만, 어휘 연구에 관한 학문, 즉 어휘론은 이제
막 출발하였다"는 인식에까지 이르게 된다.

어휘론의 위상을 이렇게 정리한 다음 김광해(1993)는 어휘 연구의 대상과
영역을 다루고 있다. 우선 어휘 연구의 대상은 집합적 개념으로서의 어휘라고
하고 있는데, 이는 김종택(1992)과 궤를 같이한다고 볼 수 있다. 또한 어휘
연구의 영역은 크게 (1) 분포 연구, (2) 관계 연구, (3) 정책 연구 등과 같이
삼대분된다고 하고 있는데, 이러한 구분법은 김종택(1992)에서 제시된 어휘
론의 세 가지 성격, 곧 1) 자료학의 성격, 2) 체계학의 성격, 3) 실용학의
성격과 상통하는 면이 있다.10) 자료학의 성격에 따라 분포 연구가, 체계학의
성격에 따라 관계 연구가, 실용학의 성격에 따라 정책 연구가 다루어질
수 있기 때문이다. 김광해(1993)가 제시한 어휘론의 세 연구 영역은 다시
모두 7개의 하위영역으로 나뉘는데,11) 이를 정리하여 제시하면 다음 (1)과
같다.

(1) 가. 분포 연구 : ㄱ. 어휘의 계량
　　　　　　　　　 ㄴ. 어휘의 관계
　　　　　　　　　 ㄷ. 어휘의 위상적 양상
　　　　　　　　　 ㄹ. 어휘의 화용적 양상
　　나. 관계 연구 : ㄱ. 어휘소의 공시적 관계
　　　　　　　　　 ㄴ. 어휘소의 통시적 관계
　　다. 정책 연구 : 어휘의 교육과 정책

---

10) 앞서 지적했듯이 김광해(1993: 42~43)는 어휘론 연구와 어휘 연구를 구별해서
　　보기 때문에 김종택(1992)에서 제시된 어휘론 연구의 세 성격, 곧 자료학, 체계학,
　　실용학의 성격을 수용하면서도 '어휘론 연구의 성격'이라는 술어에서 어휘론을
　　어휘로 바꾸어 '어휘 연구의 성격'을 바꾸는 한에서 수용할 수 있음을 밝히고
　　있다.
11) 이 밖에 어휘론을 광의로 보면 '사전편찬론'이 추가될 수 있음을 밝히고 있다.

262

위 (1가)에서 (1가ㄱ)은 기존 논의에서의 어휘 계량론, 어휘 조사론을 포괄하는 임무를 맡으며, (1가ㄴ)은 국어 어휘의 집합 전체를 대상으로 하는 것으로서 어휘 체계론에 해당하며, (1가ㄷ)은 어휘가 사회적, 지리적 집단의 차이에 따라 나타나는 변이를 다루는 것으로서, 그 대상은 전문어, 은어, 속어, 방언 어휘 등이 해당된다. 이들 대상은 이른바 사회언어학이라든가 방언학의 이름으로 다루어져 온 것이지만 어휘소의 변이 현상임이 분명하므로 어휘론이라는 학문영역 속에 수용될 수 있음을 밝히고 있다. (1가ㄹ)은 어휘가 언어 사용의 상황에 따라 나타나는 변이를 다루는 것으로서, 숙어(관용어), 속담, 완곡어, 높임말, 낮춤말, 문어, 구어 등이 그 대상이 된다.

(1나)에서 (1나ㄱ)은 소위 '어휘 의미론'이라는 이름으로 다루어져 왔던 것으로 유의, 반의, 하의, 어휘장, 어휘 대응 등 어휘소들 간의 관계가 그 주된 대상이 된다. (1나ㄴ)은 의미 변화, 어원, 단어사, 어휘 비교, 어휘 연대학, 어휘 자료집의 발굴 및 정리 등에 걸친 연구 등과 같이 어휘소마다의 통시적 변화를 다루는 작업, 그리고 이 이외에 집합으로서의 어떤 어휘 체계 전체의 변화에 관한 연구가 이 분야의 본령이 된다.

(1다)는 표준어 제정, 외래어 수용과 번역, 신어의 보급 등과 같은 어휘 정책의 과제와 각급학교에서의 어휘 교육, 어휘 보급, 어휘력 증진 등과 같은 어휘 교육의 과제를 다룬다.

김광해(1993)는 김형철(1992)에서처럼 어휘 형태론을 배제하고 어휘 실용론을 부각했다는 점에서 의의를 갖는 것이지만, 무엇보다도 그동안 어휘론에서 제대로 조명을 받아 오지 못한 '어휘의 계량'을 어휘 연구의 하위영역으로 설정했다는 데 큰 의의가 있다.

이상에서 이희승(1955) 이래 어휘론 연구의 대상과 영역의 문제를 심재기(1982), 조항범(1989), 김종택(1992), 김형철(1992), 김광해(1993)를 중심으로 살펴보는 가운데 논의가 진전될수록 어휘론의 고유 영역이 무엇인가에 대한 고민이 심화되어 왔음을 확인했다. 어휘론의 연구 대상이 단어와는 구별되는 어휘라는 인식이 김종택(1992)에 와서야 본격적으로 이루어졌고, 어휘 형태론이 배제되고 어휘 실용론이 부각된 것은 김형철(1992), 김광해(1993)에 이르러서이며, 어휘 계량이 어휘 연구의 영역에 확고한 자리를 잡은 것은 김광해(1993)에 이르러서라는 것도 확인했다.

이상의 논의들을 종합해 보면, 어휘론의 연구 영역은 (1) 어휘 자료론, (2) 어휘 의미론, (3) 어휘 실용론의 세 영역으로 크게 나뉜다고 할 수 있다. 간단히 말하자면, 이희승(1955) 이래 어휘 연구에 포함되어 온 어휘 형태론이 제외되고 어휘 실용론이 부각된 것이라 할 수 있다. 그러나, 위 세 분야 가운데서도 어휘 의미론이 어휘론의 연구 영역에 포함되어야 할 것인지는 좀더 심층적인 논의가 필요하다고 본다.

어휘 의미론에서 다루는 연구 영역은 (1) 어휘 의미의 통시적 연구, (2) 어휘 의미의 공시적 연구로 크게 나뉘며, (1)은 어휘 의미의 변천을, (2)는 어휘 의미의 관계, 곧 동의·유의·다의·이의·상의·하의 관계를 다루는 것이라 할 수 있다. 그런데 문제는 이 어휘 의미론의 중심되는 두 영역이 모두 의미론의 주된 논제이기 때문에 과연 이 연구 영역을 어휘론의 연구 영역에 포함시키는 것이 온당한가라는 것이다.

의미론의 발생 과정을 보면, 의미론(semantique)이라는 새로운 학문 명칭이 만들어지면서 어휘 의미의 변천을 연구 대상으로 하여 출발하였음을 알 수 있다. 19세기 말 새롭게 조어된 용어인 의미론이 독자적인 연구분야로 자리잡을 수 있었던 것은 어휘의 의미 변천 과정을 그 연구 대상으로 삼았다는 데 있었으며, 이 어휘 의미의 변천 과정을 추적하여 그 원리를 제시하려고 한 것이 바로 의미론의 연구목적이었던 것이다. 초기 발생기의 의미론을 사적 의미론이라 부르는 것도 바로 이런 연유에서였다.

뒤이어 구조주의 언어학이 등장하여 연구 중심축이 언어의 통시적 연구에서 공시적 연구로 넘어가고, 탐구하려는 대상의 본질을 그 대상이 속한 집합 내의 요소들 간의 관계에서 찾게 되면서, 의미론 연구의 중심축도 어휘들 간의 관계를 궁구하는 방향으로 나아가게 된다. 이른바 구조주의적 의미론이 성립하게 된 것이다.

이렇게 보면, 어휘 의미의 통시적 연구와 공시적 연구는 모두 의미론의 발생 단계에서부터 출발하여 발달되어 가는 과정에 이르기까지 의미론의 중심 과제였음을 부인할 길이 없다. 따라서 어휘의 의미 변천에 대한 연구나 의미 관계에 대한 연구는 어휘론이라기보다는 의미론의 연구 영역 가운데 하나라고 보는 것이 더 온당하지 않겠는가 하는 문제 제기가 성립된다 할 것이다.

앞으로 이런 문제 제기에 대해서 학계의 진지한 논의가 있었으면 한다. 어휘 의미에 대한 연구가 어휘론에서도 다루어지고 의미론에서도 똑같이 다루어지는 현실은 극복되어 마땅하기 때문이다. 실제로 어휘 의미론을 연구하는 이들이 스스로를 의미론 전공자라고 하는지, 어휘론 전공자라고 하는지 따져 보면 어휘 의미론이 어휘론에 속하는 것인지 의미론에 속하는 것인지를 방증적으로 알 수 있을 것이다.

다음 절에서는 어휘 자료 연구와 관련하여 1950년대 이후 국어학계에서 논의되어 온 것을 지면이 허락하는 대로 검토하기로 하겠다. 이 가운데 방언학의 시각에서 접근 가능한 부분은 별도의 장으로 기획되어 있으므로 여기서는 다루지 않겠다.

3. 어휘 자료에 대한 연구사

어휘 자료의 수집과 정리는 어휘 연구의 핵심적인 본령이라 할 수 있다. 어휘 의미에 대한 연구는 의미론에서, 어휘 실용론적 연구는 언어 정책론과 언어 교육론에서 다루어질 수 있다고 본다면, 이러한 연구의 기본적 자료를 제공하는 것이 바로 어휘 자료에 대한 수집, 정리이기 때문이다.

어휘 자료의 수집과 정리는 궁극적으로는 단순한 실용적 차원에 목적을 두는 것이든, 어휘 연구를 위한 기본적 전제 작업과 관련된 것이든 간에 역시 이상적인 어휘집 편찬에 있다고 할 수 있는데(조항범 1989: 71 참조), 어휘집 편찬은 국어 연구에서 역사가 오래된 것으로서 분류 어휘집의 전통과

불가분의 관계에 있을 수밖에 없다.12)

분류 어휘집의 전통과 무관하지 않은 본격적인 국어 어휘 분류 사전은 1980년대 후반에 이르러서야 출현하게 된다. 그것도 국어학도가 아닌 비전문가의 각고의 노력으로 완성을 보게 되는데, 법학도에 의한『우리말 분류사전』(남영신 1987)13)은 이 분야의 장을 열었다는 점에서 의의가 크다.『우리말 분류사전』은 1987년 '이름씨편', 1989년 '풀이말편'에 뒤이어 1992년 '꾸밈씨 기타편'이 나옴으로써 전 3권으로 완성을 보게 된다. 이에 뒤이어 문인에 의한『우리말 갈래사전』(박용수 1989)14)이 나온 것도 뜻깊은 일인데, 이 사전의 증보판은『겨레말갈래큰사전』이라는 이름으로 1993년에 출판되었다.15) 대체로 이들 작업은 분류 어휘집의 전통에 접맥되는 것들이라 할 수 있다.

한편 어휘 분류와 관련된 작업으로『국어 어휘의 분류 목록』(임홍빈·한재영 1993)이 주목된다. 이 목록은 국어의 기초 어휘와 전문어 약 3만 개를 '어휘 항목의 소진성 조건, 집필자의 동일성 조건'을 분류 원칙으로 하여 700개의 소분류로 나누고 있는데, 이 700개의 소분류는 우선 '실체, 인간, 자연, 가정, 사회, 사회생활, 정신생활'의 7개 대분류로 나누고, 이를 다시 각각 10개의 중분류로, 이 중분류를 다시 10개의 소분류로 나눔으로써 가능한 것이었다.

어휘 자료 연구의 궁극적인 결과는 국어사전으로 집대성될 것이다. 일제시대부터 간헐적으로 편찬되어 발간된 국어사전은 50년대를 전후로 하여 대사전의 모습으로 등장하게 된다. 1947년 이후 1957년에 이르기까지 몇 번에

---

12) 어휘집 편찬의 역사는 그 목적이 어휘 연구에 있는 것은 아니라고 하더라도 이미 조선시대 이전부터 있어 왔다고 볼 수 있다. 15세기 초 편찬된『朝鮮館譯語』만 하더라도 중국어와 한국어의 對譯 語彙集이기는 하지만 그 부수적인 결과로 어휘 자료론적 성격을 확인할 수 있는 것이다.
13) 이 사전은 국어 어휘를 대분류 18, 소분류 163개 항목으로 나누어 전체 21,272 항목을 싣고 있다.
14) 33,721의 항목을 33부문으로 나누어 싣고 있다.
15) 1996년에는『겨레말갈래큰사전』을 보완할 수 있는『겨레말 용례 사전』이 나왔다.

걸쳐 16만 여의 방대한 국어 어휘를 수록한 기념비적인『큰사전』(한글학회 1947~57), 그리고 뒤이어 1961년에 약 23만 어휘의 방대한 국어 어휘를 표제어로 싣고 출간된『국어 대사전』(이희승 1961)은 상당 기간 국어 대사전 분야의 쌍벽을 이루어 온 대업적이다. 1990년대 이전까지 이에 버금가는 대사전으로는 약 33만 어휘를 등재하고 있는『새 우리말 큰사전』(신기철·신용철 1974)이 있다.

1990년대에 들어서면『우리말 큰사전』(한글학회 1992),『금성판 국어대사전』(김민수 외 편 1991),『연세 한국어 사전』(연세대학교 언어정보개발연구원 1998),『표준국어대사전』(국립국어연구원 1999) 등과 같은 서로 다른 시각에서 기획 편찬된 대사전들이 연이어 나오게 된다. 이런 점에서 1990년대는 국어사전 편찬사에서 매우 뜻깊은 시기라 할 만하다.

한글학회에서 펴낸『우리말 큰사전』(한글학회 1992)은 국어대사전 분야의 새로운 획을 긋게 된다. 이는 일제 강점기부터 시작된 선학들의 각고의 노력이 드디어 결실을 맺었다는 점에서도 매우 큰 의의를 지닌다 하겠다.[16]『우리말 큰사전』은 45만여 어휘에 달하는 방대한 표제어와 이에 대한 자세한 뜻풀이, 해당하는 뜻풀이에 관련된 어휘를 수록하는 등 이전 대사전에 비해 훨씬 다양한 정보를 제공하고 있으며, 고어와 이두를 별책으로 묶고 고어에 대한 풍부한 용례를 제시하고 있다.[17]

1991년 국립국어연구원의 발족에 뒤이어 1992년부터 10년에 가까운 노력을 기울여 탄생한『표준국어대사전』(국립국어연구원 1999)은 정부 기관에서 편찬한 최초의 국어사전으로서, 표준어는 물론이고 북한어, 방언, 옛말을 모두 등재하고 있으며[18] 각 표제어에 대해서 원어 정보,[19] 발음 정보, 활용

---

16) 다만 이 사전은 1989년 개정된 맞춤법을 따르지 않았으므로 이용에 주의를 요한다.
17) 『우리말 큰사전』에 대한 자세한 검토는 사전 이용자의 입장에 서서『국어대사전』과의 대비 작업을 시도하고 있는 한재영(1992),『국어 대사전』(김민수 편 1991)과 북한의『조선말 대사전』(사회과학원 1992) 등과의 성과를 대비한 홍종선(1996)을 참조할 것.
18) 『우리말 큰사전』(한글학회 1992)과는 달리 이두는 등재하지 않았다.
19) 한자어와 외래어인 경우에 그 원어를 밝혀 놓았다.

정보,20) 품사 표시, 문형 정보,21) 문법 정보, 뜻풀이, 어원 정보, 그리고 용례
등을 달고 있다.『표준국어대사전』은 정부가 최초로 주관하고 국어학계가
총동원되다시피 하여 이루어진 대사전으로서 그 대상으로 하는 표제어가
남한의 표준어와 옛말뿐 아니라 방언과 북한어까지를 포괄했다는 점에서,
그리고 문형 정보와 문법 정보를 충실히 제시하고 문헌 등에서 실제로 사용된
용례를 풍부하게 제시했다는 점에서 국어대사전 편찬사의 한 전기를 마련하
는 대업적이라 할 만하다.

가능한 한 국어에 존재하는 모든 어휘를 집대성하려는 일반 사전적 시도
이외에도 특수사전의 작업도 꾸준히 이루어져 왔다. 우리말을 역순으로
검색할 수 있도록 표제어를 배열한『우리말 역순 사전』(유재원 1985)은『우리
말 분류사전』(남영신 1987, 1988, 1992)이나『겨레말갈래큰사전』(박용수
1993) 등과 함께 국어 어휘 연구 및 조어론 연구의 질적 진흥에 이바지하고
있다는 점에서 큰 의의를 부여 받을 만하다.

한편, 80년대 후반에 이르러서야 등장하는『유의어 · 반의어 사전』(김광해
1987)은 어휘 의미 연구에 도움을 주는 것이기도 하지만 실제 언어 생활에서
매우 유익하게 활용될 수 있다는 점에서 의미 있는 업적이다. 뒤이어 나온
『반의어 사전』(전수태 1990),『반대말 사전』(김광해 1990b) 또한 주목할 만한
업적이다.

또한 속담을 수집하여 수록한『속담사전』(방종현 외 1958),『俗談辭典』(이
기문 1962, 1982),『속담사전』(최근학 1962),『우리말 속담 큰 사전』(송재선
1983),『한국의 속담 용례 사전』(정종진 1993) 등도 주목되며, 3,778개의 관용
어를 대상으로 그 뜻풀이와 용례를 제시하고 있는『관용어 사전』(박영준 · 최
경봉 1996), 비속어에 대한 어휘 자료를 집대성하여 정리한『우리말 상소리
사전』 I · II(정태륭 1994a, 1994b),『국어 비속어 사전』(김동언 1999) 등도
또한 주목될 만하다. 한편 품사별 분류에 의하여 하나의 품사에 속하는

---

20) 체언과 조사의 결합형 및 용언의 활용형과 발음 변화를 제시하였다.
21) 표제어가 용언인 경우, 그것이 취하는 필수적 성분을 주어를 제외하고 제시하였다.

어휘들만을 묶어서 펴낸 사전이 나온 것도 그만큼 국어 어휘 자료 연구가 심화되었음을 보여 준다는 점에서 뜻깊은 일인데,『한국어 형용사 사전』(박준하·김병선 1991)이 그 한 업적이다.

한편 사전의 뜻풀이 및 표제어 설정에 대한 논의가 1990년대에 들어서서 이루어짐으로써 국어사전 편찬의 지침으로 활용하게 했다는 점도 지적될 만한 가치가 있다.

우선 사전의 뜻풀이 문제와 관련해서 이병근(1992)은 남·북한 여러 사전에서 행한 사전적 定義의 유형을 검토하고 뜻풀이의 위치를 표제어에 대한 의미 명시로 사전적 조항 속에서 차지하는 상관관계 속에서 이해하면서 그 의미 명시를 하는 정의의 유형들에 따른 좀더 정밀한 정의를 내릴 수 있는 개략적인 원칙을 제시하고 있다. 이익환(1992)에서는 기존 국어사전들이 사전의 일반적 기능에 미치지 못함을 지적하면서 뜻풀이 내용과 용례의 상관관계를 언급하고, 통시적 의미 변화 및 의미별 사용 빈도수를 조사할 필요성을 강조하고 있다. 사전의 뜻풀이에서 문제가 되는 유의어에 대한 논의를 펼친 김광해(1992)는 사전 전체의 체계성, 각 단어의 뜻풀이에 대한 정확성, 사전의 실용성을 위하여 의미상으로 비슷한 단어들의 무리, 즉 類義語群을 사전에 적절히 활용할 것을 강조하면서 정확한 뜻풀이를 위해서는 어떤 단어의 의미 속성, 즉 기본 의미와 실제 문장에서 쓰이는 용법(연어제약)이 함께 반영되어야 함을 지적하고 있다. 그리고 강영선(1998)은 바람직한 뜻풀이를 위해서는 의미의 연관관계에 따라 유의어·반의어·다의어와 동음이의어로 묶어서 뜻풀이해야 함을 제시하고 있다. 이 밖에 뜻풀이의 차이점을 중심으로 국어사전 편찬사를 살펴본 김동언(1995), 유의어의 의미비교를 통한 뜻풀이의 정교화 방안을 강구하고 있는 김광해(1998b), 국어 사전의 뜻풀이 원칙을 고찰한 강영선(1999), 사전에 설정된 속담의 뜻풀이 문제를 다룬 이종철(1999) 등도 참고가 되는 업적이다.

사전의 표제어 설정에서는 동음어와 다의어의 구별이 문제 되는데, 남기심(1992)은 분화된 뜻에서 이에 상응하는 독자적인 문법적 특성이 있을 경우 그 분화된 의미의 독자성이 객관성이 보장되는 것으로 보아야 하며, 따라서 별개의 동음어로 설정하여 표제어로 삼아야 한다고 기술하고 있다. 이 문제와 관련하여 이기동(1992)은 의미 관계를 기준으로 하여 다의어와 동음어를 재구분해야 한다는 주장을 펼치고 있다. 한편 국어사전에서 파생 접사와 파생어를 합리적으로 표제화하는 방안에 대해서는 김창섭(1995), 국어사전에서의 합성어 처리 문제와 관해서는 김광해·김동식(1993)이 참조할 만하다.[22]

어휘의 수집과 정리는 현대국어의 어휘만을 대상으로 하는 것이 아니다. 縱的인 면에서는 현대 국어 이전의 고어를 수집, 정리하는 것도 어휘 자료론의 주요한 과제 가운데 하나이다.[23] 이 방면의 선구적인 업적은 『고어재료사전』(방종현 1946, 1947)으로서 후기 중세 국어의 어휘 자료를 중심으로 문헌별 용례를 제시하고 있다. 그 후 이 사전이 모태가 되어 『고어사전』(남광우 1960a)이 나오게 되는데,[24] 이 고어 사전은 "표제어에 대한 의미해석을 꾀하고 있는 점, 어휘정리의 일정한 기준을 제시하여 하나의 정비된 사전의 모습을 갖추고 있는 점 등이 당시로서는 새로운 것"(조항범 1989: 73)이라 할 만하다. 이 『고어사전』(남광우 1960a)과 뒤이어 나온 『이조어사전』(유창돈 1964)은 오늘날까지도 중세국어와 근대국어 연구의 필수적인 지침서가 되고 있다는 점에서 의의가 매우 크다.[25]

그런데 이 두 사전에 실린 표제어는 주로 고유어이며 우리 말 한자어는 배제되어 있다는 한계가 있었는데, 1993년에 이르러서 홍윤표의 책임 연구 하에 15세기의 한자어를 조사·연구·집성한 『15세기 한자어 조사 연구』(국립국어연구원 1993a)[26]가 나옴으로써 이런 한계를 극복할 수 있게 되었다.

---

22) 방언 표제어와 그 주석에 대해 검토를 하고 있는 것으로는 곽충구(1997)가 있다.
23) 한국어사전을 편찬할 때 고어를 합리적으로 처리하는 방안을 모색하고 있는 것으로는 이현희(1996)가 있다.
24) 이후 새로운 어휘를 더 추가하고 미비점을 보완한 『고어사전』(보정판)(남광우 1971)이 나온다.
25) 이 밖에 고소설에 나타난 고어들을 사전으로 정리한 것도 있다. 낙선재 필사본 번역고소설을 중심으로 한 『고어사전』(박재연 2001)이 그것이다.

또한 이두와 구결을 포함하여 한국의 고전문헌에서 사용되어 온 한자어 약 15만 어휘를 취합하여 수록한『한국한자어사전』(동양학연구소 1993) 또한 위 언급한 한계를 극복할 수 있는 훌륭한 업적이다.

한편 근대국어 시기에 해당하는 17세기 共時態의 어휘가 총망라되어 정리된『17세기 국어사전』(홍윤표 외 1995)이 등장함으로써 이 분야의 새로운 장을 열게 되었다. 이 사전은 17세기에 간행되어 현전하는 국문 문헌 24종 73권에 등장하는 어휘의 용례 사전으로서, 27,716개의 어휘를 표제어로 등재하고, 20만 여의 예문을 달고 있으며, 예문은 표제어의 굴절형 별로 분류되어 있어 이용에 도움을 주고 있다. 이처럼 한 세기의 공시태 어휘 자료를 총망라하였다는 것은 이 시기 국어의 총체적 모습을 파악할 수 있도록 하는 기본 텍스트를 제공하고 있다는 점에서, 그리고 17세기 전후 세기를 연결하는 통시적 연구를 가능하게 한다는 점에서 매우 뜻깊은 대업적이다.

사전류가 아닌 특정 시기별 혹은 특정 문헌별 언어 자료 수집 및 정리 작업은 50년대 말부터 주로『석보상절』및『월인천강지곡』의 어휘를 다룬 남광우(1959a, 1959b, 1960b, 1961)의 일련의 연구에서 비롯되어『박통사』의 어휘를 다룬 김영신(1966a, 1966b), 전재호(1987),『석보상절』권23·24의 희귀어를 다룬 김영배(1969) 등과 같이 주로 중세국어 문헌별 희귀어를 대상으로 한 연구로 뜸하게 이어지다가 70년대에 이르면서 서서히 활발한 모습을 띠게 된다.『두시언해』의 색인을 마련한 전재호(1970, 1971),『동국신속삼강행실도』의 색인을 제공한 전재호(1975, 1985),『금강경삼가해』의 어휘를 다룬 김영배(1975),『구급방 언해』의 어휘를 다룬 김영선(1976),『번역노걸대』의 어휘를 살핀 서재극(1976a)과 김형철(1977),『정속언해』의 어휘를 다룬 서재극(1976b),『존경각본 훈몽자회』의 색인을 마련한 김영신(1977),『사성통해』에서의 국어 어휘를 다룬 박태권(1977, 1980),『물명고』의 어휘를 살핀 신경철

---

26) 이 연구보고서는 15세기의 언해본과 한문 원전을 대상으로 하여 10종의 언해본에서 약 13,000개, 한문 원전에서 약 5,500개의 한자어를 추출하여 우리말 자모순으로 배열하고 그 용례 및 출전을 제시하고 있다. 특히 후자의 경우는 각 표제어의 뜻까지 풀이하여 제시하고 있다.

(1987a),『훈몽자회』의 난해 어휘를 다룬 최범훈(1984b, 1984c),『계축일기』의 어휘를 고찰한 김희진(1986),『동의보감』의 어휘를 다룬 하동호(1987),『왜어유해』에 나타난 국어의 색인을 제시한 정광(1989) 등 주로 중세 내지 근대 국어의 문헌별 자료에서 나타나는 국어 어휘를 수집·정리하는 작업이 줄줄이 이어진다.

이런 문헌별 연구작업은 1990년대에도 계속된다.『능엄경 언해』와『원각경 언해』의 주석문의 어휘를 각각 고찰한 신경철(1994a, 1994b),『훈몽자회』에 나오는 사어를 고찰한 김진규(1994a, 1994b),『소학언해』의 어휘를 연구한 손평효(1994), 방점까지 정밀히 반영하여『번역소학』의 한자어 목록을 제시한 김영만(1994),『정몽유어』의 어휘를 분류한 이광호(1994),『瘡疹方撮要』의 어휘를 연구한 성환갑(1994),『마경초집언해』에 수록된 어휘 중 특이 어휘 30개를 제시하고 의미를 밝힌 송창선(1995),『월인천강지곡(상)』에 나오는 사어를 고찰한 김진규(1995),『두시언해 초간본』의 漢字對譯語에 중점을 두어 3,311 어휘를 표제어로 제시하고 표제어에 대응하는 한자를 괄호 속에 제시하되 자모 순으로 배열하여 고어사전처럼 이용할 수 있도록 한 박영섭(1998),『능엄경언해』(제4권)를 대상으로 15세기 새김 어휘를 연구한 손희하(1998) 등이 그것들이다. 한편 고대국어에 대한 관심도 늘어나『삼국사기』,『삼국유사』및 각종 금석문 등과 같은 우리 나라의 자료와『二十五史』와 같은 중국의 자료를 대상으로 하여 고대국어의 어휘를 집성한『고대국어어휘집성』(남풍현·송기중·김영진 1994)과 같이 주목할 만한 업적도 등장한다.

어휘 수집의 폭은 민현식(1986a, 1986b, 1986c, 1986d)의 일련의 작업에 이르러서 개화기 국어 자료의 어휘에까지 그 폭이 넓어지게 되는데, 개화기 국어 자료에 대한 연구는 신소설 13 작품을 대상으로 하여 어휘 사용 실태를 조사한『신소설의 언어 사용 실태 조사』(국립국어연구원 1993b), 독립신문과 신소설, 개화기 국어 교과서 등을 중심으로 개화기 어휘 자료를 정리한 박영섭(1994a, 1994b, 1996, 1997a, 1997b),[27] 개화기 전후의 외래 문물 관계

---

27) 이 가운데 박영섭(1997b)은 개화기 문헌에 산재하여 나타난 외래어를 동양계와

신조어인 신문명 어휘를 주로 일본식 한자어와의 접촉관계를 통해 나타난
개신을 중점적으로 다룬 송민(1992, 1994, 1999), 개화기 신문의 어휘를 연구한
김형철(1994), 신소설에 나타나는 어휘를 연구한 김성렬(1995) 등으로 이어진
다.

이상에서 보듯이 어휘 수집 및 정리 사업은 전산 처리 능력의 급속한
발달에 힘입어 1990년대에 이르면 매우 활발한 양상을 띠게 되었음을 알
수 있다. 이뿐만 아니라 연구의 폭도 확장된다. 곧 문헌별 어휘 수집뿐 아니라,
개인별, 시기별, 그리고 장르에 있어서도 문학작품의 어휘에까지 확장되어
나가며 어휘에 대한 풍부한 용례 제시까지 가능하게 된 것이다. 주목적이
국문학 연구의 기초작업을 마련한다는 데 있기는 하지만 송강 정철의 국문
시가 작품 전체를 대상으로 하여 모든 어휘의 용례 색인을 제시한 김흥규
(1993)는 한 개인의 시문학 어휘를 수집 정리했다는 점에서 큰 의의를 가지며,
농촌 배경의 작품을 중심으로 한 김유정의 소설에 나타나는 어휘를 연구한
박성희(1994), 소설『임꺽정』의 어휘 세계를 다룬 김문창(1994a, 1994b), 박경
리의『토지』에 나타난 어휘를 연구한 이주행(1994) 등은 현대 소설에 나타난
어휘에까지 연구의 폭을 넓혔다는 의의를 갖는다. 한편 국립국어연구원에서
펴낸『신어의 조사 연구』(1996)는 고려대학교 민족문화연구소에서 기획하여
편찬한 전자 시집『한국의 현대시』[28]에 실린 현대시를 대상으로 신어를
연구하고 기존 사전에 수록되지 않은 1,166 항목의 목록과 용법, 그리고
출전을 밝히고 있다.

한편 방언어휘와 특정 집단의 특수어에 대한 어휘 정리작업도 1950년
이후 진행된다. 이 가운데 방언어휘는 별도의 장에서 기술할 것이므로 여기서
는 사회언어학적 관점에서 은어에 대한 기술로 한정하기로 하겠다. 은어(변

서양계로 나누어 수집·정리하고, 내용상으로는 국명·지명·인명·일반어·고
유명어·전문어 등으로, 표기상으로는 한글音寫語·한자음사어·韓漢音寫語 등
으로 구분하여 제시하고 있다.
28) 이 CD-ROM은 1908년 이후부터 1994년까지의 한국의 현대시 작가 316명의 10,886
편의 작품을 데이터베이스화한 것이다.

말)는 이미 1910년대부터 일본인들에 의해 조선 범죄인들의 은어를 수집한 것을 효시로 하므로 그 역사는 오래된 것이다. 50년대부터 이루어진 업적을 들면 이숭녕(1957), 서정범(1958), 장태진(1963, 1964), 최학근(1977), 서병국(1978. 1981), 박영섭(1980), 김혜숙(1989a, 1989b), 성낙수(1994) 등과 같이 줄을 잇고 있으며 여기서 일일이 나열할 수 없을 정도다. 이는 은어의 성격상 수집 대상의 폭이 매우 넓을 수 밖에 없기 때문이다.

몇 가지 관심 끄는 것을 대상으로 한 것을 들어보면 乞人의 언어를 다룬 김민수(1953), 특수 집단인 군대의 비속어를 다루고 있는 강신항(1957), 제주도 해녀집단의 특수어를 다루고 있는 장태진(1969a), 김영돈(1989, 1995), 무당의 어휘를 다룬 최길성(1979), 심메마니[山蔘採取人]의 어휘를 다루고 있는 이숭녕(1957, 1980), 박영섭(1982), 최범훈(1984a), 범죄인의 은어를 다룬 김영태(1976), 욕설을 다루고 있는 서인석(1960), 여대생의 유행어를 포함하여 넓게 여성어의 어휘 자료를 다룬 강윤호(1962), 황패강(1964), 장태진(1969b), 이능우(1971), 조선시대 궁중어를 살피고 있는 김용숙(1962a, 1962b, 1994, 1995), 이재순(1963), 황경환(1963), 김종훈(1969a), 홍은진(1995), 금기어를 다룬 김성배(1962), 현용준(1977), 우리말 복식 명칭을 다룬 신현숙(1992) 등을 열거할 수 있어 그 자료 수집 대상의 폭이 매우 넓음을 확인할 수 있다.

위에서 열거한 것 이외에도 은어에 대한 연구는 매우 많을 수밖에 없지만[29)]

---

29) 실제로, 은어는 실제의 언어생활 속에서 사회계층, 직업, 성별, 연령, 종교 등의 이유로 다양하게 분화된 모습으로 나타났다가 사라지거나 일상어에 편입되고, 그렇게 되면 다시 새로운 은어를 생성하는 과정을 반복하므로, 자료 수집의 대상은 무궁무진하다고 할 수밖에 없다. 궁궐이 없어짐으로써 궁궐어에 대한 연구가 어렵고 그만큼 그 연구에 의의가 있듯이, 이 밖에도 새로이 형성된 사회집단에서 점차 특징적인 은어를 형성하여 사용하다가 그 집단의 소멸과 함께 그 은어가 상실되는 경우가 있다면 그 은어에 대한 연구 또한 의의가 있다고 해야 할 것이다. 다른 한편, 은어의 성격상 전문연구자가 아닌 호사가들도 수십 개 이상의 은어 자료를 정리하여 국어학 관련 지면이 아닌, 가령 교지나 잡지, 회보 등에 발표할 수 있으므로, 이런 비전문적인 문헌자료들을 샅샅이 뒤지면 지금은 사라진 은어들에 대한 자료를 훨씬 더 많이 찾아낼 수도 있을 것이다.

능력과 지면의 한계로 더 이상 열거하지 않겠다. 다만 이 방면의 연구들이 집대성되어 『국어변말사전』(장태진 편 1998)의 모습으로 나타나게 된 것은 매우 뜻깊은 일임을 지적해 둔다.30)

어휘 연구에서 한 언어의 기초 어휘와 기본 어휘를 선정하는 일은 중요한 연구과제 가운데 하나이다. 기초 어휘란 "일상 언어생활에 있어서 필수한 단어 1천 개 내지 2천 개를 최소한으로 선정한 뒤, 이를 계통적으로 분류하여 제시한 체계를 말하는데"(김광해 1993: 47), 결국 기초 어휘란 "이것만 가지고 생활에 필요한 대부분의 상황에 대처할 수 있다고 생각되는 어휘의 집합"(김광해 1993: 47~48)이다. 이 기초 어휘의 선정에서 주목할 만한 업적은 빈도 조사라는 객관적 방법에 의존하여 고빈도어를 뽑고 다시 주관적으로 주요한 의미 분야를 뽑아 둘을 절충하여 1,500개의 기초 어휘를 제시한 임지룡(1991)을 들 수 있다. 임지룡(1991)에서 제시된 기초 어휘 목록은 (1) 사람에 관한 어휘(201개), (2) 의식주에 관한 어휘(159개), (3) 사회생활에 관한 어휘(160), (4) 교육 및 예체능에 관한 어휘(150개), (5) 자연계에 관한 어휘(165개), (6) 감각 및 인식에 관한 어휘(165개), (7) 동작에 관한 어휘(250개), (8) 상태에 관한 어휘(150개)로 구성되어 있다.31)

기초 어휘와 기본 어휘를 어떤 기준으로 변별하여 정의할 것인가 하는 것은 논란의 여지가 있지만, 기초 어휘와 달리 기본 어휘는 어떤 목적에

---

30) 한편 90년대를 전후로 컴퓨터의 보급이 보편화됨과 동시에 인터넷으로 쌍방 연결됨으로써 채팅이 활성화되고, 이에 따라 피씨 언어에서만 사용되는 어휘도 급속도로 증가되고 있는데, 우리의 주제와 관련하여 관심을 끄는 것은 이 피씨 언어도 일종의 은어적 성격을 지닌다는 것이다. 피씨 언어는 그 매체적 속성에 있어서 기존 언어와 같기도 하고 다르기도 한데, 무엇보다도 피씨 언어는 타이핑을 통해 문자로 소통되지만 음성언어처럼 동시에 주고받는 양면성을 가지므로 일상 언어에서는 용인될 수 없는 생략이나 축약 과정, 조어 과정이 빈번하게 일어나게 되며, 이렇게 만들어진 어형들은 그것을 사용하는 구성원들끼리만 공인되어 통용될 수 있는 은어로 성립되는 과정을 겪게 된다. 이런 점에서 피씨에 사용되는 어휘를 수집·정리하고 이들 사전으로 묶는 작업도 필요하다 할 것이다.

31) 이 밖에 전술한 <국어 어휘의 분류 목록>(임홍빈·한재영 1993)에도 기초 어휘가 제시되어 있다.

따라 달리 선정되는 공리성을 갖는 어휘라 할 수 있다. 그 대표적인 예가 국어교육의 목적을 위해 선정되는 학습용 기본 어휘이다. 학습용 기본 어휘에 대해서는 주로 초등교육의 학습용 기본 어휘를 선정하는 데 초점이 모아졌는 데, 초등교육과정의 국어 교과서 편찬을 위한 학습용 기본 어휘의 설정을 다룬 이응백(1969) 외에 이응백(1982), 박붕배(1985), 이충우(1992), 이태권(1999) 등을 들 수 있다.

기초 어휘와 기본 어휘는 결국 국어의 계량적 연구의 직간접적 산물이다. 이 계량적 연구는 1956년 문교부에서 조사한 『우리말 말수 사용의 잦기 조사: 어휘 사용 빈도』와 같은 작업이 있었고 그 중요성은 신익성(1972)에서 강조되기는 하였지만 개인 컴퓨터가 등장하고 보급되기 이전까지는 간헐적으로 이어져 오다가 90년대 이후 컴퓨터의 등장과 함께 성장 가능성이 높은 분야로 대두되고 있다. 최근의 업적으로는 기초 어휘의 개념을 통시적인 관점에서 규정하고 기초 어휘의 선정 기준으로 계보적 기준, 음운론적 기준, 형태론적 기준을 제시한 김종학(1995)이 있으며, 대규모의 언어 데이터베이스를 기반으로 어휘 빈도 통계, 기초 어휘 목록 및 통계, 외국인을 위한 한국어 교육용 어휘, 초등교육용 기초 어휘 등등을 나누어 고찰한 김홍규·성광수·홍종선(1998), 연세 말뭉치의 분석을 통하여 이루어진 제2차 낱말 빈도 조사의 결과를 소개한 서상규(1998) 등을 더 들 수 있다. 한편 김광해(1998a)는 일제 강점기의 대중가요를 유성기 음반 채록본을 중심으로 하여 계량언어학적 조사 연구를 하고 있다는 점에서 관심을 끄는 업적이다.

4. 맺는말

이상에서 1950년대 이후의 어휘 연구사를 (1) 어휘론의 연구대상과 연구 영역에 대한 연구사와 (2) 어휘 자료에 대한 연구사로 나누어 살펴보았다.

어휘론의 연구대상과 연구 영역에 대한 연구사를 살펴보면서 우선 어휘론의 대상이 되는 어휘에 대한 정의가 본격적으로 이뤄지지 못하고 있음을 확인할 수 있었다. 물론 김종택(1992)에서 어휘를 단어와 구별하여 정의를 시도한 것은 큰 수확이지만, 어휘가 단어와 어떻게 다른지에 대한 더욱 본격적인 논의는 앞으로 필요하다고 본다. 이런 논의는 나아가 어휘론의 독자적인 연구 영역을 확정하는 문제 해결에도 직결될 것이다. 어휘론의 연구 영역에 대한 논의는 이희승(1955)에서 (1) 어휘 자료론, (2) 어휘 의미론, (3) 어휘 형성론의 삼대분으로 설정된 이래, 심재기(1982), 조항범(1989), 김종택(1992), 김형철(1992), 김광해(1993) 등의 논의로 진전되어 나가면서 어휘론의 고유 영역이 무엇인가에 대한 고민이 심화되어 왔음을 확인했다. 그리하여 어휘론의 연구대상이 단어와는 구별되는 어휘라는 인식이 김종택 (1992)에 와서야 본격적으로 이루어졌고, 어휘 형태론이 배제되고 어휘 실용론이 부각된 것은 김형철(1992), 김광해(1993)에 이르러서이며, 어휘 계량이 어휘 연구의 영역에 확고한 자리를 잡은 것은 김광해(1993)에 이르러서라는 것도 확인했다. 그럼에도 불구하고 어휘에 대한 어떤 연구가 과연 어휘론의 독자적인 영역인지에 대한 문제는 완전히 해결된 것이 결코 아님을 확인했다. 어휘 의미론은 의미론에서, 어휘 실용론은 언어정책론과 언어교육론에서 다뤄질 수 있는 과제이기 때문이다. 어원론 또한 그 독자적인 방법론과 영역을 가지고 있기 때문에 어휘론에 포함시킬지의 여부는 여전히 문제로 남아 있다.

앞으로 어휘와 관련된 연구 영역 가운데 과연 어떤 것들이 어휘론의 독자적인 연구 영역에 속하는 것인지를 보다 심도 깊게 다뤄질 필요가 있을 것이다. 물론 이 문제는 어휘에 대한 분명한 정의 문제와 연동되어 다뤄져야 할 것이다.

참고문헌

강신항(1957), 「군대 비속어에 대하여」, 『일석이희승선생송수기념논총』.
강신항(1961), 「사회 혼란이 가져온 은어」, 『사상계』 9권 10호.
강영선(1998), 『국어사전의 뜻풀이에 관한 연구』, 제주대 교육대학원 석사학위논문.
강영선(1999), 「국어사전의 뜻풀이 원칙에 관하여」, 『백록어문』 15, 백록어문학회.
강윤호(1962), 「여대생과 유행어」, 『여성』 1권 11호.
곽충구(1997), 「국어 사전의 방언 표제어와 그 주석에 대한 검토」, 『국어교육』 93, 한국국어교육연구회.
국립국어연구원(1993a), 『15세기 한자어 조사 연구』, 국립국어연구원.
국립국어연구원(1993b), 『신소설의 언어 사용 실태 조사』, 국립국어연구원.
국립국어연구원(1996), 『신어의 조사 연구』, 국립국어연구원.
국립국어연구원(1999), 『표준국어대사전』, 두산동아.
김광해(1987), 『유의어·반의어 사전』, 한샘.
김광해(1990a), 「어휘연구의 과제와 전망」, 『국어학회 공동토론회 주제발표요지』, 국어학회.
김광해(1990b), 『반대말사전』, 한국자료원.
김광해(1991), 「어휘연구의 방향」, 『국어학의 새로운 인식과 전개』, 민음사.
김광해(1992), 「국어 사전의 뜻풀이와 유의어」, 『새국어생활』 2-1, 국립국어연구원.
김광해(1993), 『국어 어휘론 개설』, 집문당.
김광해(1998a), 「일제 강점기의 대중가요에 대한 계량언어학적 연구」, 『한국어의미학』 3, 한국어의미학회.
김광해(1998b), 「유의어의 의미비교를 통한 뜻풀이의 정교화 방안에 대한 연구」, 『선청어문』 26, 서울대 국어교육과.
김광해·김동식(1993), 『국어사전에서의 합성어 처리 방안』, 국립국어연구원.
김동언(1995), 「뜻풀이로 본 국어사전 편찬사」, 『한국어학』 2, 한국어학연구회.
김동언(1999), 『비속어사전』, 프리미엄북스.
김문창(1990), 「국어 어휘의미론 연구 약사」, 『국어학회 공동토론회 주제발표요지』, 국어학회.
김문창(1994a), 「『임꺽정』의 어휘세계(상)」, 『말글생활』 1, 말글사.
김문창(1994b), 「『임꺽정』의 어휘세계(하)」, 『말글생활』 2, 말글사.
김문창(1994c), 「'국어대사전' 편찬」, 『새국어생활』 4-3, 국립국어연구원.
김민수(1953), 「은어(변말) 시고」, 『국어국문학』 6, 국어국문학회.
김민수 외 편(1991), 『금성판 국어대사전』, 금성출판사.
김성렬(1995), 「신소설 어휘 연구」, 『인문논총』 6, 아주대 인문과학연구소.

김성배(1962),「한국금기어고」(상・하),『국어국문학』25, ・26.

김영돈(1989),「해녀 작업과 그 어휘」,『송하이종출박사화갑기념논문집』.

김영돈(1995),「해녀 집단의 특수 어휘에 관한 연구」, 장태진 편,『국어사회언어학논총』, 국학자료원.

김영만(1994),「『번역소학』의 한자어 목록 - 방점을 정밀히 반영한 색인」,『영남어문학』 26, 영남어문학회.

김영배(1969),「석보상절 제23・24의 희귀어에 대하여」,『국어국문학논문집』7・8, 동국 대.

김영배(1975),「금강경삼가해 제1에 대하여: 그 어휘를 중심으로」,『수련어문논집』3.

김영선(1976),「구급방 언해 상・하의 어휘 고찰」,『수련어문』6.

김영신(1966a),「박통사 上의 정리(1)」,『한글』136, 한글학회.

김영신(1966b),「박통사 上의 정리(2)」,『한글』137, 한글학회.

김영신(1977),「존경각본 훈몽자회 새김의 색인」,『수련어문논집』5.

김영태(1976),「경암 지역의 은어 연구」,『논문집(경남대학)』3: 1-29.

김용숙(1962a),「궁중용어 소고」,『현대문학』8.

김용숙(1962b),「이조후기 궁중어 연구」,『향토』13.

김용숙(1994),「궁중어의 아름다움 -『한중록』을 중심으로 - 」,『한글』226, 한글학회.

김용숙(1995),「궁중어 연구」, 장태진 편,『국어사회언어학논총』, 국학자료원.

김종택(1992),『국어어휘론』, 탑출판사.

김종학(1995),『한국어의 기초 어휘 연구』, 중앙대 박사학위논문.

김종훈(1969a),「궁중어고」,『국어국문학』42・43.

김종훈(1969b),「소아어 연구」,『국어국문학』46.

김진규(1994a),「『훈몽자회』하권의 목록과 사어 고찰」,『한글』224, 한글학회.

김진규(1994b),「훈몽자회에 나오는 사어 고찰」,『우리말 연구의 샘터』.

김진규(1995),「월인천강지곡(상)에 나오는 사어 고찰」,『웅진어문학』3, 웅진어문학회.

김창섭(1995),「국어 파생접사와 파생어의 사전적 기술」,『애산학보』16, 애산학회.

김형철(1977),「번역노걸대언해의 비교」, 경북대 석사학위논문.

김형철(1992),「어휘론 연구사」,『국어국문학40년』, 집문당.

김형철(1994),「개화기 신문의 어휘 연구」,『어문논집』5, 경남대 국어교육과.

김혜숙(1989a),「언어의 사회적 성격 구명에 대한 일고찰: 대학생의 특수어 자료를 바탕으로」,『송하이종출박사화갑기념논문집』.

김혜숙(1989b),「은어・속어를 통한 사회언어학적 고찰」,『목멱어문』3.

김흥규(1993),『송강 시의 언어: 컴퓨터 처리에 의한 시가 용례 색인 연구』, 고려대 출판부.

김흥규・성광수・홍종선(1998),「대규모 한국어 데이터베이스의 다원적 통계 분석연구」, 『한국어전산학』2, 한국어전산학회.

김희진(1986), 「『계축일기』의 어휘시고(2)」, 『봉죽헌박붕배박사회갑기념논집』.

남광우(1959a), 「『석보상절』 권11에 나타난 귀중어에 대하여」, 『한글』 125, 한글학회.

남광우(1959b), 「고문헌에 나타난 희귀어 고찰」, 『문정』 8, 중앙대 문리대.

남광우(1960a), 『고어사전』, 동아출판사.

남광우(1960b), 「고가요에 나타난 난해어에 대하여」, 『한글』 126, 한글학회.

남광우(1961), 「월인천강지곡 상에 나타난 희귀어에 대하여」, 『한글』 128, 한글학회.

남광우(1971), 『고어사전』(보정판), 일조각.

남기심(1992), 「표제어의 풀이와 표제어 설정의 문제」, 『새국어생활』 2-1, 국립국어연구원.

남성우(1990), 「語彙」, 『國語硏究 어디까지 왔나』, 국어연구회 · 동아출판사.

남영신(1987), 『우리말 분류사전』, 한강문화사.

남영신(1989), 『우리말 분류사전(2): 풀이말 편』, 한강문화사.

남영신(1992), 『우리말 분류사전(3): 꾸밈씨 편』, 한강문화사.

남풍현 · 송기중 · 김영진 편(1994), 『고대국어 어휘집성』, 한국정신문화연구원.

동양학연구소(1993), 『한국한자어사전』, 단국대출판부.

문교부(1956), 『우리말 말수 사용의 잦기 조사: 어휘 사용 빈도 조사』, 문교부.

민현식(1986a), 「개화기 국어의 어휘(Ⅰ)」, 『국어학신연구』, 탑출판사.

민현식(1986b), 「개화기 국어의 어휘(Ⅱ)」, 『국어교육』 53 · 54.

민현식(1986c), 「개화기 국어의 어휘(Ⅲ)」, 『국어교육』 55 · 56.

민현식(1986d), 「개화기 국어의 어휘에 대하여」, 『국어생활』 4.

박붕배(1985), 「초등교육에 있어 우리말 기본학습어휘에 관한 조사연구」, 『서울교대
　　　　논문집』 8.

박성희(1994), 「김유정 소설의 어휘 연구 - 농촌 배경 작품을 중심으로 - 」, 『경남어문』 27.

박영섭(1980), 「은어고」, 『어문연구』 8-4.

박영섭(1982), 「채삼인 은어의 분석고」, 『인천전문대학논문집』 2.

박영섭(1994a), 『개화기 국어 어휘자료집 1』(독립신문 편), 서광학술자료사.

박영섭(1994b), 『개화기 국어 어휘자료집 2』(신소설 편), 서광학술자료사.

박영섭(1996), 『개화기 국어 어휘자료집 3』(교과서 · 신문편), 박이정.

박영섭(1997a), 『개화기 국어 어휘자료집 4』(잡지편), 박이정.

박영섭(1997b), 『개화기 국어 어휘자료집 5』(외래어편), 박이정.

박영섭(1998), 『초간본 두시언해 어휘자료집』, 박이정.

박영준 · 최경봉(1996), 『관용어 사전』, 태학사.

박용수(1989), 『우리말 갈래사전』, 한길사.

박용수(1993), 『겨레말 갈래 큰사전』, 서울대출판부.

박재연(2001), 『고어사전: 낙선재 필사본 고소설을 중심으로』, 이회문화사.

박준하 · 김병선(1991), 『한국어 형용사 사전』, 계명문화사.

박태권(1977), 「사성통해 속의 우리말 어휘」, 『국어국문학』 13, 부산대.

280

박태권(1980), 「사성통해 속의 우리말 어휘(2)」, 『연암현평효박사회갑기념논총』.

방종현(1946, 1947), 『고어재료사전』, 동성사.

방종현·김사엽(1958), 『속담사전』, 문성각.

사회과학원(1992), 『조선말 대사전』.

서병국(1978), 「대학생 은·속어자료」, 『국어교육연구』 10.

서병국(1981), 「대학생 은어고」, 『응용국어학논고』, 학문사.

서상규(1998), 「말뭉치 분석에 기반을 둔 낱말 빈도의 조사와 그 응용 - '연세 말뭉치'를 중심으로」, 『한글』 242, 한글학회.

서인석(1960), 「욕설고」, 『국어국문학』 22.

서재극(1976a), 「번역노걸대의 어휘」, 『한국어문학대계 3』.

서재극(1976b), 「정속언해의 어휘」, 『한국어문논총』.

서정범(1958), 「한국특수어 연구: 은어 발생기원을 중심으로 하여 은어로 본 백정사회」, 경희대 석사학위논문.

성낙수(1994), 「대학생 은어의 조어법」, 『우리말글연구』 1, 우리말학회.

성환갑(1994), 「『瘡疹方撮要』의 어휘연구 I」, 『인문학연구(중앙대)』 21.

손용주(1999), 『국어어휘론 연구방법』, 대구: 문창사.

손평효(1994), 「『소학언해』의 어휘 연구」, 『경남어문』 27.

손희하(1998), 「15세기 새김 어휘 연구 -『능엄경언해』(제4권)을 중심으로 - 」, 『국어 어휘의 기반과 역사』, 태학사.

송민(1992), 「개화기의 어휘 개신에 대하여」, 『어문학논총』 11, 국민대.

송민(1994), 「갑오경장기의 어휘」, 『새국어생활』 4-4, 국립국어연구원.

송민(1999), 「개화초기의 신생한자어 수용」, 『어문학논총』 18, 국민대.

송재선(1983), 『우리말 속담 큰 사전』, 집문당.

송창선(1995), 「마경초집언해의 어휘 연구」, 『경산어문학』 1, 경산대.

신경철(1987a), 「물명고의 어휘고찰」, 『한국언어문학』 25.

신경철(1987b), 「한자의 자석 방식에 대하여」, 『상지대병설전문대논문집』 6.

신경철(1994a), 「15세기 자석의 특성에 대하여」, 『우리말 연구의 샘터』(연산도수희선생 화갑기념논총).

신경철(1994b), 「『능엄경언해』의 주석문의 어휘 고찰」, 『국어학연구』(남천박갑수선생화 갑기념논문집).

신기철·신용철(1974), 『새우리말큰사전』, 서울신문사.

신익성(1966), 「Ullman의 의미론」, 『문리대학보』 9-1.

신익성(1972), 「計量統計學과 語彙研究」, 『어학연구』 8-1, 서울대 어학연구소.

신익성(1985), 「한국말의 구조의미론을 위한 서설」, 『인문논총』 14, 서울대.

신현숙(1992), 「한국어 복식 명칭의 언어학적 분석」, 『가정문화연구』 9, 상명대 가정문화 연구소.

심재기(1982), 『국어어휘론』, 집문당.

심재기 편(1998), 『국어 어휘의 기반과 역사』, 태학사.

연세대학교 언어정보개발연구원 편(1998), 『연세 한국어 사전』, 두산동아.

유재원(1985), 『우리말 역순사전』, 정음사.

유창돈(1964), 『이조어사전』, 연세대출판부.

이광호(1994), 「정몽유어의 어휘 의미분류체계」, 『우리말의 연구』(외골권재선박사화갑기념논문집), 우골탑.

이기동(1992), 「다의 구분과 순서의 문제」, 『새국어생활』 2-1, 국립국어연구원.

이기문(1962), 『속담사전』, 민중서관.

이기문(1980), 「'글'에 관한 단상」, 『장암지헌영선생고희기념논총』.

이기문(1982), 『속담사전』, 일조각.

이능우(1971), 「한국 여성어 조사」, 『아세아여성연구』 10.

이병근(1992), 「사전 정의의 유형과 원칙」, 『새국어생활』 2-1, 국립국어연구원.

이상섭(1990), 「낱말 빈도를 추정하기 위한 말뭉치 자료 수집의 실제」, 『사전편찬학연구』 2, 탑출판사.

이상억(1986), 「계량언어학(어휘론분야): 어휘부의 음운, 형태, 의미론적 구조」, 『언어』 11-2, 한국언어학회.

이상억(1989), 「국어 어휘목록의 형태 음운론적 연구 - 계량언어학적 표준 조사 - 」, 『어학연구』 25-1, 서울대 어학연구소.

이상억(1990), 「국어 어휘부의 계량언어학적 연구」, 『강신항교수회갑기념논문집』.

이숭녕(1957), 「은어(고) - 설악산 산삼채취인의 은어를 중심으로 하여 - 」, 『일석이희승선생송수기념논총』.

이숭녕(1959), 「국어의 의미변화 시고: 의미론 연구의 한 제언」, 『자유문학』 창간호, 한국자유문학자협회.

이숭녕(1980), 「쇠퇴 단계에 들어선 설악산 심메마니 은어에 대하여」, 『방언』 4, 한국정신문화연구원.

이을환(1960), 「의미론 연구(상)」, 『국어교육』 2.

이을환(1962), 「의미론 연구(하)」, 『국어교육』 3.

이응백(1969), 「국민학교 국어교과서 편찬을 위한 학습용 기본어휘 설정에 관한 연구」, 문교부학술연구보고서.

이응백(1982), 「국민학교 학습용 기본어휘」, 『국어교육』 18~20합병.

이응백(1988), 「국민학교 입문기 학습용 기본어휘 조사연구」, 『국어교육』 32.

이익섭(1986), 『국어학개설』, 학연사.

이익환(1992), 「국어 사전 뜻풀이와 용례」, 『새국어생활』 2-1, 국립국어연구원.

이재순(1963), 『이조 왕실어의 특질』, 경북대 석사학위논문.

이종철(1999), 「사전에 설정된 속담의 뜻풀이에 대한 연구」, 『국어교육학연구』 9, 국어교

282

육학회.

이주행(1994), 「박경리의 '토지'에 쓰인 어휘 연구」, 『우산이인섭교수화갑기념논문집』, 태학사.

이충우(1992), 『국어교육용 어휘 - 국민학교, 중학교 국어과 교육용 어휘 선정을 중심으로 - 』, 서울대 박사학위논문.

이태권(1999), 「초등학교 저학년 기본 어휘 선정 연구」, 홍익대 교육대학원 석사학위논문.

이현희(1996), 「한국어 사전과 고어」, 『관악어문연구』 21, 서울대.

이희승(1955), 『국어학 개설』, 민중서관.

이희승(1961), 『국어 대사전』, 민중서관.

임지룡(1991), 「국어의 기초 어휘에 대한 연구」, 『국어교육연구』 23, 경북대.

임홍빈·한재영(1993), 『국어 어휘의 분류 목록에 관한 연구』, 국립국어연구원.

장태진(1963), 「은어연구: 절도를 뜻하는 범죄인 은어에 대하여」, 『무애양주동박사회갑 기념논문집』.

장태진(1964), 「은어연구」, 『도남조윤제박사화갑기념논문집』.

장태진(1969a), 「제주도 해녀집단의 특수어에 대하여」, 『김재원박사송수기념논총』.

장태진(1969b), 「현대여성어 연구」, 『아세아여성연구』 8.

장태진(1998), 『국어 변말사전』, 한국문화사.

전수태(1990), 『반의어사전』, 한신문화사.

전재호(1970), 「두시언해 권1 색인」, 『어문론총』 4·5, 경북대, 123~157.

전재호(1971), 「두시언해 권2 색인」, 『국어국문학과자료』, 경북대 대학원.

전재호(1975), 「『동국신속삼강행실도』 색인」, 『동양문화연구』 2.

전재호(1985), 「동국신속삼강행실도 색인(2)」, 『인문과학』 1, 경북대.

전재호(1987), 「박통사 상 색인」, 『어문론총』 21, 경북대, 119~142.

정 광(1989), 『왜어유해 국어색인』, 태학사.

정종진(1993), 『한국의 속담 용례사전』, 태학사.

정찬섭·이상섭·남기심·한종철·최영주(1990), 「우리말 낱말 빈도 조사 표본의 선정 기준」, 『사전편찬학 연구』 3, 탑출판사.

정태륭(1994a), 『우리말 상소리 사전 Ⅰ』, 프리미엄북스.

정태륭(1994b), 『우리말 상소리 사전 Ⅱ』, 프리미엄북스.

조항범(1989), 「국어 어휘론 연구사」, 『국어학』 19, 국어학회.

조항범(1992), 「어휘론」, 『국어학연감 1992년』, 국립국어연구원.

최근학(1962), 『속담사전』, 경학사.

최길성(1979), 「무당 은어의 분석」, 『한국문화인류학』 11.

최범훈(1984a), 「심마니 은어 연구」, 『한국문학연구』 6·7.

최범훈(1984b), 「『훈몽자회』의 난해자석 연구(Ⅰ)」, 『경기대학원논문집』 창간호.

최범훈(1984c), 「『훈몽자회』의 난해어 연구(Ⅱ)」, 『목천유창균박사환갑기념논문집』.

최학근(1977),「학생사회에서 사용되는 비어(은어)」,『관악어문연구』2, 서울대.

하동호(1987),「동의보감에 보인 국어어휘고」,『열므나이응호박사회갑기념논문집』.

한글학회(1947~1957),『큰사전』, 을유문화사.

한글학회(1992),『우리말 큰사전』, 어문각.

한재영(1992),「국어 대사전과 우리말 큰사전」,『문학과 사회』18.

현용준(1977),「예조어, 금기어에 대하여」,『성봉김성배박사회갑기념논문집』.

홍은진(1995),「王과 王族 중심의 宮中語 고찰」,『어문논집』5, 숙명여대.

홍윤표 외(1995),『17세기 국어사전』, 태학사.

홍종선(1996),「국어 사전 편찬, 그 성과와 과제(1)」,『한국어학』3, 한국어학회.

황경환(1963),「궁중용어」,『국어국문학』26.

황패강(1964),「여학생의 은어」,『국어교육』9.

문자 연구 50년

박성종

1. 서론

20세기 전반 50년은 한국인의 문자 및 언어 생활사에서 적잖은 시련과 위기의 시기였다. 특히 일제강점기 말의 朝鮮語文 말살정책은 끔찍한 일이었다. 이 시기에 성장한 어느 지식인은 광복 직후에 일본어로 먼저 쓴 다음 한국어로 옮겨 日記를 썼다고 실토한 바 있다. 만약에 이 상황이 20년 정도 더 지속되었더라면 어떻게 되었을지 상상만 해도 소름이 끼친다.

이 글은 20세기 후반 50년 동안에 이루어진 한글과 표기법, 차자표기 등과 관련한 주요한 논의 및 학설의 이모저모와 그 변천을 살펴보는 것을 목표로 한다. 제2장에서는 우리말과 글을 되찾은 시점에서부터 20세기 말까지 반세기 남짓한 기간을 문자 및 표기법의 관점에서 시대의 특징을 살펴본다. 시기구분은 넷으로 하되, 각 시기별로 상징적 성격을 지닌 사건과 현상들을 중심으로 간략히 더듬어 보기로 한다. 제3장에서는 각 분야별로 선구적인 업적이나 주요 학설 및 이론의 변천 등을 소개한다. 이때의 대상시기는 1950년부터 2000년까지 즉, 20세기 후반기로 한정한다.

2. 문자 및 표기의 관점에서 본 시대 특징과 흐름

2.1 한글과 옛글자 되찾기 시기: 광복~1953년

광복 후 시급한 과제는 잃어버린 한글과 우리말을 되찾는 일이었다. 이미 일제강점기 중의 1937년에 각급 학교에서 '조선어 교육'을 금지하였던 까닭에 어린 學童들에게 한글을 익히게 하는 일이 급선무였다. 이 요청에 부응하기 위하여 초등학교 1~2학년들에게는 『초등국어교본』 상권으로 한글을 가르치게 하였고, 초등학교 3학년 이상과 중학교에서는 교과서에 들어가기에 앞서 『한글 첫 걸음』을 통해 한글을 깨치도록 하였다. 『한글 첫 걸음』은 조선어학회에서 편찬하여 군정청 학무국에서 1945년 11월에 편찬한 50쪽의 한글 입문 교본이었다. 이 책에서의 한글 교육방식은 음소문자라는 관점에서 낱낱의 자모를 가르치는 방식을 채택하였다. '가갸거겨……'와 같이 한글자 모표의 방식 - 일명 전통적인 反切式에 따르지 않은 까닭이 의심스럽다.

한편, 일반 성인들에 대한 한글 교육 및 문맹 퇴치 활동은 한글 강습소 또는 夜學과 같은 기구와 조직을 통하여 이루어졌다. 이것은 1920년대 말부터 1930년대 중반에 걸쳐 조선일보사와 동아일보사가 중심이 되어 학생들의 힘을 빌려 시행한 '문자보급운동'의 경험과 전통에 이어지는 활동이었다. 교육 내용은 주로 한글과 함께 구구셈이었다. 광복 후 성인을 대상으로 한 남한에서의 한글 교육 및 문맹 퇴치 활동에 비해 북한에서의 그것은 매우 조직적이고 체계적으로 전국에 걸쳐 시행된 듯하다. 1946년 1월에 우리 글 학교라는 이름의 성인학교를 개설하기 시작하였으며, 같은 해 12월부터 1949년 3월까지 '문맹퇴치운동'을 전국적으로 실시하여 '230여만의 문맹자를 완전히 퇴치할 수 있게 되었다'(김영황·권승모 편 1996: 11)고 한다.

광복 직후에 간행된 두 책은 한글 맞춤법에 관한 것으로서 국어학 방면에서 한글 교육 및 문맹 퇴치 활동에 대한 실용적이며 이론적인 뒷받침이 되었다. 1946년 3월에 간행된 金炳濟의 『한글 맞춤법 解說』이 그 하나요, 같은 해 9월에 나온 李熙昇의 『한글 맞춤법 통일안 講義』가 다른 하나다. 전자는

애매하거나 틀리기 쉬운 단어들의 실제 용례들을 나열하여 설명한 실용적인
성격의 책이나, 후자는 이론적인 성격의 책이었다. 1933년 조선어학회의
「한글 마춤법 통일안」을 모태로 한 1940년 2차 개정안의 각 條項 순서에
따라 맞춤법의 원리와 배경에 대해 자세하게 설명한 책이었다. 李熙昇의
이 책 『한글 맞춤법 통일안 講義』[1]는 그 후 1949년에 博文出版社, 1959년에
新丘文化社로 옮겨 여러 번에 걸쳐 刷와 版을 바꾸어 간행하는 등 국어학계는
물론 지식인과 일반인들에게까지 광범위하게 읽힌 책으로서 그 영향력이
상당하였다.

광복 이후 6·25사변까지의 한국 사회는 정치 및 군사 면에서 매우 어수선
하고 위험한 때였으나, 국어학계로서는 학문으로서의 기반과 여건을 다지고
그에 걸맞는 연구물이 쏟아져 나온 때이다. 京城帝國大學의 朝鮮語文學科가
國語國文學科로 명칭이 바뀌면서, 뒤를 이어 남북한의 각 대학마다 국어국문
학과가 설립되었다. 학회활동 역시 기반을 잡기 시작하여 조선어 학회가
활동을 재개하고, 方鍾鉉과 金亨奎 등이 참여한 우리語文學會가 결성되어
기관지 『語文』을 펴냈다. 북한에서는 조선어문연구회가 1947년에 발족되고,
사변중임에도 불구하고 1952년에는 임시 수도 부산에서 국어국문학회가
창립되는 등 활발한 움직임을 보였다.

이 시기에 쏟아져 나온 연구물들은 주로 일제강점기의 암울한 시대적
상황에도 불구하고 憂國志士로서의 열정을 잃지 않고 끈질긴 노력을 지속해
온 先學들의 애정 어린 산물이었다. 이 시기를 대표할 만한 일은 조선어
학회에서 『큰 사전』을 1947년부터 간행하기 시작한 것이다. 감옥살이를
치르는 등의 숱한 박해와 곡절 끝에 완성된 것이어서 그 감회가 더욱 절실하였
던 것이다. 1946년과 그 이듬해에 나온 方鍾鉉의 『古語材料辭典』 또한 공을
많이 들인 역저로서 최초의 옛말 사전이라는 의의를 갖고 있다.

---

1) 조선어학회의 기관지인 『한글』 제6권 1호(1938.1.1)부터 제8권 3호(1940.4.1)까지
   20회에 걸쳐 연재한 내용을 보충하여 간행한 책이다. 북한에서는 李熙昇의 강의안
   을 토대로 김용진이 『한글 맞춤법 통일안 해설』이라는 책자를 간행한 바 있다
   한다(고영근 편 2000: 2).

이 시기 국어학 연구의 두드러진 특징 중의 하나는 역사적 연구라 할 수 있다. 훈민정음을 비롯하여 쓰이지 않는 옛글자의 音價 추정에 관한 논의, 그리고 옛말에 대한 주석과 풀이에 심혈을 기울인 시기였다. 洪起文의 『正音發達史』와 方鍾鉉의 『訓民正音通史』가 1946년과 그 이듬해에 각각 간행되었으며, 李崇寧의 『朝鮮語音韻論硏究 第1輯 - 、音攷』는 사라진 옛글자의 음가를 음운론의 관점에서 모음조화와 모음체계 전반을 고려한 연구물이다. 그리고, 고어의 주석과 풀이에 관한 저술로서는 梁柱東의 『麗謠箋註』, 池憲英의 『鄕歌麗謠新釋』, 金聖七의 『용비어천가』 등이 있다.

국어의 역사적 연구와 관련하여 특히 주목되는 것은 람스테트(G. J. Ramstedt)의 *Studies in Korean Etymology* 이다. 이것은 한국어 단어들의 어원을 비교언어학적 관점에서 고찰 기술한 책으로서 매우 독보적인 연구 업적이다.

옛글자에 대한 관심은 국어의 표기법을 마련하는 과정에서 새 문자의 제정에 반영되기도 하였다. 김두봉이 제안하고 주도한 북한의 '조선어신철자법' 중의 새 자모 여섯 개 중 'ㅿ, ㆆ'이 그 예이다. 1948년 1월에 공포하여 1950년 4월에 책자로 간행된 '조선어신철자법'에 따르면, '걷다'의 활용형들을 '걷고, 걷어, 걷으니, 걷리²)다'로 적어야 한다는 것이다. 이것은 형태주의 표기원칙에 따라 불규칙활용의 경우 原音을 고정시켜 표기한다는 것이다. 조선어신철자법에 따른 표기는 실제로는 거의 시행되지 않았을 뿐만 아니라, 1958년에 정치적으로 숙청당하면서 그 논지마저 비판을 받았다.

2.2 한글파동과 국한문 혼용 논쟁 시기: 1954~1972년

한글파동은 1953년 3월 27일 '신구약과 기타 국문서에 쓰던 방식을 따라' 한글의 받침을 간략히 쓰자는 취지의 이승만 대통령의 담화문 발표에서부터

---

2) '걷'의 모음자 'ㅣ'는 온모음이 아니라 반모음을 기저음으로 취하기 때문에 이것 역시 새 문자로 표기되어 있다.

1955년 9월 19일의 보류 및 백지화 담화문 발표까지의 기간 동안에 있었던 한글 간이화안을 둘러싼 일련의 과정과 논의를 가리킨다. 1953년 3월의 대통령 담화문에 이어 4월 27일에는 「현행 철자법의 폐지와 구식 記音法의 사용」이라는 국무총리 훈령 제8호가 공포되었다. 그리고, 여론의 세찬 반대에도 불구하고 7월 7일에는 국어심의위원회에서 한글 풀어쓰기를 하자는 제안까지 발표되었다. 그러다가 다음해 7월 3일에는 다시 문교부에서 받침을 'ㄱㄴㄹㅁㅂㅅㅇ ㄹ ㄺ ㄿ'의 10자만으로 제한하고 단어의 어원이나 원형을 밝히지 않고 소리나는 대로 적는다는 내용을 담은 한글 간이화안을 공포하였다. 이 안은 현행 맞춤법의 뿌리가 되는 1933년 조선어학회의 한글맞춤법통일안이 형태주의 표기법을 채택함으로 말미암아 일반인들이 배우기 어렵게 받아들이는 점을 배려한 것이었다.

한글 간이화안은 1933년 이래 줄곧 사용되어 온 맞춤법의 근본 원리를 뒤집고 表音 위주의 음소식 표기법으로 되돌아가는 것으로서 엄청난 반대 여론을 불러일으켰을 뿐만 아니라, 경제적인 부담도 결코 적잖은 것이라서 결국 물거품이 되고 말았다. 40년대 말 북한의 「조선어신철자법」은 형태주의 원칙을 좀더 완전하고 군건히 확립하는 것을 목표로 하고 있었다. 이와 달리 한글 간이화안은 정반대로 표음 위주의 표기법으로 되돌아가는 길을 걷고자 했다. 비록 이론적 배경이 서로 상반되고 전개 양상은 달랐음에도 불구하고, 같은 시기에 한글 맞춤법이 나아갈 방향에 대해 논의를 제기했다는 점이 주목된다. 새 질서의 창건이 요구되는 변혁의 시기에 문자와 표기법의 근본을 건드리고자 했다는 점은 매우 의미심장한 일로 여겨지기 때문이다.

문자와 표기법에 관한 논의와는 다른 한편으로, 광복 이후 1980년대 말까지 국어학자는 물론 일반인들 사이에 끊임없이 지속되어 온 주요 논쟁 거리 중 하나는 한글전용 여부에 관한 것이었다. 한문과 한자는 한국인의 문자생활사에서 주요한 바탕을 형성하여 왔다. 훈민정음이 창제된 이후에도 한문과 한자는 여전히 문자생활의 상층부에 자리잡고 있었다. 갑오경장 때 국한문혼용이라는 원칙이 칙령에 의해 반포되었고, 『독닙신문』이 1886년에 창간되면서 한글전용을 실시하였음에도 불구하고 실제의 문자생활에서 한문과 한자의 비중은 결코 적잖았다.

북한에서는 대체로 「조선어철자법」이 공포된 1954년부터 한글전용이 전면 시행되었다고 할 수 있다. 광복 직후 남한과 마찬가지로 교과서류에서 한글전용이 먼저 이루어졌다. 그러나, 일반 신문과 잡지 등 대중을 상대로 한 글과 전문적인 서적 및 잡지 등에서는 국한문혼용 정도에 차이를 보였다. 여하튼, 북한에서의 한글전용은 1948년에 「조선어신철자법」이 공포된 뒤 대중용 신문 및 잡지류에서부터 실시되기 시작하여, 점진적으로 확대되다가, 1954년 이후에는 전면적인 실시에 이르게 된다.

남한에서의 한글전용 및 한자혼용 문제는 전반적으로 볼 때 다소 엎치락뒤치락하는 양상을 보였다. 1945년 11월에 발족한 미군정청 학무국 산하의 조선교육심의회에서는 12월 8일에 모든 교과서에서 한자를 폐지하고 가로쓰기 즉, 橫書를 하도록 규정하였다. 또한 1948년 10월 9일에 「한글전용에 관한 법률」 제6호를 공포하였는데, 그 내용은 "대한민국의 공용문서는 한글로 쓴다. 다만 얼맛동안 필요한 때에는 한자를 병용할 수 있다"로 되어 있다. 그리고, 1958년에는 대통령의 지시에 따라 한글전용을 강행하기도 하였으며, 1970년에는 교과서에서 한자를 모두 빼버리는 등의 정책을 추진하였다. 이와 같은 한글전용정책에 대하여 실제 일반 사회에서는 비록 한자 노출의 정도가 점차 줄어드는 현상을 보이긴 했으나, 국한문 혼용의 길을 그대로 걷고 있었다. 이것은 다른 한편으로 한자교육의 중요성을 결코 무시할 수 없다는 사회 전반의 요청에 부응하는 일이었다. 결국 1972년 8월 17일에 교육용 기초한자 1,800자를 확정하여 이를 기준으로 중학교와 고등학교에서 각각 900자씩 가르치도록 배당하는 선에서 타협을 하였다.

한글전용이냐 국한문 혼용이냐의 논쟁은 학교문법의 품사체계와 용어 문제를 둘러싼 논쟁으로 이어져 국어학계의 뜨거운 상호 攻防과 대립의 양상으로 나타났다. 이른바 '문법파동' 또는 '문법논쟁'으로 불리는 이 일련의 사건은 1961년 10월부터 1966년 12월까지 약 5개년에 걸쳐 '말본파'와 '문법파'로 나뉘어 격돌한 것을 가리킨다. 예컨대, 전자가 문법 용어로 '이름씨'를 주장한 데 대하여 후자는 한자어인 '명사'를 채택하자는 것으로 대립되었던 것이다. 이 문법파동은 언론계에서 그 싸움을 더욱 부추긴 면이 있기도 하다.

문법 용어가 각 교과서마다 서로 다르고, 편저자의 학설에 따라 품사 분류체계가 다른 데 대한 문제점을 지적한 논의는 이미 1956년부터 등장하였다. 1956년 3월 15일부터 『조선일보』에 연재된 尹五榮의 논설은 8품사와 한자어 용어를 채택하자는 주장을 담은 것이었다. 조사와 잡음씨, 지정사, 접속사 등은 별도의 품사로 인정하지 말자는 내용, 그리고 외국어 문법에서도 통용되는 '名詞'式 용어를 사용하자는 내용이었다. 이 주장이 일선 교사들에게 널리 공감을 일으켰으며, 학교문법심의전문위원회에서는 1962년에 9품사와 '명사'식 용어를 채택하는 학교문법통일안을 마련하였다. 9품사는 명사, 대명사, 수사, 동사, 형용사, 부사, 관형사, 감탄사의 8품사에 조사가 포함된 것이고, 한자어 위주의 252개 문법 용어를 확정한 것이었다.

이 통일안에 대한 찬반 양론은 매우 첨예한 대립과 반목 양상을 띠고 전개되었다. 문법에 대한 본격적인 논쟁이라기보다는 용어를 둘러싼 국어순화 논쟁의 성격이 매우 강하였는데, 그 과정에서 쌍방의 건의와 연판장이 난무하는 등 치열한 싸움으로 변질된 면이 있었다. 학교문법통일안은 교육과정심의회의 결정을 거쳐 1963년 7월 25일에 문교부장관이 공표하기에 이르렀다. 그러나, 이에 불복한 말본파가 국회에 청원을 하고 법정소송을 제기하는 등 엄청난 후유증을 겪었다. 그리하여 '이름씨'식의 우리말 용어를 병용하는 것을 허용하는가 하면, 잡음씨를 품사로 설정한 교재도 검인정 교과서로 인정하는 것으로 일단 마무리되었다.

2.3 釋讀口訣 자료의 발굴과 脚光 시기: 1973~1985년

광복 이후 국어학계의 최대 발견은 釋讀口訣의 존재를 알려 준 舊譯仁王經

이라 할 만하다. 1973년 12월에 忠淸南道 瑞山郡 雲山面 胎封里에 소재한
文殊寺의 金銅如來坐像 伏藏物로 고려시대 佛經 落張 5枚가 발견되었던
것이다. 불경은 舊譯仁王經으로서, 經文을 새긴 木版에서 刷出한 것인데,
上卷의 2·3·11·14·15장 등 그 張次가 이어져 있지 않았다. 불경의 원문
사이 사이에 우리말 吐를 한자의 省劃字와 略體字 등의 구결자를 이용하여
붓으로 써 넣었다. 그런데 종전의 것들과는 달리 구결토를 한문의 왼쪽과
오른쪽에 나누어 적고, 한문을 읽는 순서인 거슬러 올라가라는 표시로서
逆讀點이 사용된 점이 무엇보다도 특이하였다.

이 舊譯仁王經 자료는 다음과 같은 놀라운 사실을 일깨워 주었다. 그것은
첫째, 한문을 한문 순서대로 읽지 않고 우리말 어순에 따라 재배열하여
읽었다는 점이요 둘째, 原文의 漢字를 그 音으로만 읽지 않고 때로는 우리말로
새겨 읽었다는 사실이다. 이 밖에도 석독구결 자료인 구역인왕경의 발견은
몇 가지 기존의 기록에 대한 새로운 해석을 포함하여, 한문의 독법과 이의
전수에 관한 개연성을 제기하였다. 즉, 薛聰에 관한『三國史記』의 기록 중
"以方言讀九經 訓導後生"(卷46)이라 한 것은 이미 그 당시에 한문을 우리말
어순에 따라 토를 달아 읽었다고 해석할 소지를 남겨 주었다. 이러한 사실은
또한 그 후의 羅末麗初 시대까지도 그대로 이어지는 것이 아닌가 하는 추측을
낳게 되었다. 均如(923~973)의 저술 역시 원래는 국어의 어순에 따라 한자를
배열하고 그것에 다시 우리말 토를 단 구조를 갖추었던 것이 아닌가 하는
추정이다. 균여의 저술은 13세기 중엽에 그 제자들에 의해 '削方言'하여
간행됨으로써 현재는 극히 단편적인 편린만 남아 있을 뿐이다. 그리고, 더
나아가 일본에서의 한문 독법이 우리나라로부터 전수되었을 개연성도 제기
되었다. 일본에서는 한문의 순서대로 읽지 않을 뿐만 아니라 우리말의 토에
해당하는 訓点이 표시된 독법이 있다. 그동안 일본의 이 漢文讀法의 淵源이
미심쩍었는데, 舊譯仁王經 자료가 발견됨으로써 그 전파 과정을 어느 정도
추정할 수 있게 된 것이다.

舊譯仁王經의 발견은 훈민정음 이전의 국어의 실상을 파악하는 데 매우

중요한 단서와 증거들을 제공해 주는 것이었다. 훈민정음보다 200~300년 가량 앞선 고려시대의 문법을 어느 정도 재구할 수 있는 기틀을 마련하여 주었을 뿐만 아니라, 더 나아가 고대국어와 연결할 수 있는 가능성을 시사해 주었다. 따라서 고려시대 불경에 기록된 구결자료의 발굴과 그 연구가 첨예의 관심사로 대두되었다. 이러한 노력과 관심에 힘입어 그 후『華嚴經』권14,『合部金光明經』권3,『瑜伽師地論』권20,『華嚴經疏』권35 등의 고려시대 석독구결 자료들이 발굴 소개되었다.

　舊譯仁王經의 발견은 구결 연구의 중요성은 물론이고, 국어학의 주변 영역으로 자리잡아 왔던 차자표기 전반에 대한 관심과 연구 의욕을 새삼 북돋워 주었다. 석독구결과 구역인왕경에 대한 본격적인 소개논문으로는 沈在箕(1975)를 비롯하여 南豊鉉·沈在箕(1976)와 李東林(1982)이 선을 보였다. 구결에 대한 개념 규정과 아울러 문자론적인 연구 역시 1970년대 중반 들어 활발히 진행되기 시작하였다. 安秉禧(1976)는 구결이 吐와 같은 존재라 인식하고, 口訣은 종래의 '입겿'의 차자표기임을 분명히 하였다. 그리고, 安秉禧(1977ㄱ)는 그 연대가 중세국어 시기에 분명히 해당하는 구결 자료들을 전반적으로 소개하고 토의 종류 및 표기법 등을 체계적으로 정리하였다. 구결자와 토에 관한 정리는 朴喜淑(1976, 1978)과 柳鐸一(1977)에 의해서도 행하여졌다. 이 중에서 특히 朴喜淑(1978)은 南明集의 몇 가지 이본들에 나타난 구결자와 토를 정리한 것으로서, 대상 저본 중의 安東本의 구결은 고려시대의 국어 어형을 반영하고 있어 국어사 연구에서 구결의 위치와 중요성을 한층 더 부각시켰다. 구결의 문자론적인 연구와 정리는 일본인 연구자들에 의해서도 이루어졌다. 한편 한글 구결에 대한 연구도 이 시기에 등장하였는데, 金相大(1985)는 15세기의 불경 언해에 인쇄된 한글 구결토를 대상으로 통사론적 입장에서 고찰하였고, 김문웅(1986)은 구결토와 언해문과의 차이점 등에 주목하여 유형별 고찰을 시도한 것이었다.

　구결에 대한 새로운 조명과 고찰은 차자표기 전체에 대한 관심으로 확대되어 갔다. 그 중에서도 특히 이두에 대한 연구는 이 시기에 새로운 전환점을 맞이하게 되었다. 무엇보다도 주목되는 것은 이 시기에『이두사전』(장지영·장세경 편 1976 정음사)이 출현한 사실이다. 이 사전은 이두 표제항만 수록되어 있고 그 용례를 전혀 제시하지 않은 곳이 많을 뿐만 아니라, 수록된 용례들과 그 해석 등에 불충분함이 적잖다. 따라서, 이두의 용법과 기능 및 의미 등을 참조하고자 하는 실수요자들의 욕구를 충분히 만족시키지 못하는 면이 있다. 그러나, 간략한 연구편을 곁들여 사전 형식으로 이두에 대해 정리해 준 공은 결코 홀대할 수 없는 것이다.

조선 초기의 이두 자료인『養蚕經驗撮要』(1415년)가 이 시기에 발굴 소개된 것은 이두 연구와 차자표기에 대한 학계의 관심을 더욱 고조시킨 일이었다. 이 새로운 자료의 출현은 이두 연구의 寶庫라 할 만큼 귀중하고 이미 널리 알려진『大明律直解』에 버금가는 값진 발견이었을 뿐만 아니라, 훈민정음 이전에 이미 이두로써 한문을 諺解해 온 전통이 있었음을 시사해 주는 것이었다.『양잠경험촬요』의 이두에 대한 본격적인 논의는 金泰均과 安秉禧에 의해 이루어졌다. 金泰均은 이미 1968년부터『대명률직해』와 이두에 관한 논문을 발표해 온 것을 바탕으로 하여 새 자료인『양잠경험촬요』에 대한 이두를 정리하였다. 安秉禧는 1970년대 후반부터 1980년대에 걸쳐 지속적으로 牛疫方 등의 이두를 면밀하게 검토하는 동시에, 吏文大師와 吏文 등 이두 학습서들에 대해서도 소개와 아울러 상세히 설명하였다. 한편, 李基文(1981)은 이두의 기원에 대하여 재고찰하였다. 朴喜淑(1985)이『대명률직해』를 대상으로 박사학위논문을 제출하였음도 주목된다. 특히 이 논문은 이후『대명률직해』를 대상으로 한 몇 편의 박사학위논문의 효시라는 의의를 지녔다.

이상 살펴본 바와 같이 1973년부터 1980년대 중반까지는 새 자료의 발굴과 더불어 그동안 국어학계에서 주변적인 위치를 차지해 왔던 차자표기 분야의 연구를 격상시킨 기간이었다고 할 수 있다. 구결과 이두를 중심으로 한 차자표기에 대한 새로운 관심과 조명작업은 훈민정음 이전의 극히 빈약한 국어사 자료를 보태어 주었다. 이 일은 국어사 연구의 지평과 깊이를 더욱 확장시켜 주리라는 기대를 낳기에 충분했다. 이러한 시대적 흐름에 부응하여 국어학 연구자들 사이에 口訣을 비롯하여 鄕札, 吏讀 및 각종 借字表記들을 정리하고 새로 인식할 필요성이 자연스럽게 형성되었다. 시기적으로 조금 늦은 1988년 2월에 口訣學會가 발족하여 활발한 학회활동을 전개하기 시작한 것은 이 시기의 산물이라 하겠다.

2.4 한국어와 한글의 세계화 시기: 1986∼2000년

한국인이 중국어와 다르고 일본어와도 다른 독특한 개별언어를 사용하고 있을 뿐만 아니라, 그 언어를 표기하는 문자인 한글을 사용하고 있다는 사실은 간헐적으로 20세기 이전에 서양 선교사들이나 학자들을 통해 언급되곤 했다. 그러나 이 경우엔 대체로 일본을 통한 간접적인 소개에 그치거나, 그 내용이 소략하고 불충분하여 그다지 널리 배포되지는 않았던 듯싶다.

서양의 언어학계에 한글의 존재 사실과 그 독창적이고 과학적인 특징이 뚜렷이 각인된 것은 맥콜리(McCawley 1966)에 힘입은 바 크다고 본다. 이것은 그 2년 전에 보스(Vos)가 한글에 대한 소개의 글을 쓴 것을 평한 논문으로서, 굴지의 언어학자로 이름난 맥콜리가 전문 학술지인 *Language*에 게재함으로써 언어학자들에게 한글의 존재와 그 우수성을 널리 깨우쳐 준 효과를 발휘했다고 본다. 이보다 앞서 체육인으로 더 잘 알려진 李相佰 씨가 훈민정음 원본 발견 사실을 일본학계에 곧바로 소개하였고, 뒤이어 1957년에 간략한 해설을 덧붙여 훈민정음 원본을 영인한 『한글의 起源』(通文館 간행)을 발행하여 외국의 知己들에게 배포 내지는 소개하였다. 그러나 이 경우엔 그 전파 대상이 누구인지, 또 그 파급 효과가 어떠했는지를 잘 알 수 없다.

일반인을 대상으로 세계 여러 나라 사람들에게 한국어와 한글의 존재가 널리 알려진 것은 비교적 최근의 일이다. 이것은 1986년과 1988년 두 차례에 걸친 국제 규모의 체육행사를 통해서였다. 즉, 1986년에 개최된 아시안게임과 1988년의 서울올림픽이 전도사로서의 역할을 톡톡이 하였다고 본다. 아시아

298

와 세계 여러 곳에서 온 선수와 임원, 보도진 및 관람객들을 통해 자연스럽게 직·간접으로 한국어와 한글의 존재 사실이 널리 알려진 것이다.

위의 두 체육행사에 대비하기 위한 배려도 곁들여 어문규정에 대한 손질 및 재정비가 이루어졌다. 무엇보다도 먼저 한국의 인명과 지명, 도로 안내 표지판 등에 쓰이는 각종 명칭 등을 비롯하여 한국어 단어를 외국인에게 알리기 위한 방편으로서 「국어의 로마자 표기법」이 정비되었다. 이 표기법은 1984년 1월 문교부에서 제정, 고시한 것으로서, 국어의 표준발음에 따라 적는 것을 원칙으로 삼았다. 뒤이어 1986년 1월에는 외래어를 한글로 어떻게 적는가에 관한 「외래어 표기법」이 고시되었다. 외래어 표기법은 국제 음성 기호를 비롯하여 에스파니아어, 이탈리아어, 일본어, 중국어를 한글 24자모만으로 적는 것을 규정한 것이다. 그 후 1980년대 후반 들어 동구권과의 교류가 활발해지면서 폴란드어, 체코어, 세르보크로아트어, 루마니아어, 헝가리어의 한글표기법이 추가되어 1992년 11월에 다시 고시 시행되기에 이르렀다.

위의 두 표기법이 외국과의 교류 또는 외국인을 위한 것이라면, 표준어와 한글맞춤법에 관한 규정은 대내적인 성격을 띤 것이다. 현행 「표준어 규정」과 「한글맞춤법 규정」 역시 1988년 1월에 재정비되어 고시되었다. 그러나, 한글맞춤법의 경우엔 그 적용대상이 워낙 광범위하고 중요한 틀이 되는 까닭에 시행일자를 1989년 3월 1일로 늦잡았다.

이와 같이 어문에 관한 4대 규정이 재정비 확립된 일은 바야흐로 한국어 및 한글의 세계화를 향한 토대를 굳건히 마련하였다는 의의를 갖는다. 1980년대 후반부터는 한국 사회에 국제화의 물결이 점차 높아지는 양상을 보인다. 외국여행이 자유로워지는가 하면, 국제간의 모임이 여러 방면에서 활성화되고 1990년대에는 WTO 및 OECD에 가입하는 등 발빠른 변화가 가속화된다. 이뿐 아니라 21세기에 접어들 무렵부터는 중국 및 동남아 등지에서 한국의 대중가요와 드라마, 영화 등을 선호하여 이른바 '韓流'라는 열풍이 일어나고 이에 따라 한국어를 학습하고자 하는 외국인의 숫자도 날로 늘어나고 있다.

외국의 여러 대학에서 한국학과 한국어를 전공으로 하는 학과 및 강좌가 개설되고, 한국어를 대상으로 한 국제학술회의가 국내외의 여러 곳에서 빈번히 개최되는 모습을 종종 볼 수 있다. 문자론 및 문자사의 관점에서 한글의 우수성에 관해 언급한 글들이 속출하는가 하면, 세종대왕의 훈민정음 창제 업적을 기리는 뜻에서 세계 여러 곳에서 문맹퇴치에 공이 많은 단체와 개인을 선정하여 시상하는 행사도 해마다 치르고 있다. 비록 작은 노력에 불과하고 아직 성과를 논할 정도는 아니나, 문자가 없는 민족과 인종을 위해 한글을 바탕으로 한 음성기호를 사용하여 문맹을 퇴치하고자 하는 노력을 전개하는 일도 참고된다.

이와 같이 한국어 및 한글이 세계화되는 추세 속에서 세기의 마지막 해인 2000년에는 한국에도 角筆 자료가 있으며, 이 중의 이른 시기의 것으로는 10세기까지 소급해 올라갈 수 있는 자료가 있다는 사실이 발견되어 또 한 번 놀라움을 더하고 있다. 고려시대의 한문 불경에 점과 선을 角筆로 찍은 자료들이 몇 종 발견되었는데, 이것은 한자 주변 문화권의 한문독법의 상호 비교 및 일본의 古訓点과의 관계, 그리고 그들의 상호 전수 및 계통과 발전 단계 등 여러 방면에서 새로 면밀히 고구해 볼 과제를 던져 주고 있다.

3. 분야별 연구 및 학설 개관

3.1 훈민정음

새 문자의 창제는 일반적으로 과거의 오랜 전통과 경험을 바탕으로 하여 어느 한 개인이 창제하기보다는 집단의 힘에 의해서 이루어진다 하겠다. 이러한 일반적인 인식이 훈민정음에 대해서도 적용되어, 세종대왕 한 개인이 라기보다는 집현전과 같은 학자들의 기관이 있었고, 신숙주 등의 학자들의 도움으로 한글 창제가 이루어졌다고 보는 견해가 의외로 적잖다. 한때는 세종의 명을 받은 신하들이 창제했다는 설도 있었으나, 대개의 경우 세종을 도와 집현전의 몇몇 학자들이 協贊했다는 설명이 여러 책과 글에서 발견된

다.3) 그러나 이와 달리 훈민정음은 어디까지나 세종의 '親制'임이 분명하다
는 논지가 전개되었다. 李基文(1992)은 실록을 비롯한 당대 문헌들이 '親制'
임을 명시하고 있을 뿐만 아니라, 세종이 직접 관여한 책인『용비어천가』와
『월인천강지곡』에서는 해례에서의 8종성 이외에 'ㅿㅈㅊㅌ' 등이 받침 표기
에 쓰였고, 이에 따라 이들 받침자는 물론 'ㅂ,ㄹ'도 일부 'ㅍ,ㅉ'으로 교정을
본 사실, 그리고 요양지에서도 훈민정음 연구에 몰두했음을 증언하는 내용
등을 근거로 제시하면서 세종의 '親制論'을 분명히 하였다.4)

훈민정음 창제의 동기와 목적에 대해서는 국어를 표기하기 위한 것이었다
는 점에 거의 대부분의 논자들이 동의하는 바이다. 그런데, 훈민정음의 창제
와 관련하여 한자음을 개신하기 위한 목적이 내재되어 있다는 논의가 일찍이
李崇寧(1958)에서 제기된 바 있다. 한자음 개신을 위한 표기수단이라는 측면
을 지나치게 강조한 나머지, 한자음의 注音이 근본 목적이고 고유어 표기는
부차적인 수단이 된다는 주장까지 대두되었다(강길운 1972). 그러나, 한자음
역시 국어의 한 요소에 불과한 것이며, 중국어를 비롯한 외국어음의 표기에
훈민정음이 사용되고 또 한자음을 개신하고자 한 의도는 인정되나 이들이
결국은 국어를 표기할 문자의 필요성에서 훈민정음을 창제했다는 데 대한
반론은 될 수 없다고 보는 것이 일반적인 견해다(李基文 1974 등 참조).
한편, 1970년대 중반에 국사학자들 중에는 훈민정음 창제의 목적 및 동기를
정치와 사회 전반의 폭넓은 관점에서 보아 敎化政策 또는 국권을 확립하고
백성을 효율적으로 통치하려는 지배수단의 확보라는 차원에서 파악할 수
있다고 하였다(이우성 1976, 강만길 1977 등 참조). 이와 같이 창제 목적을

---

3) 예컨대 심재기(1985: 97)에서는, "지금까지 우리는 훈민정음을 세종대왕이 단독으
　로 창제한 개인적 업적으로 칭송하여 왔는데 사실에 있어서는 집현전 학사들과의
　공동연구의 결과라는 점이다. 여러 가지 정무에 바쁜 임금이 훈민정음 창제에만
　오로지 마음을 쏟는다는 것이 현실적으로 가능한 일이었을까를 생각할 필요가
　있다"고 하여 協贊說을 피력하고 있으며, 허웅(1974)에서도 유사한 설명이 발견된
　다. 이근수(1979) 역시 협찬설의 입장에서 상술하고 있다.
4) 세종의 친제론은 박종국(1984) 등에서도 간략히 언급되었으나, 번거로움을 피하기
　위해 일일이 예시하지 않는다.

거시적으로 파악한 견해는 이미 국어학자들에 의해서도 일부 피력되었던 것으로, 문자를 '聖人之道' 또는 '興學' 등의 관점에서 보기도 하였다(강신항 1987 등 참조). 훈민정음 창제 목적과 관련하여 다른 한편으로 불교와의 관련설이 제기되었다. 김광해(1990)는 27자설, 御旨의 글자수가 54인 점, 언해본의 글자수가 108이고『월인석보』1권의 장수 역시 108장이라는 점 등을 구체적인 증거로 제시하면서 불교 보급이라는 또 다른 목적이 있다고 하였다. 이러한 주장들은 논리적 설득력이 있긴 하나, 문화적 관점에서 자국 어 표기를 위해 훈민정음이 창제되었다는 본질적인 측면을 무시할 소지가 있어, 거의 대부분의 학자들이 수용하지 않는다고 본다. 다만, 불교와의 관련설은 몇 가지 점에서 좀더 신중을 기해 파악해 볼 필요가 있다. 그럼에도 불구하고 불교의 전파와 보급이 훈민정음 창제의 우선적이고 일차적인 목적 이 되지 않음은 물론이다.

세계 여러 문자를 분류하는 과정에서 샘슨(Sampson 1985)이 한글을 資質文 字(featural system)에 귀속시킨 점이 주목된다. 그동안 한글을 음소문자에 귀속시키는 것이 통설이었으나, 훈민정음의 제자 과정의 특성이 충분히 반영되지 못한 느낌이 있었다. 이에 샘슨에 따르면 표음문자는 대체로 셋으로 분류되어, 음절문자(예: 일본의 가나 문자)와 음소문자(예: 로마자), 그리고 자질문자로 나뉜다. 한글은 변별적 자질에 따라 가획하는 등의 방법으로 문자를 만든 것이기 때문에, 영어 속기법의 경우와 마찬가지로 자질문자에 귀속된다 하였다. 이 자질문자이론을 수용하여 이환묵(1988)은 한글 28자 모두 상형과 가획에 의해 만들어진 자질문자임을 밝혔다. 자음자의 경우엔 비교적 논란의 여지가 없으나, 모음자의 경우에도 두 단계의 가획이 가해진 것으로 파악한 점이 독특하다. 즉, 초출자의 경우엔 '입술을 오무리는 자질'의 '─'와 '입술을 펴는 자질'의 'ㅣ'가 합쳐진 것으로 설명하였다. 그리고, 재출 자의 경우엔 [j] 자질의 'ㅣ'가 초출자와 결합한 것으로 파악하였다. 그런데, 모음자의 초출자와 재출자들은 결합 과정에서 '─'와 'ㅣ'가 'ㆍ'로 변형된 것으로 보아, 결과적으로 모음자 역시 자질문자로서의 체계를 보인다고

하였다. 또한, 샘슨의 자질문자이론을 수용한 박창원(1998)은 세계 문자사의
흐름을 '그림 → 그림문자 → 단어문자 → 음절문자 → 음소문자 → 자질문자'
로 파악하여 한글을 문자발달사의 마지막 단계에 창제된 것으로 파악하였다.

　27자설과 28자설의 논쟁도 꾸준히 이어져 왔다. 훈민정음의 原案에는
'ㆆ'이 빠진 27자였는데(이동림 1974 등), 그 후에 제자해를 만드는 과정에서
가획 원리를 적용하고 자음체계를 고려하여 국어의 음운체계에는 없는 'ㆆ'
이 삽입되었다는 것이 통설로 받아들여져 왔다. 이것은 다른 한편 篆書體의
한자에서 훈민정음이 기원한 것으로 볼 경우(김완진 1983) 'ㆆ'이 빠진다는
견해와도 상통한다. 그러나, 한국 한자음에 대한 분석을 토대로 자음자를
제자했다고 볼 경우(강창석 1989)에는 'ㆆ'이 당연히 포함되어야 하므로
원안 역시 28자일 가능성이 제기되는 것이다. 한편, 28자는 국어의 음운
체계를 반영한 것이 아닌데, 중성자 중에 'ㅢ, ㅖ, ㅒ' 등과 같이 기본자에
劃이나 어떤 문자적 요소를 결합한 자들은 어느 정도 그 음가가 유지될
뿐만 아니라 자형에 변개가 없으므로 28자에 포함되지 않았다는 설명도
있으며(이광호 1988), 'ㅸ'과 같은 것들은 '字'가 아니라 '書'에 해당되기
때문에 빠진다는 논의도 있다(안병희 1990).

　훈민정음에 관한 논의 중 가장 다양하고 논란이 많은 구절은 정인지 서문
중의 "象形而字倣古篆"이다. 이 중 '象形'은 뒤의 '字倣古篆'과는 별도의
원리이거나, 원문 또는 원안에 없던 원리가 세종 28년경에 부회된 것으로
보기도 한다(이기문 1974, 김완진 1983, 1984 등). 초성자의 경우 제자해의
설명에 따라 'ㄱ, ㄴ, ㅁ, ㅅ, ㅇ'은 발음기관의 모습 또는 발음할 때의 모습을
본뜬 것으로 받아들인다. 그리고, 중성자의 경우, 역시 다소 이론이 있긴
하나, 天, 地, 人 三才를 추상화하여 상형하였다고 보는 것이 통설이었다.
그러나, 위의 견해는 상형을 하되 구체적인 자형을 결정하는 과정에서는
중국의 고대문자인 篆書를 본뜬 것으로 보는 것이다. 또한 초성자의 경우엔
「起一成文圖」의 도형을 기본자로 채택하였다는 주장도 적지 않다. 이 견해는
일찍이 洪起文(1946)에서 제기된 바 있는데, 강신항(1987) 및 안병희(1990)

등 이에 동의하는 견해도 적잖다. '字倣古篆'의 '古篆'을 몽고의 篆字 즉, 파스파 문자를 지칭하는 것으로 해석하여 훈민정음이 파스파 문자를 본뜬 것으로 보거나, 적어도 양자의 자형상 유사성을 지적한 논의가 있다(Ledyard 1965, 유창균 1966 등). 그러나, '古篆'을 글자 그대로 중국의 전서를 가리키는 것으로 해석하여 자형에 관해서는 중국 古篆의 구성원리를 본받은 것으로 파악하는 견해가 더 많다(공재석 1968, 이기문 1974, 김완진 1983, 1984 등). 한편, 훈민정음과 같이 劃이 비교적 간단한 문자기호는 口訣이나 음악기호와 연관을 맺어 이들로부터 유래한 것일 수 있다는 논의가 전개되기도 하였다(김선기 1969, 권재선 1989 등).

음절을 초성·중성·종성으로 三分하는 방법에 대한 논의가 있다. 이 삼분법이 재래적인가, 외래적인 데에서 기인한 것인가에 관해 의견이 대립되었다. 전자의 경우 한국에서 독자적으로 발달된 이론으로 보는가 하면(이기문 1980), 反切의 2분법에다가 전통적인 차자표기 방법을 통해 음절을 초성·중성과 종성으로 나누어 인식한 데에서 비롯한다고 본다(권재선 1989, 신중진 1998 등). 이와 달리 중국과 인도로부터의 영향 즉, 韻圖를 작성하고, 梵語의 문자로 표음하는 과정에서의 인식을 토대로 했다고 보기도 한다(강신항 1977, 김완진 1984 등). 그런가 하면 임용기(1996)는 절충적 입장을 취하기도 하였다.

훈민정음 반포시기에 관해서는 한때 세종 25년인 1443년 12월이라는 주장이 있었는데, 대체로 세종 28년인 1446년 9월로 보는 것이 정설로 되어 있다. 이 밖에도 훈민정음과 관련한 몇 가지 주변적인 문제의 하나로서 御旨序文 중의 '國之語音'에 대한 해석의 차이가 있다. 앞서 언급했듯이 이것을 한국의 한자음을 지칭하는 것으로 본 견해가 있는데(강길운 1972), 이것의 언해문인 '나랏 말씀'의 '말씀'을 langue와 유사한 개념인 '추상적인 말'로, '말'은 parole과 유사한 개념인 '구체적인 말'로 파악하기도 하였다(김영신 1974, 박지홍 1984). 그러나 '말씀'과 '말'의 관계를 이와 정반대로 파악한 논의도 있다(이숭녕 1986). 한편, 훈민정음보다 훨씬 이전에 한반도에 고유문자가 있었다는

주장이 간간이 제기되기도 하였다(송호수 1984, 연호탁 1998 등). 이에 대하여
는 이근수(1984, 1986) 및 권재선(1994) 등에서 잘 논박한 바 있다. 세종 당대의
훈민정음 창제는 실록과 해례본의 기록 등에 의거하여 실증적인 정설로
굳혀져 있다. 고대의 고유문자설은『桓檀古記』라든가『太白逸史』등의 野史
내지는 픽션류에 전거를 두고 있어 논의 자체를 수용하기 어려운 면이 있다.

문자 문제와 관련하여 주목되는 간행물 중에 *The Korean Alphabet*이
있다. 이 책은 김영기 교수가 편집하여 하와이 대학교 출판부에서 1997년에
간행된 책이다. 훈민정음의 존재와 그 가치를 영어권 독자 및 전문가들에게
널리 홍보하는 글들이 실려 있다. 그리고, 口訣學會에서 펴낸『아시아 諸民族
의 文字』도 눈에 띈다. 이 책은 1996년 9월에 개최한 '제1회 아시아 제 민족의
문자에 대한 국제학술회의'에서의 발표문을 묶은 것인데, 중국을 비롯하여
한자문화권에 속하는 여러 민족과 국가에서의 문자 및 표기법에 관한 논문들
이 수록되어 있다. 일본, 몽고, 중국 등지에서 온 원로학자들의 논문이 많이
포함되어 있고, 비록 개괄적이나마 주변 민족과 국가의 문자에 관해 살펴볼
수 있는 계기를 만들어 주었다.

문자의 분류와 관련하여 다소 흥미로운 고찰을 한 것이 있다. 김문창(1998)
은 일반인을 대상으로 문자의 개념, 기원과 발달 과정 등을 설명하였다.
문자의 종류는 단어문자, 음절문자, 음소문자로 구분하였으며, 표기법을
상위개념으로 정서법은 하위개념으로 파악하였다. 표기법을 書法의 관점에
서 하위분류한 점이 주목된다. 횡서와 종서 등을 묶어 공간서법으로 다루었으
며, 서명의 위치와 크기, 그리고 擡頭 등을 묶어 존비서법으로, 글자의 크기와
활자의 종류 등을 묶어 字體法으로 묶어 설명하고 있다.

한편, 한글이 문자생활에서 어떻게 사용되어 왔는가라는 문제를 다룬
글도 있어 참고가 된다. 이는 최근 국사학계에서 활발히 전개하고 있는
생활사 논의와 연계하여 인식할 필요가 있을 것이다. 허웅(1998)은 훈민정음
이 창제된 이래 20세기에 이르기까지 한글이 문자생활에서 어떻게 사용되어
왔는가를 간략히 정리하였다. 시기를 15~16세기, 17~19세기, 그리고 19세기

말에서 20세기 전반까지 셋으로 나눈 후 각 시기별 쓰임새를 정리하였다. 문맹자의 수를 감소시키고, 여자들의 지위를 향상시켰으며, 대중문학의 발달을 촉진하였을 뿐 아니라, 종교와 언론에서 그 쓰임새를 늘리는 등 역사발전에 기여해 왔으나, 한자와 한문의 뿌리가 워낙 깊은 탓에 충분한 성과를 얻지는 못했다고 결론을 맺었다.

3.2 표기법

한글은 음소문자인 만큼 가로로 풀어쓰는 방안이 효과적일 수 있다는 논의의 시작은 멀리 금세기 초 國文硏究所의 국문연구안에서부터 간헐적으로 제기되어 왔다. 한글을 가로로 풀어쓰는 방안은 활자 수를 적게 함으로써 인쇄 능률을 엄청나게 제고할 수 있을 뿐 아니라, 문자의 기계화를 쉽게 하며, 받침 문제의 어려움을 없앰으로써 철자법을 쉽게 익히게 하고, 쓰기 빠르며, 읽기에도 좋다는 효과를 지닌다고 하였다. 최현배(1963)는 풀어쓰기를 위한 한글 가로글씨를 제정하고, 이것의 실제 적용례를 제시하기도 하였다. 로마자의 인쇄체와 필기체, 대문자와 소문자에 상응할 만한 '큰 박음, 작은 박음, 큰 흘림, 작은 흘림' 각각 24자의 꼴이 이 책에서 제안되었다. 이 풀어쓰기 방안은 구소련 동포들이 표준화된 맞춤법을 마련하지 못했을 때에도 사용된 적이 있는데, 주시경의 방안보다 더 급진적이었다는 보고도 있다(King 1997). 풀어쓰기에 대한 요청은 컴퓨터가 우리나라에 처음 들어온 시기에도 일부 제기된 바 있다. 음절단위 모아쓰기를 하는 한글의 제 모습을 컴퓨터상에서 제대로 구현하기 어려웠을 뿐 아니라, 음소별로 찾기나 분류작업을 할 때 실현이 되지 않는 등의 문제점이 있어서였다. 그러나 풀어쓰기 방안은 사회 일반의 관심이나 호응을 별로 얻지 못하였다. 그래서인지, 이에 대한 이론적 대항이나 반론 역시 극히 적은 편이다. 이익섭(1992)은 표음문자인 한글을 현행 한글맞춤법과 같이 어느 정도 表意化하여 쓰는 방안이 오히려 정당하다고 하였다. 예컨대, '값이, 값도, 값만'으로 적는 방안이 '가비시, 가ㅂㄷㄴ,

306

가ㅂ마ㄴ/가ㅁ마ㄴ'으로 적는 것보다 훨씬 더 可讀率이 높다 하였다. 즉, 형태소의 모습을 그 발음이 어떻든 한 모습으로 고정시키는 것이 '눈에 빨리 그리고 분명히 내용을 전달해 주는' 길이라고 보았다. 또한 이익섭(1998) 은 한 걸음 더 나아가 한글의 특성을 한자와 대비하여 논하였다. 문자 발달의 단계를 '단어문자 → 음절문자 → 자모문자'로 파악하였는데, 서양에서는 단어문자와 음절문자가 자모문자에 밀려 소멸되었으나, 동양 삼국에서는 이들이 여전히 공존하고 있는 사실을 지적하면서 읽기에 좋은 문자인 한자가 버려야 할 유산이 아님을 설명하였다. 따라서 한자의 簡化작업은 쓰기에 초점을 맞춘 것으로서 간과하거나 잃어 버린 면들 또한 장점 못지 않다는 사실을 언급하였다. 자모문자인 한글은 자음자의 경우 발음기관을 모델로 삼았으며, 기본자를 먼저 만든 후 가획하여 만들었을 뿐만 아니라, 음절단위 로 모아쓰기를 하는 점이 큰 특징이라 하였다. 그런데, 구결자를 일종의 음절문자로 파악하고 있음이 주목된다.

　문자 및 표기와 관련 있는 규정으로서 「표준어 규정」이 1988년 1월 19일에 문교부에서 고시되었다. 이것은 1933년의 「한글맞춤법 통일안」과 1936년의 「조선어 표준말 모음」에 대한 개정이라는 의의를 갖는다. 그동안 표준어의 준거 역할을 해 온 것은 광복 후 6책으로 간행한 『큰 사전』이었다. 그런데, 『큰 사전』은 '조선어 표준말 모음'을 그대로 수용하지 않고 적잖은 수정을 가하였는데, 특히 복수 표준어를 인정한 점에서 현행 「표준어 규정」과 일치하 는 면을 보인다. 「표준어 규정」에는 제1부에 표준어 사정 원칙을, 제2부에는 표준 발음법을 함께 수록하고 있는 점이 특징이다. 이 규정에 따라 어원 의식이 멀어진 단어들은 사용되는 형태를 표준어로 규정하는가 하면(예: 삭월세 → 사글세), 이와 반대로 규정한 경우도 있다(예: 사둔 → 사돈(査頓)). 이 규정 중 제1부의 제17항 단수 표준어에서는 '-습니다'와 '-읍니다' 중 전자를 표준어로 정하였는데, 표기와 밀접한 관련이 있는 이 규정이 「한글맞 춤법」에 들어있지 않아 일반인들에게 많은 혼란을 주고 있는 듯하다.5)

_____
5) '-습니다'와 관련하여 명사형 어미 '-음'의 사용에 적잖은 혼돈을 빚고 있음도

  현행 「한글맞춤법」은 문교부가 1970년부터 검토하기 시작하여 1988년
1월 19일에 공포한 규정이다. 1933년 조선어학회의 통일안은 주시경 선생의
맞춤법 이론이 반영된 것으로서, 그 후 몇 차례에 걸쳐 일부 수정을 하였다.
현행 맞춤법은 1933년 통일안을 바탕으로 한 것이다. "표준어를 소리대로
적되, 어법에 맞도록 함을 원칙으로 한다"(제1장 총칙 제1항)라는 말에서
함축되어 있듯이 형태 위주의 표기법을 지향하고 있다. 앞서 언급한 한글파동
당시의 한글간이화안은 받침을 'ㄱ ㄴ ㄹ ㅁ ㅂ ㅅ ㅇ ㄹ ㄲ ㄽ'의 10자만으로
제한하고, 단어의 어원이나 원형을 밝히지 않고 소리나는 대로 적는다는
내용의 표음 위주의 음소식 표기법을 목표로 하고 있었다. 현행 맞춤법의
개정시안 중에는 이중모음 '의'를 없애고, '시계 → 시게, 희망 → 히망'
등으로 간략히 적자는 내용이 들어 있었으나, 표기가 지나치게 현실음을
좇을 경우 초래될 혼란을 방지하기 위해 채택되지 않았다. 표기법은 보수적일
필요가 있다는 점이 고려되었던 것이다.
  맞춤법에 관한 연구물 중 주목할 만한 저술로는 민현식(1999)이 있다.
문자론에 대한 기초이론을 소개하고, 각 어문규정의 원칙과 문제점 등을
깊이 있게 다루고 있다. 뿐만 아니라 어문규정의 나아갈 길과 한자교육의
문제 등에 이르기까지 폭넓게 논의하고 있다. 한편, 한글학회에서는 독자적으
로 마련한 맞춤법안을 별도로 시행하고 있다. 표기법의 원칙이라든가 1933년
통일안의 계통을 잇는 등 여러 면에서 현행 맞춤법과 大同小異하다. 연규동
(1998)은 현행 맞춤법을 1933년 조선어학회의 통일안, 1980년 한글학회안,
그리고 1987년 북한의 조선말 규범집과 일일이 대비하면서 기술하였다.
표현을 다듬고, 불필요한 조항을 지적할 뿐만 아니라, 용례 제시의 적절성에
이르기까지 저자 나름대로의 소견을 피력하였다. 한글맞춤법이 필요없다는
주장에 대한 반론을 덧붙여 놓은 점도 눈에 띈다.
  국어의 로마자 표기법은 얼핏 보아 수난의 역사를 가진 듯하다. 1948년부터
현행 규정이 공포된 2000년 사이에 세 번이나 개정되었으니 평균 12년의

눈에 띈다(예: '먹겠음'을 '먹겠슴'이라 잘못 표기하는 경우).

짧은 수명을 지닌 규정이라 할 만하다. 국어의 로마자 표기법은 1939년 매큔 라이샤워식 표기에 직·간접으로 바탕을 두고 있다. 로마자 표기법의 요체는 결국 실제 발음에 따라 적는 轉寫法을 취하느냐, 아니면 실제 발음과 다소 멀더라도 한글 표기자에 따라 적는 轉字法을 택하느냐에 달려 있다. 논자에 따라서는 로마자 표기법이 외국인을 위한 표기법이 아니라 우리나라 사람들을 위한 표기법이므로 전자를 택해야 한다고 주장한다. 이현복(1998) 은 1997년 5월 당시 문화체육부가 주관한 로마자 표기법 개정시안에 관한 공청회에서 발표한 내용을 보완한 글이다. 현행 표기법을 음성표기에 음소표 기를 곁들인 것으로 파악하고, 이와 달리 한글로의 환원성과 우리말 발음의 재생 능력을 보장할 수 있는 형태소 표기를 지향해야 한다고 하였다. 예컨대, '맑다'는 그 발음이 [막다]이지만 malgda로 표기해야 한다는 것이다.

  문화관광부 고시 제2000-8호에 의거 2000년 7월 7일에 고시된 현행 로마자 표기법은 전사법을 원칙으로 하여, 모음 'ㅓ'와 'ㅡ'에 대하여는 각각 'eo'와 'eu' 두 자를 배당하였다. 그리고, 자음 'ㄱ,ㄷ,ㅂ'은 모음 앞에서는 'g, d, b'로, 자음 앞이나 어말에서는 'k, t, p'로 적도록 하였다. 이로 말미암아 유기음 'ㅋ,ㅌ,ㅍ'에 배당된 'k, t, p'와 구별되지 않는 면이 있다. 다만, 한글 복원을 전제로 할 경우에는 한글표기를 대상으로 전자하는 일을 허용한 것이 큰 특징이기도 하다. 그런데, 출판물의 경우엔 2002년 2월 28일까지, 각종 표지판 은 2005년 12월 31일까지 고치도록 규정하였다. 따라서 현재는 1984년의 로마자 표기법과 현행 2000년의 표기법이 혼용되고 있는 실정이다.

  현행 「외래어 표기법」은 1986년 1월에 고시되었다가 동구권과의 교류가 활발해지면서 폴란드어, 체코어, 세르보크로아트어, 루마니아어, 헝가리어 의 한글표기법이 추가되어 1992년 11월에 다시 고시 시행되기에 이르렀다. 외래어 표기법은 국제 음성 기호를 비롯하여 여러 외국어를 한글 24자모만으 로 적는 것을 규정한 것이다. 그러나 이에 대해서는 논란이 많은 편이다. 예컨대, 김하수(1999)는 24자모만으로 적는다는 규정 때문에 겹글자의 사용 이 제한되며, 받침표기를 'ㄱ ㄴ ㄹ ㅁ ㅂ ㅅ ㅇ'만으로 제한한 것도 문제가

많다고 지적하였다. 또, 파열음 표기에 된소리를 쓰지 않도록 한 규정도
문제시되는데, '짜장면'은 왜 안 되고 '짬뽕'은 왜 되는지 이의를 제기하였다.
결국 원음 위주의 표기방식이 외래어 표기의 가장 큰 문제점임을 지적하였다.

3.3 차자표기

3.3.1 차자표기 전반과 어휘 표기

차자의 개념을 좀더 분명히 하고 이와 관련하여 구결자의 특성을 언급한
것으로는 송기중(1997)이 있다. 이 논문은 우선 한자의 특성을 표의성, 표기하
고자 하는 음절음의 고정성, 諧聲(=形聲)과 假借의 셋으로 나누었다. 차자표
기에는 譯音 표기와 譯意 표기의 두 방법이 있는데, 한자 주변의 여러 민족은
이를 이용하여 자국어와 한문어가 혼합된 문어를 발전시켰다고 보았다.
한국의 경우도 이 틀에서 크게 벗어나지는 않으나, 구결자의 경우는 漢字系
문자 또는 한자의 보조문자로 일컬을 만큼 독특한 면이 있다 하였다.

차자표기법의 문자체계는 결국 한자의 音과 訓을 어떻게 이용하였는지가
관건이 된다. 이 점에 착안한 南豊鉉(1981, 2000)은 漢字 音을 이용하는가,
訓을 이용하는가를 먼저 나눈 후, 다시 漢字의 본래의 뜻 즉, '義'를 살려
이용하는 '讀'의 원리와, 뜻은 버리고 '音'만 살려 표음자로만 이용하는 '假'의
원리에 따른 것으로 나누었다. 訓과 音의 이용은 한문을 학습하는 과정에서
얻은 원리이고, 讀과 假의 원리는 한국어를 표기하기 위하여 한자를 이용하는
과정에서 얻은 원리로 파악하였다. 그리하여, 이 두 가지 원리에 따라 借字表
記法의 문자체계를 다음과 같이 도식하였다.

音讀字 : 한자를 음으로 읽으면서 그 표의성을 살려서 이용하는 차자
音假字 : 한자를 음으로 읽되 그 표의성은 버리고 표음성만을 이용하는 차자
訓讀字 : 한자를 훈으로 읽으면서 그 표의성을 살려서 이용하는 차자
訓假字 : 한자를 훈으로 읽되 그 표의성은 버리고 표음성만을 이용하는 차자

위의 문자체계를 이루고 있는 두 가지 원리 이외에 隨意的으로 '擬'의 원리가 적용된다고 하였다. 즉, "독자이면서도 그 본래의 뜻에서 벗어난 類似讀字가 있을 수 있고 假字이면서 그 표음문자적 성격에 어느 정도의 표의성을 부여하여 사용하는 類似假字가 있을 수 있다"(南豊鉉 2000: 19)고 하였다. 그런데, 위의 문자체계는 자국어 문장을 한자를 빌려 표기하는 과정에서 기존의 한자를 변형하거나 새로 만들어 쓰는 문자들에 대한 배려가 없는 것이 흠이라 하겠다. 한자 주변 민족들이 한자를 빌려 자국어 문장을 표기하는 과정에서 유사 한자, 또는 한자를 변형시킨 자들을 사용하고 있음은 일반적인 현상이기 때문이다. 이와 관련하여 볼 때 홍기문(1957)이 그가 '리두자'로 부르고 있는 한국한자들에 대하여 유형별로 세밀히 고찰하고 있음이 눈에 띈다. 그 중에는 차자 운용의 측면으로 귀속시킬 자들도 상당히 들어 있음은 물론이다.

이두와 향찰 같은 문장 표기에서는 문장 어절의 표기구조가 '讀字＋假字'의 구조, 또는 讀字 우선의 구조로 되어 있음을 밝힌 것도 남풍현(1981, 2000)이다. 이것은 일찍이 梁柱東이 향가를 해독하는 과정에서 정립한 '訓主音從의 원리'를 한 단계 더욱 발전시키고 정치화시킨 이론이라 하겠다.

어휘 표기면에서 주목할 만한 편저는 1994년도에 간행된『古代國語語彙集成』(송기중·남풍현·김영진 편, 한국정신문화연구원)이다. 이 책은 국내 사서인『삼국사기』와『삼국유사』를 비롯하여 중국 사서는 물론, 금석문과 고문서 등에 나오는 각종 고대 국어 어휘 자료를 모아 편찬한 것이다. 따라서 국어사 연구자들로 하여금 필요한 사항을 찾기 위해 엄청난 시간과 노력을 들여야 했던 어려움에서 벗어나게 해 주었을 뿐만 아니라, 고대 국어 연구의 초석을 튼실하게 마련하는 등 실로 그 의의가 매우 크다. 이 책은 문헌부와 금석문·고문서부의 두 부문으로 나뉘어져 있다. 대상 자료의 시기는 삼국시대 및 통일신라시대에 걸친다. 인명·지명·관명 등의 고유명사를 비롯한 각종 어휘를 망라하여 수록하였다. 다만, 삼국유사 소재 향가 14수와 한자어화한 인명·法名이 누락된 점, 단어가 아닌 어미가 올림말로 등재되어 어휘집으로서의 성격에 어긋나는 점 등이 옥의 티라 할 만하다.

차자표기로 된 어휘에 대한 관심은 주로 훈민정음 이전 시기의 것에 중점을 두어 왔다. 그러나, 그 시기를 훈민정음 이후 또는 근대국어 시기로 확장하려는 움직임이 보인다. 황금연(1994)은『吏讀便覽』중의 '行用吏文'에 실린 차자표기 어휘자료들에 대하여 해석을 가한 논문인데, 근대국어 시기의 차자표기 자료를 다루고 있다는 점, 그리고 각종 儀軌에 나오는 차자표기 자료들을 참고하여 논술하고 있다는 점에서 돋보인다. 앞서 말한 바와 같이 흔히 이른 시기의 차자표기 자료들에만 시선을 돌리려는 일반적인 연구 풍토와는 달리, 비록 그 시기가 늦다 하더라도 차자표기의 오랜 전통과 관습을 인정하여 차자표기 그 자체를 독자적인 연구대상으로 삼은 점이 부각된다. 이와 같이 후대의 차자표기 자료들을 대상으로 한 연구물들이 1990년대 중반 들어 날로 점증하고 있음이 한 특징이다.

현대어 지명에 대한 연구물로서는 한글학회에서 펴낸『한국 지명 총람』과 『한국 땅이름 큰사전』이 대표적이다. 그런데, 차자표기 지명에 대한 연구물들이 1980년대 중반 이후 큰 물결을 형성하면서 학계에 등장하기 시작했다. 30년 가까운 연구결과물인 도수희의『백제어 연구』가 가장 대표적이다. 1987년과 1989년에 이미 간행한 Ⅰ, Ⅱ권과 1994년에 간행된 세 책을 통하여 어휘 및 어원, 음운사 등의 여러 면에 걸쳐 백제어를 총체적으로 다루고 있어 그 폭과 깊이를 헤아리기 어려울 정도라 하겠다.『삼국사기』지리지 지명을 연구한 송하진(2000) 등의 업적도 돋보인다. 지명에 대한 연구는 한국지명학회의 창립으로 인하여 더욱 박차를 가하고 있다. 학회의 기관지인 『地名學』을 통하여 개별 연구자들이 차자표기 지명에 대해 면밀히 천착함과 동시에 지명연구의 방법론을 모색해 가고 있다. 종래 그 연원 및 유래를 추정하기 어렵던 차자표기 지명 자료들을 지명학의 관점과 속지명과의 대비를 통해 분명히 밝히고 새로 해석하는 모습을 보여주고 있음도 한 특징이다.

한편 인명과 관직명에 관한 연구물은 그다지 편수가 많지 않은 편이다. 일찍이 崔範勳의 인명에 관한 연구물들이 있었는데, 단행본으로 나온 것으로

312

는 장세경(1990)이 눈에 띈다. 이 책은 『삼국사기』와 『삼국유사』에 나오는 복수 인명 표기 자료들을 대상으로 음운체계와 음운론적 고찰에 유의하면서 해독을 시도한 것이다. 음독표기와 석독표기를 상호 대비하면서 그 실상을 밝히고자 한 점이 돋보인다. 관직명에 대한 것으로는 송기중의 논문이 몇 편 존재한다.

한편 말음첨기에 관한 논문으로는 신중진(1998)이 주목된다. 흔히 말음첨 기라 지칭한 것은 크게 두 가지로 나누어 볼 수 있다. 川理(나리)·秋察(ᄀ술) 등과 같은 부류가 그 하나요, 夜音(밤)·侤音(다딤) 등과 같은 부류가 다른 하나다. 전자는 어말 음절 첨기, 후자는 음절말 자음 첨기로 분류된다. 음절말 자음 첨기는 선행 한자가 훈독된다는 특징 이외에도 수의적인 차자라는 특징을 갖는다. 이러한 관점에서 볼 때 음절말 자음 첨기와 음절말 자음 표기는 구분할 필요가 있다. 음절말 자음 표기에서는 표기자를 생략할 수 없다는 점에서 음절말 자음 첨기와 대조된다. 예를 들어 沙乙木花(살나모곶) 의 '乙'은 선행 한자가 음으로 읽힐 뿐만 아니라 '乙'자 표기를 생략할 수 없다. 신중진(1998)은 향찰, 석독구결, 이두 등에 나타난 음절말 자음 첨기를 대상으로 논의하였다. 국어의 -ㅁ, -ㄹ, -ㅅ, -ㄴ, -ㄱ의 표기에 각각 音/ㅎ, 尸와 乙/ㄴ, 叱/ㅅ, 隱/ㄱ, 只/ㅅ이 쓰였다는 사실과 함께 그 시기를 밝혔다. 그리고 음절말 자음 첨기의 전통이 세종의 국어 음절 삼분법에 영향을 미쳤을 가능성을 추정하였다.

3.3.2 구결

구결과 관련하여 몇 가지 용어상의 혼돈 및 개념 파악에서의 차이점이 간간이 드러나곤 한다. 우선 口訣과 吐의 상관관계가 문제된다. 조선시대 기록에 '懸吐'와 '懸訣'을 혼용하고 있는 것으로 미루어 볼 때, 예전 우리 선인들은 양자를 엄격히 구별하여 사용하지는 않았던 듯하다. 남풍현(1999 ㄱ)은 '口授秘訣'이란 뜻의 口訣이란 말이 한문의 학습방법에 전용된 것이 오늘날의 口訣이란 용어라고 파악하였다. 즉, '口訣 = 漢文 + 吐'의 개념으로 인식하였다. 구결에서 토를 소거하면 한문이 되고, 구결에서 한문을 소거하면 토가 된다는 것이다. 이와 관련하여 '입곁'이라는 고유어와 구결의 관계가 문제된다. 즉, 양자가 전혀 동일한 것으로서, 고유어 '입곁'에 대한 한자 차용표기가 '口訣'이라고 보는 견해가 있다(안병희 1976). 이에 따르면, 구역 인왕경은 訓讀자료이지 구결자료로 보기 어려운데, 이와 같은 훈독 자료는 15~16세기에서도 발견된다는 것이다. 여하튼, 구결이란 용어 대신 고유어 '입곁'을 적극 살려 써야 한다는 주장도 이어져 내려왔다.

舊譯仁王經을 비롯한 석독구결이 발견됨으로 말미암아 우리 선인들의 한문독법에 대한 새로운 사실을 깨닫게 되었다. 한문의 각 한자들을 현재와 같이 音으로만 읽고, 한문의 순서대로 읽는 방법은 오히려 후대에 발달한 것임이 드러난 것이다. 한문의 구성요소들을 우리말 어순에 따라 재배열하여 읽는가 하면, 어떤 한자들은 그 음으로 읽지 않고 우리말로 새겨 읽었다는 사실이다. 이에 따라 종전의 구결을 音讀口訣 또는 順讀口訣로 지칭함으로써 석독구결과 대비하게 되었다(남풍현·심재기 1976). 석독구결은 우리말 어순에 따른 독법을 표시하기 위해 逆讀點을 사용하기도 하는데, 順讀口訣의 대립어라 할 만한 逆讀口訣이란 용어를 석독구결 대신 사용하는 경우는 거의 없다. 한편 이승재(1997ㄱ)는 석독구결에 대립되는 14세기 이후의 구결을 '誦讀口訣'로 지칭할 것을 제안하기도 하였다.

구결자료의 발굴과 연구에는 口訣學會[6]의 공헌이 컸다. 매년 여름과 겨울에 1박 2일 일정의 공동연구회를 개최하고, 1991년 4월부터는 월례강독회를 개최하여 왔다. 또한, 순독구결 자료집을 3 책 발간하고, 학회지를 간행하여 구결 연구성과를 학계에 공표하는 등 활발한 움직임을 보여 왔다. 석독구결 자료의 발굴에는 무엇보다도 경북대 南權熙 교수의 공이 컸다. 현재 알려진 자료 중『華嚴經疏』권35를 제외한 나머지 자료들에 대해서는 영인과 함께 구결자에 대해서 한글로 독음을 달아 간행한 바 있다.[7]

---

6) 1988년 2월에 口訣研究會로 출범하였다가, 1995년 5월에 개명함.
7) 구결학회의 학회지『구결연구』3집(1998.6)에『화엄경』권19,『합부금광명경』권3,

314

처음 알려진 구역인왕경에 대한 해설 논문으로는 남풍현·심재기(1976)와 이동림(1982)이 있는데, 양자에서의 구결자 독음 추정 및 독법 등에 관해서는 차이가 적잖다. 그 후 한동안 구결자의 原字 추정에 많은 심혈을 기울였는데, 이 중에서도 특히 김영만(1986)에서는 ミ가 '亦'에서, ㅎ는 '齊'에서 유래한 것이라 함으로써 정곡을 찌른 논의를 전개하였다.

석독구결의 구결자 독음에 관해서는 아직 충분히 고증되지 않은 것들도 있고(예: ㅓ, ㅏ), 독법에 관해서도 세세한 차이가 적잖다(예: ㆍ ㅌ ㅅ ㄹ ㅣ ᄒᄂ기시다/ᄒ녹시다). 그런데, 석독구결 자료를 통해 국어 문법사에 관한 문제를 논의한 논문들이 적잖다. 몇몇 예를 제시하면 다음과 같다.

정재영(1996)은 향가와 고려시대 구결자료에서의 종결형 '-ㅎ(셔)'의 분포를 검토한 뒤, 이 종결형이 '바람'이나 '기원'을 나타내거나 'ᄒ소' 정도의 명령법 어미로 사용하였음을 논의하였다. 15세기 국어의 'ᄒ야쎠'와 'ᄒ쇼셔' 체와의 관련을 시사해 주고 있다. 백두현(1996) 역시 15세기 국어의 '-오/우-' 문제와 연관하여 그 이전의 모습들을 면밀히 고찰한 논문이다. 박진호(1997)는 석독구결에서의 몇 가지 통사적 특성들에 대하여 언급한 것이다. 동명사어미가 접속어미의 기능을 담당하는 현상을 비롯하여, 부사의 격지배 현상, 명명 구문, 부정문 등에 관하여 다루었다. 그리고 '-ㅂ-'이 존경법 선어말어미인 것처럼 쓰이는 현상은 상위문의 동사 '白(숣-)'이 문법화한 결과로 해석하였다. 장윤희(1997)는 석독구결에 나타난 명령문에 대하여 종합적으로 정리한 글이다.

구결자의 문법적 기능에 대해 다소 견해 차이를 드러내는 경우도 있다. 백두현(1997)은 석독구결에 나타나는 선어말어미의 전반적인 체계에 관해 언급한 논문이다. 이 논문에서는 '-ㅓ(겨)-'를 동작이나 상태의 어떤 모습을 표현하는 형태 즉, 시상법 형태로 규정하였다. 그리고, '-ㅓ(리)-'에 대해서는

『구역인왕경』 및 『유가사지론』 권20에 대한 간략한 소개와 함께 독음이 붙어 있다. 『유가사지론』의 영인 및 자료 소개, 독음 등은 남풍현 선생이 별도의 책자로 태학사에서 1999년에 간행하기도 하였다.

서법 범주에 넣어 추정법이라 하였다. 그런데, 이승재(1998)는 위의 '-ㅓ(겨)-'에 대하여 전혀 다른 고찰을 하고 있다. 이승재(1998)는 고려 중기의 존경법이 후기 중세국어와 달리 삼등급으로 구분되어야 함을 밝힌 논문이다. 이 논문에서 존경법의 중간 등급은 선어말어미 '-ㅓ(겨)-'에 의해 표시된다고 하였다. 이는 백두현(1997)에서의 논의와 전혀 다른 결론에 다다른 셈이다.

3.3.3 이두

이희승(1955)은 이두의 개념을 광의와 협의로 구분하여 논술하였다. 협의의 이두는 이두문에 쓰인 우리말을 가리킨다. 한문과 우리말이 혼용되는 것이 이두문인데 이 중 우리말만을 가리켜 이두라 하였다. 한편 광의의 이두는 협의의 이두는 물론, 향찰, 구결, 고유명사 표기까지 포함한 것을 가리킨다고 하였다. 그런데, 논자에 따라서는 이와 정반대의 개념 규정을 하기도 한다. 오구라 신페이(小倉進平)는 일찍이 향찰을 '조선 고유의 쓰기'로 파악하여 향가, 인명, 지명 등의 한자표기와 이두를 총칭하는 것으로 사용하고, 협의의 향찰은 이 중 이두를 제외한 나머지를 가리키는 개념으로 사용하기도 하였다. 남한에서는 대체로 협의의 이두만을 이두라고 지칭하고 있으나, 북한에서는 광의의 개념으로 이두를 사용하는 것이 큰 특징이다. 朴炳采(1967)는 신라시대까지의 차자표기는 향찰, 고려시대 이후의 차자표기는 이두로 부를 것을 제안하기도 하였다. 이 글에서는 편의상 이희승(1955)에 따라 협의의 개념으로 사용하고자 한다.

이두에 대한 연구는 1950년대 말까지는 대체로 그 기원이나 개념 규정에 그친 바가 있었다. 그러다가 1970년대에 들어『구역인왕경』석독구결 자료와 조선 초기의 귀중한 이두자료인『양잠경험촬요』가 발견 소개되면서부터 활발히 연구되는 경향을 보였다. 그 후 이두 연구의 보고라 할『大明律直解』에 대한 몇 편의 박사학위논문이 줄을 이어 등장하였다. 박희숙(1985)을 비롯하여, 고정의(1992)와 한상인(1993), 강영(1993) 등이 선을 보였다. 이들의 연구는 상호 많은 공통점을 유지하면서 세부적인 사항에 대해서는 다소 이견을

316

보이기도 하였다. 고정의(1992)는 남풍현(1981, 2000)의 차자체계와 운용의
원리를 받아들여 각 이두자들에 대해 문자체계별로 음가자, 음독자, 훈가자,
훈독자 등으로 분류하는 작업을 선행하였음이 특징이다. 강영(1993)은『대명
률직해』이두의 어말어미에 대해 전반적이며 체계적인 분석을 하고 있다.
한 가지 두드러진 특징은 형태 분석을 하는 과정에서 분석적인 입장을 지양하
고 공시적이며 통합적인 관점을 취하고 있는 점이다. 예컨대, '遣沙'를 '遣'와
'沙'의 결합형태로 해석하지 않고 한데 묶어 '상황강조 제약'의 연결어미로
보는 것이다.

　한편『양잠경험촬요』에 대한 집중적인 탐구는 이철수(1988)에서 이루어졌
다. 全文을 현대어로 번역함과 동시에 이두자 및 이두의 문법형태 등에
대해서 상세히 논의하였다. 이두에 대한 시대별 연구물도 속출하였는데,
서종학(1995)은 고려시대까지의 이두를 주요 대상으로 기술하였고, 특히
이승재(1992)는 고려시대의 이두를 총망라하여 자세히 기술하였다. 배대온
(1984)은 조선 초기의 이두에 대하여, 박성종(1996)은『대명률직해』와『양잠
경험촬요』를 포함하고 15세기 말까지의 고문서에 나타난 이두를 모두 모아
총괄적으로 논술하였으며, 오창명(1995)은 15세기와 16세기의 고문서들을
대상으로 한 연구물이다.

　이두에 관한 종합적인 저술로는 북한의 홍기문(1957)과 남한의 남풍현
(2000)이 손에 꼽힌다. 전자는 비교적 이른 시기임에도 불구하고 이두의
개념과 문법적 분석, 그리고 이두문 역해를 곁들인 책으로서 이 방면의
초보자 및 연구자들에게 좋은 길잡이 역할을 한다. 후자는 오랫동안 이두에
대해 써 온 논문들을 모으고, 새로 발굴된 자료에 대한 해석을 곁들여 단행본으
로 펴낸 것이다.

　이두의 기원에 관한 논쟁은 '中'자 용법에서 비롯되었다. 이홍직(1954)은
瑞鳳塚의 銀合杅에 쓰인 '三月中'의 '中'이 이두적인 것으로 삼국시대로
소급된다고 하였다. 강전섭(1963)은 더 나아가 이것을 고구려의 것이라 주장
하였다. 그 후, 李基文(1981) 및 몇몇 일본인 학자들의 논의를 거쳐, 후지모토

유키오(藤本幸夫 1986)가 秦·漢代에 이미 '中'자가 사용되었으며 이것이 한사군과 고구려, 백제를 거쳐 일본에 전파된 것이라는 주장을 하였다.

이두와 관련하여 주요 논의를 한둘 들자면 다음과 같다. 서종학(1995)은 향가 해독 과정에서 제기된 지정문자설을 받아들여 이두에서도 '內'자가 지정문자의 기능을 하는 것으로 파악하였다. 그러나, 거의 대부분의 논자들은 '使內'의 경우 등 특이한 용법을 제외한 나머지에 대해서는 동의하지 않고 있다. 이승재(1997ㄴ)는 조선 초기 녹권 중의 이두 '爲白叱乎亦中'의 '叱'이 존경법 선어말어미 '-시-'에 해당한다고 하였다. 그리고, 이 자가 차자표기 자료들에서 일반적으로 'ㅅ'으로 읽히는데, 이는 '叱'이 '時'자에서 유래한 때문이라고 하였다.

이두에 관한 연구물 중 김완진(1994)은 시사하는 바가 많다. 이두를 비롯해 차자표기에 관심 있는 연구자들 중에는 이른 시기의 자료들에만 집착하려는 경향이 있다. 그런데, 김완진(1994)은 19세기 후반 자료일 뿐더러 양적·질적인 면에서 내로라 할 만하지 않음에도 불구하고, 그에 대한 천착을 통해 방언적 요소가 이두자 독법을 변질시킨 점을 밝혔다. 그리고, 나아가 문법사 연구에서 범주의 넘나들이를 고려할 필요성을 제기한 점에서 주목된다.

3.3.4 향찰

한자를 빌려 우리말 문장을 표기한 것에는 이두와 향찰이 있다. 이 중 이두는 산문으로서 실용문인 데 대하여, 향찰은 운문으로서 시가에 속한다고 보는 것이 일반적인 견해다. 그러나, 앞서 살펴본 바와 같이 차자표기 전반을 지칭하는 용어로 향찰을 사용하는 경우도 간혹 있다.

향가를 해독하는 방법 및 원리에 대한 몇몇 논의가 있었다. 첫째, '訓主音從의 원리'다. 이것은 일찍이 梁柱東이 정립한 원리로서, 그 후 여러 학자들에게 이어져 내려왔다. 말음첨기 중에는 純正添記 이외에 代替添記(예: 有叱下呂 이샤리)와 같이 양상이 조금 다른 경우가 있다손 치더라도(김완진 1980: 19), 그것이 訓主音從의 기본 원리를 벗어난 것은 아니라고 해석하여 왔다.

이에 대해 남풍현(1981, 2000)은 어절단위로 놓고 볼 때 '讀字＋假字'의 구조 또는 讀字 우선의 구조로 파악해야 한다고 하였다.

둘째, '一字一音의 원리'로서 이것은 이숭녕(1955)에서 제기되었다. 동일한 차자를 충분한 이유 없이 여러 가지로 읽는 방법에 대한 경종을 울린 것이다. 이것은 다른 한편 앞서의 '訓主音從'의 원리를 보완해 주는 성격이 있다. 그런데, 차자 중에는 형태음소론적 제약에 따라 유사한 다른 음으로도 읽어야 되는 경우가 있다. 예컨대, '心' 자가 '음/옴, ㅁ' 등으로 읽히는 것이다. 이에 대해 남풍현(1990)은 구결에 대한 연구에서 '代表音의 轉用'이라는 해석을 한 바 있다.

셋째, 맥락의 일치 및 律調的 기준의 문제다. 이것은 김완진(1980)에서 극명하게 논의되어 향가를 해독하는 길잡이 역할을 해 왔다.

향찰의 '攴'자에 대하여 오구라 신페이 이래 여러 학자들이 이것을 '攴'의 俗字로 보고 해독을 하여 왔다. 논자에 따라 그 독음을 'ㅅ', '디', '히', 'ㅿ' 등으로 달리 보기는 했으나 一字一音의 원리에 입각해 독음을 추정해 왔다. 그러나, 김완진(1980)은 '攴'자를 선행하는 글자를 훈독하라는 지시적 기능을 가진 존재 즉, '지정문자'로 파악하였다. 이에 대해 안병희(1981)는 당연한 훈독자에는 쓰이고 모호한 훈독자에는 오히려 쓰이지 않는 점과, 자형이 '攴'와 너무 유사한 점, 말음첨기된 음독자 앞에 쓰인 점 등을 근거로 의심을 제기하였다. 한편 이종철(1989)에서는 이 지정문자의 기능을 적극적인 一次的 기능과 그렇지 못한 二次的 기능으로 해석하기도 하였다. 이 지정문자설은 그 후 이두에서 서종학(1995)에 의해 원용되기도 하였다.

향가 연구사에서 유창균(1994)은 주목할 만한 저서다. 이 책은『삼국유사』의 14수,『균여전』의 11수, 그리고「悼二將歌」를 합하여 모두 26수의 현전 향가에 대한 총체적인 해설을 한 것이다. 지금까지의 여러 연구자들의 해석을 대비하면서, 개별 향가에 대해 한 점의 누락이나 지나침 없이 시시콜콜 매만지고 다듬고 하여 종합 정리해 놓은 것이다. 이 책은 무엇보다도 오랜 기간에 걸친 한자음에 대한 성찰과 연구가 바탕이 된 것으로서, 향가 연구에 또 하나의 금자탑을 쌓은 것이라 해도 과장이 아니다. 중국한자음은 물론 한국한자음 즉, 東音에 대한 적확한 이해와 통찰력이 향가에 대한 전반적인 재해석을 가능하게 하였다. 비단 음독자들의 음에 대해서뿐만 아니라, 훈독을 해야 할 경우에도 그 훈의 옛모습을 꿰뚫어 보고 이것을 해독에 원용한 것이다. 따라서 15세기나 16세기 국어의 눈으로써가 아니라, 당대의 언어로써 풀이하고자 한 점이 뚜렷이 부각된다.

향찰에 관한 연구물들은 1990년대 들어서면서 기존의 연구 및 해석에서 다소 어색하거나 납득하기 어려운 구절에 대한 해독을 시도하려는 경향을 위주로 하고 있다. 그리고, 각 차자별 또는 문법 범주별 고찰도 행해지고 있는데, 몇 예를 들어보면 다음과 같다.

황선엽(1997)은 「처용가」 중의 '脚烏伊'에 대하여 종래의 독법 '가로리, 가르리'보다는 '허튀'로 읽는 것이 더 낫다는 의견을 제시하였다. 고정의 (1998)는 「서동요」의 해독에 관해 몇 가지 새로운 주장을 하였다. '善化公主主隱'에서 '善化公主 主隱'으로 끊어 읽어 '主隱'의 '主'는 서동을 가리키는 것으로 해석하고, '……房乙'은 통사 구조상 부사어 '……房으로', '卯'은 '卯'로 판독하되 선화공주를 지칭하는 것으로 해석하였다. 김유범(1998)은 「모죽지랑가」에서 '阿冬音'을 '아둠'으로 읽었다. 이는 지명표기에서의 '冬音'에 착안한 것이다. 이에 따라 '阿冬音乃叱好支賜烏隱'을 '아둠곳 됴흐시온'으로 해독하고 그 뜻은 '아름다움이 좋으신'이라고 풀이하였다. 박영준 (1998)은 '音'자의 용법을 다섯 가지로 나누어 고찰하였는데, '獻乎理音如, 恨音叱如'의 '音'을 지속태 선어말어미로 보고 있음이 특이하다.

한편, 釋義 자료가 발견되어 소개되기도 하였다. 金斗燦 선생이 소개한 『詩經釋義』는 구결과 언해의 중간단계로 행해지던 釋義의 모습을 잘 보여주고 있는데, 釋義 역시 우리말을 적은 표기로서 일종의 향찰로 보기도 한다.

4. 맺음말

이 글에서는 제2장에서 문자 및 표기의 관점에서 광복 후로부터 20세기 후반 한국 사회의 큰 흐름을 조감해 보았다. 그리고, 제3장에서는 각 분야별로 연구 및 학설을 개관해 보았으나, 학설사라기보다는 연구사에 치우친 감이 있다. 훈민정음 이전에 고대에 고유문자가 있었다는 등의 근거가 박약한 논의에 대해서는 즉각적인 반론과 논쟁이 이어졌으나, 거의 대부분의 경우엔 논자들이 신중하게 자신의 지론만을 발표하는 경향을 보였다. 이것은 어쩌면 1960년대 중반에 감정대립으로까지 비화한 문법파동을 겪은 데서 한 원인을 찾을 수 있지 않을까 짚어 본다.

20세기의 마지막 해인 2000년에 角筆口訣 자료가 발견되어 또 한 번 감격을 체험하였다. 이 발견은 바야흐로 한국어 및 한글의 세계화를 향해 뻗는 우리 사회의 현 시점에서 보아 결코 우연의 일치만은 아니라고 믿는다. 그것은 새로운 세기를 향해 힘찬 발걸음을 하라는 청신호의 의의를 갖는다. 그러나, 우리 주변을 둘러볼 때 상황이 낙관적인 것만은 아니다. 맞춤법 규정이 있는지조차 의심스러울 정도로 띄어쓰기는 물론이고 어법에 맞지 않는 표기들이 일간 신문을 비롯해 도처에 난무한다. 로마자 표기가 어수선한 가운데 2002년 월드컵대회를 치러야 하는 점도 다소 안스럽다.

21세기에는 이제 우리 손으로 문자론 및 문자사의 일반화의 길을 걸어야 할 때라고 생각한다. 그동안 외국 학자들이 훈민정음을 이리 재고 저리 재 왔듯이, 우리 주변의 문자 및 표기 문제를 주체적으로 수용하고 고찰하여 스스로 이론을 창출하고 다듬어야 할 때라고 믿는다.

| 참고문헌 |

강길운(1972), 「훈민정음 창제의 당초 목적에 대하여」, 『국어국문학』 55~57.
강만길(1977), 「한글 창제의 역사적 의미」, 『창작과 비평』 12권 2호.
姜信沆(1977), 「훈민정음 창제 동기의 일면」, 『언어학』 2.
姜信沆(1987), 『訓民正音研究』, 성균관대출판부.
姜榮(1993), 『大明律直解 吏讀의 語末語尾 硏究』, 고려대 박사학위논문.
姜銓燮(1963), 「吏讀矣 新研究」, 충남대 석사학위논문.
강창석(1989), 「훈민정음의 제작과정에 관한 몇 가지 문제」, 『울산어문논집』, 울산대.
高永根 編(1985), 『國語學研究史』, 學研社.
고영근(1994), 『통일시대의 語文問題』, 길벗.
고영근 편(2000), 『북한 및 재외교민의 철자법 집성』, 역락.
高正儀(1992), 『大明律直解의 吏讀 硏究』, 단국대 박사학위논문.
高正儀(1998), 「서동요 해독의 재검토」, 『인문논총』 15, 울산대 인문과학연구소.
공재석(1968), 「한글 고전기원설의 근거가 되는 起一成文說」, 『우리문화』 2, 우리문화연구회.
국립국어연구원(1992~2000), 『국어학 연감』 1992~2000.
권재선(1989), 『간추린 국어학 발전사』, 대구: 우골탑.
권재선(1994), 「가림토에 대한 고찰」, 『한글』 224.
김광해(1990), 「훈민정음 창제의 또 다른 목적」, 『강신항교수회갑기념국어학논문집』, 태학사.
김문웅(1986), 『15世紀諺解書의 口訣研究』, 대구: 형설출판사.
김문창(1998), 「문자와 표기」, 『새국어생활』 8-1.
金敏洙(1973), 『국어정책론』, 고려대출판부.
金敏洙(1987), 『國語學史의 基本理解』, 집문당.
金敏洙 편(1991), 『북한의 조선어 연구사』, 녹진.
金敏洙 외 5인(1997), 『외국인의 한글 연구』, 태학사.
金炳濟(1946), 『한글 맞춤법 解說』, 正音社.
金相大(1985), 『中世國語 口訣文의 國語學的 硏究』, 한신문화사.
김선기(1969), 「한글의 새로운 기원설」, 『명지대 논문집』 3.
金永萬(1986), 「『舊譯仁王經』의 釋讀表記 小考(1)」, 『국어학신연구』, 탑출판사.
김영신(1974), 「고등학교 고전 교재에 대한 어학적 고찰」, 『한글』 154.
김영황·권승모 편(1996), 『주체의 조선어연구 50년사』, 김일성종합대학 조선어문학부.
金完鎭(1975), 「훈민정음의 자음자와 가획의 원리」, 『어문연구』 7·8, 어문연구회.
金完鎭(1980), 『鄕歌解讀法研究』, 서울대출판부.

322

金完鎭(1983), 「훈민정음 제자경위에 대한 새 고찰」, 『김철준박사회갑기념사학논총』, 지식산업사.

金完鎭(1984), 「훈민정음 창제에 관한 연구」, 『한국문화』 5, 서울대.

金完鎭(1994), 「홍성군지에 실려 있는 이두문서에 대하여」, 『우리말 연구의 샘터』, 태학사.

김유범(1998), 「모죽지랑가 '阿冬音'의 해독 재고」, 『한국어학』 7, 한국어학회.

金泰均(1968), 「『大明律直解』 吏讀註解」, 『京畿』 3, 경기대.

金泰均(1975~1976), 「養蠶經驗撮要의 吏讀註解」 1 · 2, 『논문집』, 경기대.

金泰均(1976), 「(續)養蠶經驗撮要의 吏讀註解」, 『논문집』 11, 경기대.

김하수(1999), 「한국어 외래어 표기법의 문제점」, 『배달말』 25, 배달말학회.

南豊鉉 · 沈在箕(1976), 「『舊譯仁王經』의 口訣研究(其一)」, 『東洋學』 6, 단국대 동양학연구소.

南豊鉉(1981), 『借字表記法研究』, 단국대출판부.

南豊鉉(1990), 「고려말 · 조선초기의 구결연구」, 『진단학보』 69.

南豊鉉(1999ㄱ), 『國語史를 위한 口訣 研究』, 태학사.

南豊鉉(1999ㄴ), 『「瑜伽師地論」 釋讀口訣의 研究』, 태학사.

南豊鉉(2000), 『吏讀研究』, 태학사.

민현식(1999), 『국어 정서법 연구』, 태학사.

朴炳采(1967), 「韓國文字發達史」, 『韓國文化史大系Ⅴ』, 고려대 민족문화연구소.

朴盛鍾(1996), 『朝鮮初期 吏讀 資料와 그 國語學的 研究』, 서울대 박사학위논문.

박영준(1998), 「향가에 사용된 '音'의 용법에 대하여」, 『새국어교육』 56, 한국국어교육학회.

박종국(1984), 『세종대왕과 훈민정음』, 세종대왕기념사업회.

박지홍(1984), 『풀이한 훈민정음』, 과학사.

박진호(1997), 「차자표기 자료에 대한 통사론적 검토」, 『새국어생활』 7-4, 국립국어연구원.

박창원(1998), 「한국인의 문자생활사」, 『東洋學』 28, 단국대 동양학연구소.

朴喜淑(1976), 「禮記 口訣考」, 『關東大 論文集』 4.

朴喜淑(1978), 「『南明泉和尙頌證道歌』에 보이는 口訣」, 『論文集』 6, 關東大.

朴喜淑(1985), 『大明律直解의 吏讀研究』, 명지대 박사학위논문.

裵大溫(1984), 『朝鮮朝 初期의 吏讀助詞 研究』, 동아대 박사학위논문.

白斗鉉(1996), 「고려 시대 석독구결의 선어말어미 '-ㅅ(오)-'의 분포와 문법 기능」, 『어문론총』 30, 경북어문학회.

白斗鉉(1997), 「고려시대 석독구결에 나타난 선어말어미의 계열관계와 통합관계」, 『口訣研究』 2, 口訣學會.

서울대 대학원 국어연구회 편(1990), 『國語研究 어디까지 왔나』, 동아출판사.

徐鍾學(1995), 『吏讀의 歷史的 研究』, 경산: 영남대출판부.

송기중(1997), 「借字表記의 文字論的 성격」, 『새국어생활』 7권 4호.

송하진(2000), 『古代 地名語 研究』, 전남대출판부.

송호수(1984), 「한글은 세종 이전에도 있었다」, 『월간광장』 125, 127호, 세계교수평화협의회.

신중진(1998), 「말음첨기의 생성과 발달에 대하여」, 『口訣研究』 4, 구결학회.

沈在箕(1975), 「口訣의 生成 및 變遷에 대하여」, 『韓國學報』 1집 1975년 겨울호.

심재기(1985), 『한국 사람의 말과 글』, 지학사.

安秉禧(1976), 「口訣과 漢文訓讀에 대하여」, 『震檀學報』 41.

安秉禧(1977ㄱ), 『中世國語 口訣의 硏究』, 일지사.

安秉禧(1977ㄴ), 「養蠶經驗撮要와 牛疫方의 吏讀의 硏究」, 『東洋學』 7.

安秉禧(1981), 「書評, 金完鎭著 鄕歌解讀法硏究」, 『韓國學報』 22.

安秉禧(1983), 「吏讀文獻 '吏文大師'에 대하여」, 『東方學志』 38.

安秉禧(1984ㄱ), 「典律通補와 그 吏文에 대하여」, 『牧泉兪昌均博士還甲紀念論文集』, 계명대출판부.

安秉禧(1984ㄴ), 「韓國語 借字表記法의 形成과 特徵」, 『第3回 國際學術會議論文集』, 한국정신문화연구원.

安秉禧(1985), 「大明律直解 吏讀의 硏究」, 『奎章閣』 9.

安秉禧(1986), 「吏讀 文獻 『吏文』에 대하여」, 『배달말』 11, 경상대 배달말학회.

安秉禧(1987ㄱ), 「均如의 方言本 著述에 대하여」, 『國語學』 16.

安秉禧(1987ㄴ), 『吏文과 吏文大師』, 탑출판사.

安秉禧(1990), 「훈민정음의 제자원리에 대하여」, 『강신항교수회갑기념국어학논문집』, 태학사.

연규동(1998), 『통일 시대의 한글 맞춤법』, 박이정.

연호탁(1998), 「한글의 기원에 관한 고찰」, 『論文集』 26, 關東大.

吳昌命(1995), 『朝鮮前期 吏讀의 國語史的 硏究』, 단국대 박사학위논문.

兪昌均(1966), 「'象形而字倣古篆'에 대하여」, 『진단학보』 29·30.

兪昌均(1994), 『鄕歌批解』, 형설출판사.

柳鐸一(1977), 「鮮初文獻에 쓰여진 佛家口訣」, 『荷書金鍾雨博士華甲紀念論文集』, 제일문화사.

이광호(1988), 「훈민정음 '신제28자'의 성격에 대한 연구」, 『배달말』 13.

이근수(1979), 『조선조의 어문정책 연구』, 개문사.

이근수(1984), 「한글과 일본 신대문자」, 『홍대논총』 16, 홍익대.

이근수(1986), 「고유한 고대문자 사용설에 대하여」, 『국어생활』 6, 국어연구소.

李基文(1974), 「훈민정음 창제에 관련된 몇 문제」, 『국어학』 2.

李基文(1980), 「훈민정음 창제의 기반」, 『동양학』 10, 단국대.

李基文(1981), 「吏讀의 起源에 대한 一考察」, 『震檀學報』 52.

李基文(1982), 「東아세아 文字史의 흐름」, 『東亞硏究』 1, 서강대 동아연구소.

李基文(1992), 「訓民正音 親制論」, 『韓國文化』 13, 서울대 한국문화연구소.

李東林(1974), 「훈민정음 창제 경위에 대하여」, 『국어국문학』 64.

李東林(1982), 「『舊譯仁王經』의 口訣 解讀을 위하여」, 『東國大 논문집』 21.

李相佰(1957), 『한글의 起源』, 通文館.

李崇寧(1955), 「신라시대의 표기법체계에 관한 시론」, 『서울대 논문집』 2.

李崇寧(1958), 「세종의 언어정책에 관한 연구」, 『아세아연구』 1.2, 고려대 아세아문제연구소

李崇寧(1986), 「'말'과 '말씀'의 의미식별에 대하여」, 『동천조건상선생고희기념논총』, 청주: 개신어문연구회.

李丞宰(1992), 『高麗時代의 吏讀』, 태학사.

李丞宰(1997ㄱ), 「이두와 구결」, 『새국어생활』 7-2.

李丞宰(1997ㄴ), 「조선 초기 이두문의 어중 '-叱-'에 대하여」, 『국어학 연구의 새 지평』, 태학사.

李丞宰(1998), 「고려중기 구결자료의 주체경어법 선어말어미 '-ㅓ(겨)-'」, 『이기문교수정 년퇴임기념논총』, 신구문화사.

이우성(1976), 「조선 왕조의 훈민정책과 正音의 기능」, 『震檀學報』 42.

李翊燮(1992), 『國語表記法研究』, 서울대출판부.

李翊燮(1998), 「문자사에서 본 동양 삼국 문자의 특성」, 『새국어생활』 8-1.

李鍾徹(1989), 「鄕歌詩句 '安攴下'와 '安攴尙'에서의 '攴'의 指示機能 再考」, 『논문집』 7, 한림대.

李喆洙(1988), 『養蚕經驗撮要의 吏讀研究』, 인하대출판부.

이현복(1998), 「로마자 표기법의 이론과 실제」, 『한글』 240·241, 한글학회.

李弘稙(1954), 「延壽在銘 新羅銀合杅에 對한 一, 二의 考察」, 『최현배선생회갑기념논문집』, 사상계사.

이환묵(1988), 「훈민정음의 제자원리」, 『훈민정음의 이해』, 한신문화사.

李熙昇(1946), 『한글 맞춤법 통일안 講義』, 東省社.

李熙昇(1955), 『國語學槪說』, 민중서관.

임용기(1996), 「삼분법의 형성 배경과 『훈민정음』의 성격」, 『한글』 233.

장세경(1990), 『고대차자 복수인명 표기연구』, 국학자료원.

張允熙(1997), 「석독 구결 자료의 명령문 고찰」, 『구결연구』 2, 구결학회.

鄭在永(1996), 「종결어미 '-ㅎ'에 대하여」, 『震檀學報』 81.

정진석 편(1999), 『문자보급운동교재』, LG상남언론재단.

최현배(1963), 『한글 가로글씨 독본』, 정음사.

韓相仁(1993), 『大明律直解 吏讀의 語學的 研究』, 충남대 박사학위논문.

허웅(1974), 『한글과 민족문화』, 세종대왕기념사업회

허웅(1998), 「훈민정음은 제 구실을 다했는가?」 1·2, 『한글새소식』 312~313, 한글학회.

洪起文(1946), 『정음발달사』, 서울신문사.

홍기문(1957), 『리두연구』, 과학원출판사.

황금연(1994), 「『行用吏文』의 차자표기 고찰」, 『한국언어문학』 33.

황선엽(1997), 「처용가 '脚烏伊'의 해독에 대하여」, 『국어학』 30, 국어학회.

菅野裕臣(1981), 「口訣硏究(一)」, 『東京外國語大學論文集』 31.

藤本幸夫(1986), 「'中'字考」, 『論集日本語硏究(二)』, 明治書院.

King, Ross(1997), "Experimentation with Han'gul in Russia and the USSR," *The Korean Alphabet*, Honolulu: University of Hawai'i Press.

Ledyard, Gari K.(1965), *The Korean Language Reform of 1446*, University of California, dissertation.

McCawley, James D.(1966), "Review of Yamagiwa 1964," *Language* 42.

Sampson, G.(1985), *Writing Systems: A linguistic introduction*, London: Hutchinson Publishing Group.

Vos, Frits(1964), "Korean Writing: Idu and Hangʌl," in Yamagiwa ed.

Yamagiwa, Joseph K. ed.(1964), *Papers of the CIC Far Eastern Language Institute*, University of Michigan, Ann Arbor.

방언 연구 50년

곽충구

1. 서론

1.1 기술 대상과 범위

국어 방언 연구의 역사도 이제 한 세기를 헤아리게 되었다. 일제시기 일본인 학자들에 의해서 본격적으로 시작된 국어 방언에 대한 조사·연구는 20세기 전반기 전국 각 지역의 방언 자료를 남겼고 또 음운사 중심의 국어사와 국어 방언분화 연구에 일정한 기여를 하였으며 국어 언어지리학의 발판을 마련하기도 하였다. 광복 이후에는 이전 시기의 연구 주제를 이어받아 이를 더욱 심화하는 한편, 서구의 다양한 언어이론과 연구방법론을 수용하여 방언 연구에 적절히 적용함으로써 한편으로는 개별 방언의 체계와 구조를 밝히고, 다른 한편으로는 방언분화와 방언구획 등 방언학의 여러 분야를 발전시켜 왔다.

비록 국토의 반쪽만을 조사한 것이기는 하나 전국 규모의 방언자료집인 『韓國方言資料集』Ⅰ~Ⅸ(1985~1995, 한국정신문화연구원)이 도별로 간행되었고, 또 국어 초분절음소와 방언어휘의 분포를 천연색 언어지도에 담은 『한국 언어 지도집』(*Language Atlas of Korea*, 1993, 대한민국 학술원)이 출간되었으며, 방언 연구의 이론과 방법론을 소개하고 한 세기 동안 쌓아올린 국어 방언 연구의 업적을 집약한 『방언학 사전』(2001, 방언연구회)도 간행되었다. 이는 반세기 동안에 이루어 낸, 방언학의 주요 연구성과로 국어 방언

연구의 내용과 수준을 상징적으로 보여준다. 그리고 남북한의 주요 도별 방언자료집 또는 사전이 다수 간행되었으며, 도 단위의 방언분화와 방언구획에 관한 연구도 많았다. 또한 개별 방언의 공시적 체계를 구조기술문법이나 생성문법의 이론을 배경으로 연구한 업적도 상당수에 이른다.

이 글에서는 위와 같이 1950년 이후에 이루어진 방언 연구의 성과를 몇 갈래로 나누어 서술하기로 한다. 방언은 연구분야가 넓고 또 연구대상과 연구방법에 따라 다양하게 연구할 수 있다. 2장에서는 자료의 수집과 자료집의 간행을, 3장에서는 지역적 변이형에 대한 통시적 연구 및 방언분화와 방언구획, 언어지리학, 구조방언학, 사회방언학, 대조방언학 등의 방언학적 연구 업적을, 4장에서는 개별 방언의 공시적 체계나 구조 또는 그 변화를 논의한 일반언어학적 연구 업적을 연구 주제, 연구 대상, 이론과 방법론의 추이를 고려하면서 서술해 나가기로 한다. 개별 방언의 연구는 음성·음운 (성조 포함), 문법(형태·통사), 어휘로 나누어 살피도록 하겠다. 지면 관계로 중요한 연구업적을 일일이 소개하지 못하였다. 이 점 미리 양해를 구한다.

1.2 술어의 사용

이 글에서 기술하게 될 방언학의 연구 분야와 그와 관련된 술어를 살피고 서술에 들기로 한다.

언어는 지리적 요인과 사회적 요인에 의하여 분화되어 있어 전자를 지역방언(regional dialect)이라 하고 후자를 사회방언(social dialect)이라 부른다. 따라서 방언학은 한 언어의 지리적 변이형과 사회적 변이형을 연구하는 분야로 대별할 수 있다. 전자는 지리적 변이형들의 분포를 바탕으로 변이형들 사이의 상호관계를 밝히는 연구와, 또 개별 언어를 연구하듯이 각 방언의 체계와 구조를 분석·기술하는 연구로 나눌 수 있다. 흔히 방언학이라 함은 전자의 지리적 연구를 가리켜 하는 말이나 넓은 의미로는 후자의 개별 방언 연구를 아우르기도 한다.

　지리적 변이형들을 대상으로 하는 연구는 언어지리학이 중심이 되나 언어
이론의 부침에 따라 구조방언학, 생성방언학, 사회방언학, 대조방언학과
같은 연구방법이 나타나기도 하였다. 국내에서는 언어지리학(géographie
linguistique, linguistic geography)을 방언지리학(dialect geography), 지리언어
학, 지리방언학이라 이르기도 한다. '언어지리학'은 흔히 방언학과 동의어로
쓰이기도 하며, 구조방언학·생성방언학과 구분하여 전통적 방언학
(traditional dialectology)이라 하는 경우도 있다. 그런데 언어지리학은 문화지
리학이나 역사지리학처럼 '지표면의 다양한 현상을 언어를 통해서 연구하는
학문'이라는 뜻을 가질 수 있으므로 개념의 혼동을 피하기 위하여 대신
'지리방언학', '지리언어학'이라는 술어를 사용하게 된 것이다. 이 글에서는
편의상 언어지리학이라 부르기로 한다.

　언어지리학은 공시적으로 존재하는 지리적 변이형들과 그 분포에 근거하
여 분화 이전의 모습을 재구하고, 그로부터의 분화 과정을 언어 내적 요인은
물론 역사·사회·문화적 환경 그리고 자연지리 환경과 같은 언어 외적
요인을 통해 밝히는 것을 목표로 삼는데, 언어 변화에 영향을 주는 화자의
심리적 요인 등도 중시한다. 주로 단어의 생태, 여행, 투쟁, 신어의 생성
등에 관심을 두게 되는데, 이러한 연구를 '통시적이고 항목 중심적'(diachronic
and item-centered)이라 한 것은 그 때문이다. 그런데 지금까지 지리적 관점에
서 연구된 논저－대체로 방언구획을 목표로 한 20여 편의 논저－는 '언어지리
학'(또는 지리언어학, 지리방언학)이라는 술어를 쓰기도 한다. 방언 관련
논문 예컨대, 기술적 통시방언학, 방언구획, 방언분화 등에서도 '언어지리학
적 연구'라는 표제를 다는 경우가 있다. 말하자면, 언어지리학을 '변이형의
지리적 분포를 바탕으로 하는 연구'라는 다소 포괄적인 개념으로 쓴 것이다
(외국에서도 dialectology와 linguistic geography를 같은 개념으로 쓰기도 한
다). 이들 논문 중에는 물론 변이형을 조사하고 변이형들의 통시적 분화를
지리 환경 요인을 중심으로 설명한 것도 있기는 하나 그 자체가 연구목적은
아니었다는 점에서, 엄격하게 말하면 이를 언어지리학이라 하기는 어려운

점이 있다. 이 글에서는 위에서 정의한 대로 언어지리학의 개념을 좁게 규정하고 관련 논저를 살펴보기로 한다.

이러한 연구에서 지리적 분포만을 지적하고 단순히 변이형들 간의 유사점과 차이점에 유의하면서 그 분화 과정을 밝히되 문헌자료의 도움을 받아 변이형들의 언어 내적 변화의 탐색에 주력한다면 이는 언어사에 대한 기술적 연구라 할 수 있다. 이는 공간적 변이형들을 대상으로 삼는다는 점에서, 시간축상에서 겪어온 변화를 평면적으로 기술하는 언어사와 구분된다. 말하자면, 서로 다른 체계를 가진 방언들에서 발견되는 변이형들을 대상으로 하는가, 아니면 하나의 독립된 체계를 가진 단일한 언어(또는 방언) 내에서의 변화를 기술하는가 하는 점에서 차이를 보인다. 전자는 방언자료가 주가 되고 문헌자료는 보조적으로 이용되며, 후자는 문헌자료가 주가 되고 여기에 방언자료가 보조적으로 이용되어 각각 한 언어가 걸어온 역사를 밝히게 된다. 본고에서는 이러한 유형의 연구를 방언분화에 대한 '기술적 연구'라 불러 둔다. 그리고 그러한 업적을 3.1에서 소개하기로 한다.

방언을 '독립된 역사와 체계를 가진 한 언어의 하위 변종'이라 정의할 때, 방언분화는 '한 언어가 독립된 체계를 가진 하위 방언들로 나뉘는 것'을 뜻하게 된다. 그러나 이 글에서는 '지역적(또는 사회적) 변이형으로 나뉘거나 나뉘어 있는 상태'라는 넓은 의미로 쓰기로 한다.

방언구획은 조사된 변이형들을 일정한 기준에 의거, 등어선으로 구분하고 방언권을 하위 구분하는 것을 말한다. 따라서 방언구획에서는 조사항목의 선정, 등어선의 성격이나 등어선의 등급, 방언측정법 등이 논의될 수 있고, 구획된 결과를 지리 환경과 관련지어 논의할 수도 있을 것인데, 이러한 일련의 연구는 방언구획론의 소관이다.

방언사는 좁게는 지역방언의 역사를 말하고 넓게는 한 언어가 개개의 방언으로 분화 발전된 역사를 일컫는다. 방언사는 공시적인 방언자료를 바탕으로 하고 여기에 각 방언의 선행 단계의 모습을 보여줄 수 있는 문헌자료를 통해서 기술하는 것이 이상적이지만 현실적으로 어려운 일이다. 따라서 내적재구와 비교방언학에 의존하고 때로 중앙어가 반영된 문헌자료의 도움을 받게 된다. 방언사 연구는 4장 일반언어학적 연구에서 살펴보기로 한다.

한편, 둘 이상의 방언체계를 비교하되 구조주의 언어학의 이론을 빌어와 연구하면 이를 구조방언학이라 한다. 구조방언학에서는 상위한 두 방언체계를 비교하여 그 유사점과 차이점을 발견하고 공시적으로는 이중체계나 다중체계를 이용하여 그 차이를 기술하기도 하고, 통시적으로는 모든 방언이 동일하거나 유사했던 체계를 상정하고 이를 공시적인 각 방언의 모음체계와 비교하여 각 방언의 체계가 현재와 같이 분화한 체계 내적 요인을 밝히기도 한다. 통시 구조방언학에서는 모음 추이의 과정이나 체계의 빈칸을 통하여 음운의 통합이나 분기 또는 추이의 근거를 추정할 수 있다.

이 밖에 술어나 개념이 통일되어 쓰이지 않는 예로 '방언, 지역어' 또는 '성조, 음조, 악센트', '경어법, 상대경어법, 청자경어법, 대우법, 청자대우법' 등이 있는데(때로 이들 술어는 각각 다른 개념으로 쓰이기도 한다), 이 글에서는 원칙적으로 연구자들이 사용한 술어를 그대로 쓰기로 한다.

2. 연구자료

2.1 조사자료

방언 연구는 그 목적이 무엇이든 자료 수집을 전제로 하며, 자료 수집 여하에 따라 연구의 성패가 결정된다. 방언은 속성상 지역 또는 사회계층에 따라 일정한 차이를 보이므로 연구목적에 따라 그에 알맞은 조사계획을 세워야 한다. 지금까지 크고 작은 조사 연구가 있었고 또 그것을 보고서나 자료집 또는 사전 형태로 간행하였지만 음성전사는 물론 자료의 성격을 가늠할 수 있는 조사시기, 조사지점(역사·지리·사회·문화 환경), 제보자의 인적 사항 등이 잘 드러나 있지 않다. 언제나 자료의 성격을 분명히 밝히고 관련 언어 정보를 정확하게 제시해 주어야 한다. 조사자료가 한 시기 한 지역의 생생한 언어 사실을 보여주는 기록물이 되도록 하려면 조사 못지않게 정리도 중요하다.

일제시기 오구라 신페이(小倉進平)가 조사한 자료는 균질적이라 할 수는 있으나 역사적인 주제와 관련된 조사항목이 많을뿐더러 전국 각 지역에서 고루 조사된 것이 아니어서 다양한 주제를 두고 방언을 정밀하게 연구하기 위해서는 좀더 많은 조사자료가 필요하게 되었다. 김형규(1974)의『한국방언 연구』, 최학근(1978)의『한국방언사전』은 그러한 의도로 장기간의 조사를 거쳐 간행된 자료집이다. 이들 자료집에 수록된 북한지역의 방언은 오구라 신페이(1944, 上)에서 옮긴 것이다. 이렇게 60~70년대에는 개별 방언 또는 전국을 대상으로 한 방언조사가 많았다. 전재호(1965~1967)의 대구방언 조사 자료, 이돈주(1978)의『전남방언』등도 그 중의 하나이다. 그런데 이러한 조사는 오구라 신페이의 자료조사가 그러하듯이 형태의 확인에만 관심을 둔 까닭에 방언형과 관련된 정보-굴절 어간의 기저형 확인, 방언형의 의미 등-을 정확하게 제시하지 않은 경우가 적지 않다. 광역 조사 자료는 언어지리 학 연구는 물론이거니와 개별 방언의 연구에도 이용될 수 있어야 한다.

전국 단위의 조사자료집으로는 한국정신문화연구원이 '전국방언조사연 구'라는 대단위 조사·연구사업의 일환으로 간행한『韓國方言資料集』이 있다. 이 자료집은 1,782개의 조사항목(어휘: 1,470, 음운: 177, 문법: 149)을 남한의 137개 조사지점에서 전문 조사원이 현지를 방문하여 조사하고 간행한 것이다. 본조사 후 확인조사를 거쳐 1987~1995년 사이에 9권의 도별 자료집 으로 간행하였다. 이전의 자료집보다 조사항목이 포괄적이고 체계적이다. 이 자료집은 조사항목을 어휘·문법·음운으로 나눈 다음, 어휘 부분은 類解書처럼 어휘장을 고려하여 어휘항목을 분류한 다음 조사항목 밑에 군 이름을 밝히고 그 군에서 쓰이는 방언형을 국제음성기호로써 제시하였다. 같은 조사지점에서, 복수의 방언형이 조사되었을 때에는 신형/구형, 다수형/ 소수형, 의미차, 차용 여부 등을 밝혀 놓았다. 정문연은 이 자료집을 바탕으로 언어지도의 초고를 완성한 상태다. 이 언어지도가 간행되면, 20세기 후반 한국어 지역방언의 실상은 물론 국어의 지리적 분화와 관련된 제반 언어내외

적 요인이 잘 드러날 것이다. 또 국어사를 폭넓게 기술할 수 있는 토대 역시
마련될 것이다.

국지방언의 자료집으로는 제주도방언 자료집이 비교적 이른 시기에 나왔
다. 석주명(1947)의『제주도 방언집』이 나온 후 박용후(1960/1988)의『제주방
언연구(자료편)』와 현평효(1962/1985)의『제주도방언연구(자료편)』가 간행
되었고 또 이를 바탕으로『제주어사전』(1995)이 출간되었다.

1980~2000년에는 방언 연구가 지역방언의 체계를 밝히는 연구, 道 단위의
방언분화와 방언구획에 집중되면서 이와 함께 도 단위로 방언을 조사한
자료집 또는 사전이 다수 출간되었다. 80년대에는 실향민들을 제보자로
삼아 북한지역의 방언을 조사 수록한『평북방언사전』(김이협 1981),『함북방
언사전』(김태균 1986)이 간행되었다. 이 밖에 김영태(1985)의『창원지역어
연구』(자료편) 등이 있다. 이어 90년대에는『평안방언연구(자료편)』(김영배
1997),『전남방언사전』(이기갑 외 1997),『제주어사전』(제주도 1995),『경북
방언사전』(이상규 2000),『경기도 사투리 연구』(김계곤 2001)와 같은 자료집
과 사전은 물론, 오구라 신페이 이후 공백으로 남아 있던 서울방언을 수록한
『서울 토박이말 자료집』(I 1997, II 1998, III 2000, 국립국어연구원)도 나왔
다. 또 지역방언의 어휘와 속담을 수록한『경북방언 속담·말 사전』(최명옥
외 2001)도 간행되었다. 이 밖에 이 시기에는 소련이 붕괴되고 중국이 개방되
면서 재외동포들의 언어에 대해서도 관심을 쏟게 되어 구소련 지역, 중국의
동북 三省, 일본 등 현지에 나가 자료를 조사하고 그 결과를 발표하기도
하였다. 이러한 자료집 또는 사전들은 체제와 형식이 일정하지 않지만, 각각
장단점을 지니고 있다. 앞으로 간행되는 사전은 표제어의 문법 정보, 뜻풀이,
용례, 관용구, 연어, 동일 방언권 내에서의 변이형, 분포 지역을 제시하여
온전한 사전의 형태를 갖추도록 해야 할 것이다. 또한 문법형태소를 충분히
반영해야 하고 또 형태가 표준어와 동일하더라도 의미차가 있다면 표제어로
올려야 할 것이다. 앞으로 방언을 표기하기 위한 표기 규정의 마련과 방언사전
편찬의 방법론이 모색되어야 할 것이다.

336

이렇게 50년 동안, 방언조사는 국내외에서 광범위하게 이루어졌다. 이러한 자료조사와 함께 자료정리의 방법도 크게 발전하였다. 90년 이후에는 컴퓨터가 널리 보급되면서 자료정리로부터 언어지도의 작성에 이르기까지 전 과정을 컴퓨터로 처리하고 있다. 김충회·홍윤표·소강춘 외(1991)로부터 시작된 방언자료의 전산화 방안은 김덕호(2001)에 이르기까지 지속적으로 연구되고 있다. 컴퓨터를 자료정리와 연구에 이용한다면 데이터베이스 구축 등 연구목적에 알맞도록 프로그램을 개발할 필요가 있다. 이러한 프로그램을 연구자들이 공유하여 활용한다면 조사자료의 통합도 한결 수월해 질 것이다.

지금까지 조사된 자료는 그 양이 방대하고 여기저기 흩어져 있어 찾아보기가 쉽지 않다. 따라서 조사자료를 집성하여 효율적으로 이용할 수 있는 방안을 마련할 필요가 있다. 최근 2000~2001년에는, 문화관광부가 주관하고 있는 21세기 세종계획의 한민족언어정보화 분과에서 기존의 자료집이나 사전에 수록되어 있는 방언자료를 망라하여 이를 손쉽게 검색할 수 있는 프로그램과 그것을 언어지도로 구현할 수 있는 프로그램을 개발해 놓은 상태다. 이 경우 각 자료의 조사시기가 다르고 또 방언형의 의미가 분명하지 않은 경우가 있기 때문에 기왕에 수집된 자료를 통합할 때에는 신중을 기해야 한다. 그리고 뿌리깊은나무사의 『민중자서전』, 정문연의 『한국구비문학대계』, 러시아의 카잔에서 간행된 한국어 관련 문헌들은 특정 지역의 방언을 채록한 구술자료이므로 이들을 말뭉치 자료로 구축하고 전자사전 형태로 편찬하는 방안도 생각해 볼 수 있다. 그렇게 되면, 학술연구는 물론이거니와 국어교육, 언어정책, 문예창작과 같은 분야에도 기여할 것이다. 또한 앞으로는 음성자료를 기반으로 음성데이터베이스 구축에도 관심을 기울여야 할 것이다.

2.2 문헌자료

현지 조사 자료를 자료집이나 사전으로 엮어내는 일 외에 특정 지역의 방언이 반영된 문헌을 발굴하려는 노력도 많았다. 이들 문헌자료는 방언사

연구에 이용되었다. 이 외에 지역방언의 통시성을 반영하는 외국에서 간행된 문헌도 수편이 발굴되었다. 홍윤표(1991)는 그러한 방언 관련 문헌의 목록과 서지를 밝힌 논문이다. 몇 예를 보이면, 전라방언이 실려 있는 坊刻本 고소설과 신재효의 판소리系 사설(최전승 1986, 오종갑 1991), 경상방언을 보여주고 있는 『念佛普勸文』의 여러 이본들(김주원 1984), 정읍지역어의 어휘 자료인 『蘊各書錄』(전광현 1983b) 등이 있다. 백두현(1992a)은 영남지역의 방언이 반영되어 있는 문헌자료를 이용하여 방언음운사를 기술한 업적이다. 19세기 후기와 20세기 초기에 걸쳐 외국인들에 의해서 간행된 한국어 관련 문헌은 구어를 기록한 소중한 자료이다. 로스(J. Ross) 목사에 의하여 편찬된 *Corean Primer*는 여타의 초기 번역 성경과 함께 19세기 후기의 평안방언을 보여주고 있으며(이응호 1979, 김영배 1982), 최초의 대역사전으로서 함북방언이 수록되어 있는 푸칠로(1874)의 『로한즈뎐』(*Opyt Russko-Korejskago Slovarja*)은 편자가 직접 조사한 함북방언이 수록되어 있기도 하지만, 메드허스트 (Medhurst)의 *A Comparative Vocabulary of Chinese, Corean and Japanese*(『朝鮮 偉國字彙』, Batabia: 1834)에서 전재한 것도 있다(최학근 1977, 곽충구 1988). 러시아의 카잔에서 간행된 *Russko-Korejskie Razgovory*(노한회화), *Opyt Kratkago Russko-Korejskago Slovarja*(시편 노한소사전) 등은 20세기 초 함북 육진방언의 구어를 운율적 요소까지 정밀전사한 희귀한 문헌자료이다(곽충구 1986, 1987, 1991a, J.R.P. King 1987, 1991).

3. 방언학적 연구

3.1 방언분화의 기술적 연구

3.1.1 음운

한 언어의 역사는 문헌사료에 의지하여 기술하게 되지만, 때로 방언 자료를 보조적으로 이용하기도 한다. 이는 방언은 공통단계로부터 분지된 한 언어의 하위체계라는 전제와 방언은 과거의 잔재적 요소를 지니고 있다는 사실에 기초하는 것이다. 문헌 사료가 충분히 갖추어져 있지 않았던 시절, 람스테트 (G. J. Ramstedt)나 오구라 신페이가 방언을 이용하여 한국어의 역사를 기술하거나 재구하고자 했던 사실이 그 좋은 예다.

50년대에는 방언자료를 이용하여 국어사를 기술하기보다는 문헌 중심의 연구에 방언을 보조적으로 이용하는 경향을 보여준다. 이숭녕(1954, 1956)은 △과 ㅸ의 발생과 변화를 15세기 문헌자료 중심으로 기술하면서 이들의 분포를 관찰하고 그 변화 공식을 마련한 다음, 방언과 외국어 사음 자료를 통하여 그 타당성을 검증하고자 하였다. 중세국어에 대한 기술에 머무르지 않고 거시적인 관점에서 국어사를 재구하고 그 국어사의 한 단면일 수밖에 없는 중세국어 단계의 모습을 설명하고자 한 것이다. 말하자면, 문헌자료에 대한 해석을 뒷받침할 수 있는 방증으로서 방언을 끌어들인 것이다. 이는 일제시기 고노 로쿠로(河野六郞)의 역사주의 언어학의 영향에서 비롯된 것인데, 오구라 신페이와 고노 로쿠로는 방언자료의 지리적 분포를 고려하고 여기에 문헌자료를 보조적으로 이용하였지만, 이숭녕은 문헌자료를 중심으로 하고 방언자료를 보조적으로 이용한 것이다. 이들 연구에서는 ㅅ>△>∅ 와 같은 단계 변화를 가정하고 이러한 변화는 방사의 원점이라 할 수 있는 정치·문화 중심지인 경기도의 북부지역에서 시작되어 인접지역으로 확산된 것으로 해석하였다.

안병희(1957)는 음운사에서 주목을 많이 받았던 구개음화 현상을 지리적 관점에서 논의한 것이다. 남부방언이 반영되어 있는 지방 간판의 문헌자료와 중앙어가 반영된 같은 시기의 문헌자료를 비교하고 또 여기에 현대 서북방언이 t구개음화를 겪지 않은 사실을 참고하여 이 음운현상은 남부에서 북부로 전파되었음을 말하였다. 김형규(1959)도 역사적 관점에서 현대방언을 중심으로 구개음화를 논의한 업적이다. 50년대에는 이렇게 전 시대의 역사주의적 관점을 견지하면서 국어사 연구에 방언자료를 보조적으로 이용하였던 것이다.

60년대에는 구조기술언어학의 영향으로 역사적 연구가 적었다. 방언형간의 비교 또는 그 결과와 문헌자료를 통해 어간말자음군의 형성을 논의한 최학근(1968)처럼 국어사의 재구에 방언자료를 활용한 논문이 있다. 한편, 이 시기에는 기술언어학의 영향으로 특정 방언의 음소와 그 분포를 중앙어의 그것과 대조하면서 기술한 연구도 나왔다(강윤호 1960).

그러나 역사주의적 관점에서의 견해는 구조주의 언어이론의 수용과 함께 달리 해석되기도 하였다. 이기문(1972)에서는 중세국어의 체계를 바탕으로 ㅿ, ㅸ이 ㅅ, ㅂ과 상보적 분포를 이루지 않는다거나 ㅅ이 모음 사이에서 유성화하지 않는다는 사실을 들어 ㅿ, ㅸ을 독립 음소로 간주하고 이것이 기원적인 음소라는 견해를 내놓았다.

이렇게 체계 중심적인 기술이 이루어지면서 방언은 좀더 소극적으로 국어 사 연구에 보조적으로 이용된다. 이러한 경향은 이기문의 일련의 연구에서 볼 수 있다. 가령, 이기문(1962)의 특수어간교체의 재구에서는 함경도방언을 방증으로 삼았다. 그리고 이기문(1972)에서 여러(諸)/여듧(八)을 *yʌra/*yʌdʌ m으로 재구한 것은 이들이 모음조화 규칙의 예외적인 존재들이라는 사실에 근거를 둔 것인데 이기문(1977)에서는 재구한 이중모음 *yʌ의 존재를 제주도 방언에서 확인하고 문헌에서는 실증할 수 없는 *yʌ의 존재를 폭넓게 확보하게 된다. 뿐만 아니라 *yʌ의 존재를 체계적 관점에서 살피거나 이와 관련된 음운사—한자음 등—을 심층적으로 논의하였다. *yʌ로 재구할 수 있는 어사는 백두현(1994)에서 추가되기도 하였다. 이후의 연구는 중앙어에서 *yʌ>yə로 변화하고, 남부와 북부방언에서 *yʌ>ya로 변화한 사실을 구명하는 작업이 될 것인데, 이는 개별 방언의 모음체계와 음운변화를 통해서 구명할 수 있을 것이다. 이러한 일련의 연구는 방언과 문헌이 상호 보완적으로 국어사 연구에 기여할 수 있음을 말해주는 예가 된다. 이러한 연구가 좀더 진척된다면 재구와 분화가 체계적으로 설명될 수 있을 것이고 그것이 곧 진정한 의미의 국어사가 될 것이다.

중세국어 단계의 문헌자료를 중심으로 하고 여기에 방언자료를 보조적으로 이용한 위와 같은 연구에서 70~80년대에 들어서면 오히려 방언자료를 중심으로 방언사나 방언분화를 기술하려는 노력으로 이어진다. 방언 연구가 점차 통시적인 주제 즉 방언분화로 옮아가고 있었던 것이다. 그것은 광복 이후 줄기차게 진행된 중세국어에 대한 연구성과와 70~80년대의 개별 방언에 대한 공시적 연구 그리고 전국적인 방언조사 자료가 밑받침된 것이었다. 이러한 연구는 세 유형으로 나뉜다. (가) 개별 방언의 공시적 체계를 바탕으로 그 방언의 방언사를 추적하는 연구, (나) 방언형간의 차이를 규칙으로 설명하고자 한 기술적 통시방언학 형태의 연구, (다) 방언형의 비교를 중심으로 하고 여기에 문헌자료의 도움을 얻어 분화 이전 단계를 재구하고 그 분화 과정을 기술한 연구. 언어지리학적 연구에 접근한 유형이다.

(가)의 연구방법은 최명옥(1982a)의 『월성지역어의 음운론』으로부터 시작된다. 이로부터 방언 연구는 개별 방언의 역사 즉, 방언사를 기술하려는 경향을 띠기 시작하였다.

(나)는 각 방언에서 상위한 변화의 결과로 생겨난 방언차를 지적하고 분화의 내적 과정을 밝히고자 한 연구이다. 상위한 음운사 및 형태론적 과정을 겪어 분화한 방언형들을 대상으로 그 차이를 기술하기도 하고(이병근 1976a), 또 파생어 형성에 적용되는 음운규칙들과 그 규칙들의 적용순위에 의하여 방언형간의 차이를 설명하기도 하였다(이병근 1976b). 또 방언간의 체계적 대응을 통시적으로 설명하고자 하는 노력도 있었다. 전광현(1976)은 남원지역어의 어말 -u형(나부, 모구)과 중부방언의 -i형(나비, 모기)의 분화를, 이중모음을 설정하고 그로부터 각 방언에 달리 적용된 음운규칙으로 설명하였다. 최전승(1983a)은 중부방언의 /u/형(골무, 국수)과 전라방언의 /i/형(골미, 국시)이 보여주는 방언차를 음운규칙 및 형태론적 과정(접사 '-이'의 첨가)으로 설명하고자 한 것이며, 최전승(1983b)은 체언어간말 /iy/의 방언분화를 표면음성 제약과 관련지어 기술한 것이다. 곽충구(1985)는 '뻬-[貫]'가 '꿰-', '께-', '꽈-'로 분화한 과정을 이들 방언형에 달리 적용된 음운규칙들에 의하여 설명하고자 한 것이다.

(다)의 연구로 이승재(1983a)의 「再構와 방언분화」를 들 수 있다. 이 논문은

15세기 국어의 '시'류 단어들을 세 가지로 유형화하여 각각 *-č(V)k-(풏ㄱ[小豆]), *-z(V)g-(아슥[弟]), *-sk-(밝[外])으로 재구하고 이 재구형으로부터의 방언분화를 음운사의 관점에서 논의한 것이다. 그리고 분화의 역사적, 자연지리 환경을 말하였다. 이 재구에서는 어중모음 탈락(syncope), ㄱ>ㅎ의 변화 환경 및 이 변화가 어휘확산에 의하여 점진적으로 수행되었다는 견해 등을 증명해야 하지만, 기왕의 음운사 연구 및 방언자료가 보여주는 암시적 근거에 의거하여 일련의 재구를 시도한 것은 연구 방법론의 관점에서 볼 때 주목할 만한 것이다. 한편, 한영균(1985) 역시 이른바 특수어간교체 명사들의 선행 단계의 모습을 재구하고 그 지리적 분화를 살핀 것인데, 어중자음을 비롯 관련 음운사의 문제를 논의하였다. 곽충구(1995a)는 '부수-'와 '빻-'가 동일 기원의 *ㅂ슥-에서 기원하였다고 보고 CVCVC(*ㅂ슥-)의 구조에서 어말부터 자음과 모음이 순차적으로 탈락하거나 상위한 모음변화(ㆍ>ㅏ 또는 ㆍ>ㅗ)를 겪어 분화한 사실을 규칙으로 설명하면서, 규칙들의 진원지와 확산의 방향을 논의하였다. 이 논문에서는 해변지역이 개신의 진원지(또는 잔재지역)임을 강조하였다. 그리고 *ㅂ슥-이 '부수-'와 '빻-'로 형태 분화를 경험한 과정을 설명하였다. 이처럼 (다) 유형의 논문은 국어음운사에서 논의되었던 주제를 대상으로 재구를 꾀하고 그 지리적 분화를 기술하려 한 것이다. 이 밖에 재구와 분화를 다룬 것은 아니지만, 백두현(1992b)은 'ㆍ>ㅗ' 원순모음화의 지리적 분포를 보이고 이를 모음체계와 관련지어 기술하였으며, 백두현(1994)도 이중모음 ㆎ[yʌ]의 지리적 분포와 통시적 변화를 논의한 업적이다.

음운사적인 것 외에 파생법의 방언차를 논의한 예도 있다. 곽충구(1998a)의 「감각용언 파생의 방언분화」는 감각용언의 파생법이 지역에 따라 다르다는 점을 밝히고 그 파생어 형성 과정을 재구하면서 그에 의한 분화를 논의한 것이다. 형태론의 문제를 방언분화의 관점에서 기술한 것이다. 분화 이전의 형태를 재구하고 거기에 서로 다른 접사가 계기적으로 결합된 과정을 기술하려 하였다. 접사의 유무, 접사의 형태에 따른 분화 등을 기술하고, 또 동일

범주의 감각용언이라 하더라도 접사의 결합은 시기를 달리하여 점진적으로 이루어진다고 하였다.

위와 같은 연구는 문헌 중심의 언어사 기술을 보완한다거나 시간축상에서의 변화를 공간으로 옮겨서 좀더 광범위한 관찰을 시도한 것들이 대부분이다. (가) 유형은 지역방언과 중세국어를 비교하여 재구하거나 또는 내적재구 방법으로 연구하였고, (나) 유형은 방언형의 차이를 음운규칙과 규칙의 적용순서로 설명하거나 또는 중세국어형을 기저형으로 삼아 그 분화를 규칙으로 설명하고자 하였고, (다) 유형은 방언형의 비교를 바탕으로 하고 문헌자료를 보조적으로 이용하여 재구하고 재구형으로부터의 발달을 논의하였는데, 여기에 언어외적 요인을 부수적으로 가미하였다.

위 논문들과 같이 방언 간의 비교를 통해 언어사를 기술할 때에는 자의적인 해석에 빠질 수도 있다. 기술적 타당성을 만족시킨다 해도 재구 단계에서 문헌자료의 적절한 보완이 없으면 논리의 비약으로 확대될 수 있다. 그러한 사실은 방언 간의 비교를 통해 재구를 꾀했던 람스테트(G. J. Ramstedt)의 *s>h 가설에서 볼 수 있다(곽충구 1995b). 위 이승재와 한영균의 연구에서 한 사람은 ㄱ>ㅎ, 다른 한 사람은 ㅎ>ㄱ이라 하여 전혀 상반된 견해를 내놓은 사실도 여기에 참고된다. 그리고 방언자료를 충분히 확보하지 않거나 검토하지 않으면 자의적인 해석으로 이끌릴 위험이 있다. 가령, 이승재(1983a)에서 함경도 지역은 특수어간교체 명사의 재구형 CV_1CV_2C의 V_2가 탈락한 지역이라고 한 것이나, 한영균(1985)에서 함남 정평지역을 고립지역이라고 한 것은, 필자들이 취한 오구라 신페이(1944)의 자료조사가 잘못된 때문이다. 예컨대, 오구라는 '여우', 무[菁]의 함경도방언을 '여끼~예끼, 무수'라 하였지만 이는 옳지 않다. 이 방언에서 '여우, 무[菁]'는 '여스/엮', '무수/묶'으로 교체된다.

한편, 70~80년대에는 개별 방언의 음운현상이 속속 밝혀지면서, 하나의 음운규칙이 각 방언에서 내부적인 차이를 보인다는 사실이 드러나게 되었다. 말하자면, 규칙의 적용 영역이나 대상에서 방언차를 보인다는 사실을 확인하게 된 것이다. 움라우트 현상이 그 첫 논의 대상이었는데, 움라우트 규칙이 시간과 공간 차원에서 각기 달리 실현된 사실에 주목하고 그 원인을 밝혀 보고자 하였다. 최전승(1989)은 움라우트 규칙이 남과 북에서 독자적으로 발생하여 중부지역으로 확산되는 과정에서 개재자음의 제약조건이 가해졌다고 하였다. 규칙의 발생이 다원적이라는 점, 규칙이 전파되면서 규칙 자체가 변화할 수 있다는 점 등이 제시되었다. 국어 방언을 실증적으로 관찰하면서 서구이론을 비판적으로 검토하고 논의를 전개하였다. 한편, 최명옥(1989)은 움라우트 현상을 연구사적으로 검토하면서 각 방언의 움라우트 현상이 동일한 원리 하에서 이루어진다는 전제 아래, 개재자음의 제약조건을 [αhigh, αback]이라 하고, 움라우트는 동화주 /i, y/에 선행하는 자음이 음성적으로 구개음이 아니면 가능하다는 주장을 폈다. 한편에서는 움라우트 규칙이 시간과 지리적 공간에서 상이한 변화를 겪는다는 주장을, 다른 한편에서는 모든 방언의 움라우트 현상이 동일한 원리 하에서 이루어진다는 주장을 하여 대조적이다.

또한 이 시기에는 개별 방언에 대한 연구를 집약하면서 방언 간의 차이를 종합적으로 기술하기도 하였는데, 최명옥(1992a)은 19세기 후기 각 방언의 공시태에 대한 연구(4.1.2 참고)를 바탕으로 19세기 후기 국어를 기술하였고, 박창원(1997)은 동남방언 하위방언의 모음체계를 비교하고 그 체계의 변화 요인과 변화 방향을 종합적으로 기술하였다.

지금까지 본 바와 같이, 초기에는 문헌자료 중심의 국어사 기술에 방언을 보조적으로 원용하거나 문헌자료에 의한 재구를 방언에서 검증하는 정도였다. 그 후 시간 차원에서의 변화를 공간 차원에서의 분화로 확대하여 논의하기 시작하였다. 또 방언의 음운현상에 대한 경험적 관찰이나 연구가 증가하면서 동일한 음운규칙이 방언에 따라 내부적인 차이를 보인다는 사실이 드러나, 이를 설명하고자 하는 노력도 있었다.

3.1.2 어휘

방언 어휘 연구는 지역방언형을 비교하거나 대조하여 그 차이를 기술하는 연구와, 그들의 관계를 통시적으로 살피는 연구가 있을 수 있다. 전자는 (가) 어휘체계상의 차이, (나) 형태는 같고 의미가 다른 경우, (다) 의미는 같고 형태가 다른 경우, (라) 방언에만 있는 특수한 단어, (마) 각 방언의 조어법상의 특징과 그 차이 등을 연구할 수 있을 것이다.

(가)의 체계적 차이는 방언분화나 방언구획의 유의적 요소가 된다. 방언경계선을 찾는 작업에 유효하게 활용될 수 있다. 이상규(1998)의 「계열어의 방언분화 양상」은 각 방언 계열어의 형태·조어상의 차이를 기술하고 그에 의한 방언분화를 어휘체계를 고려하여 논의한 것이다. 여기서 다룬 계열어로는 친족명칭, 시간어, 온도 어휘, 인체어 등이 있다. 한편, 곽충구(1993)는 중부방언의 친족 명칭과 비교할 때, 개별 명칭도 그렇지만 체계 역시 현저히 다른 함경도방언의 친족 명칭과 그 지리적 분화를 논의한 것이다. 함경도방언에서는 부계와 모계 혈족에 대한 호칭어가 동일하다. 예컨대, 함북에서는 아버지의 형, 어머니 언니의 남편, 어머니의 손위 오라비는 모두 맏아바니(혹은 몬아바니)라 한다. 개별 어휘의 차이보다도 체계의 같고 다름을 구분해 주는 등어질선은 유의적인 방언경계선이 된다.

(나)는 형태와 의미의 대응에 초점을 둔 연구다. 형태는 동일하지만 그 의미가 달라 방언차를 보이는 예다. 가령, 이익섭(1976), 곽충구(1993)의 보고와 같이 '아재'는 강원도 동해안 일부, 함북방언(또는 함남 일원)에서는 '숙모, 고모, 이모' 등의 여계 친족을 지칭하지만, 그 밖의 지역(강원도 일부 제외)에서는 '아저씨' 또는 '아주버니' 등 남계 친족을 지칭한다. 형태는 같아도 그 지시의미가 다르다. 또 이익섭(1980)에서 보고된 바와 같이 '골뱅이'가 '우렁이'와 '다슬기'를 지칭하는 지역이 있는가 하면, '우렁이, 다슬기, 달팽이'를 지시하는 지역도 있다. 또 평북방언에서 '고추'는 '후추'를 뜻한다. 이러한 예는 의미등어선으로써 방언구획이 가능한데, 이때 등어선은 유의한 방언경계선이 될 수 있다.

(다)는 같은 사물에 대한 명칭이 방언에 따라 다른 예에 해당한다. 이는

과거 각 지역에서 독자적인 역사와 문화를 배경으로 하여 형성된 방언 어휘의 실상을 보여준다. 이들이 역사적으로 겪어온 생성·대립·투쟁의 역사는 어휘사나 언어지리학의 영역에서 논의된다. 단순한 지역 간의 차이는 대조방언학에서 다루게 된다(3.6 대조방언학적 연구 참고).

(라)는 역시 각 지역의 역사·사회적 조건이나 문화 환경 속에서 형성된 특이한 방언 어휘를 일컫는다. 가령, 함북방언에는 탄[鳥網], 야리(두만강에 서식하는 물고기)와 같은 만주어 기원의 어휘가 있는가 하면, 비지깨(성냥), 마선(재봉틀), 거르망(호주머니)과 같은 러시아어에서 차용한 어휘가 있고, 제주방언에는 녹대[馬勒]와 같은 몽고어 차용어가 있으며, 평안방언에는 중국의 동북지역 방언인 디과(고구마)라는 차용어가 쓰이고 있다. 이들은 그 방언형이 분포하는 지역의 역사나 문화를 대변하고 있다. 오구라 신페이의 일련의 조사·보고서에는 이 같은 예들이 주요 연구대상이 된 바 있다. 또 제주방언에는 '굼부리'나 '테왁'처럼 제주도의 자연지세나 문화적 환경과 관련하여 생겨난 어휘도 있다. 또한 표준어에 대응시킬 수 없는 독특한 개념이나 대상을 지칭하는 방언형이 이에 속할 것이다. 이처럼 특정 지역에만 분포하는 특이한 방언 어휘에 대해서는 국립국어연구소의『국어생활』(1986 ~1988)에 '살려 쓰고 싶은 내고장 사투리'라는 제목으로 연재된 바 있다.

(마)는 단어형성론에서의 방언차를 살피는 연구를 말한다. 이에 대한 본격적인 연구는 아직 보이지 않는다.

한편, 통시적 연구는 (가) 어휘사 연구, (나) 단어지리학 등의 연구로 나누어 볼 수 있다. 어휘사 연구는 단일한 대상을 지시하는 각 지역의 방언형들 사이의 관계, 개별 방언형의 형성 또는 음운·형태·의미의 변화를 기술하게 된다. 따라서 이러한 연구는 어원론 또는 어휘형성론과도 밀접한 관련을 맺는다. 어휘를 형태와 의미로 나누어 볼 때, 형태의 변화는 음운사 또는 형태론적 변화와 관련지어 기술하게 되며, 의미변화는 어휘의미론적 관점에서 기술하게 된다. 이러한 연구는 일제시기『한글』지에 게재된 어원론 연구에서 간혹 보이지만 본격적인 연구는 이병근(1996)에서 볼 수 있다. 질경이[車前

346

子]의 어휘사를 다룬 위 논문에서 연구방법의 전형을 볼 수 있다. 이 논문을 통해서, 어휘의 역사는 치밀한 문헌 고증과 아울러 음운사와 형태사를 정밀하게 관찰함으로써 가능하다는 사실을 확인할 수 있다. 이러한 어휘사 연구는 『한국방언자료집』과 같은 전국 규모의 균질적인 자료집이 간행되고 또 국내외에서 수다한 방언자료집과 사전이 출간됨으로써 가능해진 것이다.

단어지리학은 언어지리학의 본령이라 할 수 있다. 위에서 언급한 어휘사를 자연지리 환경을 중시하고 분화에 관련된 사회·문화적 환경을 중시하여 기술한다면 언어지리학적 연구라 할 수 있을 것이다. 이러한 연구는 곽충구(1995b)에서 시도된 바 있다(3.3 참고). 동일한 의미를 가진 방언형들이 겪어온 변화를 언어내적 또는 언어외적인 요인을 고려하여 기술함으로써 국어 어휘의 생성과 소멸 그리고 투쟁의 역사를 기술할 수 있을 것이다.

3.2 방언분화와 방언구획

일제시기 오구라 신페이(1940)나 고노 로쿠로(1945)는 음운·어휘·어법상의 특징에 의지하여 방언구획을 시도하였다. 이후 학계에서는 오구라의 방언구획을 근거로 하여 동북방언, 동남방언, 서북방언, 서남방언, 중부방언, 제주도방언의 여섯 방언권으로 구획하고 그렇게 불러오고 있다. 이 밖에 방언구획에 관한 제 설이 있기는 하나 대부분 실증적인 조사·연구에 기초한 것이 아니라 오구라의 방언구획에 자신의 견해를 덧붙인 것이다. 다만, 이숭녕(1967), 한영순(1967), 최학근(1971, 1976), 김병제(1988)의 방언구획이 새롭다 할 만하다. 이숭녕(1967)은 주로 음운사적 주제(△, ㅸ, ㅇ, 구개음화 등)를 가지고 6개의 방언권으로 구획하였는데, 오구라의 구획과 대체로 일치하나 사리원 이북의 황해도를 평안도방언에 포함시켰고, 강원도 고성 이북을 함경도방언에 포함시켰다는 점이 다르다. 한영순(1967)은 음운(모음체계, 음운탈락), 형태(격조사와 종결어미), 통사 구조상의 차이(부정 부사 '아니', '못'의 위치)를 가지고 8개의 방언권으로 구획하였는데, 황해도방언과 함북 북부의 육진방언을 독립 방언권으로 설정한 점이 특징적이다. 최학근은 실증적인 조사를 바탕으로 음운(어중자음, 어두경음화, 모음 대응), 어휘(모래, 벼, 부엌 등), 어법(의문 종결어미) 면을 관찰하고 여기서 남북을 가르는 등어선속에 유의하여 남부방언군과 북부방언군으로 나누고 이를 역사적 사실과 결부시켰다. 한편, 김병제(1988)는 1차로 크게 동부방언지구와 서부방언지구로 나눈 다음, 방언지구를 다시 방언지역으로 하위 분류하고 또 방언지역을 방언지방으로 하위 분류하였다. 방언권을 평면적으로 구획하지 않고 입체적으로 구획한 점이 다른 연구자들과 다르며 황해도방언을 서북방언권에 포함시킨 점도 다르다. 구체적인 논의는 없으나 국어 방언권을 동서로 구획한 일은 일찍이 리극로(1932)에서도 있었다.

위와 같이 대방언권의 방언구획이 다양하게 논의되었지만 그것은 체계를 고려하지 않은 개별적인 특징(주로 음운사, 종결어미)에 의한 것이었다. 60년대 이후에는 道 단위의 방언구획에 관심이 쏠리게 되었는데, 방언차가 두드러진 남부방언(경상·전라)을 대상으로 한 연구가 많았다. 초기에는 도내의 주요한 방언 특징이 관찰 대상이었다. 즉, 체계적인 면보다는 그 방언의 개별 특징을 대상으로 하여 그 분화를 관찰하였는데, 아직 분화와 관련된 언어내외적 요인이 구체적으로 논의되지는 못했고 또 방언구획의 원리나 방법이 서 있지 않았다. 그러한 문제는 방언 연구업적이 어느 정도 축적되고 방언연구가 활기를 띠기 시작한 80년대에 들어서서야 본격적으로 논의된다. 따라서 초기의 연구는 개별 특징에 의한 방언분화 양상을 보여주었다는 데 의의를 둘 수 있을 것이다. 이를 개관하면, 경남방언의 하위방언구획은 모음체계의 차이를 고려하여 방언구획을 시도한 김영송(1963), 활용어미와 조사의 변이형들을 바탕으로 연구한 나진석(1963)이 있고 70년대에는 음운·어휘·어법·성조 등 여러 부문을 종합한 김영태(1975)가 있다. 경북방언은, 음운·어휘·어법(의문 종결어미) 상의 특징을 가지고 3개의 소방언권으로 구획한 천시권(1965), 음운·어휘·어법 상의 개별 특성을 각각 등어선으로 확인한 이기백(1969), 음운(ㅡ/ㅓ, ㅔ/ㅐ, ㅅ/ㅆ), 어휘(부엌, 아재, 변소, 여우,

348

병아리 등), 어법(의문, 명령, 청유형 종결어미)적 특징에 의하여 4개의 소방언권으로 구획한 정철(1997)이 발표되었다. 그리고 경상남북도를 대상으로 한 연구도 있었는데, 의문형 및 서술형 존대 종결어미를 가지고 방언구획을 시도한 박지홍(1983)이 있다. 충남방언은 도수희(1977)에서 간략하게 3개의 하위방언권으로 구획이 가능함을 말하였다. 이러한 연구는 연구자마다 조사·연구 대상이 달랐기 때문에 방언구획의 결과도 각각 달랐다.

이렇게 이 시기에는 개별 방언 특징들에 의존하여 방언구획을 시도하였기 때문에 방언경계를 설정하는 새로운 방법론이 모색되기도 하였다. 구조방언학의 관점에서 어휘 의미나 음운체계를 고려하여 방언경계선을 찾아야 한다는 견해가 그것이다(이병근 1969b, 1973). 그 후 최명옥(1994)도 개별 특징에 의한 방언구획을 반성하고 비판하면서 체계에 의한 등어선이 중요함을 지적하고 또 등어선의 등급, 두께, 방언차의 측정 등 방언구획의 방법론을 제시하면서 경상도방언의 하위방언구획을 시도하였다.

80년대는 정문연의 전국방언조사연구사업에 고무되어 방언 조사·연구가 더욱 활기를 띠게 되었다. 이와 함께 道 단위의 방언을 방언분화와 하위방언구획의 면에서 연구한 업적들이 'ㅇㅇㅇ의 언어지리학'이라는 이름으로 발표되었다. 이는 기왕의 연구가 전국을 대상으로 한 방언구획에 치중되었기 때문에 대방언권의 하위방언에 대한 조사·연구의 필요성이 자연스럽게 대두되었고, 또 전국을 대상으로 한 조사·연구보다는 자료 수집이 손쉽다는 점과 60~70년대의 방언구획을 보완한다는 의도에서 비롯된 것이다. 이러한 연구의 목적은 궁극적으로 방언구획에 있었지만 부분적으로 방언분화를 통시적으로 논의하면서 분화에 관련된 언어외적 요인을 밝혔다는 점에서 언어지리학적 연구에 근접한 것이라 할 수 있을 것이다. 이익섭(1981), 이기갑(1986)에서 이 분야에 대한 체계적인 연구방법이 수립되었는데 이후 이와 유사한 연구가 줄을 이었다.

이익섭(1981)은 지리적 연구의 새로운 가능성을 보여준 업적으로, 여기서 제시된 연구방법은 이후 많은 영향을 주었다. 面 단위로 조사지점을 선정하고 통신조사방법으로 자료를 수집하였는데, 음운과 문법 항목을 중심으로 현지 조사를 병행하였다. 기왕의 연구가 주로 개별적인 방언특징에 의존하여 방언을 구획하거나 지리적 분화를 논의한 반면, 이 저서에서는 체계의 차이나 형태음소론적 교체의 차이를 중시하기도 하고, 방언분화를 사회문화적 환경과 관련지어 논의하였다. 그리고 간접조사방법, 등어선의 등급, 방언차의 측정, 언어지도의 작성과 해석 등을 구체적으로 논의함으로써 연구방법의 토대를 마련하였다. 이 연구에서는 52장의 언어지도를 제시해 가면서 강원도 방언의 분화와 관련된 제반 언어내외적 요인을 밝혔는데, 강원도방언은 대체로 태백산맥이라는 자연지리 환경에 의하여 嶺東과 嶺西로 분화되어 있다고 하였다.

뒤를 이은 이기갑(1986)은 전라남도의 방언분화와 방언구획을 목표로 하여 쓰어진 것인데, 여기서도 연구방법상 새로운 시도가 보인다. 언어지도의 부호 사용 문제, 개신자, 개신파의 확산과 그 방향, 언어적 거리(linguistic distance)의 개념을 응용한 점 등이 그것이다. 이 연구는 부분적으로 재구를 시도한 점, 문법형태소의 체계를 고려한 점, 방언형들을 수치화하여 계량적인 방법으로 방언 간의 차이가 드러나도록 하였다는 점에서 이전과는 다른 면모를 보였다. 지도 작성에서도 개신파의 진행 방향을 보이고 세귀(J. Séguy 1973)의 방법을 응용하여 언어적 거리를 수치화함으로써 개신의 방향과 하위방언구획이 잘 드러나도록 하였다.

이 무렵, 컴퓨터가 널리 보급되면서 컴퓨터를 이용한 자료처리 및 언어지도 작성방법이 모색되기 시작하였는데, 이를 적극적으로 응용한 연구가 충북방언의 방언분화와 방언구획을 논의한 김충회(1991)다. 이 연구에서는 등어선의 등급, 등어선속에 의한 방언구획 문제가 좀더 구체적으로 논의되었다. 243개의 조사항목 중 방언차가 큰 72개 항목을 선택하여 언어지도를 작성하였다.

위 연구 외에 이 시기에 방언구획을 언급한 논문을 개관하면, 김태균(1983)은 실향민들을 대상으로 자료를 조사하여 함북방언을 네 개의 소방언권으로 구획하였다. 한편, 전북방언의 방언구획은 이승재(1987)에서 '田'자형으로, 음운현상을 중심으로 하위방언구획을 시도한 소강춘(1990)은 '井'자형으로, 어휘를 중심으로 하위방언구획을 시도한 전광현(1995)은 東西로 구획하였다. 또한 이 시기에는 道 단위의 방언구획에서 郡 단위의 방언구획을 논의하는 단계로까지 발전하였다(최영희 1982, 신승원 1989). 충남방언은 도수희(1977)에서 간략하게 3개 하위방언권으로 구획이 가능함을 말하였고 이후 황인권(1999)에서 폭넓게 검토되었다.

90년대 이후에도 방언구획에 관한 연구업적이 지속적으로 발표되었는데, 그러한 업적으로는 경남방언을 대상으로 한 강대갑(1997), 박정수(1999), 김택구(2000), 김정대(2000)가 있고, 경북방언을 대상으로 한 김덕호(2001), 신승원(2000)이 있으며, 충남방언을 대상으로 한 황인권(1999), 제주도방언을 대상으로 한 성낙수(1991a, 1991b)가 있다.

경남방언의 하위방언구획 논저들의 연구대상과 방법을 일별하면 다음과 같다. 김택구(2000)는 면 단위로 조사지점을 선정하고 통신조사방법으로 조사하였다. 그 결과를 언어지도로 작성하여 지리적 분화를 관찰하고 개신파의 발생과 전파를 논의하였다. 그리고 각 지역어 사이의 차이를 통계적으로 처리하여 언어적 거리에 의한 하위방언구획을 꾀하였다. 한편, 종전의 경남방언 방언구획에서는 주로 음운사적 주제 또는 음운체계, 어원적 차이를 고려한 어휘 분화, 문법형태소의 異同에 따른 분화 등을 다루었지만, 박정수(1999)는 음운체계 및 음운규칙을 확인하고 규칙들의 적용영역의 차이에 따른 방언차를 논의하여 하위방언구획을 시도하였다. 49장의 언어지도가 보여주는 분화의 양상을 자연지리 환경을 고려해 가면서 설명하고 개신의 진원지와 전파의 방향을 논하였다. 김정대(2000) 역시 음운(ㅅ/ㅆ의 대립, 단순모음의 수, 성조, ㅇ의 변화 등) 면을 고려하여 경남방언의 방언구획을 논의한 것이다. 위 두 연구자는 등어선의 두께에 의지하여 방언을 구획하였는데, 김정대는 등어선의 등급을 고려하였고 박정수는 고려하지 않았다. 한편, 경북 의성군의 언어 분화를 연구한 신승원(2000)도 음운론 주제(음소체계, 음소변화, 음운현상, 성조형, 재구조화)를 가지고 분화를 논의하였는데, 언어 외적 변인으로 지리, 세대차를 함께 고려하였다는 점이 특징적이다.

경북방언의 분화를 연구한 김덕호(2001)는 기왕의 연구방법에서 한 걸음 진전된 모습을 보여준다. 역시 읍·면을 단위로 조사지점을 선정하고 200여 항을 간접조사 방법으로 조사하였지만 직접조사를 병행하기도 하였다. 78장의 언어지도를 제시하고 있다. 이 연구는 컴퓨터를 이용하여 자료를 정리하고 언어지도를 작성하였다는 점, 통계적 처리를 통해 방언차를 드러내보였다는 점, 개신파의 이동 속력을 측정하는 방법을 마련하고 응용한 점, 인상적 등어선(impressive isogloss)의 개념을 세우고 그것을 방언구획의 한 방법으로 삼아 그 타당성을 검증한 점, 언어지도 작성을 위한 자료의 가공 및 상징부호의 사용이 새롭다는 점에서 주목할 만하다.

황인권(1999)은 충남방언을 대상으로 한 연구로서 300항목을 직접 조사하였다고 하는데 음운변화와 어휘변화를 중심으로 기술하였고, 하위방언구획은 논의하지 않았다. 154장의 언어지도를 제시하였다. 재구방법보다는 주로 중세국어 어형을 비교의 대상으로 삼고 분화를 설명하고자 하였다.

지금까지 소개한 위 조사·연구는 경비와 시간은 물론 개인이 감당하기 어려운 조사상의 제약으로 말미암아 간접조사방법에 의존하였고, 조사대상은 음운(음운사적 주제, 음운체계, 음운 변동), 어법(특정 문법 범주), 어휘적 특징에 근거한 것이다. 이들 연구에서는 수집된 자료를 언어지도로 작성한 다음, 도면 위에 나타난 지역적 변이형들 간의 차이를 일차적으로는 언어내적 면에서 밝히고, 이차적으로는 자연지리 환경을 고려하여 기술하였는데, 목표는 하위방언구획에 있었다. 따라서 이러한 연구는 엄밀하게 말하면 언어지리학적 연구라기보다는 분화를 살피고 그에 의거 방언구획을 꾀한 연구라 할 것이다. 연구방법은 대체로 이익섭(1981)과 이기갑(1986)의 그것과 같으나 연구대상은 필자마다 조금씩 다르다. 이들 연구로 道 단위의 하위방언권이 어느 정도 드러났고 그 분화 요인도 밝혀졌다. 그리고 조사방법론, 언어지도 작성법, 방언구획론, 방언측정법 등에 관한 문제도 꾸준히 논의되었다.

조사방법론에서는 조사항목의 선정, 질문지의 작성, 조사방법에 관한 문제들이 검토되었다. 자료수집에서는 우편을 이용한 간접조사방법을 썼고, 보조적으로 직접조사방법을 쓰기도 하였다. 직접조사는 연구자 자신이 예비조사 또는 표본조사를 할 때, 전이지역으로 판단되는 곳을 정밀하게 관찰하고자 할 때, 우편조사의 결과가 분명하지 않을 때, 통신조사로써 자료를 모으기 어려운 음운항목을 조사할 때 행하였다. 대체로 간접조사방법으로 수집한 자료의 신뢰도나 타당도를 점검하거나 기초자료를 수집하기 위하여 직접조사방법을 보조적으로 활용한 셈이다. 그런데 간접조사는 현지에서 실제로 조사를 벌이거나 조사를 알선하는 중개자(intermediary)의 자질 또는 성실성에 따라 그 결과가 다를 수 있는데 이에 대한 구체적인 경험 사례는 구체적으로 제시된 바 없다. 또 道 단위의 연구에서 조사항목의 수, 조사항목의 성격, 각각의 조사항목에 대한 질문법(선택형 질문지 또는 그림 등)에 관한 내용도 이익섭(1981), 김덕호(2001)를 제외하고는 깊이 있게 논의된 바가 없는 것 같다. 그리고 조사지점망(network)의 구축에 대해서도 이렇다 할 논의가 발견되지 않는다. 다만, 자료정리는 물론이거니와 언어지도의 작성에 이르기까지의 전 과정을 컴퓨터로 처리할 수 있는 여러 방법을 모색하고 실용화한 것은 고무적이다.

방언측정법은 연구자들이 꽤 고심하였던 문제 중 하나였다. 언어적 거리, 등어선의 등급, 등어선의 두께 등에 대한 논의가 그것이다. 등어선의 등급은 체임버와 트럿길(Chambers & Trudgill 1980, *Dialectology*, pp. 112~116)의 제안에 대한 이익섭(1984: 140~147)의 적절한 비판과 대안이 있었고 또 김충회(1991), 최명옥(1994), 김덕호(2001)도 이를 방언구획에 응용했으나 연구자마다 등어선의 차등화 또는 점수 부여방식이 조금씩 다르다. 등어선의 등급은 결국 可變性의 정도를 수치화한 것인데 점수 부여를 어떤 기준에 의하여 행할 것인지 언어의 층위나 경험적인 근거를 고려하여 더 연구할 필요가 있어 보인다. 그리고 기존의 연구에서는 등어선의 등급을 고려하지 않고 두께를 측정한 경우와 등급화한 후에 두께를 측정한 경우가 있는데,

등급을 고려하여 등어선속의 의미를 해석해야 될 것이다.

개신파의 확산에 관한 문제는 김덕호(2001)에서 비교적 자세히 논의되었다. 개신파의 확산을 계측하는 방법을 마련하여 측정해 보고 개신파의 이동 상황을 예측하고 있다. 필자 자신이 말한 바와 같이 이러한 방법은 언어의 전파가 공간적으로나 세대 간에서나 점진적으로 이루어진다는 언어지리학적 전제와 사회언어학적 검증이 있어야 성립할 수 있다. 실제 개신파의 이동에는 많은 변수가 작용할 가능성이 있으므로 앞으로 이에 관한 연구를 심화시킬 필요가 있다. 현재는 이전과 달리 인구의 이동이 급속히 이루어지고 교육이나 언론매체의 발달은 물론 인간관계가 광범위하고도 폭넓게 이루어지고 있으므로 개신파가 단순히 지리적 조건 아래에서 점진적으로 확산된다고 보기 어렵기 때문이다.

이 밖에 사회적 변인을 고려하여 제보자를 선정하고 균질적인 자료를 수집하였는지 또 제시된 언어지도에는 변이형의 분포가 아주 깔끔하게 나타난 경우가 많은데 과연 그러했는지 의문이 드는 경우도 있다. 전이지역의 양상이 잘 드러나지 않는다는 말이다. 방언을 구획할 때 어떤 언어적 요소나 특징을 고려할 것인가. 또한 개신의 진원지는 어디고 전파의 방향은 어떠한가. 그러한 전파는 역사·사회·문화 또는 자연지리 환경과 어떠한 관련을 맺는가. 개신의 속도는 어떠한가. 지금까지 축적된 경험적인 사실을 토대로 위와 같은 물음에 대한 체계적 설명 및 이론화를 꾀하는 일은 앞으로의 과제가 될 것이다. 그를 통해 언어분화의 일반적인 원리를 이끌어 낼 수 있을 것이다.

3.3 언어지리학적 연구

광복 이후 지금까지 언어지리학적 연구는 크게 발전하지 못하였다. 이러한 연구를 수행하기에는 남북한을 아우른 조사자료가 턱없이 부족하기 때문이다. 부분적으로 오구라 신페이(1944)의 자료를 활용할 수밖에 없지만, 이도 한계가 있다. 이처럼 전국을 살필 수 있는 균질적인 자료의 빈곤으로 언어지리학적 연구는 도 단위의 방언구획을 행하면서 부분적으로 수행할 수밖에 없었다. 그러한 업적이 3.2에서 언급한 이익섭(1981), 이기갑(1986), 김충회(1991), 김덕호(2001) 등이다. 이들은 대체로 방언구획을 목표로 씌어진 저서지만, 부분적으로는 자료를 언어지도로 제시하고 그에 의거하여 분화 이전의 상태를 재구하고, 그로부터 분화가 이루어진 언어 내적 혹은 역사·사회·문화적 환경과 같은 언어 외적 요인들을 언급하고 또 개신파의 진원지나 전파에 대하여 논의하기도 하였다. 그러나 도면 위의 언어 분화가 인문·자연지리 환경 속에서 어떠한 역사적 과정을 거쳐 그렇게 결과했는지 적극적으로 논의하지는 못한 것 같다. 또한 등어선들이 지닌 의미에 대한 해석도 만족스럽다고 하기는 어렵다. 단순히 지역적 변이형들의 異同만을 등어선으로 구분하는·것으로 그친다면 그것은 방언구획 차원의 연구에 지나지 않는다. 이밖에 3.1에서 본 바와 같이 음운사적 관점에서 방언분화를 연구한 이승재(1983), 한영균(1985), 곽충구(1995a) 등도 언어지리학적 연구에 근접한 것들이라 할 수 있을 것이다.

방언구획과 무관하게 언어지리학적 방법으로 연구된 논문을 소개하기로 한다. 최명옥(1992c)은 경북 동해안 방언에서는 어간 모음의 자질에 관계없이 '-아'가 결합된다는 점과 향가에서는 부사형어미가 '可'(折叱可=것거, 修叱可=닷가)로 표기된 사실에 근거하여 고대에는 모음조화 규칙이 없었으며, 이 규칙은 후대에 발생하여 지리적으로 확산된 것이라는 주장을 폈다. 이 방언이 보여주는 음운현상을 고대의 잔재로 파악한 것이다. 그런데 이 현상은 강원도의 동해안 지역에서도 나타나는데, 이 지역은 어중자음 탈락 등에서 개신지역의 성격을 띤다. 따라서 이 현상이 잔재적인 것인지 또는 개신으로 말미암은 것인지 판단하기 어렵다. 한편 곽충구(1995b)는 중세국어의 '것위'가 *것귀로 소급될 수 있음을 밝히고 이는 본디 지렁이와 회충을 의미하였으나 중국으로부터 地龍, 蚘蟲이 차용되면서 의미분화가 이루어지게 되었음을 말하고, 지금도 의미가 미분화된 채로 남아 있는 남부방언권에서 그 흔적을 발견할 수 있다고 하였다. 또 고유어의 음운·형태·의미변화에 의한 방언분화, 고유어와 한자어의 유의경쟁, 접촉지역에서 볼 수 있는 혼효현상, 신어의 지리적 확산 등을 논의하였다. 한편, 오종갑(1998)은 ε>E, e>i, e>E와 같은 전설계열 모음들의 일련의 변화는 ε>E 변화에 따른 체계상의 조정에 말미암은 것이라 하고 이 변화의 진원지와 그 전파 경로를 밝히고자 하였다. 김홍석(1998)은 경제용어의 방언차를 산경표와 관련지어 살펴본 것이다.

한편, 단편적으로 언어의 전파 문제를 논의한 연구들을 보이면 다음과 같다. 규칙의 전파 문제는 방언 간의 영향 또는 음운규칙의 지리적 확산을 논의하는 자리에서 거론되었는데 이숭녕(1950)에서는 파동설을, 이숭녕(1954, 1956)에서는 ㅂ>ㅸ, ㅅ>ㅿ 변화의 개신이 중부권에서 주변 지역으로 확산되었다는 사실을 언급하였다. 그리고 안병희(1957)에서는 ㄷ구개음화가, 강윤호(1959)에서는 어두경음화 현상이 남에서 북으로 확산되고 있다는 사실을 밝혔으며, 김완진(1975)에서는 'ᆞ>ㅏ'와 'ᆞ>ㅗ' 변화의 확산 속도에 의한 방언차를 언급하기도 하였다. 이렇게 초기에는 전국을 대상으로 하여 특정 음운현상의 확산을 논의했을 뿐 언어지리학적 연구가 행해진 것은 아니다. 그리고 80년대에는 도 단위의 방언구획을 논의하면서 개신파의 진원지나 확산의 방향이 언급되었다.

전이지역에 대한 연구로는 이상규(1991)가 있는데, 전이지역에서 발견할 수 있는 병존방언 및 융합방언의 실상을 보여주고 있다. 한편, 김영배(1976)는 두 언어의 접촉 결과로 나타나는 일반적인 양상이 평안방언과 중부방언의 접촉 과정에서는 어떻게 나타나는지를 음운 면에서 살펴보려 한 논문이다. 그 밖에 접촉지역 방언에 대해서는 김영배(1987a), 서주열(1981), 전광현(1983a), 이병근·정승철(1989)에서 볼 수 있다. 역시 접촉지역에서 흔히 나타나는 혼효형에 대한 문제는 이승재(1983b) 등에서 논의되었다.

주민의 이주와 관련하여 방언 간의 간섭이나 통합 과정을 밝힌 논문으로, 울릉도방언을 조사·연구한 오종갑·박종갑(1998, 1999)이 있다. 울릉도 방언은 원적지가 다양한 이주민 혹은 그 후손들의 방언이 뒤섞여 있어 언어변화를 연구하기에는 안성맞춤이다. 대체로 110년의 이주사를 가지고 있기 때문에, 이주 한 세기 동안 이주 이전의 지역방언과 이주 후의 방언이 어떠한 정도로 분화되어 있으며 이질적인 지역방언들이 이 방언권에서 어떤 방향으로 어떻게 통합되어 가고 있는가 하는 점을 연구하였다.

『한국 언어 지도집』(Language Atlas of Korea)은 대한민국 학술원이 1993년에 제작한 천연색 언어지도다. 기본도와 6장의 언어지도로 구성되어 있고 각 장마다 지도에 나타난 언어 현상을 설명한 해설이 붙어 있다. 이 지도는 색상을 통하여 분화 과정이 어느 정도 드러나도록 하였는데 개신을 많이 입은 어형일수록 명도가 높은 색으로 나타냈다. 남북한을 통틀어 304개 조사지점에서 3년간에 걸쳐 제보자를 직접 면담하여 얻은 조사결과를 바탕으로 만들어 냈다. 질문지(<국어초분절음소조사표>)는 초분절음소 체계의 파악에 역점을 두고 460여 항목을 선정하여 작성하였다. 이 언어지도는 최초로 국어 초분절음소를 전면적으로 조사하고 국어 각 방언의 초분절음소와 그 체계 및 분포를 보여주고 있다는 점에서 의의가 크다. 이 중 핵심이 되는 지도는 <지도 1. 말[글]의 운소 분포>로, 상승조, 고조, 음장, 무성조무음장 지역을 확연히 보여준다.

3.4 구조방언학, 생성방언학

구조방언학과 생성방언학은 국내에서 크게 호응을 받지 못했다. 이익섭(1984), 이상규(1999), 이혁화(2001)에서 언급된 것처럼 이 이론들이 가지고 있는 한계 때문이기도 하겠지만, 그 외에 국어 방언 연구가 개별 방언의 연구와 방언구획에 치중하였기 때문으로 보인다. 구조방언학의 방법론에 주목하거나 그러한 태도에 입각해서 기술한 논문으로 이병근(1969, 1976a) 등이 있다. 전광현(1983a)은 접촉지역이라 할 수 있는 충북 영동과 전북 무주를 대상으로 음운체계와 음운현상을 조사·연구하고 두 지역어의 체계적 차이를 이중체계(diasystem)로서 보였다. 생성방언학의 관점에서 연구된 논문도 거의 발견되지 않는데, 이혜숙(1970)은 방법론을 소개하고 그 적용

가능성을 서설적으로 쓴 논문이다. 단, 방언차가 아닌 방언형간의 차이를 규칙의 차이로 설명하고자 하는 노력이 많았는데 이에 대해서는 앞 3.1에서 언급한 바 있다.

3.5 사회방언학

60년대 이전만 해도 사회언어학에 대한 관심이 많지 않았기 때문에 특정 방언을 사회적 변인을 고려하여 연구한 업적은 달리 발견되지 않는다.

70년대에 들어서서는 특정 지역의 방언분화를 사회적 요인에 의거하여 관찰한 연구가 나오기 시작하였다. 전북 북부지역어의 언어분화를 교육권, 교통망, 통혼권 등 사회적 변인을 고려하여 기술한 이익섭(1970)이 그 선편에 해당한다. 이 밖에 이 시기에는 반촌/민촌, 농촌/어촌 등과 같은 사회적 변인을 고려하여 그에 의한 방언분화를 연구하였다. 강신항(1976)은 경북 안동, 봉화, 영해 지역의 언어차를 반촌과 민촌이라는 사회문화적 요인으로 설명하고자 한 것이고, 이익섭(1976)은 강원도 동해안 지역 방언의 어휘적 차이를 농촌과 어촌으로 나누어 밝혀 보고자 한 것이다. 한편, 최명옥(1980)은 경북 영해지역어의 반촌(=농촌)과 민촌(=어촌)에 대한 전반적인 조사를 통하여 두 지역의 유사성과 차이점을 지적하고 그러한 차이를 일으킨 사회문화적 요인을 밝히고자 하였다.

80년대 이후에는 좀더 적극적으로 사회언어학의 연구방법론을 끌어들여 사회적 요인에 따른 분화를 연구하기 시작하였다. 박경래(1984, 1985)는 연령, 성별, 학력 등과 같은 변인을 고려하여 동일 지역 내의 음운론적 차이를 밝혔다. 박경래(1994)는 먼저 언어태도를 살피고, 연령, 세대, 성별, 학력 등의 변인을 고려하여 움라우트라는 음운현상을 기술한바, 사회언어학의 방법론으로 한 언어사회의 음운론적 변이를 정밀하게 기술한 업적이다. 이 밖에 정인상(1986), 김영진(1997)도 세대 등 사회적 변인을 고려하여 방언 사용 정도나 음운 특징을 관찰한 것이다.

한편, 한 언어공동체 내의 역동적인 언어 변이 양상을 참여관찰 방법으로 기술한 연구도 있었다. 김규남(1998)이 그것으로 이 논문은 정읍시에 위치한 정해마을을 대상으로 하여 이 공동체 내의 화자들이 일상적으로 사용하고 있는 언어의 다양한 변이 현상을 사회언어학적 방법으로 분석하고 체계화한 것이다. 참여관찰을 통하여 일상적 발화 스타일을 조사하고 조사된 자료를 계량분석한 다음 도표화하고, 도표를 통해서 언어 변항에 따른 언어 분화를 기술하여 언어의 변화와 유지에 대한 사회언어학적인 해석을 내렸다.

한편, 최전승(1998)은 문헌자료에 나타나는 변이들을 사회언어학적 관점에서 해석해 보고자 한 것이다. 역사적 단계에서 존재했던 음성변화가 공시적으로 설명될 수 없거나 현대 방언에 그 흔적을 남기지 않았을 때, 그것이 그대로 매몰될 수밖에 없지만, 그러한 역사상의 변이형들이 방언에 잔존해 있는 사실을 들어 일부의 특정한 사회계층에서 쓰였던 것임을 밝혔다.

지금까지 간략히 소개한 바와 같이 사회방언학적 연구는 그 역사가 짧고 연구자 또한 매우 적다. 초기에는 동일 지역 내의 둘 이상의 언어집단(마을)을 사회문화적 환경을 고려하여 비교하고 그 차이를 지적하거나 차이의 원인을 밝히고자 하는 연구가 있었고 그 후에는 한 언어공동체 내에서 화자들의 부류에 따라 어떤 언어현상이 다르게 나타날 때 그 차이를 사회적 변인에 의하여 설명하고자 하는 연구로 발전하였다.

3.6 대조방언학

대조방언학(contrastive dialectology)은 대조언어학의 목표가 그러하듯이 개별 방언들이 가지고 있는 보편성과 특수성을 포착하는 데 주안을 둔다. 대조방언학은 대조를 이루게 되는 두 방언의 체계를 직접 비교하여 그 차이점이 무엇인지 밝혀야 한다. 대조방언학적 연구는 최근에 시도되어 아직은 연구업적이 영성한 편인데, 동북방언과 동남방언을 대조한 최명옥(1997)이 선편에 해당한다. 이 논문은 두 방언의 음운체계와 음운규칙, 조사와 활용어미, 부정법의 통사적 차이, 피·사동사, 특수어간교체명사, 친족호칭어의 차이를 밝히고 있다. 최명옥(1998b)는 경남의 진양과 김해지역어를 대조한 것으로, 음운(성조형의 차이, 음운규칙에서의 차이 등), 어법(통사구조가 동일하다는 전제하에 종결어미, 연결어미, 선어말어미의 차이를 조사), 어휘적 차이를 밝혀 두 지역어의 공통점과 차이점을 보였다. 이러한 연구는 성조 연구에서도 볼 수 있다. 김차균은 김차균(1993, 1994)을 비롯 각 지역 방언의 성조를 대조 또는 비교한 논문을 지속적으로 발표하고 있다.

대조방언학의 관점에서 두 지역어의 어휘체계를 대조한 연구도 있다. 최규일(1998), 김영태·김정대(1999)가 그런 예다. 최규일(1998)은 제주도 및 통영, 거제, 창원 지역어의 방언 어휘를 대조하고 방언 어휘의 체계적 차이가 의미하는 바가 무엇인가를 보이려 하였다. 곽충구(1998b)는 육진방언 어휘의 특징을 보이기 위하여 육진방언의 인체어를 평안·경북·중부 방언 및 중세어의 인체어와 대조함으로써 육진방언은 어휘 면에서도 보수적이며 또 잔재적 특성을 지녔다는 점을 지적하고 있다.

4. 일반언어학적 연구

4.1 음성·음운

4.1.1 음성

방언의 음성을 정밀하게 기술한 업적은 보이지 않는다. 다만, 초기 오구라 신페이의 일련의 조사보고서에서, 서북방언·육진방언의 'ㅈ'이 치조음으로 발음된다는 사실을 언급한 정도였다. 방언 연구에서 이에 대한 정밀한 관찰의 필요성이 강조되고 기술된 것은 구조언어학의 배경 하에서 충북 황간지역어를 연구한 이병근(1969a)에 와서의 일이다. 그 이후 방언 음성에 대한 보다 정밀한 관찰은 이승재(1990), 배주채(1994)에서 볼 수 있다. 이들은 조음음성학의 관점에서 논의한 것이다.

최근 실험음성학이 활기를 띠면서 방언의 음성을 실험음성학적으로 관

360

찰·분석한 연구도 나오기 시작하였다. 실험음성학 연구는 대체로 변별 여부가 문제가 되는 음운을 대상으로 그 물리적 차이를 관찰하기 위해서 시작되었다. 김무식(1992)은 경북방언의 성조와 음장을 대상으로, 김봉국 (1999)은 삼척지역어의 상승조를 대상으로 한 실험적 연구이다. 강순경(2001) 은 필자가 여러 차례 북한방언의 모음을 실험음성학적으로 분석한 논문을 모아놓은 저서로, 이 연구에서는 함경도, 평안도, 황해도 방언의 후설모음들 의 조음위치가 중부방언의 그것과 큰 차이를 보인다는 사실을 밝혔다. 그리고 국립국어연구원(1996)의 『국어 음성 분석 연구』는 서울 방언 화자를 연령별 로 나누어 단순모음의 세대간 차이를 실험한 것으로, /ㅐ/와 /ㅔ/가 20대 미만에서는 구분되지 않는다고 하였다. 한편, 구자경(2000)은 국어의 각 모음 들이 지각되는 원리를 밝히고자 한 것으로 기존의 음향음성학 연구에서는 모음의 음가를 F_1 대 F_2의 모음 분포도상에서의 영역으로 설명하려고 하였으 나 방언 간의 비교분석을 통해 그것이 타당하지 않음을 말하였다. 예컨대, 전북 옥구의 /ㅏ/와 전남 장성의 /ㅓ/가 모음 분포도상에서 거의 같은 영역에 분포한다고 하였다. 그러므로 F_1 대 F_2의 모음 분포도상에서의 영역만으로는 모음의 음가를 설명할 수 없고 F_1, F_2, F_3 간의 포먼트 비율이 의미 있는 것이라 하였다.

4.1.2 음운

60년대 초의 방언 음운 연구는 기술문법의 영향으로 음소의 목록과 그 분포를 보이거나(강윤호 1960), 또는 최소대립쌍에 의하여 각 방언의 음소목 록을 확인하여 음운체계를 수립하기도 하고(정연찬 1968a), 경상도방언의 鼻母音化와 같이 특이한 음운현상을 기술하는 연구(이병선 1967)가 있었다. 이러한 연구는 통시적 주제에서 벗어나 공시적 연구를 시도한 것들이다.
삼도의 합류지점인 충북 황간지역어의 음운을 연구한 이병근(1969a)은 방언을 하나의 독립된 구조체로 보고 음성과 음운체계를 기술하고, 체계와 현상을 유기적으로 파악하는 한편, 세대차 등을 살펴 변화의 방향을 기술하기

도 하였다. 이 논문에서는 "상이한 체계에 속하는 방언요소들이 각 방언의
체계의 상위한 구조적 관계를 충분히 강조함이 없이 연구되어 왔다."라고
하여 이전의 원자론적 연구 태도를 비판하고 체계적인 연구를 강조한 바
있다. 이병근(1970b)은 경기방언의 'ㅗ > ㅓ' 비원순모음화를 정밀하게 관찰
하고 그 변화를 체계의 변화(ㆍ의 비음운화와 ㅓ의 후설화)와 관련지어 논의
하였다. 말하자면, 체계와 현상을 유기적으로 파악하고자 한 것이다. 나아가
하나의 음운현상을 정밀하게 기술하면서 그 음운현상에 가해지는 제약을
밝혀 보려는 노력도 있었다. 전라도 운봉지역어의 움라우트를 조사·연구한
이병근(1971)이 그 예이다. 이러한 일련의 연구는 종래 역사적 또는 기술적
연구에서 개별 방언의 체계와 구조를 밝히는 연구로 전환하는 계기를 마련해
주었다. 또 이 시기에는 강릉방언의 활용상의 특징과 성조의 변동 등을
기술한 이익섭(1972a)과 같이 형태음소론적 교체를 정밀하게 기술한 논문이
발표되고, 전광현(1977)처럼 지역어의 음운목록을 작성하고 음운현상을 보
고하는 논문도 나오기 시작하였다.

또 이 시기에는 생성음운론을 배경으로 한 연구가 나타나기 시작하였다.
외국의 이론에 민감한 외국어학 전공자들은 생성음운론의 도입과 함께 종전
의 불규칙활용이나 예외의 문제 따위를 규칙으로 설명하려는 노력을 하였지
만, 국어학을 전공하는 이들은 중앙어 또는 방언의 음운현상을 정밀화하고
체계와 유기적으로 관련지어 논의하고자 하였다.

최명옥(1975)은 경남 삼천포(현재의 사천) 방언의 음운의 대립관계를 파악
하여 음운목록을 작성하고 음운을 자질로 명세화한 다음 음운현상을 규칙으
로 기술하였다. 방언의 문법을 규칙의 체계로 이해하기 시작한 것이다. 여기
서 자질, 규칙의 형식화 및 규칙의 적용순서 등에 대한 논의가 있었다. 요컨대,
방언의 공시적 구조체에 대한 구조음운론적인 음소목록을 작성한 다음 생성
음운론적 분석과 기술을 꾀한 것이다. 전남 구례지역어의 음운현상을 연구한
이승재(1980a)에서는 자질 설정과 자질의 위계가 구체적으로 논의되고, 또
규칙과 제약을 구분하여 형태소경계에서의 음운현상은 '규칙'으로, 형태소

내부의 음소 배열상의 제약은 '제약'으로 나누어 기술하였다. 이후 전남방언 (기세관 1981), 금릉지역어(백두현 1983), 남원지역어(소강춘 1983), 19세기 후기 서북방언의 모음체계(최임식 1984), 제주방언(정승철 1988) 등 지역방언 을 생성음운론의 이론적 바탕 하에서 연구한 논문들이 줄을 이었다. 이들 논문은 대체로 석사학위논문으로서 각 지역어의 음운체계와 음운현상 전반 을 생성론적 관점에서 기술한 것들인데, 국어의 각 하위방언(또는 지역어)이 지닌 다양한 음운현상을 비교적 정밀하게 보여주었다. 이와 함께 개별 방언의 형태소 경계에서의 음운현상을 정밀하게 기술한 논문도 증가하였다(최명옥 1976, 정인상 1982). 최명옥(1978b)은 어간에 구별자질표시를 한다거나 또는 추상 음소 /ʔ/를 설정하는 등 생성음운론적 기술 태도를 보이기도 하였다. 이렇게 특정 지역어의 음운체계와 음운현상을 연구한 논문은 최근까지 계속 발표되고 있는데, 음운이론의 변화에 따라 새로운 해석을 보여주기도 하였다.

이런 유형의 논문은 점차 박사학위논문으로 확대되어 전국 각 지역의 방언 음운 연구가 더욱 활기를 띠게 되었다. 평안방언(김영배 1977), 월성지역 어(최명옥 1982), 전주지역어(최태영 1983), 창원지역어(김영태 1985), 청원지 역어(조항근 1985), 북청지역어(이기동 1987), 거창지역어(박명순 1987) 등이 그 예다. 이러한 연구 결과로 각 지역방언의 음운 특징 또는 중앙어에서 볼 수 없는 현상(鼻母音化 등)이 속속 드러나게 되었다. 이 과정에서 이론적 배경이나 기술 방법상의 차이가 드러나기도 하고 그것이 쟁점으로 부각되기 도 하였지만 그에 대한 논의가 활발하게 전개되지는 못하였다. 예컨대, 음성 규칙·음운규칙·형태음소론적 규칙의 구분, 추상성(/ʔ/의 설정, ㅕ>ㅖ를 yə>əy(도치)>e(단모음화)로 기술하는 따위), 경계, 자질, 음운현상에서의 제약, 예외의 처리, 규칙 적용 순위, 활용 범주와 굴절 범주 상에서의 차이, 공시성과 통시성, 음운현상과 초분절음소, 음절구조 등에 대한 논의가 그것이 다. 이러한 논문은 각 방언의 공시적인 체계와 현상을 살피는 데 기여하였지 만, 다른 한편으로는 음운목록의 작성, 음운과정의 기술에만 치중하는 고식적 인 태도를 보이기도 하였다. 이러한 연구가 축적되고 그 결과로 방언 음운현상에 대한 이해가 깊어지면서 음운현상의 기술에 대한 비판도 있었다. 최명옥(1988)에서는 실증적인 자료를 통하여 음운현상의 공시성과 통시성을 논의하였고, 최명옥(1985)에서는 소위 불규칙 활용에 대한 일련의 생성음운론적 연구를 비판하고 이를 음운부의 음운규칙에 의해서가 아니라 어휘부의 선택규칙으로 처리하는 태도를 보이기도 하였다. 또 곡용과 활용을 면밀하게 관찰하면서 패러다임상에서 어간이 단일화(leveling)하는 기제를 밝히기도 하였다(최명옥 1993, 곽충구 1994b).

이처럼 공시적 연구가 활발하게 전개되고 또 각 지역어의 음운특징이 드러나게 되면서, 공시적 음운현상의 기술에 만족하지 않고 개별 방언의 음운사에도 관심을 두기 시작하였다. 움라우트(한영균 1980, 최전승 1986), 이중모음(곽충구 1982, 최전승 1984, 김옥화 1994), 、>ㅗ 원순모음화(이승재 1977), 구개음화, 체언 말자음의 마찰음화 등의 음운현상을 중세국어와 비교하거나 또는 통시성을 반영하고 있는 해당 방언의 문헌자료를 이용하여 기술하였는데, 이 결과로 음운사 연구 영역이 확대되고 또 음운사 기술이 정밀화되었다. 또 문헌자료 중심의 연구에서 제기된 음운사의 문제를 방언자료를 통해 풀어보려는 노력도 있었다. 문헌자료를 통해 재구한 이중모음 、[yʌ]의 존재를 제주도방언에서 확인한 이기문(1977), ㅸ과 △의 기원을 동남방언자료를 통해 밝혀 보고자 한 최명옥(1978a)이 그러한 예다.

이러한 연구와 함께 개별 방언의 역사, 즉 방언사를 기술하고자 하는 노력도 이 시기에 있었다. 최명옥(1982a)은 경북 월성지역어의 통시태와 공시태를 아울러 기술한 것으로 비교방언학적 방법, 즉 중세국어와 지역어를 비교하여 이 지역어 음운체계의 변화를 단계적으로 재구하여 통시태를 기술하고 또 공시적 음운현상을 기술한 것이다. 박창원(1984)은 공시적인 형태론적 교체를 바탕으로 한 내적재구와 모음대응의 비교방법을 통해 경남 固城지역어의 방언사를 기술하고자 하였다. 제주도방언의 통시적 음운변화를 연구한 정승철(1993=1995)은 체계 및 규칙의 사적 적용순위를 고려하여 음운사를 재구한 것이다. 고동호(1995)는 제주방언 자료를 바탕으로 마찰음 체계를

364

재구하고 각 방언에서의 변화를 연구한 것이다. 그리고 최전승(1994a, b)에서는 전라도방언의 방언사를 기술하면서 방언사 연구의 방법론을 비판적으로 검토하였다. 또한 통시성을 반영하고 있는 문헌자료를 발굴하고 그러한 자료를 이용하여 방언의 음운사를 기술한 업적도 이 시기에 나타나기 시작하였다. 최전승(1986)은 전라도방언이 반영된 판소리계 소설 자료를 이용하여 19세기 전라도방언의 음운현상을 기술하였고, 곽충구(1991a)는 1세기 전의 함북 육진방언의 공시태와 통시태를 기술한 것으로 공시적인 음운현상을 기술하고 이에 문헌자료를 보조적으로 이용하여 음운사를 기술하였다. 한편, 백두현(1992a)은 동남방언을 반영하고 있는 문헌자료를 이용하여 동남방언의 음운사를 기술하였다.

　　개별 방언의 음운체계와 음운현상을 기술하고자 하는 노력은 90년대에 들어서서도 꾸준히 이어졌다. 배주채(1994)는 전남 고흥방언의 음운을 연구하였는데, 정밀한 조음음성학적 관찰 하에서 음운체계와 음운현상을 기술하였다. 김옥화(2001)는 전북 부안지역어 음운을 연구한 것으로 먼저 어간형태소와 어미형태소를 목록화하고 기저형을 밝힌 다음, 이들이 통합될 때의 음운과정을 유형별로 나누어 기술하였다. 이 논문에서는 교체를 규칙적인 것과 불규칙적인 것으로 나누고, 활용과 곡용에서의 규칙의 차이, 제약, 체계와의 관계 등을 논의하였다. 유필재(2001)는 그동안 이렇다 할 연구가 없었던 서울지역어를 대상으로 음운체계, 음소배열 제약, 음운과정을 미세하게 관찰하여 기술한 업적이다. 한편, 새로운 음운이론들 가령, 음절음운론, 자립분절음운론과 같은 비단선음운 이론에 기댄 연구가 발표되기도 하였는데, 경남 함안지역어를 다룬 구현옥(1998)이 그러한 업적이다.

　　한편 ,국어 방언의 성조는 광복 이후에야 활발하게 논의되기 시작하였다.[1] 일제시기에 국어의 성조는 별반 주목을 받지 못하였다. 오구라 신페이(1917,

---

1) 논자에 따라 '성조', '음조', '악센트', '고저'라 부르는데, 이 글에서는 편의상 성조라 부르되 논저와 관련하여 지칭할 때에는 연구자가 사용한 용어를 쓰기로 한다. 김차균 교수는 '성조'와 '음조'를 다른 개념으로 쓰기도 한다.

1923: 119, 1924: 47) 등에서는 Satz Akzent라 하였고 람스테트(G.J. Ramstedt 1939: 30~31)에서도 pitch에 대한 언급은 있으나 모두 인상적 기술에 머물고 있다. 최현배(1937: 96)의 『우리말본』에서도 고저장단에 대한 언급을 볼 수 있으나, 자신의 방언(울산방언)을 바탕으로 한 단편적 기술이다(곽충구 1992). 고노 로쿠로(1945)는 중세국어에서 상성의 성조를 가졌던 단음절 어간이 '사이[鳥], 가이[犬]' 등의 예처럼 단모음화하지 않았음을 밝혔다. 그리고 고노 로쿠로(1951)에 와서야 중세국어 성조에 대한 본격적인 논의가 시작되는데, 그는 평성은 저조, 거성은 조고, 상성은 저조와 고조의 복합성조 로 파악하였다.

  방언을 비롯 국어 성조에 대한 체계적인 조사·연구는 허웅(1954, 1955)에 서 이루어진다. 이후 중세국어의 성조 및 국어 성조의 본질에 대한 논의가 50년대와 60년대에 활발하게 전개되었다. 정연찬(1960)에서는 중세국어 성 조를 저조와 고조의 2단 수평조(level-pitch register system)로 파악하였지만, 허웅(1955)은 여기에 gliding pitch를 추가하였다. 한편, 정연찬(1974)에서 한국어 성조는, 매 음절마다 고유한 성조를 가지고 있어 진정한 성조언어(true tone system)라 할 수 있는 중국어와, 어사마다 특정 음절에 고유한 악센트소를 가지고 있는 일본어의 중간적 성격을 지닌 어사성조체계(word based tone system)로 보았다.

  위에서 언급한 바와 같이 방언성조 분야의 선구적 업적은 허웅(1954, 1955) 이다. 경남 김해방언의 성조소를 저조·중조·고조로 분석하고 또 음절 수에 따른 성조형을 밝히고 굴절 어간이 어미와 통합될 때의 성조 변동 및 중세국어 성조와의 대응을 논의하였다. 이 무렵 천시권(1958)은 중세국어 의 상성이 함경도의 함흥에서는 고조로, 경북에서는 장음으로 실현된다는 사실을 보고하였다. 이후 국어 성조의 연구는 중세국어를 비롯 경상·함경· 강원·전남 방언(광양)에 걸쳐 두루 이루어졌다. 그 결과 국어 성조의 본질, 성조방언권 내의 각 지역별 성조체계, 중세국어 성조와의 대응 및 그 변화, 방언 성조 간의 비교, 지역방언 성조에 대한 비교 및 대조적 연구, 성조소의 지리적 분포, 국어 성조의 기원에 이르기까지 성조의 여러 분야가 다각적으로 연구되었다.

60년대에는 동남방언 성조에 대한 조사·연구가 활발하였는데, 문효근 (1962)은 대구방언에서는 고조·저조의 두 성조소 외에 음장이 변별적 기능을 지닌다는 사실을 말하였다. 또한 김영만(1966)에서는 허웅(1954)의 고저 분석을 더욱 정밀화하고자 하였다. 한편, 중세국어의 성조론으로부터 출발하여 방언 성조에 대해서 꾸준히 관심을 보여왔던 정연찬은 정연찬(1968b, 1974)에서 허웅(1954) 및 김영만(1966)의 '저조'(경남)와 문효근(1962)의 '저장조'(경북)를 각각 복합저고조와 복합저조로 분석하고 경상도방언의 성조 체계를 고조와 저조의 두 toneme의 이단 수평체계라 주장하였다. 허웅의 3단체계가 음성적 실현에 가깝게 설정된 것이라면, 정연찬의 체계는 음운론적으로 추상화한 체계라 할 수 있다. 이처럼 초창기부터 보여온 견해차는 지금까지 이어지고 있다.

이어 성조 연구가 강원도의 嶺東지역 방언과 전남방언에까지 확대되었지만, 성조소에 대한 문제는 여전히 이견을 보였다. 문효근(1969)은 삼척·울진 지역어가 고조·중조·저조의 세 성조소를 가지고 있다고 하였으나, 강릉지역의 방언을 중심으로 연구한 이익섭(1972)은 고조와 음장만이 시차적임을 주장하였다. 그리고 김차균(1969)은 전남방언이 고조와 저조가 대립을 보인다고 하였지만, 일반적으로는 음장만이 시차적인 것으로 보고되고 있다(배주채 1994). 한편, 이 시기에는 일본 학자들이 한국어 성조에 관심을 보이기도 하였다(梅田博之 1961, 服部四郎 1968).

70년대에 들어서서 방언 성조에 대한 연구는 더욱 활기를 띠게 되었다. 방언 성조의 성조소와 성조체계 및 굴절어간에서의 성조 변동에 대한 연구가 일층 심화되고, 더불어 경상도 하위방언은 물론 함경·강원도 영동지역의 방언 성조에까지 관심이 고루 미치기 시작하였다. 문효근(1972)은 영동 북부 지역어의 성조에 대한 연구이며, 김차균(1970, 1977)은 경상방언에 대한 성조 연구로, 고조·중조·저조(H·M·L)의 세 성조소를 두고 聲調型(체계 성조형과 표면 성조형)을 설정하여 성조를 설명하였다. 외국인 학자들의 한국어 성조에 대한 관심도 증가하였다. 그리고 聲調素 중심의 기술방법에서 聲調型을 설정하고 그에 의하여 성조 현상을 설명하려는 시도도 생겨났다. 가령, 김영만(1972, 1986)에서는 세 성조형 꽃류(O형), 풀류(U형), 별류(W형)를 설정하였고, 김차균(1979, 1988)은 L_1, M_1, H_1M^n과 같은 성조형을 설정하고 이를 다시 평측법에 따라 분류하기도 하였다. 이러한 성조형의 설정은 국어의 방언 성조가 어사성조체계라는 점을 고려하고 또 기술의 간편을 도모하기 위한 것이었다. 또 이 시기에는 중세국어의 성조와 함경·경상 방언을 비롯한 각 지역방언의 초분절음소를 비교 연구하고 상호 관계와 그 변화의 선후를 밝혀 보고자 한 업적까지 나왔다(김영만 1974).

일본인 학자들도 경상도방언의 성조에 대하여 지속적으로 관심을 보였는데(橋本萬太郎 1975, 大江孝男 1976), 이들은 '성조'보다는 '악센트'라는 술어를 사용하고 악센트 실현을 유형화하여 한국어 성조를 새롭게 분석하였다. 한 어사 안에서 고조로 실현되다가 저조로 실현되는 음절 앞에 악센트소를 부여하고 그 악센트소를 중심으로 해서 발화 표면에 고저가 실현되는 양상을 규칙으로 설명하고자 한 것이다. 이와 같은 분석 태도로 램지(S.R. Ramsey 1974, 1978)는 함남 북청방언의 성조를 연구하였는데, 이로써 함경도방언 성조의 실체가 비로소 드러나게 되었다. 이 논문은 중세국어와 함경도방언의 성조가 그 대응에서 규칙적이라는 사실을 밝히고 굴절 어간의 성조 변동을 유형화하였으며 경상도방언과 함경도방언의 성조를 비교하여 성조의 변화(accent shift)를 밝혀 보고자 하였다.

80년대에는 성조소 또는 성조형 중심의 성조 연구 외에 자립분절음운론에 입각하여 성조를 연구한 업적이 나오기 시작하였고(이혜숙 1985, 이병건 1986, 정인교 1987, 이동화1990), 중세국어와 경상도방언의 성조를 대응시켜 보려는 논의도 있었다(김차균 1986, 김주원 1991). 그리고 경상도 하위방언의 성조에 대한 연구도 증가하였다. 그 중에서 울주·양산 지역어를 연구한 신기상(1986, 1999)은 이 지역어의 고저장단을 체계적으로 기술하였다.

한편, 학술원에서 주관 실시한 '한국어 초분절음소 조사 연구'에서는 국어 방언들이 보여주는 초분절음소의 여러 유형과 그 분포가 밝혀졌다(이기문 외: 1993). 이로써 성조·음장·무성조무음장 지역이 확연히 드러나게 되었다. 성조지역은 고조, 저조, 상승조가 대립을 보이는 지역과 고조와 저조만이 대립을 보이는 지역으로 나뉜다. 종래 성조 연구가 부진했던 함경도를 살펴보면, 함북 길주·성진과 함남 단천은 상승조가 시차적인 곳이며, 그 밖의 함경도 지역은 저조와 고조가 대립을 보이는 지역이다. 단, 방언구획에서 오구라 신페이 이래 중부방언권에 포함시켜 왔던 함남의 영흥 이남 지역은 무성조 지역이다. 그리고 황해도에는 성조와 음장이 모두 비시차적인 지역 (무성조무음장)이 널리 분포한다는 사실도 밝혀졌다. 이 연구의 일환으로 씌어진 최명옥(1990a)에서는 文內에서의 句相互間의 통합관계 하에서 성조를 파악하고 성조소와 성조 실현에 따른 경상방언의 방언분화를 밝혔다. 여기서 경북 및 경북과 이웃하고 있는 강원도 영동지역의 音長이 上昇調(複合低高調)로 파악되었으며, 경남방언에서 '저조' 또는 '복합저고조'라 한 것이 저조로 분석되었다. 또, 곽충구(1991b)는 함북 길주지역어의 성조체계를 보인 다음, 활용과 곡용에서의 상승조의 변동 및 합성어에서의 상승조의 변화를 기술하였다.

한편, 곽충구(1991a)는 20세기초 함북 북부 육진방언의 악센트를 종합적으로 논의한 것으로, 육진방언의 고저악센트 및 굴절 어간의 악센트 변동 등을 다루고 있다. 이는 러시아의 카잔에서 간행된 일련의 문헌자료를 통하여 이루어진 연구로, 외국인의 국어 초분절음소에 대한 인식을 엿볼 수 있다. 함경도방언의 성조는 램지(S.R. Ramsey 1974, 1978) 이래 고저악센트로 파악되어 왔으며, 때문에 그 기술방법도 경상도방언의 성조에 대한 그것과 다르다. 그런데 김주원(1991)은 저·중·고의 세 성조소를 설정하면서도 악센트 기술방법에 따라 표면성조를 기술하고자 하였다.

이 밖에 이 시기에는 성조소 설정이나 성조 기술방법을 새롭게 제시한 연구도 있었다. 최명옥(1992b)은 기왕에 경북방언에서 저장조 또는 상승조

(복합저고조)라 한 것을 단위성조로서의 상승조와 복합조로서의 상승조로 나눌 것을 제안하기도 하였으며, 경북 금릉방언 성조를 연구한 이혁화(1994)는 상승조를 단위 성조소로 설정하고 성조형 중심으로 기술하면서 성조 변동을 어휘부에서의 선택규칙으로 처리하는 등 기술방법에서 새로운 면모를 보여주기도 하였다.

90년대 후반에는 성조 연구자가 드물고 연구업적도 적다. 다만, 중세국어 및 방언성조를 지속적으로 연구해 온 김차균은 경상도 하위방언들이 보여주는 성조 실현의 차이, 세대 간의 차이, 또는 경상도방언과 다른 대방언권(함남방언, 육진방언, 전남방언, 강원도방언)의 성조를 비교 또는 대조하여 그 체계적 차이를 드러내려는 노력을 지속적으로 해 오면서 그와 관련된 많은 논문을 발표하고 있다. 국어 성조에 관한 독특한 연구방법론을 수립하고 또 이론화를 꾀하는 한편, 성조형의 표기 규약, 방점표기법을 마련하기도 하였다. 이 시기 지역 방언의 성조를 기술한 연구로, 강원도 삼척지역어의 성조체계와 성조의 변동을 다룬 김봉국(1998), 대구지역어의 성조를 연구한 이문규(1998) 등이 있으며, 후쿠이 레이(福井玲 1998)는 전남지역 내에서는 유일하게 성조가 시차적인 광양지역어를 조사한 것으로 악센트의 실현 유형을 기술하고 또 광양지역 내에서의 차이도 보여주었다. 또 최근에는 지금까지의 방언 성조 연구를 종합하여 성조소 또는 성조형의 지역적 차이를 보이거나(최명옥 1998a, 1998b), 기왕의 성조 연구를 돌아보고 비판적 성찰을 꾀하기도 하였다(김영만 2001).

한편, 90년을 전후해서는 그동안 축적된 중세국어 성조 연구, 방언 성조 연구 및 국어음운사 연구업적에 기대어 국어 성조의 기원과 그 발달을 논의한 논문도 발표되었다. 램지(S.R. Ramsey 1986, 1991), 휘트먼(Whitman 1994)이 그것이다. 램지는 기원적으로 한국어에는 성조가 없었음을 주장하고, 단어 말음절의 고조화 및 어중자음의 약화 탈락 등과 같은 분절음소의 변화를 통해서 국어 성조의 발생과 그 발달을 논의하였다.

370

4.2 문법

초창기 오구라 신페이의 방언 문법 연구는 '어법'이라는 이름 아래, 불규칙
활용, 격조사 그리고 문체법·시제·경어법을 반영하고 있는 종결어미를
조사하고 그 지리적 분포를 밝히는 것이었다. 이러한 오구라의 조사·연구는
개별 방언의 체계를 고려하여 문법형태소의 기능이나 의미를 파악한 것은
아니었다. 그런 의미에서 제주도 방언을 대상으로 조어법·격변화·시제·
상·경어법 등을 공시적인 관점에서 체계적으로 분석 기술한 이숭녕(1957)은
방언 연구의 새로운 里程을 세운 논문으로 기억할 만하다. 50~60년대에는
표준어와는 상당한 차이를 보이는 경상도방언 및 제주도방언을 중심으로
문법형태소의 형태와 기능을 조사·연구하였는바, 경상방언의 종결어미를
다룬 최학근(1964~66)은 방언분화를 염두에 둔 조사·연구이고, 현평효
(1966, 1975)는 제주도방언의 어미를 체계적으로 조사한 업적이다.

방언 문법 연구도 다른 연구 분야와 마찬가지로 70년대부터는 앞 시기와는
다른 양상으로 점차 바뀌어 간다. 즉, 광역조사 연구에서 개별 방언을 대상으
로 한 기술적 연구로 바뀌어 가고, 연구주제(문법 범주)도 다양해졌으며,
형태소 확인 단계에서 분석 및 배합을 연구하는 단계로, 거기서 다시 변형문법
이 수용되면서부터는 통사적 연구로 점차 발전하였다. 그러나 지역 편중
현상은 여전하여 제주도 방언과 경상도 방언이 주된 연구대상이었다. 대체로
형태와 기능이 중부방언의 그것과 두드러진 차이를 보인다는 점과 국어사적
관점에서 볼 때 주목할 만한 특징이 이들 방언에서 많이 발견된다는 점이
그러한 편중 현상을 불러온 것으로 보인다. 또한 일제시기부터 각광을 받았던
敬語法과 敍法(疑問法)이 주요 관심사가 되어 연구주제에서도 편중현상을
보인다. 때문에 각 방언문법의 체계적 차이를 밝히기도 어렵거니와 그러한
시도를 한 업적도 거의 발견되지 않는다.

70년대에 이루어진 연구를 간략히 살펴보면, 충남 병천방언의 활용어미
및 형태소 배합을 연구한 유구상(1970)이 있고, 영동방언의 서법체계를 밝힌
박일범(1972), 경북방언의 활용어미를 조사한 천시권(1973), 평안방언의 활용

어미를 체계화한 김영배(1979) 등이 있다. 한편, 성낙수(1973)는 방언 간의
비교가 가능하도록 동사류 접미사의 형태와 그 배합을 형식화하여 충남
당진방언을 조사·연구한 것이다. 경어법 연구로는 전북 동부방언을 중심으
로 활용어미, 조사, 대명사에 나타난 경어법을 논의한 최태영(1973), 영동방언
을 조사·연구한 이익섭(1974), 경남방언을 조사·연구한 김영태(1977)가
있다. 그리고 경상도 방언의 의문법을 연구한 업적으로 최명옥(1976), 강신항
(1978) 등이 있고 제주도 방언의 의문법 연구로 홍종림(1975)이 있다.

이 시기에 주제를 폭넓게 설정하고 지역방언의 문법 범주를 연구한 것으로
현평효(1973)를 들 수 있는데, 제주방언의 서법(의문법), 시제, 존비법을 논의
하고 그것을 문헌어와 비교하였다. 체계적 관점을 견지하면서도 역사적인
문제에도 관심을 두었던 것이다. 한편, 제주도 방언의 활용어미(평서법, 의문
법, 명령법, 청유법)는 현평효(1974)에서 조사·연구되었다. 이익섭(1972)에
서는 강릉방언의 시제, 피·사동, 품사, 조어법상의 특징 등이 연구되었다.
방언문법의 연구대상이 점차 확대되기 시작한 것이다.

한편, 격조사에 대한 연구로는 전북방언을 대상으로 하여 형태·통사론적
인 특징을 연구한 홍윤표(1978), 이태영(1983)이 있다. 그리고 선어말어미에
대한 연구로는 전남방언의 선어말어미 '-게-'에 의한 주체존대법과 그 통사론
적 특징을 밝힌 박양규(1980), 김중진(1984)이 있다. 형식명사에 대한 연구로
는 전라방언에서 '추측'의 의미를 지닌 '갑'을 다룬 이승재(1980b)가 있으며,
전남방언의 형식명사를 중세국어와 관련하여 고찰한 이기갑(1983)이 있다.

80년을 전후한 시기에는, 변형문법의 수용으로 통사론적 연구가 점차
증가하기 시작하였으며 연구 주제도 그 이전에 비해 다양해지기 시작하였다.
경남방언의 의문법을 다룬 서정목(1979)은 核文法 이론을 국어 의문문에
적용하여 중부방언과 경상방언의 차이를 매개변항의 차이로 설명하면서
의문법어미의 방언차를 보이고자 하였으며, 성낙수(1975)는 제주도 방언의
존대법을 표준어와 비교하면서 논의하였다. 경상도 방언에 대한 통사론적
연구로서 영천방언의 사동법을 다룬 이상규(1980)는 방언문법의 체계화를

372

꾀한 업적이고, 이상규(1985)는 명령법 어미 '-거라'를, 권재일(1986)은 의존 동사를 연구한 업적이다. 제주도 방언의 통사론적인 연구는 제주도 방언의 인용문을 연구한 강정희(1981), 동사구 보문을 연구한 김지홍(1978), 명사류 접미사를 연구한 강정희(1984), 시상을 연구한 홍종림(1987)이 있다. 성낙수 (1984)는 제주도 방언의 풀이씨에 대한 마침법 연구로서 형태소들의 통사·의미 특성을 현평효(1975)와는 다른 시각에서 다룬 것이다. 이기갑(1982)은 전남방언의 상대높임법을 다룬 업적이다.

그리고 이 시기에는 개별 방언의 문법 범주를 광범위하게 기술하기도 하였다. 최명옥(1980)은 경북 영덕방언의 곡용, 후치사, 종결어미, 선어말어미, 접속어미 등을, 이익섭(1981)은 강원도방언의 격조사, 특수조사, 경어법, 종결어미 등을 조사 연구하였다. 경남 창원방언을 연구한 김영태(1985)에서도 그러한 연구 내용을 볼 수 있다.

90년대에는 문법 분야의 연구가 그리 활발하지는 못하였다. 제주도방언의 상 범주를 다룬 홍종림(1991), 우창현(1998)과 충북방언의 청자 대우법을 조사·연구한 정원수(1992), 고흥방언의 장형부정문을 연구한 배주채(1997) 가 있다. 이상규(1990)는 통시적 관점에서 격형태의 형태소 재분석을 시도하면서 방언 문법사의 기술에 관심을 보였고, 김태엽(1992)도 형태소 재분석의 방법으로 영일방언의 종결어미를 기술하였다. 그리고 구본관(1994)은 생성 형태론을 방언에 적용하여 피동형과 그 생산성을 논의하기도 하였다.

통시적 관점에서 제주도 방언에 접근한 연구로는 제주도 방언의 시상체계와 중세국어의 그것을 비교한 이남덕(1982)이 있다. 격조사에 대한 통시적 연구는 주격조사가 주목을 받았는데, 이상규(1983)는 '-이가'의 형성 과정을 경북방언과 문헌자료를 근거로 하여 밝히려 한 것이다. 천시권(1983)은 경북 방언의 '-이가'를 접미사 '-이'와 주격표지 '-가'가 결합된 형태로 보고 '-이'는 기원적으로 주격표지 '-이'에서 비롯된 것으로 보았다. 한편, 白斗鉉(1990)에서는 영남문헌어에 반영된 조사 형태를 제시하고 그 형성 및 변화 과정을 기술하였다. 곽충구(1994a)는 강세접미사 '-뜨리-'와 북부방언에 분포하는

'-찔그-' 따위를 북부방언과 문헌자료를 이용하여 '디르-'와 '쁘리-'에서 문법화한 것이라 하였다.

이 밖에 90년대에 들어서서는 그동안 이루어진 개별 방언에 대한 체계적 연구를 바탕으로 방언 문법의 전반을 체계화하려는 시도가 있었고, 또 부분적으로 사회방언학의 방법론을 도입하여 방언 문법체계를 분석하기도 하였으며 통시적 연구도 증가하였다. 김정대(1984)는 사회방언학적인 측면에서 창원지역어의 청자높임법 '-예'와 '-요'를 연구하였다. 그리고 의미 화용적인 방법으로 경상도방언의 의문법을 연구한 것으로는 박종갑(1982) 등이 있다.

이기갑(1998)은 대방언권의 문법 전반을 체계를 갖추어 기술한 연구로, 서남방언 중에서 주로 전남방언의 문법을 '품사론, 조사, 어미(종결·접속·전성·선어말 어미)', '통사론(부정법·물음법·상대 높임법·인용문·피동과 사동)', '낱말 만들기(명사 파생 접미사·형용사 파생 접미사·부사 파생 접미사·어근 분리 가능성)'로 나누어 기술하였다. 이상규(1999) 역시 경북방언의 문법을 체계적으로 종합 서술한 업적이다. 이기갑(1999)은 국어 방언의 시상체계를 대방언권으로 나누어 상세히 기술하고 그 분화를 서설적으로 다룬 논문이다.

한편, 김태엽(1996)은 경북방언의 청자경어법 체계를 보이고 문법형태소의 통시적 발달을 종결어미의 형태소 재분석과 재구조화의 방법으로 설명하였다. 경상방언의 시제 형태를 다룬 김태엽(1998)은 시제 범주나 격 형태에서 중부방언과 차이를 보이는 경상도 방언의 시제에 대하여 연구한 논문으로, 특이 형태에 대한 통시적인 해석을 곁들이고 있다. 그리고 서정목(1998)은 핵문법과 매개 변항으로 방언 간의 차이를 밝힐 수 있다는 관점을 유지하면서 동남방언과 공통어의 의문 종결어미의 차이를 밝히고자 하였다. 서정목과 김태엽의 연구는, 그동안 축적된 문법사 연구를 바탕으로 하여 문법형태소의 사적 발달을 설명하고자 한 것이다. 이러한 연구가 폭넓게 이루어진다면 문법연구도 개별 방언의 체계를 구명하는 연구에서 방언분화 연구로 확대될 수 있을 것이다.

한편, 안동방언의 청자대우법을 다룬 임지룡(1998)은 주체 존대의 '-기-', 청자 대우의 '-니껴', '-니더'와 같은 안동방언의 청자대우법을 연구한 것으로, 무표적인 기본 틀과 유표적인 틀 및 3단계의 화계를 설정하고 화계가 나타나는 화행 조건을 기술하면서 이에 의한 경북 내에서의 방언차를 설명하고 있다.

지금까지 서술한 바와 같이, 광복 이후에는 제주·경상도방언 등 중부방언과 현저한 차이를 보이는 방언을 중심으로 문법형태소를 조사하고 그 기능 의미를 체계 속에서 파악하고자 하였는데, 서법이나 청자경어법이 주요 연구대상이었다. 이러한 연구가 증가하면서 점차 개별 방언의 문법 전반을 체계적으로 기술하거나 문법형태소의 통시적 변화를 기술하려는 경향도 보였다. 그리고 그때그때 구조기술 문법이나 변형생성 문법의 이론을 수용하여 연구하였다. 그러나 방언문법의 체계적 차이를 연구한 업적은 이기갑(1999), 임지룡(1998) 등이 있을 뿐이다.

4.3 어휘

방언 어휘론은 특정 방언의 어휘체계를 연구하는 데 그 목적이 있다. 따라서 개별 방언에 대한 공시적 어휘 연구는 일반적인 어휘 연구 방법론과 다를 바 없다. 일제시기의 방언 어휘 연구는 대체로 어휘 그 자체보다는 음운사 관련 어휘 또는 특이한 어휘를 발굴해 내는 데 주력하였다. 예컨대, 역사언어학의 영향 아래에 있었던 오구라 신페이는 특정 지역의 역사와 관련된 방언 어휘를 조사하고 그 어원을 탐색하는 일에 역점을 두었다. 최근에는 계열어를 중심으로 지역어의 어휘체계를 살피는 연구로 나아가고 있지만, 그러한 연구는 대체로 중앙어와 현저한 차이를 보이는 동남·동북 방언에 집중되어 있고, 연구대상도 친족명칭이나 인체어에 한정되어 있다. 그리고 어휘의미론이나 어휘형성론에 관한 연구는 많지 않다. 그러한 연구는 지리적 연구에서나 종종 엿볼 수 있을 따름이다.

　방언 어휘 연구는 일차적으로 그 방언의 어휘체계를 밝히는 데 의의를 둘 수 있을 것이나, 이는 방언사 기술은 물론 언어지리학 연구의 토대가 되므로 좀더 활성화되어야 한다. 이를 위해서는 개별 어휘의 의미, 형태 등이 그 방언의 어휘체계 내에서 정밀하게 조사·연구되어야 한다.

　방언 어휘론 분야도 음운·문법에서처럼 방언형들을 비교의 대상으로 삼는 방언학적 연구와 개별 방언의 어휘체계에 대한 연구로 나누어 볼 수 있을 것이다. 방언학적 연구는 이미 3.1.2에서 언급한 바 있다. 개별 방언의 어휘는 어휘자료, 어휘체계, 어휘형성, 어휘의미, 어원론의 면에서 연구가 가능한데, 이에 따라 지금까지 이루어진 방언 어휘 연구를 간략하게 살펴보기로 한다.

4.3.1 어휘자료

　어휘론의 출발점은 어휘자료의 수집이다. 방언자료의 수집 및 자료집과 사전 편찬에 대해서는 앞서 2.1에서 언급한 바 있으므로 더 논의하지 않는다. 자료조사에서는 조사항목의 선정, 제보자, 조사지점, 조사시기 등이 분명히 드러나야 하고 해당 조사항목에 대한 문법정보나 뜻풀이, 또는 유의·반의 관계, 연어, 관용구 등에도 관심을 두고 철저히 조사해야 한다. 기왕의 자료조사에서는 이러한 점들이 간과되었기 때문에 애써 조사한 자료가 사장되는 경우가 많았다. 개별 방언에 대한 정밀조사는 그 방언의 체계를 밝힘은 물론 방언 간의 비교연구나 사전편찬 또는 언어정책의 수립에 기여할 수 있다. 한편, 조사항목의 선정에서는 정문연의 『한국방언조사질문지』를 참고할 수 있을 것이나 이 질문지의 조사항목은 전국적인 방언분화를 잘 보여줄 것으로 기대되는 것들을 대상으로 선정되었으므로, 한 방언의 어휘체계를 살펴보기에는 미흡한 점이 있다. 따라서 개별 방언의 어휘체계를 조사하려면 그에 알맞은 조사항목을 추가하거나 별도로 준비해야 한다.

　문헌에 등재된 방언 어휘자료를 조사·연구할 필요도 있다. 홍순탁(1963)은 『玆山魚譜』에 실린 흑산도 방언 어휘, 전광현(1983b)은 『蘊各書錄』에 실린 정읍지역어 어휘, 백두현(1998)은 영남 문헌에 나타난 어휘, 곽충구(2001a)는 洪良浩의『北塞記略』과 柳義養의『北關路程錄』에 수록되어 있는 함북방언 어휘를 연구한 것이다.

4.3.2 어휘체계

어휘의 체계를 밝히는 작업은 그리 쉬운 일이 아니다. 대상이 광범위하므로 적절한 기술방법을 마련하는 일이 쉽지 않다. 지금까지의 연구는 대체로 하위체계인 계열어를 대상으로 한 연구가 주종을 이룬다. 계열어에 대한 연구는 친족명칭이 가장 많고 그 밖에 인체어, 風名, 동식물 명칭, 魚名, 어업 용어 등이 있다. 또한 이러한 조사·연구는 특정 지역에 편중되어 있고 또 소수의 연구자들에 의해서 이루어졌다. 이러한 연구는 국어학도와 관련 분야 전공자가 공동으로 진행하는 학제간 연구로 이루어질 필요가 있다. 이를테면, 동식물 명칭은 본초학을 전공하는 약학자와 함께, 고기 이름은 생물학자와 함께 조사·연구하는 것이 바람직하다. 현지조사에서 실물을 보지 않는 한, 제보자가 일러주는 대상물의 명칭(방언형)을 정확하게 인지하는 일도 쉽지 않거니와 그것이 표준어로는 무엇이라 하는지 알기 어렵기 때문이다.

강성일(1971)은 南海의 풍명을 조사한 것이고, 강영봉은 강영봉(1986)을 필두로 하여 제주도방언의 식물, 동물, 말 이름, 인체어, 차용어 등을 집중적으로 조사하였다. 그 밖에 김정대(1989)는 경남 창원지역어의 甕器류 명칭의 낱말밭을 연구하였고, 장태진(1970)은 동물 가축의 나이에 관련된 단어를 조사하였다. 김상현(2001)은 전남 고흥군 나로도지역의 어업 용어를 자연, 漁具 및 漁法, 음식, 동작 및 상태, 바다생물로 나누어 조사하고 이들 용어의 형태·음운론적 특징과 어휘·의미론적 특징을 기술하였다.

방언 어휘론에서 특히 주목을 받은 것은 친족명칭인데, 강신항(1967)은 지역에 따른 친족명칭의 차이를 조사·연구한 것이고, 최명옥(1982b)과 조항범(1992)은 각각 경북방언과 충북방언의 친족명칭 체계를 고려하여 친족

구성원의 상호관계 속에서 호칭어를 조사 연구한 것이고, 이상규(1984)는 역시 경북방언을 대상으로 하여 사회계층적 요인을 염두에 두고 친족호칭어의 체계적 차이를 논의한 것이며, 곽충구(1993)는 중부방언의 친족명칭과 개별 명칭은 물론 체계 역시 현저히 다른 함북방언의 친족명칭과 그 지리적 분화를 논의한 것이다.

4.3.3 어휘의미

방언 어휘 의미의 정확한 조사·연구는 방언사전의 편찬은 물론이요 방언 어휘체계의 비교연구를 위해서도 필요한 전제 조건이다. 때문에 방언에서 형태와 의미 사이의 정확한 관계 파악이 중요하다는 사실이 종종 지적되곤 하였다(이병근 1969b, 1979, 이익섭 1972, 전광현 1973, 이기갑 1990). 방언 간의 어휘 의미의 체계적 차이를 밝히려 한 업적은 그리 흔하지 않은데, 이익섭(1976)은 형태는 동일하지만 지시의미가 다른 경우로서 '아재'를 들고 지시의미가 지리적으로 어떻게 다른지를 밝혔고, 이익섭(1980)은 동일한 지시대상을 방언에서는 다르게 범주화하여 명명하는 예를 보인 것이다. 한편, 김영태(1990)는 경남방언의 식물 명칭을 표준어와 대응시켜 그 차이를 기술하였고, 김영태(1994)에서는 나무 명칭을 유와 종으로 나누어 살핀 다음, 그것을 어떻게 범주화하여 명명하는가 하는 문제를 다루고 있다.

같은 기원의 어휘라 하더라도 그것은 시간과 공간 차원에서 각기 다른 의미를 갖는다. 또 문헌어나 표준어와 비교했을 때, 지시의미가 축소되거나 확대 또는 전이되는 양상을 흔히 목격할 수 있다. 지시의미가 중앙어 또는 조사지역 방언의 의미와 어떻게 다른지 밝혀 보려 한 것으로 주상대(1987)가 있다. 이병효(1989)는 진주지역어를 대상으로 의미자질을 이용하여 타 방언과의 차이를 보이려 하였고, 통합상의 제약 등을 논의하기도 하였다. 정복순(1984)은 진해지역어를 중심으로 경남방언의 어휘 의미의 변화를 의미의 축소, 확대, 전이, 생략, 은유로 나누어 살폈다.

한편, 詩語 속의 방언 어휘의 의미를 풀이한 주석학적 업적도 있다. 이기문

(1983)은 소월의 시어를, 김영배(1987b)는 白石(白虁行)의 시어에 있는 평북 정주방언 어휘 의미를, 곽충구(1996)는 이용악의 시어에서 볼 수 있는 함북 경성방언의 어휘 의미를, 이상규(2001)는 이상화의 시어에서 볼 수 있는 경북방언 어휘를 풀이한 것이다. 최전승(2001)은 만해와 김영랑의 시어를 형태·의미론적으로 정밀하게 분석 기술한 것이다. 이 밖에 이기문·이상규 (2001)에서 이와 같은 연구를 볼 수 있다.

4.3.4 어휘형성

국지방언의 조어론에 관한 논문은 보기 드문데, 이기갑(1998)에서는 전남 방언을 중심으로 조어법을 기술하고 있다. '낱말 만들기'라 하여 명사 파생 접미사, 형용사 파생 접미사, 부사 파생 접미사를 소개하고 이들 접사에 의한 파생어 형성을 체계적으로 논의하고 어근 분리 가능성에 대해서 논의하고 있다. 이 밖에 제주도 방언의 조어법을 언급한 이숭녕(1957), 남해도 방언의 합성어를 다룬 김형주(1979), 경남 창원방언의 조어법을 연구한 김영신(1978) 등이 있다.

이승재(1983b)에서는 접촉지역에서 발생하는 혼효형에 대한 논의로, '다르-'와 '틀리-'의 혼효형 '틀부-'를 의미자질을 이용하여 분석한 것이며, 이기갑(1983)은 의미적으로 관계있는 단어들 사이에서 일어나는 형태상의 혼효 현상의 일반적인 원리를 밝히고 그 실례를 들었다. 그리고 강정희(1999)는 제주도방언과 육지방언의 접촉 과정에서 나타나는 혼효의 양상과 그 기제를 밝히고자 하였다.

4.3.5 어원·차용·비교 연구

어원은 언어지리학의 주된 관심사임에도 불구하고 아직 본격적인 논의는 볼 수 없다. 다만 특이한 방언 어휘를 문헌자료에 근거하여 그 역사적인 형태 및 의미 변화를 밝히려 한 논문을 볼 수 있을 따름이다. 현평효(1969)는 제주방언의 '나물' 어사에 대한 어원 문제를 다룬 것이고, 최학근(1979)은 방언에서 나타나는 희귀어를 소개하고 그 어원을 밝혀 보려 한 것이다.

어원 문제를 다루면서 방언 속의 차용어를 다룬 업적은 이기문(1991), 곽충구(2001)가 있다. 만주어 차용어로 보이는 함북방언의 '재비', '탄', '오로 시' 등의 방언형에 대한 어원을 밝힌 업적이다. 제주방언의 일본어 차용어에 대해서는 김완진(1957)에서, 함경도 방언 속의 러시아어 차용어에 대해서는 미승우(1987), 곽충구(1998b)에서 볼 수 있으며, 강영봉(1992, 1999)은 제주도 방언에 남아 있는 몽고어를 조사 연구한 것이다. 김영태(1998)는 현재의 경남방언과 몽고어를 비교하여 그 친근성 여부를 밝혀 보고자 한 것으로 일종의 친족어의 어휘 대응 연구에 해당한다.

5. 결론

지난 50년 동안 국어 방언 연구는 자료의 수집으로부터 시작하여 국어의 지리적 분화, 개별 방언의 특징 및 체계를 밝히는 연구에 이르기까지 많은 업적을 쌓아 왔다. 자료수집은 개인 또는 국가기관에 의해서 꾸준히 이루어져 남북한 각 도별 방언사전과 자료집이 간행되었다. 그 중에서 국어의 지역적 변종을 고루 살필 수 있는 『한국방언자료집』이 간행된 것은 큰 수확이라 아니할 수 없다. 또 국어사 연구에 방언을 보조적으로 이용하는 단계에서, 방언자료와 문헌자료를 이용하여 국어의 공간적 분화를 폭넓게 기술하는 단계로 발전함으로써 국어사를 거시적인 안목에서 바라보게 되었다. 그리고 대방언권에 대한 하위방언구획이 이루어지면서 국어의 지리적 분화가 구체 적으로 드러나게 되었고 그를 통하여 방언분화의 요인과 과정이 밝혀지고 또 그에 관한 연구방법론도 꾸준히 논의되었다. 또한 서구의 언어이론을 수용하면서 개별 방언의 체계나 구조를 밝히는 연구를 지속해 옴으로써, 개별 방언의 특징은 물론 방언 간의 공통점과 차이점이 드러나게 되었고, 언어 분석 및 기술 방법 또는 언어이론에 대한 비판적 성찰에도 기여하였다. 이를 통해서 국어의 특수성과 보편성을 밝히고 또 그러한 경험적인 사실을 바탕으로 해서 이론화를 꾀하는 문제는 앞으로의 과제가 될 것이다.

　　그러나 방언분화 등 지리적 연구는 음운·어휘 쪽에 치우쳐 있고 문법에 대한 연구는 전무한 형편이다. 그리고 방언학적 연구보다는 개별 방언에 대한 연구가 압도적으로 많다. 그마저도 제주도 방언과 남부방언에 집중되어 있다. 이러한 관점에서 볼 때, 지리 또는 사회적 요인에 따른 언어 분화를 연구하는 방언학은 만족할 만한 성과를 거두었다고 말하기는 어렵다. 하지만 개별 방언 연구가 축적되면 이것이 지리적 분화를 연구하는 데 기여할 수도 있다. 여기에 『한국방언자료집』을 바탕으로 한 언어지도가 출간되고 또 그동안 수집된 방대한 방언자료를 효율적으로 활용할 수 있는 검색 도구가 개발된다면 앞으로 지리적 연구는 활성화될 것으로 보인다. 참고로, 남한은 개별방언에 대한 연구가 많았지만, 반대로 북한은 광복 이후부터 체계를 중시하는 연구 방법론을 강조하고 방언학적 연구를 해왔다는 사실을 지적해 두고 싶다. 앞으로는 방언분화에 관련된 언어내외적 요인을 두루 밝히면서 동시에 언어분화 및 언어사의 일반적 원리를 귀납해 보려는 노력을 기울여야 할 것이다. 또 우리 사회가 점차 산업화 도시화되어 가고 있는 만큼 사회방언학적 연구에도 관심을 두어야 할 것이다. 또한 방대한 자료를 전자사전 형태로 편찬하는 일이나 지역방언을 음성데이터베이스화하는 일도 과제의 하나가 될 것이다.

| 참고문헌 |

강성일(1971), 「남해의 風名에 대하여」, 『장암지헌영선생화갑기념논총』.
강순경(2001), 『북한어 모음체계의 실험 음성학적 연구』, 한국문화사.
강신항(1967), 「현대국어 가족 명칭에 대하여」, 『대동문화연구』 4, 성균관대.
강신항(1976), 「경북 안동, 봉화, 영해 지역의 이중언어생활」, 『논문집』 22, 성균관대.
강신항(1978), 「안동방언의 서술법과 의문법」, 『언어학』 3, 한국언어학회.
강영봉(1986), 「제주도방언의 식물 이름 연구」, 『탐라문화』 5.
강영봉(1992), 「제주도방언의 몽고어 차용어들(1)」, 『제주도언어민속논총』, 제주문화.
강영봉(1999), 「제주어와 중세 몽골어의 비교 연구」, 『탐라문화』 20.
강윤호(1959), 「국어 방언에 있어서의 어두경화(頭音硬化) 어휘의 분포에 대하여」, 『한글』 124.
강윤호(1960), 「제주도 방언에 있어서의 공통어계 어휘의 음운체계와 그 환경에 대하여」, 『논총』 1, 이화여대.
강윤호(1961), 「국어 방언의 공시 음운 구조 기술과 그 분포」, 『동방학지』 5, 연세대.
강정희(1978), 「제주방언의 시상 연구: 접속접미사 -단/당, -안(언)/-앙(엉)을 중심으로」, 『이화어문논집』 2, 이화어문연구회.
강정희(1981), 「제주방언의 인용문 연구: 피인용문의 문장의미를 중심으로」, 『이화어문논집』 4.
강정희(1984), 『제주방언의 명사류 접미사에 관한 연구: 격표시와 명사구 확장 접미사의 통사·의미 기능을 중심으로』, 이화여대 박사학위논문.
강정희(1988), 『제주방언연구』, 한남대출판부.
강정희(1990), 「방언문법론」, 『방언학의 자료와 이론』, 국어국문학회.
강정희(1999), 「제주방언 혼성형의 사적 고찰」, 『국어학』 34.
고동호(1995), 『국어 마찰음의 통시적 연구』, 서울대 박사학위논문.
고동호(1996), 「제주방언의 유기음과 경음의 형성 과정」, 『한글』 234.
고송무(1987), "Koreans in Soviet Central Asia," *Studia Orientalia* 61, Helsinki.
곽충구(1982), 「아산지역어의 이중모음 변화와 이중모음화」, 『방언』 6, 한국정신문화연구원.
곽충구(1982), 「'왕겨'의 방언형들의 지리적 분포와 그 비교 연구」, 『개신어문연구』 2, 충북대.
곽충구(1986), 「노한회화와 함북 경흥방언」, 『진단학보』 62.
곽충구(1987), 「노한소사전의 국어학적 가치」, 『관악어문연구』 12.
곽충구(1991a), 『함경북도 육진방언의 음운론』, 서울대 박사학위논문/1994, 『함북 육진방언의 음운론』, 태학사.

곽충구(1991b), 「함북 길주지역어 성조의 상승조에 대하여」, 『국어학의 새로운 인식과 전개』, 민음사.

곽충구(1991c), 「근대국어 시기의 방언 특징과 방언분화」, 『동양학』 22.

곽충구(1993), 「함경도 방언의 친족명칭과 그 지리적 분화」, 『진단학보』 76.

곽충구(1994a), 「강세접미사의 방언형과 그 문법화에 대하여 - 북한지역의 방언자료를 중심으로」, 『선청어문』 24.

곽충구(1994b), 「계합 내에서의 단일화에 의한 어간 재구조화」, 『국어학연구』, 태학사.

곽충구(1995a), 「어의분화에 따른 단어의 형태분화와 음운변화」, 『국어사와 차자표기』 (소곡남풍현선생회갑기념논총), 태학사.

곽충구(1995b), 「어휘의 의미분화와 명칭의 분화 - 지렁이와 회충의 단어지리학 - 」, 『한 일어학논총』(남학이종철선생회갑기념논총), 국학자료원.

곽충구(1996), 「국어사 연구와 국어 방언」, 『이기문교수정년퇴임기념논총』, 신구문화사.

곽충구(1998a), 「감각 용언 파생의 방언 분화」, 『진단학보』 85.

곽충구(1998b), 「육진방언의 어휘」, 『국어 어휘의 기반과 역사』, 태학사.

곽충구(2001a), 「조선 후기 문헌의 함북방언 어휘」, 『국어연구의 이론과 실제』, 태학사.

곽충구(2001b), 「구개음화 규칙의 발생과 확산」, 『진단학보』 92.

구본관(1994), 「경주 방언 피동형에 대한 연구」, 『국어연구』 100.

구자경(2000), 「국어 모음의 포먼트 비율에 대한 연구」, 단국대 석사학위논문.

구현옥(1998), 『함안 지역어의 음운 변동 현상』, 한국문화사.

권재일(1986), 「경북방언의 의존명사 연구」, 『전재호박사화갑기념국어학논총』, 형설.

기세관(1981), 「전남방언의 음운론적 연구」, 전남대 석사학위논문.

기세관(1993), 「내적재구에 의한 전남 방언사 연구」, 『남도문화연구』 4, 순천대.

김규남(1998), 『전북 정읍시 정해 마을 언어사회의 음운변이 연구』, 전북대 박사학위논문.

김덕호(1995), 「컴퓨터를 이용한 광역 언어지도 작성 방법론」, 『국어학』 26.

김덕호(2001), 『경북방언의 언어지리학』, 월인.

김무식(1986), 「경상도 방언 /ㅓ/와 /ㅡ/ 모음의 실험음성학적 연구: 대구지역을 중심으로」, 경북대 석사학위논문.

김무식(1992), 「경북 방언 초분절소에 대한 실험음성학적인 연구」, 『국어학』 22.

김병제(1988), 『조선언어지리학시고』, 평양: 과학백과사전종합출판사.

김봉국(1998), 「삼척지역어의 성조 연구」, 『국어연구』 150.

김봉국(1999), 「삼척지역어의 상승조에 대한 실험음성학적 고찰」, 『관악어문연구』 24.

김영만(1966), 「경남방언의 성조 연구」, 『국어국문학』 31.

김영만(1972), 「고금 성조 비교 재론 - 다음절어의 유형과 비교 공식 - 」, 『한글』 149.

김영만(1974), 「국어 운율의 본질과 변천 - 함경·경상·전라·서울의 액센트와 중세국 어 성조의 비교적 관찰 - 」, 『국어국문학』 65·66.

김영만(2000), 「국어 초분절소(운소)의 바른 이해를 위하여」, 『동양학』 30.

김영배(1976), 「방언접촉의 한 고찰」, 『국어학』 4.

김영배(1977), 「평안방언의 음운체계 연구」, 『한국학연구총서』 11, 동국대.

김영배(1979), 「평안방언의 형태론적 고찰」, 『성곡논총』 10.

김영배(1981), 「황해도 지역 방언 연구: 음운체계를 중심으로」, 『국어국문학 논문집』 11.

김영배(1982), 「Ross 목사의 저작과 평안방언: 19세기 후반의 평안방언 연구를 위하여」, 『한국방언학』 2, 한국방언학회.

김영배(1984), 『평안방언 연구』, 동국대출판부.

김영배(1987a), 「평안방언과 함경방언의 경계」, 『이병선박사회갑기념논총』.

김영배(1987b), 「백석시의 방언에 대하여」, 『이상보박사회갑기념논총』.

김영송(1963), 「경남방언의 음운」, 『국어국문학』 4/『우리말 소리의 연구』에 수정 재수록.

김영신(1978), 「창원방언의 조어법 연구 : 통시론적 고찰을 중심으로」, 『눈뫼허웅 박사 환갑기념논문집』, 과학사.

김영진(1997), 「대전 사회방언 연구(3) - 세대차를 중심으로 - 」, 『인문과학논문집』 24, 대전대.

김영태(1975), 「경상남도의 방언구획」, 『논문집』 2, 경남대.

김영태(1977), 「경남방언 종결어미의 경어법 고찰」, 『논문집』 4, 경남대.

김영태(1985), 『창원지역어 연구』, 경남대출판부.

김영태(1990), 「우리나라 들꽃의 이름: 창원지역어의 경우」, 『경남어문』 23.

김영태(1994), 「나무들의 방언 명칭 연구」, 『어문논집』 5, 경남대.

김영태(1998), 「현실음을 통한 한·몽어간의 유사한 낱말에 대하여」, 『몽골학』 7.

김영태·김정대(1999), 「통영·거제 지역어의 성격 - 창원 지역어와의 대조를 통하여 - 」, 『통영·거제지역 연구』, 경남대 경남지역문제연구원.

김옥화(1994), 「고창방언의 이중모음에 대한 통시적 연구」, 『국어연구』 121.

김옥화(2001), 『부안지역어의 음운론적 연구』, 서울대 박사학위논문.

김완진(1957), 「제주도방언의 일본어 어사 차용에 대하여」, 『국어국문학』 18.

김완진(1975), 「전라도방언 음운론의 연구 방향 설정을 위하여」, 『어학』 2, 전북대.

김이협(1981), 『평북방언사전』, 한국정신문화연구원.

김정대(1984), 「창원지역어 청자존대표현 '예'와 '요': 사회언어학적 접근」, 『어문논집』 1, 경남대.

김정대(1989), 「용기류의 낱말밭 ; 경남 창원지역의 '도기 용기류'를 중심으로」, 『가라문화』 7, 경남대.

김정대(2000), 「음운면에서 본 경남방언의 구획」, 『인문논총』 13, 경남대 인문과학연구소

김주원(1984), 「18세기 경상도방언의 음운현상」, 『인문연구』 6, 영남대.

김주원(1991), 「경상도방언의 성조 기술 방법」, 『어학연구』 27-3, 서울대.

김주원(1991), 「경상도방언의 고조의 본질과 중세국어 성조와의 대응에 대하여」, 『언어학』 13, 한국언어학회.

384

김중진(1984), 「서남방언의 '-겨'에 대한 고찰」, 『국어국문학연구』 10, 원광대.

김지홍(1984), 「제주방언의 동사구 보문 연구」, 한국학대학원 석사학위논문.

김차균(1969), 「전남방언의 성조 연구」, 『한글』 144.

김차균(1970), 「경남방언의 성조 연구」, 『한글』 145.

김차균(1977), 『경상도 방언의 성조 체계』, 서울대 박사학위논문.

김차균(1986), 「중세국어와 경남방언의 성조의 대응 관계 연구」, 『논문집』 13 · 2, 충남대
　　　　인문과학연구소.

김차균(1993), 「북청방언과 대구방언 성조의 비교 분석」, 『언어』 14, 충남대.

김차균(1994), 「60대 대구 방언과 20대 대구 방언 성조의 대조 분석」, 『언어학』 16,
　　　　한국언어학회.

김충회(1991b), 『충청북도의 언어지리학』, 인하대출판부.

김충회 · 홍윤표 · 소강춘 외(1991), 「방언자료의 전산 처리에 관한 연구」, 『한국어전산학』
　　　　창간호, 한국어전산학회.

김태균(1983), 「함북방언 조사연구 Ⅰ」, 『우보전병두박사화갑기념논문집』.

김태균(1986), 『함북방언사전』, 경기대출판부.

김태엽(1992), 『영일지역어의 종결어미 연구』, 계명대 박사학위논문.

김태엽(1996), 『경북말의 높임법 연구』(대구대학교 지역문화연구총서 2), 태학사.

김태엽(1998), 「경상방언의 시제 형태」, 『방언학과 국어학』(청암김영태박사화갑기념논
　　　　문집), 태학사.

김택구(2000), 『경상남도의 언어지리』, 박이정.

김형규(1959), 「구개음화의 연구」, 『논문집』 9, 서울대.

김형규(1974), 『한국방언연구』, 서울대출판부.

김형주(1979), 「남해도방언의 조어법 연구: 합성어를 중심으로」, 『국어국문학』 3, 동아대.

김홍석(1998), 「경제 용어 방언의 언어지리학적 고찰 - 등어선과 산경표와의 상관관계를
　　　　중심으로 - 」, 『한어문교육』 6, 한국언어문학교육학회.

나진석(1977), 「경남방언 말본」, 『한글』 159.

도수희(1977), 「충남방언의 모음변화에 대하여」, 『이숭녕선생고희기념국어국문학논총』,
　　　　탑출판사.

리극로(1932), 「조선말의 사투리」, 『동광』 1.

문효근(1962), 「대구방언의 고저 · 장단」, 『인문과학』 7, 연세대.

문효근(1969), 「영동방언의 운율적 자질에 관한 연구」, 『인문과학』 22, 연세대.

문효근(1972), 「영동 북부 방언의 운율 음소」, 『연세논총』 9, 연세대.

미승우(1987), 「함경도 사투리 속의 러시아말들」, 『어문연구』 54.

박경래(1984), 「괴산방언의 음운에 대한 세대별 연구」, 『국어연구』 57.

박경래(1985), 「괴산방언과 문경방언의 자음군단순화에 대한 세대별 비교 고찰」, 『방언』
　　　　8.

박경래(1993), 『충주방언의 음운에 대한 사회언어학적 연구』, 서울대 박사학위논문.

박명순(1987), 『거창지역어의 음운 연구』, 성균관대 박사학위논문.

박양규(1980), 「서남방언 경어법의 한 문제: 이른바 주체존대법에 나타나는 '-게'의 경우」, 『방언』 3.

박용후(1960), 『제주방언연구』, 동원사/증보판, 1988, 고려대 민족문화연구소.

박일범(1972), 「충북 영동방언의 종결 접미사 연구」, 『연세국문학』 3, 연세대.

박정수(1999), 『경남방언 분화연구』, 한국문화사.

박종갑(1982), 「의창지역어의 수사 의문문에 관한 연구: 의미 · 화용론적인 측면을 중심으로」, 영남대 석사학위논문.

박지홍(1983), 「경상도 방언의 하위방언권 설정」, 『인문논총』 24, 부산대.

박창원(1984), 「고성지역어의 모음사에 대하여」, 『국어연구』 54.

박창원(1997), 「동남방언의 모음체계(Ⅰ): 모음사에서의 상대적 위치를 중심으로」, 『애산학보』 20.

방언연구회(2001), 『방언학 사전』, 태학사.

배주채(1994), 『고흥방언의 음운론적 연구』, 서울대 박사학위논문/1998, 『고흥방언 음운론』, 태학사.

배주채(1997), 「고흥방언의 장형부정문」, 『애산학보』 20.

백두현(1983), 「금릉지역어의 음운론적 연구」, 『문학과 언어 연구』 11, 경북대.

백두현(1990), 「영남 문헌어에 반영된 방언적 문법형태에 대하여」, 『어문론총』 24.

백두현(1992a), 『영남문헌어의 통시적 연구』, 태학사.

백두현(1992b), 「원순모음화 'ㆍ>ㅗ'형의 분포와 통시성」, 『국어학』 22.

백두현(1994), 「이중모음 ㅙ의 통시적 변화와 한국어 방언분화」, 『어문론총』 28.

백두현(1998), 「영남문헌어에 나타난 방언 어휘 연구」, 『국어학』 32.

서정목(1979), 「경남방언의 의문법에 대하여: '해라'체를 중심으로」, 『언어』 4 · 2.

서정목(1998), 「국어학과 방언 연구」, 『방언학과 국어학』(청암김영태박사화갑기념논문집), 태학사.

서주열(1981), 『전라 · 경남 방언의 등어지대 연구』, 정화출판문화사.

성낙수(1973), 「충남 당진지방 방언의 동사류 접미사 연구: 종지법에 쓰이는 접미사와 그 배합」, 『국어국문학』 61.

성낙수(1975), 「제주도 방언의 통사론적 연구」, 『국어국문학』 68 · 69.

성낙수(1984), 『제주도 방언의 풀이씨 이음법 연구』, 정음사.

성낙수(1991a), 「제주도 방언 지도 시안 (1)」, 『국어의 이해와 인식』, 한국문화사.

성낙수(1991b), 「제주도 방언 지도 시안 (2)」, 『한국어문교육』 2, 한국교원대.

소강춘(1983), 「남원지역어의 음운론적 연구」, 전북대 석사학위논문.

소강춘(1990), 『방언분화의 음운론적 연구』, 한신문화사.

소강춘(1991), 「원순모음화 현상에 의한 모음체계의 통시성과 공시성」, 『국어국문학』

105.

신기상(1986), 『동부경남방언의 음운연구』, 성균관대 박사학위논문.

신기상(1999), 『동부 경남방언의 고저장단 연구』, 월인.

신승원(1989), 「영풍지역어의 분화 양상」, 『영남어문학』 17.

신승원(2001), 『의성지역어의 음운론적 분화 연구』, 홍익출판사.

안병희(1957), 「중간 두시언해에 나타난 t구개음화에 대하여」, 『일석이희승선생송수기념 논총』, 일조각.

오종갑(1991), 「전라도 방언의 자음 음운현상 ; 완판본 방각소설의 자료를 중심으로」, 『들메서재극박사환갑기념논문집』, 계명대출판부.

오종갑(1998), 「'ㅔ, ㅐ'의 변화와 관련된 영남방언의 특성과 그 전개」, 『방언학과 국어학』 (청암김영태박사화갑기념논문집), 태학사.

오종갑 · 박종갑(1998), 「울릉도 지역의 방언에 대한 실태 조사(음운편Ⅰ)」, 『한민족어문 학』 33, 한민족어문학회.

우창현(1998), 『제주 방언의 상(相) 연구』, 서강대 박사학위논문.

유구상(1970), 「병천지방어의 형태론적 고찰」, 『어문논집』 12, 고려대.

유필재(2001), 『서울지역어의 음운론적 연구』, 서울대 박사학위논문.

이기갑(1983), 「전남방언의 매인 이름씨: 그 공시태와 통시태」, 『언어학』 6, 한국언어학회.

이기갑(1986), 『전라남도의 언어지리』, 탑출판사.

이기갑(1990), 「방언어휘론」, 『방언학의 자료와 이론』, 지식산업사.

이기갑(1998), 「호남 방언 문법의 이해」, 『호남의 언어와 문화』, 백산서당.

이기갑(1999), 「국어 방언의 시상 체계 - 그 분화의 역사 - 」, 『언어학』 25, 한국언어학회.

이기동(1987), 『함경남도 북청방언의 음운론적 연구』, 고려대 박사학위논문/1993, 『북청 방언의 음운론』, 고려대 민족문화연구소.

이기문(1962), 「중세국어의 특수어간 교체에 대하여」, 『진단학보』 23.

이기문(1972), 『개정 국어사개설』, 탑출판사.

이기문(1977), 「제주도방언의 '?'에 관련된 몇 문제」, 『이숭녕선생고희기념국어국문학 논총』, 탑출판사.

이기문(1983), 「소월시 언어에 대하여」, 『국어학 연구』(백영정병욱선생 환갑기념논총 Ⅰ), 신구문화사.

이기문(1991), 『국어어휘연구』, 동아출판사.

이기문 외 5인(1993), 『한국 언어 지도집』(Language Atlas of Korea), 대한민국 학술원.

이기백(1969), 「경상북도의 방언구획」, 『동서문화』 3, 계명대.

이남덕(1982), 「제주방언의 동사 종결어미변화에 나타난 시상체계에 대하여」, 『논총』 40, 이화여대.

이돈주(1978), 『전남방언』(어문총서 206), 형설출판사.

이동화(1990), 『경북방언 성조의 자립분절음운론적 연구』, 영남대 박사학위논문.

이문규(1997), 「대구 방언의 성조 중화 현상」, 『문학과 언어』 19, 경북대.
이문규(1998), 「대구방언의 성조 체계」, 『수련어문논집』 24, 신라대 국어교육과.
이병근(1969a), 「황간지역어의 음운」, 『논문집』 1, 서울대 교양과정부.
이병근(1969b), 「방언경계에 대하여」, 『한국문화인류학』 2, 한국문화인류학회.
이병근(1970a), 「Phonological & Morphophonological Studies in a Kyonggi Subdialect」, 『국어연구』 20.
이병근(1970b), 「경기지역어의 모음체계와 비원순모음화」, 『동아문화』 9, 서울대.
이병근(1971), 「운봉 지역어의 움라우트 현상」, 『김형규박사송수기념논총』, 일조각.
이병근(1973), 「동해안방언의 이중모음에 대하여」, 『진단학보』 36.
이병근(1976a), 「'새갱이'(土蝦)의 통시음운론」, 『어학』 3, 전북대.
이병근(1976b), 「파생어 형성과 i 역행동화규칙들」, 『진단학보』 42.
이병근(1979), 「방언연구의 흐름과 반성」, 『방언』 1, 한국정신문화연구원.
이병근·정승철(1989), 「경기·충청지역의 방언분화」, 『국어국문학』 102.
이병선(1967), 「비모음화(鼻母音化) 현상 ; 경상도 방언을 중심으로」, 『국어국문학』 37·38.
이병효(1989), 「진주지역어의 어휘론적 연구」, 경남대 교육대학원 석사논문.
이상규(1981), 「동남방언의 사동법: 영천지역어를 중심으로」, 『문학과 언어』 2, 경북대.
이상규(1983), 「경북지역어의 주격 '-이가'」, 『어문론총』 17, 경북대.
이상규(1984), 「경북지역의 친족명칭」, 『여성문제연구』 13, 효성여대.
이상규(1985), 「'-거라' 명령법어미의 기능과 방언차」, 『소당천시권박사화갑기념논총』, 형설출판사.
이상규(1990), 「경북방언의 격어미 형태의 구성과 기능」, 『어문론총』 24.
이상규(1991), 「경북, 충북 접경지역의 어휘분화」, 『들메서재극박사환갑기념논문집』, 계명대출판부.
이상규(1995), 『방언학』, 학연사.
이상규(1998), 「계열어의 방언 분화 양상」, 『추상과 의미의 실재』, 박이정.
이상규(1999), 『경북방언 문법연구』, 박이정.
이상규(2001), 「尙火 시와 방언」, 『울산어문논집』 15(고정의교수회갑기념논총).
이숭녕(1950), 「덕적군도의 방언연구」, 『신천지』 5·6.
이숭녕(1954), 「순음고」, 『논문집』 1, 서울대.
이숭녕(1956), 「△음고」, 『논문집』 3, 서울대.
이숭녕(1957), 「제주도방언의 형태론적 연구」, 『동방학지』 3.
이숭녕(1967), 「한국방언사」, 『한국문화사대계 V』, 고려대 민족문화연구소.
이승재(1980a), 「구례지역어의 음운체계」, 『국어연구』 45.
이승재(1980b), 「남부방언의 형식명사 '갑'의 문법」, 『방언』 4, 한국정신문화연구원.
이승재(1983a), 「재구와 방언분화: 'ㅅㅣ'류 단어를 중심으로」, 『국어학』 12.

이승재(1983b), 「혼효형 형성에 대한 문법론적 고찰」, 『어학연구』 19 · 1.

이승재(1987), 「전북방언의 연구와 특징에 대하여」, 『국어생활』 8, 국어연구소.

이승재(1990), 「방언 음운론」, 『방언학의 자료와 이론』, 지식산업사.

이응호(1979), 「Ross목사의 *Corean Primer*에 대하여」, 『명지어문학』 11, 명지대.

이익섭(1970), 「전라북도 동북부 지역의 언어분화: 특히 언어외적 요인과 관련하여」,
　　　　『어학연구』 6 · 1.

이익섭(1972a), 「강릉방언의 형태음소론적 고찰」, 『진단학보』 33.

이익섭(1972b), 「영동 방언의 suprasegmental phoneme 체계: 특히 문효근 교수의 소론과
　　　　관련하여」, 『동대어문』 2, 동덕여대.

이익섭(1974), 「영동 방언의 경어법 연구」, 『논문집』 6, 서울대 교양과정부.

이익섭(1976), 「'아재'고: 방언조사방법의 한 반성」, 『동아문화』 13, 서울대.

이익섭(1980), 「방언에 있어서의 의미분화」, 『방언』 3, 한국정신문화연구원.

이익섭(1981), 『영동 영서의 언어분화』, 서울대출판부.

이익섭(1984), 『방언학』, 민음사.

이태영(1983), 「전북방언의 격조사 연구: 완주 · 진안 · 임실군을 중심으로」, 전북대 석사
　　　　학위논문.

이혁화(1994), 「금릉방언의 성조 연구」, 『국어연구』 119.

이혁화(2001), 「생성방언학」, 『방언학 사전』, 태학사.

임지룡(1981), 「존칭보조어간 '-겨-' 설정 시론」, 『문학과 언어』 2, 경북대.

임지룡(1998), 「안동방언의 청자대우법」, 『방언학과 국어학』(청암김영태박사화갑기념
　　　　논문집), 태학사.

장태진(1970), 「동식물 · 가축의 연령명칭 연구」, 『학술원논문집』 9.

전광현(1973), 「방언의 어휘론적 시고(1): 그 방법과 실제」, 『한국언어문학』 10.

전광현(1976), 「남원지역어의 어말 U형 어휘에 대한 통시음운론적 고찰: 이중모음의
　　　　사적 변화와 관련하여」, 『국어학』 4.

전광현(1977), 「전라북도 익산지역어의 음운론적 연구」, 『어학』 4, 전북대.

전광현(1978), 「동해안 방언의 어휘(1)」, 『국문학논집』 9, 단국대.

전광현(1983a), 「영동 · 무주 접촉지역어의 음운론적 고찰」, 『동양학』 13.

전광현(1983b), 「蘊各書錄과 정읍지역어」, 『국문학논집』 11, 단국대.

전광현(1995), 「전라북도 방언구획 시고 - 어휘분포를 중심으로 - 」, 『동양학』 25.

전재호(1965), 「대구방언연구: 자료편(Ⅰ)」, 『논문집』 9, 경북대.

전재호(1966-7), 「대구방언연구: 자료편(Ⅱ~Ⅳ)」, 『어문학』 14 · 15 · 16.

정복순(1984), 「경남방언의 어휘연구: 진해지역어를 중심으로」, 부산대 교육대학원 석사
　　　　학위논문.

정승철(1988), 「제주도방언의 모음체계와 그에 관련된 음운현상」, 『국어연구』 84.

정승철(1993), 『제주도방언의 통시음운론』, 서울대 박사학위논문/1995, 태학사.

정승철(1996), 「제주도방언 'ㅎ'말음 용언 어간의 통시론」, 『이기문교수정년퇴임기념논 총』, 신구문화사.

정승철(1999), 「제주방언의 음조와 음조군」, 『진단학보』 88.

정승철(2001), 「방언학사」, 『인하어문연구』 5, 인하대.

정연찬(1960), 「십오세기 국어의 TONE에 대한 연구」, 『국어연구』 8.

정연찬(1968a), 「경남방언의 모음체계 ; 특히 고성·통영 부근을 중심으로」, 『국문학논 집』 2, 단국대.

정연찬(1968b), 「경상도 방언의 성조에 대한 몇가지 문제점」, 『이숭녕박사송수기념논총』.

정연찬(1974), 『경상도 방언 성조연구』(국어학총서5), 국어학회.

정원수(1992), 「충북 영동방언의 청자대우법 연구」, 『언어연구』 8.

정인교(1987), 『경상도방언 성조의 비단선적 음성·음운론에 관한 연구』, 서울대 박사학 위논문.

정인상(1986), 「충북방언의 사회적 변이에 대한 일고찰」, 『동천조건상선생고희기념논총』, 형설출판사.

정인상(1982), 「통영지역어의 용언활용에 대한 음운론적 고찰」, 『방언』 6.

정인호(1995), 「和順지역어의 음운론적 연구」, 『국어연구』 134.

정철(1997), 「동남지역어의 하위 방언 구획 연구」, 『어문론총』 31, 경북대.

조항범(1992), 「국어 친족 호칭어의 지역적 분포와 그 연계성 ; 충청북도를 중심으로」, 『개신어문연구』 9, 충북대.

주상대(1987), 「김해방언의 의미 분화」, 『한국어학과 알타이어학』, 효성여대.

천시권(1958), 「방언에 있어서의 상성고」, 『논문집』 2, 경북대.

천시권(1965), 「경북지방의 방언구획」, 『어문학』 13, 한국어문학회.

천시권(1973), 「경북방언의 형태론적 고찰」, 『청계김사엽박사송수기념논총』, 형설출판사.

최규일(1998), 「제주방언과 창원지역어의 어휘 비교 연구」, 『방언학과 국어학』(청암김영 태박사화갑기념논문집), 태학사

최명옥(1975), 「경남 삼천포 방언의 음운론적 연구」, 『국어연구』 32.

최명옥(1976), 「서남 경남방언의 부사화 접사 '-아'의 음운현상」, 『국어학』 4.

최명옥(1978a), 「'ㅸ, ㅿ'와 동남방언」, 『어학연구』 14·2.

최명옥(1978b), 「동남방언의 세 음소」, 『국어학』 7.

최명옥(1980), 「경북 동해안방언 연구: 영덕군 영해면을 중심으로」, 『민족문화연구총서』 4, 영남대출판부.

최명옥(1982a), 『월성지역어의 음운론』, 영남대출판부.

최명옥(1982b), 「친족명칭의 의미분석과 변이, 그리고 변화에 대하여」, 『긍포조규설교수 화갑기념국어학총서』, 형설출판사.

최명옥(1989), 「국어 움라우트의 연구사적 고찰」, 『주시경학보』 3.

최명옥(1990a), 「동남방언의 성조형과 그 분포」, 『국제학술대회논문집』 18, 학술원.

최명옥(1990b), 「방언」, 『국어연구 어디까지 왔나』, 민음사.

최명옥(1992), 「19세기 후기국어의 연구」, 『한국문화』 13, 서울대.

최명옥(1992c), 「경상북도의 방언지리학: 부사형어미 '-아X'의 모음조화를 중심으로」, 『진단학보』 73.

최명옥(1994), 「경상도의 방언구획 시론」, 『우리말의 연구』(외골권재선박사회갑기념논문집), 우골탑.

최명옥(1997), 「동남방언과 동북방언의 대조연구」, 『국어학연구의 새 지평』(성재이돈주선생화갑기념), 태학사.

최명옥(1998a), 「현대국어의 성조소 체계」, 『국어학』 31.

최명옥(1998b), 「진양지역어와 김해지역어의 대조연구」, 『방언학과 국어학』(청암김영태교수회갑기념논문집), 태학사.

최명옥(1999), 「현대국어의 성조형과 그 분포」, 『진단학보』 88.

최영희(1982), 「충남 아산지역의 언어분화에 대한 연구」, 단국대 석사학위논문.

최임식(1984), 「19세기후기 서북방언의 모음체계」, 계명대 석사학위논문.

최임식(1994), 『국어방언의 음운사적 연구』, 문창사.

최전승(1983a), 「비어두음절 모음의 방언적 분화 u~i와 접미사 '-이'의 기능」, 『국어학연구』(백영정병욱선생환갑기념논문집), 신구문화사.

최전승(1983b), 「표면음성 제약과 음성변화 – 체언어간말 /iy/의 방언분화 과정을 중심으로」, 『국어교육』 44·45.

최전승(1986), 『19세기 후기 전라방언의 음운현상과 그 역사성』, 한신문화사.

최전승(1987), 「이중모음 '외', '위'의 단모음화 과정과 모음체계의 변화」, 『어학』 14, 전북대.

최전승(1988a), 「파생법에 의한 음성변화와 어휘 대치의 몇 가지 유형에 대하여」, 『한글』 200.

최전승(1988b), 「국어방언의 통시적 음성변화와 공시적 구조」, 『선청어문』 11·12.

최전승(1989), 「국어 i-Umlaut 현상의 기원과 전파의 양상: 19세기 후기와 20세기 전기 국어 방언을 중심으로」, 『한국언어문학』 27.

최전승(1994), 「국어 방언사 연구의 가능성과 그 한계 – Ross King의 「한국어 방언에 관한 러시아 자료 연구」(1991)를 중심으로 – 」, 『어문연구』 25, 어문연구회.

최전승(1994), 「전라방언의 통시적 연구 성과와 그 전망」, 『인문과학』 10, 경북대.

최전승(1995), 『한국어 방언사 연구』, 태학사.

최전승(1998), 「국어 방언과 방언사 기술에 있어서 언어 변이(variation)에 관한 연구(Ⅰ)」, 『방언학과 국어학』(청암김영태박사화갑기념논문집), 태학사.

최전승(2001), 「시어와 방언: '기룹다'와 '하냥'의 방언 형태론과 의미론」, 『문학과 방언』, 역락.

최태영(1973), 「존대법 연구: 전라북도 동북부지역을 중심으로」, 『어학』 1, 전북대.

최태영(1983), 『방언음운론: 전주지역어를 중심으로』, 형설출판사.

최학근(1958), 『국어방언학서설』, 동학사.

최학근(1962), 『전라남도방언연구』(한국연구총서 17), 한국연구원.

최학근(1964/65), 「경상도 방언에서 사용되는 종결어미」, 『국어국문학』 27 · 28.

최학근(1966), 「경상도 방언에서 사용되는 종결어미(1/2)」, 『한글』 136 · 137.

최학근(1968), 「이중자음군현상」, 『국어방언연구』, 서울대출판부.

최학근(1971), 「남부방언군과 북부방언군과의 사이에 개재하는 등어선 설정을 위한 방언조사연구」, 『장암지헌영선생화갑기념논총』.

최학근(1976), 「남부방언군과 북부방언군과의 사이에 개재하는 등어지대조사연구」, 『어학연구』 12 · 2.

최학근(1977), 「M. 푸찔로의 노한사전에 대하여」, 『관악어문연구』 1, 서울대 국어국문학과.

최학근(1978), 『한국방언사전』, 현문사.

최학근(1979), 「국어 방언에 나타난 희귀어」, 『관악어문연구』 2, 서울대 국어국문학과 /1988, 『개정 한국방언학』에 재수록.

최현배(1937), 『우리말본』, 정음사.

한영균(1985), 「국어음운사에 대한 지리언어학적 연구: 이른바 [g]: ø의 대응을 중심으로」, 『국어연구』 55.

한영목(2000), 『충남 금산 지역어 연구』, 한국문화사.

한영순(1967), 『조선어방언학』, 평양: 김일성종합대학출판사.

허 웅(1954), 「경상도 방언의 성조」, 『외솔최현배선생환갑기념논문집』, 사상계사.

허 웅(1955), 「방점연구: 경상도 방언 성조와 비교」, 『동방학지』 2, 연세대.

현평효(1962), 『제주도방언연구 I (자료편)』, 정연사.

현평효(1964), 「제주도방언의 ‘ㆍ’」, 『무애양주동박사화탄기념논문집』.

현평효(1968), 「제주도방언에서의 ‘나물’ 어사에 대한 어원적 고찰」, 『제주도』 37.

현평효(1974), 「제주도방언의 활용어미에 대한 연구」, 『논문집』 6, 제주대.

현평효(1975), 『제주도방언의 정동사어미 연구』, 아세아문화사.

현평효(1985), 『제주도방언연구(논고편)』, 이우출판사.

홍윤표(1978), 「전주방언의 격연구」, 『어학』 5, 전북대.

홍윤표(1991), 「방언사 관계 문헌자료에 대하여」, 『행촌김영배선생화갑기념논총』, 경운출판사/1992, 『남북한의 방언연구』에 재수록.

홍종림(1975), 「제주도방언의 의문법에 대한 고찰」, 『논문집』 8, 한국국어교육연구회.

홍종림(1987), 「제주방언의 아스펙트 형태에 대하여」, 『국어국문학』 98.

홍종림(1991), 『제주어의 양태와 상범주 연구』, 성균관대 박사학위논문.

橋本萬太郞(1975), 「한국어 accent의 음운론 - 특히 경상도 방언의 악센트를 중심으로 - 」, 『한글』 151.

392

菅野裕臣(1972),「朝鮮語慶尙道方言聲調體系の諸問題」,『アジア・アフリカ語學院紀要』
　　　3, 東京外國語大.
大江孝男(1976),「大邱方言におけるアクセントの型と長母音(朝鮮語方言調査報告1)」,『
　　　言語研究』69, 日本言語學會.
梅田博之(1961),「慶尙南道漆谷方言(朝鮮語)のアクセント」,『研究論文集』25, 名古屋大
　　　學文學部.
服部四郎(1968),「朝鮮語のアクセント・モ-ラ」,『ことばの宇宙』3-11.
福井玲(1998),「전남 광양시 방언의 액센트 체계와 그 지리적 분포에 대하여」,『국어학』31.
小倉進平(1917),「京元・咸鏡鐵道沿線方言」,『朝鮮敎育硏究會雜誌』20.
小倉進平(1923),「慶尙北道方言」,『朝鮮敎育』7・6.
小倉進平(1924),「南部朝鮮の方言」,『朝鮮史學會』, 京城.
小倉進平(1940), "The outline of the Korean Dialects," *Memoirs of the Research Department
　　　of the Toyo Bunko* 12, Tokyo.
小倉進平(1944),『朝鮮語方言の研究』上(資料篇), 下(研究篇), 東京: 岩波書店/1973, 亞細
　　　亞文化社 영인.
河野六郎(1945),『朝鮮方言學試攷 - '鋏'語攷 -』, 京城: 東都書籍/『河野六郎著作集』에 再
　　　收錄.
河野六郎(1951),「諺文古文獻の聲点に就いて」,『朝鮮學報』1.
King, J.R.P.(1987), "An Introduction to Soviet Korean," *Language Reseach* 23, Language
　　　Research Institute, Seoul National Univ..
King, J.R.P.(1991), "Russian Sources on Korean Dialects," Doctorial dissertation in Havard
　　　Univ..
Ramsey, S.R.(1974),「함경・경상 양방언의 액센트 연구」,『국어학』2.
Ramsey, S.R.(1978), *Accent and Morphology in Korean Dialects*, 塔出版社.
Ramsey, S.R.(1986), "The Inflecting stems of Proto-Korean," *Language Research* 22・2,
　　　Language Research Institute, Seoul National Univ..
Ramsey, S.R.(1991), "Proto-Korean and the Origin of Korean Accent," W.G. Boltz and
　　　M.C. Shapiro(eds.), *Studies in the Historical Phonology of Asian Languages*.
Ramstedt, G.J.(1939), *A Korean Grammar*, Helsinki.
Séguy, J.(1973), "Les Atlas linguistique de la France par Régions," *Langue Francais* 18.
Whitman, J.(1994), "The Accentuation of Nominal stems in Proto-Korean," *Theoretical
　　　Issues in Korean Linguistics*, ed. YoungKi, Kim-Renaud.

국어 여성어 연구사

전혜영

1. 서 론

한국 사회에서 여자가 말을 한다는 것은 어떤 의미를 가지는가? '암탉이 울면 집안이 망한다'는 속담에서 보듯이 여자가 말이 많으면 집안이 시끄러워지고 나아가 집안이 망한다고 하는 것이 한국의 전통적인 윤리관이다. 그리하여 여자의 말은 집안에 도움이 되기는커녕 쓸데없는 것이라는 인식이 오늘날의 사회에까지도 영향을 미칠 만큼 지배적이다. 이런 사회에서 여성의 말에 대해 연구를 한다니 그 내용이 어떠하든지 논한다는 사실 자체만으로도 놀라운 일이 아닐 수 없다. 더군다나 여성의 말의 특징이 어떤 것이며 그 특징적 요소에 사회적 차별요소가 있느니 없느니 하며 따질 수 있다는 것은 얼마나 놀라운 일인가? 그러나 다른 한편으로 생각해 볼 때 여성의 말이 있다면 남성의 말 또한 있는 것이니, 여성어에 대한 논의만큼 남성어 연구가 되고 있는가 묻지 않을 수 없다. 남성의 말은 여성의 말만큼 주목의 대상이 되지 못하였고 또 이에 대한 별도의 연구성과가 별로 없다는 사실은 무엇을 의미하는가? 이러한 사실에 대해 주목해야 할 것이다. 여성어 연구가 처한 이러한 현실이 바로 여성어 연구의 성격과 사회적 의미를 드러내 준다고 할 것이다. 그리고 여성어 연구가 갖는 이러한 편향적인 성격으로 인하여 다른 연구분야와 달리 순수언어학적 차원에서 논의되기보다 사회언어학적 차원의 논의를 필요로 하게 되는 것이다.

여성어란 무엇이며, 또 여성의 말이 연구대상이 된다는 것은 무엇을 말하는

396

가? 언어학자가 아니더라도 여성이 말하는 것과 남성이 말하는 것에 차이가 있다는 생각은 해 볼 수 있을 것이다. 예를 들어 '어머머'라든가 '어쩜'과 같은 간투사를 남성이 사용하게 될 경우 이상하게 생각하는 까닭은 이런 표현을 주로 여성이 사용한다는 것을 알기 때문이다. 또한 여성을 가리키는 표현과 남성을 가리키는 표현에도 차이가 있음을 인식하는 사람이 있을 수 있다. 예를 들어 '간호사'는 왜 여성명사라고 생각하게 되는가, 또 '여사장, 여기자'는 있는데, 왜 '남사장, 남기자'라고는 하지 않는가에 대해 의문을 가질 수 있다. 어떤 의미에서 여성어 연구는 일상 생활 속에서 나타나는 이러한 언어적 차이를 인식하는 것으로부터 시작되었다고 할 수 있을 것이다. 그러나 여성이 발화하는 언어와 남성이 발화하는 언어에 차이가 있다는 것, 여성을 지칭하는 표현과 남성을 지칭하는 표현 사이에 차이가 있다는 것을 단순히 인식하는 것만으로는 충분하지 않다. 중요한 것은 남녀 간의 언어 차이가 어떤 의미를 갖는가에 대한 인식이다.

　여성어 연구의 역사를 보면 성별에 의한 언어차이를 언어의 변수로만 인식하던 단계에서, 그것을 사회적인 가치관이나 문화와 관련지어 인식하는 단계로 변화한 것을 볼 수 있다. 이러한 변화가 가능했던 것은 1970년대에 들어 사회언어학이 하나의 학문 분야로 정립되면서 남성과 여성이라는 성의 문제를 언어 변이의 한 요인으로 인식하고, 이를 언어적인 변수로 정립하게 되면서라고 할 수 있다. 남성과 여성이라는 성의 구별이 언어를 분화시키는 요인의 하나로 작용한다고 인식한다는 것은, 사회적 지위나 연령, 종교 등의 차이가 언어 변이의 변수로 작용하는 것처럼 성별 차이가 언어변이 현상의 변수로 작용한다고 보는 것이다. 그리고 이러한 언어변이 현상이 발생한 원인으로서 사회적 가치체계가 가지고 있는 성차별적 요소가 크다는 것을 알게 되고 이것을 구체적으로 밝혀 나가는 노력을 하게 된 것이다.[1]

1) 남성언어와 여성언어의 특징적인 차이에 대한 지적은 성차(sex difference)의 연구이며, 남성 중심적 언어가 여성을 억압하고 가부장적 체제 유지의 방편으로 쓰이고 있음을 지적하는 것은 성차별(sex discrimination)의 연구로 이 둘은 구분되어야 한다.

국어학계에서 여성어에 대한 연구를 하기 시작한 것은 1960년대이며, 그 시작은 여성 지칭어를 다룬 유창돈(1966)이라 할 수 있다. '여성어'라는 용어부터 생소했던 이 분야의 연구가 40년 가까운 세월이 흐른 지금 상당히 많은 연구업적을 갖게 되었고, 이제 그간의 업적들에 대한 정리가 필요한 시점에 이르렀다. 그동안 쌓여 온 여성어 연구들을 보면 다룬 대상과 방식도 다양하고 음운, 어휘, 통사·화용 분야에 걸쳐서 논의도 많이 되었으나, 무엇보다 문제로 지적될 수 있는 것은 '여성어'의 개념이 논문에 따라 상당히 다르다는 것이며, 이로 인해 여성어 연구범위가 어디까지인지 분명하지 않다는 점이다. 따라서 본고에서는 기존 논의에서 나온 여성어의 개념을 검토하여 여성어의 개념 정리를 하고자 하며, 이를 바탕으로 연구사를 정리하고자 한다.

이 글에서 검토대상으로 삼은 것은 국어를 대상으로 한 여성어 연구 업적으로서 그간 간행된 학회지 중심의 논문과 학위논문, 그리고 여성어 관련 단행본이다.[2] 이에 따라 국외 여성어 연구의 번역서와 대상 언어가 영어나 일본어인 논문들은 제외하고,[3] 또 여성의 언어예절을 다룬 것 등 연구의 초점이 다른 논문들은 제외하였다.[4] 이 분야의 국내 연구업적들이 서구에서 먼저 이루어진 여성어 연구에 영향 받은 바가 크다는 점을 부인할 수 없지만 여기서는 서구의 여성어 연구사에 대해서는 거론하지 않기로 하며, 다만 논문들을 성과와 관련하여 필요한 경우에 언급하기로 한다.[5]

---

2) 국어로 쓰여진 연구가 아니라 국어를 대상으로 한 연구이므로 국어로 쓰여졌다고 해도 그 대상언어가 국어가 아닌 것은 제외한다.

3) 오주영(1983), 김진홍(1984), 김미중(1984), 유경애(1987), 이경우(1991) 등에서는 영어를 중심으로 남성어와 여성어의 차이를 다루고 있으며, 최은정(1998), 김용숙(2000) 등은 일어와 대조연구를 한 것이다.

4) 따라서 여성의 언어예절을 다룬 김종택(1980), 여자의 이름에 대한 연구인 조규태(1981), 여대생의 은어를 조사한 허영자(1987)와 같은 논의는 검토대상에서 제외하였다.

5) 민현식(1995)에서 국어의 여성어에 대한 연구사가 간략히 언급되고 있으며, 박창원(1999)에서 서구의 여성어 연구사와 아울러 국내 여성어 연구사가 정리되고 있다.

398

2. 여성어의 개념 검토

앞에서 이미 '여성어'라는 용어를 사용하였으나, 이 용어에 대한 개념 규정이 이루어지지 않고는 여성어 연구가 무엇인지 말할 수 없다. 그동안의 연구에서 사용된 '여성어'라는 용어를 보더라도 연구자에 따라 그 개념이 다른 것이어서, 여성을 가리키는 언어를 말하기도 하고, 여성이 말하는 언어를 가리키기도 하고, 이 둘을 다 아우르기도 한다. 또 어떤 연구에서는 순수언어학적인 관점에서 여성 발화의 특징을 다루고 있고 어떤 연구에서는 여성 차별적 요소를 인식하고 이를 밝혀 내는 데 초점을 맞추고 있어 여성어의 개념을 잡는 데 혼란을 야기하고 있다. 이 장에서는 먼저 여성어 개념을 규정하기 위한 기준을 검토하고 국내 연구들이 여성어를 어떠한 개념으로 사용하고 있는지 검토하고자 한다.

2.1 기준에 대한 검토

'여성어'라는 용어를 쓸 때 그 개념 규정에 사용되고 있는 기준들이 무엇인지 이에 대한 검토가 우선적으로 필요하다.

먼저 발화자의 성별이 기준이 될 수 있다. 이 기준으로 본다면 여성이 발화하는 언어가 '여성어'가 되고, 남성이 발화하는 언어가 '남성어'가 될 것이다. 그리하여 발화 측면에서 여성어와 남성어의 특성이 어떻게 다른지에 대해 논하게 된다. 다음으로 표현대상의 성별이 기준이 될 수 있다. 대상 중심으로 볼 경우에는 여성을 대상으로 한 언어가 '여성어'고, 남성을 대상으로 한 언어가 '남성어'가 된다.[6] 그리하여 여성 대상 표현의 특성과 남성 대상 표현의 특성에 대해 논하게 된다. 다음으로 언어 속에 성차별적 요소가 있는가가 기준이 될 수 있다. 이 기준에 따르면, 여성에 대한 차별이 있을

---

6) 박창원(1999)에서는 여성과 남성을 차별하는 언어가 성별어라는 개념을 가질 때 발화자 중심이 아니라 대상 중심의 분류가 된다고 하여, 여성이 대상자일 때 여성어, 남성이 대상자일 때 남성어가 된다고 하였다. 그러나 여성의 발화도 성차별 측면에서 볼 수 있으므로 대상의 기준과 성차별의 기준을 별도로 논의해야 할 것이다.

경우 '여성어', 남성에 대한 차별이 있을 경우가 '남성어'가 될 수 있다. 이때 전제되는 것은 언어가 사회적 가치를 반영한다는 것으로서, 남녀차별적 사회가 남녀차별적 언어를 낳는다고 보기 때문에 성차별적 사회가 가지고 있는 성차별적 언어요소를 밝혀 내는 것이 연구의 초점이 된다.

그런데 문제는 이 세 가지 기준점이 같은 성격을 가진 것이 아니라는 데 있다. 따라서 이 기준들이 충돌하여 얽히는 경우 애매한 경우가 발생하게 된다. 즉 남성이 발화하되 여성을 대상으로 한 언어는 남성어인가, 여성어인가가 애매해진다. 발화 측면에서 보면 남성어여야 하고, 대상 측면에서 보면 여성어로 보아야 하기 때문이다. 또 이와 반대로 여성이 발화하고 남성을 대상으로 한 언어는 어떤가? 이 경우 역시 발화 측면에서 보면 '여성어'이고, 대상 측면에서 보면 '남성어'가 될 것이다. 그러나 그간의 연구를 보면 남성이 발화하고 여성을 대상으로 한 언어라고 하더라도 발화자 중심으로 남성어로 보지 않고, '여성어'로 다루고 있다. 또 여성이 발화하고 남성을 대상으로 한 언어일 경우에도 여성 발화 쪽보다는 대상에 더 강조점이 있어서 남성어가 된다. 이렇게 볼 때 대상 기준이 발화자 기준보다 우선한다고 할 수 있다. 남성을 대상으로 한 경우보다는 여성이 대상이 된 경우가 관심 대상이 되며 언어적인 의미를 지닌다고 보기에 그간의 연구에서는 여성 대상의 표현에 집중하고 있다. 그리고 차별의 기준을 적용하여 언어에 나타나는 성차별적인 요소를 밝혀 낸다고 할 때, 발화자에 따른 차별도 있을 수 있고, 대상에 따른 차별도 있을 수 있다. 이렇게 보면, 차별적 요소의 기준은 발화자 기준과 대상 기준의 상위에 있는 기준이 된다고 할 수 있겠다. 따라서 발화자나 대상이 관계없이 여성 발화의 경우에도 여성차별어로서의 여성어가 될 수 있고, 여성 대상이 된 경우에도 여성차별어로서의 여성어가 될 수 있다. 마찬가지로 남성 발화의 남성차별어와 남성 대상의 남성차별어가 있을 수 있다. 그러나 남성 발화의 언어나 남성 대상의 언어에는 남성차별적 요소가 별로 드러나지 않는다고 보아 이 기준에서 남성어를 논한 경우는 없고 여성어만이 논의거리가 되는 것이다.

그렇다면 '여성어'란 과연 무엇인가? 기준에 따라 말하자면 일차적으로 여성이 발화하는 언어라고 할 수 있다. 이때는 발화를 통해 표현되는 대상의 성별에 대해서는 관심을 갖지 않고 여성이 발화할 때의 언어적 특성에 초점이 맞추어진다. 이에 대응하여 남성이 발화하는 언어는 당연히 '남성어'가 될 것이다. 다음으로 여성이 대상이 된 표현인 경우를 여성어라고 할 때는 그 발화자의 성별과 관계없이 여성어의 범주에 들어가게 된다. 이러한 사실은 여성이 발화자라는 사실과 여성이 표현의 대상인 경우가 중요하고 언어적인 의미를 가지는 것으로 본다는 것을 의미한다. 그러나 여성 발화의 언어 특성을 다루면서 남성이 발화하는 언어의 특성을 비교하여 다룬다고 할 때도 단순한 차이를 드러내는 데에 머무르기보다는 언어 특성 속에 반영된 차별의식을 밝히는 것이 중요하다. 언어에 작용하는 차별 문제를 중요한 기준으로 삼게 되면 여성이 발화하는 경우에도 단순히 발화의 특징으로 보는 것이 아니라 그 발화의 특징 자체에 여성차별적 요소가 있음을 밝혀 내고, 여성을 대상으로 하는 경우에도 남성을 대상으로 한 표현과 달리 성차별적인 요소가 들어 있음을 밝혀 내야 한다.

서구에서 이루어진 여성어 연구를 보더라도 초기 연구에서 여성어는 여성이 발화하는 언어를 말하였다. 여성이 사용하는 언어와 남성이 사용하는 언어의 차이에 대한 본격적인 연구라 할 수 있는 예스페르센(1922)의 연구에서도 여성발화어를 대상으로 하고 있다. 여기서 남자와 여자가 다른 언어를 사용하는 종족이 있으며, 여성의 언어가 금기와 관련 있다는 것, 남성과 여성이 단어 선택에서 차이를 보인다는 사실, 여성들이 주로 사용하는 부사들이 있고, 문장 종결방식이 다르다는 점 등이 밝혀짐으로써 이후의 여성어 연구의 기초가 되었다고 할 수 있다. 이후 다른 학자들의 여성어 연구에서도 남성이 사용하는 문법형태와 여성이 사용하는 문법형태가 다르다는 보고나 남성보다 여성이 표준형을 더 선호한다는 보고들이 나타남으로써 여성발화어와 남성발화어의 차이가 밝혀져 왔다(이익섭 1994).

1970년대 이후 '언어와 성'이 사회언어학의 중요한 관심사로 부각되고

이른바 여성주의적 언어학이 새로운 한 분야로 정립되면서 여성어에 대한
인식변화가 일어난다. 여성들이 표준어를 선호하는 경향이 강하다는 보고에
그치는 것이 아니라 평소에 그들이 갖기 어려운 사회적 지위를 언어적인
면에서라도 얻기 위해 표준어를 선호하게 된 것이라는 해석을 하게 된 것이다.
여성들이 사용하는 언어의 특성이 여성이 가진 기질이나 성품에 의한 것이
아니라 그 사회의 가치관에 의해 강요된 것이라는 해석을 한 대표적인 학자로
레이코프(1975)를 들 수 있는데,[7] 이로써 사회적인 지위나 성이 독립적인
언어의 변수로 작용하는 것이 아니라, '여성의 사회적인 지위'가 언어의
변수로 작용한다는 인식이 생긴 것이다. 그리하여 여성의 사회적 지위와
언어의 현실을 접근시키려는 노력이 대두되게 된다. 이러한 시각은 언어
수행에서 남성의 발화와 여성의 발화에 차이가 있다는 인식을 넘어, 사회적인
규범이나 문화적인 가치를 담고 있다는 면에 주목하게 되며, 여성이 발화하는
언어에서 여성을 대상으로 하는 언어까지 그 연구대상을 확대하게 된다.
그리하여 여성주의적 언어학자들은 여성발화어나 여성 대상어가 여성을
언어적으로나 사회적으로나 불리하게 차별한다는 인식을 하고, 남성어와
여성어의 차이를 개선하고자 하는 시도도 하게 된다. 여기서 중요한 것은
언어와 관련하여 여성차별에 대한 인식, 혹은 여성의 사회적 위치에 대한

---

7) 레이코프가 제시하고 있는 여성 발화어의 특징은 다음과 같다.
(1) 색채를 나타내는 어휘에서 여성들은 엷은 자줏빛, 베이지 색, 라벤더 색, 짙은
홍색 등을 즐겨 쓰는데, 남성들은 이런 색깔을 별로 쓰지 않는다. (2) 여성들은
'damn, shit'와 같은 강한 간투사를 쓰지 않고, 그 대신 'oh dear, fudge' 등과 같은
표현을 쓴다. (3) 'great, terrific' 등은 남성과 여성이 같이 쓸 수 있는 형용사지만,
'charming, divine, adorable' 등은 여성만이 사용하는 형용사다. 여성 전용 형용사가
존재하는 것은 여성들의 중요하지 않은 생각을 표현하기 위한 것으로 여성을
폄하하는 것이다. (4) 여성들은 부가의문문을 남성들보다 더 많이 사용한다. 이러한
문형은 보통 청자에게 진술의 동의를 구할 때 사용되는 것으로, 여성들이 많이
사용하는 것은 자신의 생각에 대한 불확신을 나타내는 것이다. (5) 여성들은 평서문
을 의문문 어조로 말하는 경향이 있다. (6) 여성들은 지시적 화행문을 사용할
때 가능하면 정중하고 약한, 화자의 의지가 담기지 않은 방식의 명령문을 사용하도
록 교육받아 왔다.

인식을 하게 된 것이라 할 수 있다.

이러한 연구의 변화과정을 볼 때 현시점에서 여성어 연구란 여성이 발화하는 경우에 성차별적인 요소를 밝혀 내는 작업이 이루어진 것이나, 여성을 대상으로 한 표현에서 성차별적 요소를 발견해 내는 작업이 있는 경우로 한정되어야 할 것이다.

2.2 국어 여성어 연구의 범위

여성어 연구의 범위는 여성을 가리키는 지칭어를 포함하여 여성에 대한 표현 전반을 다룬 것이거나 여성이 발화하는 특성을 다룬 것을 포함하는 것이 되는데, 이때 성차별의 관점을 보이고 있는가의 여부가 중요한 잣대가 된다. 본고에서는 앞서의 기준 검토에서 보았듯이 차별적 개념이 여성어 개념 규정에 중요한 요소라고 보므로 이에 따라 연구사 검토를 할 것이다. 그러나 이 관점에서 본격적으로 다루고 있지는 않다고 하더라도 여성 대상 표현과 여성발화어에 차별적 요소가 있음을 인식하고 있는 것을 포함하여 논의하고자 한다.

국어의 여성어 연구에서 개념을 규정하고 있는 경우나 연구의 결과를 통해서 드러나는 여성어 개념을 정리해 본 결과, 여성어의 범위에 차이가 있으나, 크게 여성대상어와 여성발화어로 구분될 수 있다.[8] 연구된 내용에 대해서는 다음 장에서 살펴보기로 하고 여기서는 기존 연구에서 다루고 있는 여성어의 범위에 따라 어떤 연구들이 있는가를 일별할 수 있도록 정리하고자 한다.

첫째, 대상어의 연구에서는 여성대상의 지칭어와 여성대상 표현 전반을 말한다. 여성지칭어의 대표적 연구로는 초기의 여성어 연구인 유창돈(1966)이나 서정범(1969) 등을 들 수 있다. 여성을 대상으로 한 표현을 말하는

---

8) 여성어의 범위를 '여성발화어'와 '여성대상어'로 구분하여 설정한 것은 민현식 (1995)에 와서 이루어졌다.

경우에는 지칭어뿐 아니라 여성을 가리키는 데 쓰이는 여러 가지 형태의 표현을 다 이르는 것이므로 그 범위가 더 넓다. 민현식(1995)에서 여성대상어를 '여성에 대해서만 쓰는 어휘'로 규정하고 '어머니, 처녀, 미인'과 같은 여성지칭어, '정숙하다, 얌전하다, 시집가다'와 같은 여성 묘사어, '쓰개치마, (여성) 화장품' 같은 여성 관련어를 포함시키는 것을 보면 그 범위를 알 수 있다. 아울러 여성에 대해서만 쓰는가 남성에 대해서 쓰는가의 기준에 따라 절대여성어, 상대여성어, 통성어, 상대남성어, 절대남성어로 분류하고 있는데, 절대여성어와 상대여성어가 여성대상어가 된다. 이석규, 김선희(1992)에서는 남성형이 앞에 오고 여성형이 뒤따라오는 '남녀문제, 자녀교육, 소년소녀 가장' 등은 남녀차별주의를 반영한 것이라고 하여 성차별적 요소를 지적하고 있다. 임홍빈(1993)의 논의는 '여성에 대한 표현'에서 남성의존적이라는 지적을 하고 있다는 점에서 대상어 연구에 포함될 수 있다. 남성형·여성형 어휘의 불균형 현상에 대한 지적을 한 구현정(1995ㄱ, ㄴ)의 논의도 어휘에 나타난 성적 불균형 현상에 대한 지적으로서 의의를 지닌다. 박창원 외(1999)는 언어와 여성의 사회적 위치를 논한 것으로서 여성차별어가 여성어임을 명시하고 있는데,[9] 이 책에서 어휘 중심으로 성차를 보이고 있는 김창섭(1999)의 논의와 여성대상의 광고 표현을 다루고 있는 전혜영(1999), 차현실(1999) 등의 논의도 이 관점을 취하고 있다.

둘째, 여성이 발화하는 언어다. 기존 연구들 중 많은 것이 여기에 해당하는데, 이 경우에도 여성어에 대한 개념 규정이 조금씩 다르다. 이석규, 김선희(1992)는 '여성이 선호하는 언어'를 여성어로 보았다. 이 말은 남성어와 여성어가 서로 다른 유형을 가지는 것이 아니라 성선호적 차이에 의해서 같은 어휘 항목이나 언어적 자질을 사용하지만 그것이 사용되는 상대적 빈도 수에 차이가 있는 것을 말한다.[10] 한편 임홍빈(1993)에서는 여성만이 사용하

---

9) 언어와 여성의 사회적 위치에 초점을 둔 박창원 외(1999)에서는 여성어를 여성차별어와 동의어로 쓰고 있으며, 여성어 연구는 여성에 대한, 여성에 의한 차별적인 요소를 찾아 내는 것임을 명시하고 있다.
10) 이석규, 김선희(1992: 3)에서는 여성이 선호하는 언어를 '여성어'로, 남성이 선호하

는 언어라는 의미를 갖는 '절대적여성어'와 함께 상대적으로 여성이 사용하는 경향이 많은 여성어를 구분하고 있다.[11] 그런데 여기서 용어에 대한 주의가 필요하다. 민현식(1995)에서는 발화 측면에서 '절대여성어'를 말하고, 임홍빈(1993)에서는 여성대상의 관점에서 '절대여성어'라는 용어를 쓰고 있으므로 용어는 같으나 그 개념이 다르다는 점에 주의해야 한다. 발화를 중심으로 한 여성어 연구들을 보면 단순히 발화의 특징적 측면만 다루고 있는 경우가 많아서 여성 발화에 나타나는 차별적 요소에 대한 논의가 부족한 경우가 많다.

따라서 여성어의 개념상으로는 성차별적 요소가 중요한 것임에도 불구하고 이 글에서는 이러한 논의가 미약한 경우도 포함하여 여성어의 범위를 '여성대상어'와 '여성발화어'로 크게 구분하여 그간의 연구업적을 검토하기로 한다.

3. 여성 대상어 연구사

언어기호에 의해서 지칭되거나 표현되는 대상의 차원에서 여성을 차별적으로 지칭하거나 표현하는 경우를 여성대상어라고 할 수 있다. 그런데 왜 여성대상어가 차별적 요소를 담고 있다고 볼 수 있는가? 예를 들어 '사장'이라는 대상을 가리키는 단어를 가지고 생각해 보기로 하자. 이 단어의 외연에 남성만 포함되고 여성이 배제된 개념으로 쓰인다면, 여성을 포함할 경우에는 '여-'라는 유표적인 기호를 사용하여야 한다면, 그리고 이것이 사회의 윤리적인 규범이나 사회적인 가치에 따라 당연한 것으로 받아들여진 것이라면,

---

는 것을 '남성어'로 규정하고 있다. 성선호적 차이가 생기는 원인으로 남성과 여성의 사회적 역할의 차이와 생활영역의 차이에 따른 원인, 문화적 원인, 기질적 원인 등을 들고 있다.

11) 절대적 여성어의 성격을 가지는 것으로 여성들이 남편이나 애인을 가리키는 '그이'와 여성이 자기를 지칭하는 '소첩, 소녀' 등, 여성이 절대적 지시 원점에 있는 친족호칭어 '오빠, 언니, 도련님' 등, '어머나, 엄마야' 같은 감탄사가 있다.

이 단어를 통해 차별을 말할 수 있게 된다. 여성대상어에 대한 연구는 이러한 전제에서 출발한다. 따라서 어휘의 존재 양상 자체가 성에 따라 차별적인가 그렇지 않은가를 살펴보거나 어휘가 지칭하거나 표현하는 .대상에 차별적인 의미가 부가되어 있는가 없는가를 살피게 된다.

민현식(1995)은 무엇에 대해서 사용되는가에 따라 절대여성어, 상대여성어, 통성어, 상대남성어, 절대남성어로 분류하고, 다음과 같이 설명한다.

1) 절대여성어 : 여성에 대해서만 쓰이는 어휘(예: '미인, 홍일점, 정숙하다, 아리땁다, 시집가다' 등)
2) 상대여성어 : 여성에 대해서 더 쓰이는 어휘(예: '화장(품), 얌전하다, 알뜰하다, 차분하다' 등)
3) 통성어 : 남녀 두루 비슷하게 쓰이는 어휘(예: '가인, 분장, 침착하다, 괄괄하다, 결혼하다' 등)
4) 상대남성어 : 남성에 대해서 더 쓰이는 어휘(예: '나그네, 늠름하다, 씩씩하다, 우락부락하다' 등)
5) 절대남성어 : 남성에 대해서만 쓰이는 어휘(예: '미남, 신사답다, 점잖다, 장가가다' 등)

이 중에서 '대체로 또는 완전히 여성에 대해서만 쓰이는 어휘'인 절대여성어와 상대여성어를 여성대상어라 하였다. 그리고 이 여성대상어의 내용에 따라 여성 지칭어, 여성 관련어, 여성 묘사어 등으로 삼분하고 있다. 본고에서는 민현식(1995)의 분류를 조금 수정하여 여성 관련어와 여성 묘사어를 여성대상 표현어로 묶고, 여성지칭어와 여성대상 표현어로 나누어 살펴보고자 한다.

3.1 여성지칭어 연구

성 범주가 있는 인구어와는 달리 한국어는 어휘 자체로서 성별 구분이 없고, 남성형과 여성형이 대등하게 존재하는 경우에 성별의 차등이 없는 것으로 보인다. 예를 들어 동일한 대상에 대해 여자는 '언니, 오빠'라고 하고 남자는 '누나, 형'이라는 단어를 사용한다고 하여 이 단어가 가리키는 대상에 성별의 차등이 있다고 할 것인가? 화자의 성별에 따른 언어 차이지 차별이라고 볼 수는 없는 것이다. 그리고 친족어휘들에 나타나는 대상의 성별에 대한 구분은 친족관계에서 그 위치를 정확하게 표현하고자 하는 동기에서 출발한 것이지 성에 의한 차등을 나타내기 위한 것이 아니라고 볼 수 있다. 그러나 이러한 언어 상황이 사회 변화와 함께 변화하게 되면서 성별에 따른 언어 차이로만 볼 수 없는 경우가 발생하게 된다. 사회가 산업화되고 직업의 분화가 일어나면서 여성과 남성의 사회적 위치가 달라지게 되고, 이로 인하여 남성과 여성을 지칭하는 어휘에도 차별이 생기게 된 것이다. 예를 들어 '노총각', '노처녀'라는 단어를 비교해 보자. 단순히 대상의 성별에 차이가 있는 것이라고만 할 수 없는 까닭은 '노총각'이라는 단어에는 아무런 부정적인 뜻이 없는데, '노처녀'라는 단어에는 부정적인 가치 판단이 붙어 있다. 이처럼 여성 대상에 대한 부정적 인식이 붙는 것은 결국 대상에 대한 사회의 인식이 다르기 때문이므로, 그런 의미에서 여성 대상의 차별을 논할 수 있게 되는 것이다.

한국어를 대상으로 한 여성어 연구는 여성을 지칭하는 어휘를 연구하는 것으로 출발하였다고 할 수 있다. 여성지칭어 연구에서는 어떤 여성지칭어가 문제가 되고 있는가, 여성지칭어와 남성지칭어에 어떤 차이가 있으며, 이런 차이가 발생한 이유는 무엇인가를 논할 수 있다.

여성지칭어란 여성을 가리키는 단어인 '여자, 여인, 계집, 아내, 마누라, 아가씨, 아줌마' 등을 말하는데, 여성지칭어의 목록 자체보다는 이러한 단어들에 반영된 사회적 가치관을 찾아 내는 데 초점이 있다. 이조 초기 문헌으로부터 500여 년에 걸쳐 사용된 여성어의 역사적 고찰을 하고 있는 유창돈(1966)의 연구에서는 일반 여성어, 족칭 여성어, 특수 여성어 등으로 분류하고 있는데, 이 논문에서 중요한 지적은 이조 초기에 평어로 쓰이던 말이 시대가 내려오면서 차차 비어 내지 욕칭으로 쓰이게 되었다는 것이다. '갓나희, 계집, 녀편'

등이 비어나 욕칭으로 차등어화한 것은 이에 대응되는 '사나희, 남진, 남편'이 그렇지 않다는 사실과 대비해 볼 때 여성의 사회적 지위의 변화를 말해주는 것이라 할 수 있다.

여성에 관한 명칭을 다룬 서정범(1969)에서는 여성지칭어의 어원을 모색하고 통시적으로 어떻게 변해 왔는지를 살펴보면서 이러한 어사의 형성과정에 나타난 옛사람들의 여성관을 말하고 있다. 예를 들면 '엇'이 親을 뜻하다가 母의 의미로 고정된 것은 고대 가족제에서 母만이 親을 대표하던 것이 부계가족제가 확립된 후에 구별된 것이라는 지적이며, '가시내, 가시, 갓나희'의 '갓'은 고대 존장자를 일컫는 명칭에 쓰이던 것이 여자에게 쓰이게 된 것으로서 모계사회의 일면을 보여준다는 것 등이다.

김진우(1985)의 논의는 사회언어학적인 관점에서 남녀가 사회에서 부담하는 기능의 차이를 언어가 반영하고 있음을 지적하고 있다는 점에서 의의를 가진다.[12] 그리하여 '의사, 변호사, 조종사, 교수, 사장' 등을 남성명사로 인식하고 예외적인 경우에 대해 '여'자를 앞에 붙여 '여의사, 여변호사, 여조종사, 여교수, 여사장'이라고 하고, 이와 반대로 간호원, 모델, 유치원 선생, 산파 등은 대개 여성명사로 해석되고, 예외적인 경우에 '남'자를 붙이는 것은 전통적으로 이런 직업을 한 쪽 성에서 전담해 왔다는 데 기인한 것으로 보았다. 남성 지배하의 사회는 어휘에도 반영되어 있는 것으로서, 국어에서 '자식이 많다, 기독교인의 형제애' 등에서의 '자식, 형제' 등은 남녀를 다 포함하지만, '여식, 자매' 등은 여자만 가리킨다는 지적을 하였다. 또 남존여비의 사회는 남존여비의 어휘와 용법을 낳는다고 함으로써 한국어에서 좋은 귀신(예: 산신령)은 남성이지만, 나쁜 귀신은 거의 모두 여성이고, 경멸하거나 모욕적으로 여자를 지칭하는 어휘는 많지만(예: 갈보, 걸레, 메주, 암캐, 절구통, 화냥년), 모욕적으로 남자를 지칭하는 말은 그리 많지 않다는 지적을

---

12) 김진우(1985)는 언어학 일반이론을 다룬 저서로서 여성어 자체에 대한 논의라고는 할 수 없지만 사회언어학적인 관점에서 남녀가 사회에서 부담하는 기능의 차이를 언어가 반영하고 있음을 지적하고 있다는 점에서 주목할 만하다(김진우: 320~332) 참조.

408

하고 있다.

여성지칭어에 대한 연구는 이석규·김선희(1992)에서 비교적 본격적으로
이루어지는데, '언어에 반영된 남녀 차별주의(sexism)'란 소제목 하에서 다음
과 같이 논의하고 있다. 남성이나 여성을 지칭하는 낱말의 쓰임은 남성
중심으로 되어 있다. 남성을 지칭하는 말이 남녀 모두를 포함하거나(예:
자식, 형제, 소년동아일보, 소년중앙 등), 남성형이 앞에 오고 여성형이 뒤따른
다(예: 소년소녀, 남녀문제, 자녀교육 등). 반면 속어나 비어 등 부정적인
언어에서는 여성형이 앞서는 것으로 나타나(예: 년놈들, 에미에비도 모르는
자식 등), 남성이나 여성을 지칭하는 말에는 남성우월주의가 바탕이 되어
있다. 친족관계의 어휘에서도 아버지와 관계된 어휘가 어머니와 관계된
어휘보다 훨씬 많은 것은 부계를 중심으로 하는 대가족제도를 반영한 것으로
남존여비의 문화가 男多女小의 언어를 만들었다고 본 것이다.

구현정(1995ㄱ, ㄴ)은 국어의 어휘를 중심으로 남녀차별에 관한 본격적인
연구라는 의의를 가진다. '사장/여사장'이나 '파출부/남자파출부' 등에서와
같이 '남, 여' 등의 접두사가 붙는 현상을 유표와 무표의 개념으로 해석하여
어휘를 분류하고, 어휘의 남녀불평등 현상에 대해 연구하였다.13) 남성형·여
성형 어휘를 무표항과 유표항의 관점에서 다음과 같이 다섯 가지 유형으로
분류하고 있다(구현정, 1995ㄴ: 116~131 참조).

 1) 남성중심어 : 무표항이 남성형이고 여성형은 유표항인 어휘. 한자숙어 가운
   데 여성형이 유표적으로 나타나는 어휘들(간첩/여간첩, 기자/여기자 등)과
   순서에서 '남-'이 앞서는 어휘들(남녀관계, 남녀노소 등)이다.
 2) 여성중심어 : 무표항이 여성형이고 남성형이 유표항인 어휘. 한자숙어 가운
   데 남성형이 유표적으로 나타나는 어휘들(창/남창, 첩/남첩 등)이다.
 3) 남녀평등어 : 남성형, 여성형 모두 유표항으로 대등한 어휘. 한자숙어 가운데
   남성형과 여성형이 모두 나타나는 어휘들(남성/여성, 남동생/여동생 등)이

---

13) 이는 어휘체계에서 일반적으로 기본이 되는 무표적 형태(unmarked term)는 남성
   형이고 여성형은 남성형에서 파생된 유표적 형태(marked term)로 나타난다고
   주장한 야겔로(Yaguello 1978)의 가설을 전제로 한 것이다.

다.

4) 남성전용어 : 독립된 일반항이 없고 남성형만 유표적으로 만든 어휘. 한자숙
어 가운데 남성형만 나타나는 어휘들(남정네, 남근숭배 등)이다.

5) 여성전용어 : 독립된 일반항이 없고 여성형만 유표적으로 만든 어휘. 한자숙
어 가운데 여성형만 나타나는 어휘들(여급, 여권신장 등)이다.

이 논문에서 밝혀진 중요한 사실은 다음과 같다. 첫째, 국어에서는 남성형
이나 여성형이 어느 한 쪽만 유표적으로 나타나는 것이 아니고 양 형이
모두 유표적으로 나타나는 것으로서 '유표적=차별적'이라는 등식이 성립되
지 않는다는 것이며, 둘째, 국어에서는 어휘수 자체가 성차별을 나타낸다는
것이다. 즉 가장 많은 어휘가 남성중심어(36.2%)고 가장 적은 어휘가 여성중심
어(1.3%)라는 분포 자체가 남성중심의 사회구조를 반영하고 있다는 것이다.
그리고 다섯 가지 유형의 어휘들을 내용적으로 검토해 본 결과 남성중심어는
물론이고 여성중심어조차도 여성차별의 의미를 가진 것으로 나타나 남성
형·여성형 어휘의 절대 다수가 남성중심적이라는 보고를 하고 있다. 구현정
(1995)의 논의는 어휘의 분류라는 의의에도 불구하고 박창원(1999)에서 지적
한 바와 같이 분류의 기준점과 해석의 기준점을 혼용함으로써 여성어의
이해에 혼란을 초래할 수도 있다. 즉 어휘의 분류에서는 일반 언어학적인
기준점을 사용하고 해석에서는 사회언어학적인 의미를 부여함으로써 여성
어의 기능이나 개념 파악에 적잖은 혼란을 초래할 위험성이 있기 때문이다.
박창원(1999)은 이러한 문제점은 자연적인 성의 구분에 의해 여성이나 남성
을 지칭하는 어휘와 사회적 가치가 부여되면서 여성이나 남성을 지칭하게
된 어휘를 구분함으로써 어느 정도 해소할 수 있다고 보았다. 즉, '남편,
아내' 등은 그 성만이 할 수 있는 자연적인 것이기 때문에 성차별적인 요소의
개입을 보류해 두고, '늑대, 여우' 등과 같은 남녀차이가 있는 지칭어에 대해
사회의 차별적 요소를 파악하는 것이 좋다고 보는 입장을 취한다.

여성어 연구의 종합적인 연구라 할 수 있는 민현식(1995)에서도 여성지칭
어를 '일반 지칭어, 품행성 지칭어, 직업성 지칭어, 외모성 지칭어, 성명

지칭어' 등 다섯 가지로 나누고, 각각의 지칭어가 나타내는 여성에 대한 가치관을 말하고 있다. 즉, 여성을 아동과 동일시한다든가 '대한남아'가 갖는 긍정적 가치와 달리 '대한여아'가 쓰이지 않는다는 사실, 부정 품행 여성지칭어가 긍정 품행 여성지칭어보다 더 발달한 특징을 밝혀 줌으로써 성적 불균형에 대해 언급하고 있다.[14]

김창섭(1999)의 논의는 구현정(1995)과 같은 관점이라고 할 수 있다. '남+X'항의 어휘와 '여+X'항의 어휘를 비교하면서 어휘체계에 반영된 여성의 사회적 위치와 그 변화를 고찰한 것이다. 30년대에 간행된『큰사전』과 80년대에 간행된『우리말 큰사전』의 인성명사를 중심으로 하여 반세기에 걸친 여성의 사회적 위치변화를 추적하고 있는데, 여기서 주목할 것은『큰사전』에서『우리말 큰사전』으로 오면서 여성항 편재형 비율이 줄고(88.6%→81.2%), 남·여성항 균형형이 늘어났음(11.4%→17.6%)을 보여준 것이다.[15] 그리고 단어장에서 새로운 여성항이 출현한 장은 일반항으로만 존재하는 장에 비해 여성의 사회적 진출이나 여성에 대한 평가의 변화를 보여주고 있는 것이라고 봄으로써 어휘체계상의 변화가 여성의 지위변화와 관계가 있다고 본 데이 논문의 의의를 둘 수 있다.

3.2 여성대상 표현어 연구

여성을 어떻게 표현하고 있는가 아울러 이러한 표현이 남성을 표현하는 것과는 어떻게 다른가를 논하고 있는 것이 여성대상 표현어 연구에 속한다.

국어의 여성대상 표현이란 곧 한국 사회가 여성을 어떻게 보는가를 말해주는 것이라 할 수 있는데, 여성에 관한 속담을 통해 여성의 위상과 전통적인 여성관을 다룬 김종택(1978)이 그 효시라 할 수 있다. '여자가' '계집이' '여편

---

14) 긍정 품행 여성 지칭어는 '여장부, 요조숙녀, 열녀' 등을 말하며, 부정 품행 여성 지칭어는 '여우, 불여우, 구미호, 왈가닥, 음녀, 간부, 요부, 화냥년' 등을 말한다.
15) 여기서 여성항 편재형이란 '*/여-기자, */女-帝'와 같이 여성항만 존재하는 것을 말하고, 남·여성항 균형형이란 '男-동생/女-동생'과 같은 경우를 말한다.

네가'로 시작되는 속언이 전체 자료의 태반을 차지하고 있는데, 그 내용이 한결같이 여성을 비하하고 경계하는 것임을 밝히고 있다. 여기서 여성은 요사스러운 것, 재수 없는 것, 불길한 것, 변덕스러운 것 등으로 드러나며, 가부장의 지배와 보호의 대상이며 주체적 역량이 결여된 존재로 파악되고 있다.16) 전혜영(1999)에서도 속담에 나타나는 여성지칭어를 중심으로 그 은유방식을 살펴봄으로써 여성의 사회적 위치에 대해 논하고 있다. 속담에 사용된 여성은유를 통해 여성을 사물화하여 남성의 소유물로 생각하거나 길들여져야 하는 동물로 보거나 수동적이고 비주체적인 존재로 보고 있음을 밝히고 있다.17)

임홍빈(1993)에서는 '여성에 대한 표현'으로 다음과 같이 제시하고 있는데, 여성의 신체나 태도의 특징, 일과 행동에 관계되는 표현들을 그 대상으로 하고 있다.

1) 여성의 신체 부분을 특이하게 가리키는 말 : 가슴(유방), 방뎅이(처녀의)
2) a. 여성의 신체나 신체 부분의 어떤 상태나 특징과 관련되는 표현 : 얼굴이 달덩이 같다, 얼굴이 반반하다, 얼굴이 활짝 피다. 초생달 같은 눈썹, 콧날이/ 코가 오똑하다, 앵도 같은 입술, 얼굴이 호박 같다, 무다리, 다리가/몸매가 날씬하다, 몸매가 잘 빠졌다, 살결이 야들야들하다, 아름답다, 예쁘다, 妖艶 하다 등.
   b. 여성의 태도나 성품의 어떤 특징과 관련되는 표현 : 고분고분하다, 나긋

---

16) 이런 해석과 아울러 김종택(1978)에서 속담, 속언에 나타나는 다양한 여성의 위상은 그 자체가 곧 우리의 전통적 여성관을 반영하는 것으로 보기는 어렵고, 형식적인 교육의 기회가 거의 없었던 전통사회에서 여성에게 적절한 가정교육, 사회교육의 방편의 기능을 적용한 것으로 볼 수 있다는 지적을 하고 있어 유의해 볼 만하다.
17) 속담을 통해 전통사회의 여성의 사회적 위치를 논한다고 할 때 사실 여성의 사회적 위치란 말이 성립되기 어려운 면이 있다. 실제로 여성의 사회적 지위라는 것이 오늘날과 같이 독립적으로 설정될 수 없고 따라서 사회 활동이 이루어질 수도 없었기 때문이다. 그러나 계급사회라 하더라도 남성의 윤리와 여성의 윤리의 차이 를 보여준다는 사실과 언어가 사회적 위치나 문화적 위치를 반영하고 있고, 사회적 위치나 문화적 가지가 언어를 결정한다는 것을 인정한다면 속담을 통해서 전통사회 의 여성의 사회적 위치를 논하는 일이 가능한 것이다.

나긋하다, 독살스럽다. 상큼하다, 순종하다, 안차다, 알뜰하다/알뜰살뜰하
다, 앙칼지다, 앙큼하다, 음전하다, 표독스럽다, 후덕하다 등.
c. 여성의 목소리와 어떤 특징과 관련되는 표현 : 간드러지다, 꾀꼬리 같다,
방울이 굴러가는 듯하다 등.
3) 여성의 몸의 움직임이나 상태 혹은 행동의 어떤 특징과 관련되는 표현 : 교태
를 짓다, 꼬리를 치다, 눈을 흘기다, 물찬 제비 같다, 샐쭉하다/ 쌜쭉하다,
속살을 드러내다/속살이 보이다, 살을 드러내다, 몸짓이 煽情적이다, 손이
크다/작다, 수다를 떨다, 수다쟁이, 아양을 떨다, 애교를 떨다/부리다, 토라지
다, 호들갑스럽다, 호들갑을 떨다 등
4) 여성이 하는 일 또는 일정한 장면에서의 여성의 행동과 관련되는 표현 : 화장
을 하다/얼굴에 치장을 하다, (몸이나 옷을) 치장하다, 얼굴을 단장하다,
남자를/사내를 꿰차다, 시집을 가다/시집가다, 몸을 허락하다, 바가지를 긁
다, 밥을 하다/짓다, 빨래를 하다, 살림을 하다, 설거지를 하다, 밥상을 차리다,
치맛바람을 일으키다 등.

이러한 예들을 통해 임홍빈(1993)은 국어에서 여성에 대한 표현은 여성의
신체나 태도, 성품 그리고 행동 등에 관련된 것이 많고, 여성의 일에 대한
것은 적다는 점을 지적한다. 그 까닭을 여성의 생활영역이 가정에 국한되고
남성에 의존적이라는 점에서 해석한다. 그리고, 여성에 대한 표현은 여성을,
사랑을 중심으로 하는 생활에 놓고 있으며, 감성적인 것, 성적인 것, 눈물이
많은 것, 사랑에 속는 것, 이별 당하는 것은 여성적인 것으로 인식되는 경향이
있다고 지적한다.

90년대로 넘어오면 여성대상어가 가지는 성차별 문제가 본격적으로 논의
되기 시작한다. 이옥련(1994)은 광고 표현을 중심으로 남녀 성역할의 고정화
나 여성을 비하하는 성차별 표현이 많음을 지적하고 있다. 강주헌(1995)에서
도 '우리말에 나타나는 성차별 구조'라는 부제를 달아 이 책의 관점이 어떤
것인가를 명시해 주고 있는데, 여기서 가족관계와 사회관계 속에서 남성과
여성을 가리키는 표현의 성차별, 한자어에 나타난 남녀 불균형적인 표현,
속담과 민요 속에 나타나는 여성에 대한 차별을 논하고 있다.

여성대상 표현어에 대한 종합적인 연구는 민현식(1995)에서 볼 수 있다.

여성에 대해서만 쓰이는 국어의 여성 어휘의 유형을 보이고, 이에 대한 사회언어학적인 해석을 하고 있다. 여성대상어의 범위를 여성지칭어와 여성 묘사어, 여성관련어로 하고 있는데, 여성지칭어에 대해서는 앞에서 언급하였으므로 여성관련어와 여성묘사어에 대해서 살펴보기로 하겠다. 여성관련어를 '여성 생애 관련어, 여성 결혼 관련어, 여성 출산 관련어, 여성 놀이 관련어, 여성 가사 관련어, 여성 용품 관련어'로 세분하여 그 목록들을 제시하고 있다. 여성 관련어 중 '처녀성'은 쓰여도 '총각성'이란 말은 없다는 지적을 통해 남녀불평등 현상을 지적하고 있다. 한편 여성묘사어는 외모 묘사어, 성품 묘사어, 행동 묘사어의 셋으로 분류하고 있는데, 특히 외모 묘사어가 발달하였지만 부정적 여성관이 작용한 결과 생겨난 부정적 성품 묘사어와 부정적 행동 묘사어가 여성을 억압하고 멸시하는 도구로 기능하였음을 지적하고 있다.18)

차현실(1999)에서는 광고 중심으로 [＋여성] 어휘에 반영된 우리 사회의 여성에 대한 에토스를 살펴보고 있는데, 이를 통해 밝혀진 바 역시 여인과 물건의 동일화나 여성 육체의 감각화를 볼 수 있다. 한편 전통사회가 세운 여성성과 정반대 방향으로 변형되어 사회적 저항을 표출하는 광고에서는 저항적 여성상을 보이고 있어,19) 여성의 사회참여의 전문성에 대한 긍정적인 평가라는 점에서 여성에 대한 사회적 인식의 변화과정을 볼 수 있다. 그리고 광고문에 나타나는 여성을 규정하는 데 사용된 어휘는 '부드러움, 아름다움,

---

18) (1) 외모 묘사어 : 곱살하다, 아리땁다, 요염하다, 얼굴이 반반하다, 초생달 같은 눈썹, 코가 오똑하다, 앵도같은 입술, 얼굴이 호박같다, 무다리, 몸매가 좋다, 몸매가 잘 빠졌다, 살결이 야들야들하다, 살결이 부드럽다, (목소리가) 간들어지다, 꾀꼬리같다, 방울이 굴러가는 듯하다 등.
   (2) 성품 묘사어 : 참하다, 뾰로통하다, 요망하다, 히스테리, 앙큼하다, 토라지다 등
   (3) 행동 묘사어 : 나긋나긋하다, 교태를 짓다, 꼬리를 치다, 눈을 흘기다, 아양을 떨다, 애교를 떨다, 바가지를 긁다, 앙탈부리다 등
19) 이에 해당하는 광고로는 '저요? 제 멋대로죠 뭐/ 떠나고 싶으면 떠나고, 쉬고 싶으면 쉬지요 …… 자유로운 거/그게 바로 나예요' '차가운 지성으로/ 뜨거운 감성으로/ 자신있게 사는 여자' 등을 들 수 있다.

사랑'이고 이들이 지향하는 생활 양태를 표출하는 데 사용된 어휘는 '꿈, 변화, 자유' 등이며, 여기서 나타나는 상징체계가 여성은 [수동적, 상대적, 성적, 유혹적, 소극적, 소아적]이고 남성은 [주체적, 능동적, 적극적, 불변적, 대아적]으로 나타난다고 하여 이들 어휘의 상징질서를 통해 여성의 사회적 위치를 검증하고자 하였다.

여성대상어 영역에서는 전반적으로 국어에 여성대상의 어휘들에는 어떤 것이 있는지 조사를 통해 수집하고, 이것을 유형별로 분류하는 작업이 이루어 졌다는 점에서 성과가 크다고 하겠다. 그러나 각 유형들에 대한 사회언어학적 해석이 부족한 상태이므로 앞으로 이에 대한 연구가 더 있어야 할 것이다.

4. 여성 발화어 연구사

여성 발화어란 여성이 발화하는 말을 의미한다. 그동안 여성 발화어에 대한 연구는 여성 발화 자체가 남성 발화와 차이가 있는가에 초점을 맞추어 왔으나, 1970년대 이후 여성어에 대한 인식이 바뀌면서 여성의 발화 속에 담긴 성차별 문제를 논하게 된다. 이 말은 여성 발화어에 성차별적인 사회적인 가치관이 내재되어 실현될 수 있다고 보는 것인데 국어의 여성어 연구를 보면 여성 발화와 남성 발화의 차이를 드러내는 데 주력하고 있어서, 성차별 문제가 크게 부각되지 못하고 있는 것 같다.

국어에서 여성 발화어에 대한 연구는 여성을 중심으로 현대어의 특징을 논한 장태진(1969)을 연구의 출발점으로 들 수 있다. 여기서는 여성어에서 보유하고 있는 음성학적 특징을 보이고, 문법적 범주에서는 특히 여성존속 또는 가족에 대한 남성가족들의 경어법 사용에서 화계의 차이를 지적하고 있다. 그리고 여성집단인 궁녀, 해녀, 여학생, 기생, 창녀 집단에서 사용되는 속어들의 언어적 특징에 대해 다루고 있다. 이러한 논의가 1980년대로 이어지 는 여성 발화어 연구에 영향을 미쳐 음운적 특성이나 어휘 사용의 차이, 어법의 차이 등에 대한 구체적인 연구로 이어졌다고 할 수 있다.

4.1 음운적 특징

음운적 특징상 여성과 남성의 차이가 있다는 인식을 보인 논의를 토대로 그 성과를 정리해 보면 여성어의 음운적 특징은 다음과 같이 나타난다.

첫째, 여성은 남성보다 경음을 더 많이 사용한다. 이석규·김선희(1992)에서 지적하고 있는 것처럼 '다른 거-따른 거', '작다-짝다', '조금-쪼금/쪼끔' 등의 예를 들 수 있다.

둘째, 여성어에서는 'ㄹ첨가' 현상이 많이 나타난다. 이 역시 이석규·김선희(1992)에서 논의되고 있는데, 그 예는 '요거로-요걸로', '안 오려다가-안 올래다가', '알아보려고-알아볼라구' 등을 들 수 있다.

그런데, 경음을 더 사용한다는 것이나 'ㄹ첨가 현상은 남성 발화와 여성 발화의 차이로 지적될 뿐 이러한 특징이 여성 차별현상과 어떻게 관련되는지는 논하기 어렵고 실제 이러한 관점에서 언급한 논의도 없다.

셋째, 억양에 특징을 보인다. 임홍빈(1993)에서 지적된 특징은 다음과 같다. 첫째, 평서문의 경우 남성의 말은 짧고 급한 하강조로 끝나는 경향이 있고, 여성의 말은 다소 길고 완만하고 부드러운 억양 곡선을 그리는 경향이 있다. 둘째, 의문사가 있는 의문문의 경우, 하강조로 끝나는 것이 전형적인 유형인데, 여성어에서는 끝이 다소 올라가는 느낌을 준다. 상승 억양의 사용에 대해서는 민현식(1995)에서도 동일한 지적을 하고 있다. 상승억양이 쓰이는 문제에 대해서는 단언표현이 억제된 여성이 청자에게 동의 확인성 부가의문문 어법을 발달시키다 보니 평서문에서도 부가의문문식 억양을 수반하게 되어 발생한 것으로 본다.

넷째, 표준발음을 지향한다는 것이다. 민현식(1995)에서 교양 과시와 신분 상승의 욕구 때문에 여성이 표준음을 선호함을 지적하고 있다.

억양과 표준발음의 현상은 레이코프(Lakoff 1975)에서의 지적과 일치하고 있어, 서구와 한국의 사정이 다르지 않음을 알 수 있다. 즉 여성이 확고한 진술과 관련된 하강어조보다는 의문과 관련된 상승어조를 많이 쓰는 이유는 여성이 남성보다 여성 스스로 자신의 의견에 대해 확신이 적기 때문이라는

416

것이다. 이러한 면에서 여성 발화어가 갖는 음운적 특징을 통해 여성 차별현상을 말할 수 있다.

4.2 어휘적 특징

여성이 사용하는 어휘와 남성이 사용하는 어휘에는 어떤 차이가 있는가? 여기서 말하는 차이는 먼저 여성이 관심을 두거나 선호하여 사용하는 어휘가 남성과 다르다는 것이고, 또 여성만 혹은 여성이 더 사용하는 어휘가 있고 그것이 가지는 특징이 있음을 말하는 것이다.

먼저 여성이 관심을 두고 있는 어휘와 남성이 관심을 두고 있는 어휘에 차이가 있다는 사실은 민현식(1995)에 조사되어 있다. 그에 의하면 여성들은 '가사, 육아, 요리, 바느질, 의복' 등에 관련된 어휘에 주로 관심을 가지고 있고, 남성들은 '정치, 스포츠, 性, 전문직업'과 관련된 어휘에 주로 관심을 가지고 있으며, 좋아하는 말과 싫어하는 말에도 차이가 있다고 한다. 남녀가 공통적으로 좋아하는 어휘는 '사랑, 우정, 친구, 행복, 희망, 꿈, 믿음, 평화, 바다, 자유' 등이고, 공통적으로 싫어하는 어휘는 '죽음, 미움, 욕, 싸움, 공부, 시험, 거짓, 불행, 똥, 슬픔, 악마, 살인'이라고 한다. 여성에 비해 남성이 선호하는 어휘는 '오락, 여자, 스포츠, 운동, 놀다, 공, 의리, 조국, 평등, 힘, 이기다, 만화, 먹자, 끈기' 등이고, 남성이 더 싫어하는 어휘는 '차별, 지옥, 저주, 촌놈, 무능력하다, 미친놈, 호모, 거지새끼, 달리기, 여드름' 등이라고 한다. 그리고 여성이 남성에 비해 선호하는 어휘는 '엄마, 하늘, 귀엽다, 깨끗하다, 순수, 맑다, 남자친구, 예쁘다, 평안, 반지, 별, 가을, 인형' 등이고, 여성이 더 싫어하는 어휘는 '뚱뚱하다, 늙다, 질투, 외로움, 나쁜 년, 끝, 뱀, 바퀴벌레, 마녀, 창녀, 성폭행, 두려움, 무다리' 등이라고 한다. 이러한 차이에 대해 기존 연구에서는 논한 바 없으나, 남녀의 기질이나 심리의 차이로만 볼 수도 있을 것이고, 아니면 관심어의 영역 자체가 다른 것을 사회에서 한정하고 있는 남녀의 사회적 위치와 관계된 것으로 해석할 수도 있을 것이다.

여성이 사용하는 어휘상의 특징에 대해서는, 문학작품 속에 등장하는 여성들의 대화를 중심으로 '얘, 어머나, 아이'와 같은 특정한 감탄사를 많이 사용한다는 것을 밝힌 이능우(1971) 이후로 축약된 어휘 사용이나 감성을 나타내는 부사나 감탄사, 호칭어 사용 등을 중심으로 논의되고 있다.

이석규·김선희(1992)에서 어휘 사용의 특성에 대해 구체적인 논의가 이루어지고 있는데, 그 내용은 다음과 같다.

1) 여성은 남성에 비해 축약된 형태의 어휘를 많이 사용한다.
   예: 그치?, 근데, 어쩜, -죠, -잖아요 등
2) 지시사의 사용을 통해서 작고 귀여운 어감의 어휘를 선택하는 것을 볼 수 있다.
   예: 요것, 고것, 조것/ 요기, 고기, 조기/ 요거, 고거, 조거/ 요게, 고게, 조게 등.
3) 부사의 사용이 독특하다
   ① 부사의 사용에서 여성은 새로운 부사를 많이 만들어 낸다.
   예: 여기 있는 색깔이 '짜르륵' 들어 있는 거예요? ; 뜸을 '포옥' 들이신 다음 열어 주세요 등
   ② 아주 한정된 부사만을 사용하거나 중첩해서 사용하는 경향이 있다.
   예: 한정된 부사 : 아주 잘 어울린다→너무 잘 어울린다, 굉장히 시끄럽다 →너무 시끄럽다, 매우 많이 먹었다→너무 많이 먹었다, 대단히 감사 합니다→너무너무 감사합니다 등
   중첩: 빨리빨리, 어머어머, 뭐니뭐니, 보들보들, 진짜진짜, 그래그래 등
4) 여성은 듣는 이의 말에 공감하고 있음을 나타내는 어휘를 많이 사용한다.
   예: 관심표현-그래서? 그런데? / 동감 표현-그러게 말야, 그럼 / 동정 표현-저런, 쯧쯧, 어쩌나? / 기쁨 표현-참 잘됐다, 멋지다 / 놀라움 표현-어머나! 정말이야? 등

임홍빈(1993)에서는 여성어의 범주를 다음과 같이 논함으로써 어휘적 특성을 보여주고 있다.

첫째, 삼인칭 대용표현 '그이', 이인칭 대명사 '자기, 얘' 등은 여성이 주로

418

사용하거나 전용한다. 일인칭 대명사 '이년', 남편에 대해 '아빠'라고 부르는 것은 절대적 여성어다.

둘째, 의성어 가운데, '호호, 깔깔, 깔깔깔' 등은 여성어다.

셋째, 간투사, 감탄사 '어머나, 엄마야, 에그머니, 에그머니나, 아이구머니, 아이구머니나, 어쩜' 등은 여성이 주로 사용하며, '아이 참, 아이 망측해, 아이 망측해라, 있잖아, 있잖아요' 등도 여성어적이다.

민현식(1995)에서도 기존 논의를 종합하면서 다음과 같이 어휘적 특성을 보이고 있다.

첫째, 여성은 감성을 나타내는 부사나 감탄사를 빈번히 사용한다(감성어법). '좀, 아마, 너무너무, 정말, 사실, 굉장히, 아주, 무지무지, 막, 참' 등의 부사나 '난몰라, 나 어떻게, 이(저)를 어째, 어쩜, 어쩌면, 얘는, 어머머, 어머, 엄마, 에그, 에그머니, 얘개개, 망칙해라, 세상에, 웬일이니' 등의 놀람을 나타내는 말, '글쎄, 몰라, 몰라몰라' 등의 애매함을 나타내는 말, '아유, 아이, 아이 참, 어머머, 어머나' 등의 감탄을 나타내는 말, '피, 흥, 남이야 흥' 등의 질투를 나타내는 말, '이것아, 얘' 등의 호칭을 나타내는 말, '아니야, 싫어해' 등의 부정을 나타내는 말, '미워, 깍쟁이' 등의 반대를 나타내는 말, '맞아, 있잖아, 누가 아니래' 등의 맞장구를 치는 말, '뭐, 음' 등의 군말, '계집애, 못된 것, 별꼴이야, 속상해, 이것아, 못살아' 등의 분노나 욕설을 나타내는 말들은 여성이 주로 사용하는 말이다.

둘째, 여성은 욕설과 금기어를 잘 사용하지 않는다(교양어법). 남성은 '제기랄, 자식, -새끼, -년' 등을 강도 높게 사용하지만, 여성은 '계집애, (그)작자, -년' 따위를 쓴다. 그리고 성, 생리, 혐오물, 혐오 관련 표현을 남성들은 직설적으로 표현하는 경우도 많지만, 여성은 이런 것을 꺼리는 심성이어서 완곡어를 쓰거나 비유하거나 은어화한다고 한다.

어휘 중에서도 특히 여성들이 사용하는 호칭어에 대한 관심이 높다. 전통사회 부녀의 친족간, 비친족간 호칭어를 다룬 신정숙(1974)과 현대어를 대상으로 '형, 자기, 아빠'와 같은 남성칭어를 다룬 이옥련(1984)의 연구, 남녀에

따라 호칭어가 어떻게 다른지 조사연구를 통해 보여주고 있는 김혜숙(1991)
의 연구는 사회언어학적 해석은 없으나 여성의 호칭어 자료를 보여주고
있다는 면에서 참조할 만하다.[20] 호칭어에 나타나는 여성차별 문제는 차현실
(1999)에서 볼 수 있다. 여기서 혼인에 의한 가족호칭을 볼 때 남성은 자신을
기본축으로 하여 청자와의 사회적 관계를 화자 절대기준에 의해 호칭하는
반면, 여성은 시부모에 대해 남편과의 관계를 따라 부르되, 존칭으로 한
등급 높여 부르고 시동기간 누구에게나 높임의 호칭어를 사용한다는 것을
지적하고, 혼인한 여성의 위치는 남편과의 관계 속에서만 규정되는 부차적
존재이며, 남편과 시가족보다 낮은 계층으로 인식되고 있다는 면에서 가정내
여성차별 현상임을 지적하고 있다.

여성이 사용하는 어휘의 측면에서 제시된 예들은 상대적으로 여성이 많이
쓰는 것으로 인정되는 것이어서 일반적인 추세 면에서는 타당하지만 상황에
따라서는 남녀 비율이 다를 수도 있을 것이다. 그리고 세대에 따른 차이도
있어서 요즘 젊은 남성들이 사용하는 어휘들 중에는 기존 논의에서 여성어휘
라고 하는 것들이 많이 쓰이고, 또 여학생 집단에서 직설적인 욕설과 금기어
사용이 점점 느는 추세여서, 앞으로 실제 조사로 규명된 자료가 더 나와야
할 것으로 본다.

4.3 통사·화용적 특징

여성이 사용하는 말과 남성이 사용하는 말에 문법적인 차이가 있는가,
혹은 담화 속에 나타나는 화용적인 차이가 있는가를 다룬 논의를 중심으로
검토해 보고자 한다.

여성 발화어의 문법적 특징에 대한 선구적인 연구는 이능우(1971)라고
할 수 있다. 여기서는 문학작품 속에 등장하는 여성들의 대화를 중심으로

---

20) 김혜숙(1991)이 그의 책 1장에서 다룬 존대말의 변화에 관한 연구를 말한다. 물론
  존대말의 변화에 초점을 둔 연구지만, 남녀의 호칭어 사용의 차이가 조사를 통해
  밝혀지고 있어 여성어 연구의 자료로서 의의를 지닌다고 본다.

여성은 '-요'체나 '-우?'체를 많이 사용한다는 것을 밝힘으로써 여성어법에 대한 관심을 불러일으켰다고 하겠다.

실제 발화상에서 여성 발화어가 가지고 있는 특징에 대해서는 강정희(1986)에 의해 본격적으로 연구되기 시작한다. 강정희(1986)는 여성어의 유형에 대한 조사연구로서 '-는/ㄴ 거 있지(죠)'가 발화상에서 여성이 주로 사용하는 여성어법임을 설문지 방식으로 조사하여 사회방언권을 형성하고 있음을 밝히고, 이 발화양식에 내재된 언어규칙을 설명하고자 하였다. 신현숙(1994)에서도 여성의 문체와 남성의 문체 차이를 보여주고 있는데, 이 논의에 의하면, 남성 시인이 종결 형식에서 '-이다'를 명사보다 많이 쓰는 반면 여성 시인은 명사를 '-이다'보다 많이 쓰며, 남성 시인이 쓰는 명령형 '-어'나 의문형 '-ㄹ까, -냐, -랴'를 여성 시인이 쓰지 않는다는 것을 알 수 있다. 이 같은 차이는 한국 사회에서의 남성 시인과 여성 시인의 지위와 힘이 다른 데서 빚어진 것으로 해석하고 있다.

김선희(1991)는 여성어에 나타난 특성을 '간접적(indirect) 표현'과 '감정이입(empathy)을 위한 표현', 그리고 '유표적(marked) 표현' 등으로 나누어 살피고 있다.

  1) 간접적 표현 :
    ① 대용어 부가의문법(예: 너 내 자전거 망가뜨렸구나, 그렇지? 등)
    ② 모호한 표현(예: 말씀 드려도 괜찮을지 모르겠어요 ; 글쎄, 좋은 것 같아요 등)
    ③ 공손 표지의 쓰임 : '좀, 제발, 뭐, -어 주다, -어 보다' 등 사용(예: 정오까지 이리로 좀 오세요 ; 시집이나 가야죠, 뭐 등)
  2) 감정 이입의 표현 :
    ① 확인과 동의 요청: '있지(않아요?)', '-지 뭐니?, -지 않니?' 등 사용(예: 어제 그 사람이 나를 만나자는 거 있지 ; 그 사람이 그렇게 좋대지 뭐니? 등)
    ② 가족적 호칭과 친화력을 높여 주는 어법의 쓰임 : '언니, 어머니' 등 사용[(예: (양품점에서 손님에게) 언니, 이 옷 참 잘 받는다 ; (딸이 엄마에게) 엄마는 왜 김치까지 담가 놓고 그러우? 등]

③ 긍정적 반응 : 남성들이 많이 쓰는 '아니'의 반응에 비해 '네?'를 사용함
(예: 권오규라는 사람 알고 계시죠? -네? 누구요? / 어떻게 여기 왔니?-
아니, 형님은 어떻게 왔어요?)
3) 유표적 표현으로 강조법, 상승어조법을 들고 있으나 상승어조법은 음운적
특징이므로 여기서는 강조법만 제시한다.
① 정도 부사 반복[예: 무지(무지) 재미있었어 ; 너무(너무) 잘 하신다 등]
② 강도 높은 극성 부사 선택[예: (부인이 남편에게) 애한테 그것을 사
준다고요? 미쳤어요? ; (엄마가 애들에게) 너 왜 말 안 듣니? 어이구,
저 웬수 등]
③ 특정 어휘에 의한 과장법이나 감탄법 사용(예: 어머나?(↑) 그런 얘기가
어디 있어요?/ '-다'에 의한 감탄문: 할머니, 너무 멋지시다 등)
④ 주체존재 '-시-'를 비난의 수단으로 사용함[예: (언니가 동생에게) 흥,
굉장하시군, 잘해 보시라고 등]
⑤ '여자'에게 내포된 차별적 의미를 강조하는 방법(예: 난 본래 그런 여잔
걸요, 뭐 ; 너는 여자야, 오빠한테 그러면 되니? 등)

이석규, 김선희(1992)는 김선희(1991)를 보완하면서 여성어의 특징을 다음
과 같이 제시하고 있다.

1) 남성은 서술문을 더 선호한다.
2) 들을이에게 요청이나 명령을 할 경우 남성은 명령문을 더 선호하고, 여성은
청유문을 더 선호한다.
3) 남성에 비해 여성은 감탄사나 감탄문을 현저하게 많이 사용한다(예: 어머나,
어머, 어머머, 어쩜, 아이, 아이참, 홍, 피이, 치 등).
4) 여성은 남성보다 문장을 완성시키지 않은 채 끝맺는 미완성형 문장을 많이
사용한다.
5) 남성은 격식체, 여성은 비격식체를 많이 사용하는데, 남자의 경우 아주
높임의 '-습니다'를 사용하고, 여자의 경우 '-어요'를 쓰는 것이 일반적이다.
상황의존형 어미의 경우 남성은 '-오(-으오, -소)'체를, 여성은 '-어요'체를
사용한다(예: 남성 - 살거요, 모르오, 불렀소, 얼마요, 아니오, 됐소 ; 여성 -
살거예요, 몰라요, 불렀어요, 얼마예요, 아니예요, 됐어요 등). 의문형에서
아주낮춤의 경우 남성은 '-(으)냐'체를, 여성은 '-니'체를 사용한다(예: 남성
- 못하냐, 그러냐, 안 오냐 ; 여성 - 못하니, 그러니, 안 오니 등).

임홍빈(1993)은 청자 대우법에서 나타나는 여성 발화어의 특징을 다음과 같이 말하고 있다.

1) 높은 대우를 할 때 여성은 '-습니다'보다 '-요'형을 선호하고 주로 사용하여 남성보다 상대적으로 낮은 대우를 하고 '(는/ㄴ)가요, 나요'는 거의 여성만이 사용한다.
2) 같은 대우를 할 때 '-우'형은 여성만이 사용하는 것이다.
3) 낮은 대우를 할 경우에는 여성은 주로 '-어'형을 사용한다.

여기서 대화 상황에 대한 지적이 중요하다. '-습니다'체는 공적인 담화나 격식을 갖춘 대화에 주로 쓰이는 것이므로 공적인 자리에 임하는 기회가 적은 여성의 경우 '-습니다'체의 사용이 제한될 수밖에 없다는 것이다.[21] 민현식(1995)에서도 비슷한 논의를 찾아볼 수 있다.

1) 의문문의 과다 사용 : 청자와의 대화 지속을 위한 전략으로 의문문을 많이 사용한다. 단순의문문을 비롯하여 상대에게 동의 확인을 요청하는 다양한 부가의문구(그렇죠?, 안그래요?, 그렇잖아요?, 알았죠? 등)가 붙었거나 생략된 부가의문문이 쓰인 것이 많다.
2) 공손의 두루높임법 해요체 사용 : 해요체는 근대국어에서 여성, 아동을 중심으로 친근, 공손어법으로 쓰이기 시작한 이래, 오늘날 방송, 만화, 소설 어법에서 여성어법으로 정형화되었다. 전후 세대에서는 남성에게서도 이런 해요체가 대화의 공손 전략상 일반화되어 여성어법의 세력 확장으로 해석된다. 그 밖에 '하우?', '하니?' '-더라구요, -거 같아요, -거 있죠' 등도 남성보다 여성이 압도적으로 더 사용하며 그 밖에 '자기, 그이'도 여성만이 사용하는 편이다.[22]

---

21) 여자 아나운서가 뉴스보도에 '-어요'체를 사용하지 않는 것을 예로 들어 담화 상황이 고려되어야 함을 보였다.
22) 그런데 이러한 어법이 신세대로 갈수록 남성에게도 많이 나타나는데, 이는 신세대 남녀어법이 남녀 언어차를 없애고 친근어법을 지향하거나 사회의 언어생활상 여성의 공손 전략이 유용하다고 생각하여 이를 남성이 수용한 때문으로 해석하고

여성 발화어가 가지고 있는 화용적 특징은 민현식(1995)에서 다음과 같이
정리되고 있다.

1) 다변성 : 여성이 다변적임은 편견일 수 있으며 남성이 더 다변적이란 견해도
   있다. 오히려 남녀 혼성 집단일수록 여성은 침묵하며 친근 대화 상황일수록
   여성이 다변적이다.
2) 협동적 대화 : 남성은 여자의 말을 가로채기, 화제의 주도, 침묵 따위로
   대화를 지배하면서 경쟁적 대화를 추구하지만 여성은 맞장구치기로서의
   반응, 상대방 대화에의 지원 반응을 보여주며 경험 공유적, 상호 치료적인
   협동적 대화를 추구한다.
3) 맞장구치기 : 남성보다 여성은 '응, 그래, 맞아' 따위의 맞장구치기를 잘하여
   청자의 대화를 지원하지만 남성은 맞장구치기가 적고 침묵을 대화 지배의
   도구로 이용한다.
4) 애매어법 : 여성의 망설이고 자신 없는 듯한 말투는 양다리를 걸치는 듯한
   발뺌 화법으로 해석되기도 한다. '-더라구요, -거 같아요' 외에 '-잖겠어요,
   아시죠, 글쎄요, 몰라요' 따위의 예가 이에 속한다.
5) 찬사 : 여성은 찬사를 남성보다 많이 하여, 주로 외모, 옷, 장식 등에 대한
   직설적 찬사가 많으나 남성은 찬사가 드물며, 한다고 해도 상대의 재주,
   능력 정도로 한하며 '한턱내, 어쭈 제법이야'처럼 익살스럽거나 반어법적으
   로 칭찬한다.
6) 공손법 : 상승억양의 평서법, 두루높임의 해요체, 동의 확인성 부가의문의
   사용, '좀, 뭐, 글쎄'와 같은 애매화법, '응, 그래, 맞아요'와 같은 맞장구치기,
   직접명령법보다 간접 명령(가령 '……해 주시지 않겠어요?'처럼 부가의문
   형의 청원명령), '……해 주셔요'와 같은 공손한 청유 표현이 여성 특유의
   공손법을 이룬다.

민현식(1995)의 논의는 여성어의 화용적 특징에 대해 종합정리를 해주고
있다는 면에서 의의가 있다. 그러나 이러한 논의들은 서구에서 먼저 행해진
연구의 결과, 특히 코츠(Coates 1993)의 연구를 한국어에서 확인하는 차원에
머무르는 것이어서 한국어의 개별 현상을 밝히는 단계까지는 나가지 못한

있다(민현식 1995: 47).

424

아쉬움이 남는다. 이러한 현상은 특정 논문에만 해당하는 것이 아니라 국어 여성어 연구의 전반적 현상이라고 할 수 있다. 물론 서구의 기존 논의를 한국어를 대상으로 확인하는 작업 자체도 필요하다. 그러나 확인하는 단계에서 남성과 여성의 언어 차이에 대한 고정된 관념을 벗어나야 하고 그러기 위해서는 구체적인 조사연구를 통해 실제 한국어의 현상도 같은지, 한국어만의 독특한 현상이 있는지를 검토해야 할 것이다. 이 점이 앞으로의 연구 과제로 남는다.

차현실(1999)에서는 담화의 말하기 방식을 중심으로 여성어의 특징을 논하고 있다. 일상 대화에 나타나는 여성차별 현상을 지적한 것을 보면, 가정 내의 부부간 말하기 방식이나 시댁 가족과의 말하기 방식에서 호칭어와 높임법 사용에서 여성차별 현상이 있음을 보이고 있다. 아내는 남편을 높여부르고 비격식체의 존대를 사용하는 반면, 남편은 아내를 평대나 비격식체의 반말과 격식체의 '하오'나 '해라'를 사용하고 있다. 이처럼 남편은 아내에게 말을 낮추고 아내는 남편을 높이는 말하기 방식의 차등 현상은 남성보다 여성의 사회적 지위 혹은 여성비하 인식을 반영하는 것이라고 보았다.

여성 발화어의 연구를 검토해 본 결과, 국어 여성어의 전반적인 특징은 서구의 여성어 연구에서 이미 지적된 현상들(상승어조와 표준발음, 특정 부사와 감탄사의 사용, 의문문 특히 부가의문문의 사용, 애매어법, 공손어법 등)과 별반 다르지 않음을 알 수 있다. 이러한 현상을 확인하는 것으로도 의의가 없는 바는 아니지만, 한국어만의 특징적인 발화 현상이 있는지에 대해 구체적인 조사연구가 있어야 할 것이다. 그리고 발화어의 특징들이 남녀문제가 아니라 담화 맥락에 따라 달리 나타날 수 있으므로 성별과 담화맥락의 요인에 대한 구분 논의가 필요하다고 생각한다.23)

23) 카메론(1995 : 61)은, 실제 조사에 따르면 남자가 여자보다 부가의문문을 더 많이 사용하는 경우가 있으므로 남녀의 발화 특성에 대해 단정을 내려서는 안 된다고 지적하고 있다. 우혜정(1997)에서도 사회언어학적 방법의 여성어 연구가 갖는 한계점으로 사용 맥락을 간과한 채 스테레오 타입을 양산하는 것에 대해 지적하고 있다.

5. 결 론

이 글에서는 여성어 연구에서 사용되는 여성어의 개념 기준을 검토하고 여성어의 개념을 여성차별의 여성발화어와 여성차별의 여성대상어로 규정하였으며, 이에 따라 여성대상어와 여성발화어로 나누어 국어의 여성어 연구사를 검토해 보았다. 여성대상어로서 여성 지칭어와 여성대상 표현어의 연구에서는 여성의 성차별적 요소가 상당히 밝혀지고 있음을 볼 수 있었다. 그리고 여성발화어의 연구에서도 음운적 특징과 어휘 사용의 특징, 통사 화용적 특징 등 영역별로 여성차별의 관점에서 논의될 수 있는 현상들이 많이 밝혀지는 성과가 있었음을 볼 수 있었다.

앞으로의 국어 여성어 연구방향에 대해 생각해 볼 때 무엇보다 실제적 조사연구를 통한 연구가 필요하다고 생각한다. 그동안의 연구에 대한 검토에서도 밝혀졌듯이 국내의 여성어 연구는 서구의 여성어 연구 동향과 결과가 소개되면서 이를 비판적으로 수용하기보다는 국내에 소개하고 앞서 밝혀진 연구결과를 한국어에서 확인하는 과정에 머물고 있는 형편이다. 그러나 그간의 성과를 통해 한국어가 가지고 있는 여성어의 특징이 어느 정도 밝혀졌으므로 이제 서구의 여성어 연구결과를 수용하는 수준에서 한국어의 특징적 양상을 밝혀 나가는 단계로 나아가야 할 것이다. 그러기 위해서는 여성어에 대해서 남녀 언어의 차이에 대한 고정관념을 벗고 구체적인 담화 상황에 따라 어떻게 다른지를 조사함으로써 실증적인 검증이 이루어질 수 있도록 해야 할 것이다. 조사대상의 확대, 일상 언어와 문헌자료를 통한 검토, 담화 상황에 따른 차이 등을 밝힐 수 있는 광범위한 연구가 필요하다고 하겠다. 그렇게 되어야 여성대상어에 대한 사회언어학적 해석도 분명해질 것이며, 여성발화어의 특징과 사회적 위치의 상관성을 밝히는 문제도 직관적이고 자의적인 해석에 머무르지 않고 좀더 객관적인 근거를 가질 수 있을 것이다.

그리고 국어 속에 존재하는 남녀언어의 차이를 발견하는 단계에서 그 차이의 원인에 대한 해석이 이루어지는 단계에 이르렀고, 이제 이 단계의 검증작업을 좀더 단단히 한 다음 국어 속의 성차별을 없애는 방안에 대한 연구도 이루어져야 할 것이다. 언어에 반영된 사회적 요소를 찾는 방향에서 전환하여 언어를 통해 남녀평등의 가치를 반영시키는 사회적 인식을 변화시키자는 것이다. 영어권에서 chairman → chairperson, policeman → police officer 등과 같이 성차별을 없애기 위한 새로운 단어를 만들었듯이 국어에서도 새로운 단어를 만들거나 남녀차별의 언어 문제를 조정하기 위한 언어 정책적인 노력이 있어야 할 것이다.

마지막으로 국내외 여성어 연구의 전체적인 흐름을 조감해 보면, 연구의 큰 흐름이 여성발화어에서 여성대상어로 관심이 옮겨간 것을 볼 수 있다. 서구의 초기 여성어 연구는 순수언어학적 관점에서 여성발화어를 중심으로 하였고, 1970년대를 기점으로 여성발화어와 남성발화어의 차이가 단순한 성차가 아닌 성차별 문제라는 인식이 생겨나면서 특히 여성대상어에 관심이 커졌다고 하겠다. 언어에 남녀평등의 가치를 반영시키는 노력을 하고 있고 앞으로 더 하게 되겠지만 사실 이런 작업은 부자연스러운 것이어서 쉽지 않을 것이다. 그러나 남녀평등 사회가 이루어지게 되면 자연스럽게 남녀평등의 언어로 반영될 터이니, 그때가 언제일지 알 수 없지만 그때 다시 순수언어학적 관점에서 여성발화어의 특징을 논하게 되지 않을까 한다. 따라서 남성중심 사회가 지속되는 한 여성어 연구도 계속될 것이며, 그 성격도 성차별의 문제를 다루는 것에서 벗어나지 못할 것이라고 생각한다.

이 글에서는 현 시점에서 국어의 여성어 연구사를 점검한 것으로 의의를 삼고자 한다. 기준에 의해 연구사의 검토대상에서 제외한 것 외에 필자의 불찰로 미처 다루지 못한 연구업적이 있을 수 있으나 국어 여성어 연구사의 전체 흐름을 파악하는 데는 크게 문제되지는 않을 것으로 생각한다. 충분한 논의가 이루어지지 못한 부분이나 이후 새로운 연구업적들에 대한 평가, 연구사에 대한 다른 시각 아래 논의되어야 할 부분에 대해서는 다음 연구자의 몫으로 남겨두기로 한다.

| 참고문헌 |

강신항(1991), 『현대 국어 어휘 사용의 양상』, 태학사.

강정희(1987), 「여성어의 한 유형에 관한 조사 연구 '-는/ㄴ거 있지(죠)'를 중심으로」, 『국어학 신연구』 1, 탑출판사.

강주헌(1995), 『계집팔자 상팔자: 우리말에 나타난 성차별 구조』, 고려원.

구인환(1972), 「한국 여류 소설의 문체」, 『아세아 여성연구』 11, 숙명여대 아세아 여성문제연구소.

구현정(1995ㄱ), 「남·여성형 어휘의 사회언어학적 의미」, 『어문학연구』 3, 상명여대.

구현정(1995ㄴ), 「남성형-여성형 어휘의 형태와 의미 연구」, 『국어학』 25, 국어학회.

김광해(1993), 『국어 어휘론 개설』, 집문당.

김미중(1984), 「Sex Differences in Language Use」, 서강대 석사학위논문.

김선희(1991), 「여성어에 대한 고찰」, 『목원대 논문집』 19.

김성례(1987), 「여성의 자기 진술 양식과 문체의 발견을 위하여」, 『또하나의 문화』 9, 도서출판 또하나의문화.

김영돈(1990), 「해녀 집단의 특수 어휘에 관한 연구」, 『성곡논총』 21, 성곡재단.

김정휘·김병선·김정인 공저(1995), 『여성은 남자와 무엇이 어떻게 다른가』, 서원.

김종택(1978), 「한국인의 전통적인 여성관 - 속언, 속담을 통하여 - 」, 『여성문제연구』 7, 효성여대 한국여성문제연구소.

김종택(1980), 「전통사회에서의 여성의 언어예절」, 『여성문제연구』 9, 효성여대 한국여성문제연구소.

김진우(1985), 『언어 그 이론과 응용』, 탑출판사.

김창섭(1999), 「국어 어휘체계에서의 남성항과 여성항」, 박창원 외, 『언어와 여성의 사회적 위치』, 태학사.

김진흥(1984), 「언어의 변이형으로서의 남성어와 여성어에 관한 연구」, 동아대 석사학위논문.

김해성(1977), 「한국 대학생의 은어 조사」, 『국어국문학』 76, 국어국문학회.

김혜숙(1991), 『현대 국어의 사회언어학적 연구』, 태학사.

민현식(1995), 「국어의 여성어 연구」, 『아세아 여성연구』 34, 숙명여대 아세아여성문제연구소.

박창원(1999), 「여성어 연구사」, 박창원 외, 『언어와 여성의 사회적 위치』, 태학사.

박창원·김창섭·전혜영·차현실(1999), 『언어와 여성의 사회적 위치』, 태학사.

서정범(1969), 「여성에 관한 명칭고」, 『아세아 여성연구』 8, 숙명여대 아세아여성문제연구소.

신정숙(1974), 「한국 전통사회 부녀의 호칭어와 존비어」, 『국어국문학』 65, 66, 국어국문학회.

신현숙(1994), 「시의 종결 형식을 통해 본 남성과 여성의 문제」, 『국어문체론』, 대한교과서.

오주영(1983), 「남성어와 여성어의 차이」, 『부산산업대 논문집』 4.

우혜정(1997), 「여성어 연구에 대한 비판적 고찰: 사회언어학적 방법론을 중심으로」, 한국외국어대 석사학위논문.

유경애(1987), 「현대 영어의 여성어 연구」, 성균관대 석사학위논문.

유성곤(1989), 「여성어에 관한 연구」, 『계명대 동서문화』 21.

유창돈(1966), 「여성어의 역사적 고찰」, 『아세아 여성연구』 5, 숙명여대 아세아여성문제연구소.

이경우(1991), 「성차에 의한 언어현상에 관한 연구 - 현대영어의 여성어를 중심으로 - 」, 숙명여대 석사학위논문.

이능우(1971), 「한국 여성어 조사」, 『아세아 여성연구』 10, 숙명여대 아세아여성문제연구소.

이석규·김선희(1992), 「남성어·여성어에 관한 연구」, 『목원대 어문학연구』 2.

이옥련(1984), 「현대 한국 여성의 남성 칭어고' - '형, 자기, 아빠'를 중심으로 - 」, 『아세아 여성연구』 23, 숙명여대 아세아여성문제연구소.

이옥련(1987), 「국어 부부 호칭의 사회언어학적 고찰」, 『아세아 여성연구』 26, 숙명여대 아세아여성문제연구소.

이옥련(1989), 「인간의 친척 및 부부 호칭고」, 『아세아 여성연구』 28, 숙명여대 아세아여성문제연구소.

이옥련(1994), 「한국 현대여성에 관한 광고 언어 고찰」, 『국어교육』 85·86, 한국국어교육연구회.

이용주(1970), 「남녀 대학생의 언어 연상에 관한 조사 연구」, 『아세아 여성연구』 9, 숙명여대 아세아여성문제연구소.

이을환(1963), 「한국 여성 속담에 관한 연구 - 표현형식을 중심으로 - 」, 『아세아 여성연구』 2, 숙명여대 아세아여성문제연구소.

이을환(1974), 「한국 고대여성의 언어윤리관」, 『아세아 여성연구』 13, 숙명여대 아세아여성문제연구소.

이을환(1976), 「이조 여성의 언어 연구」, 『아세아 여성연구』 15, 숙명여대 아세아여성문제연구소.

이을환(1980), 「內訓의 言語의 法道 연구 - 의미론적 평가를 겸하여 - 」, 『아세아 여성연구』 19, 숙명여대 아세아여성문제연구소.

이익섭(1994), 『사회언어학』, 민음사.

이점숙(1993), 「여성어와 남성어의 차이」, 『계명대 언어논총』 11.

임홍빈(1993), 「국어의 여성어」, 장태진 편저(1995), 『국어사회언어학논총』, 국학자료원.

장석진(1985), 『화용론』, 탑출판사.

장태진(1969), 「현대 여성어 연구」, 『아세아 여성연구』 8, 숙명여대 아세아여성문제연구소.

전혜영(1999), 「여성대상 표현에 나타난 여성의 사회적 위치」, 박창원 외, 『언어와 여성의 사회적 위치』, 태학사.

조규태(1980), 「조선시대 여자 이름의 어학적 고찰」, 『여성문제연구』 9, 효성여대 한국여성문제연구소.

조규태(1981), 「민적부에 나타난 여자 이름 연구」, 『여성문제 연구』 10, 효성여대 한국여성문제연구소.

차현실(1999), 「담화방식에 나타난 여성상과 여성의 사회적 위상」, 박창원 외 『언어와 여성의 사회적 위치』, 태학사.

천기석(1988), 「현대 여성의 대화 방향」, 『여성문제연구』 17, 효성여대 한국여성문제연구소

허영자(1987), 「여대생의 은어」, 『학생생활연구』 10, 성신여대 학생생활연구소.

허영자(1989), 「여대생의 기호 언어」, 『학생생활연구』 11, 12, 성신여대 학생생활연구소

Baron, Dennis(1986), *Grammar and Gender*, New Haven and London: Yale Univ. Press.

Cameron, Deborah(1985), *Feminism & Linguistic Theory*, New York: St. Martin's Press/이기우 역(1995), 『페미니즘과 언어이론』, 한국문화사.

Coates, Jenniffer(1993), *Women, Men and Language*, London: Longman.

Fasold, Ralph(1990), *The Sociolinguistics of Language*, Oxford: Blackwell/황적륜 외역(1994), 『사회언어학』, 한신문화사.

Holmes, Janet(1992), *An Introduction to Sociolinguistics*, London: Longman.

Hass, Mary(1944), "Men's and women's speech in Koasati," *Language* 20

Jespersen, Otto(1922), *Language: Its Nature, Development and origin*, London: George Allen & Unwin/김선재 역(1961), 『언어』, 한국번역도서주식회사.

Key, M.R.(1975), *Male/Female Language*, Metuchen, NJ: Scarecrow Press.

Kramarae, Cheris(1981), *Women & Men Speaking*, Rowley, MA: Newbury House

Lakoff, R.(1975), *Language and Woman's Place*, New York: Harper & Row/강주헌 역(1991), 『여자는 왜 여자답게 말해야 하는가』, 고려원.

Philips, Susan, Steele, Susan, and Tanz, Christine (eds.) (1987, 1994), *Language, Gender & Sex in Comparative Perspective*, Cambridge Univ. Press.

Spender, Dale(1980), *Man Made Language*, London: Routledge and Kegan Paul.

Tannen, D.(1990), *You Just Don't Understand: Women & Men in Conversation*, New York: Ballantine Books.

Thorne, B. & N. Henely (eds.) (1975), *Language and Sex: Difference and Dominance*, Rowley, MA: NewBury House.

Thorne, Barrie, Kramarae, Cheris, and Henry, Nancy (eds.) (1983), *Language, Gender and Society*, Boston: Heinle & Heinle Publishers.

Trudgill, Peter(1974b), *Sociolinguistics*, Harmondsworth: Penguin Books

430

Wardhugh, Ronald(1986, 1992), *An Introduction to Sociolinguistics*, Oxford: Blackwell

Yaguello, Marina(1978), *Les Mots Et Les Femmes*, Pars: payot/강주헌 역(1994), 『언어와
여성』, 여성사.

Zimmerman D.H. & C. West(1975), "Sex Roles, Interruptions and Silences in
Conversation," Thorne and Henely (eds.), *Language and Sex: Difference and
Dominance*, Rowhey, MA: NewBury House.

국어정보학 연구의 현황과 방향

서상규

이 글에서는, 국어학의 연구 영역 가운데 다른 분야에 비해서 상대적으로 최근에 이르러 주목을 받기 시작한 국어정보학과 관련 응용언어학적 분야의 연구 흐름을 개관함으로써, 1980년대 중반 이래 국어학 분야에서 새롭게 대두된 '국어정보화'의 의미와 영역에 대한 의식 변화, 구체적으로 다루어진 주제들을 살펴보고, 향후의 연구 방향을 새로운 관점에서 가늠해 보는 데에 목적이 있다.[1]

1. 국어정보학의 개념과 범위

이미 국어학 연구에서만이 아니라, 우리 사회 전반에서 '정보'[2] 또는 '정보화'라는 말이 전혀 낯설지 않게 되었지만, 이러한 시대적 상황의 시초는, 이르게 잡더라도, 1980년대 중반 이후라고 보아야 할 것이다. 특히 국어학

---

1) 그런데 이러한 과거와 미래에 대한 조망은 새삼스러운 것이 아니라, 이미 여러 다양한 자리를 통해서 논의되어 온 것임을 먼저 상기할 필요가 있다. 그 가운데에서도 특히 홍윤표(1999)는, 바로 본고에서 다루고자 하는 것과 거의 같은 목적으로 쓰인 글이라 해도 과언이 아니다. 홍윤표에서는, 국어학의 연구방법은 외국 언어학 이론의 浮沈에 따라 변화해 왔으며, 1980년도 중반 이후 지금까지의 약 10년 간 국어학계는, 필자의 판단에 의하면, 새로운 이론 및 방법의 모색시기라고 할 수 있으며, 이미 국어학계는 국어정보화의 길로 진입해 있다고 단언하고 있다.

2) 홍윤표(1999)에서는 "정보(information)란 어떤 목적을 위해서 정리 또는 가공된 자료(data)의 집합이며 또한 이들 자료를 통하여 얻을 수 있는 지식의 총체"라고 설명하고 있다.

분야에서 사전편찬학, 외국어로서의 한국어 교육 등을 비롯한 응용 분야에 대한 관심 고조와, 실제의 용례 분석에 바탕을 둔 기술문법에 대한 관심과 말뭉치언어학적 방법론의 도입 등의 변화는 바로 이때부터라고 할 수 있다.

또 하나 중요한 요인은 이 시기에 이르러서, '국어'의 문제가 오로지 전통적인 국어학 영역의 전유물이 아니라 국어 정보처리, 정보검색론, 언어병리학 등 여러 학제적 관련 분야에서도 관심을 갖고 연구하는 대상으로 삼게 되었다는 점이다.3) 이로 말미암아, 국어 문법 연구자들 역시 더욱 폭넓은 대상과 방법론에 대해 관심을 가지지 않으면 안 되게 되었고, 마침내는 '국어정보학'(Korean Informatics)이라는 새로운 분야의 태동을 이루게 하였다고 볼 수 있다.

그렇다면 '국어정보학'이라는 개념과 분야가 어떻게 형성되어 왔는지를 살펴보기로 하자.

1.1 국어정보화의 초기 경향(1980년대 말~1990년대 초)

앞서 언급한 바와 같이, 1980년대 중반 이후에 국어학계에서는 '컴퓨터를 이용한 국어 자료 처리 방안', '국어와 컴퓨터', '컴퓨터와 국어생활' 등의 주제가 등장하기 시작하였으며, 이 시기에 '한국어전산학회'와 '국어정보학회'가 창립되었다. 이러한 경향은 당시 학문 연구의 새로운 도구로 떠오르기 시작한 컴퓨터의 보급과 결코 무관하지 않다.

당시의 컴퓨터는, 주로 국어학자들의 연구에 도움이 될 자료를 신속 정확하

---

3) 특히 국어 정보처리 분야에서는 '국어정보학회', '한국정보학회', '한글 및 한국어 정보처리 대회' 등 한글 관련 전산기술에 대한 논의가 1980년대 말부터 활성화되기 시작한 것으로 볼 수 있다. 1989년에 1회 한글 및 한국어 정보처리 대회(한국정보학회, 인지과학회)가, 1991년에는 1회 우리말 정보화 큰잔치(국어정보학회)가 개최되었는데, 『정보과학회지』를 통해 주로 한글 언어 처리(1985년), 인공지능(1986년), 기계번역(1989년), 문자인식(1991), 인공지능 - 상식추론(1992), 한글 및 한국어정보처리, 인공지능신경망(1993), 기계학습(1994, 컴파일러 및 자연어처리(1996) 국어공학(1997), 음성정보처리, 정보검색(1998) 등 국어 정보처리 관련 특집이 다루어져 왔다.

게 제공하기 위한 도구, 또는 기존 자료의 기계화와 전산화 작업의 도구 수준에서 이해되고 있었다. 이는, 1991년에 창간된『한국어전산학』창간호 (한국어전산학회, 1991)에서 다루어진 주요 주제가, '한글 옛글자의 컴퓨터 처리방안, 방언자료의 전산처리, 문헌자료의 색인방안'을 비롯하여 '글꼴 개발, 코드 확보, 각종 빈도 조사를 위한 프로그램 개발' 등에 치중되어 있음을 통해서 알 수 있다.

한편, 이 시기에 처음으로 '국어전산학', '한국어 정보학' 등의 용어가 사용되기 시작했는데, 특히『국어와 컴퓨터』(김병선, 1992, 한실)를 이 분야 최초의 입문서로서 평가해야 할 것으로 보인다. 이 책에서는 '국어전산학'을 "(1) 컴퓨터에 대한 일반적인 이해, (2) 한글 처리에 대한 이해, (3) 문서 작성 프로그램을 다룰 수 있는 능력 배양, (4) 자료처리 프로그램을 다룰 수 있는 능력 배양, (5) 어문 연구 응용 프로그램을 다룰 수 있는 능력 배양, (6) 어문학과 컴퓨터와의 관련 분야에 대한 이해"를 다루어야 할 것으로 하고 있다. 또한, '한국어 정보학'에 대해서는 "이 영역은 국어국문학의 고유 영역이 아니라 전산학, 심리학, 일반 언어학, 통신학 등과 상당 부분을 공유하는 지점에 위치"하는 것으로 규정하고, 여기에서는 "(1) 한국인과 인터페이스가 가능한 컴퓨터 시스템 연구, (2) 한국어 입출력에 관한 연구, (3) 한국어를 이해하는 연구(인공지능과 자동 번역 시스템, 한국어 문장의 종합적 해석, 한국어교육에의 활용)" 등을 다루는 것으로 설명하고 있다.4)

홍윤표(1999)나 서상규·한영균(1999)에서 공통적으로 지적하고 있듯이, 컴퓨터의 보급과 국어정보화의 개념이 도입되기 시작한 이 시기의 특징 중의 하나로서, 전산언어학이나 자연언어처리 분야의 관심 고조를 들지 않을 수 없다. 홍윤표(1999)에서는 "'국어 정보화'의 개념이 도입되면서부터 정보화는 국어학의 연구 도구로서가 아니라, 국어학 연구의 목표로 새롭게 부각되기 시작"하였고, "컴퓨터에 인간의 언어능력을 부여하기 위한 목적으로 연구되기 시작"한 것으로 평가하고 있다.

---

4) 김병선(1992: 13~27).

서상규·한영균(1999)에서는, 이 시기에 들어서 일어난 큰 변화로서 현대
적 의미의 언어 연구 방법과 목적의 변화에 주목하고 있다. 즉, 언어 연구의
주된 초점이, "인간이 지니고 있는 지적 능력의 한 부분으로서의 언어 능력
(competence) 혹은 언어 능력의 외적 구현으로서의 언어 행위(performance)의
과정을 기술하고 형식화하는 것"에 맞추어져 있던 데 비해, 자연언어처리와
전산언어학이 대두됨으로써, 즉 1980년대에 들어 언어 연구에 컴퓨터가
도입되면서 언어 연구의 환경과 연구 목적이 급격한 변화를 겪었다고 본다.
특히 인공지능과 기계 번역의 관심이 고조되면서, 자연언어처리 시스템의
개발 분야와, 컴퓨터를 이용한 혹은 컴퓨터를 이용하기 위한 언어 연구,
즉 전산언어학이 활성화되었고, 이제 컴퓨터는 초기의 소극적인 도구로서의
목적에서 벗어나, 검색 도구, 계산 도구, 모의실험 도구로서의 다양한 측면을
지니게 된다.[5]

1.2 사전편찬학과 말뭉치언어학의 정립(1990년대)

앞에서 살펴본 초기의 국어정보화의 경향과 방향에 새로운 변화를 일으키
는 동기를 부여한 것으로, 사전편찬학(Lexicogrphy)과 말뭉치언어학(Corpus
Linguistics)의 도입을 빼놓을 수 없다. 이것은 또한 그간의 국어 연구에서는
소홀히 되어 온, 이른바 '자료 기반 언어 연구'의 새로운 방법론의 시작을

5) 컴퓨터를 검색 도구로 활용한다는 것은, 텍스트로부터 색인(index), 문맥 색인
(concordance), 주요어 문맥 색인(KWIC) 등을 추출할 수 있을 뿐 아니라, 단어,
단어나 형태소 사이의 결합관계 등 문법단위의 용법을 좀더 다양하고 구체적으로
검토할 수 있게 해주는 도구를 개발함을 뜻한다. 계산도구로 활용함으로써, 우리는
자소·음절 빈도나 어휘 빈도 조사를 비롯하여, 단순한 산술적 빈도의 계산보다는
확률 및 통계정보 추출 도구로 활용할 수 있게 되는 것이다. 아직 크게 활성화되어
있지는 않지만, 컴퓨터를 모의실험 도구로 활용하여, 인지적 측면 혹은 언어학적
측면에서 언어의 이해 및 의사소통 과정 자체를 컴퓨터에서 재현해 볼 수도 있게
될 것이다. 즉, 언어학자가 개발한 문법모형을 컴퓨터 모의실험을 통해서 그 타당성
을 검증하는 것인데, 아직까지는 실험실 수준의 소규모 시스템에 머물러 있다.
서상규·한영균(1999: 15~16) 참조.

뜻하는 것이기도 하다.

'말뭉치언어학'에 대해 국내의 관심이 고조된 데에는, 1980년대 말에 이루어진, 국어사전의 편찬 노력이 큰 영향을 미쳤다. 특히 연세대학교 한국어사전편찬실(현재의 언어정보개발연구원), 국립국어연구원, 고려대학교 민족문화연구원, 한국정신문화연구원 등의 각종 국어사전 편찬을 위한 연구 활동이 그 주된 동력이었다고 할 수 있을 것이다.

특히 1987년에 발간된 『코빌드 영어 사전』(*The Collins COBUILD English Language Dictionary*, London and Glasgow: Collins, 1987)에서, 컴퓨터와 말뭉치를 이용하여 사전을 편찬하는 새로운 모델이 제시됨으로써,6) 7) 이후 사전 편찬에서, 다양한 언어항목의 용법에 대한 조직적·체계적 기술, 실제 용법을 바탕으로 한 뜻풀이 및 용례 제시를 중시하는 전통이 확립되었다고 할 수 있다.8)

---

6) http://titania.cobuild.collins.co.uk/about.html
   "······at Cobuild works with *a huge corpus* of modern English text *on computer to analyse language usage:* word meaning, grammar, pragmatics, idioms and so on."
   "Cobuild is a department of HarperCollins Publishers, specializing in the preparation of reference works for language learners in English. Cobuild is based at the University of Birmingham, UK, as a unit within the School of English where, since 1980, we have carried out research into corpus-based lexicography. Throughout the 1980s, following the *computational corpus-based approach to language analysis* developed by Professor John Sinclair, Cobuild built up *a large corpus* of modern English, *software tools to manipulate and analyse the corpus data*, and a *team of specialist corpus linguists and lexicographers*."

7) 이 사전의 편찬에는 730만 단어의 주 말뭉치와 1300만 단어의 예비 말뭉치를 구축하여 사전 편찬에 이용한 것으로 알려져 있으며, 1992년의 『롱맨 영어 및 문화 사전』(*Longman Dictionary of English Language and Culture*)에서는 LLELC(Longman/Lancaster English Language Corpus) 3천만 말뭉치에 기초하여 사전을 편찬한 것으로 알려져 있다.

8) 이런 점에서 볼 때, 1998년에 간행된 『연세 한국어 사전』은 『코빌드 사전』에서 보여준 사전 편찬방식, 사전 기술방식을 거의 전적으로 본뜨고 있다고 해도 과언은 아닐 것이다.

1.3 통합적 학문영역으로서의 '국어정보학'의 확립

홍윤표(1999)에서는, 국어정보화를 "우리나라의 컴퓨터에 국어의 이러한 언어능력을 갖게 하는 일"로 정의하고, 그러기 위해서는, 대규모의 언어 자료(말뭉치)와 언어 정보(단어, 지식, 문법 체계 등의 정보)를 제공해 주어야 할 것으로 보고 있다. 아울러, 정보화시대의 국어학 연구 목적과 방향의 변화를 지적하면서, 국어학 연구의 새로운 방법으로 (1) 자료의 중시와 자료의 다양성 인식, (2) 귀납적인 방법의 중시, (3) 실용성 중시, (4) 기초 작업의 중시, (5) 단어 및 어휘의 중시 등을 들고 있다. 여기에서 언급된 국어학 연구의 이러한 새로운 방법이라고 하는 것은, 그간의 국어 연구에서 상대적으로 소홀히 취급되거나 활발히 이루어지지 않았던 것들이다. 크게 나누어 본다면, 기초적 연구의 중시와 자료 중심의 귀납적 방법론, 그리고 실용주의적 특성을 들 수 있을 것이다.

한편, 이와는 조금 다른 관점에서, '국어정보화'는 두 가지 측면으로 정의될 수 있다. 첫째는 국어 제 부문에서의 연구에서 국어의 (이제까지 밝혀졌거나 혹은 앞으로 밝혀질 것이거나 간에) 모든 언어 사실을 '정보'로써 다루고 이용하는 것이다. 이는 단어의 의미와 용법, 문법의 기술, 사전의 편찬, 나아가 국어 교육과 외국어로서의 한국어 교육과 같은 응용분야 각 국면에서 필요로 하는, 숱한 국어의 사실들이 '정보'로써 다루어지게 되었다는 것을 뜻한다. 특히 언어단위의 분포적 특성이나 제약 등을 계량화하고 이를 바탕으로 하여 언어학적 가설을 수립하거나 증명하는 일이 그 대표적인 일이라 할 수 있을 것이다.

'국어정보화'의 또 다른 의미는 국어 연구의 목적을 국어 정보의 생산에 두는 것이다. 이는 비단 국어학적인 심층 연구에서만이 아니라, 특히 자연언어처리, 언어심리학, 언어병리학, 언어교육 등 국어학을 둘러싼 제 응용분야에서 필요로 하는, 다양한 내용과 형식으로 이루어진 '국어 정보'를, 국어학의 연구성과로서 생산하는 것을 의미한다. 이렇게 하기 위해서는 자연히 국어 연구에 있어서 실제 자료를 바탕으로 한 귀납적 · 실용적 기초 연구에 몰두하지 않으면 안 되게 되는 것이다.

오늘날의 언어 연구와 시대적 특성으로 볼 때, 언어라는 연구대상을 더 이상 언어학자들만의 고유 영역으로 고집할 수 없고, 사람들이 읽고 쓰고 말하는 것이 그대로 연구의 대상이 되게 되었다. 더구나, 수천만 혹은 수억 어절에 달하는 대량의 언어자료를 컴퓨터로 처리하여, 언어의 내적 구조를 밝혀낼 수 있는 여건이 점차 갖추어져 가고 있다고 할 수 있다.

이러한 국어학 분야의 내적 영역 확대와 맞물려 국어 정보화와 직결되어 최근 크게 부각되고 있는 것이, 바로 '국어정보학'(Korean Informatics)이라는 연구 분야라 할 수 있다.

국어정보학을 논할 때, 일반적으로 '통합과학'이라는 점이 강조된다. 서상 규·한영균(1999: 21~23)에서 밝히고 있는 국어정보학의 목표는, "언어학·전산학·정보과학의 여러 측면에서 국어의 내적 구조에 반영된 언어 정보를 추출하여 체계화"하고, "국어를 이루는 언어단위들의 분포와 기능, 의미에 대한 미시적이면서도 총체적인 기술"을 하는 것이다. 따라서, 국어를 구성하는 언어단위들의 분포나 의미·기능을 연구함에 있어서도, 각각의 언어단위들이 구체적으로 사용되는 언어자료 안에서 각각 어떤 위상을 지니는가 하는 점을 밝히는 일에 주력하게 된다. 이를 위해서는, 언어자료 즉 말뭉치 (corpus) 안에서의 각 언어단위들의 빈도(frequency)와 분포(distribution), 연어 관계(collocational relation) 등을 통계적 특성을 중심으로 기술하며, 이러한 각종 정보들을 체계화하고 구조화함으로써, 궁극적으로 통합적 국어 정보베이스9)를 구축하고자 하는 것이다. 이러한 연구방법론은 1980년대

---

9) 최기선·박동인(1997)에서는, '국어정보베이스'를 "국어학 및 국어공학 연구의 기반 자료 위주의 실증적 연구를 뒷받침하기 위한 방대한 양의 자료 데이터베이스"로 정의하면서, 이를 구성하는 구체적인 내용을 (1) 국어학의 기본 데이터베이스(형태론, 통사론, 의미론, 화용론, 음운론, 음성론, 글자 형태), (2) 기본 어휘자료의 각종 통계치, (3) 가공 자료 데이터베이스, (4) 각종 조사 연구 도구 및 관리시스템 등으로 설명하고 있다. 이와 관련하여 한영균(1999: 20)에서는 사전편찬을 위한 '언어정보 데이터베이스'를 "사전의 표제항이 될 어휘 항목을 접근점(access point) 즉 표목으로 삼고, 한편으로는 그 표목을 중심으로 앞에서 이야기한 미시정보의

후반, 사전학의 기초 위에서 구조화하여 제시할 수 있어야 한다는 실질적인 필요성에서 출발한 것으로, 언어자료 없는 이론만으로는 별 의미가 없게 된다.

한편, 국어정보학은 그 연구에 있어서, 언어학·전산학·정보과학·사전편찬학 등 언어정보를 다루는 여러 학문의 연구방법론을 필연적으로 원용하게 됨으로써 자연히 통합과학적 성격을 띠지 않을 수 없다.10)

2. 말뭉치언어학과 국어 연구의 흐름

2.1 말뭉치언어학 분야의 개관

언어 연구는 크게 나누어 볼 때, 언어 구조 자체에 관한 연구와 실제적

구성에 필요한 제반 정보를 체계적으로 축적함으로써 해당 어휘항목의 기술에 요구되는 모든 정보를 한꺼번에 관리할 수 있게 하고, 다른 한편으로는 표목 자체의 문헌자료를 안에서의 표기상의 변이, 사용 영역별 출현빈도 및 총 빈도, 다른 어휘항목과의 관계 등을 데이터베이스를 구성하는 요소에 포함함으로써, 일반 사전편찬자나 기타 어휘부를 구성하고자 하는 이들이 자신이 필요로 하는 정보를 손쉽게 찾아 쓸 수 있도록 한 시스템"으로 정의하고 있다.

10) 1997년 국내 최초로 대학원에 '국어정보학' 석·박사 과정을 설치한 연세대학교의 경우, 이 학과의 설치 목적과 배경을 다음과 같이 밝히고 있다. "정보화 사회에 있어서 언어 정보 처리 기술은 핵심 기반 기술이며 이 분야의 기술 개발 없이는 국제적인 정보 소통에 능동적이고 성공적으로 참여하는 것이 거의 불가능하다. 그러나 국내의 이 분야 연구는 현재까지도 극히 미미한 수준에 머물러 있다고 할 수밖에 없다. 최근 들어 언어 정보 처리에 관한 중요성이 점점 커짐에 따라 여러 연구기관 및 대학에서 관련 연구가 진행되기 시작하였다. 그러나, 이 분야의 기반 기술 개발과 이론 연구를 위해서는 국어학을 비롯하여 언어학, 심리학, 정보학, 전산학 등의 학문간 연구를 통한 연구환경 조성과 인력 양성이 필수적임에도 불구하고 아직 본격적인 학문간 연구가 진행되지 못하고 있는 실정이다. 연세대학교 국어정보학 협동과정은 국내 최초로 이러한 인식과 요구를 바탕으로 설립된 협동과정으로서, 국어국문학과, 영어영문학과 등의 어문계열의 모든 학과 및 심리학과, 문헌정보학과, 컴퓨터과학과, 인지과학 협동과정 등과의 학문간 연구를 통해 국어 정보 처리를 위한 기반 기술과 관련 연구를 적극적으로 추진해 왔다." 현재, 국어정보학 협동과정은 말뭉치언어학(Corpus Linguistics), 국어정보학 (Korean Language and information), 전산언어학(Computational Linguistics), 언어공학(Language Engineering)의 네 개의 세부 전공으로 구성되어 있다.

사용 연구의 두 가지 측면에서 이루어질 수 있다. 언어의 구조 연구는, 형태소, 단어, 문장, 문법 범주 등의 언어의 구조적 단위와 범주의 변별이나, 문법적 단위 형성에 대한 기술을 주된 관심대상으로 삼는 데 비해, 언어의 사용 연구에서는 주로 텍스트나 입말에서 사용되는 실제 언어 현상을 연구하여 기술하는 데에 초점을 둔다.

말뭉치에 기반을 둔 연구는, 언어 구조나 사용 기술 모두에 관심을 두며, 작지 않은 규모의 전산화된 '말뭉치'를 그 분석 대상으로 삼는다는 점, 분석 과정에서 방대한 양의 언어 데이터베이스를 저장하고 분석하거나, 언어 사용의 복잡한 패턴을 분석하는 데 컴퓨터를 거의 필수적으로 활용하게 된다는 점, 주로 계량적인 통계 분석과 해석을 동반하는 실험적 성격을 짙게 지니게 된다. 주의하여야 할 점은, 이러한 연구의 결과가 단순히 계량적인 수치만 얻는 데 그치는 것이 아니라, 그 해석과 중요성의 발견, 응용에 이르러 비로소 가치를 발하게 된다는 것이다.

2.2 국어 연구와 말뭉치언어학의 접목

말뭉치를 이용한 언어 연구, 즉 말뭉치언어학을 위해서는 적어도, (1) 대량의 전산화된 언어자료(말뭉치, corpus), (2) 자료를 처리, 필요한 정보를 추출할 수 있는 언어 처리 도구, (3) 추출된 정보의 해석에 동원되는 통계 도구의 세 가지 요건이 필수적이다.

그러나, 서상규·한영균(1999: 19)에서 지적하고 있듯이, 1980년대 후반에는, 전산화된 국어자료는 물론이고 연구자가 이를 손쉽게 처리할 만한 도구가 거의 없는 상태였으며 전산학 분야에서도 한국어의 처리를 위한 연구가 태동하던 단계였으므로, 말뭉치를 이용하여 사전을 편찬하고자 하는 이들은 스스로 말뭉치를 만드는 한편 이를 가공하고 언어정보의 추출을 하기 위한 도구를 스스로 개발해야 하는 부담을 안지 않을 수 없었다.

이후, 지난 10여 년 간의 변화를 살펴볼 때, 국내의 말뭉치를 이용한 전산학적 · 언어학적 연구는 방법론의 개발, 자료의 축적, 언어 처리 도구의 개발 등에서 비약적인 발전을 이룩하였고, 컴퓨터를 이용한 언어 연구의 효율성과 필요성 역시 점차 국내학계에서 인정을 받기에 이르게 되었다. 특히 말뭉치만으로 본다면, 국내에 산재해 있는 말뭉치의 크기가 2억 어절 혹은 그 이상에 이르게 되었으며, 초기에는 개인이나 대학 연구기관 등이 말뭉치의 구축을 중심으로 하였던 데 대해, 1990년대 중반 이후부터는 몇 천만 어절 이상으로 구성된 대량의 말뭉치가 그리 드물지 않게 되었다. 뿐만 아니라, 비교적 다양한 언어 처리 및 사전 편찬용 도구가 개발되어 실제로 언어 연구나 사전 편찬에 활용되는 데에까지 이르게 되었다.

이러한 말뭉치의 개념과 말뭉치언어학의 방법론의 국내 도입과 정착에는, 학술지『사전편찬학 연구』를 통하여 지속적으로 발표된 이상섭(1988)의 「뭉치 언어학적으로 본 사전 편찬의 실제 문제」나 이상섭(1990b)의 「뭉치언어학: 사전 편찬의 필수적 개념」, 이상섭(1995a)의 「말뭉치: 그 개념과 구현」, 이상섭(1995b)의 「뭉치언어학의 기본 전제」 등의 논문이 크게 영향을 끼쳤다. 최근에는 서상규 · 한영균(1999)이나 유석훈(1999), 한영균(1999) 등에서 말뭉치언어학이나 사전편찬학의 더욱 진보된 논의가 이루어지고 있다.

2.3 말뭉치 기반의 국어문법 연구의 현황과 과제

앞서 언급한 바와 같이, 국내에서 실제로 말뭉치를 활용하기 시작한 것은 1980년대 말의 기초적 작업을 거쳐, 1990년대에 들어서 본격화되기 시작하였다. 1990년대에 들어 가장 큰 변화는 국어정보학과와 관련한 학술지가 출판되기 시작했다는 점일 것이다.『사전편찬학 연구』는 1998년의 1집으로부터 시작하여 2001년 현재 11집까지 발간되어, 사전편찬학과 이에 바탕을 둔 국어 문법 연구에 중요한 기여를 하고 있다.『한국어 전산학』1~2집(1991, 1998, 한국어 전산학회),『언어정보』1~3집(1997~1999, 고려대학교 언어정보연구소),『언어 정보의 탐구』1집(1999, 서상규 편, 연세대학교 언어정보개발연구원) 등이 이 시기에 발간되고 있다. 2000년에는 『계량언어학』 1집(이상 억 편, 박이정)이 간행되기 시작했다.

국어정보학의 입문서가 출간되기 시작한 것은 최근에 이르러서다.[11] 서상 규·한영균(1999)의 『국어정보학 입문』이 그 대표적인 성과라고 할 수 있으 며, 관련 분야의 번역서로는 유석훈 역(1999), 『언어와 컴퓨터』가 거의 같은 시기에 나왔다.[12] 앞으로 국어정보학, 말뭉치언어학, 전산언어학 등의 이름 으로 다양한 입문서가 출판 또는 번역됨으로써 이 분야 연구의 저변을 확대하 고 활성화하는 데 기여할 수 있을 것으로 기대된다.

2.3.1 말뭉치 구축과 가공에 대한 연구

홍윤표(1999)에서는 국어정보화와 국어학 연구의 과제로서 (1) 정보의 생산과정과 관련한 국어학의 세부과제로 '말뭉치 구축과 주석', (2) 정보 전달 과정과 관련한 국어학의 세부과제로서 '정보생산자와 수신자 사이의 부호체계를 일원화 내지 표준화'할 것을 지적하고 있다.[13]

2.3.1.1 말뭉치 설계와 구축

국어 연구에서 말뭉치를 활용하기 위한 논의는 비교적 활발히 이루어진 편이다. 특히 대규모의 말뭉치 구축에서 고려하여야 할 말뭉치의 규모, 텍스 트의 실제적 수집 방법, 균형적 말뭉치의 구성 방법 등이 그 논의의 중심을 이루었다고 볼 수 있다. 그러나 말뭉치를 실제로 구축하면서 초기에 범하기

---

11) 북한에서는 이보다 좀더 이른 시기에 『계산기언어학개론』(문영호, 1990, 사회과학 출판사), 『조선어 정보 처리』(권종성, 1994, 과학백과사전종합출판사)가 발간되었 다.

12) 정경일 외 12인 공저(2000), 『한국어의 탐구와 이해』는 일반적인 '국어학 개론'에 해당한다고 볼 수 있는데, 그 내용의 일부(11장)에 '이제 컴퓨터에도 말을 가르치자' 는 장을 설정하고 있다.

13) 특히 전자의 과제는 1980년대 말의 국어정보학적 연구의 기초가 되는 일로서, 서상규·한영균(1999: 241~266, '말뭉치 정보원')에서 국내외의 말뭉치 구축과 이용 현황을 쉽게 파악할 수 있다.

쉬운 시행착오나 말뭉치의 효용성 등에 관한 평가 등에 관해서는 아직 그다지 활발한 논의가 이루어지지 않고 있어, 현 단계에서는 말뭉치 활용의 초기 단계에 머물러 있다고 볼 수 있을 것이다.

특히 홍윤표(1990), 한영균(1993), 한영균·유동석(1993), 정광(1996) 등을 중심으로 말뭉치의 구축이나 자료 데이터베이스 구축의 필요성이 언급되었고, 정찬섭·이상섭·남기심·한종철·최영주(1990), 이상섭(1990), 정영미(1995), 서상규(1998a, 1998b) 등에서는 실제의 말뭉치 분석을 통한 어휘의 조사방법론과 실제의 결과 등이 다루어졌다. 또한 이러한 구체적인 어휘 조사 등에 필수적인 말뭉치의 텍스트 구성방법에 관한 기초적인 논의 역시 이상섭(1990), 한영균, 남윤진, 류빈, 김현정(1993), 김흥규·강범모(1996), 남윤진(1999), 김한샘·서상규(1999), 서상규·최호철·강현화(1999, 2000) 등을 통하여 활발히 이루어지고 있다.

2.3.1.2 말뭉치의 주석과 가공

말뭉치에서 다양하고도 정확한 언어정보를 얻어내기 위해서는, 문법 정보 주석(grammatical annotation), 구문 정보 주석(syntactical annotation), 의미 정보 주석(semantical annotation) 등 그 이용 목적에 맞는 단계의 주석을 필요로 한다. 이러한 각 단계의 주석을 효율적이고도 자동적으로 실현하기 위한 도구(프로그램)의 개발 등이 적지 않게 이루어져 있다.[14] 한편, 이러한 주석을 체계화하기 위한 국어학적 논의로, 임홍빈(1998)에서는 국어정보

---

14) 이 가운데서도, 형태소의 분석을 자동화하기 위한 프로그램을 형태소 분석기 (Morphological Analyzer)라고 하는데, 한국어 정보처리용 형태소 분석기로는, 강승식 교수(국민대)의 HAM, 한국과학기술원 전산학과가 주축이 되어 개발한 step2000의 Tagger, 고려대 컴퓨터학과 자연언어처리 연구실, 포항공대 지식 및 언어공학연구실 등 인터넷 데모용 형태소 분석기, 서울대의 인문정보연구회가 개발한 북한 문화어 형태소 분석기(NKMA), 연세대 컴퓨터과학과의 NM 등이 알려져 있으며, 최근 문화관광부의 지원으로 이루어지고 있는 21세기 세종계획의 일환으로 개발된 '지능형 형태소분석기'(Ver1.0)가 http://www.sejong.or.kr에 공개 되어 있다.

처리를 위한 어절 분석 표지 집합의 표준안을 제안하였으며, 한영균(1998, 1999)에서는 국어의 문어자료의 형태 및 통사 정보의 주석과 관련하여 발생하는 구체적인 문제에 대한 처리방안을 제시해 주고 있다.

2.3.2 말뭉치 기반의 기초 언어 정보의 연구

말뭉치를 이용한 기초적 언어 정보 가운데 가장 활발히 이루어지고 있는 연구는 역시 각종 빈도의 조사라 할 것이다. 이러한 요인은 첫째로 '빈도 정보'라고 하는 것이, 말뭉치를 이용하려고 할 경우에 필수적인 말뭉치의 구성방법론의 개발과 개선에는 물론이고 이를 분석하였을 때 가장 먼저 얻어낼 수 있는 중요한 정보의 하나이기 때문이며, 둘째로는 국어 어휘 분석과 기술, 사전 편찬, 언어 교육, 국어 정보 처리, 언어 심리 및 병리학 등에서 필요로 하거나 요청하는 일차적인 정보이기 때문이기도 하다.

1990년대에 이루어진 어휘 조사의 주요 결과물로는 문영호 외(1993)의 『조선어빈도수사전』, 서상규(1998b)의 「현대 한국어의 어휘 빈도(상·하)」, 서상규(1998a), 음절 분포에 관한 연구로는 김정수·김희락·정인상·조남호·이준희(1994)의 『옛 한글의 음절 조사 연구』, 김흥규·강범모(1997)의 『한글 사용빈도의 분석』을 꼽을 수 있고, 장석배(1999)에서는 말뭉치의 규모와 어절 유형 증가 간의 상관성을 밝히면서 실제의 어절 빈도의 조사결과를 제시함으로써 비교적 활발한 성과를 보여주고 있다.

문제는 이제까지의 이러한 어휘 조사는 대부분 특정 프로그램에 의한 자동 주석의 결과를 바탕으로 하여 이루어진 결과여서, 국어에 널리 존재하는 형태적 중의성15)으로 인한 부정확성(분석의 오류)을 해결하지 못한 점, 그리고 특히 동일한 품사 내에서의 동음이의어의 구분이 이루어지지 않은 채 이루어진 점, 변이형태의 반영 여부,16) 합성어나 파생어의 분리/통합 여부

---

15) 형태적 중의성이란, 특별한 주석 작업을 거치지 않는 한, 실제 출현 형태로서의 '갈게'의 어간이 '가(行), 갈(磨), 갈(替)' 따위의 어느 것인지를 구별하기 어렵다는 점을 말한다,

16) 어미나 대명사 따위의 변이형태의 반영방법, 입말체나 준꼴, 생략형의 경우의

등의 조사단위 또는 분석기준의 설정17)에 대한 깊은 고찰이 이루어지지 않은 점 등이 앞으로 해결해야 할 큰 과제라고 할 수 있다.

이와 같은 여러 문제들은, 현 시점에서 볼 때 자동 주석 프로그램의 향상도 중요하겠지만, 근본적으로 말뭉치에 대한 치밀한 주석 과정을 거쳐야만 사실상 해결이 가능할 것으로 생각된다. 더구나 형태 주석 단계에서조차도 의미적 중의성을 해결할 수 없기 때문에, 반드시 의미 정보 주석(최소한 동음이의어 구분)이 이루어져야만 할 것이다. 이 경우에도 역시 주석자가 임의로 의미를 설정해 가면서 주석하는 것보다는, 믿을 수 있는 사전의 의미 구분을 기준으로 하여, 이를 보완해 나가면서 주석하는 방식이 더 실제적이고 정확성을 기할 수 있을 것이다.

이 점에서 볼 때 서상규·최호철·강현화(1999, 2000)에서는, 한국어 교육을 위한 1,000여 개의 기초 어휘의 의미 빈도를 추출하기 위하여, 실제의 말뭉치(약 100만 어절의 한국어 교육용 말뭉치)에 대한 형태 정보 주석과 의미 주석을 수행하였다.18) 이것은 단어의 다양한 의미가 실제의 말뭉치에서 어떠한 분포로 사용되고 있는가 하는 사실을 밝힘으로써, 학습사전의 편찬, 어휘교육 등에 활용하기 위한 기초 정보를 얻어 낼 수 있게 된 구체적인

처리방식에 따라 심각한 정보 왜곡이 초래될 가능성도 생긴다는 것을 뜻한다(거지: 것/NNB+이/VCP+지/EF, 이건: 이것/NP+ㄴ/JX).

17) '갈아입다'를 '갈아입/VV+다/EF'로 분석할 것인지, '갈/VV+아/EC+입/VV+다/EF'로 분석할 것인지의 예와 같이, 둘 이상의 형태로 형성된 단어들의 경우, 자동 분석이든 사람에 의한 분석이든 간에 그 분석기준을 어디에 둘 것인가에 따라서, 그 결과가 매우 달라질 수 있다는 것을 뜻한다. 한편, '어근+접미사' 구성의 처리방식이 통일되기 어렵다는 것(어찌할: 어찌/MAG+하/XSV+ㄹ/ETM, 시시하다: 시시/XR+하/XSA+다/EF)도 포함한다.

18) 이때의 주석은 2단계로 이루어졌다. 하나는 자동 태거에 의한 형태 주석(어절을 분석한 뒤에 각 요소에 품사 표지를 부착)을 통하여 1차적인 주석을 한 뒤, 태거의 자동 분석에서 생긴 주석의 오류를 수작업에 의해 수정하는 단계며, 2단계에서는 전적으로 수작업에 의한 의미 주석을 수행하는 방식으로 이루어졌다. 실제 이 2단계의 작업은 1999~2000년의 2개년에 걸쳐 수행되었다. 이에 대한 구체적인 내용은 최종 결과보고서(서상규 1999, 2000) 및 고석주·남윤진·서상규(1999)를 참조하기 바람.

실례라고 할 수 있으며, 앞서 지적한 기초 정보 추출에서의 문제점을 해결하려는 중요한 시도라고 볼 수 있다.

앞으로 이미 구축되어 활용 가능한 각종의 말뭉치를 개별 연구의 목적에 맞게 정밀하게 주석함으로써 더욱 깊이 있고 실제적인 언어 사실에 접근할 수 있으리라는 것은 두말할 필요가 없을 것이다.

한편, 임칠성·水野俊平·北山一雄(1997)에서는 말뭉치를 통한 국어의 계량적 조사를 통한 실태 조사와 그 기술방법의 일단을 구체적으로 보여주고 있으며, 김흥규·성광수·홍종선(1998), 강범모(1999), 강범모·김흥규·허명회(2000) 등의 일련의 연구는, 말뭉치 활용의 대전제가 되는 각종 텍스트 장르와 유형의 특성을 밝히는 데 주력하여 매우 정밀한 통계정보를 제시함으로써, 향후 말뭉치의 구축에서 설계만이 아니라, 국어의 문법 및 문체 연구에 크게 기여할 것으로 평가된다.

최근 들어 나온 국어정보학적 성과로 빼놓을 수 없는 것이 『계량국어학 연구』(이상억 2001)다. 이 책은 제1부 '규칙 및 제약', 제2부 '음운 및 형태', 제3부 '어휘 및 기타'로 구성되어 국어의 각 영역에 걸친 계량적 고찰을 시도한 논문 27편이 실려 있다. 이는 바야흐로 국어의 기초 정보에 대한 연구성과의 깊이를 보여주는 괄목할 만한 성과물로 보아도 좋을 것이다.

2.3.3 말뭉치 기반의 국어문법 연구

최근까지 이루어진 말뭉치 기반의 국어 문법 연구는 크게 두 갈래로 갈린다. 하나는, 전적으로 말뭉치에 드러난 어휘 문법적 특성을 계량적으로 분석하여 이를 기술하고자 하는 것이고, 또 하나는 각 어휘의 문법적 기술에서 연구자들이 세운 연역적 가설에 대해 말뭉치의 실제 용례 분석을 통한 귀납적 결과를 보조적 논증자료로 활용하는 것이다.

서상규(1992, 1993, 1996)의 단어 결합의 통계 분석을 중심으로 한 일련의 연구에서와 같이, 현대 국어의 시늉말(의성의태어)의 문법적 특성을 기술함에 있어서, 주로 1970~90년대의 소설, 수기, 대본, 시나리오 따위의 입말(구어) 자료 30여 종의 용례 조사로 수집된 용례를 컴퓨터에 의한 데이터베이스 처리방법으로 분석함으로써, 각 시늉말의 이형태, 공존하는 풀이말의 종류와 그 빈도, 풀이말 파생에 참여하는 {-거리다, -이다, -대다, -하다} 등의 접미사와 그 쓰임 빈도, 조어 형식을 계량적으로 밝히는 것이 전자의 대표적인 예라 할 수 있다. 남윤진(1997)의『현대국어의 조사에 대한 계량언어학적 연구』 역시 이와 같은 방법론이 더욱 진보한 형태의 연구로 평가할 수 있을 것이다.

이 밖에 아마도 국내 최초의 국어정보학 학위논문일 김한샘(1999)은 이제 어휘 의미 연구에 말뭉치의 계량적 분석이 기여하는 바를 여실히 보여 주기 시작한 구체적 실례라고 할 수 있다. 민경모(2000)에서는 현대 국어 연결어미 의 사용역 변이와 연결어미가 실현하는 문법 범주를 밝히는 데에 말뭉치에 대한 계량적 분석을 시도함과 아울러, 이 분야에 대한 방법론에 대한 구체적 논의가 시작되고 있음을 보여준다.

이에 비해서는 다소 소극적인 말뭉치의 활용에 해당한다고 할 수 있는, 언어기술의 객관적 증거로서의 용례 활용을 통한 어휘 문법의 분석과 기술은, 서상규(1991)[19]를 비롯하여, 남기심 편(1993, 1994, 1996)에 실린 대다수의 논문이나, 이희자(1995) 등에서 어휘의 실제적 용법의 기술이나 형태 확정에 어떠한 방식으로 말뭉치가 활용될 수 있는가를 보여주고 있다. 이를 통하여, 이제까지 연구자의 '직관'이나 극소수의 만들어진 용례에만 의존하여 이루어 지던 국어 문법이나 어휘 연구의 경향과 대립하여, 실제 용례에 드러난 언어 특성을 면밀히 기술하고자 하는 경향이 점차 선명해지기 시작하였다고 볼 수 있다. 이는 이른바 '살아 있는 문장'을 실례로 보여주는 데에 그치는 것이 아니라, 매우 무질서하게 보이는 언어자료 속에서 일정한 언어적 특성을 파악하고 이를 체계화하려는 노력이 동반되어야만 의미가 있다. 이런 점에서

---

19) 사실상, 이에 앞서 서상규(1989)는 비록 '말뭉치'라는 용어를 사용하지 않았고 구체적인 분포를 나타낼 통계정보를 보여주고 있지는 않지만 문학작품에서 뽑은 용례를 바탕으로 분석한 연구의 비교적 이른 성과라 할 수 있을 것이다. 이러한 연구경향은 당시 국내에서 이루어지고 있던 말뭉치의 초기 연구와는 전혀 별개의 흐름에서 자생적으로 이루어진 것이다.

볼 때, 어휘·문법 연구자들의 대다수의 의식에서는 아직도 '말뭉치=용례'라는 단순한 이해에 머물고 있는 점이 아쉬움으로 남는다. 다시 말해서, 강범모(1999)나 강범모·김홍규·허명회(2000)에서 드러난 바와 같은 텍스트의 특성을 감안하여, 연구 목적에 맞도록 말뭉치를 구성하려는 단계에까지는 이르지 못하고 있는 것이 실정이다.[20]

한편, 앞서 언급한 남윤진(1997)의 『현대국어의 조사에 대한 계량언어학적 연구』에 이르러서는, 말뭉치를 기반으로 한국어 문법의 연구가 각 대학의 박사학위논문에 반영되기 시작하였다. 강현화(1998)의 『국어의 동사연결 구성에 대한 연구』, 유현경(1998)의 『국어 형용사 연구』, 정희정(2000)의 『국어 명사의 연구』, 한송화(2000)의 『국어 자동사 연구』 등을 그 대표적인 연구성과물들로 볼 수 있을 것이다.

특히, 강현화(1998)에서는 어미 '-어'를 매개로 한 동사연결구조를 접속 구성, 합성동사 구성, 보조동사 구성 등으로 분류해 오던 기존의 연구성과에 대해서, 약 1,500만 어절의 말뭉치상에 나타난 다양한 동사연결구조에 대한 관찰을 통해 이들 경계가 확연하게 갈라지는 것이 아니라 다단계적(fuzzy)으로 존재함을 밝히고, 이에 대한 새로운 분류를 시도하고 각각의 문법적, 의미적 특성을 기술하고 있다. 유현경(1998)은 국어의 형용사 전체에 대한 귀납적 분류와 그 형태, 통사적 특성의 기술을 목적으로 하고 있으며, 연세 말뭉치 1~7 전체를 자료로 활용하고 있다. 한송화(2000)에서도 역시 기존의

---

20) 더구나 말뭉치에 나타나는 용례라는 것은, 우리가 상식적으로 생각하는 것보다 훨씬 덜 정제되고, 더 비문법적이고, 논문의 예증에는 적절하지 못한 경우가 더 많다. 더구나 연구자가 필요로 하는 특정한 유형의 용례가 충분히 확보되지 않는 경우조차 있다. 예컨대, 분열문 만들기, 대용화, 생략, 부정 따위와 같은 통사 기술에 널리 활용되는 각종 통사적 기제나 각종 유형의 구문을 여실히 보여 주는 용례를 말뭉치에서 찾아내는 일이 쉽지 않은 경우가 많다. 이 때문에 대부분의 연구에서는 실제 용례를 '변형'하여, 연구자가 필요로 하는 형태로 가공하는 일이 보편적인 듯하다. 더구나 연구자들이 활용하기 위한 용례 추출(검색) 프로그램의 부족, 문법 정보가 주석된 말뭉치의 부족, 나아가 말뭉치에서의 용례 추출로부터 실제의 문법 기술에 이르기까지 말뭉치를 다루는 연구자의 능력과 경험 부족 등은 앞으로 해결해야 할 주요 과제라 할 수 있다.

일반 언어학의 틀과 더불어 자동사의 실제 쓰임인 말뭉치의 용례를 토대로 하여 자동사를 분류화하고 유형별 자동사에 대한 통사적 특성을 논의하였다. 정희정(2000)에서는 연세 말뭉치 중 약 2,000만 어절에 해당하는 자료로부터 추출된 명사의 용례들을 토대로, 명사의 특성과 명사구의 기능을 규명하여 기술하고 있다.

이들은 단순히 말뭉치에서 추출한 용례를 기계적으로 분류하는 데에 그치는 것이 아니라, 그들이 지닌 문법적 특성, 예컨대 동사연결구조에서는 선·후행동사 간의 의미관계, 통사적 구조상의 특징 등을, 형용사나 자동사, 명사의 연구에서는 의미역과 격틀 등의 통사, 의미적 특성을 토대로 한 굳건한 이론적 틀 위에서 이를 증명하기 위한 자료로서 용례가 활용되었다는 점에서, 비록 그 통계적 정보의 정밀도나 해석 단계에서의 약간의 문제를 인정한다 하더라도 이제까지와는 전혀 다른 언어 연구가 가능하였던 것으로 평가할 수 있다. 즉, 말뭉치를 이용한 연구에서 흔히 빠지기 쉬운 단순 분류론(taxonomy)의 위험성을 극복하면서, 문법이론화의 과정에 (비록 무질서해 보이고, 통제되지 않은 것처럼 보이기 때문에 흔히 문법의 규칙화에 방해요소로 가득한 것으로 생각되기 쉬운) 말뭉치 용례가 얼마나 효용성이 큰 것인가 하는 점을 여실히 보여준 것이라 생각된다.

한편, 이희자·이종희(1998, 1999, 2000)의 일련의 작업은, 말뭉치의 분석을 통한 사전 편찬의 결과물로부터 얻어낸 어미와 조사의 실제 용법 기술을 통하여, 앞으로 활발히 이루어질 어휘 기술의 전형을 보여주는 대표적 성과로 평가할 만하다.

문법 연구에서의 말뭉치의 이용과 관련하여, 흔히 우리는 직관으로 대표되는 '추상적 언어'와, 실제의 발화(텍스트)에 드러난 구체적 언어 사용의 모순이나 충돌 등을 보게 된다. 이럴 때 우리는 국어의 연구대상은 추상적 언어여야 하고, 무질서하고 예측하기 어려운 실제 언어 사용은 배제하여야 할 것으로 속단하기 쉽다. 그러나 직관은 언제나 실제 용례에 의해 뒷받침되어야 하며, 실제 용례를 중심으로 수행되는 연구과정에서 드러나는 규칙의 패러다임의 빈칸(용례의 누락 따위)은 직관에 의해 보완되어야 하는, 일종의 동전의 양면으로 보아야 할 것이다. 이러한 예들을 우리는 위의 몇몇 연구를 통해 이제 충분히 검증해 나가고 있는 것이다.

3. 사전편찬학과 국어 연구의 흐름

3.1 사전편찬학 분야의 개관

이미 앞서 언급한 바와 같이, 말뭉치언어학의 성립과 국어정보화의 경향과 방향에 새로운 변화를 일으키고 국어정보학의 태동에 가장 큰 동기를 부여한 것으로, 실제의 사전 편찬을 통해 이루어진 사전편찬학 연구가 있었음을 빼놓을 수가 없다.

1980년대에 이르러 사전 편찬 분야에서는 방법론적으로 매우 다른 두 가지 경향을 볼 수 있다. 하나는 이른바 전통적인 사전 편찬의 방법론을 답습하면서 이전 사전을 더욱 충실화해 나가기 위한 사전 편찬이며, 또 다른 하나는 이른바 말뭉치를 토대로 한 어휘 분석과 전산 처리를 통한 새로운 사전의 편찬이다.

특히 『국어대사전』 수정증보판(이희승 편, 1982, 민중서림),21) 『새 우리말 큰사전』 제6차 수정증보판(신기철·신용철 편, 1985, 삼성출판사),22) 『우리 말큰사전』(한글학회 편, 1991, 어문각)23) 등, 이전까지 이루어져 온 전통적인 사전 편찬 방법론과는 달리, 여러 기관과 연구소의 노력 등을 통해 컴퓨터와 말뭉치를 이용하여 사전을 편찬하는 새로운 방법론이 모색되었으며, 이후

---

21) 이 사전은 『국어대사전』(1961년 12월)의 수정증보판으로 42만여 어휘를 싣고 있다고 하는데, 초판이 32쇄까지 인쇄되는 실적을 올렸으며, 수정증보판에서는 초판에 19만 어휘를 더 늘여, 사전 수록 어휘면에서 국내 최다 기록을 세운 것으로 알려져 있다.
22) 이 사전의 초판은 1974년에 발간되었으며, 약 31만 어휘를 다루고 있는 것으로 알려져 있다.
23) 한글학회에서는 『큰사전』 보유 편찬사업을 70년대 이후 지속적으로 수행하여, 1991년에 45만 어휘의 사전으로 발간하였다.

사전 편찬에서, 다양한 언어항목의 용법에 대한 조직적·체계적 기술, 실제 용법을 바탕으로 한 뜻풀이 및 용례 제시를 중시하는 전통이 이때에 이르러 확립되었다고 할 수 있다.

또한 1988년부터, 『사전편찬학 연구』(연세대학교 언어정보개발연구원)라 는 국내 유일의 전문학술지가 발간되기 시작하여, 2000년 현재 10집까지 지속적으로 발간되어 이 분야의 발전에 적지않은 기여를 하고 있다.[24]

3.2 사전편찬학 연구의 현황과 과제

1980년대 중반 이후, 국어사전의 편찬은 이전의 사전들이 통상 개인 또는 학회 차원에서 이루어져 온 것과는 달리, 국가 기관이나 대학 연구소 등의 차원으로 확대되기 시작하였으며, 그 방법론 역시 크게 달라지게 된다.

특히 연세대학교 한국어사전편찬실(현재의 언어정보개발연구원)의 『연 세 한국어사전』(1987~1998)이나 『연세 동아 초등국어사전』(1998~2001), 국립국어연구원 『표준국어대사전』(1992~1999), 고려대학교 민족문화연구 원(1995~), 한국정신문화연구원(홍윤표·송기중·정광·송철의 1995)의 『 17세기 국어사전』 등 각종 국어사전 편찬을 위한 활동은 매우 중요한 의미를 갖는다.[25]

1980년대 중반까지의 사전 편찬에 관한 논의는, 주로 국어사전에 대한 반성적 논의를 통한 기존 사전 비판과 새 사전의 방향 제시, 해외의 우수 사전 사례 소개를 통한 현대적 개념의 사전 편찬이론의 도입 등으로 특징지을 수 있으며, 특히 표제어 선정 범위 및 기준, 배열의 문제, 뜻풀이에 관한 문제, 어휘와 문법 정보의 상관성 등에 대해 다루고 있다.

---

24) 이러한 면에서 볼 때, 북한에서 발간된 『현대조선말사전』 제2판(1981)의 편찬원이 었던 장순기·리기원의 『사전편찬리론연구』(1984) 역시 사전 편찬의 이론 정립에 적지않게 기여한 것으로 평가할 수 있다.
25) 이와 관련하여, 1992년에 발간된 『조선말 대사전』(사회과학출판사, 평양) 역시 다량의 말뭉치의 어휘 빈도 조사와 분석 결과를 활용한 대표적인 사전으로 평가할 수 있다.

이에 비해 1980년대 중반 이후에는 주로, 말뭉치 언어학의 개념 소개와 아울러 국어의 기초자료에 대한 구축작업이 시작되었으며,26) 한편으로 전자 사전에 대한 논의가 주로 '기계 가독형 사전'(MRD: Machine Readable Dictionary) 형태의 인간을 위한 전자사전, 기계번역, 형태소 분석 등을 위한 기계 프로그램 사전에 대한 논의가 이루어지기 시작했다.

또 하나 중요한 점은 이 시기에 북한의 사전, 사전 편찬 관련 서적이 영인 출간되어 소개된 것을 지적할 수 있다. 1988년에『현대조선말사전』 제2판(1981년판)이 백의에서, 1989년, 1990년에『조선말사전』(1962년판)이 각각 동광출판사와 탑출판사에서 영인 출간되었으며, 1989년에는『'사전편 찬리론연구』가 탑출판사에서 북한어학자료총서 411로 나왔다. 이를 토대로, 1980년대 후반에는 북한 사전 편찬에 대한 논의와 남북한 사전의 비교연구가 활발해졌다.

1990년대에 들어,1991년에『국어대사전』(금성출판사)이 발간된 것을 비 롯하여, 북한에서『조선말대사전』(평양: 사회과학출판사, 1992),『조선어빈 도수사전』(1993, 평양)이 발간되었다. 또한 국립국어연구원이 1992년 사전 편찬에 착수하였으며, 이 과정에서 약 5천만 어절 규모의 말뭉치를 구축하여 편찬에 활용하게 된다. 1989년 4월에 연세대학교에 설치된 '한국어사전편찬 실'에서도 약 3천만 어절의 말뭉치를 구축하여, 1993년부터 사전 원고 집필을 시작하게 된다.

이 시기의 가장 큰 특징으로서는, 비영리 기관(국가 기관, 대학 연구소)에 의한 본격적인 사전 편찬이 시작되었다는 점, 각종 학술회의를 통하여 사전의 성격과 구체적 논점에 대한 토론이 시작되었다는 점, 사전 편찬에 실질적으로 쓰일 어휘 조사, 표제어 품사별 연구, 사전 편찬 도구 개발 등이 본격화되기 시작했다는 점, 전산적 사전편찬학의 개념과 방법론이 소개되어 도입되면서

---

26) 이러한 말뭉치의 개념과 말뭉치언어학의 방법론의 국내 도입과 정착에는, 학술지 『사전편찬학 연구』를 통하여 지속적으로 발표된 이상섭(1988, 1990b, 1995a, 1995b) 등의 논문이 크게 영향을 끼쳤다.

국어사전 편찬에 전산 기술을 응용하기 시작했으며, 사전 편찬과 말뭉치의 관계가 논의되면서 대규모 말뭉치의 구축이 본격화된 점, 형태소 분석, 구문 분석, 기계 번역에 쓰이는 컴퓨터 응용프로그램 개발의 필요성과 실현 방안 등에 논의가 본격화되었다는 점 등을 들 수 있다. 남북한 사전의 비교 연구도 꾸준히 지속되고 있었음은 물론이다.

1990년대 후반에 이르러, 『연세 한국어사전』(1998), 『표준국어대사전』(1999)이 잇달아 발간되었으며, 학계에서는 불한사전, 러한사전, 독한사전을 위주로 대역사전 등이 논의되기 시작하였다. 이제 사전 편찬과 관련한 논의는, 사전 편찬의 진행에 따라 실제 편찬작업에서 생기는 구체적인 문제를 중심으로 품사별, 어휘별 각론적 연구의 형태로 심층화되기 시작하였으며, 주요 사전 편찬이 종료됨에 따라 편찬된 사전에 대한 비평적 연구와 편찬중인 사전의 방향성 등이 논의되기 시작하였다.

1990년대 말과 2000년대 초에 걸쳐서, 각종 특수 사전의 개발을 위한 논의가 이루어지기 시작한다. 특히 기계 번역을 위한 전문용어 (전자) 사전의 문제가 1998년 KAIST에 설치된 '전문용어언어공학센터'를 중심으로 이루어지고 있으며, 1999년 이후 연세대 언어정보개발연구원에서는 문장 인용구 사전, 의미빈도 사전, 학습사전, 초등 국어 사전 등 특수 목적의 사전에 대한 연구와 실제 개발이 이루어지기 시작한다.

최근의 주요 논점은, 한국어 교육에 대한 관심이 고조됨에 따라 외국인용 학습사전에 대한 논의가 본격화되기 시작했으며, 특수한 목적을 위하여, 또는 특수 어휘를 다루는 특수 사전의 연구가 병행되고, 이를 위한 특수 말뭉치가 구축되기 시작하였고, 21세기 세종계획(국립국어연구원 주관)을 통하여 본격적인 전자사전이 개발되기 시작한 점 등을 들 수 있다.

4. 응용언어학적 연구와 국어정보학

4.1 응용언어학 연구 분야의 개관

말뭉치 기반 기술의 응용분야로서는 앞서 다룬 사전편찬학을 비롯하여, 사회언어학적 연구로서 방언 연구, 언어 사용역 패턴 연구, 서로 다른 언어 사용역 내에서 나타나는 특징들 간에 복잡한 공기 유형의 연구 등으로 이루어 질 수 있으며, 학습자 말뭉치를 기반으로 한 언어 습득과 언어병리학적 연구, 문체 연구, 언어 교육 등을 들 수 있다.

4.2 응용언어학 연구와 국어정보학의 접목

응용언어학적 연구 분야 가운데 주로 언어교육 분야에서의 국어정보학적 연구 성과가 최근 두드러지게 활성화되기 시작하여, 어휘/문법 교육에 필수적 인 어휘 평정 등의 어휘, 문형의 통계조사를 비롯하여, 학습자 오류 말뭉치를 활용하기 위한 구축방법론, 오류 분석 연구, 학습사전의 개발, 교육 정보화 시스템 구축 문제[27] 등이 논의되고 있다.

한편으로 김흥규·성광수·홍종선(1998)이나 강범모(1999), 강범모·김 흥규·허명회(2000) 등은 말뭉치 활용의 대전제가 되는 각종 텍스트 장르와 유형의 특성을 밝히는 데 기여할 뿐 아니라, 향후 심층적인 사회언어학적 연구의 기반이 될 수 있을 것으로 기대된다.

4.3 응용언어학 연구의 현황과 과제

말뭉치를 활용한 국어 연구의 영역은 이제 한국어 교육이나 국어 교육, 사전편찬학 등의 관련 응용분야에까지 확대되고 있다. 한영균(1999)이나, 고석주·남윤진·서상규(1999), 서상규·남윤진·진기호(1998a, 1998b), 서 상규·최호철·강현화(1999, 2000)에서 보이는 바와 같은 한국어 교육을 위한 기초 어휘 연구, 차현실·전혜영·박창원(1998)에서와 같은 방송 신문 에 나타난 사용 실태 연구 등이 그러한 예라 할 수 있다.

특히 언어 교육 분야에 필수적인 기초/기본 어휘의 선정, 어휘 교육에

---

27) 이에 관해서는 김정숙(2000: 192~210)을 참조 바람.

필요한 의미와 용법의 실제 분포, 연어 및 관용구 등 각종 정보 등은, 교재나 학습 사전의 편찬에 필수적이다.

더 나아가, 최근 활발히 논의되고 있는 이른바 '학습자 오류 말뭉치'(Learner's error corpus, 더러 줄여서 학습자 말뭉치라고도 함)에 대한 연구 역시 앞으로 더욱 활성화될 것이다. 학습자 오류 말뭉치는 학습자들의 학습 과정에서 생성되는 모든 자료를 대상으로 한 말뭉치로서, 이를 이용하여 학습자들의 빈번한 오류를 예측, 진단하고 이에 적절한 교수 내용과 방법을 개발하는 데에 필수적인 것이라고 할 수 있다.

외국어로서의 한국어교육에 대한 관심의 고조에 발맞추어, 국내에서도 최근 최우영(1997), 김유미(2000), 이은경(2000), 황은하(2000) 등의 연구를 통해서, 학습자들의 오류와 담화 양상에 대한 분석이 시도되기 시작하였다. 특히 김유미(2000)에서는, 비록 아직 표준화하기에는 헛점이 적지 않지만, 한국어 학습자 말뭉치의 구축과 오류 주석에 필수적인 오류 표지 집합에 대한 시안을 제시하고 있다.

국어교육과 관련하여서도, 이송월(1989)의 아동일기에 나타난 오류 경향의 조사 연구나, 유향란(1996)의 중학생 작문의 오류 분석 등, 학습 아동들의 오류 분석을 시도하고 있는데, 여기에도 역시 아동들이 생산하는 각종 자료를 모으고 오류에 대한 주석이 필요한 시점이 되었다.

학습자 오류 말뭉치를 효율적으로 이용하기 위해서는, 오류 주석 표지의 집합을 표준화하고, 말뭉치로서 오류 텍스트를 수집하는 방식, 학습자 정보, 주석 방식의 표준화와 아울러, 주석 말뭉치에서의 오류 검색 시스템의 개발 등이 이루어져야 하며, 그리 길지 않은 시일 내에 이러한 일련의 성과가 나올 것으로 기대된다.

학습사전의 개발에 말뭉치를 활용한 대표적인 최근의 성과물로『한국어 학습용 어미 · 조사 사전』(이희자 · 이종희, 2001)을 들 수 있다. 이 사전은 '한국어를 배우고 가르치는 데에 도움을 주기 위하여'(머리말) 편찬된 것으로, 주로 한국어 교재, 기초학습용 말뭉치 등에서 그 용례를 취해 오고 있다.

5. 향후의 전망

앞에서 우리는 1990년대와 2000년대 초의 말뭉치를 이용한 국어 연구의 현황을 개략적으로 살펴보았다. 국어학의 여타 분야에 비해 그 출발이 늦고 그 연구성과 역시 상대적으로 최근에 집중되어 있는 국어정보학 관련 응용 분야에의 이러한 연구 흐름은 단순히 새로운 것에 대한 호기심에 그치는 것이 아니라, 적어도 국어 연구의 주된 방법론의 하나로 정착되어야 할 것이며, 또 그렇게 되는 것이 지난 10여 년 간의 변화 양상과 속도를 생각해 볼 때 불가능한 것으로는 보이지는 않는다.

홍윤표(1999)에서도 지적하고 있는 바와 같이, 이제부터 전개될 국어 문법 연구의 실증적·실용적 경향은 특히 용례 분석을 바탕으로 한 문법 기술, 실용적·실제적 목적을 염두에 둔 문법 기술 등의 특징을 지니게 될 것이다.

뿐만 아니라 국어정보 처리나 언어교육, 각종 응용기술 개발 등의 관련 응용분야로부터의 요구에 답하기 위한 기초적 국어정보의 창출을 통해서 기여하게 될 것이며, 반대로 제 관련 분야로부터의 (오류 말뭉치와 같은) 자료 축적과 제공, 국어정보를 처리하기 위한 연구 도구의 개발 등의 도움으로 국어 연구가 더욱 활성화되는 상호보완적인 관계를 유지하게 될 것이다. 이러한 점에서 볼 때, 이제 국어학 연구자들도 기초이론에 못지않게 응용분야 와 학제적 관련 분야에 대한 관심을 넓히고 그 성과를 이용하는 적극적 자세가 필요할 때가 되었다고 본다.

무엇보다도 연구의 역사가 그리 길지 않은 이 분야에서는 당분간 기초적 작업의 중요성이 더욱 강조될 것으로 생각된다. 특히 말뭉치 주석과 가공에 대한 연구와 실제의 작업이 절실한데, 이를 위해서는 말뭉치를 이용한 언어 분석 도구의 필요성과 욕구가 나날이 고조될 전망이다.

또 하나 지적할 수 있는 것은, 그간 상대적으로 연구가 축적되어 온 사전편 찬학의 발전과 보조를 같이하면서 어휘 문법적 정보의 상세 기술이라든가, 전자사전 개발 등의 형태로 실제 낱낱의 어휘의 의미와 용법, 문법적 특성 등을 기술하기 위한 연구가 활발해질 것이며, 이것은 말뭉치를 이용한 언어

연구에서의 정보 창출의 대표적인 일감이라고 할 수 있다.

　그런데 이러한 저변 확대를 위한 조건으로서 적어도, 연구자와 연구 기관 간의 대규모 말뭉치의 공유, 손쉽고 간편한 언어 분석 처리 도구의 제공, 새로운 연구방법론의 정착 노력 등이 동반되지 않으면 안 될 것이다.

| 참고문헌 |

강범모 역(1997), 『전자텍스트 부호화 개설: TEI라이트』, 고려대 민족문화연구소.

강범모(1999), 「빈도와 언어 기술」, 『언어정보의 탐구』 1, 연세대 언어정보개발연구원.

강범모(1999), 『한국어 텍스트 장르와 언어 특성』, 고려대출판부.

강범모・김홍규・허명회(2000), 『한국어 텍스트 장르, 문체, 유형』, 태학사.

강현화(1998), 『국어의 동사연결 구성에 대한 연구』(말뭉치기반국어연구총서2), 연세대
      언어정보개발연구원/한국문화사.

고려대 민족문화연구원 국어연구소 편(2001), 『21세기 국어 정보화와 국어연구』, 월인.

고석주・남윤진・서상규(1999), 「한국어 교육을 위한 기초 어휘 의미 빈도 사전의 개발」,
      『언어정보의 탐구』 1, 연세대 언어정보개발연구원.

권종성(1994), 『조선어 정보 처리』, 평양: 과학백과사전종합출판사.

김병선(1992), 『국어와 컴퓨터』, 한실.

김유미(2000), 「학습자 말뭉치를 이용한 한국어 학습자 오류 분석 연구」, 연세대 교육대학
      원 석사학위논문.

김정수・김희락・정인상・조남호・이준희(1994), 『옛 한글의 음절 조사 연구』, 한국출
      판연구소.

김정숙(2000), 「한국어 정보화를 활용한 한국어 교육의 방향 및 과제」, 고려대 민족문화연
      구원 국어연구소 편, 『21세기 국어정보화와 국어연구』.

김한샘(1999), 「현대 국어 관용구의 계량언어학적 연구」, 연세대 국어정보학과 석사학위
      논문.

김한샘・서상규(1999), 「말뭉치의 구축과 활용」, 『언어정보의 탐구』 1, 연세대 언어정보
      개발연구원.

김홍규・강범모(1996), 「고려대학교 한국어 말모둠 1: 설계 및 구성」, 『한국어학』 3,
      한국어학회.

김홍규・강범모(1997), 『한글 사용빈도의 분석』, 고려대 민족문화연구소.

김홍규・성광수・홍종선(1998), 「대규모 한국어 데이터베이스의 다원적 통계 분석 연구」,
      『한국어 전산학』 2, 태학사.

남기심 편(1993), 『국어 조사의 용법』, 서광학술자료사.

남기심 편(1994), 『국어 연결어미의 쓰임』, 서광학술자료사.

남기심 편(1996), 『국어문법의 탐구 Ⅲ』, 태학사.

남윤진(1997), 『현대국어의 조사에 대한 계량언어학적 연구』, 서울대 박사학위논문.

남윤진(1999), 「균형 말뭉치 구축을 위한 실험적 연구(1)」, 『언어정보의 탐구』 1, 연세대
      언어정보개발연구원.

문영호(1990), 『계산기언어학개론』, 평양: 사회과학출판사.

문영호 외(1993), 『조선어빈도수사전』, 평양: 과학백과사전종합출판사.

민경모(2000), 「현대국어 연결어미의 사용역 변이와 문법범주 실현에 대한 연구」, 연세대 국어국문학과 석사학위논문.

배희숙 역(2000), 『통계언어학』(샤를르 뮐레 지음), 태학사.

서상규(1989), 「時間副詞의 時間表示機能에 대하여 - '지금'과의 比較를 통한 時間副詞 '이제'에 대한 硏究 - 」, 『朝鮮學報』 133, 朝鮮學會.

서상규(1991), 「現代朝鮮語の程度副詞について - 副詞 '아주' の '程度' と '樣態' の意味を 中心に - 」, 『朝鮮學報』 140, 朝鮮學會

서상규(1992), 『現代韓國語の擬聲疑態語の用言結合分析及び用例デ-タベ-ス』(1991년도 문부성 학내특별연구경비에 의한 공동연구보고서), 東京.

서상규(1993), 「현대 한국어의 시늉말의 문법적 기능에 대한 연구 - 풀이말과의 결합관계를 중심으로 - 」, 『朝鮮學報』 149: 63~192.

서상규(1996), 「움직씨의 시늉말 취하기 - 단어결합의 통계분석 - 」, 『대동문화연구』 30.

서상규(1998a), 「말뭉치 분석에 기반을 둔 낱말 빈도의 조사와 그 응용, 연세 말뭉치를 중심으로」, 『한글』 242.

서상규1998b), 「현대 한국어의 어휘 빈도」(상 · 하) (미간), 연세대 언어정보개발연구원.

서상규(1998c), 「말뭉치 분석에 기반을 둔 낱말 빈도 조사와 그 응용」, 『한글』 242: 225~270.

서상규 편(1999), 『언어 정보의 탐구』 1, 연세대학교 언어정보개발연구원/월인.

서상규(2000a), 「말뭉치를 이용한 국어 문법 연구의 현황과 방향」, 고려대 민족문화연구원 국어연구소 편, 『21세기 국어 정보화와 국어연구』.

서상규(2000b), 「한국어 학습자 말뭉치와 한국어 교육」(제52회 조선학회 학술대회 발표지), 2001.10.7, 日本 天理大學.

서상규 · 남윤진 · 진기호(1998a), 『한국어 교육을 위한 기초 어휘 선정 1 - 기초 어휘 빈도 조사 결과』(한국어 세계화 추진을 위한 기반 구축 사업 1차년도 결과보고서), 문화관광부/한국어세계화추진위원회.

서상규 · 남윤진 · 진기호(1998b), 『한국어 교육을 위한 기초 어휘 선정 2 - 교재 8종의 어휘 사용 실태 조사 - 』(한국어 세계화 추진을 위한 기반 구축 사업 1차년도 결과 보고서), 문화관광부/한국어세계화추진위원회.

서상규 · 최호철 · 강현화(1999), 『한국어 교육 기초 어휘 의미 빈도 사전의 개발』(1999년도 한국어 세계화 추진을 위한 기반 구축 사업 결과 보고서), 문화관광부/한국어세계화추진위원회.

서상규 · 최호철 · 강현화(2000), 『한국어 교육 기초 어휘 의미 빈도 사전의 개발』(2000년도 한국어 세계화 추진을 위한 기반 구축 사업 결과 보고서), 문화관광부/한국어세계화추진위원회.

서상규 · 한영균(1999), 『국어정보학 입문』, 태학사.

유석훈 역(1999), 『언어와 컴퓨터』, 고려대출판부.

유석훈(2001), 「외국어로서의 한국어 학습자 말뭉치 구축의 필요성과 자료 분석」, 『한국어 교육』 제12권 1호: 165~180.

유향란(1996), 「중학생 문장에 나타난 오류 실태 분석 - 중학교 2학년생의 글을 중심으로」, 연세대 교육대학원 석사학위논문.

유현경(1998), 『국어 형용사 연구』(말뭉치기반국어연구총서3), 연세대 언어정보개발연구원/한국문화사.

이상섭(1988), 「뭉치 언어학적으로 본 사전 편찬의 실제 문제」, 『사전편찬학 연구』 2, 연세대 한국어사전편찬실.

이상섭(1990a), 「낱말 빈도를 추정하기 위한 말뭉치 자료 수집의 실제」, 『사전편찬학연구』 3, 연세대 한국어사전편찬실.

이상섭(1990b), 「뭉치언어학: 사전 편찬의 필수적 개념」, 『사전편찬학 연구』 3, 연세대 한국어사전편찬실.

이상섭(1995a), 「말뭉치: 그 개념과 구현」, 『사전편찬학 연구』 5·6합, 연세대 한국어사전편찬실.

이상섭(1995b), 「뭉치 언어학의 기본 전제」, 『사전편찬학 연구』 5·6합, 연세대 한국어사전편찬실.

이상억(2001), 『계량국어학 연구』, 서울대출판부.

이송월(1989), 「아동의 일기에 나타난 오류 경향의 조사연구」, 『국어교육논지』 15, 대구교육대학 국어교육연구소.

이은경(2000), 「한국어 학습자의 조사 사용에 나타난 오류 분석 - 한국어 중급학습자의 작문을 중심으로 - 」, 연세대 국어국문학과 석사학위논문.

이희자(1995), 「'접속어' 연구」 Ⅰ·Ⅱ, 『사전편찬학 연구』 5·6합, 연세대 한국어사전편찬실.

이희자(1997), 「'준말'과 '줄어든 꼴'과 '줄인 꼴'」, 『사전편찬학 연구』 7, 연세대 한국어사전편찬실.

이희자·이종희(1998), 『사전식 텍스트 분석적 국어 조사의 연구』(말뭉치기반국어연구총서1), 연세대 언어정보개발연구원/한국문화사.

이희자·이종희(1999), 『사전식 텍스트 분석적 국어 어미의 연구』(말뭉치기반국어연구총서5), 연세대 언어정보개발연구원/한국문화사.

이희자·이종희(2001), 『한국어 학습용 어미·조사 사전』, 한국문화사.

임칠성·水野俊平·北山一雄(1997), 『한국어 계량연구』, 전남대출판부.

임홍빈(1998), 「한국어 정보처리를 위한 어절 분석 표지의 표준화 연구」, 『21세기 세종계획 국어 기초자료 구축』(최종보고서), 문화관광부.

장석배(1999), 「말뭉치 규모와 어절 유형 증가간의 상관성에 대한 연구」, 『언어정보의 탐구』 1, 연세대 언어정보개발연구원.

정경일 외 12인 공저(2000), 『한국어의 탐구와 이해』, 11장 '이제 컴퓨터에도 말을 가르치자', 박이정.

정광(1996), 『국어 어휘 데이터베이스 구축에 대한 연구』, 국립국어연구원.

정광·이기용·김흥규·임해창·강범모(1995), 『한국어 데이터베이스의 설계 및 응용을 위한 기초 연구』, 민음사.

정영미(1995), 「국어 어휘의 통계적 특성과 이의 응용」, 『사전편찬학 연구』 5·6합, 연세대 한국어사전편찬실.

정찬섭·이상섭·남기심·한종철·최영주(1990), 「우리말 낱말 빈도 조사 표본의 선정 기준」, 『사전편찬학연구』 3, 연세대 한국어사전편찬실.

정희정(2000), 『국어 명사의 연구』(말뭉치기반국어연구총서6), 연세대 언어정보개발연구원/한국문화사.

차현실·전혜영·박창원(1998), 『현대국어의 사용실태 연구 - 방송과 신문에 사용된 언어를 중심으로 - 』, 태학사.

최기선·박동인(1997), 「국어정보베이스의 현재와 미래」, 『정보과학회지』 15권 10호.

최우영(1997), 「외국어로서의 한국어 학습자의 오류에 대한 연구 - 작문에 나타난 오류를 중심으로 - 」, 이화여대 석사학위논문.

한송화(2000), 『국어 자동사 연구』(말뭉치기반국어연구총서6), 연세대 언어정보개발연구원/한국문화사.

한영균(1993), 『컴퓨터를 이용한 국어 자료 분석에 대한 기초적 연구』, 국립국어연구원.

한영균(1998), 「문어 코퍼스의 형태 정보 주석에서 선결되어야 할 몇 문제」, 『한국어전산학』 2, 태학사.

한영균(1999), 「한국어 문어 텍스트의 형태, 통사적 주석상의 기본 문제」, 『언어정보의 탐구』 1, 연세대 언어정보개발연구원.

한영균(1999), 『전자말뭉치를 이용한 사전 편찬론』, 문화관광부 보고서.

한영균, 남윤진, 류빈, 김현정(1993), 『균형코퍼스의 구축을 위한 표준 방법론 및 시범 패키지 구축, 연구보고서』, 한국과학기술원.

한영균·유동석(1993), 『컴퓨터에 의한 국어 자료 처리를 위한 기초적 연구』, 국립국어연구원.

홍윤표(1990), 「컴퓨터를 이용한 국어자료 처리 방법」, 국어학회 특강.

홍윤표(1999), 「국어학 연구의 앞날」, 『한국어학』 9, 한국어학회.

황은하(2000), 「한국어 학습자의 반복 현상 연구 - 모어화자와 학습자의 담화에서 - 」, 연세대 국어국문학과 석사학위논문.

『계량언어학』 1(2000, 이상억 편, 도서출판 박이정).

『사전편찬학 연구』 1(1988)~9(1999) (연세대학교 언어정보개발연구원).

『언어정보의 탐구』 1(1999, 서상규 편, 연세대학교 언어정보개발연구원).

『언어정보』1~3(1997~1999, 고려대학교 언어정보연구소).
『한국어 전산학』1~2(1991, 1998, 한국어 전산학회).

21세기
국어학의 방향

시정곤

1. 서 론

　21세기의 문턱을 넘은 지 벌써 두 해가 지나갔다. 21세기의 눈으로 되돌아본 20세기 우리의 모습은 아직도 살아 숨쉬는 듯 생생하기 그지없다. 근대화로 시작하여 세계화로 막을 내린 20세기의 역사는 그야말로 격동의 순간들이었다. 근대 정신이 움트면서 자주독립의 기운이 성했지만, 이내 일제 침탈로 말미암아 나락에 빠진 민족의 운명, 그리고 광복은 찾아왔지만 또다시 불어닥친 분단의 아픔, 그리고 산업화와 세계화라는 세계적인 흐름 속에서 살아남기 위해 몸부림쳐야만 했던 순간 순간들이 떠오른다.

　이러한 격변의 역사에는 국어학의 역사가 고스란히 담겨 있다.[1] 근대화 운동과 더불어 싹트기 시작한 우리말과 우리글에 대한 관심은 바야흐로 본격적인 국어연구의 시작을 알리는 서막이었다. 한글이 비로소 국문으로 자리매김하면서 우리말과 우리글에 대한 본격적인 연구가 시작되었다. 주시경을 비롯한 개화기 선학들의 위대한 업적은 굳이 이 자리에서 언급하지 않아도 모두 알고 있는 터다. 그러나 이러한 움직임은 일제 식민지배가 시작되면서 철저히 붕괴되고 만다. 국어연구의 맥은 제대로 이어지지 못했고,

---

[1] 본고에서는 지난 세기 국어학이 걸어온 길에 대해서는 자세히 언급하지 않기로 한다. 이에 대해서는 이 책의 앞부분에서 본격적으로 다룰 것이고, 또 이미 여러 논의에서 이에 대한 반성이 구체적으로 언급된 바 있기 때문이다(권재일 1997, 이기문 1999, 심재기 2000 참조).

468

우리말과 우리글을 말살하려는 책략이 시도되었다. 이러한 탄압 속에서도 당시 선학들은 목숨을 바쳐 가면서 우리말과 우리글을 지키려고 노력했고, 국어 연구에 더욱 박차를 가했으니 이는 실로 독립운동 그 자체였다.

이러한 선학들의 노고에 힘입어 광복과 더불어 우리말과 우리글을 다시 찾았고, 국어 연구는 새로운 국면으로 접어든다. 일제 식민지시대의 잔재들을 청산하려는 노력과 함께 독립된 조국에 걸맞는 국어를 바로 세우기 위한 노력이 시작된다. 그러나 분단의 역사는 국어를 다시 남과 북으로 갈라놓는 비극을 가져왔다. 분단 이후 이질화를 보이고 있는 국어의 모습을 보면 마치 이산가족을 보는 것처럼 안타까움이 앞선다. 이 밖에도 분단은 또 다른 아픔을 가져다주었다. 남쪽은 미국의 영향 아래 놓이게 되었고, 북쪽은 소련의 영향 아래 놓이게 된 것이다. 광복 이후 현대 역사에서 이 요소가 차지하는 비중은 실로 대단하다. 국어학도 이러한 영향을 제일 많이 받은 학문분야 가운데 하나다. 20세기 후반 서구이론 중심의 언어학이 국어학의 연구방향에 (긍정적이든 부정적이든) 지대한 영향을 미쳤다는 것은 부인할 수 없는 사실이다.

산업화시대에 우리의 역할은 보세가공이었다. 기술을 빌리고 원자재를 사다가 값싼 노동력을 동원해 물건을 만들어 파는 것이 우리가 할 수 있는 유일한 일이었다. 그렇다면 학문 경향은 어떠했을까? 학문도 이와 크게 다르지 않았다. 물론 우리만의 독자적인 연구가 없었던 것은 아니지만, 홍윤표(1999)에서 지적한 것처럼 큰 흐름을 보면 외국의 선진 언어이론을 빌어다가 우리말에 적용해 보는 보세가공의 시대였다고 할 수 있다. 이후 20세기 말엽 이러한 보세가공의 시대를 벗어나야 한다는 비판적 움직임이 국어학 내부에 일어났고, 이를 극복하기 위한 노력들이 구체적으로 시도되고 있는 가운데 우리는 세계화라는 또 다른 복병을 만나게 되었다.

이제 우리 앞에는 새로운 한 세기가 기다리고 있다. 우리는 어떤 모습으로 한 세기를 맞이할 것인가? 20세기 말 등장한 세계화라는 화두는 21세기를 여는 오늘날에도 여전히 우리의 화두로 남아 있다. 세계화의 속성을 한

마디로 표현한다면 정보화라고 할 수 있다. 컴퓨터의 등장으로 과거의 산업사회는 이제 새로운 정보화사회로 탈바꿈하고 있다. 그리고 앞으로 그 변화의 속도는 지금까지보다 더 빠르게 진행될 것이다. 세계화로 인해 모든 정보들은 디지털화되고, 이제 국가 간의 장벽은 없어지며, 바야흐로 세계는 하나의 지구촌이 된다고 한다. 이러한 분위기 속에서 자연스럽게 등장한 것이 바로 영어공용화론이다. 지구촌의 공식언어로 영어를 채택하자는 제안이다.

오늘날 국어학의 입장에서 세계화는 우리에게 다음과 같은 세 가지 화두를 던져준다고 생각한다. 민족어, 디지털언어, 세계어가 바로 그것이다. 민족어, 디지털언어, 세계어의 화두 속에 21세기의 국어는 어떠한 모습이 될 것인가? 세계화가 진행되면 진행될수록 민족어로서의 국어는 그 운명에 커다란 위기를 맞을 수도 있지만, 반대로 그 존재 가치가 더욱 높아질 것이 분명하다. 또한 정보화가 진행되면 될수록 디지털언어로서의 국어의 위력도 더욱 높아질 것이다. 세계어로서 영어의 위상이 높아지면 높아질수록 국어를 세계어로 만들기 위한 노력 또한 더욱 박차를 가할 것이기 때문이다.

그렇다면 과연 21세기 국어학의 모습은 어떠할 것이며, 또 어떠해야 하겠는가? 그리고 우리는 이 세 가지 화두를 어떻게 슬기롭고 조화롭게 발전시켜 나갈 것인가? 바로 이러한 문제에 대해 고민해 보는 것이 이 글의 주제다.

본고의 논의는 다음과 같은 순서로 진행한다. 2장에서는 21세기가 요청하는 시대적 요구를 몇 가지 방향으로 나누어 살펴본다. 시대적 요구에 부응하는 국어학의 방향을 모색해 보기 위해서다. 3장에서는 언어 연구의 새로운 방향에 대해 논의한다. 언어 연구의 목표, 이론, 방법 등에 나타난 새로운 변화를 고찰하고 앞으로 한 세기 동안 언어 연구의 흐름을 예단해 본다. 4장에서는 이러한 시대적 요구와 언어 연구의 새 흐름을 토대로 21세기 국어학의 연구방향에 대해 진단해 본다. 21세기 국어학은 어떠한 목표로 어떠한 분야에서 어떻게 연구가 이루어질지, 또 이루어져야 하는지를 고찰해 본다. 마지막 장에서는 논의의 내용을 요약하고 정리하면서 결론을 맺고자 한다.

2. 21세기의 시대적 요구

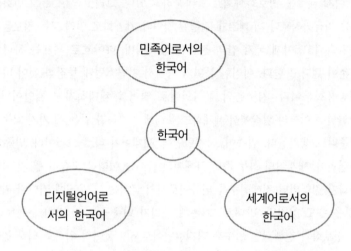

21세기를 맞이하여 국어 연구는 어떠한 방향으로 진행될 것인가 하는 문제를 고민하기에 앞서 더욱 중요하고도 시급한 문제는 지금 이 순간 국어는 과연 어떤 시대적 위상을 가지고 있는지를 보다 냉철히 파악하는 것이다. 그래야만 이러한 시대적 상황 속에서 우리는 어떠한 자세를 갖고 어떻게 국어 연구를 진행해야 할 것인지가 보다 객관적으로 드러날 수 있다고 생각하기 때문이다. 본고에서는 오늘날 한국어의 시대적 위상을 민족어로서의 한국어, 디지털언어로서의 한국어, 그리고 세계어로서의 한국어로 나누어 그 배경과 특징들을 살펴보고자 한다.

2.1 민족어로서의 한국어

앞으로 1천년 후에도 과연 우리말이 살아남을 수 있을까? 이러한 터무니없는 질문은 대답할 가치조차 없는 것이 아니겠는가. 반만년 역사 속에서 무수한 고난을 다 이겨내고 오늘날까지 계승·발전되어 온 우리말인데, 어찌 천년 후에 사라질 수 있겠는가 하고 반문하는 사람들이 대부분일 것이다.

그렇지만 오늘의 현실을 들여다보면 이러한 질문을 단지 한 귀로 듣고 한 귀로 흘려버릴 것만은 아닌 듯싶다. 이미 언론에서도 여러 번 보도된 바 있지만, 유네스코 연감에 따르면 해마다 세계에서 20~30개의 민족어들이 역사의 뒤안길로 사라진다고 한다. 현재 지구상에는 약 5천 개가 넘는 민족어들이 존재한다고 하니, 유네스코의 통계대로라면 십년 후면 약 3백 개의 언어가 사라지고, 백년 후에는 대략 3천 개의 언어가 사라질 것이라고 예측할 수 있다. 이것은 실로 어마어마한 사건이 아닐 수 없다. 미국의 세계미래학회에서는 천년 후가 아니라 바로 21세기에 세계 언어의 90%가 소멸될 것이라고 전망한 적이 있다.

그렇다면 향후 1천년 후에 국어는 어떻게 될 것인가 하는 문제가 이제 더 이상 터무니없는 말이 아니라 우리에게 절박한 현실의 문제가 아닐까. 물론 민족어라고 하더라도 이 가운데는 극히 소수의 사람들만 사용하는 부락단위의 언어도 존재할 것이고, 우리말과 같이 약 8천만 명에 이르는 거대집단이 사용하는 언어도 있을 것이므로, 이들 언어를 모두 동일한 잣대로 파악할 수는 없을 것이다. 실제로 해마다 사라지는 민족어들을 보면 대부분 아프리카나 시베리아의 소수 원주민들이 사용하고 있는 부락어들이다.

예를 들어 아프리카 나이지리아의 경우를 보면, 전체 인구는 약 9천만 명으로 한국어를 사용하는 인구보다 약간 많은데, 이들이 사용하는 언어는 모두 4백여 종에 이른다고 한다. 즉, 한 나라에 수백 개의 민족어들이 자리잡고 있으며, 이들 가운데 소수 언어들은 점차 사라지는 운명에 처해 있다는 것이다. 이러한 사정을 고려할 때, 나이지리아의 경우와 한국의 경우를 단순 비교한다는 것은 어불성설이 아닐 수 없다. 전체 총 인구는 비슷한 반면, 사용하는 언어는 400 : 1이기 때문이다. 따라서 나이지리아에서 소수 민족어들이 사라진다고 해서 그 위기가 곧바로 우리에게 닥칠 것이라고는 예단할 수 없는 것이다.

그러나 여기서 우리가 놓쳐서는 안 될 중요한 부분이 있다. 그것은 나이지리아에서 민족어들이 사라지고 그 자리를 대체하는 깃이 바로 다름 아닌 이방언어인 영어라는 사실이다. 그리고 나이지리아의 행정과 교육, 과학기술 등 사회 전반에 걸쳐 영어가 차지하는 비중은 실로 막대하다는 점이다. 이 대목에서 얼마 전 사회적 논쟁을 불러일으킨 영어공용화론이 새삼 떠오르는 이유는 무엇일까. 그리고 정보화라는 말이 21세기의 화두로 떠오른 이유에 대해서도 다시금 곱씹어 봐야 하지 않을까.

정보의 고속도로로 전 지구를 하나의 마을처럼 연결하고 있는 지구촌 정보화사회는 21세기에 소수 민족어의 소멸을 더욱 앞당길 것이 분명하다. 그러나 그 원인을 인터넷 사용 인구의 증가와 인터넷 상에서 영어가 주로 쓰이기 때문이라고 생각한다면 그것은 근시안적인 견해가 아닐 수 없다. 자, 시각을 조금 다른 곳으로 돌려보자. 기차와 자동차가 처음 등장했을 때 사람들은 그 굉음에 놀라 자빠졌고, 텔레비전이 나왔을 때는 숨겨진 사람을 찾기 위해 텔레비전 뒤를 열심히 수색(?)하던 할머니 할아버지들이 있었다. 이러한 문명의 이기들을 단순히 열흘 걸려 서울을 가던 길을 서너 시간으로 단축시키는 기계로, 그리고 무료한 시간을 달래줄 수 있는 재미있는 가족오락기로만 이해한다면 그것은 하나만 보고 그 이상은 보지 못하는 것이다.

그렇다면 이러한 문명의 이기가 가져온 변화는 무엇인가? 그것은 어찌 보면 삶 자체의 변화라고 할 수 있다. 기차와 자동차가 등장하면서 새로 뚫린 철도와 고속도로는 이 도시와 저 도시를, 농촌과 어촌을, 그리고 농촌과 도시를 연결하면서 무수히 많은 사람과 자원과 정보들을 실어 날랐으며, 텔레비전은 전국 방방곡곡에 생생한 삶의 현장들을 직접 보여주고, 살아 있는 정보들을 생생한 표준어로 전달함으로써 온 나라가 동시에 동일한 정보를 공유할 수 있도록 만들었다. 이것은 사회·문화적인 측면에서 전국이 바야흐로 일일생활권에 접어들었음을 의미하는 것임과 동시에, 무엇보다도 언어적으로는 전국에 단일 언어권이 형성되었음을 의미한다.

이것은 역설적이게도 철도와 고속도로, 그리고 텔레비전이 등장함과 동시에 각 지방의 고유한 방언들은 점차 소멸의 길로 접어들었음을 말해 준다.

제주도에 가본 사람이라면 버스 안의 학생들이 자연스럽게 표준어를 구사하는 것을 쉽게 발견할 수 있다. 물론 그들이 집에 돌아가 부모와 대화할 때는 또 자연스럽게 제주도 방언을 사용할 것이다. 이처럼 각 방언들은 공식어로서의 그 사회적 기능이 서서히 쇠퇴하면서 가정이나 친구 간의 사적인 대화에서만 사용되는 비공식어로 전락하고 그 자리를 표준어가 차지하고 있다.

바로 이러한 모습은 장차 지구촌 세상에서 한국어가 맞게 될 민족어로서의 운명일 수도 있다는 점에서 경각심을 갖지 않으면 안 된다. 세계는 인터넷이라는 정보연결체로 낱낱이 이어지고, 디지털화된 정보는 빛의 속도만큼이나 빠른 속도로 정보의 고속도로를 통해 실시간에 전 세계로 보내진다. 정보는 이제 국경을 초월하여 세계 속의 개개인들에게 전달되고 또 전송되고 있다. 과거 자동차와 기차, 그리고 텔레비전이 지역 간의 경계를 없애고 전국을 일일생활권으로 묶어 각 지방의 방언들을 없애 버렸다면, 이제는 인터넷이라는 새로운 문명의 이기가 그 자리를 대신 담당하고 있는 것은 아닐까. 다만 차이가 있다면 그 규모가 한 나라에서 세계 전체로 확대되었다는 것뿐이다. 나라마다의 국경이 사라져 버린다면, 그리고 전 세계가 하나의 마을로 엮어지게 된다면, 방언이 그랬듯이 소수의 민족어들도 점차 설 자리를 잃게 될 것은 불을 보듯 뻔한 일일 것이다.

어쩌면 이것이 21세기를 시작하는 지금 우리들 스스로 심사숙고해야 할 우리말의 자화상인지도 모른다. 이러한 자화상을 올바로 인식해야만 비로소 우리가 우리말을 지켜내고 또 발전시킬 수 있는 방안이 모색될 것이다. 앞서 언급했던 것처럼 20세기 초반 이 땅의 국어 연구는 독립운동의 일환이었다. 우리말을 지키고 되살리기 위해 목숨을 바친 선학들의 모습이 눈에 선하다. 한 세기가 지난 지금, 우리는 우리말을 지키기 위한 제2의 독립운동을 벌여야 할 때가 아닌가 한다. 21세기 국어 연구의 커다란 축도 이러한 인식에서 출발해야 한다.

2.2 디지털 언어로서의 한국어

역설적으로 보이지만, 정보화라는 화두는 양면성을 가지고 있다. 즉, 앞서 언급한 것처럼 민족어의 사장이라는 위기를 가져다줄 수 있는 한편, 우리말과 우리글의 정보화라는 새로운 측면도 제공하기 때문이다. 따라서 정보화시대 를 맞이하여 국어의 장점을 더욱 발전시켜 국어를 모름지기 세계어의 반열에 올려놓을 수 있는 절호의 기회를 맞이할 수도 있다.

그렇다면 정보화가 국어에 어떻게 긍정적으로 영향을 미칠 수 있을까? 이에 대한 답은 언어정보의 디지털화와 다국어화라는 두 가지 개념에서 찾을 수 있겠다. 정보의 디지털화란 무엇인가. 그것은 자료를 컴퓨터가 이해 할 수 있도록 한 번 더 가공하는 것을 의미하는데, 여기에는 비트(bit)라는 개념을 이해하는 것이 중요하다. 비트는 'binary digit'의 약자로, 2진수 가운데 한 자리를 말하는데, 디지털시대에는 모든 자료와 정보가 0 또는 1의 두 자리 단위로 바뀌게 된다는 것이다. 앞으로는 자국의 정보를 얼마나 적절하고 효과적으로 디지털화할 수 있느냐 하는 것이 그 나라의 국가 경쟁력을 좌우할 것이다. 정보의 대부분이 언어로 이루어져 있다는 점을 고려해 보면 정보화의 중추는 국어정보화이며, 여기서 디지털 언어로서의 한국어의 중요성이 새삼 두드러지지 않을 수 없다.

그렇다면 다국어화란 무엇인가. 하나의 지구촌으로 연결된 세계는 각각 자신의 목소리로 대화를 주고받기 원한다. 한국 사람은 한국어로, 미국 사람 은 미국어로 말이다. 이때 사용되는 언어를 보통 코드라는 말로 부르는데, 한국어, 일본어, 영어 등과 같은 언어체계가 바로 대표적인 코드의 예다. 각국은 서로 다른 코드를 가지고 있고, 이를 통해 대화를 하기 원한다. 다국어 화란 바로 이러한 상황을 말하는 것이다. 정보화사회는 다국어화 되어 가고 정보기술은 급속히 발달하고, 데이터베이스는 범세계적으로 네트워크화 되어 여러 언어의 병렬적 사용을 필연적으로 요구하는 세상이 되었다. 앞으로 는 한 나라 안에서의 정보교류 차원뿐 아니라, 국가 간의 다양한 정보교류의 시대가 활짝 열릴 것이다.

그렇다면 다국어화시대를 대비해 우리는 무엇을 해야 하는가. 우선은 자국의 정보를 표준화하고 체계화하는 일이 무엇보다도 시급하다. 내부적인 정보를 합리적인 기준으로 통일하고 체계적으로 정리하는 작업이 무엇보다도 중요하다. 다음으로는 이러한 자국의 정보를 다른 나라의 언어 정보와 효율적으로 교환할 수 있는 시스템을 구축하는 것이 매우 중요하다. 예를 들어 다국어 자동번역 시스템이나 다국어 검색시스템 같은 것을 생각해 볼 수 있겠다.

이러한 중요성을 인식한 세계 주요 선진국들은 이미 오래 전부터 정보화 사업에 총력을 기울이고 있었으며, 정보화 과제에 관심과 투자를 아끼지 않고 있다. 자국 정보의 수집, 분석, 배포의 효율성을 높이는 한편, 인간 - 컴퓨터 상호간의 편리하고 원활한 의사소통체계를 개발하기 위해 안간힘을 쓰고 있다. 과거 물리적인 힘으로 세계를 지배하던 시대는 지나고, 이제는 보이지 않는 정보와 지식이 세계를 지배하는 시대가 온 것이다. 마이크로소프트가 이미 세계 정보의 바다를 지배하고 있는 것은 그 단적인 예가 아니겠는가. 따라서 미국이나 일본 등 언어 정보 산업 선진국에 의한 새로운 문화적 제국주의의 희생양이 되지 않기 위해서도 국어정보화산업은 시급하고도 필수적인 작업이다.

최근 이에 대한 중요성을 인식하고 우리나라에서도 정부를 비롯한 사회 각계각층에서 이에 대해 각별한 관심을 기울이고 있다. 뒤에서 다시 설명하겠지만 '21세기 세종계획' 등이 국어정보화사업의 대표적인 예라고 할 수 있다. 언어공학의 기초자료로서의 국어, 이것이 바야흐로 국어가 정보화 시대에 디지털 언어로서 새롭게 탈바꿈할 모습이 아닐까 한다.

2.3 세계어로서의 한국어

21세기 시대적 요구 가운데 마지막은 세계어로서의 한국어의 위상이다. 향후 1백년 동안 한국어를 구사하는 사람들은 더욱 늘어날 가능성도 있기 때문이다. 앞서 세계화의 흐름이 소수 민족어의 소멸을 초래할 것이라고 우려한 바 있으나, 이러한 주장을 역으로 생각해 본다면 지금이 바로 한국어를 세계어로 발전시킬 수 있는 좋은 기회라는 논리도 성립된다. 우리는 당연히 소멸하는 쪽보다는 세계어로 발전하는 쪽을 택해야 할 것이다. 현재 해외의 교포를 포함하여 약 8천만 명 정도가 모국어로서 한국어를 사용하고 있다. 남북한을 합쳐 약 7천만 명 정도의 인구가 있고, 해외교포 수는 142개 국에 70만 명 정도에 이르는데, 미국과 일본, 그리고 러시아와 중앙아시아 등을 위시하여 유럽과 남아메리카에 이르기까지 널리 퍼져 있다. 이들을 모두 합한다면 한국어 사용인구는 세계적으로 12~13위 정도에 해당될 것이다.

그러나 한국인만 한국어를 배우는 것은 아니다. 한국어를 배우려는 외국 사람들이 해마다 늘어만 가고 있다. 이제 서울의 거리에서 외국인을 만나는 것은 더 이상 낯선 일이 아니며, 대학 캠퍼스에서도 한국어를 배우러 온 외국 학생들을 심심찮게 만나볼 수 있다. 방학이면 영어를 배우러 외국에 나가는 학생들로 공항이 발 디딜 틈이 없을 정도지만, 그에 못지않게 한국어를 배우러 한국을 찾는 외국인들도 매우 많다. 외국에서도 한국어 학습 열풍은 대단하다. 과거 교포를 중심으로 한 한인학교에서 벗어나 정규과정에서 한국어를 가르치는 나라가 늘어가고 있다. 이러한 관점에서 보면 이제 한국어 는 더 이상 우리만의 언어가 아니다.

이러한 경향은 경제와 문화를 비롯한 우리의 국력이 강해지면 강해질수록 계속 확산될 전망이다. 인구수로 한국어는 세계 12~13위 정도에 해당하고, 한국의 무역 규모가 세계 10위 정도를 차지한다고 하니 경제력과 언어사용인 구 수가 어느 정도 비례한다는 사실을 알 수 있다. 따라서 우리의 국력이 커지면 커질수록 한국어를 배우려는 사람들은 더욱 늘어날 것이고, 또 한국어 가 소수 민족어가 아닌 세계어로서 당당히 모습을 드러낼 날이 머지 않았다고 본다.

그 한 예로 세계어로서 한국어의 위상을 직접 느껴 볼 수 있었던 일이 지난 1997년 미국에서 일어났다. 그것은 바로 한국어가 미국 대학 수학 능력 시험인 학력적성검사(SATⅡ: Scholastic Assessment Test)의 외국어 시험에 아홉 번째로 채택된 것이었다. 제1회 시험에는 전국 1,000여 개 고사장에서 약 2,500여 명이 시험에 응시하였다고 하니 그 열기가 어느 정도인가를 알 수 있다. 또한 일본에서도 한국어 능력 검정시험이 치러지고 있는데, 한 번에 일본 전국에서 약 2,000명이 응시한다고 하니 그 열기는 자못 대단하지 않은가. 이렇게 해외에서 한국어의 위상이 높아지는 것은 그만큼 우리의 국력이 신장되었기 때문이다.

따라서 이러한 흐름에 맞추어 세계어로서 한국어의 위상을 재고하고, 앞으로 세계 속의 언어로서 한국어를 발전시킬 수 있는 여러 방안이 체계적으로 강구되어야 할 것이다. 그리고 이에 앞서 무엇보다도 통일시대의 민족어로서의 위상을 먼저 획득하는 것이 중요하다. 21세기에 우리말과 우리글에 대한 연구도 이러한 바탕 위에서 좀더 커다란 목표를 가지고 새롭게 전개되어야 할 것이다.

3. 언어 연구의 새로운 방향

2장에서는 국어의 시대적 위상에 대해 살펴보았다. 여기에서는 21세기에 언어 연구의 전개 방향에 대해 모색해 보고자 한다. 이를 위해 본고는 지난 한 세기 동안의 언어 연구의 변천 과정을 주시할 것이다. 역사는 우리의 지난 과거임과 동시에 미래의 나침반이기도 하기 때문이다.

3.1 언어 연구의 변화 양상

20세기는 언어학이 독립된 학문분야로 본격적인 괘도에 올랐던 한 세기였다고 해도 과언이 아니다. 19세기 말엽 소쉬르는 언어학의 독립을 외쳤고, 역사비교 언어학과 구조주의 언어학의 전통이 본격적으로 시작되었으며, 20세기 중반에는 생성문법이 태어나면서 언어학의 새로운 장을 열었다. 그만큼 한 세기 동안 언어 연구의 변천도 가파르게 진행되었다고 본다.

478

언어를 바라보는 시각이 어떻게 달라졌는지를 알 수 있는 방법에는 여러 가지가 있겠지만 여기서는 20세기 초반, 중반, 후반, 말엽을 대표하는 언어학 개론서를 서로 비교해 보는 방법을 취하고자 한다. 당시의 저서에는 언어에 대한 그 시대의 안목이 고스란히 담겨 있다고 보기 때문이다. 먼저 20세기 초반 융성했던 구조주의 언어학의 단편을 블룸필드(Bloomfield)의 저서『언어』(*Language* 1933)에서 발견할 수 있다. 블룸필드는 당시 시카고 대학의 게르만어 문헌학을 전공한 교수였다는 점에서, 당시 문헌학이 언어학에서 매우 중요한 위치를 차지하고 있었다는 점도 엿볼 수 있다.

1933년 당시 블룸필드의 저서에서 드러난 특징을 요약한다면 음운론과 형태론을 중심으로 한 구조주의 접근과 언어변화와 차용어에 대한 관심이라고 할 수 있다. 전체 28개 장으로 구성된 이 책에서 음운론과 형태론 분야가 각각 4개 장씩 배당되어 있고, 상대적으로 통사론은 1개 장에 불과해 당시의 언어 연구에서 통사론의 비중을 엿볼 수 있다. 또한 언어변화는 5개 장, 방언과 차용어도 5개 장을 차지하고 있어 역사언어학과 비교언어학 및 사회언어학 분야의 비중이 상대적으로 높았음을 알 수 있다.2)

이번에는 20세기 중반에 나온 호켓(Hockett)의『현대언어학강의』(*A course in Modern Linguistics*)를 살펴보자. 호켓도 당시 코넬 대학의 언어학 및 인류학 전공 교수였으므로 당시에도 비교인류언어학이나 사회언어학이 매우 중시되었음을 간접적으로 알 수 있다. 1958년에 발간된 저서의 내용에서는 블룸필드와 마찬가지로 음운론과 형태론이 강조되었고, 특히 관용어나 공시방언학

---

2) 블룸필드(1933)의 목차는 다음과 같다. 1. The Study of Language, 2. The Use of Language, 3. Speech-Communities, 4. The Language of the World, 5. The Phoneme, 6. Types of Phonemes, 7. Modifications, 8. Phonetic Structure, 9. Meaning, 10. Grammatical Forms, 11. Sentence-Types, 12. Syntax, 13. Morphology, 14. Morphologic Types, 15. Substitution, 16. Form-Classes and Lexicon, 17. Written Records, 18. The Comparative Method, 19. Dialect Geography, 20. Phonetic Change, 21. Types of Phonetic Change, 22. Fluctuation in the Frequency of Forms, 23. Analogic Change, 24. Semantic Change, 25. Cultural Borrowing, 26. Intimate Borrowing, 27. Dialect Borrowing, 28. Applications and Outlook.

이 두드러졌으며, 언어발생학이나 언어계통론에 대한 논의가 비중 있게 다루어지고 있다는 점이 특징이라고 할 수 있다.[3]

이제 1970년대의 저서로 시선을 돌려보자. 우리가 고려할 저서는 프롬킨과 로드맨(Fromkin & Rodman)이 1974년에 저술한 『언어학개론』(An Introduction to Language)인데, 이 책은 생성 문법이 등장한 이후에 간행된 대표적인 개론서라는 점에서 의미가 있다. 이 책의 내용은 크게 4부분(인간언어의 본질, 언어의 문법적 측면, 언어의 사회적 측면, 언어의 생물학적 측면), 총 12개 장으로 이루어져 있다. 특징적인 것은 언어의 문법적 측면이 가장 중시되었는데, 그 가운데서도 음운론, 형태론, 통사론이 대등하게 편성되었다는 점과 의미론이 새롭게 등장했다는 점을 들 수 있다.

반면 과거에 비중 있게 다루던 역사언어학과 사회언어학은 각각 1개 장씩으로 국한하여 그 비중이 상대적으로 감소했음을 보여주고 있다. 이 밖에도 주목할 만한 것은 언어의 생물학적 측면이 강조된 점이다. 언어습득, 동물의 언어, 언어와 뇌와 같은 장들이 새롭게 등장했는데, 이러한 새로운 분야의 연구는 생성문법의 영향으로 이루어진 것이며, 이러한 연구흐름은 그 후로도 지속적으로 진행된다.[4] 이 책은 언어학계에 생성문법이 한창 열풍을 일으킬 즈음에 발간되었으므로 그 이전과 다른 언어 연구의 변화를 감지할 수 있다.

흥미로운 것은 같은 저자의 1998년판 내용이다. 이 책은 앞의 1970년대

---

3) 호켓(1958)의 목차는 다음과 같다. 1. Signalling Via Sound: Phonology, 2. Phonology and Grammar, 3. Grammatical Systems, 4. Morphophonemic Systems, 5. Idioms, 6. Synchronic Dialectology, 7. Linguistic Ontogeny, 8. Phylogeny, 9. Linguistic Prehistory, 10. Writing, 11. Literature, 12. Man's Place in the Nature.
4) 프롬킨과 로드맨(1973)의 목차는 다음과 같다. Part 1: The nature of Human Language, 1. What is Language? Part 2: Grammatical Aspects of Language, 2. Phonetics, 3. Phonology, 4. Morphology, 5. Writing, 6. Semantics: The Meaning of Language, 7. Syntax, Part 3: Social Aspects of Language, 8. Language in Society, 9. The Syllables of Time: Language Change, Part 4: The Biological Aspects of Language, 10. From the Mouths of Babies: Child Language Acquisition, 11. Animal "Languages", 12. Language and the Brain.

480

판의 최신판으로 그 내용에 다소 변화가 있어 20여 년 사이에 언어 연구에
어떠한 변화가 있었는지를 간접적으로 알 수 있다는 점에서 우리의 주목을
끈다. 전체를 크게 4개 부분으로 나누고(인간언어의 본질, 언어의 문법적
측면, 언어의 심리학, 사회 속의 언어) 총 12개 장으로 구성했다는 점에서는
이전 판과 같지만, 4개 부분의 제목에서 약간의 차이가 있다.[5] 첫째, 둘째는
같은데, 세 번째를 '언어의 심리학'이라고 제목을 붙였고, 네 번째를 '사회
속의 언어'로 붙였다. 여기서 네 번째 부분은 이름만 조금 달라졌을 뿐 사회언
어학, 언어변화, 문자 등 그 내용은 모두 이전 판에서 다루던 것이다.

따라서 세 번째 부분이 20여 년 전과는 차이가 가장 두드러진 부분이라고
볼 수 있다. 세 번째 언어의 심리학 부분에서는 '언어습득'과 '언어처리'를
다루고 있는데, 전자의 경우 이전 판에서도 언급을 했으므로 새로운 것은
아니지만, 언어습득을 보다 세분하여 처리한 점으로 미루어 그간에 이 분야에
대한 연구가 매우 활발했음을 알 수 있다. 그리고 무엇보다도 언어처리를
새롭게 언어 연구의 대상으로 포함시킨 점은 변화의 핵심이라고 본다. 즉,
20여 년 사이에 언어처리라는 분야가 새로운 언어학의 연구대상으로 떠오른
것이다.

이것은 1980년대 이후 컴퓨터가 본격적으로 등장한 것과 무관하지 않다.
더 나아가 정보화시대인 오늘날 언어처리 분야의 중요성은 새삼 강조할
필요가 없을 정도다. 이와 더불어 주목할 점은 이전 판에서 맨 뒤에 자리하던
'뇌와 언어' 부분이 최신판에서는 첫 번째 부분에 포함된 사실이다. 이것도
이 방면의 연구가 그동안 활성화되었음을 보여주는 것이라고 할 수 있다.
이러한 추세라면 앞으로도 뇌와 언어, 언어습득, 그리고 언어처리는 언어학에

---

5) 프롬킨과 로드맨(1998)의 목차는 다음과 같다. Part 1: The nature of Human
Language, 1. What is Language? 2. Brain and Language, Part 2: Grammatical
Aspects of Language, 3. Morphology, 4. Syntax, 5. The Meaning of Language,
6. Phonetics, 7. Phonology, Part 3: Psychology of Language, 8. Language
Acquisition, 9. Language Processing, Part 4: Language in Society, 10. Language
in Society, 11. Language Change, 12. Writing.

서 그 비중이 점차 늘어날 것으로 보인다.

실제로 21세기 들어 발간된 몇몇 대표적인 언어학 개론서를 보면 이러한 연구경향을 쉽게 발견할 수 있다. 예를 들어 프롬킨이 2000년 3월에 편집 간행한 『언어학: 언어이론입문』(*Linguistics: An Introduction to Linguistic Theory*)라는 책에서 쉽게 발견할 수 있다. 책에서는 언어습득을 문법의 모든 분야에 걸쳐 다루고 있어 언어습득 연구의 진척 상황을 한눈에 알 수 있다. 즉, 단어와 문장구조의 습득(Acquisition of Word And Sentence Structure), 의미의 습득(Acquisition of Meaning), 음성학과 음운론의 습득(Acquisition of Phonetics And Phonology) 등이 각각의 문법 부문에 1개 장씩 포함되어 있다.

또한 2001년에 아로노프와 리즈밀러(Aronoff & Rees-Miller)가 편집한 『언어학개론』(*The Handbook of Linguistics*)에서는 언어학을 총 32개의 하위 분야로 나누어 소개하고 있는데, 기존에 다루었던 중요 문법분야 이외에도 언어습득론, 뇌생리언어학, 전산언어학, 응용언어학 등을 포함하고 있다는 점이 특징이다. 언어습득의 경우는 다시 제1언어 언어습득론, 제2언어 언어습득론, 이중언어론으로 구분될 만큼 연구의 깊이가 더해 가고 있다. 이러한 분위기는 이들 분야가 이제 언어학에서 얼마나 중요한 위치를 차지하고 있는지를 실감하게 한다. 특히, 이 저서에서는 이들 주제 이외에도 다양한 분야가 소개되어 있어 우리의 흥미를 끄는데, 예를 들어 기능언어학, 유형론, 담화, 화용론, 언어와 문학, 치료언어학, 번역, 교육언어학 등이 바로 그것이다. 따라서 이들 다양한 분야들도 향후 언어 연구의 새로운 방향을 짐작할 수 있게 한다는 점에서 우리가 주목해야 할 분야라고 할 수 있다.[6]

6) 아로노프와 리즈밀러(2001)의 목차는 다음과 같다. 1.Origins of Language, 2. Languages of the World, 3. Writing System, 4. The Historiy of Linguistics, 5. Historical Liguistics, 6. Field Linguistics, 7. Linguistic Phonetics, 8. Phonology, 9. Morphology, 10. The Lexicon, 11. Syntax, 12. Generative Grammar, 13. Functional Linguistics, 14. Typology, 15. An Introduction to Formal Semantics, 16. Pragmatics: Language and Communication, 17. Discourse Analysis, 18. Linguistics and Literature, 19. First Language Acquisition, 20. Linguistics and Second Language Acquisition, 21. Multilingualism,

한 세기 동안의 이러한 연구 변화는 국어학에서도 예외가 아니었다. 국어학 개론은 20세기 중반부터 본격적으로 등장하기 시작했는데, 먼저 김형규 (1949)의『국어학개론』을 보면 총 9개 장으로 나누어져 있는데(총론, 음운론, 어휘론, 어형론, 문자론, 표준어와 방언, 계통론, 고어론, 국어교육과 국어정책), 문법의 제반 영역에서는 음운론과 형태론(형태통사론 포함), 어휘의미론 등을 중심으로 하였다는 점이 특징이고, 역사와 계통론 그리고 다양한 응용국어학에 대한 언급이 있다. 이희승(1950)의『국어학개설』에서는 크게 4 부분으로 나누어 내용을 전개하고 있는데[서설(국어학의 건설, 국어 연구의 방법, 국어학 부문, 연구자료와 참고학술), 음운론, 어휘론, 문법론], 문법론이 보다 전면에 등장한 것이 특징이며, 대체적으로 문법의 핵심 영역들에 대한 언급이 주를 이루고 있다.

그리고 1960년대에 들어 발간된 김민수(1964)의『신국어학』에서는 모두 7개 장으로 꾸며져 있는데(서론, 음운론, 어휘론, 문법론, 위상론, 계통론, 특질론) 계통론과, 위상론(사회언어학) 등이 포함되어 있지만, 역시 음운론, 어휘론, 문법론 등과 같은 문법의 핵심 영역을 주된 대상으로 하고 있다는 점이 특징이다. 이렇게 볼 때, 1960년대까지의 국어 연구경향은 순수 국어학과 응용 국어학의 다채로움에서 출발하여 점차 문법의 핵심 부문에 대한 연구가 확대되어 가는 시기였다고 볼 수 있다. 이때까지는 통사론에 대한 본격적인 언급도 나오지 않으며, 문장의미론이나 화용론에 대한 언급은 전혀 보이지 않는다.

이제 최근에 발간된 국어학개론서를 살펴보자. 여기에서는 새로운 언어 연구의 흐름을 그대로 엿볼 수 있다. 예를 들어 정경일 외(2000)의『한국어의 탐구와 이해』라는 국어학개론서에서는 전체 내용을 13개 장으로 나누었는데, 기존의 문법영역에 화용론을 추가하고, 지역방언과 계급방언을 각각

22. Natural Sign Language, 23. Sociolinguistics, 24. Neurolinguistics, 25. Computational Linguistics, 26. Applied Linguistics, 27. Educational Linguistics, 28. Linguistics and Reading, 29. Clinical Linguistics, 30. Forensic Linguistics, 31. Translation, 32. Language Planning.

별도의 장으로 구분하여 사회언어학 영역을 보다 중점적으로 다루었으며, 국어공학과 남북한 언어비교, 그리고 국어정책 부분과 같은 응용 국어학의 여러 분야들을 새롭게 포함하였다는 점에서 의미가 있다.7) 특히, 국어공학을 국어학개론서에 본격적으로 포함시킨 것은 이 책이 최초가 아닌가 한다.

3.2. 21세기 언어 연구의 특징

이제까지 한 세기 동안의 언어 연구가 어떻게 달라져 왔는지를 대략적으로 살펴보았다. 이를 토대로 하여 향후 전개될 언어 연구의 주요 방향들을 간추려 보면 첫째, 순수언어학에서 응용언어학으로의 발전, 둘째, 단독연구에서 학제간 연구로의 방향전환, 셋째, 이론중심에서 기능중심으로 변화, 넷째, 미시적 언어 연구에서 거시적 언어 연구로의 전환 등을 들 수 있겠다. 이제부터는 이들 특징들을 보다 자세히 살펴보기로 한다.

3.2.1 순수언어학에서 응용언어학으로

한 세기 동안의 언어 연구의 변천을 통해 가장 두드러지게 나타난 점은 바로 응용언어학의 발전이다. 언어학을 순수언어학과 응용언어학으로 나눈다면 전자는 언어의 본질을 밝히려는 문법의 제 부문에 대한 연구라고 할 수 있다. 음운론, 형태론, 통사론, 의미론 등이 바로 대표적인 분야다. 이들 순수언어학은 20세기에서 언어학의 가장 핵심적인 분야였다는 점을 부인할 수는 없다. 주지하다시피 언어학의 변천사를 보면 19세기 이전까지의 전통문법시대에는 순수 학문적인 입장보다는 실용적인 도구적 차원의 연구가 주류

---

7) 『한국어의 탐구와 이해』(2000)의 목차는 다음과 같다. 1. 말에도 고향은 있다(방언), 2. 말에는 계급도 있다(사회언어), 3. 말도 그릇에 담아야 한다(문자), 4. 소리의 세계를 찾아서(음성/음운), 5. 단어로 이루어진 세상(형태), 6. 문장은 어떻게 만들어지는가(통사), 7. '의미'의 의미는?(의미), 8. 분위기를 파악하자(화용), 9. 우리말은 어디서 왔을까(계통), 10. 조상들은 어떤 말을 했을까(역사), 11. 이제 컴퓨터에도 말을 가르치자(국어공학), 12. 민족어의 통일을 위하여(남북언어비교), 13. 세계 속의 우리말과 글(국어정책).

를 이루다가, 19세기 후반 소쉬르의 구조주의문법 시대가 도래하면서 일반 언어학이 등장하게 되고, 이후 인간의 머릿속의 언어능력을 밝혀 보려는 생성문법 시대에 와서는 이러한 움직임이 보다 극대화되었다.

그러나 앞서 한 세기 동안의 언어 연구의 흐름에서 알 수 있듯이 언어 연구는 점차 실용적이고 응용적인 분야로 그 무게 중심이 옮겨가고 있는 중이다. 이러한 흐름은 비단 언어학이나 국어학 분야에 국한되는 것이라기보다는 현대 학문의 기본 속성이라고 이해하는 것이 옳을 것이다. 그렇다고 해서 이러한 움직임이 순수언어학의 쇠퇴나 소멸을 가져오지는 않을 것이다. 과거의 언어 연구가 순수언어학을 위주로 전개되었다면 이제는 순수와 응용이 그 역할을 균등하게 나누어 가졌다고 생각할 수 있다. 따라서 순수언어학은 응용언어학의 이론적 모태를 제공한다는 측면에서 그 가치는 한층 더할 수 있다.

따라서 21세기에는 응용언어학의 시대가 활짝 열릴 것이라고 예단할 수 있겠다. 특히 앞서 언급한 언어습득론, 언어처리, 뇌생리언어학, 치료언어학과 같은 첨단 분야는 더욱 발전할 것으로 보인다. 20세기 후반부터 본격적으로 연구가 시작된 언어습득의 경우, 이제는 제1언어, 제2언어 습득론으로 세분되고, 단어의 습득, 문장의 습득, 음운의 습득, 의미의 습득에 이르기까지 그 세부영역이 구체적으로 연구되고 있다는 것도 이러한 흐름을 반영하고 있다고 본다. 이러한 면에서 국어학 분야도 과거 순수라는 하나의 축에서 순수와 응용이라는 두 개의 축으로 방향이 옮겨갈 것으로 예상된다.

응용언어학이 발전하면서 언어 연구의 접근방법도 과거와는 다르게 변해가고 있다. 과거 연역적 방법이 주된 접근방법이었다면, 이제는 귀납적 접근방법이 언어 연구에서 중요한 비중을 차지하고 있다. 예를 들어 요즘 각광을 받고 있는 국어정보처리 분야에서 언어 연구의 접근방법이 어떻게 달라지고 있는지를 살펴보자. 순수 국어학에서는 고도의 전문가의 직관에 의한 언어 연구가 주를 이루었다면 자연언어처리를 위한 응용 국어학에서는 대량의 언어자료를 가지고 연구를 진행한다. 그래야만 이를 바탕으로 전산학에서는 대용량 언어자료를 구축할 수 있는 이론 및 도구를 만들고 이를 활용할 수 있는 시스템을 개발할 수 있기 때문이다(예를 들어 다국어 기계번역 시스템, 철자 및 맞춤법 교정기, 자동음성 인식기 등).

요즘 국어연구자 가운데 말뭉치(corpus)라는 말을 모르는 사람은 없을 것이다. 말뭉치는 언어처리에 필요한 대용량의 언어자료를 말하는데, 좀더 구체적으로 말한다면 한 개별 언어의 언어사용자들에 의해 발화된 모든 언어 현상들을 가능한 한 최대로 다양하고 완벽하게 수집한 총체라고 할 수 있다. 따라서 언어처리 분야에서는 어느 정도 규모의 말뭉치를 가지고 있느냐가 정보처리의 성패를 좌우할 수 있는 중요한 요소가 된다. 추상적인 언어자료를 대상으로 하기보다는 가시적인 실제 언어자료를 최대한 다양하게 모으고 이를 통해 규칙을 발견하는 작업이 응용 국어학자의 몫이라고 할 수 있다. 이러한 관점에서 볼 때, 과거의 순수 언어 연구가 연역적인 방법을 택했다면 응용 연구는 철저히 귀납적인 방법을 택하고 있다고 하겠다.

3.2.2 단독 연구에서 학제간 연구로

언어 연구의 변화에서 또 하나의 특징이라고 한다면 공동연구의 활성화를 들 수 있다. 즉, 과거 분야별 개인의 단독적인 연구가 주를 이루었다면 이제는 인접 분야가 공동으로 행하는 학제간 연구가 주된 방향으로 자리잡을 것이라는 점이다. 오늘날 분야별 전공의 벽이 허물어지면서 타전공간의 학제간 공동연구가 절실히 요청되고 있다. 과학기술이 급속도로 발달하면서 이전에는 상상도 못할 새로운 분야들이 속속 등장하고 있다. 따라서 이러한 사회적 요구를 충족하기 위한 새로운 학문분야가 등장하는 것은 어찌 보면 당연한 시대적 흐름이라고 할 수 있다.

예를 들어 언어처리와 같은 분야는 이전에는 언어학자가 연구할 대상이라고는 생각하지 못했던 분야였으나, 이제는 학제간 연구의 대표적인 사례가 되었다. 컴퓨터공학과 언어학이 만나 전산언어학을 만들어내고, 여기에서 언어학은 새로운 연구 영역을 확보하게 되었다. 이러한 학제간의 연구는

486

양쪽 연구를 병행할 때만 보다 효과적인 결과를 도출해 낼 수 있기 때문에 자연스럽게 형성된 것이다. 오늘날 국어학 분야에서도 이러한 흐름을 반영하듯이 대학에 국어정보학 전공이 생기기 시작했으며, 국어정보학과가 등장할 날도 머지않은 것으로 보인다.

그 밖에도 언어치료나 뇌생리언어학, 언어습득, 번역, 언어와 문학, 언어교육학 등의 분야도 언어학과 인접분야 간의 학제간 연구의 결실이라고 볼 수 있다. 의학과 언어학이 만나 언어장애를 해결할 수 있는 길을 공동 모색하고, 인지과학과 언어학과 의학이 만나 인간 뇌의 비밀을 밝혀내기 위한 작업을 진행하고 있기도 하며, 또한 언어학과 문학이 만나 번역학이라는 새로운 분야를 만들어 내기도 한다.

역사적으로 볼 때, 학제간 연구라는 접근방법은 다시 한 세기 이전의 언어학의 모습으로 돌아간 느낌을 준다. 역사는 순환한다고 했던가. 처음 언어학이 하나의 독자적인 학문으로 분리되어 나오기 이전의 모습을 생각해 보면, 오늘날의 학제간 연구가 그리 새로운 것이 아니라는 사실을 쉽게 발견할 수 있기 때문이다. 소쉬르 이전의 언어학이 역사학이나 인류학, 그리고 문헌학 등과 한데 어울려 연구가 이루어졌다는 사실에서, 또 한편으로는 철학이나 심리학 안에서 다루어졌다는 점에서 언어학은 그 태생 자체가 학제간 연구의 성격을 강하게 내포하고 있는 것이 아닌가 한다. 향후 학제간 연구는 지금보다 더 폭넓고 다양하게 전개될 것으로 보인다.

3.2.3 이론 중심에서 기능 중심으로

21세기 언어 연구의 또 다른 특징으로는 기능 중심의 연구를 꼽을 수 있겠다. 이는 물론 앞서 언급한 응용언어학의 발전이나 학제간 연구의 필요성과도 맞물리는 이야기지만, 여기에서는 언어 연구의 목표가 변하고 있다는 점을 중심으로 논의를 전개하고 한다. 응용언어학이 융성하면서 언어 연구의 목표도 점차 수정되고 있는 것이 사실이다. 과거 순수언어학에서는 언어 본질의 파악과 언어이론 구축을 궁극적인 목표로 삼았다면, 이제는 언어

연구가 얼마나 사회에 기여할 수 있는가 하는 실용적인 측면이 강조되고 있다고 볼 수 있다. 예를 들어 언어치료, 언어처리 등은 오늘날 언어 연구가 사회공동체와 얼마나 밀접한 관계를 맺고 있는지를 보여주고 있다. 더 나아가 오늘날 그 연구 영역이 점차 확대되어 가고 있는 번역, 언어와 문학, 교육언어학, 이중언어론, 사회언어학 등의 분야를 보면 이제 언어 연구는 언어생활 속에서 이루어지고 있다는 느낌마저 든다.

이러한 목표의 차이는 과거 응용언어학이 자리를 잡을 수 없게 만드는 족쇄 역할도 한 것이 사실이다. 과거 순수언어학 지상주의 시절에는 응용언어학이 상대적으로 주변학문으로 대접받았던 것이 사실이기 때문이다. 예를 들어 예전에는 국어학이나 언어학 분야에서 언어처리에 관심을 갖는 경우는 많지 않았다. 더욱이 이를 자신의 전공으로 삼고자 하는 연구자도 거의 없었다. 이러한 분위기는 언어처리라는 분야에 대한 지식이 부족했기 때문이기도 하지만, 한편으로는 언어처리는 국어학에서 다룰 만한 내용이 아니라는 시각도 깔려 있었다. 즉, 그것이 순수학문도 아니었고, 언어 연구의 목표도 달랐기 때문이다.

이러한 분위기에서 정작 언어처리에 관심을 가져 온 사람들은 전산학자였다. 당시 전산학자들은 국어문법을 스스로 공부해 가면서 언어처리 연구를 진행했다. 공동연구를 하고 싶어도 관심을 가진 국어학자들이 많지 않았기 때문이다. 짐작할 수 있듯이 그 연구 결과는 질적인 면에서 그리 만족스럽지 않았으며, 결국 오늘날과 같은 학제간 연구의 필요성이 절실히 요청된 것이다.

늦었지만 국어학계에서도 국어정보화에 대해 많은 관심을 갖고 수많은 연구자들이 연구에 몰두하게 된 것은 그나마 다행스러운 일이 아닐 수 없다. 그러나 국어학이 응용학문으로서의 성격을 갖추기 위해서는 바로 이러한 목표의 차이를 먼저 제대로 인식하는 일이 중요하다. 예를 들어 추구하는 목표가 다른 만큼 연구 대상이나 방법도 달라져야 한다. 순수국어학에서는 인간의 언어를 보다 완벽하게 설명할 수 있는 이론체계를 세우고자 하기 때문에 일반적인 것보다는 예외적이거나 특이한 언어 현상에 초점을 맞춘다.

이렇게 예외적 부분을 설명하고 해결함으로써 궁극적인 목표를 달성할 수 있다고 믿기 때문이다.

이에 반해 기능 중심의 응용 언어 연구는 예외적인 현상보다는 기초적이고 일반적인 언어현상을 우선 대상으로 삼는다. 먼저 가장 기본적이고 기초적인 자료를 중심으로 가설을 만들고, 이를 다시 실험하고 검증하면서 점차 예외적인 현상으로 연구대상을 확대해 나간다. 이러한 목표와 연구방법의 차이를 제대로 인식하지 못하는 한, 학제간의 공동연구가 아무리 많이 진행이 되어도 효과적인 결과를 얻기는 매우 어렵다.

이제는 순수와 응용, 이론과 기능의 구분이 과거처럼 분명하게 나눠지는 시대는 지났다. 본질적인 문제를 파헤치든 아니면 기능적인 문제를 해결하든, 모든 연구는 궁극적으로 인간을 위한 것이므로 넓은 의미에서 보면 인간을 위한 학문이라고 볼 수 있다. 결국 인간을 위한 학문이라는 큰 틀 속에서 모든 분야가 서로 협력하여 그 목표를 달성하기 위해 매진해야 할 것이다.

3.2.4 미시적 연구에서 거시적 연구로

20세기 초부터 본격적으로 독자적인 학문으로 자리잡은 언어학은 한 세기 동안 그 영역을 세분하기 위해 매진해 왔다. 한 마디로 20세기의 언어 연구는 어떻게 하면 더욱 미시적으로 언어를 관찰할 것인가 하는 고민의 연속이었다고 해도 과언이 아니다. 음운론과 형태론에서 시작한 연구는 20세기 중반을 넘어서면서 통사론과 의미론으로 이어지더니, 다시 20세기 후반에는 각 분야마다 수많은 언어이론이 쏟아져 나오면서 바야흐로 언어 연구의 춘추전 국시대를 맞이하게 되었다. 통사론 분야만 보더라도 전통문법, 구조문법, 생성문법의 통사론자로 갈리고, 다시 생성문법에서도 GB, GPSG, HPSG, LFG 등 다양한 이론들이 등장하여 같은 분야의 연구자들끼리도 서로 의사소통이 되지 않을 정도가 되어 버렸다.

이러한 20세기 언어 연구와는 달리 21세기의 언어 연구의 특징은 거시적인 연구를 지향할 것이라는 점이다. 이러한 성격은 순수연구보다는 응용연구를,

또 단독연구보다는 학제간의 공동연구를 지향하는 언어 연구의 속성과도 일맥상통하며, 연역적인 방법보다는 귀납적인 방법을 지향하는 연구 속성과도 밀접한 관련을 맺는다. 특히, 역사적으로 볼 때는 다시 20세기 초반의 학문적 상황으로 회귀하는 것이 아닌가 할 정도로 언어를 보다 거시적인 시각으로 바라보려는 경향이 우세하다.

오늘날 언어 연구에서 언어의 역사적 측면과 사회적 측면이 부각되는 이유도 이러한 추세가 반영된 것이라고 생각할 수 있다. 과거 문법의 제 영역에 밀려 상대적으로 소외 되었던 담화, 화용론이나 사회언어학, 역사비교언어학, 교육언어학 등이 서서히 다시 제 자리를 찾아가고 있기 때문이다. 담화, 화용론은 이전에 통사론 중심의 언어 연구를 대신할 새로운 대안으로 자리잡아 가고 있으며, 사회언어학의 경우 과거 방언학에 치우쳤던 연구 경향이 다원화 사회 속에서 다양한 계층에 대한 언어 연구로 확대되고 있다. 또 이중언어론과 같이 한 사회 속에서 여러 언어가 공존할 때 생기는 다양한 문제들로 관심영역을 넓혀 가고 있다. 역사비교언어학과 유형론이 다시 부활하는 것도 거시적 언어 연구의 특징 중 하나다.

한편, 이러한 거시적인 언어 연구경향은 정보화와 세계화라는 시대적 요청과도 밀접한 관련을 맺고 있다. 앞서 언급한 대로 사회가 정보화되면서 다양한 계층 간의 원활한 정보교환이 중요한 문제로 대두되었고, 또 세계가 점차 하나의 권역으로 묶이면서 민족어들 간의 원활한 의사소통이 중요한 과제로 부상했기 때문이다. 즉, 사회언어학이나 이중언어학은 한 사회 속에서 여러 계층과 여러 민족들이 서로 원활하게 정보를 주고 받고 의사소통하는 데 기여할 수 있고, 또 유형론이나 역사비교언어학은 주변 국가들과 어떻게 효율적으로 정보를 주고 받을 것인지 등에 대해 일정한 역할을 하게 될 것이기 때문이다. 따라서 21세기에는 거시적인 언어 연구가 더욱 확대될 것이 분명하며, 국어학도 이러한 거시적 연구방향에 더 많은 관심을 가져야 할 것이다.

4. 21세기 국어 연구의 새로운 방향

앞서 본고에서는 21세기의 시대적 상황을 점검하고, 한 세기 동안 언어 연구의 흐름이 어떠한 방향으로 진행되어 왔는가를 간략히 살펴보았다. 이 장에서는 이러한 내용을 토대로 21세기 국어학이 나아가야 할 방향에 대해 논의하기로 한다. 먼저 국어학의 목표를 새롭게 정의하고, 국어학 영역을 재정립하는 한편, 순수국어학과 응용국어학의 나아갈 방향을 구체적으로 살펴보며, 마지막으로 국어학의 세계화 방향에 대해 언급하고자 한다.

4.1 새로운 목표

여기서 국어학의 목표를 새롭게 상정해 보고자 하는 것은 국어학을 이전과는 다른 새로운 시각으로 바라볼 때, 21세기 국어학이 나아가야 할 방향이 올바로 드러날 수 있다는 생각에서다. 20세기 국어학의 목표는 다양하게 상정될 수 있겠지만, 아마도 국어학의 제자리 찾기가 아니었나 싶다. 이것은 국어학이 한국의 역사적 상황에 늘 직접적인 영향을 받을 수밖에 없는 처지였기 때문으로 보인다. 이것은 비단 국어학만의 상황이라기보다는 국학 전반의 상황이었다. 따라서 국어학은 시대적 상황 속에서 나름대로 제 역할을 발휘하기 위해 피나는 노력을 했고, 마침내 학문적 독자성을 확보하기에 이르렀다고 볼 수 있다.

그러나 21세기의 국어학은 이전 세기보다 훨씬 더 다양한 시대적 요청과 역사적 맥락에 부응해야만 하는 입장에 놓여 있다. 따라서 국어학을 바라보는 시각도 보다 다채롭고 보다 새로워져야 한다. 이는 한편으로는 국어학의 학문적 자립성을 더욱 공고히 하는 것이고, 다른 한편으로는 국어학을 새롭게 탈바꿈시켜 세계 속의 국어학으로 자리잡을 수 있게 하는 계기를 만드는 것이다. 이러한 맥락에서 본고는 21세기 국어학의 목표로 다음과 같은 다섯 가지를 상정하고자 한다.

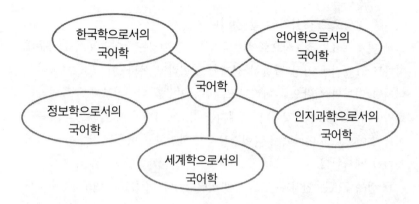

먼저 한국학으로서의 국어학은 말 그대로 한국어의 내재적 발전을 목표로 하는 것이다. 즉, 개별 언어로서 국어의 특수성을 부각시키는 것이다. 이것은 과거에서부터 계속 관심을 갖고 연구해 왔던 것으로 문법의 제반 영역에 대한 보다 심도 있는 연구가 기대된다. 이것은 한편으로는 민족어로서의 국어를 어떻게 연구할 것인가 하는 문제와 성격을 같이한다. 여기에는 당연히 통일시대의 민족어에 대한 연구도 들어가 있다. 세계어 속에서 민족어를 어떻게 계승 발전시켜 후손들에게 우리말과 우리글의 참 모습을 전달할 수 있을까 하는 문제는 21세기에 국어학이 제일 먼저 관심을 가져야 할 목표다.

두 번째 목표는 언어학으로서의 국어학이다. 이제 국어학은 세계 언어들 가운데 한 개별 언어로서 보편적인 언어학과의 관련성 속에서 자기 자리를 보다 객관적이고 합리적으로 자리매김할 수 있도록 노력해야 한다. 국어의 특수성을 부각시키는 것도 중요하지만, 한국어가 다른 언어들과 어떤 공통점을 가지고 있고, 또 어떤 다른 점을 가지고 있는지를 냉철히 연구하고 분석하는 자세가 필요하다. 이것은 비단 국어학이 언어의 보편성에 기여할 수 있는 길이기도 하지만, 또 한편으로는 국어의 특수성을 더욱 객관적으로 파악할 수 있는 길이기도 하다. 따라서 앞으로 국어학은 언어학과의 유기성을 더욱 높이는 방향으로 나아가야 할 것이다.

세 번째 목표는 정보학으로서의 국어학이다. 이것은 국어학의 목표 가운데 아마도 21세기에 가장 활발히 전개될 것이라고 본다. 이 목표는 국어를 디지털 언어의 시각으로 바라보고, 국어 연구를 국어정보화 구축이라는 측면에서 바라보자는 것이다. 21세기는 정보화시대가 가장 중심적인 축을 이룰 것이므로 국어학에서 국어정보학이 차지하는 비중은 갈수록 높아질 것이라 생각한다.

네 번째 목표는 인지과학으로서의 국어학이다. 이 목표는 연구대상으로서의 언어의 위상이 달라지면서 새롭게 등장한 목표라고 할 수 있다. 과거 언어를 추상적인 연구대상으로 파악했지만, 이제는 언어를 물질적인 연구대상으로 파악하는 시대가 되었다. 마음(mind) 속에 있는 언어의 모습을 구체화하려던 시도들은 이제는 뇌(brain) 속의 언어의 모습을 찾고자 하는 노력으로 바뀌어 가고 있다. 이러한 시대적 변화 속에서 인지과학의 입장에서 국어화자들의 언어능력과 언어구조를 파악하려는 연구가 바로 인지과학으로서의 국어학이라고 할 수 있다. 특히 이 분야는 인지심리학, 철학, 뇌생리학, 뇌신경학 등과의 활발한 학제간 연구를 통해 앞으로도 국어학의 영역에서 보다 넓은 자리를 차지할 것이라고 본다.

마지막 목표는 세계학으로서의 국어학이다. 이는 세계 속에 당당히 제 모습을 드러낼 수 있도록 국어학을 발전시키자는 것이다. 지금까지 국어학이 내재적 역할을 충실히 수행했다면 이제는 이러한 기세를 발전시켜 세계 속에서도 인정받을 수 있는 학문적 역량을 구축할 때가 되었다고 본다. 이 목표를 제일 마지막으로 삼은 것은 상징적인 의미도 있지만, 그보다는 다른 세부적인 목표들이 충실히 수행될 때 비로소 달성 가능한 것이기 때문이다. 국어의 특수성과 보편성, 그리고 국어정보학과 인지과학으로서의 국어학이 뛰어난 업적을 만들어내고 또 이들이 유기적으로 결합할 때 국어학은 세계 속에 당당히 제 자리를 찾을 수 있을 것이다.

4.2 새로운 개념 정립의 필요성

21세기에 국어학이 위와 같은 다양한 목표를 달성하기 위해서는 국어학 분야가 내부적으로 새롭게 탈바꿈해야 한다. 이것은 비단 학문영역의 확대뿐만 아니라, 실제로 이러한 목표를 수행할 수 있는 제도적인 틀의 변화를 의미한다. 물론 이것은 앞서 제기한 국어학의 새로운 목표가 타당성이 있다는 전제하에서 그렇다. 이것은 시대적 요청에 부응하기 위한 자연스러운 변화라고 볼 수 있다. 예를 들어 외국의 경우 언어학과 이외에도 응용언어학과와 인지과학과 등이 새로 만들어지고 있고, 이 밖에도 다양한 실용적인 학제간 공동연구의 장이 새롭게 만들어지고 있다. 이것은 모두 당면한 시대적 요구를 받아들인 결과이며, 순수와 응용의 자연스러운 학문적 역할 분담이라고 볼 수 있다. 물론 이러한 변화의 한 복판에는 언어학이 자리잡고 있고, 언어학이 이러한 변화에 주도적인 역할을 했음은 당연하다.

이러한 기본틀의 변화에 가장 주목해야 할 분야가 바로 국어학이라고 본다. 오늘날의 국어학의 학제를 가지고는 21세기의 다양한 국어학의 목표를 효과적으로 수행하기는 실로 벅차다고 생각하기 때문이다. 물론 이러한 변화는 지금 서서히 현실로 다가오고 있다. 국어학 전공과목에 국어정보학이 포함되고, 국내 몇몇 대학에서는 국어정보학 전공을 대학원에 개설하기도 했기 때문이다. 이러한 움직임을 통해 국어학의 기본틀이 조금씩 달라지고 있음을 엿볼 수 있다. 이러한 추세라면 아마도 응용국어학과나 국어정보학과가 만들어질 날도 그리 멀지 않았다고 본다.

그러나 이러한 변화를 수동적으로 맞이해서는 급속한 시대적 흐름에 효율적으로 대처할 수 없다는 점이 문제다. 만약 이러한 방향이 옳고 의미가 있다면, 국어학 내부에서 능동적이고도 적극적인 변화를 시도하는 것이 옳다고 본다. 오늘날 인문학이 위기라고 하지만, 국어학이야말로 지금이 국어학 본래의 모습을 되찾을 수 있는 절호의 기회가 아닌가 한다. 이 기회를 능동적으로 살펴나가느냐 아니면 수동적으로 따라가느냐 하는 것은 전적으로 국어학 내부의 몫이다. 따라서 이제부터라도 국어학 내부에서는 과연

494

21세기 국어학의 방향이 어떠해야 하는지에 대한 진지한 논의가 본격적으로
시작되어야 한다.

4.3 순수국어학의 방향

21세기 국어학의 전공영역은 국어학 전공과 응용국어학 전공으로 크게
대별될 것으로 보인다. 즉, 국어 연구는 순수국어학과 응용국어학이라는
두 측면에서 진행될 것이다. 이러한 변화가 현재의 체계 내에서 이루어질지
아니면 본고의 바람대로 새로운 틀을 기반으로 해서 이루어질지는 아직
예단하기 어려우나, 응용국어학이 국어학의 또 하나의 새로운 축으로 등장할
것은 분명하다.

그럼에도 불구하고 순수국어학은 여전히 필요하고 중요하다. 순수국어학
의 이론적 체계를 토대로 해서만이 응용국어학이 올바로 설 수 있기 때문이다.
국어학 전체를 100이라고 가정한다면 앞으로는 순수국어학 대 응용국어학의
비율은 50 대 50, 아니면 40 대 60 정도로 변화하지 않을까 생각된다. 이러한
비율 대비가 순수국어학이 규모 면에서 축소된다는 것을 의미하는 것은
아니다. 예를 들어 기존 학제에서든 응용국어학과가 새로 생겨난 새로운
학제에서든 순수국어학에 새로운 응용국어학의 규모가 덧보태진다고 생각
하면 된다. 따라서 순수국어학이 축소된다기보다는 국어학의 전체 영역이
이전보다 몇 배 넓어진다고 생각하는 것이 옳을 것이다. 물론 바람직한
방향은 기존의 국어국문학과에서는 순수국어학을 담당하고, 새로운 응용국
어학과나 국어정보학과 같은 곳에서 응용국어학을 전담하는 것이라고 할
수 있다. 물론 이 둘은 유기적으로 연관관계를 맺게 될 것이다.

순수국어학에서는 역사국어학과 현대국어학, 그리고 이론 연구와 자료
연구라는 두 가지 측면의 연구가 상호 관련성을 맺으면서 보다 명확히 구분될
것이다. 국어 연구는 공시적인 연구뿐 아니라 통시적인 연구도 이전보다
더욱 활발히 전개될 것으로 보인다. 특히 그동안 상대적으로 관심이 적었던

통시적 연구는 21세기에는 공시적 연구 못지않게 중요한 분야로 다시 부각될 것이고, 또 그렇게 되도록 노력해야 한다. 이것은 일차적으로는 학문의 균형적인 발전을 위한 것이지만 더 나아가서는 민족어로서의 국어의 위상을 정립하기 위한 노력이기도 하다.

또 이론적인 면에서는 문법의 제 분야에 걸쳐 국어를 바탕으로 한 독창적인 이론 창출을 위해 노력해야 할 것이다. 이 가운데서도 음성학 분야와 담화와 화용론에 대한 연구는 문법의 제 영역에서 새로운 한 축을 담당할 것으로 보인다. 음성학은 음운론에서 독립하여 독자적인 영역을 구축할 것으로 보인다. 특히 이 분야는 국어정보학과 밀접한 관계를 맺고 있기 때문에 그 발전 가능성은 무궁무진하다고 본다. 담화·화용론 분야 또한 텍스트언어학과 같은 학제간의 공동 연구와 밀접한 관련을 맺고 있음으로 앞으로 더 많은 관심을 가질 것이다. 그리고 이를 통해 사회언어학이 과거보다 보다 체계적으로 연구되고, 그 중요성이 더욱 부각될 것임은 당연하다.

자료적인 면에서는 새로운 자료 발굴은 물론이고, 체계적인 시대별 자료 집성과 정리작업이 더욱 중요한 자리를 차지할 것이다. 그리고 보다 많은 연구자들이 이 분야에 관심을 가져 이론 연구와 자료 연구가 균형있게 발전할 수 있어야 할 것이다. 체계적인 자료 위에서만 독창적인 국어이론이 나올 수 있으므로 자료 연구의 체계화는 당면 과제 중의 하나다.

4.4 응용국어학의 방향

21세기 국어학은 바야흐로 응용국어학의 시대가 될 것이다. 학제간 공동연구라는 기치 아래 국어학은 다양한 인접학문과 만나 새로운 분야를 개척하고 또 주도적으로 이끌어 나갈 것으로 보인다.

먼저 지금의 시각으로 미루어 볼 때, 응용국어학에서 가장 부각될 분야는 역시 국어정보학 분야라고 본다. 국어학과 전산학이 만나 국어정보학이라는 새로운 분야를 탄생시킨 것이 20세기 말이라면, 21세기에는 이를 바탕으로 국어정보학 분야가 본 궤도에 오르고 응용국어학의 중추적 역할을 할 것이라고 예상할 수 있다. 따라서 국어정보학 전공이 생기는 것은 물론 국어정보학과가 만들어질 것이고, 또 수많은 국어정보화사업이 국가적인 차원에서 본격적으로 진행될 것으로 보인다. 21세기의 시대적 상황이 정보화이기 때문에 이러한 연구 흐름은 어쩌면 피할 수 없는 것인지도 모른다.

실제로 현재에도 '21세기 세종계획'과 같은 국가적 차원의 국어정보화사업을 비롯하여 크고 작은 사업이 진행되고 있으며, 국어공학적인 측면에서는 자동번역기나 자동통역기, 다국어 검색기와 같은 응용 프로그램도 꾸준히 연구 · 개발되고 있다. 전체 10년 계획으로 지난 1998년에 시작된 21세기 세종계획의 경우를 보면 말뭉치 구축, 전자사전 개발, 남북한언어 비교연구, 비표준문자 정립, 전문용어 연구 등을 주요 내용으로 하여 국어정보화를 위해 체계적인 사업을 벌이고 있다. 향후에도 이러한 유형의 정보화 구축사업은 물론이고 효율적인 운영, 관리체계 등에 대한 연구도 지속적으로 이어질 것이다.

이러한 측면에서 21세기 국어학자는 정보화사업의 역군이 되어야 한다. 언어자료를 가공하고 처리하여 효율적으로 전달하는 디지털 정보 교환 체계에서 앞으로는 국어학자들이 지금보다 더 중요한 역할을 담당할 것이다. 따라서 응용국어학자에게는 이론적인 면은 물론, 실제적인 측면에서도 국어정보화를 선도해 나갈 수 있는 식견과 안목이 절대적으로 필요하다. 또한 국어정보학 분야에서 수많은 연구자를 필요로 할 것인데, 아직 국어학 내에서는 이를 위한 적절한 제도적 장치가 마련되어 있지 않다. 따라서 이를 위한 국어학계의 노력이 절실히 요청되고 있다고 본다. 이와 관련하여 사전학이나 커뮤니케이션학이 발전할 가능성이 매우 크다. 사전학은 정보의 저장, 처리, 운용 등에 밀접한 관련을 맺고 있으며, 커뮤니케이션학은 새로운 시대의 의사소통체계를 구축하는 문제와 관련이 있기 때문이다.

미래의 응용국어학 분야에서 빼놓을 수 없는 또 하나의 분야는 국어학과 인지과학이 만나 만들어지는 가칭 국어인지학 분야다. 그렇다면 왜 국어인지학이 필요한가? 인지과학의 궁극적 목표는 마음의 구조를 밝히는 것이며, 인간 마음의 상태와 움직임을 가장 분명하게 드러내는 것이 다름 아닌 인간의 언어다. 그러므로 언어의 구조와 기능을 밝히는 것은 언어학 본연의 목표이기도 하지만, 인지과학의 목표와도 잘 부합되는 일이기 때문에 둘은 공통분모를 가지고 있는 셈이다.

특히, 보다 구체적으로 국어학의 입장에서 본다면 오늘날 어휘부의 체계를 인지과학적으로 접근한다든지, 뇌 속의 언어생성부를 구현한다든지, 언어장애의 유형과 특성을 발견하여 이를 치료한다든지 하는 연구들은 국어학이 인지과학과 직접적인 관련을 맺고 있음을 보여주는 것이다. 이제 언어의 문제도 더 이상 추상적이고 관념론적인 연구대상이 아니라, 구체적이고 물질적인 연구대상으로 탈바꿈하고 있는 것이다. 즉 이제 언어학은 관념론의 철학적 울타리 속에 유물론적 가치관을 포함시켜 명실상부한 언어의 본질을 해명하려 하고 있다.

1950년대에 새롭게 탄생한 학제간 연구의 대표적인 사례인 인지과학은 이후 최근까지 지속적인 발전을 거듭하였으며,[8] 우리나라에서도 1980년대 초부터 인지심리학, 인공지능학, 언어학 등을 중심으로 인지과학에 대한 학제간 연구가 이루어지기 시작했다. 맨 처음에는 언어학자와 인공지능학자의 협동으로 기계번역에 대한 연구가 시작되었으며 이를 통해 인지과학의 학제적 연구 가능성이 활발히 전개되기 시작하였고, 최근에는 본격적인 뇌 연구를 통해 인지과학의 새로운 장을 열어 가고 있다.

특히, 뇌 연구과제는 21세기의 핵심 과제로 떠오르고 있는 분야다. 정신이

---

8) 인지과학은 1950년대에 새롭게 탄생한 학제간 연구의 대표적인 사례다. 수학, 컴퓨터, 심리학, 언어학, 철학 등의 분야에서 마음의 이론을 발견하기 위해 만든 새로운 학문분야다. 한편 이 즈음 신경과학 분야나 인지인류학, 그리고 튜링머신(Turing-machine)과 같은 새로운 개념이 나오면서 인지과학의 기초를 제공하기도 했다. 이후 인지과학은 1960년대 70년대에 꾸준히 성장을 해오면서, 1980년대 이래 실험적이고 계산주의적 연구도 괄목할 만큼 성장하게 되었다. 이러한 시대적 배경으로 1980년대 이후 미국과 유럽에서는 60개 이상의 대학들이 인지과학과나 프로그램을 개설하고 있는 실정이다.

란 무엇인가, 마음이란 무엇인가 등에 대한 근본적인 문제들에 대한 해답의 열쇠가 바로 뇌의 어딘가에 있다는 믿음에서 출발한다. 세계 각국에서는 현재 국가적 차원에서 대규모의 뇌 연구 과제를 진행하고 있다. 예를 들어 미국의 경우 '뇌 연구 10년(1990년부터 2000년)'이라는 기치 아래 연간 8천억 원 이상의 연구비가 투자된 '인간 뇌 연구 과제'(Human Brain Project)가 유명하다. 일본의 경우도 일본 과학기술청에서 1996년부터 20년간 2조 엔(약 14조 2천억 원)을 뇌 연구에 투입키로 하면서 국가 차원에서 본격적인 뇌 연구에 착수하고 있다. 우리나라의 경우도 과학기술처에서 1998년부터 10년 동안 총 9,260억 원을 투자하는 뇌 연구개발 기본계획 '브레인텍 21'을 진행하고 있다.

그 내용을 보면 인간의 두뇌작용을 모방해 '인간다운 기능의 기계'를 만들고자 하는 '뇌과학'과 각종 뇌 관련 질환을 정복하기 위한 '뇌의약학' 등 두 분야다. 뇌과학 분야는 인간의 식별능력과 학습능력을 공학적으로 구현하기 위한 '신경회로망'과 '초고속 병렬컴퓨터'의 개발을 중심으로 이루어지고 있다. 현재 국어인지학 분야에 직·간접으로 참여하고 있는 국어 연구자의 수는 극히 소수에 불과하다. '브레인텍 21' 사업과 관련해서도 인지심리학과 연계하여 국어인지학에 대한 몇몇 부분적 연구가 진행되고 있을 뿐이다. 그러나 21세기에 이 분야에 대한 관심은 더욱 높아질 것이고, 이 방면의 연구자들도 꾸준히 증가될 것으로 보인다.

이와 관련하여 언어생리학 분야도 앞으로 각광을 받을 것으로 보인다. 언어습득론의 문제는 생리학적 측면에서 그 답을 찾는 노력이 시도되고 있기 때문이다. 구체적으로 언어능력을 담당하고 있는 유전자를 찾아 그 질서를 밝혀 보려는 작업들이 계속 이어지고 있다. 예를 들어 유전자에 내재하는 일련의 언어원리들을 발견하고 이들이 언어를 발달시킬 때, 뇌의 언어담당 조직을 어떻게 통제하며, 개별언어의 규칙체계의 형식을 어떻게 결정하는가 하는 것을 탐구하고 있다. 이러한 관점에서 볼 때 이제 국어학은 생명공학과도 연계될 가능성이 매우 높다.

이러한 시대적 상황에서 보다 많은 국어학자가 이러한 응용분야에 관심을 기울여야 한다고 믿는다. 그리고 현재의 시대적 사명과 정신을 고려해 볼 때 국어학은 이에 보다 적극적으로 참여하여야 한다고 믿는다. 그 이유는 첫째로 언어가 인지과학에서 차지하는 비중이 실로 엄청나기 때문이고, 둘째는 우리의 인지과학은 한국어를 통해 가능하고 한국어에 대한 올바른 과학적 인식 없이는 그 어떠한 체계적인 인지과학적 연구도 달성하기 어렵기 때문이다. 그리고 이러한 학제간 연구는 더 나아가 소프트 과학이라고 불리는 인간공학, 인지공학, 감성공학 등에도 국어학이 접목될 가능성을 열어 놓고 있다.

4.5 국어학의 세계화 방향

이제 21세기에 국어학이 세계 속에 당당하게 자리잡을 수 있는 길을 모색하는 시간이다. 앞서 언급했듯이, 국어학의 세계화는 기타 다른 국어학의 목표들이 모두 수행될 때 비로소 자연스럽게 달성할 수 있다는 점을 상기하면서, 본고는 그 방향을 국어 연구의 독창성, 통일시대의 민족어 연구, 비교연구의 활성화, 국어교육의 발전 등을 제시하고자 한다.

먼저 국어 연구의 독창성은 세계 언어학계에 당당히 내놓을 수 있는 국어이론을 만들자는 것이다. 우리 문자인 한글의 우수성과 과학성은 이미 세계 학계가 주목하고 있으나, 우리말에 대해서는 상대적으로 그다지 관심을 끌지 못하고 있는 것이 사실이다. 여기에는 여러 가지 원인이 있겠지만, 일차적인 책임은 당연히 국어학계의 몫이다. 무엇보다도 국어학자들이 우리가 처한 현실을 냉철히 인식하고 이를 극복하기 위해 더욱 분발할 일이다. 오늘날 국제 언어학계에 적지않은 한국학자들이 우리말에 대한 연구를 발표하고 있지만, 그 영향력은 기대에 못 미치는 것이 사실이다.

일반 사람들은 물론이고 세계의 여러 학자들 가운데는 아직도 한국어가 중국어나 일본어와 같거나 비슷하다고 생각하는 사람들이 많다. 외국에서

낯선 사람을 만났을 때 처음 듣는 질문은 "중국사람이냐?"라는 것이고, 이에 대해 아니라고 하면, 그럼 "일본사람이냐?" 하고 묻고 그것도 아니라고 하면 그럼 "어느 나라 사람이냐?" 하고 묻는다. 중국사람, 일본사람 다음에 한국사람이 나와도 억울한 일인데, 그조차 언급되지 않는다. 조금 극단적으로 말한다면 세계 언어학계에서 외국 학자들이 한국어를 생각하는 정도도 거리의 낯선 사람의 이 같은 인식과 크게 다르지 않다는 점이다.

　이것을 그들의 잘못이라고 돌리기 전에 그들의 인식을 바꿔놓지 못한 국어학계의 잘못이 아닌지 깊이 생각해 볼 일이다. 한글의 우수성이 세계에 알려지게 된 계기도 물론 국어학자들의 노력이 없지 않았겠지만, 어찌 보면 네덜란드의 보스(Vos) 교수의 논문과 이를 『언어』(language) 지에 서평한 미국의 맥콜리 교수의 영향이 컸음을 생각해 볼 때, 우리의 대내외적인 노력이 절실히 요청된다고 하겠다.

　많은 학자들은 이구동성으로 이를 위해 국어학자들도 외국어 능력을 배양하여야 한다고 주장한다. 이것이 국어학자에게는 다소 부담스러운 일이 될 수 있으리라고 보지만, 외국 학계에 국어학을 적극적으로 소개해야 할 필요가 있다는 점에서는 피할 수 없는 일이 아닌가 한다. 물론 그렇다고 해서 지금까지 한국어 연구결과를 외국 학계에 소개하는 작업이 전혀 없었던 것은 아니다. 그렇지만 이러한 일의 대부분은 국어학자가 아닌 영어학자들이 했다는 점이 특징이다. 외국에서 언어학을 공부한 국내의 영어학자들은 대부분 한국어를 대상으로 논문을 썼고, 이로 인해 간접적으로 외국학계에 국어 연구를 보급시킨 공로도 없지 않다. 여기서 영어학자들이 왜 한국어를 가지고 논문을 써야 하는가 하는 문제는 접어두기로 하자.

　문제는 이들의 공 뒤에 보이지 않는 과도 매우 많다는 점이다. 첫째는 이들의 국어에 대한 관심이 지속적이지 않다는 점이고, 둘째는 그 연구의 깊이가 우리의 기대와는 사뭇 다르다는 점이고, 셋째는 무엇보다도 국어 연구의 목표가 다르다는 점이다. 자의반 타의반 외국에서 한국어에 대한 관심을 갖고 연구하다가 국내로 들어오면 다시 영어에 관심을 가질 수밖에 없는 구조적 모순이 현실이며, 따라서 국어 연구의 깊이를 기대하기는 어려울 뿐 아니라, 국내 국어학계의 기존 연구를 섭렵하고 이를 발전시켜 해외에 소개해 주기를 기대하기란 더욱 어렵다. 그리고 그들의 목표는 국어의 내적 발전보다는 보편적인 언어이론을 국어에 적용해 보는 것을 목표로 하고 있다는 점에서도 근본적인 차이가 있다.

아무튼 이러한 구조적인 모순 상황은 한국어학이라는 커다란 틀에서 보면 매우 아쉬운 점이 아닐 수 없다. 국어학자들이 직접 국어 연구의 성과물을 세계에 알리는 것 못지않게 국내의 국어학계와 언어학계가 합심하여 국어의 세계화를 위해 노력하는 일도 중요하다고 본다. 이를 위해서는 국어학자와 언어학자(영어학자)의 보다 심도 있는 공동연구가 요구된다. 물론 국어학계 내부에서도 국어를 토대로 한 독창적인 이론을 만들어 낼 수 있도록 각고의 노력을 해야 할 것이다.

또 하나는 일본어에 대한 관심이다. 국제학계에서 한국어가 상대적으로 주목을 받지 못하는 이유는 일본어와 유사하다는 점 때문이다. 즉, "한국어와 일본어는 비슷하기 때문에 일본어만 알면 되겠지" 하는 생각이 만연되어 있다는 것이다. 오늘날 한국어에 관심을 갖고 있는 몇몇 외국 학자들도 대부분 처음에는 일본어 연구부터 시작했다는 점을 상기할 필요가 있다.

따라서 우리는 한국어와 일본어가 어떤 점에서 유사하고 또 어떤 점에서 다른가, 일본어에 비해 한국어의 특징은 무엇인가, 한국어와 일본어의 기원은 무엇인가, 두 언어의 역사적 상관성은 어떠한가 등등에 대한 보다 체계적이고도 깊이 있는 연구를 진행할 필요가 있다. 물론 이러한 연구가 비단 국어학계만의 몫이라고는 볼 수 없다. 일본어를 전공하는 국내 학자들도 이러한 부분에 대해 많은 관심을 가져야 할 것이다. 그러나 지금까지의 현실은 국내에서 일본어, 넓게는 일본학에 대한 연구가 거의 이루어지지 못했다는 점이다. 주지하다시피 일본어학과가 있는 대학도 몇 안 되고, 그나마 최근 생겨나기 시작하고 있는 추세다. 이러한 이유는 굳이 설명하지 않아도 모든 이들이 알고 있는 터다. 일제 식민시대를 겪었던 우리에게 일본은 아직도 감정상

융화될 수 없는 나라이기 때문이다. 그러나 앞서 언급했듯이 그럴수록 현실을 더욱 냉철히 인식할 필요가 있다. 그럴수록 일본어에 대한 보다 체계적이고 철저한 연구가 필요한 것이다. 21세기는 한국어와 일본어의 비교언어학이 절실히 요청되고 있는 시점이 아닌가 한다.

이와 관련하여 중국어에 대한 관심도 절실히 요청된다. 이제까지는 이념적 대립으로 인해 중국에 대한 국내의 관심이 적었던 것이 사실이다. 이제는 이념적인 문제가 많이 해소된 이상 보다 본격적인 상호 비교연구가 진행되어야 한다고 본다. 이는 국어의 역사적 측면을 제대로 밝히기 위해서이기도 하지만, 향후 맞게 될 동아시아의 신지역주의에 대비하기 위해서이기도 하다. 앞으로 세계는 점차 세계화되겠지만, 한편으로는 지역주의가 서서히 고개를 내밀 것으로 보이기 때문이다. 이러한 관점에서 21세기 가장 충격적인 사건이라면 유럽이 단일국가(EU) 체제로 변모하고 있다는 점이다. 통화도 유로화로 단일화되고, 국기도 단일한 국기를 사용한다. 이것은 향후 지역주의가 어떠한 모습으로 발전할지를 간접적으로 보여준다는 점에서 의미가 있다. 미국 중심의 패권주의에 맞서려는 유럽국가들의 움직임이다.

이러한 움직임을 고려한다면 동아시아에서는 한국, 중국, 일본을 묶는 새로운 지역주의 체제가 만들어질 가능성이 있다. 따라서 국어학도 이러한 변화에서 나름대로 역할을 해줄 것을 요청받을 가능성이 많다. 동아시아 삼국이 한 권역으로 묶인다면 이들 간의 정보교환이나 의사소통 문제를 해소할 방안이 마련되어야 할 것이다. 한자에 대한 관심은 이제는 한글전용이냐 아니면 국한문혼용이냐의 내적인 문제를 떠나, 새로운 국제적인 시각에서 주목받을 가능성이 있으며, 한자어에 대한 연구도 앞으로는 새로운 전기를 맞을 것으로 보인다. 따라서 국어학도 미국을 위시한 서구중심주의에서 탈피하여 한, 중, 일을 축으로 하는 동양중심주의에 보다 많은 관심을 기울일 것으로 보인다.

국어학의 세계화를 위한 선결과제 중 하나는 통일시대의 민족어 연구다. 모든 사람이 염원하듯이 머지않아 우리는 통일을 맞이할 것이고, 이를 위해

보다 체계적인 남북한언어 연구가 국어학계에서 이루어져야 한다. 남북언어
의 차이점을 체계화하고 이질적인 요소를 해소할 수 있는 방안을 마련하기
위해 남북한이 서로 머리를 맞대고 노력해야 할 것이다. 로마자표기법을
통일한다든지, 국어정보화사업을 위한 기초적인 준비작업을 남북한이 함께
고민해 가면서 통일안을 찾고자 하는 노력들이 현재도 나타나고 있다.

또한 남북한 국어학자들이 함께 모여 우리말과 글에 대해 보다 체계적으로
연구하고 그 결과를 발표할 수 있는 공동의 장을 만드는 일도 필요하다.
다행히 이러한 분위기가 조금씩 나타나고 있어 우리에게 기대와 희망을
주고 있다. 2001년 12월 14~16일에 중국 베이징에서 열린 '조선어 규범화를
위한 제1차 국제학술회의'가 바로 그것인데, 이 회의에서는 남북 언어차이를
극복하기 위한 자료교환과 공동연구를 지속하기로 남북한이 합의했다고
한다. 참으로 고무적인 일이 아닐 수 없다.

마지막으로 국어학의 세계화에서 빼 놓을 수 없는 것이 바로 한국어교육
분야다. 특히 한국어를 배우려는 외국인들이 증가하고, 한국어가 제2외국어
로 채택되는 현실 속에서, 보다 체계적인 한국어교육은 가장 시급하고도
중요한 문제이며, 외국인에게 우리말과 우리글을 소개하고 교육한다는 측면
에서 국어학의 세계화는 물론 한국의 세계화에도 선도적으로 기여할 수
있기 때문이다. 그러나 외국인을 위한 한국어교육도 이제 막 걸음마 단계라고
볼 수 있어 앞으로 더욱 많은 국어학계의 노력과 관심이 요청된다. 이 분야에
전문가를 양성할 수 있는 체계적인 양성소가 필요하고, 또한 효율적이고
합리적인 한국어교육을 위한 통일문법과 교재 등이 마련되어야 할 것이다.

정부에서도 이러한 한국어의 세계화를 위해 여러 가지 방안을 마련하여
진행하고 있다. 그러나 21세기에는 이러한 연구와 사업이 보다 학문적이고도
체계적으로 이루어져야 할 것이다. 여기서 짚고 넘어가야 할 것으로 국어정책
분야를 들 수 있겠다. 오늘날까지 국어정책은 학문적으로도 국어학의 지엽적
인 부분에 머물러 있었고, 실행단계에서도 비전문가들에 의해 이루어졌던
것이 사실이다. 앞으로는 이 분야가 국어학 내에서도 보다 중심적인 역할을

할 것이며, 더욱 많은 전문가들이 요청될 것으로 보인다. 다른 응용분야도 그렇지만, 앞으로 국어정책학이라는 전공이 만들어질 날이 머지않았으며, 전문적으로 양성된 전문가들에 의해 국어생활을 원활하게 하기 위한 제도적 장치와 국어의 세계화 계획이 마련되고, 이를 보다 효율적으로 실행할 수 있는 구체적인 실천방안이 제시되어야 할 것이다.

5. 결론

이제까지 본고는 21세기 국어학의 방향이 어떻게 진행될 것인지에 대해 소략히 살펴보았다. 그러나 지나온 역사를 꼼꼼히 되돌아보는 것도 어려운 작업인데, 하물며 앞으로의 일에 대해 전망한다는 것은 천리안을 가진 사람이 아니고서는 거의 불가능한 일이라고 본다. 본고도 이러한 한계를 고스란히 지니고 있음을 시인한다. 따라서 본고에서는 다음과 같은 몇 가지 접근 방법을 통해 미약하나마 앞으로 전개될, 아니 어쩌면 전개되기를 바라는 방향을 조심스럽게 진단하고자 한 것이다. 그 접근방법이란 첫째는 지나온 역사를 되짚어 보면서 그 변화의 흐름에 예의 주시하고, 둘째는 현재의 시대적 상황을 냉철한 이성으로 파악하며, 셋째는 부정적인 측면과 긍정적인 측면을 다 아우르되, 보다 긍정적인 관점을 가지고 국어학의 방향을 전망한다는 것이었다. 이러한 세가지 기본 방침으로 통해 21세기에 국어학은 어떠한 방향으로 나아갈 것이고, 또 나아가야만 하는가 하는 점을 언급하였다.

먼저 지금 당면한 시대적 상황 속에서 국어는 어떠한 위상을 갖고 있는가 하는 점을 살펴보았다. 이것은 반대로 국어학이 이 시대적 요청에 부응하기 위해 어떤 노력을 해야 하는가 하는 문제다. 본고는 21세기의 시대적 상황 속에서 국어의 위상을 민족어로서의 한국어, 디지털 언어로서의 한국어, 세계어로서의 한국어로 상정해 보았다. 21세기 국어학의 성패는 이러한 세 가지 위상을 얼마나 직시했는가 하는 데 있다고 믿는다. 다음으로는 지난 한 세기 동안의 언어 연구의 변화를 고찰해 보았다. 이것은 역사란 결코 무에서 유를 만들어 내는 것이 아니라는 생각 때문이다. 즉, 향후 1백년의 역사는 지난 세기의 연장선상에서 파악해야 되지, 단절된 시각으로 바라보아서는 안 된다는 생각 때문이다. 본고는 지난 한 세기 동안 언어 연구의 변화상을 대표적인 저서를 중심으로 살펴보면서, 각 시대별 특징과 변화의 배경을 이해하기 위해 노력했다. 그리고 이러한 연장선상에서 새로운 세기의 언어 연구의 특징과 방향을 간추려 보았다. 순수언어학에서 응용언어학으로, 단독 연구에서 학제간 연구로, 이론중심에서 기능중심으로, 미시적 연구에서 거시적 연구로 등이 바로 그것이다. 앞으로의 국어 연구의 방향도 이러한 큰 틀을 견지하면서 진행되리라고 생각한다.

그리고 이러한 사전 작업을 통해 21세기 국어학의 목표를 다음과 같이 다섯 가지로 상정해 보았다. 한국학으로서의 국어학, 언어학으로서의 국어학, 정보학으로서의 국어학, 인지과학으로서의 국어학, 세계학으로서의 국어학 등이 바로 그것이다. 21세기에 국어학은 이러한 목표를 효율적으로 달성할 수 있도록 각고의 노력을 경주할 것으로 보이며, 또 그렇게 해야만 시대적 요청에 부응할 수 있다고 믿는다. 한편, 이러한 목표를 달성하기 위해서는 국어학 영역에 새로운 개념 정립이 필요하다는 견해도 덧붙였다. 즉, 위와 같은 다양한 국어학의 목표를 효과적으로 달성하기 위해서는 국어학 영역과 학제가 새롭게 재편되어야 한다는 것을 지적했다.

구체적인 국어 연구방향에 대해서는 순수국어학과 응용국어학으로 나누어 논의를 전개했는데, 순수국어학은 이전처럼 그 중요성이 여전할 것이며, 응용국어학을 위한 이론적 토대로서의 역할을 충실히 할 것으로 보인다. 특히 역사국어학의 발전과, 자료연구에 대한 관심이 더욱 높아질 것으로 보인다. 응용국어학은 바야흐로 21세기 국어학의 중추가 될 것으로 예상했다. 학제간 공동연구가 활성화되면서 국어학은 다양한 인접학문과 접촉하고 새로운 관심 분야를 만들어 나갈 것으로 보이며, 또 새로운 영역에서 주도적인 위치를 차지할 것으로 보인다. 국어정보학이나 국어공학, 국어인지학, 언어생리학 등이 대표적인 분야가 되지 않을까 싶다. 그리고 마지막으로 21세기에는 국어학이 국제적 위상을 확보해 나갈 것으로 보이며, 이를 위해서는 국어 연구의 독창성, 통일시대의 민족어 연구, 비교연구의 활성화, 국어교육의 발전 등이 필요하다는 것을 주장했다.

지난 한 세기 동안 국어학은 시대의 흐름 속에서 부족하나마 나름대로 최선을 다했다고 믿는다. 이제 또 다른 변화의 시대를 맞이해서 국어학이 진정 어떤 모습으로 변모할지는 그 누구도 예단하기 어려운 일이다. 다만 예전에 그랬듯이 앞으로도 국어학의 방향은 우리가 바라는 방향으로 갈 것이라는 믿음과 또 그렇게 되기 위해 국어학계는 최선을 다할 것이라는 다짐이다. 보다 분명한 것은 21세기는 국어학의 위기가 아니라 발전의 세기가 될 것이며, 그 주역은 다름 아닌 이제 막 국어학에 첫발을 내딛기 시작한 갓난 국어학도라는 사실이다.

| 참고문헌 |

고창수(1999), 『한국어와 인공지능』, 태학사.
구현정(2000), 「21세기 국어학의 전망과 새로운 모색 - 의미·화용론 분야」, 『한말 연구』 6, 한말연구학회.
권재일(1997), 「21세기 국어의 새로운 방향」, 『대구어문논총』 15, 대구어문학회.
김민수(1964), 『신국어학』, 일조각.
김형규(1949), 『국어학개론』, 일성당서점.
시정곤(1998), 「국어학과 인지과학」, 『어문논집』 37, 안암어문학회.
시정곤(2000), 「정보화 시대와 형태 연구의 새로운 방향」, 『한민족어문학회 2000년 전국 학술발표대회 논문집』.
시정곤·김원경·고창수(2000), 「영·한 기계번역 성능평가 방안 연구」, 『언어와 정보』 4-2, 한국언어정보학회.
심재기(2000), 「21세기 국어학의 과제」, 『성심어문논집』 22, 성심어문학회.
이기문(1999), 「21세기와 국어학」, 『국어국문학』 125, 국어국문학회.
이기용·시정곤 편(2001), 『정보지식혁명과 전문용어』, 한국문화사.
이희승(1950), 『국어학개설』, 민중서관.
정경일 외(2000), 『한국어의 탐구와 이해』, 도서출판 박이정.
홍윤표(1999), 「국어학 연구의 앞날」, 『한국어학』 9, 한국어학회.
홍재성 외(2000), 『21세기 세종계획 - 전자사전개발-』, 문화관광부 연구보고서.
Aronoff, M. & J. Rees-Miller (ed.) (2001), *The Handbook of Linguistics*, Blackwell Publishers Ltd.
Bloomfield, L.(1933), *Language*. New York: Henry Holt and Co.
Fromkin, V. & R. Rodman(1974), *An Introduction to Language*, New York: London ; Holt, Rinehart and Winston Inc.
Fromkin, V. & R. Rodman(1998), *An Introduction to Language*(6th), International Thomson Publishing.
Fromkin, V. (Ed.) (2000), *Linguistics: An Introduction to Linguistic Theory*, Polity Press.
Hockett, C. F.(1958), *A Course in Modern Linguistics*, New York: Macmillan.

국어학 관련 학회 현황(2001.1 현재)

박창원 | 조경하

개신어문연구회(개신언어학회)

영   문 Gaesin Language And Literature Society

설립일자 1981.04.01 | 설립지역 : 충북

설립목적 국어국문학 및 관련 학문을 연구하고 이를 학술적으로 접근함으로써 민족문화 창달에 기여함을 목적으로 한다.

회 원 수 정회원 223명, 기관회원수 115

경북어문학회

영   문 Kyungpook Eomunhakhoi

설립일자 1962.09.15 | 설립지역 : 대구

설립목적 한국의 언어와 문학에 대한 조사, 연구 및 연구결과의 보급을 통하여 국어국문학 연구의 발전에 이바지한다.

주요사업내용

　　　학회지『어문론총』연 1회 발행

구결학회

영   문 The Society Of Kugyol

설립일자 1988.02.07 | 설립지역 : 경기

설립목적 구결학회는 차자표기를 중심으로 하여 국어사를 중점적으로 연구하는 학회이다. 차자표기는 한자의 훈과 음을 이용하여 우리말을 표기한 것으로서 훈민정음이 창제되기 이전까지 우리 조상들이 이용했던 문자와 그 표기법이라고 할 수 있다. 차자표기는 이두, 구결, 향찰 등의 문장표기와 지명, 인명, 관명, 물명 등의 어휘표기로 나뉜다. 이들을 음운론, 문법론, 어휘론의 관점에서 집중적으로 연구함으로써 국어사 연구에 이바지하고, 나아가 우리의 고대언어 자료와 문자표기의 전통을 세계에 널리 알리는 데에 목적을 두고 있다.

주요사업내용

　　　1 口訣 吏讀 鄕札 固有名詞 表記 등의 借字表記 자료들을 발굴

　　　　　및 정리하고, 보급하기 위한 사업

　　　　2 借字表記 資料들을 연구하고 출판하기 위한 사업

　　　　3 借字表記와 관련한 國語史 및 國語學의 연구를 위한 사업

　　　　4 기타 借字表記 資料들과 관련하여 필요한 사업

　　　　5 『구결연구』 발행

　　　　6 월례강독회, 공동연구발표회 개최

구조문법연구회

영　　문　The Society Of Phrase Structure Grammar

설립일자　1999.03.01 | 설립지역 : 서울

설립목적　본 학회는 구구조문법 이론 및 그 응용에 대한 연구를 활성화시키
　　　　고 언어이론의 발전에 이바지함을 목적으로 한다.

국어국문학회

영　　문　The Society Of Korean Language And Literature

설립일자　1951.09.21 | 설립지역 : 서울

학회소개　국어국문학회는 1952년에 설립된 이래 근 50년에 이르는 역사를
　　　　통하여 국어국문학 분야의 대표적인 학회로서의 역할을 해 왔다.
　　　　1952년 11월에 학회지 『국어국문학』 1집을 간행한 이후 현재까지
　　　　128호의 학회지를 간행하였으며, 또한 그동안 40여 차례에 걸쳐
　　　　대단위 전국 국어국문학 학술대회를 개최하는 등 활발한 학술활동
　　　　을 통해 국어국문학의 발전에 이바지해 왔다. 국어국문학 분야의
　　　　연구성과를 총결산하는 일련의 총서 출간작업 역시 본 학회의
　　　　중요한 성과로 꼽을 수 있다. 현재 2천 명이 넘는 회원이 가입돼
　　　　있는 본 학회는 국어국문학 분야의 대표 학회로서 교육부 산하
　　　　학술단체연합회에서 중요한 몫을 담당하고 있다. 본 학회의 학회
　　　　지 『국어국문학』은 한국학술진흥재단의 인문분야 학술지 평가에
　　　　서 국내 처음으로 등재후보 학술지로 선정되어 그 우수성을 공인받
　　　　기도 하였다.

설립목적   국어학 및 국문학을 연구함으로써 민족정신을 앙양하여 세계문화
　　　　　에 기여한다.
주요사업내용
　　　　　1 학회지 『국어국문학』 및 기타 기획도서의 간행 : 학회지는 매년
　　　　　　5월말과 12월말, 두 차례에 걸쳐 간행
　　　　　2 학술발표대회 및 학술강연회의 개최 : 학술발표대회(전국 국어
　　　　　　국문학대회)는 통상 매년 5월말에 개최
　　　　　3 기타 학문발전에 필요한 다양한 사업
회 원 수   정회원 2051명, 영구회원 220명, 기관회원수 121

국어사자료학회

설립일자   1997.05.10 | 설립지역 : 대구
설립목적   본 회는 국어사와 관련된 자료를 발굴하고 연구하여 국어학 연구
　　　　　제 분야의 발달에 기여하는 것을 목적으로 한다.

국어정보학회

설립일자   1990.10.27
설립목적   국어정보처리 이론체계 정립과 기술 향상을 통한 정보산업 성장
　　　　　지원, 국어정보처리 기술의 보급 및 표준화
회 원 수   144명

국어학회

영　　문   The Society Of Korean Linguistics
설립일자   1959.11.22 | 설립지역 : 서울
설립목적   本會는 순수한 國語學의 연구와 보급을 꾀하며 아울러 硏究者
　　　　　서로의 친목을 두텁게 함을 목적으로 한다(회칙 제2조).
주요사업내용
　　　　　1 회지 및 기타 도서의 간행
　　　　　　학회지 『국어학』 연속 간행

'국어학총서' 연속 간행

기타 국어학 연구 및 자료 도서 간행

2 국어학 연구 및 연구결과 보급을 위한 행사

국어학회 공동연구회 개최(매년 1회)

특별강의 개설

3 일석 국어학 연구 장려상 시상

회 원 수   723명

국제어문학연구회

영　　문   International Association Of Language And Literature

설립일자   1979.09.01 | 설립지역 : 서울

설립목적   언어와 문학, 예술과 문화를 연구하여 한국학의 위상 정립에 이바
지함을 목적으로 한다.

주요사업내용

1 학술지 발간

1979년 9월 학회지『국제어문』제1집 발간

2001년 8월 현재 제23집까지 발간

2 학술발표대회 개최

1981년 3월 제1회 학술발표대회 개최

2001년 8월 현재 제48회 학술발표대회까지 개최

3 학술서적(단행본) 발간

2000년 4월『우리 말글과 문학의 새로운 지평』(도서출판 월인)
발간

2000년 12월『기독교와 한국문학』(도서출판 월인) 발간

2001년 7월『문자문화와 디지털 문화』(국학자료원) 발간

4 문학교육교재 발간

2002년『문학개론』발간 예정

회 원 수   정회원 304명, 준회원 64명

국제한국어교육학회

영　문　The International Association For Korean Language Education

설립일자　1985.08.15 | 설립지역 : 서울

설립목적　국제한국어교육학회 (IAKLE)는, 한국어를 전 세계에 보급하고
　　　　　지원하는 국내외 한국어교육계와 한국어교육자의 성장과 발전을
　　　　　목적으로 삼아, 외국인을 위한 한국어교육에 종사하는 교육자와
　　　　　이에 깊은 관심을 가지고 있는 많은 학자들이 뜻과 힘을 모아
　　　　　1985년에 설립한 학회이다.

　　　　　학회 설립 목적을 좀더 구체적으로 구현하기 위하여 다음과 같은
　　　　　세부 목표를 세우고 학회활동을 하고 있다.

　　　　　1 한국어교육자의 연구활동과 교수활동에 도움을 줄 수 있는 학술
　　　　　　지와 소식지 발간

　　　　　2 전 세계 한국어교육자가 참여하여 연구활동을 할 수 있는 국제학
　　　　　　술대회 개최

　　　　　3 국내 한국어교육자가 참여하여 연구활동을 할 수 있는 국내학술
　　　　　　대회 개최

　　　　　4 한국어교재 및 한국어교육프로그램 개발

　　　　　5 한국어교육을 위한 학술자료 발간

　　　　　6 정보공유 및 학문적 교류를 위한 홈페이지 운영

　　　　　위와 같은 구체적인 목적사업은 한국의 성장 발전은 물론 한국경제
　　　　　와도 밀접하게 관련되므로 한국을 사랑하고 한국어를 사랑하는
　　　　　학회와 학회원은 한마음으로 열심히 학회활동을 하고 있다.

주요사업내용

　　　　　1 학회지와 소식지 발간

　　　　　　매년 2회 학술지 발간

　　　　　　매년 4회 소식지 발간

　　　　　2 학술대회 개최

　　　　　　매년 1회 국제학술대회 개최

　　　　　　매년 2회 국내학술대회 개최

3 한국어교재 및 한국어교육프로그램 개발
   관련 기관의 한국어교재 개발 프로젝트에 참여
   관련 기관의 한국어교육프로그램 개발 및 운영에 참여
4 한국어교육을 위한 학술자료 발간
   국제학술대회와 국내학술대회를 위한 발표요지 모음집과 특강
   자료 발간
5 정보교환 및 학문적 협조
   관련 기관 및 학회와 연합학술대회 개최
   관련 기관 및 학회의 학술대회 후원

담화인지언어학회

영   문   The Discourse And Cognitive Linguistics Society Of Korea
설립일자   1991.06.10 | 설립지역 : 서울
설립목적   본 학회는 담화문법, 텍스트문법, 인지문법, 기능문법, 화용론에서
   대상으로 삼는 언어현상을 연구하고 발표하는 데 그 목적을 둔다.
회 원 수   정회원 207명, 준회원 108명, 영구회원 67명, 기관회원수 24

대한언어학회

영   문   The Linguistic Association Of Korea
설립일자   1992.09.05 | 설립지역 : 광주
설립목적   본 학회는 언어에 대한 이론적 연구와 그 활용을 통하여 언어학
   발전에 공헌함을 그 목적으로 한다.
주요사업내용
1 학술지의 발간 및 그 밖의 언어 연구에 관한 도서의 출판
   언어학 전문학술지『언어학』을 연간 3회 발행하며(연 1회 국제
   학술지 발행 포함) 발행된 학술지를 각 대학과 연구소를 포함한
   주요 기관에 발송
2 학술연구 발표회, 산하 연구회 및 강좌 개설
   언어학 제반 분야에 대한 국내 및 국제 학술대회 개최를 통한

언어학 보급 및 증진 사업

국내학술대회 연간 2회

3 해외학계와 학술교류 및 유대강화

4 언어학 자료의 수집

5 그 밖의 언어 연구에 도움이 되는 학술 및 친목 활동

6 월례발표회(colloquium) 및 월례연구회(workshop) 개최

연구자의 독창적인 논문을 발표하고 토론하는 모임으로, 새로 발표된 박사학위논문이나, 연구논문 등을 다룬다. 산하 분과연구회(음성-음운 연구회, HPSG 연구회, 의미-통사 연구회) 중심으로 월례발표회를 갖는다. 또한 최근 핫이슈가 되고 있는 주제를 선정하여 관련 논문을 읽고 토론하는 모임을 갖는다.

7 국내 학술지 발간

학회의 공식 학술지로 『언어학』(*The Linguistic Association of Korea Journal*)을 연 2회 발간한다.

8 국제학술지 발간 [예정]

학회의 공식 국제수준 학술지 *The Linguistic Association of Korea Journal*을 연1회 발행, 보급한다.

9 적절한 주제를 택하여 학회지의 자매 총서(The Monograph Studies in Linguistics)를 발간한다.

10 기타

기타 본 회의 목적 달성에 필요한 사업을 추진한다.

회 원 수   정회원 443명, 준회원 11명, 영구회원 48명

대한음성학회

영   문   The Phonetic Society Of Korea

설립일자   1976.12.29 | 설립지역 : 서울

설립목적   음성학의 연구와 교육 및 보급에 이바지함을 목적으로 한다.

주요사업내용

1994. 2 제1회 음성학 학술대회 개최

1996. 2 제2회 음성학 학술대회 개최

1999. 7 제3회 음성학 학술대회 개최

2000. 3 제4회 음성학 학술대회 개최

1996.10 제1회 서울 국제 음성학 학술대회 개최

2000. 7 제2회 서울 국제 음성학 학술대회 개최

돈암어문학회

영　문　The Donam Language & Literature

설립일자　1998.10.17 | 설립지역 : 서울

설립목적　돈암어문학회는 1998년 10월 17일 설립되었다. 본 회의 전신은 1987년에 세워진 성신어문학회로, 18차에 걸친 학술대회와 10권의 학회지를 발행한 뒤에 전국적인 규모의 학회지로 발돋움하기 위해 명칭을 개칭하였다. 본 회는 국어국문학을 연구하고, 그 학풍을 계승·발전시키는 데 그 목적을 두고 있다. 이를 위해 연구발표회 및 학술토론회를 개최하고, 연구논문집인『돈암어문학』을 연 1회 이상 간행하며, 본 회의 목적과 관계 되는 기타 필요한 사업을 시행하고 있다.

회 원 수　정회원 298명, 명예회원 6명

동남어문학회

영　문　Dong Nam Eo-Mun-Hak-Hoi

설립일자　1990.09.24 | 설립지역 : 부산

설립목적　본 회는 국어국문학 연구와 이를 통한 학풍 수립을 그 목적으로 한다. 이 목적을 달성하기 위해 자료의 수집 및 정보교환, 학회지 및 기타 출판물 간행, 연구발표회, 강연회, 강좌 개최 등의 사업을 하고 있다.

반교어문학회

영　문　The Society Of Bangyo Language And Literature

설립일자   1981.12.21 | 설립지역 : 서울

설립목적   반교어문학회는 '국어국문학의 연구'를 목적으로 하며, 다음을
　　　　　주된 사업으로 한다.
　　　　　1 학술연구 발표회
　　　　　2 학회지 및 연구서 발간
　　　　　3 기타 필요한 사업

주요사업내용
　　　　　기획 주제를 통한 어문학 연구의 새로운 패러다임 정립
　　　　　　기획 주제를 통해 연구의욕을 고취하고, 이에 따른 결과물을
　　　　　　책이나 자료집으로 발간하여, 학계의 선도적인 역할을 유도함.
　　　　　정례 학술발표와 토론의 활성화
　　　　　　정례 학술발표를 분기별로 실시하며, 각 발표회의 주제발표문
　　　　　　과 토론문을 미리 묶어 인쇄하여 배포함으로써, 활발하고 적극
　　　　　　적인 토론을 유도함.
　　　　　홈페이지를 활용한 정보와 자료의 공유
　　　　　　학회 홈페이지를 활용, 학술발표회나 학회지의 파일을 배포하
　　　　　　며, 각종 정보를 실시간을 제공함. 아울러 회원의 근황을 알리거
　　　　　　나, 회원 간의 긴밀한 연락이 가능하도록 웹사이트를 적극적으
　　　　　　로 활용함.

배달말교육학회

설립일자   1983.03.01

설립목적   배달말 교육은 외국어교육과 다르게 되어야 한다는 것에서 출발하
　　　　　여 국어교육 개선에 이바지하고자 한다.

회 원 수   564명

주요사업내용
　　　　　학회지『배달말교육』발행(연 2회)
　　　　　월례발표회 시행
　　　　　『모국어교육』발간

520

배달말학회

영 문 Korean Language & Literature Society

설립일자 1973.03.15 | 설립지역 : 경남

설립목적 배달말학회는 배달 말·글에 관한 연구 및 연구결과의 보급을
통하여 배달겨레의 문화창달에 이바지함을 목적으로 한다.

주요사업내용

1 배달 말·글에 관한 연구

2 학회지『배달말』및 기타 출판물 간행

3 연구발표회 및 학술강연회 개최

4 배달말사전 편찬

회 원 수 정회원 148명, 기관회원수 46

백록어문학회

영 문 Paerok Eomun Hakhoi

설립일자 1994.02.19 | 설립지역 : 제주

설립목적 백록어문학회는 1994년 2월 19일 국어국문학의 발전과 제주도의
언어·민속에 관심을 가지고 있는 연구자들에 의해 창립되었다.
백록어문학회의 모체는 제주대학교 사범대학 국어교육과의 국어
교육연구회이다. 국어교육연구회에서는 매년 학술조사를 실시하
고 그 결과를『학술조사보고서』혹은『白鹿語文』에 실어 왔다.
그러나, 학생들이『백록어문』을 출판하기 어렵게 되자 교수·대학
원생·동문들이 중심이 되어 학회로 독립하고 새로운 연구단체로
출발하였다.
백록어문학회는 기존에 국어교육연구회에서 간행하던『白鹿語文』
의 제호를 인수받아『白鹿語文』11집부터 본격적인 학술지로 간행
하여 왔다. 회원 수는 2001년 1월 현재 250여 명이고, 학회 활동이
활성화됨에 따라 전국 여러 대학의 관련 교수와 전문 학자들의
참여도 지속적으로 확대되고 있다.

성심어문학회

영   문 The Society Of Songsim Language And Literature
설립일자 2000.10.28 | 설립지역 : 경기
설립목적 본 회는 국어국문학을 체계적으로 연구함으로써, 한국적 어문이론
          을 정립하여 인문학적 지평을 확대하는 것을 목적으로 한다.

숭실어문학회

영   문 The Society Of Soongsil Language And Literature
설립일자 1983.06.10 | 설립지역 : 서울
설립목적 본 회는 국어국문학의 연구를 통하여 학술발전을 도모하며,
          1 연구발표회 및 학술간행회 개최
          2 연구논문집 간행 및 기타 학술지 발간
          3 기타 학술활동과 친목에 관련된 사업 등을 한다.
주요사업내용
          1987. 8 숭실어문연구회 창립
          1987. 4 숭실어문 제4집 간행
          1988. 3 제1회 학술발표회 개최
          1996. 7 숭실어문학회로 확대 개편
          1999.11 제1차 전국학술대회(주제 : 새세기 한국어문학의 전망)
          2000.12 제2차 전국학술대회(주제 : 기독교와 한국 어문학)
          2001. 6 숭실어문 17집 간행
          2001.11 제3차 전국학술대회(주제 : 사행문학의 세계)
회 원 수 정회원 180명

시학과언어학회

영   문 Poetics & Linguistics
설립일자 2001.03.31 | 설립지역 : 서울
설립목적 본 학회의 설립목적은 시학과 언어학을 연구하고 발전시키는 데
          있다. 그리고 이러한 학회의 설립목적을 달성하기 위해 본 학회에

서는 다음과 같은 사업을 실시한다.

1 언어문화 전반의 연구와 발전을 위한 자료 조사, 수집, 이론계발 등 제반 활동

2 정기 학술발표대회 개최 및 학회지 발간

3 연구성과의 출판, 보급 및 국제화 사업

4 기타 언어문화의 발전을 위하여 필요한 사업

안동어문학회

안동어문학회는 우리 언어와 문학에 애정을 가진 사람들이 우리 말과 글의 연구를 목적으로 1996년 창립한 순수학술 단체이다.

본 학회는 이 목적을 달성하기 위해 매년 정기 학술발표회를 가지며, 학회지인 『안동어문학』을 발간하고 있다.

어문연구회

설립일자   1962.11.07

설립목적   본 회는 국어학, 국문학, 민속학, 한문학을 연구함으로써 향토 문화의 고유성을 중점 계발하여 민족문화 창달에 기여하고 나아가 세계문화의 대열에 일익을 담당할 것을 목적으로 한다.

회 원 수   정회원 354명, 특별회원 16명

주요사업내용

　　　　　학회지 『어문연구』 발행(연간)

어문연구학회

영   문   The Research Socierty Of Language And Literature

설립일자   1962.11.19 | 설립지역 : 대전

설립목적   본 학회는 국어국문학을 연구함으로써 한국문화의 전통성과 향토 문화의 고유성을 중점 계발하여 민족문화 창달에 기여하고 나아가 세계문학의 대열에서 일익을 담당할 것을 목적으로 한다.

주요사업내용

1 학회지 발간

국어국문학 관련 논문을 1년에 3회 발간

국어학, 고전문학, 현대문학, 구비문학의 네 분야의 논문을 엄정
한 심사를 거쳐 수록

2 학술대회 개최

1년에 2회 춘계와 추계로 전국 학술대회 개최

비정기적으로 분과별 학술발표회 개최

회 원 수   정회원 440명, 준회원 132명, 영구회원 8명, 기관회원수 24

언어과학회

영　　문　The Journal Of Linguistics Science

설립일자　1980.10.13 | 설립지역 : 대구

설립목적　본 회는 발달하는 언어학의 이론을 상호 연구 발표하고, 일반 언어
이론과 개별언어학의 발전에 기여함을 목적으로 한다.

1 각 개별 언어에 대한 연구

2 일반 언어이론에 대한 연구

주요사업내용

1 학술발표대회 개최(연2회)

2 학술지『언어과학연구』발간(연2회)

3 학술상 시상

봉운학술상 : 학문적 업적이 뛰어난 중견 학자에게 수여됨.

백민학술상 : 장래가 촉망되는 신진학자에게 수여됨.

4 국내외 학회와 합동학술발표대회 개최

국내외 학술단체 및 연구소와 학술교류

국내 저명학자 초빙 초청강연회 개최

회 원 수   정회원 271명, 준회원 30명, 영구회원 22명, 기관회원수 323

우리말글학회

영　　문　Urimalgeulhakhoe

설립일자　1982.03.01 | 설립지역 : 경북
설립목적　본 학회는 우리말과 우리글을 종합적으로 연구하여 우리문화 창달
　　　　　에 이바지함을 목적으로 한다.
주요사업내용
　　　　　학회지『대구어문논총』발행(연간)
　　　　　전국학술발표대회 개최
　　　　　우리말글학회로 회명 변경
　　　　　『우리말글』발간
회 원 수　정회원 419명, 기관회원수 10

우리말학회

영　　문　Urimalhakhoi
설립일자　1975.05.05 | 설립지역 : 부산
설립목적　국어학 연구
　　　　　동남방언 조사 및 연구
　　　　　학술발표 및 학술교류

우리어문학회

설립일자　1975.03.12 | 설립지역 : 서울
설립목적　국어국문학의 제반 문제를 연구하고 그 결과를 발표하는 것을
　　　　　목적으로 한다.
회 원 수　정회원 104명, 영구회원 51명

이중언어학회

영　　문　The Korean Society Of Bilingualism
설립일자　1981.09.26 | 설립지역 : 서울
설립목적　본 회는 이중언어학 및 이중언어교육의 이론적 연구와 응용을
　　　　　통하여, 해외교포 및 외국인에게 한국어를 보급하고 해외 한국어
　　　　　교육을 후원하는 데 목적을 둔다.

주요사업내용

    1981. 9 이중언어학회 창립 학술대회 개최(덕성여대. 초대회장 김민수 | 고려대)

    1983. 7 학회지 『二重言語學會誌』 제1호 발행 (탑출판사)

    1985.10 연구발표 및 제4차 정기총회(고려대. 제3대 회장 장병혜 | 미국 매릴랜드 대학)

    1987.10 1987 정기총회 및 연구발표회(탑출판사. 제4대 회장 박영순 | 고려대)

    1988. 8.12～13 제1회 국제학술대회 개최(고려대 과학도서관)

    1990. 7.12～15 제2회 국제학술대회를 중국조선어학회와 공동으로 개최(중국 연변대학)

    1991. 7.22～24 제3회 국제학술대회를 소련언어교육학회와 공동으로 개최(소련 모스크바 국립사범대학)

    1991.10 학회창립 10주년 기념 세미나(고려대)

    1991.12 제6차 정기총회(제6대 회장 심재기 | 서울대)

    1993. 1.22～23 제4회 국제학술대회를 국제고려학회와 공동으로 개최(일본 大阪, 大阪府 敎育會館)

    1993.11 제7차 정기총회 및 1993년도 학술발표회(고려대 인촌기념관. 제7대 회장 성광수 | 고려대)

    1994. 9.9～10 제5회 국제학술대회(부산여자대학교)

    1995. 8.1～3 제6회 국제학술대회 개최(독일 레겐스부르그 대학교)

    1995.10 제7회 국제학술대회 개최(고려대학교 인촌기념관)

    1997.12 제8차 정기총회 및 1997년도 학술대회(고려대학교 교우회관. 9대 회장 박갑수 | 서울대)

    1998.11 1998년도 전국학술대회(서울대 박물관 강당)

    1998.12 학회지 명칭을 '二重言語學會誌'에서 '이중언어학'으로 개정키로 함.

    1999. 7.7～8 제8회 국제학술대회 개최(터키 앙카라 대학교)

1999.12 제9차 정기총회 및 1999년도 전국학술대회 개최(한국외대
　　대학원 강당. 10대 회장 남성우 | 한국외대)
2000.11 제9회 국제학술대회 개최(세종문화회관 컨퍼런스홀. 문
　　화관광부 한국어세계화추진위원회와 공동개최)
2000.12 학회지 『이중언어학』 제17호 발행
2000.12 현재 총회원 409명(교수 259명, 기타 150명)
회 원 수　정회원 409명

이화어문학회

영　　문　The Society Of Ewha Korean Language And Literature
설립일자　1976.06.15 | 설립지역 : 서울
설립목적　본 회는 우리의 국어국문학을 과학적, 실천적으로 연구하여 민족
　　문화 및 세계문화의 발전에 기여함을 목적으로 한다.
주요사업내용
　　학회지 『이화어문논집』 발행
　　정기학술대회 개최

인천어문학회

설립일자　1999.12.01 | 설립지역 : 인천
설립목적　학문연구
　　학술지 발간
　　기타 사업

중원언어학회

영　　문　The Joong Won Linguistic Society Of Korea
설립일자　1994.10.05 | 설립지역 : 충북
설립목적　본 학회는 아래와 같은 학술활동과 회원 상호간의 친목을 도모함을
　　목적으로 하고 있다.
　　1 학회지 발간

2 연구발표회

3 도서 출판

4 언어학 관계 도서 · 자료의 수집 및 비치

한국교열기자회

설립일자　1975.10.17

설립목적　본 회는 교열기자들의 상호친목을 통한 유대강화 및 권익보호와
　　　　　교열기자로서의 품위를 유지하고 사명감을 고취하며 회원들의
　　　　　어문연구 활동을 위한 각종 지원을 해줌으로써 보도용어 순화와
　　　　　국어문화 창달에 이바지하며 나아가 국가 어문정책 발전에 기여함
　　　　　을 목적으로 한다.

회 원 수　전국 37개 회원사 약 600여 명

주요사업내용

　　　　　계간지『말과글』발행

　　　　　공동세미나 개최

　　　　　신문 · 방송 보도용어 순화 자료집 발간

한국멀티미디어언어교육학회

영　　문　The Korea Association Of Multimedia-Assisted Language Learning

설립일자　1997.10.06 | 설립지역 : 서울

설립목적　정보화시대의 요구에 부응하기 위한 일환으로 멀티미디어 매체를
　　　　　활용한 언어교육에 관심을 가지고 있는 대학교수, 각종 기관의
　　　　　연구원, 초 · 중등학교 교사들이 뜻을 같이하여 한국 멀티미디어
　　　　　언어교육학회를 1997년 10월 6일에 창립하였다. 본 학회의 회원들
　　　　　이 인터넷, CD-ROM title, 멀티미디어 교수법 등의 최첨단 멀티미
　　　　　디어 활용 언어교육 분야에서 멀티미디어 활용능력을 신장하고,
　　　　　서로 정보를 공유하고, 새로운 멀티미디어 언어 교수 및 학습이론
　　　　　을 개발하기 위하여, 연 2회 학술지(*Multimedia-Assisted Language
　　　　　Learnig*)를 발간하고, 연 2회 학술대회를 개최하고 있다.

회 원 수   정회원 845명, 영구회원 70명

한국사회언어학회

영   문   The Sociolinguistic Society Of Korea

설립일자   1990.12.08 | 설립지역 : 서울

설립목적   본 학회의 목적은 사회언어학과 관련된 제반 학술활동을 하는
데에 있다. 언어라는 것은 인간 상호간의 이해를 위한 단순한
교환수단이 아니라 인간의 사유와 행동과 그의 삶을 지배하고
창조하며, 객관적 사실과 인간정신의 중간에 놓여 인간성의 본질
적인 핵심에까지 관계하는 힘을 가지고 있다. 결국 언어 표현은
환경적 변화에 따른 사회적 의미를 지니게 되므로, 순수언어적인
문맥의 한계를 넘어 언어 외적인 제반 상황을 미루어 해석해야만
말하는 이의 참뜻을 이해하게 되는 것이다.

따라서 본 학회는 사회언어학과 관련된 제반 연구에 참여하거나
관심이 있는 학자들이 모여 서로 논문 발표와 토론을 통해 언어학
적 이론의 깊이를 꾀하며 언어 발전에 이바지하고자 한다. 곧,
언어가 사회적 행위의 하나로서 갖는 중요성을 인식하고, 언어를
사회적 현상이나 행위로 보고 이에 대한 체계적 이론의 깊은 이해
를 꾀하고자 한다.

주요사업내용

1 사회언어학 이론을 널리 공부시키고 발전시키는 것을 목적으로 함.
본 한국사회언어학회는 매년 2회(4월, 9월)에 걸쳐 사회언어학
에 관련되는 많은 이론서들을 소개하고 연구하는 모임을 가짐으
로써 사회언어학 이론을 튼튼히 하고 발전시키는 데에 일익을
담당할 수 있게 한다.

2 사회언어학을 전공하는 학자들을 양성함.
한국사회언어학회에서는 매년 발표회(6월, 11월)를 가짐으로써
사회언어학을 전공하는 학자들의 발표를 통해 학문을 공고히
하고 발전시키는 것을 목적으로 함.

3 사회언어학 용어사전 및 사회언어학 관련 번역서 사업계획.
한국사회언어학회는 사회언어학을 발전시키고 널리 알리기 위
한 일환으로 총서 발간을 진행하고 있음.
4 국제학술 발표대회 개최.
한국사회언어학회는 한국어의 언어사용에 관한 것뿐만 아니라
전 세계의 사회언어학을 발전시키고 소개하고자 하는 목적으로
5주년, 10주년 등의 시기에 국제학술발표 대회를 개최하고 있음.

회 원 수   정회원 200명, 준회원 180명

한국생성문법학회

영   문   The Korean Generative Grammar Circle
설립일자   1989.02.13 | 설립지역 : 서울
설립목적   본 회는 회원 상호간의 생성문법 연구를 도모하고 우리나라의
생성문법 연구의 발전에 공헌함을 목적으로 한다.
주요사업내용
1 월례발표회(colloquium) 개최
연구자의 독창적인 논문을 발표하고 토론하는 모임으로, 새로
발표된 박사학위논문이나, 연구논문 등을 다룬다. 매월 둘째,
넷째 금요일 오후 3시부터 6시까지 대우재단빌딩 세미나실에서
갖는다.
2 월례연구회(workshop) 개최
최근의 핫이슈가 되고 있는 주제를 선정하여 관련 논문을 읽고
토론하는 모임이다. 매월 둘째, 넷째 금요일 오후 3시부터 6시까
지 대우재단빌딩 세미나실에서 갖는다.
3 여름연구회 개최
매년 여름방학 기간중 갖는 학회로서 2년에 한 번씩은 국제적
규모로 개최한다.
4 국내학술지 발간
공식 학술지 『생성문법연구』(Studies in Generative Grammar)를

연 2회 발간한다.

5 국제학술지 발간 [예정]

공식 국제수준 학술지 *Journal of Generative Grammar* 를 발간 준비중에 있다.

6 'The Monograph Studies in Generative Grammar' 발간

시의적절한 주제를 택하여 학회지의 자매총서로서 발간한다.

회 원 수   정회원 284명, 준회원 8명, 영구회원 41명, 기관회원수 42

한국알타이학회

영 문   The Altaic Society Of Korea

설립일자   1985.10.01 | 설립지역 : 서울

설립목적   본 학회는 알타이 제 민족의 언어, 문학, 역사, 민속 등 문화 전반에 관한 연구의 발전에 기여함을 목적으로 한다.

활동내역   『알타이학보』 발행

정기학술대회 및 국제학술대회 개최

회 원 수   정회원 147명, 영구회원 5명, 기관회원수 20

한국어내용학회

설립일자   1993.01.01

설립목적   동적 언어 이론(내용 이론)을 바탕으로 한국어의 내용을 연구함으로써 민족문화의 발달에 기여함.

회 원 수   21명

주요사업내용

『한국어 내용론』 발행(연간)

한국어문학연구학회

영 문   The Association Of The Research On Korean Language And Literature

설립일자   1964.03.01 | 설립지역 : 서울

설립목적　한국어문학 연구 및 학술교류를 목적으로 설립하였다. 학술발표
　　　　　회, 자료의 수집 및 교환, 학회지 및 연구서 발간 등에 있어서
　　　　　상호협력을 목적으로 한다.

주요사업내용

　　　　　1 학술대회 : 연 5회 이상
　　　　　2 학술지 간행 :『한국어문학연구』연 1회
　　　　　3 학술총서 간행 : 1∼7집

회 원 수　　233명

한국어문학회

설립일자　1956.11.8

주요사업내용

　　　　　1 학술지『어문학』발간 : 통권 72집 간행
　　　　　　한국학술진흥재단의 '등재후보학술지'에 선정됨.
　　　　　2 전국 학술발표대회 개최(연 1회) : 현재까지 34회 개최
　　　　　3 정례 발표회 개최(연 4회) : 현재까지 170차례 개최
　　　　　4 연구총서 간행 : 15종 발간
　　　　　5 WWW를 통한 정보교환 : 학술지『어문학』에 실린 논문 공개
　　　　　　및 '자료실'과 '자유게시판', '전자우편' 등을 통한 다양한 정보
　　　　　　교환

회 원 수　　정회원 : 646명, 기관회원수 : 32

한국어문회

설립일자　1991.06.22

설립목적　국어전통의 계승발전과 국한 혼용체제 확립 및 국어순화를 범국민
　　　　　운동으로 전개함을 목적으로 한다.

회 원 수　　1240명

주요사업내용

　　　　　『어문회보』발행(계간)

한국어연구회

설립일자   1983.04.23

설립목적   방송을 통한 국어 및 외국어의 음성언어와 문자언어 사용에 있어서
정확하고 품위 있는 방송언어가 되도록 연구, 결정하여 국어문화
의 확산과 국민의 언어생활을 계도하기 위함.

회 원 수   220명

주요사업내용

『한국어연구논문집』 발행

『방송언어순화자료집』 발행(계간)

한국어의미학회

영   문   The Society Of Korean Semantics

설립일자   1997.02.21 | 설립지역 : 서울

설립목적   언어학 중 최근 세계적으로 연구가 활발히 이루어지고 있는 의미론
분야를 주체적으로 수용하고, 국어학의 연구 중 핵심 분야의 하나
인 의미론에 관한 연구를 활성화하고자 하는 것을 목적으로 한다.
보다 세부적으로는 어휘의미론, 문장의미론, 화용론, 인지의미론,
응용의미론 등을 종합적으로 연구 분석하며, 연구자들 상호간에
의미론 연구의 방향을 설정해 나가고자 한다.

한국어전산학회

설립일자   1988.2.27

설립목적   한국어 자료 및 정보를 수집, 정리, 전산화하고 그 효율적인 활용
방안을 강구하여 한국어의 연구와 보급을 증진한다.

회 원 수   222명

주요사업내용

『한국어전산학』 발행(연간)

한국어학회

영   문   The Association For Korean Linguistics

설립일자   1985.07.27 | 설립지역 : 서울

설립목적   본 학회에서는 현재 국어사 자료 연구회, 음운론 연구회, 형태론 연구회, 통사론 연구회, 의미론 연구회 등의 연구모임을 통하여 음성학, 음운론, 형태론, 통사론, 의미론 등 국어학 전반에 대한 연구활동을 활발히 진행하고 있다. 한편 1996년 10월 23일 충청권 회원들을 중심으로 '한국어학회 중부지회'를 창립하여 연구발표회를 갖고 있으며, 1997년 8월 1일에는 미래의 정보사회를 주도할 학회로 거듭나기 위해 '한국어공학연구소'를 설립하여 현재 '영한/한영 번역기' 개발프로젝트를 진행하고 있다.

주요사업내용

학회에서는 학술정보의 교환 및 연구활동의 진작을 위해 매년 2회(봄, 가을)의 연구발표회와 매년 2회(여름, 겨울)의 전국학술대회를 개최하고 있으며, 회원들의 연구성과를 정리하여 기관지 『한국어학』을 매년 2회(6, 12월) 발행하고 있다. 한편 1994년 8월 20일 『국어사자료선집』(한국어학연구회 편, 서광학술자료사) 출간 이후 국어학 관계 서적의 출간에 심혈을 기울이고 있다.

한국언어과학회

영   문   The Korean Association Of Language Sciences

설립일자   1993.09.01 | 설립지역 : 부산

주요사업내용

학회지 『언어과학』 발행

한국언어문학회

영   문   Korean Language & Literature

설립일자   1963.02.23 | 설립지역 : 전남

설립목적   한국언어문학회는 한국어, 한국문학을 연구하여 한국문화의 향상에 기여하고 회원 상호간의 학술교류 및 학문증진을 도모하여

학계발전에 이바지함을 목적으로 한다.

주요사업내용

    1 학회지『한국언어문학』을 연 2회 발행하여 한국어와 한국문학의
      연구성과를 학계에 발표하고 학문발전의 기여를 목적으로 한다.
      특히 국어학, 고전문학, 현대문학 별로 각각의 전공영역별 논문
      을 엄격한 심사과정을 거쳐 게재토록 하고 있다.

    2 연 1회 또는 2회의 한국언어문학 전국학술 발표대회 및 총회를
      개회하여 학회발전과 학문교류에 그 목적을 두고 있다.

    3 학회지를 매회 750부 발간하여 전국의 회원 도서관에 발송하여
      연구자의 업적을 널리 제공하여 학계에 기여하고 있다.

회 원 수   정회원 716명, 영구회원 46명, 기관회원수 31

한국언어문화학회

영   문   The Society Of Korean Language & Culture

설립일자   1974.03.01 | 설립지역 : 경기

설립목적   본 회는 한국어와 한국문학의 자료를 발굴 정리하고 이론을 정립하
        여 한국어문학과 문화 연구에 기여하는 데 목적을 둔다.

한국언어학회

영   문   The Linguistic Society Of Korea

설립일자   1956.10.01 | 설립지역 : 서울

설립목적   본 학회는 회원 상호간의 언어학 연구를 도모하고 우리나라의
        언어학 연구의 발전에 공헌함을 목적으로 한다.

주요사업내용

    1 매년 3회 학술지 발간, 배포
      한국언어학회의 학술지『언어학』을 연 3회 발간, 배포

    2 정기학술대회 개최
      연 2회의 정기학술대회를 개최

한국언어학회

영   문   The Linguistic Society Of Korea

설립일자   1975.10.25 | 설립지역 : 서울

설립목적   언어의 이론적연구와 그 응용을 목적으로 한다(한국언어학회 회
칙 제 1조).

주요사업내용

1 학술지의 발간 및 그 밖의 언어 연구에 관한 도서의 출판
언어학 전문학술지『언어』를 연 4회 발행하며 발행된 학술지를
각 대학과 연구소를 포함한 주요 기관에 발송

2 학술연구발표회, 연구협의회 및 강좌 개설
언어학 제반 분야에 대한 국내 및 국제 학술대회 개최를 통한
언어학 보급 및 증진 사업(국내학술대회 연 3회, 국제학술대회
2년에 1회)

3 해외학계와 학술교류 및 유대강화

4 언어학 자료의 수집

5 그 밖의 언어 연구에 도움이 되는 학술 및 친목활동

한국음성과학회

영   문   The Korean Association Of Speech Sciences

설립일자   1996.11.02 | 설립지역 : 서울

설립목적   이 학회는 사회 일반의 이익에 공여하기 위하여 공익법인의 설립운
영에 관한 법률의 규정에 따라 음성과학(음성학, 음향생리학, 음향
물리학 기타 관련 분야)에 관한 이론적 연구와 그 응용기술 보급에
기여함을 목적으로 한다.

주요사업내용

1 음성과학 용어의 표준화 작업(1996~현재)
음성학, 음성의학(언어병리학, 청각학), 음성공학(음성합성, 음
성인식, 화자확인 및 스피치코딩) 학제간의 단체이므로 학문간
의 용어통일이 필요하다.

여러 분야의 학자들이 모여 수차례의 세미나를 열어 문제점에 대한 인식을 확실히 하고 분야별로 의견통일이 안 되는 문제를 심층 분석하고 있음.

2 정상인 대상 음성DB 및 의사소통장애인 대상 음성DB 수집 (2000~현재)

정상인을 대상으로 한 음성DB 및 음성장애인을 대상으로 한 DB를 만드는 작업이 절실히 필요하여 단계적으로 실행계획을 세워 추진할 예정이다. 특히, 의사소통 장애인을 위한 음성DB작업은 시간과 노력이 많이 들기 때문에 전국의 병원과 복지관 등에서 환자의 DB가 수집되고 있다.

3 연 2회 학술발표회 개최

4 계간학술지『음성과학』발행

회 원 수   정회원 380명, 준회원 90명, 특별회원 6명, 영구회원 30명, 명예회원 10명, 기관회원수 6

한국음운론학회

영   문   The Phonology-Morphology Circle Of Korea

설립일자   1984.09.01 | 설립지역 : 서울

설립목적   음성, 음운, 형태론 분야의 언어학 신이론을 수용하고 그 이론을 바탕으로 영어, 한국어, 러시아어 등 제반 언어에서 나타나는 현상을 분석, 토론, 집필하여 언어학 연구의 지평을 넓혀 나간다.
매년 1회 이상 언어학 전문학술지『음성, 음운, 형태론 연구』를 발간하여 인문학 연구의 토대를 마련한다.
학기중 정기적 강독회를 통하여 학술연구자들의 질적 고양을 꾀한다.

한국응용언어학회

영   문   The Applied Linguistics Association Of Korea

설립일자   1978.01.01 | 설립지역 : 서울

설립목적 본 회는 세계 여러 언어의 응용에 관해 학문적으로 연구하고, 그 이론과 결과를 통하여 인류문화의 발전에 공헌하며, 국내외 학자 및 학회간의 교류와 친목을 도모하는 데 목적이 있다. 또한, 본 회는 국제 응용언어학회(AILA) 및 여러 국제학회와 유대관계를 맺으며, 학회의 활동과 회원들의 연구활동을 널리 알림과 동시에 세계 각국의 관련학회 회원들과의 교류와 각종 회의 참석과 국외학자 초빙 등을 통하여 소기의 목적을 달성하고자 한다.

주요사업내용
　　　　　연 2회 학술지『응용언어학』발행

회 원 수 정회원 360명, 준회원 50명, 기관회원수 28

한국텍스트언어학회

영　　문 The Textlinguistic Society Of Korea

설립일자 1991.12.26 | 설립지역 : 서울

설립목적 본 회는 독일을 중심으로 한 서양의 텍스트언어학의 이론과 실제에 관한 제반 연구를 수용하여 우리 글에 응용함으로써 텍스트 분석의 발전에 이바지함을 목적으로 한다.

주요사업내용
　　　　　위의 목적을 달성하기 위해 연 2회 학술대회를 개최하고, 6월 말과 12월 말에 학회지『텍스트언어학』을 발간하며 해외학계와의 교류도 장려한다. 또한 '텍스트언어학 총서'를 발간하여 텍스트언어학 발전에 도움을 주고자 한다.

회 원 수 251명, 기관회원수 21

한국현대언어학회

영　　문 The Modern Linguistic Society Of Korea

설립일자 1983.12.01 | 설립지역 : 대전

설립목적 학회지 발간, 학술대회 및 연구회 개최, 회원 상호간 학술교류 및 토론을 통하여 순수언어학과 응용언어학의 학문발전에 기여함

을 주된 목적으로 한다. 현대언어학이론의 체계적인 연구방법의
습득 및 교환이 이루어지고 현대언어학 연구의 활성화를 위한
주된 역할을 담당한다.

주요사업내용

　　정기학술대회 개최

　　학회지『언어연구』발행

회 원 수　정회원 402명, 준회원 10명, 특별회원 43명, 기관회원수 16

한글학회

영　　문　The Korean Language Society

설립일자　1908.08.31 | 설립지역 : 서울

설립목적　우리 말과 글의 연구 · 통일 · 발전을 목적으로, 1908년 8월 31일
　　　　　주시경, 김정진 등이 창립한 '국어연구학회'를 모체로 하여 탄생하
　　　　　였다. 1911년 9월 3일 '배달 말글 몯음'으로, 1913년 3월 23일
　　　　　'한글모'로 바꾸고, 1921년 12월 3일 '조선어연구회', 1931년 1월
　　　　　10일 '조선어학회'로 이름을 고쳤다가, 1949년 9월 25일 '한글
　　　　　학회'로 되어 오늘에 이르고 있다.

주요사업내용

　　1 정기간행물, 기관지, 월간지, 단행본 등 출판의 일

　　　현재『한글』(계간) 제253호까지,『문학한글』제14호까지,『교육
　　　한글』제13호까지,『한힌샘 주시경 연구』제13호까지(이상 연
　　　간),『한글새소식』(월간) 제349호까지 펴내고 있으며,『한글지
　　　명총람』,『한국땅이름큰사전』,『쉬운말사전』,『새한글사전』,『
　　　국어학사전』,『우리말큰사전』등의 사전,『훈민정음 해례본』
　　　영인,『금강경삼가해』영인,『얼음장밑에서도 물은흘러』(조선
　　　어학회 수난 50돌 글모이),『앉으나서나겨레생각』(최현배 선생
　　　글모이) 등을 펴내고 있다.

　　2 어문규정 제정의 일

　　　1933년 처음으로「한글맞춤법 통일안」을 마련하여 우리 어문

규정에 관한 것을 제정하였으며, 표준말 사정, 외래어표기법, 우리말의 로마자표기, 국어순화를 위한 용어집 등을 내놓고 있다.

3 교육/계몽의 일

일찍이 국어교원 양성을 위한 강습회 및 양성소를 설치하여 운영한 적이 있으며, 교과서 편찬, 한글 계몽 강습, 학교 말본 통일을 위한 갖가지 사업을 벌여 왔으며, 최근에는 국외에 있는 한국어교사 양성을 위한 '국외 한국어 교사 연수회'를 1997년부터 해마다 열고 있다. 2001년 현재 제5회 연수회를 마치고 지금까지 30개 나라 이상 200여 명의 교사들을 연수시켰다.

4 보급/운동의 일

한글만쓰기와 우리말 도로 찾기 등 우리 토박이말과 한글만 쓰기를 위한 운동을 계속해 오고 있으며, 최근에는 우리말 우리 글 바로 쓰기 운동을 다양하게 펼치고 있는바, 지난 2000년 5월부터 다달이 '우리 말글 지킴이'를 뽑아 이를 북돋우고 홍보 운동을 해오고 있으며, 올해부터는 외국어 외래어 속에서 우리 말 상호를 찾기 힘든 현실에서 '아름다운 우리말 상호' 선정 사업을 벌여 거리간판의 질서를 바로세우고, 아름다운 우리말 상호 쓰기를 권장하고 있다.

5 한글 기계화/정보통신의 일

한글학회의 주장의 하나인 '한글의 기계화'에도 많은 사업들을 벌여 왔다. 글자판의 통일, 글자꼴 개발과 통일을 위해 연구하고 지원하고 있으며, 최근 컴퓨터 대중화 시대에는 일찍이 컴퓨터 통신(PC 통신) 공간에 학회정보를 올려 놓고 정보통신의 물꼬를 텄으며, 학술단체로서는 처음으로 일찍이 1996년에 누리그물 (인터넷)에 누리집(홈페이지)을 개설하여 운영하고 있다.

6 국어학 자료은행 사업(논문 데이터베이스)

문화관광부(당시 문화체육부)의 지원으로 1992년부터 1996년 까지 5년 동안 갖가지 국어국문학 관련 자료(각 대학과 연구

기관 및 단체 등에서 나오는 각종 논문집, 기관지, 학술지에
실려 있는 연구논문과 각종 자료, 나아가 옛글 문헌 및 해외에
보존되어 있는 자료)들을 데이터베이스화하여 인문과학 분야의
전산화를 마무리하였다. 현재 입력된 자료는 모두 20,375편의
논문으로 원본 내용까지 검색할 수 있도록 하였다.

7 국어학 학술자료 데이터베이스

2000년 2월에 (주)교보문고에서, 우리 학회가 그동안 펴내 온
논문집 『한글』, 『문학한글』, 『교육한글』, 『한힌샘 주시경 연구』
에 실린 논문들을 빠짐없이 데이터베이스화한 '한글학회 학술
정보' 시디롬을 만들어 보급하고 있으며, 이는 누리그물을 통해
서도 언제든 검색하고 이용할 수 있도록 하였다. 유료 서비스다.

한말연구학회

영   문 Korean Language Research Circle
설립일자 1986.04.29 | 설립지역 : 서울
설립목적 한말(한국어)와 한글의 연구
주요사업내용

1 전국학술대회

매년 여름과 겨울 두 차례에 전국학술대회를 갖는다.

2 학회지 『한말연구』 발간

매년 2회 학술지를 발간한다.

3 전공서적 발간

학회 회원들의 공동저서 등 국어학 저서를 발간한다.

회 원 수 정회원 155명, 기관회원수 5

한민족어문학회

영   문 Hanminjok Emunhakhoi
설립일자 1974.01.15 | 설립지역 : 대구
설립목적 본 학회는 국어국문학을 연구함으로써 민족문화 창달에 기여함을

목적으로 한다.

그리고 그 목적을 달성하기 위하여 다음과 같은 사업을 한다.

첫째, 학술지의 발간 및 국어국문학연구에 관한 도서의 출판

둘째, 연구자료의 수집 및 간행

셋째, 연구발표회 및 학술강연회의 개최

학회연혁 1974.1 영남어문학회(한민족어문학회 전신) 창립

1974.1 제1회 학술발표대회 이후 2000년 12월까지 285차 학술발표
대회 개최

1974.10 『영남어문학』 1집 간행 이후 1997.12.30까지 『영남어문학』
32집 간행

1975.5 제1회 답사 및 야외발표 실시. 이후 2001년 5월까지 매년
1회 야외발표 실시

1984.1 영남어문학회 창립 10주년 기념 학술발표대회 개최

1986.8 영남어문문고1 『한국현대소설의 이해』 1000부 발간

1987.10 영남어문문고2 『한국현대시의 이해』 1000부 발간

1994.1 영남어문학회 창립 20주년 기념 전국학술발표대회 개최

1998.9 '영남어문학회'를 '한민족어문학회'로 명칭 변경

1998.10 학회 명칭 변경 기념호 『한민족어문학』 33집(영남어문학
연속호) 간행

1999.9 한·중·일 국제 학술발표대회 개최

2000.9 전국 학술발표대회 개최

2001.5 전국학술 발표대회 개최(논제 | 21세기 국어국문학과 문화
주권)

주요사업내용

1 학회지 간행

한민족어문학회의 학회지 『한민족어문학』을 연 2회 이상 간행
2000년 12월 30일 현재 37집 간행

2 학술발표대회 개최

전국대회를 연 1회 이상 개최

기획발표를 연 2회 이상 개최
일반발표를 연 2회 이상 개최
3 연구자료의 수집 및 간행
국어국문학 관련 자료 수집
수집된 자료를 '한민족어문학 자료총서'로 간행
4 학술조사 및 현장 학술발표
국어국문학 관련 현지답사 및 학술발표

회 원 수　정회원 306명, 특별회원 8명, 명예회원 5명, 기관회원수 29

현대문법학회

영　　문　The Society Of Modern Grammar
설립일자　1989.03.20 | 설립지역 : 대구
설립목적　현대문법 및 언어학 이론의 연구발표와 학술교류를 통해 우리나라
　　　　　의 언어학 및 문법이론 연구와 교수의 발전에 기여하는 데 그
　　　　　목적을 둔다.

주요사업내용
1 학술발표회 연 4회 개최
2 분과별 정기강독, 발표회 개최
3 학술지 발간
학술지 『현대문법연구』을 계간으로 발간
4 학술도서의 기획 및 발간
분과연구회 강독교재 편집 및 발간
현대문법이론에 관련된 학술도서 기획 및 발간
학술총서 기획 및 발간
5 국내외 학계와의 학술교류 및 합동발표회 개최
국내외 학회와 합동발표회 개최
해외 학술단체와 학술교류
국내외 저명학자 초빙 특강 개최
6 학술자료의 수집 및 보급

현대문법이론의 학술자료 수집, 편집 및 보급

7 공공기관 및 단체의 위탁연수 및 평가

8 회원 및 타 학회와의 협동연구 수행

학회단위의 공동연구 수행

국내외 학술단체와 공동연구 수행

9 학술상 시상

연구업적이 탁월한 회원을 선정, 매년 2월 총회에서 시상

두현학술상

상범학술상

회 원 수　정회원 557명, 준회원 23명, 특별회원 24명, 영구회원 37명, 기관회원수 26

한국언어정보학회

영　　문　Korean Society For Language And Information

설립일자　1982.03.01 | 설립지역 : 서울

설립목적　본 학회는 언어정보이론 및 응용에 대한 연구를 활성화시키고 언어이론의 발전에 이바지함을 목적으로 한다.

주요사업내용

학회지 『언어와 정보』 연 2회 발행

한국언어정보학회 학술대회 및 연구발표회 개최

회 원 수　정회원 152명, 준회원 31명, 영구회원 18명, 기관회원수 8

한국언어청각임상학회

설립목적　학회는 언어장애와 청각장애의 연구 및 임상의 질적 향상과 회원의 권익보호 및 친목활동을 목적으로 한다.

주요사업내용

1 연구발표회 등 학술회의의 개최

2 학회지 및 기타 출판물의 간행

3 언어임상실 및 청각임상실의 운영

4 언어장애 및 청각장애 아동의 부모교실 개최

5 언어장애 및 청각장애 전문인 교육

6 초·중·고등학교 교사 연수

7 언어장애치료 보조원 및 청각장애치료 보조원 교육

8 기타 학회의 목적을 달성하기 위하여 필요한 사업

국어 관련 홈페이지

박창원 | 이승재

1. 국어 또는 국어정보 처리업체 홈페이지

www.dnmtech.co.kr	(주)디앤엠테크놀로지
www.voiceware.co.kr	(주)보이스웨어
www.shins.co.kr	(주)신정보시스템
www.clepsi.co.kr	(주)언어과학
www.lncsoft.co.kr	(주)언어와 컴퓨터
www.klipl.com	(주)엔아이비소프트
nlp.snu.ac.kr(www.easytran.com)	(주)엘앤텍
www.textkorea.com	(주)이텍스트코리아
www.hiart.co.kr	(주)한국인식기술
www.hanyang.co.kr	(주)한양정보통신
www.kyowoni.com	(주)교원(교원아이닷컴)
www.textwriting.com	국어문장상담소
www.barunmal.com	국어문화운동본부
www.kokoma.net	꼬마 시인들의 세계
www.nurimedia.co.kr	(주)누리미디어
www.daehakmail.com	대학메일닷컴
www.cybertalk.co.kr	사이버토크 주식회사
www.asiafont.com	(주)씨스테크
www.ok-tutor.co.kr	오케이투터
www.clickq.com	(주)클릭큐
www.transcom.co.kr	(주)트랜스컴
www.koreaaxis.com	(주)팍스브이알
www.poetica.net	포에티카
www.howwriting.com	하우라이팅닷컴
knc.studypia.com	한국어교사학교
www.nlpia.com	(주)내추럴어프로치
www.diquest.com	(주)다이퀘스트닷컴
www.dooresoft.com	(주)두레소프트
www.searchsolutions.co.kr	(주)서치솔루션
www.searchcast.co.kr	(주)서치캐스트
www.worldman.com	(주)언어공학연구소
www.ibase.co.kr	(주)언어기술
www.unisoft.co.kr	(주)유니소프트
www.csssoft.co.kr	(주)창신소프트

2. 국어 관련 학과 홈페이지

www.cuk.ac.kr/~cukdkl	가톨릭대학교 국어국문학과
www.kangnam.ac.kr/menu2/menu2_jungong_2_2.html	
	강남대학교 국어국문학과
www.kangnung.ac.kr/college/humanities/kor/dep_kor.html	
	강릉대학교 국어국문학과
www.kangwon.ac.kr/~naramal	강원대학교 국어교육과
www.kangwon.ac.kr/~korean	강원대학교 국어국문학과
www.konkuk.ac.kr/home/korea	건국대학교 국어국문학과
odin.konyang.ac.kr/~korean/korean/main2.htm	건양대학교 문학영상정보학부
www.kyonggi.ac.kr/~korea	경기대학교 국어국문학과
www.kyungnam.ac.kr/effm	경남대학교 국어교육과
www.kyungnam.ac.kr/knu_home/member_home/korean	
	경남대학교 국어국문학과
tbi.kyungpook.ac.kr/~koredu	경북대학교 국어교육과
tbi.kyungpook.ac.kr/~korean	경북대학교 국어국문학과
user.kyungsan.ac.kr/~korean	경산대학교 국어국문학과
edu.gsnu.ac.kr/~kor	경상대학교 국어교육과
nongae.gsnu.ac.kr/~hk	경상대학교 국어국문학과
www.ks.ac.kr/~korean	경성대학교 국어국문학과
www.kyungwon.ac.kr/~kukmun	경원대학교 국어국문학과
www.kyongju.ac.kr/write	경주대학교 문예창작학과
web.kyunghee.ac.kr/~koredu	경희대학교 교육대학원 한국어교육전공
www.kyunghee.ac.kr/~gukmun	경희대학교 국어국문학과
www.khu.ac.kr/~korean	경희대학교 한국어학과
welove.korea.ac.kr/~munchang	고려대학교 문예창작학과
cafe.daum.net/kukkkgo	고려대학교 국어교육과
ikc.korea.ac.kr/~eriks2k	고려대학교 한국학교육연구단
www.korea.ac.kr/~kling	고려대학교 언어과학과
welove.korea.ac.kr/~klk	고려대학교(서창) 국어국문학과
www.korea.ac.kr/~kukl	고려대학교 국어국문학과
www.kongju.ac.kr/korean	공주대학교 국어교육과
www.kwandong.ac.kr/~kll	관동대학교 국어국문학과
cafe.daum.net/krla	관동대학교 국어교육과
www.dankook.ac.kr/~korean	단국대학교 국어국문학과

cafe.daum.net/2000jjang	대구대학교 국어교육과
members.tripod.lycos.co.kr/tkukmun	대구대학교 국어국문학과
dept.daejin.ac.kr/~korean	대진대학교 국어국문학과
dept.daejin.ac.kr/~writing	대진대학교 문예창작학과
home.dongguk.ac.kr/~kor-edu/index.html	동국대학교 국어교육과
dongduk.ac.kr/~www4340/cult/main.htm	동덕여자대학교 문예창작학과
home.donga.ac.kr/~korean	동아대학교 국어국문학과
home.donga.ac.kr/~munchang	동아대학교 문예창작학과
www.dongeui.ac.kr/~korean	동의대학교 국어국문학과
crewrite.ye.ro/start.html	명지대학교 문예창작학과
cafe.daum.net/mokorean	목원대학교 국어교육과
dorim.mokpo.ac.kr/~kll	목포대학교 국어국문학과
home.paichai.ac.kr/~korean/second.html	배재대학교 국어국문학과
www.pknu.ac.kr/~korean	부경대학교 국어국문학과
koredu.new21.net	부산대학교 국어교육과
nkorean.org	부산대학교 국어국문학과
www.pufs.ac.kr/~korean	부산외국어대학교 국어국문학과
www.pufs.ac.kr/~echo	부산외국어대학교 언어학과
www.sogang.ac.kr/~korean	서강대학교 국어국문학과
www.sogang.ac.kr/~language	서강·이화 언어학교육연구단
skzunzin.net	서경대학교 국어국문학과
plaza.snu.ac.kr/~ed705	서울대학교 국어교육과
plaza1.snu.ac.kr/~korean	서울대학교 국어국문학과
plaza.snu.ac.kr/~linguist	서울대학교 언어학과
plaza1.snu.ac.kr/~kflsnu	서울대학교 한국어교육 지도자과정
plaza4.snut.ac.kr/~create	서울산업대학교 문예창작학과
www.uos.ac.kr/~korean	서울시립대학교 국어국문학과
dragon.seowon.ac.kr/~seowonke	서원대학교 국어교육과
dragon.seowon.ac.kr/~korea	서원대학교 국어국문학과
web.semyung.ac.kr/~korea	세명대학교 한국어문학과
sookmyung.ac.kr/~aa9310	숙명여자대학교
asan3.sch.ac.kr/~kookmun	순천향대학교 국어국문학과
my.dreamwiz.com/arl	숭실대학교 문예창작학과
lotus.silla.ac.kr/~koredu	신라대학교 국어교육과
www.ajou.ac.kr/~korean	아주대학교 국어국문학과
anu.andong.ac.kr/~anukor	안동대학교 국어국문학과

suny.yonsei.ac.kr/~koreaedu	연세대학교 교육대학원 외국어로서의 한국어교육 전공
ynucc.yeungnam.ac.kr/~koredu	영남대학교 국어교육과
ynucc.yeungnam.ac.kr/~korean	영남대학교 국어국문학과
home.ulsan.ac.kr/~korea	울산대학교 국어국문학과
cafe.daum.net/miruo2	원광대학교 국어교육과
home.ewha.ac.kr/~ebk22	이화여자대학교 언어학교육연구단
www.korealo.com	이화여자대학교 외국어로서의 한국어교육 전공
inhaedu.x-y.net	인하대학교 국어교육과
www2.inha.ac.kr/~korean	인하대학교 국어국문학과
www.jangan.ac.kr/dept/moondept	장안대학 문예창작학과
education.chonnam.ac.kr/~urimal	전남대학교 국어교육과
altair.chonnam.ac.kr/~korean	전남대학교 국어국문학과
language.chonnam.ac.kr	전남대학교 언어교육원
cafe.daum.net/chonbukedu	전북대학교 국어교육과
korean.chonbuk.ac.kr	전북대학교 국어국문학과
cafe.daum.net/kedu	전주대학교 국어교육과
www.jeonju.ac.kr/~lanc	전주대학교 언어문화학부
korean.cheju.ac.kr	제주대학교 국어국문학과
www.chosun.ac.kr/~koredu	조선대학교 국어교육과
www.chosun.ac.kr/~munchang	조선대학교 문예창작학과
sejong.koll.cau.ac.kr	중앙대학교 국어국문학과
www.changwon.ac.kr/~kuk-mun	창원대학교 국어국문학과
web.chungnam.ac.kr/dept/kor_lang	충남대학교 국어국문학과
web.cnu.ac.kr/dept/linguist	충남대학교 언어학과
edu.chungbuk.ac.kr/~korean	충북대학교 국어교육과
trut.chungbuk.ac.kr/~depkor	충북대학교 국어국문학과
knuecc-sun.knue.ac.kr/~korean	한국교원대학교 국어교육과
san.hufs.ac.kr/~lg	한국외국어대학교 언어학과
kukmunin.com	한남대학교 국어국문학과
www.hanshin.ac.kr/~munchang	한신대학교 문예창작학과
cafe.daum.net/hykor	한양대학교 국어교육과
tour.honam.ac.kr/~korean	호남대학교 국어국문학과
huniv.hongik.ac.kr/~kor-edu	홍익대학교 국어교육과

3. 국어 관련 학회 · 연구소 홈페이지

speech.kyungpook.ac.kr	경북대학교 음성신호처리 연구실
bh.kyungpook.ac.kr/~jrlim	경북대학교 인지언어학 연구실
tbi.kyungpook.ac.kr/~kpem	경북어문학회
keke.or.kr	경인초등국어교육학회
ikc.korea.ac.kr	고려대학교 민족문화연구원
nlp.korea.ac.kr	고려대학교 전산과학과 자연언어처리연구실
www.sutra.re.kr	고려대장경 연구소
kola.korea.ac.kr	고려대학교 국제어학원 한국어교육센터
ikc.korea.ac.kr/~speech	고려대학교 음성언어정보연구실
210.218.20.12/withaidle/kor	광주초등국어교육학회
www.kugyol.or.kr	구결학회
www.korean.go.kr	국립국어연구원
www.kukmun.net	국문학회
kibs.kaist.ac.kr	국어공학센터 국어정보베이스
multykuk.ce.ro	국어교육 멀티미디어연구회
www.korlanlit.or.kr	국어국문학회
www.skl.or.kr	국어학회
www.freechal.com/ICKL	국제한국언어학회
iall.or.kr	국제어문학회
www.iakle.org	국제한국어교육학회
www.discog.com	담화인지언어학회
www.korling.or.kr	대한언어학회
plaza.snu.ac.kr/~sicops96	대한음성학회
urisori.com/pragteam/frame1.htm	국어교육연구회
www.fontcenter.org	글꼴개발보급센터
asadal.cs.pusan.ac.kr	데이터베이스 및 한글정보처리 연구실
youngduck.web.edunet4u.net	문예교육연구회
myhome.netsgo.com/mkey	문학과언어학회
www.bangyo.or.kr	반교어문학회
members.tripod.lycos.co.kr/paedalmal	배달말연구회
voice.ee.pusan.ac.kr	부산대학교 음성통신실험실
borame.cs.pusan.ac.kr	부산대학교 인공지능연구실
ikc.korea.ac.kr/cnsc	비표준문자 등록센터

speech.sogang.ac.kr	서강대학교 음성언어처리연구실
plaza.snu.ac.kr/~korinst	서울대학교 교육종합연구원 국어교육연구소
hci.skku.ac.kr	성균관대학교 휴먼컴퓨터연구실
www.sejong.or.kr	21세기 세종계획
www.freechal.com/socio2	신촌사회언어학회
asialex.yonsei.ac.kr	아시아사전학회
www.childbook.org	어린이도서연구회
www.kolang.or.kr	언어문화연구원
clid.yonsei.ac.kr	연세대학교 언어정보개발연구원
radar.yonsei.ac.kr	연세대학교 미디어□통신신호처리연구실
www.yonsei.ac.kr/ilre/itkli	연세대학교 언어교육연구원 한국어교사 연수소
nlp.yonsei.ac.kr	연세대학교 한글정보처리연구실
www.aklt.net	외국인을 위한 한국어 교육
binari.pe.ky	울산대학교 국어국문 작가사상 연구회
www.hongik.ac.kr/~ksb	이중언어학회
www.naramal.or.kr	전국국어교사모임
dsp.chonnam.ac.kr	전남대학교 신호처리실험실
korterm.or.kr	전문용어언어공학연구센터
dblab.changwon.ac.kr	창원대학교 데이터베이스연구실
cie.changwon.ac.kr/~midas	창원대학교 음성·음향신호처리연구실
dcenlp.chungbuk.ac.kr	충북대학교 자연언어처리연구실
tsp.chungbuk.ac.kr	충북대학교 통신신호처리연구실
www.kamall.or.kr	한국멀티미디어 언어교육학회
bulsai.kaist.ac.kr	한국과학기술원 음성언어연구실
www.kice.re.kr/korean	한국교육과정평가원 국어교육연구실
www.dytc.ac.kr/~kggc	한국생성문법학회
plaza.snu.ac.kr/~altai	한국알타이학회
www.eomunhak.or.kr	한국어문학회
www.hanja.re.kr	한국어문회
webkorean.org	한국어 세계화 포털 사이트
etymon.neoedu.org	한국어원학회
www.koreanlinguistics.or.kr	한국어학회
www.language-culture.net	한국언어문화연구원
society.kordic.re.kr/~ksli	한국언어정보학회

myhome.netsgo.com/kasa2000	한국언어청각임상학회
biho.taegu.ac.kr/~dhkwon	한국언어치료연구소
www.linguistics.or.kr	한국언어학회
english.daejin.ac.kr/~egsk	한국영문법학회
www.ellak.or.kr	한국영어영문학회
society.kordic.re.kr/~kasell	한국영어학회
www.speechsciences.org	한국음성과학회
society.kordic.re.kr/~pmc	한국음운론학회
biho.taegu.ac.kr/~skkang	한국재활과학회
www.textlinguistics.or.kr	한국텍스트언어학회
user.chollian.net/~kohanhak	한국한문학회
mlsk.com.ne.kr	한국현대언어학회
home.dongguk.edu/user/blu3394	한국화법학회
my.netian.com/~profri	한글의 세계화를 위한 학술연구회(한세연구회)
www.hangul.or.kr	한글재단
nlp.yonsei.ac.kr	한글정보처리 연구실
www.hangeul.or.kr	한글학회
pioneer.hannam.ac.kr	한남대학교 정보통신공학과 연구실
kkucc.konkuk.ac.kr/~hanmal	한말연구학회
www.emunhak.com	한민족어문학회
frontier.hanyang.ac.kr	한양대학교 물리학과 연구실
rosp.hanyang.ac.kr	한양대학교 음성신호처리연구실
210.101.116.115/hanyang	한양어문학회
www.grammars.org	현대문법학회
plaza.snu.ac.kr/~komorph	형태론

4. 국어학자 개인 홈페이지

korstudy.com	강기룡(경기과학고등학교 국어교사)
web.korea.ac.kr/~mykang	강명윤(고려대학교 언어과학과 교수 : 통사론)
www.mymei.pe.kr	강백향
ikc.korea.ac.kr/~bmkang	강범모(고려대학교 언어학과 교수 : 의미론/문법론)

www.chosun.ac.kr/~ongmi	강옥미(조선대학교 국어국문학부 교수 : 음운론/형태론)
cvs1.kyunghee.ac.kr/~linguist	강은이와 채훈이
user.chollian.net/~kangjee	강지영(부경대학교 일어일문과 졸업)
trut.chungbuk.ac.kr/~cskang	강창석(충북대학교 국어국문학과 교수 : 국어음운론)
www.edu.co.kr/khang	강현화(경희대학교 외국어학부 교수)
soback.kornet.net/~norae	강혜원, 계득성
my.dreamwiz.com/ghdud99	강호영(서울 성남고 교사)
gnuri.wo.to(hangul.wo.ro)	강효석
www.chosun.ac.kr/~hskang	강희숙(조선대학교 국어국문학과 교수 : 방언학)
myhome.dreamx.net/semgo	고경태(고려대학교 박사과정 : 국어학)
plaza1.snu.ac.kr/~korean/home/prof/koyg.html	고영근(서울대학교 국어국문학과 교수 : 문법론, 텍스트이론)
webmail.hansung.ac.kr/~kochs	고창수(한성대학교 국어국문학과 : 문법 론, 전산언어학)
my.netian.com/~hirsch	구용모(서문여고 교사)
www.kimkunok.com	김건옥(중앙대학교 영어학과 교수)
www.hongkgb.x-y.net	김광복(목포 홍일고 교사)
user.chollian.net/~k1784	김광수(영남대학교 교육대학원 국어교육 과 졸업)
plaza.snu.ac.kr/~sunnysea	김광해(서울대학교 국어교육학과 교수 : 어휘론)
my.netian.com/~gum32	김금삼(순천 효산고 교사)
my.netian.com/~sugin98	김기수(설천초등학교 교사)
user.chollian.net/~hk1119	김덕곤(성일여고 교사)
my.netian.com/~mtnkdh	김덕호(대구 경일여고 교사)
user.chollian.net/~jakob	김동소(대구 효성가톨릭대학교 국어국문 학과 교수)
www.kyungsung.ac.kr/~kms62	김무식(경성대학교 국어국문학과 교수)
www.edudrama.pe.kr	김민자(대구 동부여중 교사)
www.edu.co.kr/kbg1216	김병기(관양여중 교사)
my.netian.com/~baram125	김병일(마산 창신고 교사)
leaf.pe.kr	김석환(서울 국악예술고등학교 교사)
my.dreamwiz.com/0142ksh	김소형(포천 영북중학교 교사)

nongae1.gsnu.ac.kr/~kse39	김수업(경상대학교 국어교육과 교수)
www.chungdong.or.kr/middroom/ksh	김수학(중동중학교 교사)
www.edu.co.kr/kwank99	김영관(신철원중 교사)
www.semiotics.co.kr	김영순(조선대학교 산업디자인 · 특성화 사업단 : 시각 기호학)
nihon.korea.ac.kr/jgrad/people/yokim	김영옥(고려대학교 일어일문학과 박사과정)
www.uos.ac.kr/~kimyu	김영욱(서울시립대학교 국어국문학과 : 문법사, 형태론)
my.dreamwiz.com/dodam2	김영찬(광성중 교사)
www.edu.co.kr/kyp9962	김영표(계원예고 교사)
members.tripod.lycos.co.kr/corea21c	김용권(연세대학교 재학)
yonsan.pe.kr	김용석(경상대학교 국어교육과 교수)
www.yonsan.pe.kr	김용석(경상대학교 국어교육과)
maincc.hufs.ac.kr/~kimwy	김운용(한국외국어대학교 이태리어과 교수)
210.218.41.140/goresil	김임태(서강중학교 교사)
www.hanvit99.com	김정환, 박정숙
my.netian.com/~kjrkks	김종률(풍산중학교 교사)
my.netian.com/~hunmin	김종업(겨주여자정보고등학교 교사)
web.kyunghee.ac.kr/~jskim	김중섭(경희대학교 국제교육원 교수 : 어원론)
nongae.gsnu.ac.kr/~jhongkim	김지홍(경상대학교 국어교육과 교수)
myhome.netsgo.com/tj98	김태진(대구동부여자고등학교 교사)
www.wantkorean.com	김태훈(고려대학교 국어국문학과 박사과정)
210.95.19.193/anbop/kpy	김평엽(안법고등학교 교사)
www.ojirap.com	김필수(청주 대성여상 교사)
linguistics.hihome.com	김형주(건국대학교 국어국문학과 박사과정)
www.edu.co.kr/nds55	나대수(영암 낭주고 교사)
natogi.new21.org	나도기(서인천고 교사)
english.daejin.ac.kr/~namo	나병모(대진대학교 영어영문학과 교수)
star.kyungsung.ac.kr/~ncy	나찬연(경성대학교 국어국문학과 교수)
koreanlove.com.ne.kr	노인숙(교사)
www.esperantisto.pe.kr	민경대(대진고 교사)
plaza1.snu.ac.kr/~naein	민송기(능인중 교사)
plaza.snu.ac.kr/~minhs	민현식(서울대학교 국어교육학과 교수)
my.netian.com/~gobai(myhome.naver.com/gobai)	
	박경진(영신여고 교사)

www.hangeul.pe.kr/muse	박동근(건국대학교 인문과학연구소 객원 연구원 : 형태론, 어휘론)
user.chollian.net/~hs2624pc	박민철(이천고등학교 교사)
nova.snu.ac.kr/~sbpark	박성배(서울대학교 컴퓨터공학과 박사과 정 : 자연언어처리)
www.hongik.ac.kr/~ym480	박영목(홍익대학교 국어교육과 교수 : 국어교육학)
educa.korea.ac.kr/yspk	박영순(고려대학교 국어교육과 교수 : 의미론, 통사론, 이중언어교육 및 한국어 교육, 인지과학)
www.9594.pe.kr	박전현(경일여고 교사)
joona82.interpia98.net	박정길(인천 광성고등학교 교사)
my.dreamwiz.com/jnsk88	박진석(국어사랑방)
user.chollian.net/~eyeblow	박진완(고려대학교 박사과정 수료)
py6208.x-y.net	박진용(양양고등학교 교사)
home.ewha.ac.kr/~wonpark	박창원(이화여자대학교 국어국문학과 교 수 : 음운론)
ikc.korea.ac.kr/~eriks2k/professors/pae_hs/pae_hs1.htm	
	배해수(고려대학교 국어국문학과 교수)
bh.knu.ac.kr/~dhpaek	백두현(경북대학교 국어국문학과 교수 : 음운론, 국어사)
members.tripod.lycos.co.kr/nomemory	백윤애(숙명여고 교사)
myhome.thrunet.com/~x4994	서은아(안양대학교 국어국문학과 겸임교 수, 건국대학교 강사)
myhome2.naver.com/qseo	서주홍(서울 광영고등학교 교사)
user.chollian.net/~conscom	서창현(성재중학교 교사)
ikc.korea.ac.kr/~eriks2k/professors/sung_ks/sung_ks1.htm	
	성광수(고려대학교 국어교육과 교수)
cc.knue.ac.kr/~song1308	성낙수(한국교원대학교 국어국문학과 교 수 : 방언학)
www.jeonju.ac.kr/~ymiso	소강춘(전남대학교 국어교육과 교수 : 국어사 방언학, 음운론)
dept.daejin.ac.kr/~ssmdol	손세모돌(대진대학교 국어국문학과 교수)
cc.kangwon.ac.kr/~sulb	손주일(강원대학교 국어국문학과 교수)
chonnam.chonnam.ac.kr/~shh	손희하(전남대학교 국어국문학과 교수)
plaza1.snu.ac.kr/~song991	송원용(서울대학교 박사과정 수료 : 형

	태론)
user.kyungsan.ac.kr/~korean/html/a5c1.htm	송창선(경산대학교 국어국문학과 교수 : 문법론)
sorak.kaist.ac.kr/~shi/sjk/sjk.htm	시정곤(한국과학기술원 인문사회과학부 교수 : 형태론)
my.netian.com/~sbs7916	신배섭(이천 양정여고 교사)
www.edu.co.kr/shinyr63	신양란(파주여중 교사)
www.ons.pe.kr	신영길(서대전여고 교사)
www.maum2.net	신종원(교사)
cc.knue.ac.kr/~hjshin	신헌재(한국교원대 국어교육과 교수 : 국어교육)
www.dongeui.ac.kr/~bgyang	양병곤(동의대학교 영어영문학과 교수)
members.tripod.lycos.co.kr/ybspmy	양병수(교사)
bless4you.pe.kr	오석준(원주고등학교 교사)
plaza.snu.ac.kr/~wookong	우한용(서울대학교 국어교육과 교수)
www.snue.ac.kr/prof/~jinsook	원진숙(서울교육대학교 국어교육과 교수 : 국어교육)
woosuk.woosuk.ac.kr/~goyou	유기옥(우석대학교 국어국문학과 교수)
hanul.new21.net	유일환(강원과학고 교사)
my.dreamwiz.com/yootolee	유택환(대구 경일여고 교사)
myhome.hananet.net/~dyyoon	윤두영(선정고등학교 교사)
plaza.snu.ac.kr/~yytak	윤여탁(서울대학교 국어교육과 교수)
www.edu.co.kr/lee3872	이강식(추자중학교 교사)
user.chollian.net/~k6748	이계형(교사)
huniv.hongik.ac.kr/~kklee	이관규(홍익대학교 국어교육과 교수)
members.tripod.lycos.co.kr/iregure/index1.html	이국환(서울 청원중학교 교사)
dept.daejin.ac.kr/~young	이근영(대진대학교 국어국문학과 교수)
LKS.ms98.net	이금술(수원 창현고 교사)
ikc.korea.ac.kr/~metacog	이동혁(고려대학원 국어국문학과 박사 수료, 한국어공학연구소 연구원)
www.leemanki.pe.kr	이만기(인천 문일여고 교사)
www.ireading.co.kr	이붕(동화작가)
www.koreaedunet.pe.kr	이성훈(서울 공항고 교사)
members.tripod.lycos.co.kr/blueljj	이재정(교사)
ljh60.com.ne.kr	이재학(전남공고 교사)
user.chollian.net/~ljh0115	이준호(강릉고등학교 교사)

sejong.koll.cau.ac.kr/~leeck	이찬규(중앙대학교 국어국문학과 교수)
peter.bia.ms.kr	이창익(비아중학교 교사)
leehyeonju.hihome.com	이현주(영파여고 교사)
www.esperantisto.pe.kr	이혜영(대곡중학교 교사)
210.100.240.1/~longlim	임광혁(마산여고 교사)
user.chollian.net/~sam0119	임기삼(부산 성일여고 교사)
my.dreamwiz.com/yimdream	임병찬(선정여자실업고등학교 교사)
edkorea.pe.kr	임성규(충주중학교 교사)
home.nownuri.net/~chosan43	임영준(대구 남산여고 교사)
education.chonnam.ac.kr/~csim	임칠성(전남대학교 국어교육과 교수)
plaza.snu.ac.kr/~sjchang	장석진(서울대학교 언어학과 교수)
my.netian.com/~jangyhi	장영희(부산 데레사여고 교사)
jh1122a.new21.org	전진호
www.edu.co.kr/jk2324	정순길(광주 진흥고 교사)
pro-web.suwon-c.ac.kr/~seunghye	정승혜(수원여자대학교 여성교양과 교수 : 국어사)
cuvic.chungnam.ac.kr/~jjjws	정원수(충남대학교 국어국문학과 교수 : 형태론)
plaza1.snu.ac.kr/~sanbon	정창욱(서울대학교 대학원)
www.freechal.com/hyangga09(hyangga.woorizip.com)	정창일(광주 동신여고 교사)
linux.kukje.hs.kr/~choyhwan	조영환(광주 국제고등학교 교사)
myhome.hananet.net/~zooty93	조용선(고려대학교 교육대학원 졸업)
www.nicol.ac.jp/~choes	조의성(일본 니가타대학 강사)
cie.changwon.ac.kr/~cwjo	조철우(창원대학교 제어계측공학과 교수)
user.chollian.net/~fly12	조한용(교사)
www.kyunghee.ac.kr/~iiejhy	조현용(경희대학교 국제교육원 교수)
cerra.infomail.co.kr	주정금(교사)
www.goodnie.pe.kr	지숙(인천 서곶중학교 교사)
maincc.hufs.ac.kr/~hrchae	채희락(한국외국어대학교 교수 : 통사론, 영어학)
hyomin.dongeui.ac.kr/~nhchoi	최남희(동의대학교 국어국문학과 교수)
ynucc.yeungnam.ac.kr/~djchoi	최동주(영남대학교 국어국문학과 교수 : 통사론)
edu.co.kr/bongjuri	최봉희(파주공고 교사)
my.netian.com/~csy1010	최선영(한국방송통신대학교 국어국문학

	과 졸업)
choish60.hihome.com	최승환(교사)
my.dreamwiz.com/choi3131	최원범(만리포중학교 교사)
www.freechal.com/tobagi	최종규(출판인)
myhome.naver.com/cihi	최종석(교사)
chamsun.com.ne.kr	최종원(청주 상당초등학교 교사)
my.dreamwiz.com/eba58	최진미(동마중학교 교사)
cafe.daum.net/koredu	최혜영
www.edu.co.kr/hahahia	하계우(부산국제중학교 교사)
www.sogang.ac.kr/~hdw	한동완(서강대학교 국어국문학과 교수 : 의미론)
my.dreamwiz.com/hanskt	한상국(성심여고 교사)
my.dreamwiz.com/hpark7	홍기태(대전 서일고등학교 교사)
webmail.hansung.ac.kr/~hongsh	홍성훈(한성대학교 영문과)
www.maehyang.ms.kr/hongjp	홍준표(매향여중 교사)
user.chollian.net/~hsaint	황신택(정읍 정일초등학교 행정실)
myhome.hananet.net/~jaeig	황재읽(인천 계산여고 교사)

5. 기타

waryong.ms.kr/~4b	4B연필과 도화지가 있는 공간
www.lg.or.kr	LG상남도서관
www.ganada.org	가나다 한글사랑
members.tripod.lycos.co.kr/iregure	간추린 우리말 사전
oxen.konkuk.ac.kr/~lunatic	건국대 한말글사랑터
meari.wo.ro	경희대 우리말 메아리
members.tripod.lycos.co.kr/kukl	고려대학교 국어국문학과 국어학반
my.netian.com/~dahim	국어 살펴보기
www.naramal.com	나랏말
cafe.daum.net/hanmal	대구 교육대학 한말글
cafe.daum.net/ILLBETHERE	대구 효성가톨릭대학교 한글한빛
www.dreamwiz.com/tl/dic.htm	드림위즈 사전 및 번역 서비스
home.opentown.net/~ddangname	땅이름
www.sandoll.co.kr	산돌글자은행
cafe.daum.net/hangulnuri	상명대학교 한글누리
user.chollian.net/~saebawi	새바위웹존

home.ewha.ac.kr/~kukewha	생각과 표현(이화여대)
www.atkorea.co.kr	서예 홈페이지
www.tv37.co.kr	서예와 컴퓨터
korea.insights.co.kr/korean/sejong600	세종 600
myhome.naver.com/mh1210	소설산책
enejr.uos.ac.kr/~fbj/kdari/fbjdesign	시립대학교 강다리
cafe.daum.net/antioutside	언어파괴를 반대하는 사람들
www.umjibook.co.kr	엄지북
www.idream.co.kr	옛날이야기
soback.kornet21.net/~cwjo	음성 및 언어 홈페이지
javanet.webpd.co.kr	인터넷프리스쿨(internet free school)
www.hanmal.pe.kr	전국 한말글 대학생 동문회
altair.chonnam.ac.kr/~urimal	전남대 우리말 동아리
www.jilmun.net	질문점넷
www.freechal.com/sorryto	참국어교육
www.takbon.co.kr	탁본, 그 아름다운 세계
cerra.infomail.co.kr	하늘을 나는 교실
www.kstudy.net	한국학술정보
www.riss4u.net	학술연구정보서비스
eris.knue.ac.kr	한국교원대학교 교육연구정보서비스
cc.knue.ac.kr/~ciykw	한국교원대학교 국어학 홈페이지
members.tripod.lycos.co.kr/toksol/i.html	한국어강사의 나눔터
www.seowoohoe.com	한국외국어대학교 서우회(書友會)
www.urimal.org	한글문화연대
cafe.daum.net/inkhwang	한말글 까페
chunma.yeungnam.ac.kr/~hangeul	한말글사랑 동아리 한글물결
www.hanmalgeul.org	한말글지킴이
hyangto.pe.kr	향토문화자료실

| 찾아보기 |

574

지은이 소개 논문 게재순

박창원 | 1954년 출생. 이화여자대학교 국어국문학과 교수(국어음운론 전공)
구본관 | 1964년 출생. 이화여자대학교 국어국문학과 교수(국어형태론 전공)
임동훈 | 1966년 출생. 한림대학교 국어국문학과 조교수(현대국어 문법론 전공)
한동완 | 1956년 출생. 서강대학교 국어국문학과 교수(국어의미론 전공)
박성종 | 1953년 출생. 관동대학교 국어국문학과 교수(국어학 전공)
곽충구 | 1950년 출생. 서강대학교 국어국문학과 교수(음운론, 방언학 전공)
전혜영 | 1956년 출생. 이화여자대학교 국어국문학과 교수(국어화용론 전공)
서상규 | 1959년 출생. 연세대학교 국어국문학과 교수(국어문법론 전공)
시정곤 | 1964년 출생. 한국과학기술원 인문사회과학부 교수(국어형태론 전공)

조경하 | 이화여자대학교 국어국문학과 대학원 박사과정
이승재 | 국립국어연구원 학예연구사

한국학술사총서 · 1 2002년 2월 22일 초판 인쇄
국어학 연구 50년 2002년 2월 25일 초판 발행

한국문화연구원 편 펴낸이 오일주
펴낸곳 도서출판 혜안
등 록 1993.7.30 제22-471호
주 소 121-836 서울시 마포구 서교동
326-26번지 102호
전 화 3141-3711~3712
팩 스 3141-3710

값 22,000 원 ISBN 89-8494-154-9 93710